대화문화아카데미 2025 새헌법안

대권에서 분권으로

대화문화아카데미 2025 새헌법안
대권에서 분권으로

펴낸날	2025년 2월 25일 1판 1쇄
	2025년 3월 31일 1판 2쇄
지은이	박은정 박명림 박찬욱 장영수 조진만 하승수
펴낸이	박재윤
펴낸곳	재단법인 여해와 함께
	출판등록 1976년 6월 24일(제2-347호)
	주소 (03003) 서울 종로구 평창6길 35
	전화 02 395 0781
	팩스 02 395 1093
	홈페이지 www.daemuna.or.kr
	이메일 tagung@daemuna.or.kr
ISBN	978-89-85155-80-9 03300
값	30,000원

*이 책의 판권은 저자와 재단법인 여해와 함께에 있습니다.
 이 책 내용의 전부 또는 일부를 재사용하려면 반드시 양측의 서면 동의를 받아야 합니다.
*잘못 만들어진 책은 구입처에서 교환해드립니다.

대화문화아카데미 2025 새헌법안
대권에서 분권으로

박은정 ● 박명림 ● 박찬욱 ● 장영수 ● 조진만 ● 하승수

책을 펴내며

　제헌 60주년을 계기로 2006년부터 이어온 대화문화아카데미의 개헌 논의가 올해로 20여 년에 이르렀다. 올해는 또다시 9년 만에 '대권에서 분권으로'를 핵심으로 한 『대화문화아카데미 2025 새헌법안』을 마련해 내어놓는다. 이 책은 이미 출간한 『새로운 헌법 필요한가』(2008), 『새로운 헌법 무엇을 담아야 하나』(2011), 『대화문화아카데미 2016 새헌법안』(2016)의 후속 증보판 성격을 띤다. 2025년 새헌법안을 펴내면서 헌법안의 기조가 되는 핵심을 '분권'으로 잡은 데는 한국 정치의 정상화, 의회의 선진화, 대화민주주의와 사회통합에 걸림돌이 되는 '대권'에 대한 문제의식과 오랜 공공 성찰에서 비롯되었다고 본다.
　광복 80주년을 맞는 2025년의 한국은 80년 전 극심한 대립과 이데올로기가 난무하던 해방정국의 불안한 혼란상과 크게 다르지 않아 보인다. 역사의 어둠이 짙어가고 있다. 다가오는 다중 위기 속에 극심한 양극화와 내부 분열, 지성과 대화의 실종, 정치의 위기에서 벗어나지 못하는 앞이 보이지 않는 실로 위중한 형국이다. 1980년 서울의 봄에도 크리스챤아카데미(대화문화아카데미의 전신)는 군사정부에서 민주화로 이행하는 데에 일조하고자 헌법개정안(「바람직한 헌법개정의 내용」, 1980)을 발표한 적이 있다. 이러한 오랫동안의 일련의 활동은 대화민주주의를 지향하며 한국 사회에 대화문화의 정착을 위해 한결같이 노력해온 아카데미 프로그램의 일환이었고 새로이 펴내는 새헌법안도 민주공화의 헌법 가치 구현과 정치공동체를 지향하는 절절한 간구가 담겨 있다.

대화문화아카데미의 새헌법안이 나오기까지의 과정은 종래 한국 헌정사의 개헌 작업과는 전혀 다른 특성과 포맷을 보여주고 있다. 한국 헌정사의 개헌 과정이 비상시국이나 이해당사자일 수도 있는 파워 엘리트의 주관하에 이루어진 경우가 많았다면 대화문화아카데미가 주관해온 헌법개정 작업은 장기적 안목으로 시민사회의 입장에서 권력구조만이 아니라 기본권을 위시하여 기후생태계 위기 등 헌법 전반에 걸쳐 시대정신과 사회 변화를 반영한 특성을 지니고 있다. 그러나 2025 새헌법안이 향후 한국 사회의 헌법개정 논의에 미칠 영향을 내다보면 논란의 여지가 적지 않으리라고 보며 미진한 점과 흠결 또한 있으리라고 본다. 부디 진지하고 진솔한 비판과 논의의 장이 이어지기를 바란다. 갑자기 닥친 계엄, 탄핵 정국에서 하루속히 벗어나 부디 의미 있는 정치 전환의 계기를 만들어가는 데 일조할 수 있기를 바랄 뿐이다.

대화문화아카데미는 2025년부터는 헌법개정안 마련에서 한 걸음 더 나아가 정치 관계법(선거법, 정당법 등) 개정을 비롯한 정치개혁 전반에 걸쳐 프로그램을 이어가고자 한다.

그동안 오랜 시간 헌법개정과 정치개혁 모임에 함께해주신 학계, 언론계, 정계, 시민사회 등 각계각층 리더의 선량한 의지와 헌신적 노고에 대해 마음 깊은 곳에서 감사를 드린다. 이번 새헌법안도 20회에 걸친 여섯 분의 전문가로 구성된 새헌법위원회의 정성 어린 숙의 과정을 통해 다양한 견해 차이를 좁혀가며 쟁점을 접점으로 바꾸어간 대화의 성과물이다. 박은정 위원장, 박찬욱・박명림・장영수・조진만・하승수 위원의 노고와 기여에 깊은 감사와 높은 경의를 표한다. 과중한 격무로 수고를 아끼지 않은 이성민 협력위원, 박지나 연구원의 헌신 또한 잊을 수 없다.

2025년 2월 평창동에서
대화문화아카데미 명예원장 강대인

차례

책을 펴내며 _강대인 4

1. 대화문화아카데미 2025 새헌법안의 특징
1.1. 대화문화아카데미 2025 새헌법안의 방향 _박은정 10
1.2. 요약정리-새헌법안의 주요 특징 24

2. 대화문화아카데미 2025 새헌법안 어떻게 만들어졌나
2.1. 『대화문화아카데미 2025 새헌법안』이 나오기까지 _박명림 36
2.2. 2025 대화문화아카데미 새헌법위원회 소개 41
2.3. 논의 연혁(2006~2025)과 대화 참석자 42

3. 대화문화아카데미 2025 새헌법안 해제
3.1. 전문과 총강 _박명림 84
3.2. 기본권과 기본의무 _박은정 89
3.3. 입법부 _박찬욱 99
3.4. 집행부, 사법부, 감사원 _장영수 119
3.5. 선거관리위원회 _조진만 139
3.6. 지방자치, 경제, 헌법개정 _하승수 147

4. 새헌법위원회 심의기록

4.1. 전반적 논의　162

4.2. 전문　203

4.3. 제1장 총강　209

4.4. 제2장 기본권과 기본의무　213

4.5. 제3장 입법부　252

4.6. 제4장 집행부　331

4.7. 제5장 사법부　386

4.8. 제6장 선거관리위원회　407

4.9. 제7장 감사원　428

4.10. 제8장 지방자치와 지방분권　452

4.11. 제9장 경제　497

4.12. 제10장 헌법개정　509

5. 부록: 현행헌법과 대화문화아카데미 2025 새헌법안 대조표

5.1. 현행헌법과 대화문화아카데미 2025 새헌법안　520

5.2. 대화문화아카데미 2025 새헌법안　576

5.3. 대화문화아카데미 1980년「바람직한 헌법개정의 내용」　609

5.4. 대화문화아카데미 2011 새헌법안　610

5.5. 대화문화아카데미 2016 새헌법안　646

1

대화문화아카데미
2025
새헌법안의
특징

1.1. 대화문화아카데미 2025 새헌법안의 방향

박은정 | 이화여대 명예교수 · 대화문화아카데미 새헌법위원장

　대화문화아카데미 2025 새헌법안은 연혁적으로 따지면 2006년부터 이어져온 대화문화아카데미 헌법개정 논의 제4기의 결실에 해당된다. 그동안 중요한 선거나 새 정부 출범을 전후해서, 때로는 현실 정치와 국정 운영의 난맥상을 지켜보면서 헌정 개혁과 새 정치문화에 대한 열망을 담아 내놓은 개헌 제안이 시민사회 진영에 의해 이토록 십 수년간 끈기 있게 이어져왔다는 사실은 그 자체로 놀랄 만한 일이다.

　2025 대화문화아카데미 새헌법위원회 위원들은 이번 헌법개정의 초점을 '분권형 개헌'에 맞추었다. '분권형 개헌'의 지향점은 정치와 국정 운영에서 대통령제의 승자독식 구도를 타파하고, 집행부와 입법부 사이에, 그리고 입법부 내에서의 견제와 균형을 촉진하고, 더 나아가 중앙정부와 지방정부 사이에 권력 분산을 확대함으로써 '분권과 협치'를 강화한다는 것이다. 승자독식으로 권력이 독점되면 사회 통합도 깨어지고 결국 기본권도 제한된다. 그 점에서 대화문화아카데미가 제안하는 새헌법에서 분권은 제왕적이 아닌 정상적인 대통령제를 확립하고, 그래서 온전한 민주공화국을 복원한다는 의미의 분권으로도 이해될 수 있을 것이다.

　우리 정치 현실과 국민의 공감대를 염두에 두고 어떻게 하면 분권과 협치

의 성공적인 제도화 방안을 마련할 수 있을까 하는 주제에 초점을 두었기에 이번 헌법 대화에서 위원들은 기본권 등 다른 분야보다는 권력구조 개편논의에 많은 시간을 할애하였다. 기본권 분야에서는 대화문화아카데미 2016 새헌법안에서 다룬 범위와 내용을 원칙적으로 유지하는 방향으로 합의하였다. 이는 2016 새헌법안이 그간 우리 사회의 강화된 인권의식을 바탕으로 광범위한 의견 수렴과 치열한 논의를 거쳐 도출된 것인 만큼, 지금 시점에서도 크게 손댈 필요가 없다고 봤기 때문이다. 특히 시민사회 진영에서 처음으로 조문화 수준으로까지 구체화한 개헌안을 내놓는 만큼 기본권 분야 논의에 심혈을 기울였던 것으로 기억한다. 그런 만큼 현시점에서는 기본권 등을 아우르는 총체적인 접근보다는 대통령에 과도하게 집중된 권력에 따른 대권 정치의 폐해를 막기 위한 권력구조의 분권형 개편에 지혜를 모으고, 다음 단계로 기본권 등에 대해서도 다시 검토하기로 한 것이다. 다만, 세계적으로 겪고 있는 기후위기라는 사상 초유의 상황에 직면하여, 기후생태 관련 문제의식과 그에 대한 지향성을 더 적극적으로 헌법에 담기 위해 헌법 전문과 기본권 조항에 관련 내용을 대폭 보완하기로 하였다.

분권에 초점을 맞추면서 위원들은 헌법재판소, 대법원, 감사원 등 헌법기관에 대한 대통령의 인사권을 견제함으로써 이들 기관의 정치적 중립성과 독립성을 강화하는 방향의 개선안을 마련하는 데도 주력하였다. 최근 '정치의 사법화' 경향 등에 따른 사법부의 국정 조정자로서 역할도 커지고 있는 상황에서 특히 사법부 수뇌부에 대한 대통령의 이른바 코드 인사 우려는 삼권분립을 해치며, 이를 해소하지 않으면 제왕적 대통령에 대한 해결도 난망하다고 봤기 때문이다.

개헌 내용에 대한 사회적 합의 수준을 높이는 쪽으로 가기 위해 경제, 영토, 통일 조항 등 이념적 갈등의 여지가 있는 내용에 대해서는 대화문화아카데미 2016 새헌법안과 마찬가지로 개정에 신중을 기하고, 앞으로 사회적 논의를 더해나갈 것을 제안하였다.

대화문화아카데미 2025 새헌법안이 '분권형 헌법'을 지향한다고 할 때, 권력은 수평적으로뿐만 아니라 수직적으로도 분산되어야 하며, 이와 관련하여 지방분권과 지방자치의 실질적인 보장은 실로 중요한 과제다. 이에 2025 새헌법안에서는 지방자치를 획기적으로 제고하고자 총강에 대한민국이 지방분권국가임을 선언하였다. 이는 지금까지 지방자치를 중앙과 지방의 권한이나 자원 배분의 문제로 인식하는 차원을 뛰어넘어, 수도권 일극 중심체제에 따른 제반 위기, 더 나아가 현 민주주의의 위기 상황에서 새로운 출구를 여는 의미를 지닐 수도 있을 것이다.

마지막으로, 대화문화아카데미 2025 새헌법안은 대의민주주의를 보완하는 방안으로 헌법개정과 법률안에 대한 국민발안제, 국회의원에 대한 국민소환제를 도입하였다. 대의민주주의를 기본으로 삼는 기존의 헌법 체제는 직접민주주의 요소의 도입을 구조적으로 어렵게 비치도록 만들어놓고 있다. 그러나 국민주권에 입각한다면 국회의 책임성을 제고하는 방안으로서 입법 등에서의 국민참여는 바람직하다고 본다.

이하에서 각 분야별로 대화문화아카데미 2025 새헌법안의 내용을 살펴보기로 한다.

전문과 총강은 대화문화아카데미 2016 새헌법안의 내용과 큰 차이가 없다. 전문에서 헌법 제정의 중심 정신이자 자원으로 3·1운동, 4월혁명, 6월항쟁을 명시하였다. 2016 새헌법안에서 3·1운동이라는 현행 표현을 3·1혁명으로 변경했는데 4월혁명과의 차이를 고려하여 기존대로 다시 수정하였다. 그리고 '민주이념'을 계승한다는 표현은 대한민국의 역사적·현재적 지평과 지향을 고려하여 '민주공화이념'으로 수정하였다. 국가의 헌법적 사명을 민주주의, 법치주의, 사회정의, 평화통일, 세계평화로 확장하고, 생명존중과 생태보전, 자유, 평등, 연대, 복지의 가치를 국가의 헌법적 가치로 명시하였다. 더 나아가 기후생태위기라는 사상 초유의 상황에 처해 생명생태가치의 헌법화를 위해 지구생태계 보전을 통한 미래세대에 대한 책임을 대화문화아카데미 2025 새헌법안에 명시하였다. 같은 취지에서 기회균등과 다양성 보장의 영역에 기존 '정치, 경제, 사회, 문화'에 '환경'을 추가하였다.

총강에서는 대한민국이 '지방분권국가'임을 선언함으로써, 분권의 대상과 차원이 권력구조뿐만 아니라 중앙과 지방의 관계에서도 반영됨을 명확히 밝혔다. 지방자치 이념의 획기적 제고는 지금까지 지방자치를 중앙과 지방의 권한이나 자원을 배분하는 문제로 인식하던 차원을 넘어, 수도권 일극 집중의 해소, 현 민주주의의 위기 상황의 새로운 활로로서 헌법적 의미를 획득할 수 있을 것이다. 영토, 통일 정책 조항은 현행대로 유지하기로 하였다. 두 개의 주권국가의 장기 존속이라는 현실, 영토와 통일 조항을 완전히 삭제할 경우 우려되는 국제관계 등의 문제를 고려하여 단서 조항을 다는 방안에 대한 검토도 있었으나, 이에 대해서는 추후 논의를 이어가기로 하였다. 헌법 체계상의 정합성을 위해 현행헌법 제5조 2항 국군의 사명과 정치적 중립성 조항을 집행부 내의 국군 관련 조항으로 옮기도록 하였다. 그밖에 정당해산 조항을 단서 조항으로 표기하여 정당을 보호하는 조문의 본래 취지를 회복하고자 하였다.

2025 대화문화아카데미 새헌법위원들은 기본권 분야에서는 대화문화아카데미 2016 새헌법안에서 다룬 범위와 내용을 원칙적으로 유지하는 방향으로 합의하였다. 이는 기본권 조항은 특히 가치 지향적 성격이 강한 데다가, 2016 새헌법안이 그간 우리 사회의 강화된 인권의식을 바탕으로 광범위한 의견 수렴과 심도 있는 논의를 거쳐 도출되었고, 시민사회 진영에서 처음으로 조문화 수준으로까지 구체화한 개헌안으로 내놓은 것인 만큼, 당시 특히 기본권 분야 논의가 심혈을 기울여 이루어졌기 때문이다. 그래서 이번 개헌논의는 분권형 권력구조 개편에 초점을 맞춘다는 과제에 충실하고, 이에 성과를 낸 후 다음 단계로 기본권에 대해 다시 검토하기로 한 것이다.

위와 같은 취지에 따라 2025 새헌법안에서 기본권 분야는 인권의 외연을 확대하고 그 보장을 실질화하며 나아가 인간만이 아니라 모든 생명을 가진 존재와 생태가치를 인정하는 정신을 실현한다는 기조를 유지하였다. 그러면서도 이번 안에서 특히 새롭게 논의한 것을 반영한 부분은 기후와 환경 관련 분야이다. 세계적으로 겪고 있는 기후생태위기라는 사상 초유의 상황에 직면하여, 이에 대처하는 내용을 대폭 보완하기로 한 것이다.

대화문화아카데미 2025 새헌법안은 먼저 기본권 적용 주체의 범위를 확장하기로 하였다. 개별 조항의 성격에 따라 적용 범위를 '국민'에서 '모든 사람'으로 바꾸어, 적어도 자유권적 기본권의 성격이 강한 조항에서는 기본권 적용 대상의 범위를 공동체에 거주하는 모든 사람으로 확장하도록 변경한 것이다. '국민'만 법 앞에 평등한 것이 아니라 공동체 내의 구성원이라면 모든 사람이 법 앞에 평등하다는 인식이 헌법 가치 안에 반영되어야 한다고 생각한 것이다. 이와 함께 헌법 제2장의 표제 '국민의 권리와 의무'를 '기본권과 기본의무'로 바꾸기로 하였다.

다음으로, 현행헌법이 보장하는 기본권을 시대적 변화에 맞추어 좀 더 강화하는 방향으로 수정할 필요가 있다고 보았다. 우선 양심의 자유 조항을 확대하여 양심과 사상의 자유를 보장한다고 규정함으로써 자유민주주의의 기본적 가치를 더 분명히 하고자 하였다. 또한, 여성이나 노인·아동·장애인 등 현행헌법에서 배려의 대상이나 수동적 복지의 대상으로 여겨진 사람들에 대해 그들이 자기 권리를 적극적으로 행사하는 주체라는 관점에서 기본권이 적용되도록 변경하였다. 특히 현행 차별금지조항의 대상 범위를 확장하여, 다문화 사회로의 이행이 예측됨에 따라 차별금지조항에 인종이 명시되어야 한다는 점과 연령, 신체적·정신적 장애, 출신이나 성적 지향이 차별의 이유가 될 수 없음을 강조하였다.

또한, 87년 이후 우리 사회의 변화에 대응하여 새로이 헌법에 반영해야 할 기본권 내용으로서 생명의 권리와 신체를 훼손당하지 않을 권리, 알 권리, 개인정보의자기결정권 또는 정보의 자유를 신설하였다. 그리고 교육받을 권리를 학습할 권리로 확장함으로써 평생교육과 대안교육 등의 헌법적 근거를 확보하고자 하였다. 모성의 권리에 대해서도 진지하게 논의한 바, 자녀의 출산과 양육에 관한 국가의 지원 의무를 명확히 표기함으로써 입법 취지를 분명히 하였다. 양심에 반한 집총병역을 거부할 권리와 법률에 따른 대체복무제 도입 근거도 신설하였다.

새로운 기본권을 도입하는 이외에 현행헌법에 있는 인권 침해적 요소를 제거하기 위해 군인, 군무원, 경찰공무원 등의 국가배상청구권을 제한한 조항을 삭제하였다. 그리고 반인도적 범죄에 대해 공소시효를 배제하는 조항을 추가하였다.

마지막으로, 앞에서 언급한 대로, 대화문화아카데미 2025 새헌법안에서 특별히 공을 들인 부분은 사상 초유의 기후위기에 대처하는 문제를 포함하여 생명생태가치를 헌법에 반영하는 문제였다. 대화문화아카데미 2016 새헌법안도 기본적으로 이런 방향에 서 있었다. 그에 따라 우선 헌법 전문에 '생명존중과 생태보전'을 헌법 가치로 명시했으며, 생명권을 신설하고 사형금지 조항도 도입하였다. 국가정책 목표 차원에서는 경제 관련 조항에 지속가능한 개발과 천연자원 및 생태환경 보전을 위한 국가의 의무를 명문화하였다. 그리고 이런 정책 목표를 실현하기 위한 환경 거버넌스로서 생태환경에 관한 대통령직속위원회를 두도록 하였다.

다만, 2016 새헌법안은 기후위기에 대해 구체적인 언급을 하지는 않았다. 환경권과 관련해서도 기본적으로 현행헌법 제35조를 유지하는 선에 머물렀다. 이에 2025 새헌법안에서는 우선 전문을 통해 기후생태위기에 대처하는 것이 중요한 시대적·헌법적 과제임을 더 구체화하고, 이와 관련한 미래세대에 대한 책임도 명시하였다. 그리고 환경권 조항에 생명체는 법률이 정하는 바에 따라 국가의 보호를 받는다는 내용을 추가함으로써 인간이 아닌 생명체도 법적 보호의 대상이 됨을 명시하였다. 또한, 국가와 국민은 기후생태위기에 대처하기 위해 필요한 온실가스 감축과 '정의로운 전환'을 위해 노력해야 함을 명시하였다. 그리고 기후위기는 화석연료에 의존해온 문명이 낳은 위기이고 단기간에 또한, 특정 국가의 노력만으로 대처하기 어려운 만큼, 기후위기에 대처하고 환경을 보전하기 위한 국제적인 노력에 참여하여야 함도 명시하여 생태환경의 지속가능한 보전을 위한 국제연대의 필요성에 대해서도 제안하였다.

'분권형 개헌'의 지향점은 정치와 국정 운영에서 승자독식을 지양하고, 집행부와 입법부 사이에서, 그리고 입법부 내에서 견제와 균형을 촉진하고, 더 나아가 중앙과 지방 간 권력 분산을 확대함으로써 분권과 협치를 강화한다는 것이다. 이에 따라 분권의 원리를 입법부 구성에도 반영하여 2025 새헌법안은 국회의 구조로서 양원제를 도입하고 분권 강화를 통해 견제와 균형을 이루는 방향으로 보강하였다. 승자독식을 혁파하고 국정 운영의 연속성을 도모하고자 입법부 내에서 양원 사이에, 입법부와 집행부 사이에 권한을 확실하게 분산하고 협치하지 않으면 권한이 작동하지 않도록 한 것이다. 즉 광역 대표성을 토대로 공공이익과 지방분권에 기여하는 공화원(상원)과, 주권자의 의사를 균등하게 대표하는 중추적 대의기관으로서 민주원(하원)을 둠으로써, 신중한 법안 처리, 장기적 안목의 국정 심의, 다수 전횡 견제, 지역균형 발전을 도모하고자 한 것이다.

의원 정수는 민주원의원 300명, 공화원의원 100명 이하로 설정하였다. 의원 임기는 전자는 4년, 후자는 6년으로 하되 2년마다 3분의 1씩 개선(改選)하도록 하였다. 선출 방식에서 민주원 선거는 주권자 개인의 의사를 균등히 대표하고 정당별 득표수 대비 의석수의 비례성이 강화되도록 하였다. 지방정부와 주민을 대표함을 주요 임무로 하는 의원을 선출하는 공화원 선거는 도 및 그와 대등한 지위를 갖는 시 단위, 또는 도와 그와 대등한 지위를 갖는 시를 통합하는 권역 단위에서 이루어지는 것으로서 비례대표제에 의하도록 하였다. 이로써 다당제를 유도하고, 권력 분산, 연합 정치와 협치를 통한 국정 운영을 지향하는 분권형 대통령제에 조응하고자 한 것이다. 민주원은 3선을 초과하여 재임할 수 없도록 했는데, 이는 기득권의 안주를 막고, 민의에 더 민감하게 부응하게 하고, 정치인의 세대교체에도 도움이 되리라 생각한다.

대화문화아카데미 2025 새헌법안에서는 재정 및 예산 법률안 등에 대한 선의권(先議權)을 민주원이, 지방정부에 중대한 영향을 줄 수 있는 법률안에 대한 선의권은 공화원이 갖도록 함으로써 입법부는 기본적으로 하원 우위형을 택하고 있다. 그러나 민주원의 기능적·상대적 우위는 공화원이 민주원에 종속된 지위에 있음을 의미하지 않으며, 법률안 등 의안에 관하여 양원 간의 의결이 불일치하면 양원협의회에서 단일안을 작성·발의하여 재의결하도록 하였다. 대통령의 긴급처분 또는 명령의 승인이나 대통령이 선포한 계엄의 해제 요구는 양원합동회의의 의결 사항으로 한다.

민주원은 장관 등 법률이 정하는 공무원 임명에 대한 인준, 헌법재판소 등 헌법기관의 구성원 선출, 대통령을 제외한 공무원에 대한 탄핵소추 권한을 행사한다. 대통령에 대한 탄핵소추는 민주원 재적의원 3분의 1 이상이 발의하되 양원에서 각각 재적의원 3분의 2 이상의 찬성으로 의결한다. 탄핵심판은 헌법재판소가 관장하여 결정하지만, 헌법재판관에 대한 탄핵은 공화원이 재적의원 3분의 2 이상의 찬성으로 결정한다.

대화문화아카데미 2025 새헌법안에서 총리는 민주원에서 후보 2인을 추천하여 대통령이 임명하도록 하였다. 그리고 현행헌법과 유사하게 민주원이 총리 또는 장관의 해임을 대통령에게 요구하는 권한을 가지게 하고, 대통령의 독주를 우려하여 대통령이 민주원의 내각연대불신임에 대응하여 민주원을 해산하는 권한은 삭제하였다. 국회 운영과 관련해서는 상시국회제를 도입하고, 대통령 및 행정부의 정책 집행에 대한 감독 강화를 위해 수시 국정조사를 활성화하되 종래의 국정감사는 폐지하기로 하였다.

마지막으로, 2025 새헌법안은 선거권자 150만 명의 발의를 통한 헌법개정안의 국민발안제와 법률안의 국민발안제를 도입하고 국회의원에 대한 국민소환제를 도입함으로써, 입법과 관련하여 대의민주주의를 보완하는 직접민주주의를 도입, 국회의 책임성과 반응성을 제고하는 방안을 마련하였다.

'87년 체제' 이래 정치 현실과 우리 사회의 변화에 따른 개헌 필요성 가운데서도 현시점에서 가장 절실한 것은 '제왕적 대통령'과 승자독식의 대권 정치의 폐해를 막기 위한 분권형 정부 형태를 만드는 과제이다. 우선 분권의 원리를 집행부 내에 반영하여 그동안 대통령에게 집중되었던 권한이 국민의 직접선거로 뽑는 대통령과 국회의 추천으로 선임되는 총리 사이에 분산되도록 하였다. 총리는 민주원에서 재적의원 과반수의 찬성으로 2인의 후보를 추천하고, 대통령이 그중에서 임명하도록 한 것이다.

현행헌법에 비교할 때, 대통령의 권한을 상당히 축소하는 이러한 방향에서 2016 새헌법안이 총리에게 더 비중을 둔 고강도의 분권이었다면, 이번 2025 새헌법안에서는 여야 갈등의 현실 정치 대립, 교착 등을 고려하여 대통령과 총리의 균형을 맞출 수 있도록 조정하였다. 대통령의 헌법상 권한이 크고 집행부의 조직, 인력, 예산 등이 입법부나 사법부에 비하여 현저히 방대한 상황에서 제왕적 대통령을 확실하게 극복할 방안은 내각제일 수 있겠으나, 국민의 의회 정치에 대한 불신, 대통령제에 대한 선호 등을 고려하여 대통령제와 내각제의 "징검다리로서의 분권형"을 제안하는 것이다. 국회의 관여 없이는 총리가 실질적 책임총리가 되기 어렵다. 민주원(하원)에서 총리 후보를 복수 추천하고 대통령이 그중 한 사람을 임명하는 방식은 총리의 정치적 공간을 넓힐 수 있을 것이다. 대통령은 외교, 통일, 국방 등의 영역에서 국가의 안정과 국정의 연속성을 담보하는 역할을 맡도록 하고, 대통령의 임기에 대해서는 여러 차례의 토론을 통해 현행 5년 단임제의 장단점과 여론조사에서 선호도가 비교적 높은 4년 중임제 등 다양한 내용과 대안이 검토되었다. 그러나 이 문제는 한결 더한 숙고의 여지가 있다는 중론이 있었기에, 우선은 현행대로 5년 단임제를 유지하기로 하였다. 대통령의 권한에 상응하는 민주적 정당성 확보를 위해 결선투표제를 도입하였다. 현행헌법상 국무회의의 심의 사항에 준하는 국무회의 의결 사항을 정하여 국무회의의 위상과 역할을 강화하였다.

사법부에 의한 법치주의 실현과 인권 보장은 법치 민주국가에서 아무리 강조해도 지나치지 않다. 최근 정치의 사법화 경향 등에 따른 사법부의 국정 조정자로서의 역할도 커지고 있다. 이런 가운데 대통령제, 그것도 제왕적 대통령으로 인한, 사법부 인사에 대한 대통령의 개입 등은 사법부의 독립성과 중립성을 강화하는 방향의 개헌 필요성을 확인시키고 있다. '분권형 헌법'에서는 무엇보다도 대통령이 대법원, 헌법재판소, 감사원 등 헌법기관 구성원들에 대해 가지는 인사권을 견제할 필요가 있다. 특히 사법부에 대한 대통령의 이른바 코드 인사는 삼권분립을 해치며, 이를 해소하지 않으면 제왕적 대통령에 대한 해결도 난망할 것이다.

이 점에서 2025 새헌법안은 2016 새헌법안에서 더 나아가, 헌법재판소의 독립성과 중립성을 강화하기 위해 헌법재판소장 및 헌법재판관은 헌법재판관추천위원회의 추천으로 민주원(하원)에서 선출하도록 하고, 그 선출은 재적의원 3분의 2 이상의 찬성을 요하는 것으로 정하였다. 여야 합의나 타협 없이는 선출이 불가능하게 하고 그럼으로써 중립적인 인물이 선출될 수 있도록 한 것이다. 현행헌법에서처럼 대통령, 국회, 대법원이 각각 3인을 선임하도록 할 경우 실질적으로는 대통령이 국회와 대법원에 미치는 영향력을 차단하기 어렵다는 점을 감안한 것이다.

최근, 12·3 계엄으로 야기된 대통령 탄핵소추 과정에서 드러난 헌법재판관의 공석 문제는 헌법재판소법 개정을 통해 후임 재판관이 임명될 때까지 전임 재판관이 계속 업무를 수행하도록 하는 방향으로 해결하는 것이 바람직할 것이다. 탄핵소추의 오남용 문제나 대통령권한대행의 탄핵소추 과정에서 제기된 문제는 헌법상의 규정 미비로 접근하기보다는 사법부에 대한 국민 신뢰의 제고, 헌법재판소법 등의 개정으로 대처할 문제라고 보아 별도로 논하지 않았다.

사법부의 수뇌부 선출에서 대통령의 과도한 영향력을 막기 위해 법원의 경우에도 대법원장 및 대법관 선출 방식을 변화시켰다. 즉 대법원장 및 대법관 임명을 대통령이 하는 것이 아니라, 법관추천회의의 추천을 거쳐 민주원(하원)에서 재적의원 3분의 2 이상의 찬성으로 결정하도록 하였다. 이는 헌법재판관의 경우처럼 사실상 여야 합의로 임명하게 하여 중립적인 인물이 선출됨으로써 사법의 독립성과 중립성을 확보하고자 한 것이다.

우리 헌법에 선거관리와 관련한 별도의 장을 마련한 이유는 민의를 확인하고 권력에 민주적 정통성을 부여하는 선거의 공정하고 투명한 관리가 필수적이기 때문이다. 2025 새헌법안은 현행헌법의 골격을 유지하는 바탕에서 선거관리위원회의 구성과 관련하여 중립성과 공정성을 강화하는 방안을 담았다. 우선 제7장 제목인 '선거관리'라는 기능적 명칭을 헌법적 독립기관으로서의 위상을 명시하는 '선거관리위원회'로 변경하였다. 그리고 중앙선관위를 선거관리위원추천위원회의 추천을 받아 민주원(하원) 재적의원 3분의 2 이상의 찬성으로 선출하는 9인의 위원으로 구성하도록 하였다. 이는 위원 구성에서 대통령의 실질적 영향력을 차단하고 국회에서 여야 간 합의 없이는 재적의원 3분의 2 이상의 동의를 받기 힘들 것인 바, 선거관리의 중립성과 공정성을 해칠 수 있는 인사를 배제하고자 한 것이다. 위원장은, 선관위가 법관 출신 이외의 다양한 인사로 구성될 것이므로 위원 중에서 호선하도록 하는 2016 새헌법안을 유지하기로 하였다.

감사원이 정치적으로 중립적인 위치에서 제 기능을 다하기 위해서는 현재처럼 대통령 소속하에 있기보다는 헌법상 독립기관이어야 한다는 데 대해서는 진작부터 폭넓은 공감대가 있어왔다. 이에 2025 새헌법안은 2016 새헌법안과 유사하게 감사원을 헌법상의 독립기관으로 두며, 감사원장과 감사위원 임명은 법률이 정하는 추천위원회의 추천을 거쳐 민주원(하원)에서 결정하는 것으로 하였다. 다만, 2025 새헌법안에서는 감사원장과 감사위원의 임명과 관련하여 추천위원회의 추천을 거친 이후에 민주원에서 재적의원 3분의 2 이상의 찬성으로 임명하도록 정하였다. 대통령이 아닌 국회가 임명 주체가 되도록 하고 국회 내 다수파나 여야 어느 한쪽이 일방적으로 결정할 수 없도록 함으로써 정치적 중립성 확보를 더 확실히 하는 방식을 취한 것이다.

현행헌법에서 단지 2개 조문으로 구성된 지방자치 조항은 실질적인 자치권을 보장하고 지방분권을 실현하기에는 매우 미흡하다는 지적을 받아왔다. 특히 "법령의 범위 안에서 자치에 관한 규정을 제정할 수 있다"라는 헌법조항은 자치입법권을 확대하는 데 걸림돌 역할을 하였다. 2025 새헌법안이 '분권형 헌법'을 목표로 삼는다고 할 때, 권력은 수평적으로뿐만 아니라 수직적으로도 분산되어야 하며, 이 점에서 분권형 개헌에서 지방분권과 지방자치의 실질적인 보장은 실로 중요한 과제라고 할 수 있다. '수도권 일극 집중체제'를 해소하려면 중앙집권적인 국가구조를 혁파하고 지방분권국가구조로 전환해야 하는 것이다.

이에 2025 새헌법안에서는 현행헌법 제8장 '지방자치'를 4개 조문으로 확충하고 장 제목도 '지방자치와 지방분권'으로 변경하였다. 그리고 헌법 제1조 3항에서 대한민국은 지방분권국가임을 선언하였다. 지방자치단체라는 용어 대신에 지방정부라는 용어를 사용하고, 지방정부의 종류에 관해서, 광역의 경우에는 "도 및 그와 대등한 지위를 가지는 시"로 하고, 기초의 경우에는 법률에 위임하는 것으로 하고, 주민발안, 주민투표 및 주민소환의 헌법적 근거를 명시하였다.

지방정부의 권한을 폭넓게 인정하여 사무의 배분에서는 주민에게 가까운 지방정부가 우선한다는 보충성의 원칙을 명시하고, 국가가 전속적인 입법권을 갖는 영역을 제외하면 지방정부가 경합적인 입법권을 갖도록 하였다. 지방의회 및 집행기관의 자주조직권, 재정자율권, 자주과세권을 보장하고, 자치입법권을 확대하였다. 그밖에 위임사무와 관련하여 위임하는 주체의 재정부담 의무를 명시하였다.

2025 새헌법안의 지방분권국가 선언은 지금까지 지방자치를 중앙과 지방의 권한이나 자원을 배분하는 문제로 인식하던 수준을 넘어, 현 민주주의의 위기 상황에서 민주주의의 새로운 출구 또는 활로로서 지방자치의 획기적 제고라는 의미를 얻을 수도 있을 것이다.

현행헌법 제119조를 포함하여 경제헌법 조항에 대해서는 대화문화아카데미 2016 새헌법안을 마련할 때부터 치열한 논의가 있었다. 논의 결과 제119조 1항과 2항을 유지하되, 3항을 신설하여 국가는 전국의 균형 있는 경제발전을 위하여 필요한 정책을 수립하고 시행한다는 조항을 추가하는 것으로 정리하였다. 나머지 조항에 대해서도 일부 문구만 수정하는 정도로 안을 마련하였다. 대화문화아카데미 2025 새헌법안이 분권형 헌법에 초점을 맞추는 만큼, 이념적 갈등의 소지가 있는 내용에 대해서는 가급적 신중하게 접근하자는 쪽으로 방향을 잡은 것이다.

다만, 농업계에서 농업의 공익적 기능을 헌법에 명시할 것을 강력하게 요구하고 있고, 농어촌 지역의 인구 감소와 고령화, 식량 위기 등을 감안하면 농어촌 지역의 지속가능성을 확보하기 위한 대책이 필요하다는 점, 또한 기후생태위기 등을 생각해서라도 농업의 공익적 기능을 인정하고 존중할 필요가 있다는 점을 감안하여, 농업·농촌에 관한 조문을 "국가는 식량의 안정적 공급과 생태보전 등 농어업의 공익적 기능을 바탕으로 농어촌·농어업의 지속가능한 발전과 농어민의 권익 신장을 위해 필요한 계획을 수립하고 시행한다"라고 수정하였다. 그 밖에 중소기업을 보호하는 현행 규정에 '소상인'을 추가하고, 현시대에 맞지 않는 표현은 삭제하거나 수정하였다.

2025 대화문화아카데미 새헌법위원회 위원들은 2016 새헌법안과 기본적으로 같은 입장에서 헌법개정 논의가 지금까지 보다는 활성화될 필요가 있다고 보았다. 그래서 국민발안제를 도입하고, 국회의원의 헌법개정안 발의요건을 완화하는 것이 필요하다고 판단하였다. 참고로 제헌헌법에서 6차 개정헌법까지는 국회 재적의원 3분의 1 이상 찬성으로 헌법개정안 발의가 가능하도록 되어 있었다. 국민발안의 경우 국회의원이 발의한 경우와 동일하게 국회 재적의원(민주원과 공화원을 합친 재적의원) 3분의 2 이상의 찬성으로 의결을 해야 국민투표에 부의하는 것으로 하였다. 곧바로 국민투표에 부의할 때의 혼선이나 부작용이 우려되기 때문이다. 국민발안에 필요한 서명 숫자는,

헌법개정안의 중요성에 비추어 유권자의 3% 정도 서명이 필요하다고 보아, 이번 2025 새헌법안에서는 150만 명으로 제안하였다. 대통령의 헌법개정 발의권은 삭제했는데, 이는 헌법개정은 기본적으로 국회에서 논의되어야 할 사항이고, 지금까지 경험으로 보건대 대통령의 개헌안 발의가 바람직한 지향성을 가지지 못할 수 있다고 판단했기 때문이다.

지금까지 대화문화아카데미 2025 새헌법안의 방향에 대해서 주요 내용을 중심으로 서술하였다. 대통령에 집중된 권한의 분산, 양원제 도입을 통한 의회 정치의 활성화, 수도권 일극 집중을 해소하는 지방분권과 지방자치, 국민 참여를 통한 대의민주주의 보완, 기후위기 대응을 위한 생명생태가치의 헌법화, 이 모든 헌법적 지향을 담은 개헌안을 내놓음에 있어서 관련 논의가 미진한 부분이나 미처 다루지 못한 의제도 적지 않을 것이다. 우리 사회에서 개헌의 당위성은 높다. 그러나 개헌만으로 권력 남용이나 민심을 거스르는 선거 행태 등의 문제가 일거에 해소되지는 않을 것이다. 그러나 '더 나은 헌법'을 만들기 위한 공론장은 헌신적인 정치인과 양식 있는 시민을 모으고, 그럼으로써 사회통합에 이바지한다고 생각한다. 아무쪼록 대화문화아카데미 2025 새헌법안이 감히 그런 용도로 쓰이기를 희망한다.

1.2. 요약정리 – 새헌법안의 주요 특징

장 제목	주요 특징
전문	- 헌법 제정의 중심 정신이자 자원으로 3·1운동, 4월혁명, 6월항쟁의 민주공화이념을 명시 - 국가의 헌법적 사명을 민주주의, 법치주의, 사회정의, 평화통일, 세계평화로 확장, 세계평화를 넣어 국민국가를 넘어 세계시민국가, 보편국가, 인류국가를 지향 - 21세기 인류와 대한민국의 보편적 지향 가치를 헌법 정신과 가치로 수용, 특히 생명국가, 생태국가 지향 천명(자유국가, 평등국가, 연대국가, 복지국가와 함께) - 생명생태가치의 헌법화를 위해 지구생태계 보전을 통한 미래세대에 대한 책임 명시, 헌법의 미래성을 인식·추구·구현하려 노력 - 기회균등과 다양성 보장의 영역에 기존 '정치, 경제, 사회, 문화'에서 '환경' 추가 - 기회균등과 다양성 보장을 '모든 이'에게 확장하여 열린 세계시민국가, 인류국가를 추구(기존 전문의 '인류공영 이바지' 정신의 확장·승화)

총강	- 제1조 3항에 지방분권국가 선언. 분권의 대상과 차원을 권력구조뿐만 아니라 중앙-지방의 관계 차원에서도 명확화 제1조 ③대한민국은 지방분권국가이다. - 헌법 체계상 정합성을 위해 현행헌법 제5조 2항의 국군의 사명·정치적 중립성 조항을 집행부 내 국군 관련 조항으로 옮김 - 정당해산 조항을 단서 조항으로 표기하여 정당을 보호하는 조문의 본래 취지를 회복하고 정당해산은 집행부가 국무회의 의결을 거쳐 제소하도록 하여 독단적 결정 방지
기본권과 기본의무	- 현행헌법 제2장의 표제인 '국민의 권리와 의무'를 '기본권과 기본의무'로 변경 - 일부 기본권 적용 주체를 국민에서 모든 사람으로 확장 - 생명권, 사형 금지 조항, 알 권리, 개인정보자기결정권 등 신설 제9조 ①모든 사람은 인간으로서의 존엄과 가치를 가지며, 행복을 추구할 권리를 가진다. 국가는 개인이 가지는 불가침의 기본적 인권을 확인하고 이를 보장할 의무를 진다. ②모든 사람은 생명의 권리를 가진다. ③사형은 금지된다. - 차별금지기준을 현행헌법의 '성별·종교 또는 사회적 신분'에서 '성, 종교, 종족, 연령, 신체적 조건이나 정신적 장애, 출신, 성적 지향 또는 사회적 신분 등'으로 구체화하고 확대 제10조 ②모든 사람은 성, 종교, 종족, 연령, 신체적 조건이나 정신적 장애, 출신, 성적 지향 또는 사회적 신분 등에 의하여 정치적·경제적·사회적·문화적 생활의 모든 영역에 있어서 차별을 받지 아니한다. - 교육받을 권리를 학습할 권리로 확장하여 평생교육과 대안교육 등의 헌법적 근거 확보 - 국민참여재판의 위헌소지를 해소하기 위하여 '법관에 의한 재판'을 '법원에 의한 재판'으로 수정 - 기후생태위기 대처와 미래세대에 대한 책임을 환경권 조항에 명시 제37조 ①모든 국민은 건강하고 쾌적한 환경을 누릴 권리를 가진다.

②생명체는 법률이 정하는 바에 따라 국가의 보호를 받는다.

③국가와 국민은 환경을 지속가능하게 보전하기 위해 노력하여야 하며, 기후생태위기에 대처하고 환경을 보전하기 위한 국제적인 노력에 참여하여야 한다.

④국가와 국민은 기후생태위기에 대처하기 위해 필요한 온실가스 감축과 정의로운 전환을 위해 노력하여야 한다.

- 여성, 아동, 노인이 적극적 주체로서 기본적 권리를 행사함을 강조

  제35조 ①모든 국민은 아동기에 성장과 발전을 위하여 국가와 사회의 특별한 보호를 받을 권리를 가진다. 아동은 자신의 정신적, 신체적 성숙정도에 따라 기본권을 행사한다.

  제36조 모든 국민은 노년기에 국가의 보호를 받을 권리를 가지며, 이 권리의 실현을 위하여 국가는 특별한 조치를 할 의무를 진다.

- 자녀의 양육과 출산에 대한 국가의 지원의무 명시

  제38조 ②국가는 자녀의 출산과 양육에 관하여 지원해야할 의무를 진다.

- 양심에 반한 집총병역을 거부할 권리와 법률에 따른 대체복무제 도입 근거 신설

  제41조 ③누구도 양심에 반하여 집총병역을 강제 받지 아니하고, 법률이 정하는 바에 의하여 대체복무를 할 수 있다.

- 군인, 군무원, 경찰공무원 등의 국가배상청구권 제한 조항 삭제

- 반인도적 범죄에 대한 공소시효 배제 조항 신설

  제12조 ④특정 집단의 전부 또는 일부를 말살할 목적으로 범해진 집단살해, 공권력에 의한 반인도적 범죄에 대해서는 법률이 정하는 바에 의하여 공소시효를 배제한다.

입법부   - 현행헌법 제3장의 표제인 '국회'를 '입법부'로 변경

1) 입법부의 구조개혁: 양원제 도입
- 상원 설치의 이유: 신중한 입법, 장기적 국익 고려한 국정 심의, 입법부와 집행부 간 및 입법부 내부에서 견제와 균형, 하원은 주권자 의사를 균등하게 대표하고 상원은 광역 대표성을 토대로 지방분권

과 지역균형 실현
- 고유 명칭: 상원은 공화원, 하원은 민주원
- 공화원의원 100인, 임기 6년, 2년마다 1/3씩 개선(改選), 광역/권역 단위 비례대표제로 선출
- 민주원의원 300인, 임기 4년, 단 3선으로 연임 제한하여 민의 대응성과 정치인 세대교체 촉진

제42조 ⑤국회의원의 수는 법률로 정하되, 민주원의원은 300인, 공화원의원은 100인을 상한으로 한다.
⑥국회의원의 선거구와 비례대표제 기타 선거에 관한 사항은 법률로 정한다. 다만, 민주원의 의석은 정당별 득표율에 비례하도록 노력하여야 하고, 공화원의원은 도 및 그와 대등한 지위를 갖는 시 단위, 또는 도와 그와 대등한 지위를 갖는 시를 통합하는 권역 단위로 비례대표제에 의하여 선출한다.

2) 양원의 권한과 역할
(1) 공화원
- 지방에 중대한 영향을 줄 수 있는 법률안에 대한 선의권(先議權)
- 전속적 권한: 헌법재판관에 대한 탄핵 여부 결정
(2) 민주원
- 재정 및 예산 법률안에 대한 선의권
- 전속적 권한
  가. 총리추천제: 민주원이 후보자 2인을 추천하여 대통령이 임명
  나. 재적의원 3분의 2 이상의 찬성으로 헌법재판관, 대법관, 감사위원, 중앙선거관리위원 선출
  다. 장관임명동의권
  라. 탄핵소추 발의와 의결 권한
  마. 총리와 장관에 대한 해임요구권
(3) 공화원, 민주원 각 원의 실질적 권한 보유
- 민주원의 기능적 우위에도 불구하고, 입법과 국정 심의에 있어서 각 원은 기본적으로 대등한 지위에서 실질적 권한 보유
  가. 법률안 등 의안에 관하여 양원 간의 의결 불일치 시: 양원협의

회에서 단일안 작성·발의하여 각 원에서 재의결
  나. 각 원은 조약 체결·비준에 대한 동의권, 선전포고 및 국군 파견 등에 대한 동의권
  다. 양원합동회의 의결을 통해 대통령의 긴급처분 또는 명령 승인하고, 대통령이 선포한 계엄의 즉시 해제를 요구
  라. 헌법개정안은 각 원에서 재적의원 3분의 1 이상 찬성으로 발의, 각 원의 재적의원 3분의 2 이상 찬성으로 의결

3) 입법부 운영제도의 개혁
- 임시회와 정기회 구분 폐지, 상시회의체제 확립
- 예산법률주의 도입과 예산법률안 제출 시기를 조정
- 집행부의 정책집행에 대한 감독 강화를 위한 수시 국정조사 활성화(국정감사 폐지)
- 국가 채무부담의 한계에 대한 입법적 통제
- 위헌입법의 가능성 축소를 위한 추상적 규범통제 도입

4) 직접민주제 강화로 대의제 보완
- 선거권자 150만 명의 발의요건으로 헌법개정안과 법률안의 국민발안
- 국회의원에 대한 국민소환제 도입
  제57조 ①모든 국민은 민주원의원 선거권자 150만 명의 서명으로 법률을 발안할 수 있다. 국민의 발안에 대해서 국회는 180일 이내에 심의하여 의견을 표명하거나 대안을 발안할 수 있다. 국회가 대안을 발의한 경우에는 원안과 대안에 대해서 각각 국민투표로써 찬반을 물어야 한다. 국민발안은 제기된 날로부터 1년 이내에 국민투표에 회부하여야 한다.
  제42조 ⑦국회의원은 임기만료 전이라도 국민이 소환할 수 있으며 소환요건이나 절차 등 구체적인 사항은 법률로 정한다.

집행부	- 현행헌법 제4장의 표제인 '정부'를 '집행부'로 변경 - 집행부는 대통령과 행정부로 구성

제71조 ①집행권은 대통령과 행정부로 구성되는 집행부가 담당한다.
②집행권에 속하는 것으로서 헌법에 대통령의 권한으로 규정된 것 외에는 행정부의 권한으로 본다.

- 분권형 대통령제를 전제로 대화문화아카데미 2016 새헌법안에 비하여 대통령의 권한 일부가 확대됨, 현행헌법상 대통령에 비하면 권한이 상당히 축소
- 대통령 임기는 현행 5년 단임제 유지
- 결선투표제를 도입하여 대통령의 권한에 상응하는 민주적 정당성 확보

제73조 ④유효투표의 과반수를 얻은 후보자가 없는 경우에는 제1차 투표 14일 이후 21일 이내에 제2차 선거를 실시하여야 한다. 이때 후보자 중에서 후보 포기를 하지 아니한 득표 상위 2인에 대해서만 제2차 투표를 실시한다.

- 대통령은 외교, 통일, 국방의 영역에서 국가의 안정성 및 계속성을 담보

제79조 ①대통령은 대한민국이 체결하는 조약에 비준하고, 외교사절을 신임·접수·파견한다.
제80조 ①대통령은 헌법과 법률이 정하는 바에 의하여 국군을 통수한다.
제93조 장관은 총리의 제청으로 대통령이 임면한다. 다만, 외교·통일·국방장관은 총리의 제청 없이 대통령이 임면한다.

- 행정부는 총리와 행정각부로 구성, 총리가 행정각부 통할, 국정운영계획 및 대내외 기본정책 수립, 실시

제91조 행정부는 총리와 행정각부로 구성된다. 총리는 행정각부를 통할한다.
제94조 총리는 국무회의의 의결을 거쳐 국정운영계획 및 대내외 기본정책을 수립·실시하며, 이에 대해 책임을 진다. 이러한 기본정책의 범위 안에서 장관은 소관사무를 자기의 책임으로 처리한다.

- 총리는 민주원(하원)에서 재적의원 과반수 찬성으로 2인의 후보를 추천, 대통령이 그중에서 임명

제92조 총리는 민주원에서 재적의원 과반수의 찬성으로 2인의 후보를 추천하며, 대통령이 그중에서 임명한다.

	- 국무회의 의결기구화, 국무회의 의장은 대통령이며 부의장은 총리 제95조 국무회의는 대통령과 총리, 행정각부의 장관으로 구성되며, 대통령이 의장, 총리가 부의장이 된다. 제96조 ①국무회의는 집행부의 권한에 속하는 중요한 정책을 심의·의결한다.
사법부	- 사법권은 헌법재판소와 법원이 담당한다고 규정하였고 이에 따라 현행헌법 제5장 '법원'과 제6장 '헌법재판소'를 제5장 '사법부'로 통합 제102조 사법권은 헌법재판소와 법원이 담당한다. - 현행헌법상 헌법재판관의 임명방식은 국회, 대통령, 대법원 각기 3명씩 지명 또는 추천함, 이에 따라 대통령이 국회와 대법원에 미치는 영향력으로 인하여 헌법재판관 구성의 편향성이 계속 문제됨. 이를 해결하기 위해 헌법재판관추천위원회의 추천을 받아서 민주원(하원)에서 결정하되, 재적의원 3분의 2 이상의 찬성으로 결정 제104조 ②헌법재판소의 장은 헌법재판관추천위원회의 추천을 받아 민주원에서 재적의원 3분의 2 이상의 찬성으로 선출한다. ③헌법재판소는 헌법재판소장을 포함하여 9인의 재판관으로 구성한다. 재판관은 헌법재판관추천위원회의 추천을 받아 민주원에서 재적의원 3분의 2 이상의 찬성으로 선출한다. - 헌법재판소장과 헌법재판관의 임기를 9년 단임으로 변경 제105조 ①헌법재판소장과 헌법재판소 재판관의 임기는 9년으로 하며, 중임할 수 없다. - 헌법재판소 관장사항 확대: 규범통제 일원화, 추상적 규범통제 도입, 대통령 직무수행 불능여부판단 - 대법원장 및 대법관의 임명을 대통령이 하는 것이 아니라 법관추천위원회의 추천을 거쳐서 민주원에서 재적의원 3분의 2 이상의 찬성으로 결정 제108조 ①대법원장과 대법관은 법관추천위원회의 추천을 받아 민주원에서 재적의원 3분의 2 이상의 찬성으로 선출한다.

	- 대법원장과 대법관의 임기를 9년 단임으로 변경 제109조 ①대법원장과 대법관의 임기는 9년으로 하며, 중임할 수 없다.
선거관리 위원회	- 헌법적 독립기관의 위상을 고려하여 장 제목을 '선거관리'에서 '선거관리위원회'로 변경 - 중앙선거관리위원은 중앙선거관리위원추천위원회의 추천을 받아 민주원 재적의원 3분의 2 이상의 찬성으로 선출 - 중앙선거관리위원회 위원장 호선제도 유지 제115조 ②중앙선거관리위원회는 중앙선거관리위원추천위원회의 추천을 받아 민주원 재적의원 3분의 2 이상의 찬성으로 선출하는 9인의 위원으로 구성한다. 위원장은 위원 중에서 호선한다. - 중앙선거관리위원회 위원 정수와 임기 현행 유지(위원장 포함 9명, 임기 6년)
감사원	- 감사원을 헌법상의 독립기관으로 명시 - 감사원의 독립성, 중립성 확보를 위해 감사원장 및 감사위원을 대통령이 임명하는 것이 아니라 법률이 정하는 추천위원회의 추천을 거쳐 민주원에서 3분의 2 이상의 찬성으로 선출 - 감사위원의 정수를 9인으로, 임기를 6년 단임으로 변경 제119조 ①감사원은 원장을 포함한 9인의 감사위원으로 구성한다. ②감사원장과 감사위원은 감사위원추천위원회의 추천을 받아 민주원에서 재적의원 3분의 2 이상의 찬성으로 선출한다. 감사위원추천위원회의 구성과 감사원장과 감사위원의 추천절차는 법률로 정한다. ③감사원장과 감사위원의 임기는 6년으로 하며 중임할 수 없다.
지방자치와 지방분권	- 2개 조문으로 구성된 현행헌법 제8장 '지방자치'를 4개 조문으로 확충하고 장 제목도 '지방자치와 지방분권'으로 변경 - 제1조 3항에서 대한민국은 지방분권국가임을 선언 - 지방자치단체라는 용어 대신에 지방정부라는 용어를 사용 - 지방정부의 종류에 관해서, 광역의 경우에는 "도 및 그와 대등한 지

위를 가지는 시"로 하고, 기초의 경우에는 법률에 위임하는 것으로 함. 이는 농촌지역의 경우 읍·면 자치권 부활의 가능성 등을 고려한 것임

> 제122조 ①광역지방정부는 도 및 그와 대등한 지위를 갖는 시로 하고, 기초지방정부의 종류는 법률로 정한다.

- 주민발안, 주민투표 및 주민소환의 헌법적 근거를 명시함

> 제122조 ③주민발안, 주민투표 및 주민소환에 관하여 그 대상, 요건 등 기본적인 사항은 법률로 정한다.

- 국가와 지방정부간, 지방정부 상호간 사무의 배분은 주민에게 가까운 지방정부가 우선한다는 보충성의 원칙을 명시

> 제122조 ④국가와 지방정부간, 지방정부 상호간 사무의 배분은 주민에게 가까운 지방정부가 우선한다는 보충성의 원칙에 따라 법률로 정한다.

- 국가가 전속적인 입법권을 갖는 영역을 제외하면, 지방정부가 경합적인 입법권을 갖도록 함. 다만 국가의 법률은 지방정부의 조례보다 우선하는 효력을 가지며, 광역지방정부의 조례는 기초지방정부의 조례보다 우선하는 효력을 가지도록 함
- 지방의회 및 집행기관의 자주조직권 보장
- 자치입법권을 확대하고, 재정자율권과 자주과세권도 보장
- 위임사무에 대해서는 위임하는 주체의 재정부담의무를 명시
- 지방정부 간 재정격차 해소를 위한 재정조정제도 마련

> 제125조 ①지방의회는 법률에 위반되지 않는 범위 안에서 조례를 제정할 수 있다.
> ②지방정부는 자기책임 하에 자치사무를 처리하며, 법률에 위반되지 않는 범위 안에서 세입과 세출을 자율적으로 결정할 수 있다.
> ③지방의회는 지방세의 종목과 세율 및 징수방법 등에 관한 조례를 제정할 수 있다.
> ④위임사무를 처리하는 데 소요되는 비용은 위임하는 국가나 지방정부가 부담해야 한다.
> ⑤국가는 지방정부 간의 재정 격차를 완화하기 위하여 재정조정제도를 마련하여 운영하여야 한다.

| 경제 | - 현행헌법 제119조 1항과 2항 유지하는 등 경제 관련 조항 개정 최소화
- 국토의 천연자원 및 생태환경을 보전하고, 국토의 지속가능한 이용과 개발을 위해 필요한 정책을 수립하고 시행하는 것을 국가의 의무로 명시
제127조 ①국가는 국토의 천연자원 및 생태환경을 보전하고, 국토의 지속가능한 이용과 개발을 위해 필요한 정책을 수립하고 시행한다.
- 기후생태위기가 낳을 식량위기 등에 대비하는 차원에서, 농어업의 공익적 기능을 바탕으로 농어촌·농어업의 지속가능한 발전과 농어민의 권익신장을 위해 필요한 계획을 수립하고 시행
제128조 ①국가는 식량의 안정적 공급과 생태 보전 등 농어업의 공익적 기능을 바탕으로 농어촌·농어업의 지속가능한 발전과 농어민의 권익신장을 위해 필요한 계획을 수립하고 시행한다.
- 중소기업을 보호하는 현행 규정에 '소상인' 추가
제129조 ①국가는 중소기업과 소상인을 보호하기 위하여 필요한 정책을 수립하고 시행한다.
- 그 외에 '소비행위 계도', '대외무역 육성' 등 현 시대에 맞지 않는 표현은 삭제·수정 |
| --- | --- |
| 헌법개정 | - 헌법개정 국민발안제도 도입
- 대통령의 헌법개정 발의권 삭제
- 국회의 헌법개정 발의요건을 완화하여, 민주원(하원) 재적의원 3분의 1 또는 공화원(상원) 재적의원 3분의 1의 찬성으로 헌법개정 발의
제133조 ①헌법개정 제안은 민주원의원 선거권자 150만 명 이상의 찬성 또는 민주원 재적의원 3분의 1이나 공화원 재적의원 3분의 1 이상의 찬성으로 할 수 있다.
제134조 ①국회는 헌법개정안이 공고된 날로부터 60일 이내에 의결하여야 하며, 국회의 의결은 민주원과 공화원에서 각 원 재적의원 3분의 2 이상의 찬성을 얻어야 한다. |

2

대화문화아카데미
2025
새헌법안
어떻게 만들어졌나

2.1.
『대화문화아카데미 2025 새헌법안』이 나오기까지

박명림 | 연세대 지역학협동과정 교수 · 대화문화아카데미 새헌법위원

    2025년은 광복 80주년이다. 동시에 대화문화아카데미 60주년이기도 하다. 이러한 뜻깊은 해에 2025 대화문화아카데미 새헌법위원회는 일련의 준비와 논의를 거쳐 『대화문화아카데미 2025 새헌법안』을 내놓는다. 앞서 대화문화아카데미는 2006년부터 2025년까지 헌법 개혁과 정치 개혁에 대한 심층 논의를 진행해온 바 있다. 한 민간단체가 하나의 주제에 대해 당대의 국민과 국회, 사회와 오피니언 리더를 대상으로 이토록 오랫동안 집중 연구와 토론을 진행해온 사례가 많지 않다는 점에서, 대화문화아카데미의 헌법 개혁 작업은 특별한 의미를 갖는다.

    지난 2016년 발표된 바 있는 대화문화아카데미 2016 새헌법안의 제안 이후에도 정치와 헌법 개혁의 대화모임을 지속해온 대화문화아카데미는 2023년 봄부터 다시 한번 새헌법 조문화 작업에 착수하기로 하고 구체적인 논의를 시작하였다. 이후 일련의 준비작업을 거쳐 2023년 하반기에 새헌법위원회를 구성한 뒤 2023년 12월부터 새로운 조문화를 위한 본격적인 논의와 심의에 착수하였다. 그 후 2025년 2월에 이르기까지 총 20차에 걸친 내부 심의 작업을 집중해서 진행하였다. 중간에 해당 전문가의 내용 검토와 의견 청취를 위해 외부의 학자, 국회의원, 언론인, 사회단체 인사 등을 초청하여 확대 대

화를 3차례 갖기도 하였다. 이러한 작업을 진행한 뒤 최종 단계에 새헌법위원이 다시 한번 종합적으로 2회에 걸친 축조심의를 진행하였다.

한 가지 더 특기할 사항은, 일련의 대화와 심의를 마친 뒤 최종 마무리를 해나갈 즈음에 아무도 예상치 못한 12·3비상계엄과 대통령 탄핵소추 상황이 발생하였다는 점이다. 한국 민주주의가 직면한 매우 중대한 위기 상황인 이러한 돌발 사태는 민간의 헌법 개혁 작업을 위해서는, 촉진과 장애의 두 측면이 동시에 존재하였으나, 2025 대화문화아카데미 새헌법위원회는 우리 사회의 미래 비전과 헌법 개혁 논의를 함께 고취하고 진작한다는 점에서, 더 이상 뒤로 미루지 않고 서둘러 조문화 작업을 완성하기로 하였다.

전체적으로 대화문화아카데미 2025 새헌법안의 조문화 작업은 몇 층위에 걸친 복합적인 소통의 과정이었다고 할 수 있다. 일차적으로는 한국 정치와 사회가 직면한 현실과의 대화였다. 헌법 개혁의 필요성과 가능성에 대한 인식의 토대와 준거를 마련해야 했기 때문이었다. 둘째는 기존 헌법 조문 및 앞선 여러 개헌 작업과의 대화였다. 현실적 필요와 요구에 조응하더라도, 실질적인 헌법 개혁의 범주와 범위를 측량하고 설정해야 했기 때문이었다. 셋째는 새헌법위원 사이의 대화였다. 끝으로는 대화문화아카데미 2025 새헌법안에 대한 외부의 평가와 판단을 구하는 대화 과정이 필요했다.

'사이·너머'와 '말·말하다'라는 말의 합성어인, 따라서 섞임·모음·연합의 뜻을 갖는 '대화'는 언제나 (자기와) 의견이 다르기에 존재한다. 실제로 위의 내외 여러 층위와 대화 과정에서 헌법 개혁의 범주, 그리고 대화문화아카데미 2025 새헌법안의 각각의 조문과 내용에 대한 의견은 같지 않았다. 때로는 크게 달랐다. 다름을 넘어 정반대의 진단과 의견도 적지 않았다. 여러 항목에 걸쳐 새헌법위원 사이에서도 의견이 반드시 일치한 것은 아니었다.

각 조문별로 독자적 의견이 존재하는 것은 자연스럽고 당연한 것이었다. 그러나 대화문화아카데미 2025 새헌법안의 체계와 정합성을 고려할 때, 또 집합적 작업이 갖는 책임과 조화를 위해 우리는 의견 사이의 깊은 대화와 사려를 거쳐 전체에 대한 합의를 이루어내었다. 동시에 수정과 합의가 용이하지 않은 점에 대해서는, 한국 현실과 국민 여론을 염두에 둔 깊은 토의 끝에 기존 헌법 조문과 사회의 통념을 수용하였다. 현실 상황 및 위원 구성의 변화를 반영하여 대화문화아카데미 2016 새헌법안과 대화문화아카데미 2025 새헌법안 사이에도 적지 않은 상이점이 발견된다는 점에 대해서도 이해를 구하는 바이다. 따라서 하나의 균형과 합의로서 대화문화아카데미 2025 새헌법안을 제출함과 동시에 전문가로서 각자의 독자적인 개인적 견해가 존재한다는 점은 강조할 필요도 없다.

2006년 이후 2025년까지를 돌아볼 때 대화의 본질상 횟수를 거듭할수록 섞음과 모음과 합의의 범위는 넓어지고 수준은 높아졌다. 그러한 대화의 기초와 전통은 짧게는 2006년부터의 헌법 개혁 작업 과정에서, 그리고 길게는 대화문화아카데미의 전통 속에 확립된 바 있었기에 조문화 작업이 잘 마무리될 수 있었지 않았나 싶다. 『대화문화아카데미 2025 새헌법안』을 마무리하며, 국가와 국민의 입법 대표들이 나라의 근본 토대에 대한 대타협인 헌법은 '이견'과 '대화'의 동시 산물이라는 점을 명심하길 바라는 마음이 크다.

'함께 나라를 세운다'는 뜻에서 유래한 헌법이라는 말에 비추어볼 때, 장기간 함께 토론하여 나라의 근본을 다시 마련해보려 궁리한 대화문화아카데미의 '장기 대화'는 가상하기 그지없다 할 것이다. 특별히 대화 단절과 독백 문화가 마치 강고한 질병처럼 창궐하는 시대에 이러한 '장기 대화'는 매우 이례적인 동시에 하나의 작은 사회현상이자 문화현상이라고 하지 않을 수 없다. 거듭 강조컨대 1965년 창립 이래 지난 60년 동안 그 시점 시점의 극단주의를 넘어 부단한 대화를 통해 함께 인간적인 공동체를 만들려 고투해온 대화문화아카데미의 전통이 아니었다면 이는 불가능했을 것이다. 참여자의 한 사람으로서 대화문화아카데미의 리더십과 인내에 경의를 표한다. 나아가 이러한 '장기 대화'가 다른 영역에서도 지속되기를 소망한다.

비록 처음부터 체계적인 헌법 조문화까지 구상한 것은 아니었지만 이번의

『대화문화아카데미 2025 새헌법안』의 출간을 계기로 일단 이 '장기 대화'는 한 단계 종결을 짓게 될 것으로 보인다. 헌법 개혁을 위한 이번 '장기 대화'는 2006년 시작한 이래 그동안 『새로운 헌법 필요한가』(2008), 『새로운 헌법 무엇을 담아야 하나』(2011), 『대화문화아카데미 2016 새헌법안』(2016), 『정치제도개혁의 쟁점과 접점: 대화문화아카데미 대화록 2016~2020』(2021)의 출간으로 귀결된 바 있다.

부족한 대로 우리 참여자들은 우리 시대의 한 대표적인 민간 대화 기록인 이들 출판물이 개헌을 향한 다른 대화 기록과 함께 읽히기를 소망한다. 특히 『2018 대한민국 헌법 개정추진 백서: 내 삶을 바꾸는 개헌, 국민헌법』(대통령직속 정책기획위원회. 국민헌법자문특별위원회, 2018), 『국회헌법개정특별위원회 자문위원회 보고서』(2017), 『헌법개정 및 정치 개혁특별위원회 활동결과보고서』(2018), 『국회국민통합위원회 결과보고서』(2021) 『헌법개정 및 정치제도 개선 자문위원회 결과보고서』(2024)를 포함한 몇몇 국가의 공식 기록과 함께 읽으면 좋을 듯싶다. 굳이 나누자면 대화문화아카데미의 헌법 개혁 논의가 아래로부터의 자발적·자율적 흐름이었다면, 국가와 국회의 논의는 위로부터의, 또는 공식 부문의 흐름이었기 때문에, 두 흐름을 통합적으로 보면 좋을 것이다.

우리가 이러한 공식 기구의 헌법 개혁 시도를 의식한 것은 전혀 아니었지만, 정치와 헌법의 개혁은 공사를 넘어 우리 시대 공통의 과제라는 점에서 굳이 민간 부문과 공식 부문의 대안을 가르고 구별할 필요는 없다고 판단한다. 전부 함께 공론의 장에 올려 널리 토론되기를 바라는 마음이다. 말할 필요도 없이, 다른 많은 민간 기구와 영역에서의 헌법 개혁 노력과 기록이 여럿 존재한다는 점도 부기해둔다. 이들 기록 역시 정치와 헌법을 개혁하여 좀 더 나은 나라를 만들기 위한 치열한 노력의 산물이었다. 대화문화아카데미 헌법 개혁 작업의 몇몇 참여자는 자율적이며 독립적인 위치에서 공식 및 민간 부문의 여러 헌법 개혁 기구와 대화에도 직간접적으로 참여해왔다는 점을 밝혀둔다. 그 과정에서 그들 부문의 논의에 대화문화아카데미 헌법 개혁 작업이 적지 않게 참조되고 있음을 확인할 수 있었다.

  1987년, 현행헌법의 등장 이래 지금까지 대한민국 공동체의 바람직한 발전을 위한 수많은 헌법 개혁 논의와 토론이 있었다. 『대화문화아카데미 2025 새헌법안』이 이들 제안과 담론을 더욱 풍성하게 하고 공감대를 넓혀가는 데 활용되어, 지혜로운 국민과 대표의 손에서 끝내 결실을 맺어 마침내 하나의 이상적인 새 헌법으로 이어지길 소망한다.

2.2. 2025 대화문화아카데미 새헌법위원회 소개

위원장 박은정 이화여대 명예교수 · 법학

위 원 박명림 연세대 교수 · 정치학   박찬욱 서울대 명예교수 · 정치학

장영수 고려대 교수 · 법학   조진만 덕성여대 교수 · 정치학

하승수 변호사 · 공익법률센터 농본 대표

박은정 박찬욱
박명림 장영수
조진만 하승수

2.3. 논의 연혁(2006~2025)과 대화 참석자

1기 _2006~2008년

1) 새로운 헌법 필요한가(1)

일시 2006. 4. 28.
장소 대화문화아카데미
발제1 개량적 개헌이 적절하다
      양 건(한양대 법학과 교수)
발제2 헌법 개정 논의의 쟁점: 필요성, 방법, 내용
      정종섭(서울대 법학과 교수)
발제3 헌법 개혁과 한국 민주주의
      박명림(연세대 지역학협동과정 교수)

참석(당시 직함 표기, 가나다순) 강경선 방송통신대 법학과 교수, 김근태 열린우리당 국회의원, 김재원 동아대 법학과 교수, 김종인 민주당 국회의원, 김형성 성균관대 법학과 교수, 문명재 고려대 행정학과 교수, 박명림 연세대 지역학협동과정 교수, 박용상 전 헌법재판소 사무처장, 박은정 서울대 법학과 교수, 양 건 한양대 법학과 교수, 양영미 한국인권재단 사무총장,

원혜영 열린우리당 국회의원, 윤여준 전 한나라당 국회의원, 이광택 국민대 법학과 교수, 이기우 인하대 사회교육과 교수, 이부영 전 열린우리당 국회의장, 이삼열 UNESCO 한국위원회 사무총장, 이은영 열린우리당 국회의원, 이홍구 전 국무총리, 이화수 아주대 정치학과 명예교수, 장을병 전 성균관대 총장, 정종섭 서울대 법학과 교수, 하승창 함께하는 시민운동 사무처장, 홍윤기 동국대 철학과 교수

2) 새로운 헌법 필요한가(2)

일시 2006. 6. 8.
장소 대화문화아카데미
발제1 '새로운 헌법 필요한가(1)'의 중요 쟁점
        이광택(국민대 법학과 교수)
발제2 헌법개정과 지방자치
        이기우(인하대 사회교육과 교수)
발제3 '새로운 헌법 필요한가'의 중요 쟁점(2)—국민국가에서 시민국가로의 헌법 개혁을 위한 어젠다
        홍윤기(동국대 철학과 교수)

참석(당시 직함 표기, 가나다순) 김용호 인하대 정치학과 교수, 김재원 동아대 법학과 교수, 김형성 성균관대 법학과 교수, 박명림 연세대 지역학협동과정 교수, 박은정 서울대 법학과 교수, 안수찬 한겨레신문사 학술부 기자, 양 건 한양대 법학과 교수, 오문환 연세대 사회과학연구소 전문연구원, 원혜영 열린우리당 국회의원, 윤여준 전 한나라당 국회의원, 이광택 국민대 법학과 교수, 이기우 인하대 사회교육과 교수, 이부영 전 열린우리당 의장, 이석태 법무법인 덕수 변호사, 이은영 열린우리당 국회의원, 이홍구 전 국무총리, 정종섭 서울대 법학과 교수, 하승창 함께하는 시민행동 정책위원장, 홍윤기 동국대 철학과 교수

3) 새로운 헌법 필요한가(3): 제헌 60주년을 내다보며

일시   2006. 7. 6.

장소   그랜드 힐튼 서울

발제1 개헌과 17대 국회의 과제

　　　이홍구(전 국무총리)

발제2 87년 헌법의 현실과 개헌 문제

　　　양 건(한양대 법학과 교수)

발제3 개헌의 필요성과 실현 가능성

　　　임혁백(고려대 정치외교학과 교수)

참석(당시 직함 표기, 가나다순) 강원용 평화포럼 이사장, 고 건 전 국무총리, 김부겸 열린우리당 국회의원, 김선우 한국디지털위성방송 이사장, 김용호 인하대 정치외교학과 교수, 김재원 동아대 법학과 교수, 김창기 조선일보 편집부국장, 김형성 성균관대 법학과 교수, 김홍우 서울대 정치학과 교수, 남윤인순 한국여성단체연합 대표, 남중구 관훈클럽신영연구기금 이사장, 동 훈 남북평화통일연구소 소장, 박경서 대한민국 인권대사, 박명림 연세대 지역학협동과정 교수, 박영숙 여성재단 이사장, 박은정 서울대 법학과 교수, 박찬욱 서울대 정치학과 교수, 박형준 한나라당 국회의원, 손봉숙 민주당 국회의원, 양 건 한양대 법학과 교수, 윤여준 전 한나라당 국회의원, 이각범 IT전략연구원 원장, 이강래 열린우리당 국회의원, 이광택 국민대

법학과 교수, 이기우 인하대 사회교육과 교수, 이부영 전 열린우리당 의장, 이삼열 UNESCO 한국위원회 사무총장, 이상경 열린우리당 국회의원, 이홍구 전 국무총리, 임혁백 고려대 정치외교학과 교수, 장명국 내일신문사 사장, 장영달 열린우리당 국회의원, 정범구 전 새천년민주당 국회의원, 정장선 열린우리당 국회의원, 정태욱 아주대 법학과 교수, 지금종 문화연대 사무총장, 하승창 함께하는 시민행동 정책위원장, 한정일 건국대 행정학과 명예교수, 현경대 전 한나라당 국회의원, 홍윤기 동국대 철학과 교수

4) 새로운 헌법 필요한가(4): 87년 헌법, 지난 20년 헌정사를 돌아보며

일시 2006. 10. 11.
장소 대화문화아카데미
발제1 시대의 변화와 헌법의 개혁
         김선택(고려대 법학과 교수)
발제2 87년 헌법과 대통령제 민주주의 정치: 평가와 과제
         박찬욱(서울대 정치학과 교수)
발제3 87년 헌법과 시민사회운동
         하승수(변호사, 제주대 법학과 교수)
참석(당시 직함 표기, 가나다순) 김선우 남북어린이어깨동무 상임이사, 김선택 고려대 법학과 교수, 김용호 인하대 정치외교학과 교수, 김홍우 서울대

정치학과 교수, 남해경 인터넷 시사웹진 '시대소리' 발행인, 문명재 고려대 행정학과 교수, 박은정 서울대 법학과 교수, 박찬욱 서울대 정치학과 교수, 손혁재 참여연대 운영위원장, 양 건 한양대 법학과 교수, 유경희 한국여성민우회 공동대표, 윤여준 전 한나라당 국회의원, 이광택 국민대 법학과 교수, 이기우 인하대 사회교육과 교수, 이부영 동북아 평화연대 공동대표, 이종수 연세대 행정학과 교수, 이홍구 전 국무총리, 이화수 아주대 정치학과 명예교수, 장기표 새정치연대 대표, 정연경 녹색연합 환경소송센터 사무국장, 하승수 제주대 법학과 교수, 현경대 전 한나라당 국회의원, 홍윤기 동국대 철학과 교수

5) 새로운 헌법 필요한가(5): 헌법재판소의 위상과 기능에 대하여

일시 2006. 12. 11.

장소 대화문화아카데미

발제1 헌법재판제도 개선을 위한 헌법개정 방향
　　　　김문현(이화여대 법학과 교수)

발제2 한국 '헌법론' 소고
　　　　김홍우(서울대 정치학과 교수)

참석(당시 직함 표기, 가나다순) 김두식 경북대 법학과 교수, 김문현 이화여대 법학과 교수, 김성호 연세대 정치외교학과 교수, 김재원 동아대 법학과 교수, 김홍우 서울대 정치학과 교수, 남해경 인터넷 시사웹진 '시대소리' 발행인, 박은정 서울대 법학과 교수, 양 건 한양대 법학과 교수, 이광택 국민대 법학과 교수, 이기우 인하대 사회교육과 교수, 이부영 동북아평화연대 공동대표, 장을병 전 성균관대 총장

6) 새로운 헌법 필요한가(6): 대통령중심제의 중요 문제와 정부 형태의 개선 방향

일시 2007. 6. 4.

장소 대화문화아카데미

발제1 이원정부제〔半大統領制〕의 본질과 한국헌법적 이해

　　　　성낙인(서울대 법학과 교수)

발제2 대통령중심제의 철학과 현실 정치

　　　　이정희(한국외대 정치외교학과 교수)

참석(당시 직함 표기, 가나다순) 강금실 전 법무부 장관, 김선우 남북어린이어깨동무 상임이사, 남해경 인터넷 시사웹진 '시대소리' 발행인, 박은정 서울대 법학과 교수, 박찬욱 서울대 정치학과 교수, 성낙인 서울대 법학과 교수, 양 건 한양대 법학과 교수, 윤선구 서울대 철학과 BK21 사업단 교수, 윤여준 전 한나라당 국회의원, 이광택 국민대 법학과 교수, 이국운 한동대 법학과 교수, 이기우 인하대 사회교육과 교수, 이부영 화해상생마당 운영위원장, 이삼열 UNESCO 한국위원회 사무총장, 이정희 한국외대 정치외교학과 교수, 이화수 아주대 정치학과 명예 교수, 장기표 새정치연대 대표, 정범구 포럼 통합과비전 상임대표, 최순영 민주노동당 국회의원

7) 새로운 헌법 필요한가(7): 한반도 평화와 기본권 보장의 관점

일시 2007. 8. 30.

장소 대화문화아카데미

발제1 '남북 공존과 지구 생태 시대'의 헌법 생각하기

　　　이부영(지구 온난화와 우리의 미래 집행위원장)
발제2 '새 정부의 구성과 개헌의 기본방향'
　　　장영수(고려대 법학과 교수)
참석(당시 직함 표기, 가나다순) 김용호 인하대 정치외교학과 교수, 김재원 성균관대 법학과 교수, 박용상 전 헌법재판소 사무처장, 양 건 한양대 법학과 교수, 이국운 한동대 법학과 교수, 이부영 지구 온난화와 우리의 미래 집행위원장, 이정희 한국외대 정치외교학과 교수, 이홍구 전 국무총리, 장영수 고려대 법학과 교수, 정범구 포럼 통합과비전 상임대표, 정성헌 세계생명문화포럼 이사

8) 새로운 헌법 필요한가(8): 경제 조항과 생명권·환경권

일시　2008. 3. 17.
장소　대화문화아카데미
발제1 '헌법상 경제조항에 대한 개정론'
　　　김성수(연세대 법학과 교수)
발제2 '새로운 헌법의 생명권·환경권'
　　　정문식(전남대 법학과 교수)
참석(당시 직함 표기, 가나다순) 김성수 연세대 법학과 교수, 김재원 성균관대 법학과 교수, 남재희 전 노동부 장관, 박은정 서울대 법학과 교수, 이국

운 한동대 법학과 교수, 이삼열 UNESCO 한국위원회 사무총장, 이석태 법무법인 덕수 변호사, 이홍구 전 국무총리, 정문식 전남대 법학과 교수, 정진승 KDI 정책대학원 교수, 하승창 함께하는 시민행동 운영위원

9) 필진 대화모임: 개헌과 18대 국회의 과제

일시 2008. 4. 16.
장소 대화문화아카데미
- 2008년 상반기 중에 출간될 저서 『새로운 헌법 필요한가』 집필진이 모여 지난 3년간의 대화를 마무리하고 향후 개헌의 방향과 과제에 관한 대화를 나눔
참석(당시 직함 표기, 가나다순) 김선택 고려대 법학과 교수, 김재원 성균관대 법학과 교수, 박은정 서울대 법학과 교수, 임혁백 고려대 정치외교학과 교수, 정문식 전남대 법학과 교수

10) 출판기념 대화모임 "새로운 헌법 필요한가"

일시 2008. 7. 3.
장소 서울 프라자 호텔
- 이만섭, 김원기, 박관용 전 국회의장과 사회 각계의 여론지도자들을 모시고 3년간의 연구 성과를 총정리하여 발표, 개헌에 관한 사회여론을 환기하며, 2008년 6월 출간된 『새로운 헌법 필요한가』의 출판을 기념함
참석(당시 직함 표기, 가나다순) 강문규 지구촌나눔운동 이사장, 김광웅 서울대 행정대학원 명예교수, 김선우 남북어린이어깨동무 상임이사, 김선욱 전 법제처 처장, 김선택 고려대 법학과 교수, 김성수 연세대 법학과 교수, 김영래 아주대 정치외교학과 교수, 김용호 인하대 정치학과 교수, 김은경 세종리더십개발원 원장, 김원기 전 국회의장, 김재원 성균관대 법학과 교수, 김 진 중앙일보 논설위원, 김철수 서울대 법학과 명예교수, 김홍우 서울대 정치학과 명예교수, 박경서 이화여대 이화학술원 석좌교수, 박관용 전 국

회의장, 박명림 연세대 지역학협동과정 교수, 박선영 자유선진당 국회의원, 박세일 한반도 선진화재단 이사장, 박은정 서울대 법학과 교수, 박종화 대화문화아카데미 이사장, 박찬욱 서울대 정치학과 교수, 성낙인 서울대 법학과 교수, 양 건 국민권익위원회 위원장, 윤선구 서울대 철학과 BK21 사업단 교수, 윤준하 환경운동연합 공동대표, 이각범 IT전략연구원 원장, 이기우 인하대 사회교육과 교수, 이광택 국민대 법학과 교수, 이만섭 전 국회의장, 이부영 지구 온난화와 우리의 미래 집행위원장, 이석연 법제처 처장, 이석태 법무법인 덕수 변호사, 이장희 한국외대 법학과 교수, 이정희 한국외대 정치외교학과 교수, 이홍구 전 국무총리, 임철순 한국일보 주필, 임혁백 고려대 정치외교학과 교수, 장영수 고려대 법학과 교수, 정문식 전남대 법학과 교수, 정범구 포럼 통합과비전 상임대표, 정성헌 세계생명문화포럼 이사, 정윤재 한국학중앙연구원 사회과학부 교수, 주요섭 초록당(준) 집행위원, 하승창 함께하는 시민행동 운영위원

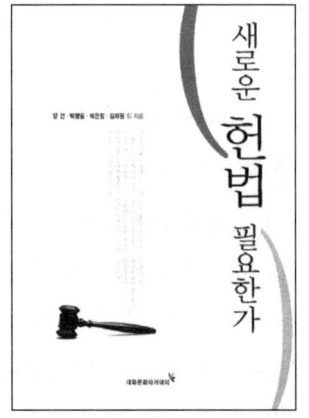

『새로운 헌법 필요한가』 대화문화아카데미, 2008

2기 _2008~2011년

1) 1차 심의: 개헌의 방향, 수준, 내용
일시 2008. 9. 27.
장소 대화문화아카데미
참석(당시 직함 표기, 가나다순) 김문현 이화여대 교수(헌법학), 김선택 고려대 교수(헌법학), 김재원 성균관대 교수(법사회학), 박명림 연세대 교수(정치학), 박은정 서울대 교수(법철학), 박찬욱 서울대 교수(정치학), 이기우 인하대 교수(법학), 정종섭 서울대 교수(헌법학), 하승창 전 시민사회단체연대회의 운영위원장
새헌법조문화위원: 김문현(위원장), 김선택, 김재원, 박명림, 박은정, 박찬욱, 이기우, 정종섭, 하승창

2) 2차 심의: 기본권, 입법부, 지방분권
일시 2008. 10. 25.
장소 대화문화아카데미
참석 새헌법조문화위원

3) 3차 심의: 정부 형태, 사법부
일시 2008. 12. 13.~14.
장소 메이필드 호텔
참석 새헌법조문화위원

4) 4차 심의: 지방분권, 경제, 개헌 절차
일시 2008. 12. 21.
장소 웨스틴 조선 호텔
참석 새헌법조문화위원

5) 5차 (확대)심의: 기본권, 정부 형태, 경제

일시 2009. 2. 28.

장소 대화문화아카데미

참석(당시 직함 표기, 가나다순) 김광웅 서울대 행정대학원 명예교수, 김종인 전 민주당 국회의원, 김홍우 서울대 정치학과 명예교수, 남재희 전 노동부 장관, 이광택 국민대 법학과 교수, 이낙연 민주당 국회의원, 이부영 화해와 상생마당 운영위원장, 이정희 한국외대 정치외교학과 교수, 이홍구 전 국무총리, 임혁백 고려대 정치학과 교수, 현경대 전 한나라당 국회의원, 새헌법조문화 위원

6) 6차 (확대)심의: 환경권, 생명권

일시 2009. 4. 11.

장소 서머셋 팰리스 서울

발제 '환경권과 생명권'

　　　조홍식(서울대 법학과 교수)

참석(당시 직함 표기, 가나다순) 이부영 화해와 상생마당 운영위원장, 이주영 한나라당 국회의원, 조홍식 서울대 법학과 교수, 새헌법조문화위원

7) 7차 (확대)심의: 양원제, 미래 헌법

일시 2009. 5. 9.
장소 대화문화아카데미
발제 '양원제의 도입 방안'
    송석윤(서울대 법학과 교수)
참석(당시 직함 표기, 가나다순) 김광웅 서울대 행정대학원 명예교수, 남재희 전 노동부 장관, 송석윤 서울대 법학과 교수, 윤여준 한국지방발전연구원 이사장, 이부영 화해와 상생마당 운영위원장, 이삼열 전 UNESCO 사무총장, 새헌법조문화위원

8) 8차 심의: 새로운 헌법의 방향과 내용 (1)

일시 2009. 6. 25.
장소 웨스틴 조선 호텔
참석 새헌법조문화위원

9) 9차 심의: 새로운 헌법의 방향과 내용 (2)

일시 2009. 7. 1.
장소 웨스틴 조선 호텔
참석 새헌법조문화위원

10) 개헌안 중간 발표: 새로운 헌법의 방향과 내용

일시 2009. 7. 3.
장소 서머셋 팰리스 서울
참석(당시 직함 표기, 가나다순) 강문규 지구촌나눔운동 이사장, 김선욱 이화여대 법학과 교수, 김영래 아주대 정치외교학과 교수, 김철수 서울대 법학과 명예교수, 남윤인순 한국여성단체연합 상임대표, 남재희 전 노동부 장관, 박종화 대화문화아카데미 이사장, 법륜 평화재단 이사장, 서영훈 신사

회공동선연합 상임대표, 양길승 녹색병원 원장, 윤선구 서울대 철학교육연구사업단 교수, 윤여준 한국지방발전연구원 이사장, 윤준하 전 환경운동연합 공동대표, 윤후정 이화학당 이사장, 이각범 한국미래연구원 이사장, 이국운 한동대 법학과 교수, 이낙연 민주당 국회의원, 이부영 화해와 상생마당 운영위원장, 이상민 자유선진당 국회의원, 이정희 한국외대 정치외교학과 교수, 이주영 한나라당 국회의원, 인병선 짚풀생활사박물관 관장, 임해규 한나라당 국회의원, 장기표 신문명정책연구원 대표, 장을병 전 성균관대 총장, 전재경 한국법제연구원 연구위원, 정문길 고려대 행정학과 명예교수, 정범구 포럼 통합과비전 상임대표, 정선애 한국인권재단 사무처장, 정윤재 한국학중앙연구원 사회과학부 교수, 주대환 사회민주주의연대 대표, 주요섭 대화문화아카데미 연구위원, 최순영 민주노동당 최고위원, 현경대 평화문제연구소 이사장, 새헌법조문화위원

11) 10차 심의: 새로운 헌법, 무엇을 담을 것인가
일시 2009. 10. 11.
장소 서머셋 팰리스 서울

참석 새헌법조문화위원

12) 2차 개헌안 중간 발표: 새로운 헌법의 방향과 내용

일시 2009. 11. 6.

장소 대전 베스트 웨스턴 레전드 호텔

참석(당시 직함 표기, 가나다순) 강태재 충북참여연대 공동대표, 김기현 부천 YMCA 사무총장, 김배원 부산대 법학과 교수, 김연철 한남대 정치언론국제학과 교수, 김은경 세종리더십개발원 원장, 김정모 대구일보 논설위원, 김제선 풀뿌리사람들 상임이사, 김조년 한남대 사회복지학과 교수, 김창록 경북대 법학전문대학원 교수, 김학성 강원대 법학전문대학원 교수, 나달숙 백석대 법정학부 교수, 류한호 광주대 신문방송학과 교수, 명재진 충남대 법학과 교수, 박인수 영남대 법학전문대학원 교수, 박정현 대전충남녹색연합 사무총장, 송인준 풀뿌리사람들 대표, 송창석 국민권익위원회 민원과장, 안성호 대전대 행정학부 교수, 양선숙 경북대 법학전문대학원 교수, 여창호 부산YMCA 이사, 오현숙 대전YWCA 사무총장, 유재일 대전대 정치언론홍보학과 교수, 이국운 한동대 법학과 교수, 이부영 동북아 평화연대 공동대표, 이상점 당진YMCA 사무총장, 이재룡 충북대 법학과 교수, 이종원 경북시민운동가, 이찬수 종교문화연구원 원장, 이충재 대전YMCA 사무총장, 이혁규 청주교대 사회교육과 교수, 정만희 동아대 법학부 교수, 조영임 광주여성민우회 대표, 조홍석 경북대 법학전문대학원 교수, 주요섭 정

읍전주 한살림 이사장, 최교진 대전참여자치시민연대 의장, 황한식 부산대 경제학과 교수, 새헌법조문화위원

13) 11차 심의: 기본권, 사법부, 지방분권, 경제
일시 2010. 1. 7.
장소 아카데미 하우스
참석 새헌법조문화위원

14) 12차 심의: 입법부, 집행부, 경제, 개헌 절차, 통일 조항
일시 2010. 2. 4.
장소 대화문화아카데미
참석 새헌법조문화위원

15) 13차 심의: 집행부, 경제, 개헌 절차
일시 2010. 3. 20.
장소 대화문화아카데미
참석 새헌법조문화위원

16) 14차 심의: 집행부, 사법부, 지방분권
일시 2010. 4. 2.
장소 대화문화아카데미
참석 새헌법조문화위원

17) 15차 (확대)심의: 국가인권위/국민권익위, 감찰기구, 전문/총강
일시 2010. 4. 16.
장소 대화문화아카데미
참석(당시 직함 표기, 가나다순) 문경란 국가인권위원회 상임위원, 박인제 국

민권익위 부위원장, 새헌법조문화위원

18) 16차 심의: 기본권, 집행부, 지방분권, 경제

일시 2010. 5. 8.

장소 대화문화아카데미

참석 새헌법조문화위원

19) 17차 심의: 기본권, 집행부, 사법부, 지방분권, 경제

일시 2010. 5. 29.

장소 대화문화아카데미

참석 새헌법조문화위원

20) 대화문화아카데미 새헌법안 발표

일시 2010. 7. 7.

장소 그랜드 힐튼 서울

참석(당시 직함 표기, 가나다순) 강병태 한국일보 논설실장, 김원기 전 국회의장, 김형오 한나라당 국회의원, 문경란 국가인권위원회 상임위원, 홍윤기 동국대 철학과 교수, 강원택 숭실대 정치외교학과 교수, 곽배희 한국가

정법률상담소 소장, 김대호 사회디자인연구소 소장, 김두수 사회디자인연구소 상임이사, 김배원 부산대 법학과 교수, 김상완 대법원 법원행정처 법원사무관, 김선우 현대사기록연구원 상임고문, 김선화 국회입법조사처 조사관, 김수진 이화여대 영문과 학부생, 김영완 중국인민대 법학과 교수, 김왕배 연세대 사회학과 교수, 김용호 인하대 정치외교학과 교수, 김은경 세종리더십개발원 원장, 김정모 대구일보 논설위원, 김준석 서울대 법학과 박사과정, 김현임 헌법재판소 제도기획과 사무관, 남재희 전 노동부 장관, 동 훈 남북평화통일연구소 소장, 민병로 전남대 법학전문대학원 교수, 박봉정숙 한국여성민우회 사무처장, 박영미 한국여성단체연합 공동대표, 박일준 인컴브로더 대표, 박준우 함께하는 시민행동 기획팀장, 법륜 평화재단 이사장, 서누리 성균관대 법학전문대학원 대학원생, 손정태 인하대 법학전문대학원 대학원생, 손혁재 성공회대 정치학과 교수, 송창석 희망제작소 교육센터장, 송태수 한국기술교육대학 노동행정연수원 교수, 송호섭 국가인권위원회 서기관, 신인령 전 이화여대 총장, 신필균 전 녹색소비자연대 공동대표, 안병원 21세기 희망과 비전 정선 경영고문, 안재웅 호서대 연합신학전문대학원 교수, 양길승 녹색병원 원장, 양현모 한국행정연구원 선임연구위원, 양홍관 민주노동당 환경위원장, 오관영 전 함께하는 시민행동 사무처장, 오동석 아주대 법학전문대학원 교수, 오정진 부산대 법학전문대

학원 교수, 유재건 전 자유선진당 국회의원, 윤선구 서울대 철학교육연구 사업단 교수, 윤정인 고려대 법학연구원 연구원, 이 호 풀뿌리자치연구소 이음 소장, 이광택 국민대 법학과 교수, 이부영 동북아 평화연대 공동대표, 이연주 한국청년유권자연맹 운영위원장, 이임혜경 한국여성민우회 상담소장, 이재룡 충북대 법학과 교수, 이정자 한국여성정치포럼 대표, 이정훈 인하대 법학전문대학원 대학원생, 이종오 전 경제인문사회연구회 이사장, 이주영 한나라당 국회의원, 이찬수 종교문화연구원 원장, 이헌환 아주대 법학전문대학원 교수, 임해규 한나라당 국회의원, 장명봉 국민대 법학과 명예교수, 정범구 민주당 국회의원, 정선애 한국인권재단 사무처장, 조규영 중앙선거관리위원회 의정지원단 행정사무관, 조윤제 서강대 국제대학원 교수, 조 형 한국여성재단 이사장, 주규준 국회 입법조사처 입법조사관, 주대환 사회민주주의연대 대표, 주요섭 모심과살림연구소 부소장, 지영선 환경운동연합 공동대표, 진영택 흥사단 사무총장, 차명제 녹색재단 부대표, 최교진 대전통일교육협의회 회장, 최규환 법무부 법무자문위원회 연구위원, 최순영 민주노동당 최고위원, 최창우 서울어머니학교 대표, 하상응 뉴욕시립대(City University of New York) 정치학과 교수, 현경대 법무법인 우리 대표변호사, 황우여 한나라당 국회의원, 새헌법조문화위원

21) 출판기념 대화모임 "새로운 헌법 무엇을 담아야 하나"

일시 2011. 7. 14.

장소 서머셋 팰리스 서울

참석(당시 직함 표기, 가나다순) 강문규 지구촌나눔운동본부 이사장, 권미혁 한국여성단체연합 상임대표, 김문현 이화여대 교수(법학), 김선우 송암문화재단 감사, 김선택 고려대 교수(법학), 김선화 국회입법조사처 조사관, 김용호 인하대 교수(정치학), 김원기 전 국회의장, 김재원 성균관대 교수(법학), 김정기 한국외국어대 명예교수(언론정보학), 김철수 대한민국학술원 회원·서울대 명예교수, 김태현 법제처 법제지원팀 서기관, 남부원 한국YMCA전국연맹 사무총장, 동 훈 남북평화문제연구소 소장, 문미란 변호사, 박경서 이화여대 평화학연구소 소장, 박명림 연세대 교수(정치학), 박선영 자유선진당 국회의원, 박은정 서울대 교수(법학), 박찬욱 서울대 교수(정치학), 신상환 법제처 법제지원팀 단장, 신인령 전 이화여대 총장, 오정진 부산대 교수(법학), 윤선구 서울대 교수(철학), 이기우 인하대 교수(법학), 이김현숙 전 대한적십자사 부총재, 이부영 민주평화복지포럼 상임대표, 이정자 여성정치포럼 대표, 이홍구 전 국무총리, 장명봉 국민대 명예교수(법학), 정윤재 한국학중앙연구원 교수(정치학), 주대환 사회민주주의연대 대표, 주섭일 도서출판 사회와연대 회장, 최토출 푸른한국 이사장, 하승창 더 체인지 대표

『새로운 헌법 무엇을 담아야 하나』
대화문화아카데미, 2011

3기 _2014~2016년

1) 새헌법조문화위원 기획모임

일시   2014. 11. 20.
장소   웨스틴 조선 호텔
참석(당시 직함 표기, 가나다순)   김선택 고려대 교수(헌법학), 김재원 성균관대 교수(법사회학), 박명림 연세대 교수(정치학), 박은정 서울대 교수(법철학), 박찬욱 서울대 교수(정치학), 이기우 인하대 교수(지방자치), 하승창 씽크카페 대표
새헌법조문화위원: 김문현(위원장), 김선택, 김재원, 박명림, 박은정, 박찬욱, 이기우

2) 1차 심의: 전체 검토

일시   2014. 12. 29.~30.
장소   파주 지지향
참석   새헌법조문화위원

3) 2015년 정치의 주요 과제: 바람직한 헌법 논의의 방향

일시   2015. 2. 24.
장소   대화문화아카데미
발제1   2015 헌법개정의 쟁점: 바람직한 헌법개정 절차
        김선택(고려대 교수, 법학)
발제2   국회의원 선출방식의 개혁 과제
        박찬욱(서울대 교수, 정치학)
참석(당시 직함 표기, 가나다순)   김선택 고려대 교수(법학), 김은주 한국여성정치연구소 소장, 김은희 녹색당 정책위원장, 김재원 성균관대 교수(법학), 김제선 풀뿌리사람들 상임이사, 남재희 전 노동부장관, 노옥재 평화재단

사무총장, 박명림 연세대 교수(정치학), 박은정 서울대 교수(법학), 박찬욱 서울대 교수(정치학), 박태순 사회갈등연구소 소장, 신필균 복지국가여성연대 대표, 원혜영 국회의원·새정치민주연합 정치혁신실천위원장, 윤선구 서울대 기초교육원 교수, 이광택 국민대 명예교수(법학), 이기우 인하대 교수(법학), 이부영 동북아평화연대 명예이사장, 이삼열 유네스코 아태무형문화유산센터 사무총장, 이연주 한국청년유권자연맹 공동운영위원장, 이우재 민주와평화를위한국민동행 공동대표, 이재오 새누리당 국회의원, 이종오 명지대 명예교수(사회학), 이홍구 서울국제포럼 이사장·전 국무총리, 전재경 사회자본연구원 원장, 주대환 사회민주주의연대 대표, 차경애 한국YWCA연합회 회장, 하승창 씽크카페 대표, 황한식 부산대 명예교수(경제학)·부산분권혁신운동본부 상임대표

4) 2차 심의: 지방자치

일시 2015. 10. 23.
장소 대화문화아카데미
참석 새헌법조문화위원

5) 3차 심의: 전문, 총강

일시 2015. 12. 2.
장소 대화문화아카데미
참석 새헌법조문화위원

6) 4차 심의: 기본권, 경제

일시 2015. 12. 29.
장소 대화문화아카데미
참석 새헌법조문화위원

7) 5차 심의: 입법부

일시   2016. 1. 13.
장소   대화문화아카데미
참석   새헌법조문화위원

8) 6차 심의: 집행부

일시   2016. 2. 22.
장소   대화문화아카데미
참석   새헌법조문화위원

9) 7차 심의: 사법부, 감사원, 인권위, 선관위

일시   2016. 3. 24.
장소   대화문화아카데미
참석   새헌법조문화위원

10) 20대 국회의 중요과제

일시   2016. 5. 30.

장소 그랜드 힐튼 서울

발제1 20대 국회의 중요과제: 국가개혁, 민생개혁, 정치개혁을 위한 국회의 역할과 책임

박명림(연세대 교수, 정치학)

발제2 4.13 총선의 헌법적 의미와 정치개혁 입법 아젠다

김선택(고려대 교수, 법학)

참석(당시 직함 표기, 가나다순) 강찬호 중앙일보 논설위원, 김두관 더불어민주당 국회의원, 김부겸 더불어민주당 국회의원, 김선욱 전 이화여대 총장(법학), 김선택 고려대 교수(법학), 김세균 정의당 공동대표, 김세연 새누리당 국회의원, 김영주 한국기독교교회협의회 총무, 김영춘 더불어민주당 국회의원, 김원기 전 국회의장, 김의영 서울대 교수(정치학), 김재원 성균관대 교수(법학), 김진현 대한민국역사박물관 위원장, 김형기 경북대 교수(경제학), 김형오 전 국회의장, 김홍우 서울대 명예교수(정치학)·대한민국학술원회원, 도 법 조계종 화쟁위원회 위원장, 박명림 연세대 교수(정치학), 박인제 법무법인 두우 변호사, 박종화 여해와 함께 이사장, 박찬욱 서울대 교수(정치학), 박태순 국민의당 국민소통기획위원장, 송영길 더불어민주당 국회의원, 신필균 복지국가여성연대 대표, 원혜영 더불어민주당 국회의원, 윤경로 전 한성대 총장, 윤여준 경기도 G-MOOC 추진단장, 이각범 한국미래연구원 원장·카이스트 경영대 교수, 이광택 국민대 명예교수(법학)·경실련 경제정의연구소 이사장, 이기우 인하대 교수(법학), 이부영 동북아평화연대 명예이사장, 이삼열 한국기독교사회발전협회 이사장·전 유네스코한국위원회 사무총장, 이연주 한국청년유권자연맹 대표운영위원, 이영자 가톨릭대 명예교수(사회학), 이영희 전 노동부장관, 이종오 전 대통령 자문 정책기획위원장·전 명지대 교수(사회학), 이태규 국민의당 국회의원, 이학영 더불어민주당 국회의원, 이홍구 서울국제포럼 이사장, 임채정 전 국회의장, 임해규 경기원구원 원장, 정병국 새누리당 국회의원, 정성헌 한국DMZ평화생명동산 이사장, 정태근 전 새누리당 국회의원, 조용술

청년365 대표, 채수일 경동교회 담임목사, 하승수 녹색당 공동운영위원장, 황영철 새누리당 국회의원, 황한식 전국지방분권협의회 공동대표·부산대 명예교수(경제학)

11) 8차 심의: 일정 논의
일시 2016. 6. 9.
장소 웨스틴 조선 호텔
참석 새헌법조문화위원

12) 9차 심의: 최종 점검
일시 2016. 8. 3.
장소 대화문화아카데미
참석 새헌법조문화위원

13) 출판기념 대화모임 "대화문화아카데미 2016 새헌법안"
일시 2016. 8. 30.
장소 서머셋 팰리스 서울
- 2011년 헌법안 발표 이후 9차례 이어진 심의와 두 번의 대화모임을 통해,

견제와 균형의 원리를 더욱 엄격히 적용하고 직접민주주의 요소를 강화하는 등 2011년안의 미진한 점을 보완한 새헌법안 제시

- 지난 10여년 동안 500여 명의 학자와 정치인, 시민운동가, 언론인이 참여해 시민 주도로 마련된 새헌법안 "대화문화아카데미 2016 새헌법안" 발표 참석(당시 직함 표기, 가나다순) 강희철 한겨레 학술담당 기자, 김계연 연합뉴스 문화부 기자, 김문현 이화여대 명예교수(헌법학), 김선욱 전 이화여대 총장, 김선택 고려대 교수(헌법학), 김성호 지방연구원 부원장·경실련 지방자치위원, 김원기 전 국회의장, 김진현 세계평화포럼 이사장, 김형기 경북대 교수(경제학), 김형오 전 국회의장, 박명림 연세대 교수(정치학), 박은정 서울대 교수(법철학), 박인규 프레시안 이사장, 박인제 법무법인 두우앤이우 변호사, 박찬욱 서울대 교수(정치학), 방우리 국회입법조사처 정치의회팀 RA(입법조사원), 배정철 KBS 촬영기자, 신인령 전 이화여대 총장, 신필균 복지국가여성연대 대표, 안효성 중앙일보 정치부 기자, 양 건 전 감사원장, 양정원 법제처 법제정책총괄담당관, 엄주엽 문화일보 문화부 선임기자, 유문종 시민이만드는헌법운동본부 사무총장, 윤정인 고려대 정당법연구센터 연구교수, 음선필 홍익대 교수(법학), 이기우 인하대 교수(지방자치), 이부영 동북아평화연대 명예이사장, 이연주 한국청년유권자연맹 대표운영위원, 이종오 전 대통령자문 정책기획위원회 위원장, 이태호 참여연대 정책위원장, 이필구 안산 YMCA 사무총장, 이헌환 아주대 법학전문대학원 교수, 이홍구 서울국제포럼 이사장, 장숙경 변호사, 전민형 고려대 법학연구원 연구원, 정성헌 한국DMZ 평화생명동산 이사장, 조용술 청년365 대표, 주대환 사회민주주의연대 공동대표, 최태욱 한림대 국제대학원 교수, 하승수 녹색당 공동운영위원장

『대화문화아카데미 2016 새헌법안』
대화문화아카데미, 2016

4기 _ 2018~2025년

* 대화모임

1) 개헌정국의 중요 쟁점
일시　2018. 3. 30.
장소　대화문화아카데미
발제　대통령 개헌발의의 내용과 분석, 상황과 전망
　　　박명림(연세대 교수, 정치학)
참석(당시 직함 표기, 가나다순) 강대인 배곳 바람과물 이사장, 김문현 이화여대 명예교수, 김선욱 전 이화여대 총장, 김원기 전 국회의장, 김은주 여성정치연구소 소장, 김형오 전 국회의장, 박명림 연세대 교수, 박인제 변호사, 박찬욱 서울대 교수, 손학규 국민주권개혁회의 의장, 원혜영 더불어민주당 의원, 유인태 전 더불어민주당 국회의원, 윤여준 전 환경부 장관, 이기우 인하대 교수, 이부영 동아시아평화회의 운영위원장, 이삼열 대화문화아카데미 이사장, 이하경 중앙일보 주필, 이홍구 서울국제포럼 이사장, 하승창 대통령비서실 사회혁신수석

2) 한국정치의 새길, 새로운 틀(1): 의회정치 발전과 선거제도
일시　2018. 9. 5.
장소　대화문화아카데미
발제1　민주공화국과 의회민주주의: 한국의 현실과 대안모색-제도, 헌법, 이념, 가치
　　　박명림(연세대 교수, 정치학)
발제2　선거제도 개혁의 전망과 정치개혁 핵심과제
　　　심상정(정의당 의원, 국회 정치개혁특위 위원장)
발제3　연동형 비례대표제가 대안인 이유

하승수(변호사, 비례민주주의연대 공동대표, 정치개혁공동행동 운영위원)

참석(당시 직함 표기, 가나다순) 강대인 배곳 바람과물 이사장, 강원택 서울대 교수(정치학), 김기현 부천YMCA 사무총장, 김선욱 이화여대 명예교수(법학), 김성식 바른미래당 의원(정개특위 간사), 김은주 한국여성정치연구소 소장, 김재경 우사김규식연구회 회장, 김종민 더불어민주당 의원(정개특위 간사), 김형오 전 국회의장, 문국주 주권자전국회의 집행위원장, 박명림 연세대 교수(정치학), 박인규 프레시안 이사장, 박인제 법무법인 두우 변호사, 백경남 동국대 명예교수, 성한용 한겨레신문 선임기자, 손학규 바른미래당 대표, 신필균 복지국가여성연대 대표, 심상정 정의당 국회의원(정개특위 위원장), 원혜영 더불어민주당 국회의원, 이기우 지방분권개헌국민행동 상임의장, 이대근 경향신문 논설고문, 이부영 전 열린우리당 의장, 이상수 나라살리는헌법개정국민주권회의 대표, 이용선 대통령 비서실 시민사회수석, 이주영 국회부의장·자유한국당 국회의원, 이홍구 전 국무총리, 전해철 더불어민주당 국회의원, 정성헌 한국DMZ생명평화동산 이사장, 최은순 한국여성단체연합 공동대표, 최태욱 한림대 교수(정치학), 하승수 정치개혁공동행동 운영위원, 허 민 문화일보 정치부 선임기자, 홍영표 더불어민주당 원내대표, 황영철 자유한국당 국회의원

3) 한국정치의 새길, 새로운 틀(2): 정당정치의 개혁 과제

일시 2019. 1. 31.

장소 대화문화아카데미

발제 민주정치 30년의 경험과 한국 정당정치의 현 주소
      서복경(서강대 현대정치연구소 연구교수)

참석(당시 직함 표기, 가나다순) 강대인 대화문화아카데미 원장, 강원택 서울대 교수(정치학), 김선욱 이화여대 명예교수(법학), 김은주 한국여성정치연구소 소장, 박인제 법무법인 두우 변호사, 박정은 참여연대 사무처장, 서복경 서강대 현대정치연구소 연구교수, 유인태 국회 사무총장, 유재건 여해와함께 이사장, 윤선구 서울대 교수(철학), 이대근 경향신문 논설고문, 이부영 전 열린우리당 의장, 이삼열 대화문화아카데미 이사장, 이상수 나라살리는헌법개정국민주권회의 대표, 이홍구 전 국무총리, 정강자 참여연대 공동대표, 정세균 전 국회의장, 허민 문화일보 정치부 선임기자

4) 한국정치의 새길, 새로운 틀(3): 권력구조 개혁의 현실적 대안

일시 2020. 1. 15.~16.

장소 서머셋 팰리스 서울

참석(당시 직함 표기, 가나다순)

15일 참석

강원택 서울대 교수(정치학), 사회
박인제 법무법인 두우 변호사
박찬욱 서울대 명예교수(정치학)
유인태 국회 사무총장
이상수 나라살리는헌법개정국민주권회의 대표
이홍구 전 국무총리, 서울국제포럼 이사장
조용술 청년365 대표
하승수 비례민주주의연대 공동대표
〈주최 측〉
이삼열 대화문화아카데미 이사장
강대인 배곳 바람과물 이사장

16일 참석
강원택 서울대 교수(정치학), 사회
김두수 코리아미래전략연구소 소장
김선욱 이화여대 명예교수(법학)
김은주 여성정치연구소 소장
김종민 더불어민주당 의원
김진국 중앙일보 대기자
박찬욱 서울대 명예교수(정치학)
성한용 한겨레신문 선임기자
손학규 바른미래당 대표
심상정 정의당 대표
윤여준 윤여준정치연구원 원장
이기우 지방분권개헌국민행동 상임의장
이부영 자유언론실천재단 이사장
이진순 (재)와글 대표

이철희 더불어민주당 국회의원
이홍구 서울국제포럼 이사장
주대환 사회민주주의연대 대표
〈주최 측〉
이삼열 대화문화아카데미 이사장
강대인 배곳 바람과물 이사장

5) 한국정치의 새길, 새로운 틀(4): 분권형 개헌과 대통령-총리의 권한 분배

일시 2020. 2. 18.
장소 달개비
발제 분권형 개헌과 대통령-총리의 권한 분배
　　　장영수(고려대 교수, 헌법학)
참석(당시 직함 표기, 가나다순) 강대인 배곳 바람과물 이사장, 김두수 코리아미래전략연구소, 김선욱 이화여대 명예교수(법학), 김진국 중앙일보 대기자, 박찬욱 서울대 명예교수(정치학), 이기우 인하대 교수(법학), 장영수 고려대 교수(헌법학), 조용술 청년365 대표, 하승수 비례민주주의연대 공동대표

6) 한국정치의 새길, 새로운 틀(5): 20/21대 국회의 정치제도 개혁

일시 2020. 5. 28.
장소 대화문화아카데미
발제1 제20대 국회의 정치개혁, 왜 실패했는가
　　　장영수(고려대 교수, 헌법학)
발제2 21대 국회의 개혁과제
　　　강원택(서울대 교수, 정치학)
참석(당시 직함 표기, 가나다순) 강원택 서울대 교수(정치학), 김용태 미래통합당 국회의원, 김은주 한국여성정치연구소 소장, 김종민 더불어민주당 국

회의원, 김진국 중앙일보 논설위원, 김형오 전 국회의장, 박명림 연세대 교수(정치학), 박찬욱 서울대 명예교수(정치학), 심상정 정의당 대표, 유인태 국회 사무총장, 이기우 인하대 교수(법학), 이대근 경향신문 논설위원, 이부영 동북아평화연대 이사장, 이홍구 서울국제포럼 이사장, 장영수 고려대 교수(헌법학), 조용술 청년365 대표, 하승수 변호사, 허 민 문화일보 논설위원, 홍영표 더불어민주당 국회의원

7) 대권 없는 나라를 모색하는 간담회

일시 2021. 12. 9.
장소 서머셋 팰리스 서울
발제 한국정치의 대전환과 핵심 과제
　　　박명림(연세대 교수, 정치학)

참석(당시 직함 표기, 가나다순) 강원택 서울대 교수(정치학), 김은주 한국여성정치연구소 소장, 김진국 중앙일보 대기자, 박명림 연세대 교수(정치학), 박인제 변호사, 손학규 전 바른미래당 대표, 유인태 전 국회 사무총장, 이기우 인하대 교수(법학), 이대근 우석대 교수·경향신문 논설위원, 이상수 나라살리는헌법개정국민주권회의 대표, 장영수 고려대 교수(법학), 전성철 세계경영연구원 회장

8) 진영과 대권을 넘어

일시 2022. 2. 21.
장소 대화문화아카데미
발제 진영과 대권을 넘어
     박명림(연세대 교수, 정치학)

- 대선 이후의 국정운영과 개혁방향을 제시하기 위해 개최, 그리고 이에 대해 대선 후보 4인(이재명, 윤석열, 안철수, 심상정)이 TV토론회에서 논의하고 상호 합의를 이뤄줄 것을 촉구함.

참석(당시 직함 표기, 가나다순) 김선욱 전 이화여대 총장(법학), 김원기 전 국회의장, 김진현 세계평화포럼 이사장, 박명림 연세대 교수(정치학), 박은정 전 서울대 교수(법학), 박인제 변호사(법무법인 두우), 유인태 전 국회 사무총장, 윤여준 전 환경부 장관, 이대근 우석대 교수·전 경향신문 편집국장, 이부영 자유언론실천재단 이사장, 이상수 변호사·헌법개정국민주권회의 대표, 이홍구 전 국무총리, 전성철 글로벌스탠다드연구원 회장, 최장집 고려대 명예교수(정치학)

9) 2023년, 정치제도 개혁의 우선과제-선거법 개정을 중심으로

일시　2023. 2. 14.

장소　글래드 호텔 여의도

발제　국회 선거법개정 논의의 중요쟁점과 전망

　　　이종배 국민의힘 국회의원, 김상희 더불어민주당 국회의원, 심상정
　　　정의당 국회의원

참석(당시 직함 표기, 가나다순)　김부겸 전 국무총리, 유인태 전 국회 사무총

장, 윤여준 윤여준정치연구원장, 이재오 국민의힘 상임고문, 이주영 전 국회 부의장, 이홍구 전 국무총리, 정세균 전 국회의장, 김상희 더불어민주당 국회의원, 김종민 더불어민주당 국회의원, 심상정 정의당 국회의원, 이종배 국민의힘 국회의원, 최형두 국민의힘 국회의원, 강원택 서울대 교수(정치학), 김태일 장안대 총장(정치학), 박명림 연세대 교수(정치학), 박찬욱 서울대 명예교수(정치학), 이기우 전 인하대 교수(법학), 성한용 한겨레 선임기자, 이대근 우석대 교수·전 경향신문 편집국장, 이하경 중앙일보 대기자, 정연욱 동아일보 논설위원, 김성달 경제정의실천시민연합 사무총장, 김은주 한국여성정치연구소 소장, 박인제 법무법인 두우 변호사·만민토론회 운영위원, 이상수 변호사·헌법개정국민주권회의 대표, 정성헌 전 민주화운동기념사업회 이사장, 하승수 공익법률센터 농본 대표

10) 2024년 새헌법안 논의를 위한 모임

일시 2024. 9. 10.
장소 대화문화아카데미
발제1 정부형태
         장영수(고려대 헌법학 교수)
발제2 양원제
         박찬욱(서울대 명예교수, 정치학)
발제3 선거제도
         하승수(변호사, 공익법률센터 농본 대표)
참석(당시 직함 표기, 가나다순) 강신구 아주대 교수, 강원택 서울대 교수, 김문현 이화여대 명예교수·학술원 회원, 김영배 더불어민주당 국회의원, 김종민 새로운미래 국회의원, 박명림 연세대 교수, 박은정 이회여대 명예교수, 박찬욱 서울대 명예교수, 성한용 한겨레 선임기자, 이대근 우석대 교수·전 경향신문 논설주간, 이하경 중앙일보 대기자·전 주필, 장영수 고려대 교수, 조진만 덕성여대 교수, 최형두 국민의힘 국회의원, 하승수 변호사

*심의모임 – 2025 대화문화아카데미 새헌법위원회

1) 1차 심의: 개헌의 방향과 수준

일시 2023. 12. 2.

장소 대화문화아카데미

참석 (당시 직함 표기, 가나다순) 박명림 연세대 교수(정치학), 박은정 이화여대 명예교수(법학), 박찬욱 서울대 명예교수(정치학), 장영수 고려대 교수(법학), 조진만 덕성여대 교수(정치학), 하승수 변호사·공익법률센터 농본 대표

2025 대화문화아카데미 새헌법위원회: 박은정(위원장), 박명림, 박찬욱, 장영수, 조진만, 하승수

2) 2차 심의: 분권형 정부의 의미와 실현 방안

일시 2023. 12. 16.

장소 대화문화아카데미

참석 2025 대화문화아카데미 새헌법위원회

3) 3차 심의: 현재의 권력구조와 헌법개혁

일시 2023. 12. 30.

장소 대화문화아카데미

참석 2025 대화문화아카데미 새헌법위원회

4) 4차 심의: 분권형 대통령제를 위한 권력구조 개편 방향

일시 2024. 1. 10.

장소 달개비

참석 2025 대화문화아카데미 새헌법위원회

5) 5차 심의: 개헌을 위해 고민해야 할 쟁점

일시 2024. 1. 27.

장소 대화문화아카데미

참석 2025 대화문화아카데미 새헌법위원회

6) 6차 심의: 양원제, 총리 선출방식

일시 2024. 2. 2.

장소 대화문화아카데미

참석 : 2025 대화문화아카데미 새헌법위원회

7) 7차 심의: 대통령과 총리의 관계와 감사원, 선관위

일시 2024. 3. 9.

장소 대화문화아카데미

참석 2025 대화문화아카데미 새헌법위원회

8) 8차 심의: 분권형 정부형태와 대통령과 총리의 역할 분담

일시 2024. 3. 22.

장소 대화문화아카데미

참석 2025 대화문화아카데미 새헌법위원회

9) 9차 심의: 사법부 구성의 개선 방향

일시 2024. 4. 13.

장소 대화문화아카데미

참석 2025 대화문화아카데미 새헌법위원회

10) 10차 심의: 지방자치 조항 개정 방향

일시 2024. 4. 26

장소 대화문화아카데미
참석 2025 대화문화아카데미 새헌법위원회

11) 11차 심의: 경제/헌법개정 조항 개정 방향, 생명생태가치의 헌법화

일시 2024. 5. 31.

장소 대화문화아카데미

참석 2025 대화문화아카데미 새헌법위원회

12) 12차 심의: 전문, 총강, 기본권

일시 2024. 6. 19.

장소 대화문화아카데미

참석 2025 대화문화아카데미 새헌법위원회

13) 13차 심의: 집행부/사법부 조항 개정 방향

일시 2024. 7. 17.

장소 대화문화아카데미

참석 2025 대화문화아카데미 새헌법위원회

14) 14차 심의: 입법부 조문 개정 방향

일시 2024. 8. 9.

장소 대화문화아카데미

참석 2025 대화문화아카데미 새헌법위원회

15) 15차 심의: 양원제와 선거제도

일시 2024. 9. 5.

장소 대화문화아카데미

참석 2025 대화문화아카데미 새헌법위원회

16) 16차 심의: 영토통일조항과 기후환경 논의

일시　2024. 9. 26.
장소　대화문화아카데미
참석　2025 대화문화아카데미 새헌법위원회

17) 17차 심의: 집행부/사법부/감사원/선관위 개정안 검토

일시　2024. 11. 2.
장소　대화문화아카데미
참석　2025 대화문화아카데미 새헌법위원회

18) 18차 (확대) 심의: 기후생태위기 대응 개헌 방향

일시　2024. 12. 23.
장소　대화문화아카데미
참석(당시 직함 표기, 가나다순)　박태현 강원대 교수(법학)·지구법학회 회장, 조효제 성공회대 명예교수·전 한국인권학회장, 한윤정 한신대 생태문명원 대표, 2025 대화문화아카데미 새헌법위원회

19) 『대화문화아카데미 2025 새헌법안』 발표

일시 2025. 1. 20.

장소 대화문화아카데미

참석(당시 직함 표기, 가나다순) 강원택 서울대 교수(정치학), 김동호 중앙일보 논설위원, 김두수 개혁신당 개혁연구원 부원장, 김선욱 전 이화여대 총장(법학), 김은주 한국여성정치연구소 소장, 김종민 국회의원(무소속), 김진국 전 중앙일보 논설위원, 김찬휘 선거제도개혁연대 대표, 김태일 전 장안대 총장(정치학), 박명림 연세대 교수(정치학), 박은정 이화여대 명예교수(법학), 박인제 변호사(법무법인 두우), 박찬욱 서울대 명예교수(정치

학), 박태현 강원대 교수(법학), 성한용 한겨레 선임기자, 손학규 전 민주당 대표, 신필균 복지국가여성연대 대표, 유인태 전 국회 사무총장, 윤영호 서울대 (기획)부총장, 이광택 국민대 명예교수, 이대근 우석대 교수·전 경향신문 논설주간, 이상수 변호사·전 노동부 장관, 이용선 더불어민주당 국회의원, 이종오 전 명지대 교수(사회학), 이하경 중앙일보 대기자·전 주필, 이학영 국회부의장·더불어민주당 국회의원, 장영수 고려대 교수(법학), 전해철 전 더불어민주당 국회의원, 정철근 칼럼니스트, 조진만 덕성여대 교수(정치학), 주대환 사회민주주의연대 공동대표, 차진아 고려대 교수(법학), 최지선 선거제도개혁연대 운영위원, 최형두 국민의힘 국회의원, 하승수 변호사·공익법률센터 농본 대표

20) 19차 심의: 1차 축조심의(전문부터 기본권까지)

일시 2025. 1. 23.

장소 대화문화아카데미

참석 2025 대화문화아카데미 새헌법위원회

21) 20차 심의: 2차 축조심의(입법부부터 부칙까지)

일시 2025. 1. 26.

장소 대화문화아카데미

참석 2025 대화문화아카데미 새헌법위원회

22) 출판기념 대화모임 "대화문화아카데미 2025 새헌법안"

일시 2025. 2. 25.

장소 프레스센터

참석(당시 직함 표기, 가나다순) 강금실 경기도 기후대사·전 법무부 장관, 강대인 대화문화아카데미 명예원장, 강대희 서울대 의대 교수, 강원택 서울대 교수(정치학), 김동호 중앙일보 논설위원, 김두수 개혁신당 개혁연구원 부원장, 김부겸 전 국무총리, 김선욱 전 이화여대 총장(법학), 김순덕 동

아일보 고문, 김영배 더불어민주당 국회의원, 김왕배 연세대 명예교수(사회학), 김용호 전 인하대 교수(정치학), 김은경 한국YWCA연합회 부회장, 김은주 한국여성정치연구소 소장, 김재일 한국링컨연구원장, 김종민 국회의원(무소속), 김진국 전 중앙일보 논설위원, 김태일 전 장안대 총장(정치학), 박맹수 전 원광대 총장, 박명림 연세대 교수(정치학), 박은정 이화여대 명예교수(법학), 박인제 변호사(법무법인 두우), 박재윤 여해와 함께 이사장·전 대법관, 박찬욱 서울대 명예교수(정치학), 성한용 한겨레 선임기자, 안재웅 한국YWCA전국연맹유지재단 이사장, 양현아 서울대 교수(법학), 우석영 철학자·한신대 생태문명원 연구위원, 유정길 불교환경연대 녹색불교연구소 소장, 윤여준 전 환경부 장관, 이광택 국민대 명예교수(법학), 이대근 우석대 교수·전 경향신문 논설주간, 이무열 지리산연찬 운영위원장, 이부영 자유언론실천재단 명예이사장, 이삼열 대화문화아카데미 이사장, 이상수 변호사·전 노동부 장관, 이상철 크리스챤아카데미 원장, 이정자 헌법개정여성연대 공동대표, 이정희 한국외대 명예교수(정치학), 이종오 전 명지대 교수(사회학), 이진순 와글 이사장, 이창희 CR재단 운영위원, 이하경 중앙일보 대기자·전 주필, 이헌석 에너지정의행동 정책위원, 이현숙 WPS아카데미 이사장, 이형용 거버넌스센터 이사장, 임해규 전 새누리당 국회의원·두원공과대 총장, 임현진 서울대 명예교수(사회학), 정대철 대한민국헌정회 회장, 정두환 헌법개정국민행동 집행위원장, 정성헌 한국DMZ평화생명동산 이사장, 조진만 덕성여대 교수(정치학), 조효제 성공회대 명예교수·전 한국인권학회장, 주대환 사회민주주의연대 공동대표, 차진아 고려대 교수(법학), 최순영 부천YMCA 이사장, 최장집 고려대 명예교수, 하상응 서강대 교수(정치학), 하승수 변호사·공익법률센터 농본 대표, 한윤정 한신대 생태문명원 대표

『대화문화아카데미 2025 새헌법안
-대권에서 분권으로』여해와 함께, 2025

3

대화문화아카데미
2025
새헌법안
해제

3.1. 전문과 총강

박명림 | 연세대 지역학협동과정 교수 · 대화문화아카데미 새헌법위원

　헌법은 한 나라의 목표와 가치, 한 시대의 정신과 능력을 함축한다. 대화문화아카데미 2025 새헌법안은 이 문제를 가장 깊이 고민하였다. 새헌법을 통해 대한민국이라는 인간 공동체는 미래에 무엇을 지향하며, 현재의 무엇을 담아내려 하는가? 일반적으로 전문과 총강은 이를 압축하는 하나의 소우주(microcosm)라고 할 수 있다.

　그럴 때 대화문화아카데미 2025 새헌법안의 전문과 총강은 대화문화아카데미 2016 새헌법안과 비교하여 몇 가지 점에서 두드러진다. '민주공화국' 헌법과 '분권' 헌법, 그리고 '지구' 헌법, '미래' 헌법을 더욱 절실히 소망하고 추구한다. 이는 차이라기보다는 더욱 심화한 강조이다. 따라서 아래의 몇몇 핵심 요점은 이번 헌법안 전문과 총강의 가장 큰 줄기라고 할 수 있다. (이하의 간략한 해제는 2016 새헌법안 해제와 중복을 피하기 위해 2025 새헌법안에서 추가 · 변화한 내용에 한정하려 한다. 기존 헌법과의 차이점 및 2016 새헌법안의 지향에 대한 상세한 설명은 2016 새헌법안의 전문과 총강에 대한 해제에서 다루었기 때문이다.)

　첫째, 무엇보다 역사로부터 대한민국의 현재와 미래로의 계승 요체를 민주이념에서 민주공화이념으로 확장하였다. 이는 민주화 한 세대를 경과한 시점

에서 한국 민주주의의 성취와 한계에 대한 냉정하고도 객관적인 진단과 반성의 산물이다. 또한, 단순한 헌법적 가치의 확대를 넘어 대한민국 공동체가 이어받고 견지하며 추구하는 궁극적 목적과 목표의 상당한 전환과 승화를 함의한다. 대한민국을 창출한 근본 정신과 토대를 오늘에 다시 불러내어 현재와 미래의 새 합의이자 새 나침판으로 삼고자 하는 노력이다.

이러한 전환과 승화는 현재의 한국 사회에 대한 전면적인 성찰을 반영한다. 대한민국 헌법 제1조에서 말하는 민주공화국은 자치·주권·경쟁·갈등에 기반한 민주정과 타협·공존·연대·통합을 추구하는 공화국의 결합이다. 자유와 평등은 양쪽 모두에 걸친다. 그러나 오늘의 한국 사회는 세계 최고 수준의 내부 적대와 갈등 지표가 보여주듯, 민주정(democracy)의 원리는 자못 두드러지나 공화국(republic)의 정신은 극히 허약하다. 허약한 정도를 넘어 공통 지반이 흔들리는 위험한 수준으로 치닫고 있다. 우리는 이번 대화문화아카데미 2025 새헌법안의 제안을 계기로 대한민국을 구성한 '우리'가 무엇 때문에 함께 하나의 나라를 구성하고, 보존하며, 지속하는지 그 근거와 까닭에 대해 다시 깊이 생각하게 되기를 소망한다.

그리하여 민주공화라는 우리의 '오래된 새 정신과 원칙'이 가능하면 개인과 공동체, 자유와 평등, 개인 능력과 사회 연대, 한국과 세계, 인간과 생태·환경, 수도권과 지방, 집행부와 입법부, 집행부 내의 대통령과 국무회의(총리), 입법부 내의 민주원과 공화원에 걸쳐 촘촘하면서도 포괄적으로 침투하고 반영되고 표현되길 소망하였다. 민주와 공화는 이상적으로 결합할 때 비로소 민주도 공화도 각각 살아나고 보존되고 발전하는 새로운 지평을 보여주기 때문이다. 즉 민주도 바르게 살리고 공화도 바르게 살려서 참된 민주공화국을 건설하는 것이다. 구체적인 조문의 배치와 표현에서 실제로 얼마나 성공하였는지를 넘어, 우리는 이러한 정신이 잘 스며들어 지금보다는 더 나은 인간 공동체가 탄생하기를 추구하였다.

둘째, 더욱 선명한 생태·환경·지구 헌법을 지향하였다. 우리는 기회균등과 다양성 보장의 차원과 영역에 기존의 정치·경제·사회·문화에 더해 '환경'을 추가하였다. 또한, 우리가 수행해야 할 최선의 노력에 삶의 질의 균등한 향상 및 인류의 항구적인 공존공영에 이바지함과 함께 '지구생태계 보전'을 삽입하였다. 헌법 전문에 이 두 가지를 추가한 것은 그 나름대로 중대한 변화라고 할 수 있다. 대화문화아카데미 2016 새헌법안 정신의 한층 강화된 심화가 아닐 수 없다.

애초부터 환경은 인간 공동체에 필수적임과 동시에 정치, 경제, 사회, 문화 못지않은, 아니 그것들의 존재와 출발을 가능하게 해주는 근본 지반이자 토대였으나 오래도록 망각되었을 뿐만 아니라 파괴되어왔다. 그리하여 지구는 이제 인간적 요인으로 인해 거주 가능성과 보존 자체가 도전받는 일종의 한계 상황에 도달하였다. 이는 우리에게 익숙한 국내 차원의 '정치적인 것'과 '사회적인 것'은 물론 인류 차원의 '국제적인 것'과 '세계적인 것'을 넘어 '환경적인 것'(the environmental)과 '행성적인 것'(the planetary)에 대한 관심과 논의가 폭증하는 연유이다. 또 인류의 현실과 사유에 기후위기(climate crisis)를 넘어 기후응급상황(cilmate emergency)과 기후지옥(climate hell)과 다중위기(poly crisis) 담론이 등장한 연유이다. 행성공화국(planetary republic)의 철학과 담론도 마찬가지이다. 이에 대한민국은 생명생태가치의 헌법화를 통해 세계와 인류와 지구와 행성 차원의 시민성, 윤리성, 보편성을 함유하고 선도하지 않으면 안 된다.

셋째, 지방분권국가의 추구다. 대화문화아카데미 2025 새헌법안은 이를 총강의 제1조에 삽입하였다. 물론 지방분권국가의 내용과 조문은 2025 새헌법안의 독자적 제안은 아니다. 지방분권국가의 지향은 우리 사회에 이미 많은 견해가 제출되어온 지 오래되었다. 특별히 수도권으로 인구와 자원이 집중됨으로써 지방 소멸·학교 소멸·인구 소멸의 현실을 맞아 분권 국가 담론과 실천은 오래도록 강력하게 제기되고 있는 것이 현실이다.

기실 자치와 분권은 대한민국의 지방 현실이 최악으로 악화한 것이 아니더라도 민주공화국이라는 인간 공동체의 당연한 전제라는 점에서 더욱 강조되지 않으면 안 된다. 즉, 한 나라에 수도권과 지방이라는 이분법 자체가 존재하면 안 되는 것임에도 불구하고, 한국적 현실에서 이 두 범주는 이제 단순한 거주 장소와 공간을 넘어 부동산 가격, 그리고 교육과 취업, 의료와 건강, 기회의 차이와 차별에서 보듯이 거의 과거로 돌아간 정도의 심각한 격차를 나타내고 있다. 같은 인간과 같은 국민으로서 자치분권이 절대적으로 필수인 연유가 여기에 있다.

지방분권과 지방자치의 필수 전제는 역사적으로나 이론적으로 참된 수평적 권력 분립에 기반한 민주공화국의 수립이라는 점은 강조할 필요도 없다. 요컨대 수평적 권력 분립과 수직적 권력 분산은 상호 필요조건이자 충분조건이라고 할 수 있다. 따라서 대화문화아카데미 2025 새헌법안의 골간 중 하나는 수평적·수직적 차원을 전부 포괄하는 분권이다. 즉, 중앙에서의 권력 독임의 방지와 수평적 분산은 지방과의 수직적 분산과 자치의 필요조건인 동시에 서로 쌍생아가 되지 않으면 안 된다. 2025 새헌법안에서 지방분권국가 선언, 공화원의 설치, 지방자치의 강화, 법령의 정교한 위계를 포함한 일련의 연결된 내용은 이를 잘 반영하고 있다.

넷째, 미래세대를 위한 헌법을 추구하였다. 헌법은 당연히 미래를 향한 현재 세대의 소산이다. 그리하여 대화문화아카데미 2025 새헌법안은 미래세대의 안전과 자유와 행복을 언급하였다. 비록 같은 대상이라고 할지라도 기존 헌법의 '우리들의 자손'을 더욱 일반화·영속화한 것이다. 현재 세대가 미래세대에 대해 지녀야 할 책임과 소명은 인류 역사에서 최초로 민주공화국을 건설하고 성문헌법을 처음 제정한 인류 선현의 가장 치열한 고민이었다. 훗날 다른 나라의 입헌과 입법 논의가 놓쳐왔으나, 사실 이점은 당시 가장 뜨거운 논쟁점의 하나였다.

즉, 한 세대가 헌법과 법률을 제정할 때 지녀야 할 필수적인 덕목의 하나는 미래세대에게 가능한 한 부채를 물려주어서는 안 된다는 점이다. 이때 부채는 다층적·다면적·다의적·다성적(多聲的)이다. 물론 '한 세대'는 말할 필요도 없이 현재와 미래를 위해 최적의 새 헌법을 제정해야 할 당대 세대를 말한다. 한국의 경우에는 지금의 우리 세대를 말한다. 이제 우리는 시대의 소리와 요청을 넘어 미래의 소리와 요청에 귀를 열지 않으면 안 된다.

이제 헌법을 통해, 또 헌법안에 담아야 할 책임은 현재는 물론 미래까지 품어야 한다. 기후·생태·환경 위기의 시점에 더욱 그러해야 하지만, 그것이 아닐지라도 본시 인간 개개인의 자유와 평등도, 나라의 민주정도 공화국도 마땅히 그러해야 한다. 인간 공동체는 언제나 사사를 넘어 공적 지평에서 연면하고 영속하기 때문이다. 인간의 자유와 평등, 사회의 안정과 보존, 권력의 분산과 타협, 나라의 평화와 평안의 영역에서도 우리 세대는 의무이자 부름으로서 마땅히 미래세대에게 부담과 부채를 물려줘서는 안 된다. 한 세대의 지혜는 미래세대의 평안을 낳으며, 한 세대의 몽매는 미래세대의 불안으로 이어지기 때문이다. 대화문화아카데미 2025 새헌법안의 제안이 미래 공동체를 향한 우리 세대의 지혜를 모으는 한 작은 발화점이 되기를 소망하는 연유가 여기에 있다.

끝으로, 우리는 한반도 현실의 상황과 장기 지속, 국민의 의식과 지향, 그리고 현재의 헌법 조문 사이의 불일치한 관계를 깊이 고려하여 총강의 제3조 영토 조항에 단서 조항('대한민국의 영토는 한반도와 그 부속도서로 한다. 단, 통일을 이룰 때까지는 1953년 7월 27일 정전협정의 관할구역으로 한한다.)을 삽입하는 문제를 진지하게 검토하였으나 숙의 끝에 기존 조문을 지속하기로 하였다. 적대 현실과 통일 지향이라는 상황의 이중성과 특수성을 넘어, 이제는 헌법과 주권과 국가의 일반성과 보편성, 그리고 각종 조사에서 드러난 통일보다는 평화를 지향하는 국민의 집합 의식과 의지를 반영해야 하지 않을까 고뇌하였으되 이는 훗날로 미루기로 하였다. 그것은 본질에 대한 회피가 아니라 대화문화아카데미 2025 새헌법안의 목표와 초점이 흐려질 수 있다는 공통의 사려 때문이었다. 따라서 이 중요한 문제에 대해서는 다른 기회에 또 다른 헌법안을 토대로 더 깊게 상론할 기회가 있을 것으로 판단한다.

(2016년 새헌법안을 포함하여) 2025 새헌법안의 전문과 총강의 지향과 가치가 한국 사회의 헌법 논의는 물론 대한민국 공동체 전체의 현재와 미래의 중심 지향과 가치로 승화하기를 바라는 마음 간절하다.

3.2. 기본권과 기본의무

박은정 | 이화여대 명예교수 · 대화문화아카데미 새헌법위원장

대화문화아카데미 2025 새헌법안을 논의하면서 처음부터 우리 위원들은 기본권 분야에서는 대화문화아카데미 2016 새헌법안에서 다룬 범위와 내용을 원칙적으로 유지하는 방향으로 합의했다. 이는 기본권 조항은 특히 가치지향적 성격이 강한 데다가, 2016 새헌법안이 그간 우리 사회의 강화된 인권의식을 바탕으로 광범위한 의견수렴과 심도 있는 논의를 거쳐 도출된 만큼, 인권의 외연을 확대하고 그 보장을 실질화하기 위한 노력과 생명생태가치 존중이라는 지향이 지금 시점에서 볼 때도 크게 손댈 필요가 없다고 봤기 때문이었다.

이른바 '87년 체제'의 귀결이랄 수 있는 현행헌법에 대한 총체적인 재검토 끝에 내놓은 2016 새헌법안은 미래지향적 헌법안이었다. 다시 말하면 현실적 개헌 가능성에 매이기보다는 긴 호흡을 가지고 1987년 이후 변화한 우리 사회에 대한 성찰을 바탕으로 새로운 지향 가치와 나아가야 할 방향을 담은 것이었다. 전문, 기본권, 권력구조 등 헌법 전반에 걸쳐 오랜 숙의와 의견 수렴을 거쳐 탄생한 안이었기에 그 범위와 내용이 포괄적이고 광범위했다. 게다가 시민사회 진영에서 처음으로 조문화 수준으로까지 구체화한 개헌안을 내놓는 만큼 특히 기본권 분야 논의에 심혈을 기울였던 것으로 기억한다. 그래

서 종래 개헌 논의가 정부 형태나 대통령 임기 등 권력구조를 중심으로 이루어진 것을 반성하면서, 그간 우리 공동체 성원의 강화된 인권의식, 세계화와 다문화 사회에서의 개인의 다양성과 소수자 인권 존중, 인간을 넘은 생명의 존재와 생태가치 인정 등을 지향하고자 한 것이다.

기본권 분야와 관련하여 이렇게 의견을 모은 배경에는 지난 2016년 논의 때와는 달라진 정치사회적 지형 변화도 작용했다. 즉 지난 논의 때와는 달리 현시점에서는 전문, 기본권을 아우르는 총체적인 접근보다는 무엇보다도 대통령에 과도하게 집중된 권력 등 이른바 대권 정치의 폐해를 막기 위한 권력구조 개편에 초점을 맞추는 게 중요하고도 시급한 과제라고 판단했다. 그래서 분권형 헌법을 만드는 데 지혜를 모으고 이에 성공하면 다음 단계로 기본권 등에 대해서도 다시 검토하기로 한 것이다.

위와 같은 취지에 따라 2025 새헌법안에서 기본권 분야는 인권의 외연을 확대하고 그 보장을 실질화하며 나아가 인간만이 아니라 모든 생명을 가진 존재와 생태가치를 인정하는 정신을 실현한다는 기조를 유지했다. 그러면서도 이번 안에서 특히 새롭게 반영된 부분이 있는데, 그것은 바로 기후와 환경 관련 분야이다. 사실 2016안에는 기후에 관해서는 구체적 언급이 없었다. 환경권도 기존 조항의 내용을 그대로 유지하는 방향으로 정했다. 그러나 지난 몇 년 이래 세계적으로 겪고 있는 기후위기라는 사상 초유의 상황에 직면하여, 기후생태 관련 문제의식과 그 방향성을 적극적으로 헌법에 담아야 한다는 합의에 이르렀다. 이에 따라 헌법 전문과 기본권 조항에 관련 내용을 대폭 보완하기로 한 것이다.

이하에서 대화문화아카데미 2025 새헌법안 기본권 분야 내용에 대해 구체적으로 살펴보기로 한다.

먼저 기본권 적용 주체의 범위를 확장하기로 했다. 현행헌법은 기본적으로 기본권 적용 주체의 범위를 '국민'으로 제한하여 명시하고 있다. 그러면서 헌법 해석을 통해 기본권 적용 주체의 범위를 부분적으로 확장하는 식으로 대처해왔다. 그러나 지금처럼 세계화, 다원화가 진전된 현실에서 거주 외국인이나 무국적자의 인권 문제를 더는 입법정책이나 관련 국제법, 조약 등에 맡겨둘 수는 없다고 보았다. 이에 따라 새로운 헌법에서는 개별 조항의 성격에 따라 적용 범위를 '모든 사람'으로 바꾸어, 적어도 자유권적 기본권의 성격이 강한 조항에서는 기본권 적용 대상의 범위를 공동체에 거주하는 모든 사람으로 확장하도록 변경한 것이다. 국민만 법 앞에 평등한 것이 아니라 공동체 내의 구성원이라면 모든 사람이 법 앞에 평등하다는 인식이 헌법 가치 안에 반영되어야 한다고 생각한 것이다. 이와 함께 현행헌법 제2장의 표제 '국민의 권리와 의무'를 '기본권과 기본의무'로 바꾸기로 했다.

둘째, 현행헌법이 보장하는 기본권을 시대적 변화에 맞추어 좀 더 강화하는 방향으로 수정할 필요가 있다고 보았다. 또한, 그간 해석을 통해 쌓인 판례로써 확대되어온 사항을 이번 기회에 더욱 분명히 하여 기본권을 강화하자는 쪽으로 의견을 모았다.

우선, 양심의 자유 조항을 확대하여 양심과 사상의 자유를 보장한다고 규정함으로써 자유민주주의의 기본적 가치를 더 분명히 하고자 했다. 또한, 여성·노인·아동·장애인 등 현행헌법에서 배려의 대상, 수동적 복지의 대상으로 여겨진 사람에 대해 그들이 자기 권리를 적극적으로 행사하는 주체라는 관점에서 기본권이 적용되도록 변경했다. 성평등을 적극적인 국가적 목표로 명시하고, 노인·아동·장애인 등 사회적 약자나 소수자도 수혜의 대상이 아닌 적극적인 사회통합의 주체로 인식해야 함을 강조한 것이다.

사회적 약자나 소수자의 주체적 권리 확장을 염두에 두고 특히 현행 차별금지조항의 대상 범위를 확장해야 한다는 데 대해서도 위원들은 의견을 함께했다. 다문화 사회로 이행이 예측됨에 따라 차별금지조항에 인종이 명시되어야 한다는 점과 연령, 신체적·정신적 장애, 출신이나 성적 지향이 차별의 이유가 될 수 없음을 강조했다. 성적 지향과 관련하여 일부 보수층을 중심으로 논란이 있는 점 등을 감안하여 조문에서 아예 예시를 빼는 것이 어떤가 하는 의견도 있었다. 그러나 기본권의 발전 역사를 돌이켜보면 성별, 종교, 사회적 신분 등에 따른 차별이 개별적으로 문제가 되면서 차별금지를 확고히 하기 위해 예시적으로 적시하는 방향으로 발전해온 만큼, 2016안을 그대로 유지하기로 했다. 참고로, 대화문화아카데미 2016 새헌법안이 나온 이후 2017년 국회 개헌특위 자문위원회안 및 2018년 문재인대통령 개헌안이 발표되었는데, 이 두 안에서는 차별금지대상에서 성적 지향이 빠져 있다.

양심에 따른 대체복무제도 도입을 추가하는 데 대해서도 위원들 사이에 이견이 없었다.

셋째, 1987년 이후 우리 사회의 변화에 대응하여 새로운 가치에 기초한 기본권 신설의 필요성을 검토하면서, 새로운 헌법에 반영해야 할 기본권 내용으로서 생명의 권리와 신체를 훼손당하지 않을 권리, 알 권리, 개인정보의 자기결정권이나 정보의 자유, 평화권 등이 논의되었다. 생명권 조항과 관련하여 사형제 폐지에 대해서 위원들 사이에 높은 수준의 합의를 이루었다. 정보화가 급속히 진전되는 사회 시스템을 감안할 때 개인정보의 중요성을 헌법적으로 한층 보호해야 한다는 데도 의견을 같이하여, 모든 사람은 자기 정보에 결정의 자유를 가진다는 내용을 담았다. 그간 판례와 학설상으로 확립된 결정권의 근거를 더 명확히 한 것이다. 정보 격차 해소, 사회적 약자의 정보 이용권 보호도 이번 기회에 조문화해야 한다는 의견도 제시되었다. 네트워크의 발전과 함께 등장한 디지털 인권에 대한 논의도 있었으나, 아직 사회적 합의를 이루어가는 과정에 있다고 보고 추후 검토하기로 하였다. 망명권에 대해서는 국제조약 준수 차원에서 논의되어야 한다는 방향으로 의견을 모았다. 평화권에 대해서는 별도의 기본권 조항으로 다루기보다는 전문 등에 반영하는 방향으로 결론을 내렸다.

그리고 교육받을 권리를 학습할 권리로 확장함으로써 평생교육과 대안교육 등의 헌법적 근거를 확보하고자 했다. 모성의 권리에 대해서도 진지하게 논의한 바, 모성권이 성역할을 고정화할 우려가 있다는 여성계의 목소리를 염두에 두면서 입법 취지를 분명히 하기 위해 자녀의 출산과 양육에 관한 국가의 지원 의무를 명확히 표기했다.

넷째, 새헌법위원들은 새로운 기본권을 도입하는 이외에 현행헌법에 있는 인권 침해적 요소를 제거하는 등의 수정·보완도 필요하다고 의견을 모았다. 이와 관련하여 군인, 군무원, 경찰공무원 등의 국가배상청구권을 제한한 조항은 특별히 이들만 자신의 권리가 제한되어야 할 이유를 찾을 수 없을뿐더러 애초 근거가 되었던 국가 재정 문제도 현재로서는 크게 문제 되지 않는 만큼 삭제되어야 한다는 데 의견을 모았다. 그 밖에 반인도적 범죄에 대해 공소시효를 배제하는 조항을 추가해야 한다는 데도 이견이 없었다.

마지막으로, 앞에서 언급한 대로, 새로운 헌법을 위한 기본권 논의에서 위원들이 특별히 공을 들여서 검토한 부분은 사상 초유의 기후위기에 대처하는 문제를 포함한 생명생태가치를 어떻게 헌법에 반영할 것인가 하는 문제였다.

생명생태가치의 헌법화는 크게 세 차원에서 구상할 수 있겠다. 1)이념적 지향 차원 2)기본적 권리 및 의무 차원 3)국가정책 목표 제시 차원 등이다. 생명생태가치를 이념적 지향으로서 이를테면 헌법 전문에 담고, 기본권 차원에서 현행 환경권 조항을 넘어 새로운 기본권을 창설하거나 강화하고, 국가의 핵심적 정책 목표로도 명시하는 것이다. 이러한 세 차원의 헌법화가 모두 필요하다고 본다.

대화문화아카데미 2016 새헌법안도 기본적으로 이런 방향에 서 있었다. 그에 따라 우선 헌법 전문에 생명존중과 생태보전을 헌법 가치로 명시했으며, 생명권을 신설하고 사형금지조항도 도입했다. 국가정책 목표 차원에서는 경제 관련 조항에 지속가능한 개발과 천연자원 및 생태환경 보전을 위한 국가의 의무를 명문화했다. 그리고 이런 정책 목표를 실현하기 위한 환경 거버넌스로서 생태환경에 관한 대통령직속위원회를 두도록 했다.

다만, 2016안은 기후위기에 대해 구체적인 언급을 하지는 않았었다. 환경권과 관련해서도 기본적으로 현행헌법 제35조를 유지하는 선에 머물렀다. 그러나 기존의 환경권 조항이 자연환경보다는 생활환경 중심으로 해석되면서, 최근 기후위기 등 생태환경 위해가 급박하게 사법심사를 받아야 하는 상황에서 헌법적 논거 제시에 부족한 측면이 없지 않았다. 이제 생태환경 가치는 최소한의 주관적 권리 보호가 아닌, 국가의 기본적이고 객관적인 가치 질서로서 헌법에 자리매김해야 할 것이다.

기후위기는 단지 기후만의 위기가 아니라 모든 것을 아우르는 전면적인 위기로서 날로 심각해지는 기후생태위기 해결의 당위성은 이제 확고하다. 그간 국내외에 기후위기 관련 헌법소송이 늘고 있고, 2020년 3월 청소년기후행동 소속 활동가 등이 탄소중립·녹색성장기본법(탄소중립기본법)과 그 시행령상의 온실가스 감축 목표 및 이행 계획이 환경권, 건강권, 행복추구권 등을 침해한다고 헌법소원을 청구한 건에서, 헌법재판소는 지난 2024년 8월 탄소중립기본법에 대해 재판관 전원일치로 헌법불합치 결정을 내렸다. 헌재는 탄소중립기본법상의 감축 목표가 2031년 이후 온실가스 감축 목표를 설정하지 않은 것은, 국가가 기후위기라는 위험 상황에 상응하는 보호 조치로서 국민의 기본권을 보호하기 위해 필요한 최소한의 성격을 갖추지 못했을 뿐만 아니라 "미래에 과중한 부담을 이전"하는 것으로 판단했다. 이제 기후생태위기는 기본권의 문제이고 누구나 기후위기로부터 안전할 권리가 있다는 것을 헌재가 확인한 것이다. 또한, 기후위기 대응이 국가의 책무임도 분명히 했다. 이로써 기후생태위기 대응 필요성은 우리 공동체의 기본적 가치가 된 것이다. 환경재단은 지난 2021년 각계 인사와 함께 기후위기 대응을 헌법 제1조에 추가하는 내용의 헌법개정안을 제안하기도 했다. 프랑스에서도 2020년 기후시민회의가 기후위기와 관련된 내용을 헌법에 명시하려는 시도가 있었다.

이에 위원들은 2025 새헌법안에서는 우선 전문을 통해 기후생태위기에 대처하는 것이 중요한 시대적·헌법적 과제임을 명시하고, 이와 관련하여 미래세대에 대한 책임을 다할 것임도 헌법화할 필요가 있다고 의견을 모았다. 환경권 조항에서도 국가뿐만 아니라 국민도 함께 기후생태위기에 대처하기 위해 노력해야 한다는 내용을 구체적으로 담을 필요가 있다고 보았다.

위와 같이 기본 방향을 정하고 먼저 전문에 '생명존중과 생태보전'이라는 표현을 도입함과 동시에, 정치·경제·사회·문화 영역에서뿐만 아니라 '환경' 영역에서도 각인의 기회를 균등히 해야 한다는 내용을 담았다. 그리고 기후생태위기 상황에 대처하는 데에 최선의 노력을 다함으로써 자연과 공존 속에서 우리와 미래세대의 안전을 확보한다는 내용 또한 추가 반영하기로 했다. 미래세대는 현시점에서 정치적인 목소리를 낼 수 없다는 점에서 단순히 현세대와의 형평성을 넘어선 차원에서 국가와 국민의 책임이 강조될 필요가 있는 것이다.

기본권 차원에서는 환경권 조항에 생명체는 법률이 정하는 바에 따라 국가의 보호를 받는다는 내용을 추가함으로써 인간이 아닌 생명체도 법적 보호의 대상이 됨을 명시했다. 현재 법률로 보호되고 있는 야생동식물, 천연기념물 등을 포함하여 생명체 보호의 헌법적 근거를 포괄적으로 마련하고자 한 것이다. 또한, 국가와 국민은 기후생태위기에 대처하기 위해 필요한 온실가스 감축과 정의로운 전환을 위해 노력해야 함을 명시했다. 온실가스 감축이 세계적으로 공통의 과제이며, '정의로운 전환'은 최근에 나온 용어로서 기후생태위기에 대처하는 과정에서 약자에게 희생이나 부담이 전가되어서는 안 된다는 의미를 담고 있다. 나아가 국가와 국민은 환경을 지속가능하게 보전하기 위해 노력하여야 하며, 기후생태위기에 대처하고 환경을 보전하기 위한 국제적인 노력에 참여하여야 함도 명시하여 생태환경의 지속가능한 보전을 위한 국제연대의 필요성에 대해서도 제안했다. 그리고 기후위기는 화석연료에 의존해온 문명이 낳은 위기이고, 단기간에 그리고 특정 국가의 노력만으로 대처하기 어려울 뿐만 아니라 인류가 경험해보지 못한 사상 초유의 위기이므로 이에 대처하기 위해 최선의 노력을 다해야 한다는 점을 강조했다. 그 밖에, 2016안에 경제 조항에 국토의 지속가능한 이용 및 생태환경 보전에 관한 사항이 반영되어 있는데, 이와 관련하여 '자연의 재생 능력과 이용 사이의 균형'을 고려해야 한다는 내용을 추가하자는 제안도 나왔다.

참고로, 2017년 국회 개헌특위 자문위원회안은 헌법 전문에 '생명 존중'과 '미래세대에 대한 책임' 그리고 '지속가능성'을 명시할 것을 제안했다. 2018년 문재인대통령 개헌안은 "자연과의 공존 속에서 우리들과 미래세대의 안전과 자유와 행복을 영원히 확보할 것을 다짐"한다는 문구를 넣자는 제안을 했다. 생태위기에 대응하여 환경보전, 자연과의 공존, 지속가능성 등의 과제를 헌법 전문에 반영하여 미래세대에 대한 책임을 강조한다는 내용 면에서는 세 안이 일정 정도 공통점을 지니고 있다. 다만 대화문화아카데미 2025 새헌법안은 기후위기가 헌정 질서상으로 우선적인 과제임을 더욱 분명히 한 셈이다.

그리고 국회 개헌특위 자문위원회안과 문재인대통령 개헌안에서도 환경권 조항 개정을 제안하고 있다. 전자는 "국가는 기후변화에 대처하고, 에너지의 생산과 소비의 정의를 위해 노력"해야 한다는 것과 "국가는 지구생태계와 미래세대에 대한 책임을 지고, 환경을 지속가능하게 보전"해야 한다는 문구를 추가할 것을 제안했다. 후자는 "지속가능한 발전"이라는 다소 모호한 문구를 택했고, 동물보호 조항을 넣기도 했다.

대화문화아카데미 2025 새헌법안이 위의 두 안과 다소 차이를 보이는 부분이 있다면, 우선 온실가스 감축과 정의로운 전환이라는 구체적인 과제를 제시했다는 점이다. 그리고 인간이 아닌 생명체도 법적 보호의 대상이 된다는 점을 명시한 점, 국가뿐만 아니라 국민도 기후위기에 대처하고 생태환경을 보전하기 위해 노력할 의무가 있음을 명시한 점, 마지막으로 국제 연대의 필요성에 대해서도 제안하고 있다는 점 등이다.

다른 개헌안이나 외국 헌법 등에서 다룬 생명다양성 보호나 멸종위기종 보호, 동물 보호, 서식환경 보호 등은 헌법에 담지 않더라도 법률 차원에서 강화할 수 있을 것이다.

기후생태위기와 관련하여 대화문화아카데미가 제안하는 이번 개헌안은 이른바 '지구법학'에서 제안하는 '모든 생명의 존중'과 '자연의 권리' 요청에는 미치지 못한다. 그러나 헌법 질서 안에 생명생태가치를 들여옴으로써 기존의 인간중심적 헌법 가치 질서를 누그러뜨리는 의미를 담고 있다. 기후 및 환경 관련 토론을 하는 내내 위원들은 지금의 기후위기라는 사상 초유의 상황을 감안할 때 기존의 '환경권'이라는 용어는 설사 생활환경뿐 아니라 자연환경까지 확장하는 의미로 해석한다 하더라도 한계가 있다는 문제를 두고 고심했다. 요컨대 인간을 위한 환경이나 인간을 위한 조건으로서의 환경(공해 개념, 자연재해, 오염 등)의 의미가 짙다는 것이다. 사실 '생명권' 또한 기존의 의미대로라면 비인간 생명이 배제되는 채 인간 생명 중심의 이미지가 강하다. 이에 환경주의를 넘어서는 새로운 생태주의의 접근이 요청되며, 이를 위해서는 종래의 환경권이나 생명권 개념을 넘어서는, 그야말로 총체적이고 문명론적인 접근과 그에 따른 태도가 요청됨을 다시 한번 강조하고자 했다.

마지막으로 한 가지 더 언급하자면, 이번 대화문화아카데미 2025 새헌법안은 특히 생명가치와 생태가치가 동전의 양면처럼 분리할 수 없이 나란히 감을 강조했다는 점이다. 생태학적 균형 없이는 생명권을 보호할 수 없기 때문이다. 요컨대 자연생태 시스템과 사회경제 시스템의 균형을 이룬 생명생태헌법을 마련하고자 한 것이다. 자연을 인간 삶의 단순한 배경으로 보면서 자연환경을 보호한다는 차원을 넘어, 인간의 생명과 번영의 기반이 자연생태의 지속과 그 상관관계 안에 놓임을 헌법적 가치로서 승격시키자는 것이다.

지금까지 정리한 대화문화아카데미 2025 새헌법안 기본권 분야 제안은 그동안 우리 사회의 변화한 상황과 사회 구성원의 진전된 인권의식을 바탕으로 삼으면서도, 사회적 합의가 가능한 수준이 어디까지일지 고민한 결과물이다. 헌법이 지니는 민주적 정당성을 강화하고 사회적 합의 수준을 높이는 데 기여하는 방향으로 새헌법위원들이 고민하고 숙고한 성과를 담아낸 것이다. 아무쪼록 기본권 확장을 향한 우리의 노력이 폭넓은 시민적 참여와 개방적 논의를 거쳐 새로운 헌법에 반영되기를 기대한다.

참고로, 대화문화아카데미 2016 새헌법안 이후에 나온 2017년 국회 개헌특위 자문위원회안 및 2018년 문재인대통령 개헌안에는 기본권과 관련하여 여러 면에서 전향적이고 진취적인 내용이 담겨 있다. 이 두 안에는 조항의 성격에 따라 '국민'을 '모든 사람'으로 변경하자는 제안을 담고 있는 등 대화문화아카데미 2025 새헌법안과 비슷한 취지의 내용도 있고, 더 진취적이라고 평가할 만한 내용도 포함하고 있다. 가령 국회 개헌특위 자문위원회안에는 새로운 권리로서 안전권·소비자권리·선거운동권·행정요구권과 함께 평시 군사법원 폐지 등이 제시되었고, 특히 장애인의 사회통합 추구·정보문화 향유권·동일노동 동일임금 등 보다 상술한 내용 및 세분화가 돋보였다. 문재인대통령 개헌안 역시 노동권 강화, 안전권, 국가의 정보독점 폐해 예방의무, 선거권 행사 연령 명시, 환경보호 및 동물보호 정책 시행의무 등의 내용을 담고 있다.

앞으로 공론장을 넓혀가면서 대화문화아카데미 2025 새헌법안을 위시하여 각계의 기본권 관련 제안이 진지하게 더 검토되고, 그러는 가운데 일부는 적극적 토론과 사회적 합의를 거쳐 새로운 기본권으로 헌법화할 수 있기를 기대한다. 기본권의 실질화나 실현 과정에는 사회적 비용 부담 등 현실적인 문제도 따른다. 그러므로 무엇보다도 기본권 확장을 위한 사회적 합의가 중요하며, 이를 위해 더 많은 사회 구성원이 토론에 참여하는 과정이 필요하다. 대화문화아카데미가 내놓는 안을 출발점으로 삼아 앞으로 활발하고 진지한 헌법 대화와 헌법 운동이 이어지기를 바라마지않는다.

3.3. 입법부

박찬욱 | 서울대 정치외교학부 명예교수 · 대화문화아카데미 새헌법위원

I. 서론

대화문화아카데미 2025 새헌법안에서 입법부와 관련한 핵심적인 규정은 대화문화아카데미 2016 새헌법안에서 국회의 구조로서 도입한 양원제를 유지하고 이를 보강한 것이다. 민주공화국인 대한민국 국회의 하원은 민주원, 상원은 공화원으로 고유 명칭을 부여한다. 권력구조의 분권을 강화하여 입법부 내에서 양원 간에, 그리고 입법부와 집행부 간에 견제와 균형을 이루어 소수 의사의 존중, 승자독식의 지양, 입법의 충실화, 더 일반적이고 장기적인 관점에서의 국정 심의를 기할 수 있도록 한다. 공화원은 단일제 국가의 테두리 안에서도 지방정부와 그 주민을 대표하여 중앙과 지방 간 수직적 분권화에 순기능을 수행하게 될 것이다.

이 글은 위와 같은 관점에서 민주원과 공화원의 의원 정수, 의원 임기, 의원 선출 방식과 지도부 등 양원의 구성에 관하여 서술한다. 나아가, 입법부와 집행부 간, 그리고 입법부 내 양원 간의 권한 관계와 국회 정책 기능의 강화를 위한 다각적인 조치를 논의한다. 아울러 국회 중심의 대의제를 보완하기 위하여 일부 직접민주제 방안을 도입한다.

II. 양원제 국회

1. 대화문화아카데미 2016 새헌법안

대화문화아카데미 2016 새헌법안은 현행헌법이 규정한 단원제 국회를 양원제로 전환한다. 우선, 국회는 국민 대표기관으로서 국가 법률을 제정하는 입법부이기에 표제를 '국회'에서 '입법부'로 변경한다. 그리고 '발췌개헌'으로 개정된 1952년 헌법에서 채택되었으나 실제로는 제2공화국에 와서야 실시한 양원제의 경우와 같이 각 원의 고유 명칭으로서 하원은 민의원, 상원은 참의원으로 한다.

당시 필자는 양원제를 채택한 이유를 다음과 같이 밝혔다.

"첫째, 민의원과 함께 참의원을 설치하여 양질의 신중한 입법에 기여하도록 한다. 참의원은 민의원보다 좀 더 장기적이고 일반적인 국익의 관점에서 국정을 심의하고 여론을 광범하게 수렴하여 졸속 입법을 수정하고 다수 의사의 일방적 관철을 견제하도록 한다. 양원제는 분권의 원리를 입법부의 구성과 운영에 반영하는 것이다. 둘째, 중앙과 지방의 정부 간 관계에 관해서는 단일제 국가의 틀을 유지하면서도 분권화를 촉진하기 위해 참의원을 설치한다. 참의원은 광역 또는 권역(광대역) 선거구에서 선출되는 의원으로 구성하여 그에 부합하는 지역대표성을 갖는다. 셋째, 한반도의 미래 통일국가에 대비하여 남한에서부터 양원제를 시행하고 남북한 통합이 성취된 이후 연방제 등 적합한 제도의 도입과 운용을 용이하게 한다."

2. 2017년 국회 개헌특위 자문위원회안

2017년 국회 개헌특위 자문위원회안(정부형태 분과와 지방분권 분과)도 대화문화아카데미 2016 새헌법안과 거의 동일한 근거를 가지고 양원제를 제안한다. 2017년 국회 개헌특위 자문위원회안은 특히 입법부 내부에서의 기능적 분권을 의회제도 개혁의 출발점으로 삼는다. 또한, 지방분권과 지역 균형 발전을 도모하기 위해 "역사·문화·지리적 동질성을 갖는 권역별 지역의 주민을 대표하는" 지역대표형 상원을 신설한다. 더욱이, 상원은 하원과 정부 간의 충돌을 완화할 수 있는 기관으로 본다. 조문 시안에서는 부분적으로 양원을 민의원과 참의원으로 명기하기도 하지만, 대체로 하원 또는 상원으로 표기한다.

3. 대화문화아카데미 2025 새헌법안

대화문화아카데미 2025 새헌법안은 2016 새헌법안에서 제안되었던 바대로 하원과 차별되는 상원의 설치를 다시 강조하고 있다. 물론, 이는 2016 새헌법안의 양원제 도입 이유를 다시 언급한 것인데, 2025 새헌법안에서는 특히 승자독식을 지양하고 분권형 국정 운영에 이바지하기 위해 입법부 내 하원과의 관계에서, 그리고 집행부와의 관계에서 견제와 균형을 이룰 수 있는 상원의 설치에 역점을 둔다.

이는 상원에서 의안의 중복 심의(redundancy)와 양원 간의 이견으로 인하여 입법 및 정책 심의가 지연되고 국정 효율성이 저하될 가능성을 최소화하면서, 상원이 신중하고 성찰적인 심의를 통해 지나친 정파성을 탈피하고 집행부나 하원 다수의 독주를 견제하는 소임을 수행하도록 한 것이다. 상원은 하원보다 더 장기적 안목을 가지고 미래지향적인 국정 과제를 심의하고 국정의 안정과 연속성에도 기여할 수 있다. 이를테면 상원은 인구 절벽, 지방 소멸, 다문화 및 이민 문제, 미래세대의 삶과 교육, 한반도 평화, 민주 시민 육성 등의 의제를 심도 있게 다룰 수 있을 것이다.

참고로, 양원제에서 상원의 역할에 관하여 탁월한 이론가들이 아래와 같이 주장한 바에 주목해보자.

단원제 의회에서 지속적 성격을 갖는 다수는 그 행위가 달리 구성된 권위체의 동의를 고려할 필요성에서 벗어나 쉽게 전제적으로 되고 중용을 잃는다. ─ 존 스튜어트 밀

양원제의 장점은 상원이 하원의 졸속을 견제하고 오류를 교정하는 것이다. —제임스 브라이스

하원이 변덕스러움과 열정의 충동으로 말미암아 권리 침해와 불성실의 오류를 범할 우려가 있다. 제2원은 분열적 지도자들의 무절제와 해로운 결의의 유혹과 같은 위험을 막는 울타리이다. —제임스 매디슨

양원이 상호 균형을 잡고 통제하도록 하는 제도가 필요하다. —알렉산더 해밀턴

2025 새헌법안은 2016 새헌법안보다 더욱 명료하게 상원의 지역대표성(territorial/regional representation)을 강조한다. 제1조 3항에서는 단일제 국가의 틀 안에서 지방분권국가임을 선언한다. 인구와 정치, 경제, 사회 등 각 분야에서 중앙과 수도권의 일극 체제가 강화되는 사태에 당면하여 중앙과 지방 간, 수도권과 비수도권 간, 대도시와 농촌 간의 격차 해소와 균형 발전을 지향한다. 미국이나 독일과 같은 연방제 국가뿐만 아니라, 지방분권을 실행하는 단일제 국가, 이를테면 스페인, 프랑스, 이탈리아 등에서도 지역대표형 상원이 존립한다.

2025 새헌법안은 양원의 고유 명칭으로서 상원은 공화원(共和院), 하원은 민주원(民主院)으로 명명한다. 대한민국은 민주공화국이므로 국회 양원의 고유 명칭으로서 민주원과 공화원을 제안한다. 민주원은 일반 주권자의 의사를 반영하는 중추적 대의기관이며, 일반 국민 개인을 더욱 균등하게 대표하는 성격이 강하다. 공화원은 정치 세력 간의 견제, 균형과 융화를 통한 공공이익 실현이라는 소임을 갖고, 광역 정부와 주민을 대표함으로써 지방분권과 지역 균형 발전에 기여할 것이 강조된다. 요컨대, 양원의 이러한 고유 명칭은 국가와 국회가 지향하는 가치와 원리인 민주주의와 공화주의의 결합을 의미한다. 그리고 헌법의 국문 조문에 반영되는 것은 아니지만 영문으로 표기할 때 대한민국 국회(Korean National Assembly)의 민주원은 House of the People, 공화원은 Council of the Republic으로 할 것을 제안한다.

III. 입법부 양원의 구성:
   의원 정수, 의원 임기, 의원 선출 방식과 지도부

1. 대화문화아카데미 2016 새헌법안

의원 정수는 법률로 정하되 민의원 250인 이하, 참의원 100인 이하로 한다. 의원 임기에 있어서는 민의원의원 4년, 참의원의원 6년으로 규정한다. 참의원의원의 임기가 민의원의 경우보다 긴 것은 참의원이 좀 더 장기적인 안목에서 국정을 심의하도록 하기 위함이다. 2016 새헌법안은 민의원이 총리를 선출하도록 정한다. 그런데 총리가 민의원에 제출한 신임요구안이 부결되거나 민의원이 내각불신임을 의결하는 경우 내각이 총사퇴하되 이에 대응하여 대통령이 총리 제청으로 민의원을 해산할 수 있게 되어 있다. 그렇게 되면 민의원의원의 임기는 정해진 4년을 채우지 못하고 민의원 해산과 동시에 종료된다.

국회의원은 어느 원에 속하든 국민의 대표로서 민주적 정당성을 확보하도록 국민이 직접 선출한다. 국회의원 선거에 관한 상세한 사항은 법률로 정한다. 참의원은 광역자치단체인 도와 시를 단위로 하여 비례대표제를 적용하도록 헌법에 규정한다. 민의원 선거법에서는 1인 선거권자가 행사하는 표의 가치(의석당 인구수)가 선거구 간 등가성이 비교적 엄격하게 확보되도록 해야 할 것이지만, 참의원의 경우는 표의 등가성 기준을 완화하여 비례대표제를 적용하여 선거한다. 그리고 국회의원 피선거권 자격은 참의원의 경우 민의원보다 연령 요건을 높게 정하는 것이 바람직하다. 이는 참의원이 국가와 공공 영역에서 활동 경험이 풍부한 인사를 민의원보다 많이 충원할 수 있게 한다.

참의원의원의 임기는 6년이지만 의원 전체가 동시에 임기를 종료하지 않도록 2년마다 의원의 3분의 1을 개선(改選)한다. 참의원은 이러한 선거 방식을 통해 민의 변화에 시의적으로 부응하면서도 국정 심의의 안정성과 연속성을 기할 수 있다. 참의원의원 전원을 동시에 선거하게 되면 참의원에서 선거 당시 지지도가 높은 특정 정당의 의석 비중을 강화하고 참의원 운영을 좌지우지할 가능성이 커진다. 개정헌법이 시행된 후 최초의 참의원의원 선거에서 의석은 법률이 정한 바에 따라 제1부, 제2부, 제3부로 최대한 균분한다. 제1부 참의원의원의 임기는 6년, 제2부 참의원의원의 임기는 4년, 제3부 참의원의원의 임기는 2년으로 정한다.

민의원의원과 참의원의원은 겸직할 수 없다. 그리고 민의원의원과 참의원의원은 어느 일원에서 통산 12년을 초과하여 재임할 수 없음도 헌법에 규정한다. 이는 국회의원의 전문성 배양의 가능성을 열어두면서도, 국민의 대표인 국회의원이 자신의 직업에 장기간 안주하여 민의에 제대로 부응하지 못하는 사태를 예방하기 위함이다.

참의원은 의장 1인과 부의장 1인, 의원 정수가 상대적으로 많은 민의원은 의장 1인과 부의장 2인을 선출한다. 참의원 의장은 국회 양원합동회의(joint plenary session of the Korean National Assembly) 개최 시 의장이 된다.

2. 2017년 국회 개헌특위 자문위원회안

2017년 국회 개헌특위 자문위원회안에 있어서 정부형태 분과와 지방분권 분과의 제안이 상이하다. 먼저 정부형태 분과의 안에 의하면 민의원은 200인 이상, 참의원은 100인 이하의 의원으로 구성된다. 의원 임기는 민의원의원 4년, 참의원의원 6년인데 대통령이 민의원을 해산하면 민의원의원의 임기는 종료된다. 양원의 의원 모두 국민 직선으로 선출한다. 참의원은 2년마다 3분의 1씩 개선한다.

지방분권 분과는 의원 정수를 민의원 300인 이하, 참의원 50인 이하로 제안한다. 의원 임기는 민의원의원과 참의원의원이 4년으로 동일하지만, 참의원의원은 1차에 한하여 연임할 수 있도록 선수를 제한한다. 참의원 선거는 지방선거와 동시에 실시한다. 참의원은 지역대표성을 강화하는 방향으로 국무위원이나 정당 당직의 겸직을 금지한다.

그런데 조문 시안에는 양원의 지도부에 관한 언급이 없다.

3. 대화문화아카데미 2025 새헌법안

의원 정수는 민주원 300인, 공화원 100인의 상한을 헌법에서 정한다. 의원 임기는 민주원의원 4년, 공화원의원 6년이다. 양원의 의원 모두 민선으로 민주적 정당성을 확보하도록 한다. 국회의원 선출 방식에 대하여 헌법은 "민주원의원 선거에서 각 정당이 얻은 의석수는 정당별 득표수와 비례할 수 있도록 노력하여야 하고, 공화원의원은 도 및 그와 대등한 지위를 갖는 시 단위, 또는 도와 그와 대등한 지위를 갖는 시를 통합하는 권역 단위로 비례대표제에 의하여 선출한다"라고 규정한다.

공화원은 그 설치 목적에 부합하도록 광역 지방정부인 도 및 그와 대등한 지위를 갖는 시를 단위로, 또는 2개 이상의 인접한 광역 지방정부가 관할하는 지역을 적절하게 통합한 단위로 선출하는 것은 지역대표형 상원의 성격을 반영한다. 사실, 상원의 의원을 전부 직선으로 선출하는 거의 모든 국가는 연방제 여부와 상관없이 비교적 넓은 지역 단위를 대표하는 방식으로 직선을 실시하고 있다.

국회의원 선거구와 비례대표제 및 기타 선거에 관한 상세한 사항은 헌법 규정의 취지에 적합하도록 법률로 정하게 될 것이다. 그런데 2025 대화문화아카데미 새헌법위원회는 국회의원 선거에 관한 헌법 조항을 뒷받침하는 법제의 윤곽에 대하여 논의하기도 했다. 참고로, 민주원의 선거구는 인구수를 기준으로 의석당 인구수에 비추어 표의 등가성을 확보하도록 획정한다. 그리고 선거구당 선출 정수나 당선인 결정 방식(=의석할당규칙) 등이 어떠하든 선거 결과에 있어서 정당별 득표수와 의석수 비율의 차이가 크지 않도록 노력해야 한다는 비례성 원칙을 천명한다.

공화원의원 선거구제는 선거구 단위의 인구수를 고려하면서도 상대적으로 인구수가 적은 선거구의 과대대표를 어느 정도 인정하는 체감(遞減)적 비례성(degressive proportionality) 원리를 토대로 구성한다. 물론, 민선인 한에서는 표의 등가성을 무시할 수 없을 것이다. 공화원의원을 2년마다 의원 정수의 3분의 1을 개선하려면, 개헌 후 최초 공화원의원 선거 전에 100석을 1부

34석, 2부 33석, 3부 33석의 3개 군으로 구분한다. 물론 임기 만료 전 유고로 공석이 된 의석을 보궐선거로 충원하는 경우 실제로 선출하는 의석수는 다소 증가할 수 있다. 인구 변동에 따른 선거구별 선출 정수는 6년을 주기로 조정하는데, 1부 공화원의원 선거 전 6개월까지 완료한다.

 공화원의원은 17개 광역 지방정부가 각각 독자적인 선거구 단위로 선출하기보다는 인접한 광역 지방정부의 관할 지역을 적절하게 통합한 권역별 선거구에서 선출하는 것이 더 나은 방안이 될 수 있다. 의원 정수를 2년마다 비례대표제로 개선하는 방식에 따라 의원 정수 100인을 광역 지방정부별로 나누어 선출 정수를 배정(apportionment)하게 되면 광주광역시, 울산광역시, 세종특별자치시와 제주특별자치도는 3석 미만을 선출한다. 이 경우 1석씩 개선한다면 비례대표제와 다수대표제는 차이가 없다.

 권역별 선거구를 획정하고 선출 정수를 배정하는 방안을 예시하면 아래와 같다. 8개 권역 선거구의 선출 정수는 최소 2석, 최대 26석이다. 즉, 2석 선거구 1개(제주), 4석 선거구 1개(강원), 5석 선거구 1개(인천), 10석 선거구 2개(호남, 대구/경북), 11석 선거구 1개(충청), 15석 선거구 1개(부산, 울산, 경남), 17석 선거구 1개(서울)와 26석 선거구 1개(경기)이다. 인구수 대비하여 수도권에 속하는 서울, 인천, 경기는 약간 과소대표되고 비수도권에 속하는 다른 권역은 제주, 강원 순으로 약간 과대대표된다. 헌법재판소의 권고(2014. 10. 30.)에 따라 의석당 인구수는 최대 선거구가 최소 선거구의 2배를 초과하지 않도록 선출 정수를 배정한다. 2024년 6월 기준 인구수에 의한 권역 선거구는 인구 100만 명 미만이 2석, 100만 명 이상 300만 명 미만이 4석, 300만 명 이상 400만 명 미만이 5석, 400만 명 이상 500만 명 미만이 10석, 500만 명 이상 700만 명 미만이 11석, 700만 명 이상 900만 명 미만이 15석, 900만 명 이상 1,300만 명 미만이 17석, 1,300만 명 이상이 26석을 배정받는다.

권역	인구수	%	선출 정수 (매 2년 개선 정수)	의석당 인구수
전국	51,271,480	100.0	100(34, 33, 33)	(평균)512,714
서울	9,366,283	18.3	17(6, 5, 6)	550,957
인천	3,011,073	5.9	5(2, 2, 1)	602,214
경기	13,661,438	26.6	26(8, 9, 9)	525,439
강원	1,522,542	3.0	4(1, 1, 2)	380,635
대전, 세종, 충북, 충남	5,554,800	10.8	11(3, 4, 4)	504,981
광주, 전북, 전남	4,954,458	9.7	10(4, 3, 3)	495,445
대구, 경북	4,911,357	9.6	10(4, 3, 3)	491,135
부산, 울산, 경남	7,617,277	14.9	15(5, 5, 5)	507,818
제주	672,252	1.3	2(1, 1, 0)	336,126

2024. 6. 기준

민주원의원 선거에서는 현행 국회의원 선거보다 훨씬 엄격하게 비례성 원칙을 적용한다. 이를 위해서 소선거구 단순다수제와 비례대표제(전국, 권역, 또는 도 단위)를 병립 아니면 연동하도록 혼합할 경우, 이를테면 소선거구 200석, 비례대표제 100석과 같이 현행보다는 비례대표제 비중을 높여야 한다. 대안적으로 300석을 3~5석 선출하는 중선거구로 획정하여 배정하게 되면 단기비이양식(STV)이나 연기명(제한 또는 완전) 투표를 적용할 수 있을 것이다. 어떠한 선거제도를 채택하더라도 승자독식을 완화하여 양당제보다는 온건 다당제를 유도해야 한다. 다당제는 권력 분산, 연합 정치와 협치를 통한 국정 운영을 지향하는 대화문화아카데미 2025 새헌법안의 분권형 대통령제에 조응하는 것이다.

민주원의원은 3선(일반적으로 통산 12년)을 초과하여 재임할 수 없고, 공화원의원은 재임 기간을 제한하지 않는다. 민주원의원이 3선까지만 연임하도록 한 것은 민주원의원이 기득권에 안주하지 않고 민의에 더 민감하게 부응하게 하기 위함이다. 이러한 제한은 정치인의 세대교체를 수월하게 할 것으로 기대된다. 3선으로 연임을 제한하더라도 민주원의원의 정책 전문성 배양은 가능하다고 할 것이다. 그리고 3선까지 연임한 민주원의원이 공화원의원 선거에 입후보하는 것을 금지하지는 않는다.

양원 지도부와 관련해서는 대화문화아카데미 2016 새헌법안의 조항을 그대로 유지한다.

IV. 입법부와 집행부 간, 입법부 양원 간의 권한 관계

1. 대화문화아카데미 2016 새헌법안

대화문화아카데미 2016 새헌법안은 의안 심의에 있어서 참의원보다 민의원에 더 많은 전속적 또는 우선적 권한을 부여하는 하원 우위형 양원제(비대칭적 양원제, 불균형 양원제, 약한 양원제)를 규정한다. 하원 우위를 통해 양원 간의 극심한 갈등과 의정 파행을 예방할 수 있다. 그러나 참의원이 입법, 국정조사 등에 있어서 민의원과 기본적으로 동등하거나 실질적인 권한을 보유하기 때문에 참의원이 민의원에 단순히 종속된 위상을 갖는다고는 말할 수 없다.

총리 선출, 개별 장관에 대한 불신임과 내각에 대한 건설적 연대 불신임, 고위 공무원 임명에 대한 인준, 헌법재판소 · 대법원 · 감사원 · 국가인권위원회 등 구성을 위한 선출, 대통령을 제외한 공무원에 대한 탄핵소추 권한은 민의원의 전속적 권한이다. 다만, 중앙선거관리위원회 구성과 관련해서는 민의원과 참의원 모두 선출 권한을 갖는다. 대통령에 대한 탄핵소추는 다른 공무원의 경우보다 그 의결 요건이 더 엄격하다. 즉, 민의원의 재적의원 과반수 발의와 각 원의 재적의원 3분의 2 이상의 찬성으로 가결한다. 헌법재판관에 대한 탄핵심판은 참의원이 담당하여 결정한다.

민의원과 참의원의 의원은 소속원에 법률안을 제출할 수 있다. 행정수반인 총리도 내각의 의결을 거쳐 법률안을 제출할 수 있다. 단, 세입 · 징수에 관한 법률안, 재정 법률안 및 재정 지출이 수반되는 사회보장 법률안은 민의원에 먼저 제출하여 선의(先議)하고, 지방자치단체에 중대한 영향을 미치는 법률안은 참의원에 먼저 제출하여 선의한다.

동일한 성격의 의안에 관하여 민의원과 참의원의 의결이 일치하지 않을 때는 양원협의회(conference committee)에서 단일안을 작성·발의하여 각 원에서 수정안 발의 없이 다시 의결한다. 양원협의회의 구성원은 민의원과 참의원 의원 정수를 대략 반영하여 3분의 2는 민의원, 3분의 1은 참의원 의원으로 한다. 단, 예산법률안에 관해서는 민의원 가결안이 참의원에 접수된 후 30일 이내에 이를 의결하지 않거나 각 원이 양원협의회의 안에 대하여 의결을 완료하지 못한 때에는 원래의 민의원 가결안을 국회에서 의결된 것으로 한다. 이 규정은 예산법률안에 관하여 양원 간 중복 심의와 이견이 초래할 수 있는 예산 입법의 비효율과 지연을 막는 데 필요하다.

재의요구로 국회에 환부된 법률안은 각 원에서 재의결하여 법률안으로 확정할 수 있다. 각 원은 조약의 체결·비준과 선전포고 및 국군 파견 등에 대한 동의권을 갖는다. 각 원은 재적의원 3분의 1 이상 찬성으로 헌법개정안을 발의할 수 있고, 헌법개정안은 양원 각각에서 재적의원 3분의 2 이상 찬성으로 의결된다. 대통령의 긴급처분 또는 명령은 양원합동회의의 승인을 요하고, 대통령이 선포한 계엄에 대하여 양원합동회의 재적의원 과반수 의결로써 즉시 해제하도록 요구할 수 있다. 대통령이 발의한 일반사면은 국회에서 법률안으로 의결되어야 한다.

2. 2017년 국회 개헌특위 자문위원회안

2017년 국회 개헌특위 자문위원회안은 국회와 집행부 간, 국회 양원 간의 권한 관계에 있어서 대화문화아카데미 2016 새헌법안과 유사하다. 하원 우위형 양원제를 채택한다. 총리 선출, 내각불신임권 등의 권한은 민의원에 전속되고, 지방분권과 관련된 부분은 참의원에서 행사한다. 양원의 의원과 총리가 법률안 제출권을 보유한다. 양원 간 심의·의결 결과가 일치하지 않을 경우에 처리하는 방식은 대화문화아카데미 2016 새헌법안과 상이하다. 즉, 양원 간 이견이 생기면 그날부터 30일 이내에 양원합동회의에서 의결한다. 양원합동회의에서 위 기간 이내에 의결하지 못하면 하원이 재적의원 과반수 출석과 출석의원 3분의 2 이상 찬성으로 재의결한다. 행정부가 제출한 예산법률안 심사와 관련하여 양원의 의견이 다를 경우에는 양원합동회의에서 심의·조정하여 예산법률로 확정한다. 다만, 회계연도 개시 30일 전까지 조정이 되지 않으면 민의원의 의결안이 예산법률로 확정된다.

국회(어느 원인지, 각 원인지는 불분명)의 재적의원 3분의 1 이상 찬성으로 헌법개정안을 발의할 수 있고, 헌법개정안은 국회 재적의원 5분의 3 이상 찬성으로 의결된다. 대통령은 일반사면을 하려면 하원의 동의를 받아야 한다. 그런데 2017년 국회 개헌특위 자문위원회안의 보고서에는 모든 개헌 사항의 조문화가 완결되어 있지 않다.

3. 대화문화아카데미 2025 새헌법안

대화문화아카데미 2025 새헌법안과 2016 새헌법안을 입법부 권한과 관련한 조항에 비추어 비교하면 그 내용은 대체로 같지만 몇 가지 중요한 점에서는 차이가 있다.

두 개헌안의 동일한 점은 하원 우위형 양원제의 도입이다. 민주원의 우선적 또는 전속적 권한을 살펴보자. 민주원은 재정 및 예산법률안에 대한 선의권을 갖는다. 예산법률안의 경우, 공화원이 일정 기간 내에 가결을 완료하지 못하면 원래의 민주원 가결안을 국회에서 의결된 것으로 한다. 장관을 포함한 고위 공무원 임명에 대한 인준, 헌법재판소·대법원·중앙선거관리위원회·감사원 등 구성을 위한 선출, 대통령을 제외한 공무원에 대한 탄핵소추권은 민주원의 전속적 권한이다. 한편, 공화원은 지방정부에 큰 영향을 미치는 법률안에 대한 선의권이 있으며, 헌법재판관에 대한 탄핵은 공화원이 재적의원 3분의 2 이상의 찬성으로 결정한다.

그런데 위 권한 외에는 민주원과 공화원이 모두 동등하거나 실질적인 권한을 행사하기 때문에, 2016 새헌법안과 2025 새헌법안의 하원 우위형 양원제가 민주원에 종속된 지위에 있는 공화원을 설치하고 있다고는 볼 수 없다.

법률안 등 의안에 관하여 양원 간의 의결이 불일치하면 양원협의회에서 단일안을 작성·발의하여 각 원에서 수정안 발의 없이 재의결한다. 재의요구로 국회에 환부된 법률안은 각 원에서 재의결하여 법률안으로 확정될 수 있다.

각 원은 조약 체결·비준에 대한 동의권, 선전포고 및 국군 파견 등에 대한 동의권을 갖는다. 양원합동회의에서 대통령의 긴급처분 또는 명령을 승인하고, 양원합동회의의 의결로 대통령이 선포한 계엄의 해제를 요구할 수 있다. 각 원은 대통령이 발의한 일반사면에 대한 법률안을 의결한다.

대통령에 대한 탄핵소추는 민주원 재적의원 3분의 1 이상이 발의하되, 각 원 재적의원 3분의 2 이상의 찬성으로 의결한다. 각 원은 재적의원 3분의 1 이상 찬성으로 헌법개정안을 발의할 수 있고, 헌법개정안은 각 원에서 재적의원 3분의 2 이상 찬성으로 의결된다. 민주원과 공화원 모두 국정조사권을 갖는다.

한편, 2025 새헌법안이 2016 새헌법안과 크게 다른 점에 주목해야 한다. 총리는 민주원이 선출하는 것이 아니라 민주원에서 후보자 2인을 추천하여 대통령이 임명한다. 민주원의 총리 추천은 2016 새헌법안의 분권형 정부형태가 의원내각제에 가깝지만 2025 새헌법안은 여전히 분권형 정부형태를 유지하되 대통령제 성격을 강화하는 방향으로 개정되었음을 반영한다. 내각의 장관을 개별 불신임할 수 있고, 총리와 내각 전체에 대하여 건설적 연대 불신임할 수 있는 하원의 권한이 삭제되었다. 그 대신에 현행헌법과 유사하게 민주원이 총리 또는 장관의 해임을 대통령에게 요구하는 권한을 조문에 삽입하고 있다. 대통령제 방향의 개정이라고 할 수 있다. 이는 법적 구속력을 담보하고 있지 않으나 정치적 영향력에서는 의미가 없지 않을 것이다. 대통령이 하원의 내각 연대 불신임에 대응하여 하원을 해산하는 권한은 삭제되었다. 대통령의 독주가 우려되기 때문이다.

V. 국회 운영 등에 관한 기타 사안

1. 대화문화아카데미 2016 새헌법안

대화문화아카데미 2016 새헌법안은 입법, 재정통제, 국정 감독을 포함하는 국회 정책 기능의 질적인 제고를 위해 상시회의 체제, 예산법률주의 도입 및 예산법률안 제출 시기의 조정, 국가 채무 부담의 한계에 대한 입법적 통제, 위헌입법의 가능성 축소를 위한 추상적 규범통제, 수시 국정조사 등의 국회 개혁 조치를 마련한다.

국회의 임시회와 정기회 구분을 폐지하고 민의원과 참의원이 자율적으로 양원 간의 협의를 거쳐 회기를 정하여 운영하되 폐회와 휴회 기간이 합쳐 연간 60일을 초과하지 않도록 한다. 단, 각 원은 휴회 중이라도 재적의원 4분의 1 이상, 대통령 또는 총리가 요구할 때 집회를 개최할 수 있다.

국회가 예산안을 법률안의 형식으로 심의하고 확정한다. 이러한 예산법률주의는 국회의 예산 통제 기능을 강화하여 예산의 수립과 집행에 있어서 효율성 제고, 예산 정보의 공개, 예산과 법률의 불일치 해소에 기여할 것이다. 행정부가 회계연도 개시 120일 전까지 예산안을 민의원에 제출하도록 하여 국회가 충실하게 예산안을 심사할 수 있다. 국가 채무 부담의 한계를 법률로 정하도록 헌법에 명시하여 재정의 건전성과 지속가능성을 기한다.

법률안이 국회에서 가결되고 공포되기 전에 대통령의 청구로 헌법재판소가 구체적 소송 사건과 관계없이 해당 법률의 위헌여부를 심판하는 추상적 규범통제(=사법심사) 제도를 도입한다. 이는 위헌입법의 문제가 발생할 가능성을 축소할 것이다. 또한, 대통령은 국회에서 의결된 법률안 또는 대통령의 재의요구에 의해 국회에서 재의결하여 확정된 법률안이 위헌이라고 판단하는 경우 정해진 기간 이내에 서면으로 의견을 표명하여 헌법재판소에 위헌여부의 심판을 제청할 수 있다.

국회가 국정 사안에 대한 조사를 수시로 할 수 있도록 국정조사를 활성화한다는 취지에서 현행 국정감사제도를 폐지한다. 국정감사 폐지는 국회의 국정 통제 기능을 약화하려는 뜻이 전혀 아니고 오히려 국회의 국정 통제를 더욱더 실효적으로 강화하기 위함이다. 국정감사는 국회의원 전원이 매년 정기적으로 국정 전반에 걸쳐 행하는 데 견줘, 국정조사는 국회가 특정한 국정 사안에 제한하여 조사를 행하는 것이다. 국정감사와 국정조사는 대상이 포괄적인가 아니면 특정적인가, 시기가 정기인지 수시인지, 실질적인 조사 주체가 소관상임위원회인지 특별조사위원회인지의 차이는 있다. 그렇지만 국정에 대하여 사후에 사실을 조사하고 정보를 수입하여 국정을 통제한다는 본질적 의미에서는 구별되지 않는다. 국정감사는 다른 나라에서 그 유례를 찾기 쉽지 않은 제도로서 많은 문제점이 드러났다. 감사 대상 기관이 지나치게 많고 기간도 짧고 전문성이나 가용 인력이 부족하여 졸속, 부실, 일회성, 중복 감사로 끝나 실효성을 확보하기 어렵다. 정책 집행 기관 입장에서는 피감(被監) 및 그 준비, 과다 자료 제출 요구로 인하여 상당 기간 행정 마비가 발생하는 폐단이 있다. 관련 법률을 개정하여 국정조사권의 발동과 실행 요건을 완화하고 수시 실시를 용이하게 하며, 조사 주체는 특별위원회뿐만 아니라 소관상임위원회가 되도록 하는 것이 뒤따라야 한다.

현행헌법에서 정해진 국회의원의 불체포특권과 직무상 행위에 대한 면책특권은 그대로 유지한다. 이러한 특권을 폐지할 경우 국회의 자율성이나 국회의원의 활동을 위축시킬 우려가 있기 때문이다.

2. 2017년 국회 개헌특위 자문위원회안

2017년 국회 개헌특위 자문위원회안은 국회의 상시회의 체제, 예산법률주의 도입 및 예산법률안 제출 시기의 조정, 수시 국정조사와 관련하여 대화문화아카데미 2016 새헌법안과 거의 동일한 내용으로 개정을 제안하고 있다.

3. 대화문화아카데미 2025 새헌법안

대화문화아카데미 2025 새헌법안은 국회의 상시회의 체제, 예산법률주의 도입 및 예산법률안 제출 시기의 조정, 국가 채무 부담의 한계에 대한 입법적 통제, 위헌입법의 가능성 축소를 위한 추상적 규범통제, 수시 국정조사 등과 관련하여 2016 새헌법안을 거의 수정 없이 유지하고 있다. 국회의원의 불체포특권과 직무상 행위에 대한 면책특권도 변경하지 않는다. 국회의원의 불체포와 면책특권에 대한 비판적 여론이 강한 편이나 국회의 자율성과 국회의원의 적극적 활동을 위축시킬 우려가 없지 않아 상당한 논의를 거쳐 유지하게 된 것이다. 다만, 국회의원의 급여와 수당을 포함한 보수를 삭감하고, 불체포와 면책특권을 제외한 다른 특권과 특전을 축소하는 방향으로 국회법 등을 정비해야 할 것이다.

VI. 대의제 보완을 위한 일부 직접민주제

1. 대화문화아카데미 2016 새헌법안

대의민주주의를 보완하는 직접민주주의 방식으로서 입법과 관련하여 국민발안과 국회의원에 대한 국민소환 제도를 도입한다.

국회의 책임성과 반응성을 제고하는 보완적인 방안으로서 선거권을 가진 50만 명 이상의 국민이 요건을 갖추어 법률을 제안할 수 있는 국민발안(popular initiative) 제도를 도입한다. 국민이 직접 제안한 법률안에 대하여 국회는 심의를 거쳐 의견을 표명하거나 대안을 발의할 수 있다. 국민이 제안한 원안, 또는 국회가 대안을 발의하면 원안과 대안 양자 각각에 대해서 선거권을 가진 일반 국민이 투표로써 찬반 의사를 밝히고 투표자 과반수 찬성으로 결정하는 국민투표(국민표결, referendum)를 시행한다. 원안과 대안 각각에 대한 국민투표에서 양자 모두 가결되면 더 많은 수의 찬성을 받은 안을, 찬성이 동수이면 원안을 확정한다. 선거권자 150만 명 이상이 헌법개정안을 발의하면 국회는 이를 심의, 의결하여 국민투표에 회부한다.

국회의원을 임기 중에 국민이 소환할 수 있는 근거 조항도 마련되어 있다. 이에 따라 국회의원에 대한 국민소환제(direct popular recall)의 적용과 효력에 관한 법률을 제정할 필요가 있다. 국민소환제는 이를테면 부패에 연루되었거나 위법·부당한 행위를 저지른 국회의원을 대상으로 하여 일반 선거권자가 직접 책임을 물어 파면할 수 있게 한다. 이러한 국민소환제의 효과는 국회의원을 임기 만료 이전에도 해임하는 실질적 인사 통제보다는 우선 국회의원의 직무수행상 책임성을 실현하는 데에서 찾을 수 있을 것이다. 국회의원에 대한 국민소환 관련 법률은 소환투표의 청구 사유와 요건 및 절차, 국민소환의 확정 요건, 국민소환제 남용의 부작용을 예방하기 위한 장치 등에 관한 사항을 규정해야 한다.

2. 2017년 국회 개헌특위 자문위원회안

국민발안, 국민청구에 의한 법률안 국민투표, 국민소환 제도를 도입한다. 국회의원선거권자 100분의 1 이상 서명으로 법률안과 정책에 대해 발안할 수 있다. 국회는 국민이 발안한 법률안이나 정책안에 대해 6개월 이내 원안대로 의결한다. 국민이 발안한 법률안이나 정책안을 국회가 원안대로 의결하지 않을 경우, 국민이 발안한 날로부터 6개월 이내에 그 안을 대상으로 국민투표를 시행한다. 국회의원선거권자 4분의 1 이상이 투표하여 투표자 과반수 찬성을 얻어 결정한다. 국회가 대안을 제시하면, 국민발안 원안과 국회 대안을 모두 국민투표에 회부한다. 국회의원선거권자 100분의 1 이상이 국회의원의 소환을 청구할 수 있다. 국회의원선거권자 4분의 1 이상이 투표하고, 투표자 과반수의 찬성 및 일정 비율 이상의 지역에서 과반수의 찬성을 얻으면 국민소환으로 해당 국회의원은 파면된다.

3. 대화문화아카데미 2025 새헌법안

대화문화아카데미 2025 새헌법안은 2016 새헌법안과 마찬가지로 국민발안, 국민투표와 국민소환제도를 거의 같은 내용으로 마련하고 있다. 다만, 국민발안 요건을 더 신중히 하여 선거권자 50만 명에서 150만 명으로 상향 조정한다.

VII. 결론: 제10차 개헌에서 입법부 관련 조항의 개정 방향

제10차 개헌이 지향해야 할 중추적 가치와 원리를 한 단어로 집약하면 그것은 분권이다. 장차 정치 세력 간, 또한 국정 운영 기관 간의 관계에서 승자독식을 지양해야 한다. 분권을 강화하면서 조정과 협치를 가능하게 해야 한다. 입법부와 관련하여 집행부와 입법부 간, 입법부 내부에서 수평적으로 견제와 균형을 확보하고, 중앙정부와 지방정부 간 수직적인 권력 분산을 촉진해야 한다.

이 글에서 주창하는 핵심적인 개헌 과제는 하원인 민주원과 상원인 공화원으로 구성되는 양원제를 도입하는 것이다. 양원제 국회는 신중한 입법을 가능하게 하고, 장기적 안목으로 국가 과제를 다루는 국정 심의, 다수 의사의 전횡에 대한 견제에 기여할 것이다. 지방분권과 지역 균형을 실현하기 위하여 광역 지방의 주민을 대표하는 임무가 부여된 상원을 설치해야 한다.

1. 입법부의 구조개혁: 양원제 도입

- 각 원의 의원 정수는 민주원 300인, 공화원 100인 이하로 정한다. 민주원의원의 임기는 4년, 공화원의원의 임기는 6년으로 한다.
- 공화원의원은 2년마다 의원 정수의 3분의 1씩 개선한다. 지방의 정부와 주민을 대표할 공화원은 도 및 그와 대등한 지위를 갖는 시 단위, 또는 도와 그와 대등한 지위를 갖는 인접한 시를 통합하는 권역 단위로 비례대표제를 적용하여 선출한다.
- 헌법개정과 함께 국회의원 선거에 관한 법을 정비하여 민주원 선거에서는 표의 등가성을 확보하고, 정당별 득표수 대비 의석수의 비례성을 강화해야 한다.
- 민주원의원은 3선으로 연임을 제한하여 민의 대응성과 정치인의 세대교체를 용이하게 하는 한편, 공화원의 경우는 이러한 제한을 두지 않고 경륜이 높은 정치인을 충원할 수 있게 한다.

2. 민주원과 공화원의 권한 및 운영제도

- 민주원이 공화원보다 기능적으로 상대적 우위에 있으나 입법과 국정 심의에 있어서 민주원과 공화원은 기본적으로 대등한 지위를 갖고 각 원이 실질적 권한을 보유한다.
- 민주원은 재정 및 예산법률안에 대하여, 공화원은 지방정부에 중대한 영향을 미치는 법률안에 대하여 선의권을 갖는다.
- 민주원의 전속 권한으로서 장관 등 법률이 정하는 공무원의 임명에 대한 인준, 헌법재판소·대법원·중앙선거관리위원회·감사원 등 구성을 위한 선출, 대통령을 제외한 공무원에 대한 탄핵소추 권한을 규정한다. 다만, 헌법재판관 탄핵은 공화원 재적의원 3분의 2 이상 찬성으로 결정한다.
- 법률안 등 의안에 관하여 양원 간의 의결이 불일치하면 양원협의회에서 단일안을 작성·발의하여 각 원에서 재의결한다.
- 민주원과 공화원은 각각 조약 체결·비준에 대한 동의권, 선전포고 및 국군 파견 등에 대한 동의권을 갖는다.
- 양원합동회의에서 대통령의 긴급 처분 또는 명령을 승인하고, 양원합동회의 의결로 대통령이 선포한 계엄의 해제를 요구할 수 있다.
- 대통령에 대한 탄핵소추는 민주원이 발의하고, 각 원 재적의원 3분의 2 이상 찬성으로 의결한다.
- 민주원과 공화원은 각각 재적의원 3분의 1 이상 찬성으로 헌법개정안을 발의할 수 있고, 헌법개정안은 각 원에서 재적의원 3분의 2 이상 찬성으로 의결된다.
- 총리는 민주원이 후보자 2인을 추천하여 대통령이 임명한다. 민주원은 대통령에게 총리 또는 장관의 해임을 요구할 수 있다.
- 대통령에게 민주원 해산권을 부여하지 않는다.
- 현 국회의 임시회와 정기회 구분을 폐지하여 상시회의체제를 확립하고, 예산법률주의를 도입하며 예산법률안 제출 시기를 조정한다. 국가 채무 부담의 한계에 대한 입법적 통제 또한 위헌입법의 가능성 축소를 위한 사법심사

제를 도입한다. 현행 국정감사를 폐지하고 수시 국정조사를 활성화한다.

3. 입법부 관련 직접민주제의 도입

- 대의제를 보완하기 위해 직접민주제 방식인 국민의 법률안과 헌법개정안의 발안 제도, 국회의원에 대한 국민소환 제도를 마련한다.
- 일반 법률안은 선거권자 150만 명 이상이 발안한다. 국회는 대안을 발의할 수 있다. 국민발안 원안과 대안에 대하여 각각 국민투표를 실시, 선거권자 과반수 찬성으로 가결한다. 원안과 대안 양자 가결 시 더 많은 찬성을 받은 안, 동수 찬성 시 원안을 확정한다.
- 헌법개정안은 선거권자 150만 명 이상이 제안하고, 민주원과 공화원 각각 3분의 2 이상의 찬성으로 의결하여, 국민투표에 회부한다.
- 국민이 국회의원 임기가 만료되기 전에 소환할 수 있는 국민소환제의 근거를 헌법에 마련하고, 관련 법률을 제정한다.

3.4. 집행부, 사법부, 감사원

장영수 | 고려대 법학전문대학원 교수 · 대화문화아카데미 새헌법위원

I. 서론

대화문화아카데미에서 대한민국의 올바른 발전 방향에 관한 고민을 담아 헌법안을 제시한 것이 벌써 4번째이다.

1987년 제9차 개헌 이후 38년이 지나도록 단 한 차례의 개헌도 없었기 때문에 대한민국 헌법이 화석화되고 있다는 우려가 커지고 있는 가운데, 계속 헌법안을 만들고 개정하면서 한편으로는 우리 사회의 변화를 확인할 수 있었고, 다른 한편으로는 헌법개정의 필요성을 더욱 절실하게 느낄 수 있었다.

1948년 헌법 제정 이후 1987년까지 39년 사이에 9차의 개헌이 있었음을 생각할 때, 지난 38년 동안 대한민국이 겪었고 또 지금 현재에도 겪고 있는 막중한 변화에도 불구하고, 국가 질서의 기본 틀이 바뀌지 않는다는 것은 대한민국의 새로운 도약에 심각한 장애라고 할 수 있다.

이제 대화문화아카데미의 제4차 개헌안인 2025 새헌법안은 기존의 대화문화아카데미 헌법안, 특히 2016 새헌법안을 기초로 시대의 변화를 반영한 것이며, 21세기 대한민국의 발전을 위해 필요하다고 공감대가 형성된 것을 중심으로 개선된 것이다.

2025년 새헌법안은 정부형태의 기본 틀은 분권형 정부를 추구한다는 점에 변화가 없으나, 현재의 정치 현실, 국민의 공감대 등을 고려하여 대통령의 권한을 일부 확대하는 방향으로 수정했다.

  그러나 제왕적 대통령제의 폐해를 근본적으로 막기 위해서는 대통령제 정부형태를 고수하는 것으로 한계가 있고, 의원내각제에 대한 국민적 공감대가 형성되지 못한 상황을 고려할 때, 의원내각제로의 개헌도 시기상조라는 생각에 따라 현재와 같은 내용의 개헌안이 마련되었다.

II. 집행부

i. 서론

1. 대화문화아카데미 2016 새헌법안에서의 변화

  대화문화아카데미 2016 새헌법안은 대통령제가 아닌 분권형 정부를 제안했다. 현행 대통령제의 한계, 특히 제왕적 대통령제의 폐해를 극복하기 위해서는 대통령제를 고집해서는 안 되지만, 주권자인 국민의 대통령직선제에 대한 요구가 여전히 높고, 의원내각제에 대한 비호감이 극복되지 못했기 때문에 현실적인 대안은 국민이 대통령을 직접 선출하되, 그동안 대통령에게 집중되었던 권력을 국민의 직접선거로 뽑는 대통령과 국회를 통해 선임되는 총리 사이에 분산시키는 분권형 정부라고 판단했기 때문이다.

  9년이 지난 2025년에도 이런 사정은 크게 달라지지 않은 것으로 보인다. 국민은 여전히 대통령을 직접 선출하려는 경향이 강하고, 국회에 대한 불신이 크게 달라지지 않은 상황이기 때문에 의원내각제로의 개헌은 현실적으로 가능하지 않을 것이기 때문이다. 이런 상황을 고려하여 대화문화아카데미 2025 새헌법안에서도 분권형 정부형태를 기본 방향으로 잡았다. 다만, 지난 9년 동안의 개헌 논의 등을 참고하여 일부 조항의 수정이 있었다.

수정된 부분은 2016 새헌법안이 총리에 더 큰 비중을 두었던 것을 대통령과 총리의 균형을 맞출 수 있도록 변경했다는 점이다. 이러한 판단에는 최근 비상계엄 이후 여야의 극단적 갈등과 대립에 대한 국가적 위기 상황을 겪으면서 대한민국의 현실에는 대통령과 총리 사이에 균형을 맞추는 것이 더 바람직할 것이라는 점이 고려되었다.

2. 국회 개헌특위 자문위원회안 및 문재인대통령 개헌안과의 유사점과 차이점

이러한 새헌법안은 2017년 국회 개헌특위 자문위원회의 다수안과 유사하다. 당시 국회 개헌특위 자문위원회는 6개 분과로 나뉘어 활동했고, 그중 정부형태 분과에서 정부형태를 비롯하여 국회, 대통령과 정부 조직에 관한 사항을 담당했는데, 분권형 정부가 위원 7인의 지지를 얻은 다수안이었고, 대통령 4년 중임제와 의원내각제가 각기 위원 2인의 지지를 얻은 소수안이었다.[1]

다만, 대화문화아카데미 2025 새헌법안과 2017년의 국회 개헌특위 자문위원회의 다수안은 분권형 정부를 추구한다는 기본 방향에서 같지만, 분권의 구체적 방식에서는 차이를 보이는 부분이 있다. 예컨대 국회 개헌특위 자문위원회에서는 대통령 산하에 기획·재정심의회의, 통일정책심의회의, 외교·안보정책심의회의, 국민통합심의회의를 두도록 하고 있으나,[2] 대화문화아카데미 2025 새헌법안에서는 이를 두지 않고 있다.

이러한 서로 다른 개헌안에는 각기 장단점이 있을 것이나, 2025년 새헌법안의 논의 과정에서 분권형 정부형태라는 기본 방향에 대한 확고한 합의와는 달리 대통령과 총리 사이 분권의 구체적 방식에 대해서는 탄력성이 필요하다는 의견이 많았고, 새헌법안에서 대통령과 총리 사이의 분권은 향후 제10차 개헌을 위한 논의 과정에서 바뀔 수 있다는 점을 전제한 것이다.

---

1 국회 헌법개정특별위원회 자문위원회, 『국회 헌법개정특별위원회 자문위원회 보고서』, 2018, 290쪽 이하.
2 같은 책, 317쪽 이하.

2017년 국회 개헌특위 자문위원회안과는 달리 2018년 문재인대통령이 발의했던 개헌안은 대통령제를 기본으로 4년 중임제를 채택하는 안이었기 때문에 대화문화아카데미 2025 새헌법안과는 정부형태에 관한 기본 방향이 다른 것이었다.

3. 제10차 개헌의 방향에 대한 제언

대화문화아카데미 2016 새헌법안과 마찬가지로 2025 새헌법안에서도 분권형 정부를 제시한 것은 대한민국의 제왕적 대통령제를 극복하기 위해서 대통령제를 기본으로 한 4년 중임제 방안이 적절하지 않다는 판단 때문이었다.

유신헌법이나 제5공화국 헌법에 비교할 때, 현행헌법은 대통령의 권한이 매우 축소되어 있지만, 여전히 제왕적 대통령이라는 이유는 한편으로 대통령의 헌법상 권한이 입법부나 사법부에 비하여 여전히 크고, 다른 한편으로 현대의 행정 국가화 경향으로 집행부의 비대화에 따라 집행부 자체의 조직과 인력, 예산, 활동 범위 등이 입법부나 사법부와 비교할 수 없이 크기 때문이다.

더욱이 국민 중에 대통령을 마치 군주처럼 떠받들어야 하는 대상으로 생각하는 사람이 아직도 있다는 점 등을 고려할 때, 제왕적 대통령을 극복하는 가장 확실한 방법은 의원내각제로 정부형태를 바꾸는 것이라 할 수 있다. 그러나 현재로서는 국회에 대한 국민의 불신 등을 고려할 때 의원내각제를 채택하는 것이 현실적으로 매우 어렵다는 점에서 대통령과 총리가 집행부 내에서 분권을 실현하는 분권형 정부가 현실적 대안이라고 판단했다.[3]

여전히 대통령의 강력한 리더십을 기대하는 사람이 적지 않지만, 최근 대

---

[3] 의원내각제의 경험이 부족하다는 것만으로 새로운 제도의 도입을 반대한다면 영원히 새로운 제도의 도입은 불가능할 것이다. 개혁과 혁신은 도전을 통해서만 가능한데, 가지 않았던 길을 계속 회피한다면 새로운 도약은 불가능해진다. 우리에게 필요한 것은 새로운 도전이다. 다만 충분한 사전 준비를 통해 성공 가능성을 최대한 높여야 할 필요성은 아무리 강조해도 지나치지 않다. 분권형 정부형태의 도입은 이러한 맥락에서 일종의 타협이라고 볼 수 있을 것이다.

통령제의 모국인 미국의 대선 과정에서 논란되었던 트럼프 대통령의 문제, 그리고 2024년의 12·3 비상계엄에서 보듯이 강력한 대통령이 권한을 오남용할 경우 갈등을 조장할 우려가 매우 크다.[4]

진영 갈등의 극단화로 인한 대한민국의 위기를 헤쳐나가기 위해서는 분권과 협치를 제도화하는 것이 필요하며, 이런 관점에서 대통령제를 전제한 4년 중임제보다는 분권형 정부가 대한민국의 미래를 위해 더 바람직한 선택이라고 본다.[5]

ii. 대통령

1. 대화문화아카데미 2016 새헌법안에서의 변화

분권형 정부를 지향하는 기본 방향이 달라지지 않았기 때문에 대화문화아카데미 2025 새헌법안에서 대통령의 선출 방법이나 권한 등에서 큰 변화는 없었다. 다만, 일부 조정 또는 조율의 필요성이 인정된 조항은 있었다.

가장 중요한 변화는 총리의 임명권이다. 종전(2016년안)에는 총리를 하원(민의원)에서 선출하는 것으로 했지만, 2025년 새헌법안에서는 하원(민주원)에서 2명의 후보를 복수 추천하고 대통령이 그중에서 한 사람을 임명하는 것으로 변경했다. 이는 대통령과 총리의 분권을 일부 약화시키고, 대통령의 총리 임명권을 통해 대통령의 지위를 강화하는 의미를 갖는다.

그 밖에 대통령의 외교사절 신임접수권 등이 인정되는 것은 2016년 새헌법안과 다르지 않으나, 대통령의 권한에 관한 구체적인 내용은 제10차 개헌의 논의 과정에서 탄력적으로 변화할 수 있을 것이다.

---

4 대통령의 장기집권 및 독재화 문제는 우리 헌법의 역사가 잘 보여준다. 물론 지난 수십 년의 민주화 투쟁을 통해 독재에 대한 저항력을 높였지만, 2016년 최순실 사태에서 확인된 것처럼 제왕적 대통령의 문제는 아직도 근본적인 해결에 이르지 못하고 있다.

5 이에 관하여는 장영수, 「정부형태의 선택 기준과 분권형 정부형태의 적실성」, 『고려법학』 제86호, 2017. 9, 240~272쪽 참조.

2. 국회 개헌특위 자문위원회안 및 문재인대통령 개헌안과의 유사점과 차이점

대화문화아카데미 2025 새헌법안은 분권형 정부형태를 지향하는 점에서 2017년 국회 개헌특위 자문위원회안에 더 가깝고, 2018년 문재인대통령 개헌안과는 거리가 있다. 하지만 대화문화아카데미 2025 새헌법안은 대통령의 임기를 5년 단임으로 한다는 점에서 대통령의 임기를 6년 단임으로 제안한 국회 개헌특위 자문위원회안[6]과는 다르다.

또한, 대화문화아카데미 2025 새헌법안은 장관의 임면을 총리의 제청으로 대통령이 한다는 점에서, 총리가 제청하여 대통령이 임명하되, 기획·재정, 통일, 외교, 국방 등 대통령 소관 부처의 장은 총리의 의견을 들어 대통령이 임명한다는 국회 개헌특위 자문위원회안[7]과도 다르다.

다만, 감사원의 독립기관화 및 감사원의 구성에 관한 대통령의 개입을 배제하고 있다는 점에서는 대화문화아카데미 2025 새헌법안은 2017년 국회 개헌특위 자문위원회안과 유사하며, 대법원 및 헌법재판소 구성에 대한 대통령의 관여를 축소한다는 방향성에서도 유사점이 있다.

문재인대통령 개헌안은—비록 대통령의 권한을 일부 내려놓겠다고 공언했지만—실질적인 권한의 축소는 거의 없었고, 오히려 중임 가능성으로 인한 대통령 권력의 사실상 강화 효과가 더 눈에 띄었다. 예컨대 감사원은 헌법상의 독립기관으로 구성하는 것으로 제안하면서 감사원장 임명권은 대통령이 갖도록 하고 있으며,[8] 대법원장 및 대법관에 대한 임명권도 변경하지 않는

---

6 국회 헌법개정특별위원회 자문위원회, 앞의 책, 323쪽.

7 같은 책, 317쪽 이하.

8 문재인대통령 개헌안 제115조 ①감사원은 원장을 포함한 9명의 감사위원으로 구성하며, 감사위원은 대통령이 임명한다.
②제1항의 감사위원 중 3명은 국회에서 선출하는 사람을, 3명은 대법관회의에서 선출하는 사람을 임명한다.
③감사원장은 감사위원 중에서 국회의 동의를 받아 대통령이 임명한다.
④감사원장과 감사위원의 임기는 6년으로 한다. 다만, 감사위원으로 재직 중인 사람이 감사원

등[9] 대통령의 권한은 크게 달라지지 않았다.

3. 제10차 개헌의 방향에 대한 제언

정부형태를 분권형으로 할 것인지, 아니면 대통령제를 유지하면서 4년 중임으로 할 것인지에 대해서는 여전히 논란이 많으며, 이는 제10차 개헌의 가장 중요한 쟁점의 하나가 될 것으로 보인다.

2025 대화문화아카데미 새헌법위원회는 대한민국의 현실에 비추어 분권형 정부가 바람직하다고 판단했으며, 이를 전제로 대통령과 총리의 권한에 관한 규정을 대화문화아카데미 2016 새헌법안과 크게 달라지지 않는 방식으로 정했다.

다만, 분권형 정부에 관한 설명에서 기술했듯이 분권의 구체적인 형태에 대해서는 제10차 개헌의 논의 과정에서 국민적 공감대의 확인 등을 통해 탄력적으로 결정할 필요가 있을 것이다. 또한, 대통령과 총리 사이에 어떤 기준을 갖고 분권의 구체적 내용 및 방식을 정하는지에 따라 대통령의 권한 및 행사 방식에도 적지 않은 변화가 수용될 수 있을 것이다.[10]

　　장으로 임명되는 경우 그 임기는 감사위원 임기의 남은 기간으로 한다.
　　⑤감사위원은 정당에 가입하거나 정치에 관여할 수 없다.
　　⑥감사위원은 탄핵되거나 금고 이상의 형을 선고받지 않고는 파면되지 않는다.
9 문재인대통령 개헌안 제104조 ①대법원장은 국회의 동의를 받아 대통령이 임명한다.
　　②대법관은 대법관추천위원회의 추천을 거쳐 대법원장 제청으로 국회의 동의를 받아 대통령이 임명한다.
　　③대법관추천위원회는 대통령이 지명하는 3명, 대법원장이 지명하는 3명, 법률로 정하는 법관회의에서 선출하는 3명의 위원으로 구성한다.
　　④대법원장·대법관이 아닌 법관은 법관인사위원회의 제청으로 대법관회의의 동의를 받아 대법원장이 임명한다.
　　⑤대법관추천위원회 및 법관인사위원회의 조직과 운영 등 구체적인 사항은 법률로 정한다.
10 분권형 정부형태를 채택하고 있는 국가들의 헌법을 보면 국가원수로서 대통령의 의전적 권한에는 큰 차이 없으나 대통령과 총리의 권한에 대해서는 각국의 제도에 따라 큰 차이가 있음을

iii. 총리

1. 대화문화아카데미 2016 새헌법안에서의 변화

분권형 정부라는 기본 방향에 차이가 없으므로 국무총리와 국무위원에 관한 규정에서도 대화문화아카데미 2025 새헌법안은 2016 새헌법안에서 크게 달라지지 않았다.

다만, 총리의 권한이 축소되고 대통령의 권한이 강화되었다고 할 수 있다. 이 점은 2016년 새헌법안은 사실상 의원내각제에 가까운 형태로 구성되었는데, 그동안의 헌법개정 논의를 반영하여 분권형에 맞는 것으로 변경한 것이라 할 수 있다.

물론 이러한 2025년 새헌법안의 제안은 대통령과 총리 사이의 권한 분배가 제10차 헌법개정 논의의 과정에서 탄력적으로 정해질 수 있도록 하는 것이 바람직하다는 점을 전제한 것이기 때문에 얼마든지 변경될 수 있다.

중요한 점은, 실질적인 분권이 이루어져야 한다는 것이며, 사실상 대통령이 모든 집행권을 갖는 것은 바람직하지 않다는 점이 강조되었다. 이를 위해 총리에게 상당한 범위의 실질적 권한(예컨대 경제·노동·환경 등)은 부여되어야 할 것이다.

2. 국회 개헌특위 자문위원회안 및 문재인대통령 개헌안과의 유사점과 차이점

분권형 정부를 지향한다는 공통분모로 인하여 대화문화아카데미 2025 새헌법안은 국무총리 및 국무위원에 관한 조항에서도 국회 개헌특위 자문위원회안과 유사점이 많다. 다만, 다음의 몇 가지 점에서는 차이를 보이지만, 이러한 차이점도 제10차 개헌의 논의 과정에서 충분히 조율될 수 있을 것으로

확인할 수 있으며, 그러므로 대통령과 총리(내각) 사이의 권한 분배에는 다양한 가능성이 존재한다. 이에 관하여 상세한 것은 장영수, 「분권형 정부형태에서 대통령-총리의 역할분담에 관한 연구」, 『유럽헌법연구』 제23호, 2017. 4, 121~166쪽 참조.

생각한다.

가장 눈에 띄는 차이점은 총리의 선임 방식이다. 대화문화아카데미 2025 새헌법안에서는 총리를 하원(민주원)에서 추천하고 대통령이 임명하는 방식인데, 2017년 국회 개헌특위 자문위원회안에서는 총리를 하원에서 선출하고, 대통령이 이를 임명하는 방식이었다.[11] 이 둘은 상당히 유사하지만, 후자의 경우 하원에서 선출된 총리를 대통령이 단지 형식적으로 임명할 뿐이라는 점에서 차이가 있다.

또한, 총리의 권한 범위에 관하여도 대화문화아카데미 2025 새헌법안은 2016 새헌법안과 유사하게 개별적으로 대통령의 권한과 총리의 권한을 규정한 반면에, 2017년 국회 개헌특위 자문위원회안에서는 "총리는 대통령의 권한 이외의 사항에 관하여 내각회의의 의결을 거쳐 국정운용계획 및 대내외 기본정책을 수립·실시하며, 이에 대해 하원에 책임을 진다"라고 규정했다.[12]

반면에 2018년 문재인대통령 개헌안은 대통령제의 유지를 전제로 4년 중임제를 제안했으며(개정안 제74조), 대통령과 총리 사이의 분권에 대한 실질적인 내용은 없었다.[13]

3. 제10차 개헌의 방향에 대한 제언

그동안 책임총리제에 관해 많은 관심 및 논의가 있었다. 하지만 대통령이 총리를 임명할 때에는 국회의 동의를 얻어야 하지만, 해임할 때에는 아무런 제한이 없는 현행헌법상의 총리는 책임총리가 되기 어려운 구조이다. 결국, 분권형 정부에서만 실질적인 책임총리가 가능하다는 점에서도 분권형 정부로의 개헌 필요성이 강조될 수 있다.

---

11 국회 헌법개정특별위원회 자문위원회, 앞의 책, 328쪽.

12 같은 책, 328쪽.

13 문재인대통령 개헌안 제93조 ①국무총리는 국회의 동의를 받아 대통령이 임명한다.
②국무총리는 대통령을 보좌하며, 행정각부를 통할한다.
③현역 군인은 국무총리로 임명될 수 없다.

물론 분권의 구체적 내용 및 방식에는 다양한 선택지가 있다. 예컨대 분권형 정부 간에도 프랑스의 경우와 포르투갈의 경우, 핀란드의 경우에 각기 대통령의 권한과 총리의 권한에는 적지 않은 차이가 있다. 우리가 분권형 정부를 선택할 경우에도 대통령과 총리의 권한을 어떻게 분배할 것인지에는 다양한 선택 가능성이 열려 있는 것이다.

예컨대 대통령의 권한을 더 크게 하는 것도 가능하고, 총리의 권한을 더 크게 하는 것도 가능하다. 대통령과 총리의 권한을 50 대 50으로 맞추려고 할 수도 있다. 대통령 중심으로 60 대 40 또는 총리 중심으로 40 대 60을 생각할 수도 있다. 다만, 분명한 것은 현행헌법처럼 총리의 선임 및 해임이 대통령에게 완전히 맡겨져 있어서는 안 된다는 것이다. 이를 전제로 총리의 권한 범위는 국민적 공감대의 형성에 따라 탄력적으로 결정될 수 있을 것이다.

Ⅲ. 사법부

i. 서론

삼권분립의 완성을 위해 사법부의 역할이 매우 중요하다는 것은 널리 알려진 사실이다. 법치의 수호자이자 인권보장의 최후 보루로 일컬어지는 사법부는 단순히 삼권의 한 축일 뿐만 아니라, 삼권분립의 완성자이자 삼권의 균형을 맞추는 조정자로서 역할을 한다.

이러한 중요한 역할에도 불구하고 대한민국의 사법부는 항상 입법부인 국회와 집행부인 정부에 비해 권력이 가장 약한 기관으로 여겨져왔다. 그 이유는 사법의 소극성과 수동성에서도 찾을 수 있지만, 사법부 코드 인사 등에서 나타난 사법의 독립성과 중립성 약화에서도 찾을 수 있다.

특히 최근 문제가 되고 있는 사법의 정치화 문제, 재판 지연 문제 등은 국민의 사법 불신을 심화시키고 있으며, 이러한 문제를 근본적으로 해결하기 위해서는 대통령의 사법부 인사에 대한 과도한 개입 방지 등 사법부의 독립성과 중립성을 강화하는 헌법개정이 불가피하다.

대화문화아카데미의 2025 새헌법안은 이런 점에 초점을 맞춰 법원과 헌법재판소에 관한 헌법의 일부 내용을 수정하는 개헌안을 마련하였으며, 이러한 내용의 개헌은 제왕적 대통령의 요소를 완화함으로써 삼권분립이 정상화되고, 사법에 의한 법치의 실현, 인권의 보장이 강화되는 데에도 기여할 수 있을 것이다.

ii. 법원

1. 대화문화아카데미 2016 새헌법안에서의 변화

법원에 관한 헌법개정의 쟁점은 대체로 대법원장 및 대법관의 임명 방식으로 모아진다. 한편으로는 제왕적 대통령의 문제를 낳는 중요 원인의 하나로서, 다른 한편으로는 사법부의 독립성과 중립성을 확보하기 위한 관건으로서 법원 수뇌부의 임명 방식이 논란의 중심에 있는 것이다.

대화문화아카데미의 2016 새헌법안은 대법원장 및 대법관을 법관추천위원회의 추천을 받아 하원(민의원)에서 선출하는 것으로 정하고 있었다. 이렇게 정한 것은 대통령이 법원 수뇌부에 대한 인사권을 통해 사법부에 과도한 영향력을 행사하는 것을 막기 위함이었다.

대화문화아카데미 2025 새헌법안은 대법원장 및 대법관 선출의 기본 형태는 유지하되, 하원(민주원)에서 대법원장 및 대법관을 선출할 때, 재적의원 3분의 2 이상의 찬성에 의하도록 하였다.

이렇게 변경한 것은 하원의 다수를 점하고 있는 정당이 일방적으로 대법원장 및 대법관 선출을 결정하는 것을 방지하기 위함이고, 감사원 및 선거관리위원회의 경우와 마찬가지로 여야 합의 없이는 사실상 선출이 불가능하게 만들어서 어느 쪽도 반대하지 않는 중립적 인물이 선출될 수 있도록 하기 위함이다.

2. 국회 개헌특위 자문위원회안 및 문재인대통령 개헌안과의 유사점과 차이점

2017년 국회 개헌특위 자문위원회안은 대법원의 구성과 관련하여 사법평의회안을 제시하였다. 법관이 아닌 위원으로 구성되는 사법평의회에서 대법관을 추천하며, 대법원장은 대법관 중에서 호선하는 안이었다. 당시 6인으로 구성되었던 사법 분과에서는 이 안에 대해 3:3으로 나뉘어서 첨예한 갈등을 보였으며, 사법부 독립에 대한 침해 문제로 논란이 많았다.[14]

사법평의회 안은 많은 논란 끝에 헌법 사항인 대법원장 및 대법관의 임명에 관한 부분을 제외하고 법관 임용 등 사법행정에 관한 사항을 관장하는 사법행정회의를 도입하는 법안이 발의되었으나, 법원의 강한 반대와 전문가들의 부정적 평가로 인해 관철되지 못했다.

2018년 문재인대통령 개헌안은 대법원의 구성에 관하여 대법원장은 현재와 동일하게 국회의 동의를 받아 대통령이 임명하는 것으로 하였으며, 대법관은 대법관추천위원회의 추천을 거쳐 대법원장의 제청으로 국회의 동의를 받아 대통령이 임명하도록 하였다.[15]

문제는 대법관추천위원회를 대통령이 지명하는 3명, 대법원장이 지명하는 3명, 법률로 정하는 법관회의에서 선출하는 3명의 위원으로 구성하도록 한 것이다. 이로 인하여 대통령과 대통령이 임명한 대법원장이 지명한 사람이 대법관추천위원회의 3분의 2를 차지함으로써 사실상 추천위원회를 좌지우지

---

14 국회 헌법개정특별위원회 자문위원회, 『국회 헌법개정특별위원회 자문위원회 보고서』, 2018, 384쪽 이하.

15 2018년 문재인대통령 개헌안 제104조 ①대법원장은 국회의 동의를 받아 대통령이 임명한다.
②대법관은 대법관추천위원회의 추천을 거쳐 대법원장 제청으로 국회의 동의를 받아 대통령이 임명한다.
③대법관추천위원회는 대통령이 지명하는 3명, 대법원장이 지명하는 3명, 법률로 정하는 법관회의에서 선출하는 3명의 위원으로 구성한다.
④대법원장·대법관이 아닌 법관은 법관인사위원회의 제청으로 대법관회의의 동의를 받아 대법원장이 임명한다.
⑤대법관추천위원회 및 법관인사위원회의 조직과 운영 등 구체적인 사항은 법률로 정한다.

할 수 있게 된다. 이에 따라 2018년 문재인대통령 개헌안은 제왕적 대통령제를 지탱하는 한 축이라고 할 수 있는 대통령의 사법부에 대한 영향력을 축소시키지 않으려는 안이라는 부정적 평가가 지배적이었다.

3. 제10차 개헌의 방향에 대한 제언

법원과 관련한 제10차 개헌의 기본 방향은 대통령의 법원에 대한 영향력을 축소하고 법원의 독립성과 중립성을 강화하는 것이 되어야 한다는 점에 대해서는 폭넓은 공감대가 존재하는 것으로 보인다.

이를 위해서는 대통령의 대법원장 및 대법관에 대한 임명권은 원하는 사람을 그 자리에 넣는 실질적 임명권이 아니라, 별도의 절차에 의해 사실상 결정된 사람을 형식적으로 임명하는 것이 되어야 한다. 같은 맥락에서 대법원장 및 대법관의 임명에는 독립된 추천위원회에 의한 추천과 국회의 다수에 의한 결정이 바람직하다는 의견이 많았다.

하지만 대통령의 실질적 임명권 못지않게 국회의 다수파가 일방적으로 대법원장 및 대법관을 결정하는 것도 정치적 중립성과 독립성을 침해할 수 있다는 점이 문제가 되므로, 국회 내에서도 타협을 통해서만 대법원장 및 대법관을 임명할 수 있도록 저지소수를 인정하는 것이 바람직하다.

대화문화아카데미 2025 새헌법안은 이런 점을 고려하여 대법원장 및 대법관에 대한 국회의 결정을 민주원 재적의원 3분의 2 이상의 찬성으로 내리도록 제안한 것이다.

iii. 헌법재판소

1. 대화문화아카데미 2016 새헌법안에서의 변화

대화문화아카데미 2016 새헌법안은 헌법재판소장 및 헌법재판관을 헌법재판관추천위원회의 추천을 받아 하원(민의원)이 선출하도록 하고 있다(제110조 2항, 3항). 현행헌법과 같이 대통령, 국회, 대법원에서 각기 3인을 선임하도록 할 경우에 외견상의 황금분할과 달리 실질적으로 대통령의 영향력이 너무 커진다는 점을 고려한 것이었다.

대화문화아카데미 2025 새헌법안에서는 하원의 선출에서 재적의원 3분의 2 이상의 찬성을 요하는 것으로 변경하였다. 대법원, 감사원, 선거관리위원회의 경우와 마찬가지로 과반 의석을 가진 정당이 일방적으로 결정하는 것을 막고, 여야 모두가 합의할 수 있는 중도적 성향의 인물이 헌법재판관이 되도록 하는 것이 헌법재판소의 중립성과 독립성 확보에 바람직할 것이라는 생각 때문이다.

또한, 헌법재판관의 공석 문제를 해결하기 위한 대안으로 오스트리아식의 예비재판관 제도를 도입할 것인지, 독일처럼 후임 재판관이 임명될 때까지 전임 재판관이 계속 업무를 수행하도록 할 것인지에 대한 논의가 있었으나, 헌법개정을 통해 예비재판관을 도입하는 것보다는 헌법재판소법 개정을 통해 독일처럼 전임 재판관의 업무 수행으로 공백을 메우는 것이 더 합리적이라는 판단에서 헌법개정에는 담지 않았다.

그 밖의 점에서 대화문화아카데미 2025년 새헌법안은 2016년 새헌법안의 규정을 그대로 수용하고 있다.

2. 국회 개헌특위 자문위원회안 및 문재인대통령 개헌안과의 유사점과 차이점

2017년 국회 개헌특위 자문위원회는 헌법재판관의 선임에 관하여 국회가 재적의원 5분의 3 이상의 찬성으로 선출하여 대통령이 임명하는 방안을 제시하였으며, 헌법재판소장은 재판관 중에서 호선하는 것으로 하였다.[16]

이러한 방안은 현행헌법상 헌법재판소 구성 방식의 문제점을 인식하고, 개선을 모색한 것으로 보이지만, 별도의 추천위원회 없이 국회에서 선출할 경우의 문제점, 재적의원 5분 3 이상이라는 기준이 특정 정당의 독주를 막을 수 없다는 점 등에서 한계를 보이고 있다.

---

16 국회 헌법개정특별위원회 자문위원회, 앞의 책, 415쪽 이하.

2018년 문재인대통령 개헌안에서는 헌법재판소의 구성과 관련하여 현행헌법상의 제도에서 일부의 변경만을 수용하였다. 헌법재판관은 국회, 대통령, 대법원에서 각기 3인을 선임하는 방식을 고수하였고, 단지, 대법원의 경우에 대법원장의 지명이 아닌 대법관회의에서 선출하는 것으로 변경하였으며, 헌법재판소장을 재판관 중에서 호선하는 것으로 변경하였다.[17]

이러한 변경은 현행헌법상의 규정에 비해 일부 개선이라 할 수 있으나, 대통령의 헌법재판소 구성에 대한 영향력이라는 측면에서 볼 때, 본질적인 부분은 건드리지 않은 채 그대로 방치한 것이라고 비판된다.

3. 제10차 개헌의 방향에 대한 제언

그동안 대법원과 더불어 헌법재판소의 정치적 중립성 및 독립성의 강화, 특히 구성에 관한 대통령의 영향력 축소는 제10차 개헌의 화두로 이야기되던 제왕적 대통령제 극복의 핵심적 요소이며, 그 중요성은 다른 어떤 개헌 사항과도 비교하기 어려울 정도이다.

2017년 국회 개헌특위 자문위원회안은 이 점을 의식하면서 개헌안을 마련한 것으로 보이지만 충분하지 못하였고, 2018년 문재인대통령 개헌안은 이를

---

[17] 2018년 문재인대통령 개헌안 제111조 ①헌법재판소는 다음 사항을 관장한다.
  1. 법원의 제청에 의한 법률의 위헌여부 심판
  2. 탄핵의 심판
  3. 정당의 해산 심판
  4. 국가기관 상호 간, 국가기관과 지방정부 간, 지방정부 상호 간의 권한쟁의에 관한 심판
  5. 법률로 정하는 헌법소원에 관한 심판
  6. 대통령 권한대행의 개시 또는 대통령의 직무 수행 가능 여부에 관한 심판
  7. 그 밖에 법률로 정하는 사항에 관한 심판
②헌법재판소는 9명의 재판관으로 구성하며, 재판관은 대통령이 임명한다.
③제2항의 재판관 중 3명은 국회에서 선출하는 사람을, 3명은 대법관회의에서 선출하는 사람을 임명한다.
④헌법재판소의 장은 재판관 중에서 호선한다.

의도적으로 외면한 것으로 보인다. 그러나 대한민국의 민주주의와 법치주의 발전을 위해 대법원 및 헌법재판소의 중립성과 독립성 강화는 가장 주목해야 할 부분이다.

그러므로 제10차 개헌에서는 대법원과 마찬가지로 헌법재판소의 재판관도 독립된 추천위원회의 추천을 거쳐 국회가 선임하되, 재적의원 3분의 2 이상의 찬성을 요하도록 하는 것이 바람직할 것이다.

iv. 결론

최근 대통령 및 대통령권한대행의 탄핵소추 과정에서 사법부에 관한 헌법 규정의 미비가 문제 된 바 적지 않다.

그러나 이에 관한 근본적인 문제는 결국 법원이나 헌법재판소의 독립성과 중립성이 충분치 못하다는 점에서 비롯된 것으로 보이며, 헌법에 모든 것을 상세하게 규정하는 것은 바람직하지 않을 것으로 판단되었다.

또한, 탄핵소추 오남용 등의 문제도 헌법개정보다는 헌법재판소법 개정을 통해—형사소송법상의 공소기각에 준하여—헌법재판소가 신속하게 기각할 수 있는 제도를 두거나, 권한 행사 정지에 대한 가처분의 명문화 등을 통해 해결하는 것이 체계상 맞는다는 점에 의견의 일치를 보았다.

헌법개정을 통해 사법부의 독립성과 중립성이 강화되고, 나아가 사법부 스스로의 노력에 의해 공정한 재판을 통한 국민의 신뢰가 높아질 때, 사법부의 권위도 높아질 것이며, 정치권이 사법부를 압박하려는 태도도 점차 사라지게 될 것이다.

Ⅳ. 감사원

1. 대화문화아카데미 2016 새헌법안에서의 변화

대화문화아카데미 2016 새헌법안은 「제6장 감사원 및 국가인권위원회」의 제1절에 위치했으며, 그 내용은 감사원을 대통령 소속하의 기관이 아닌 헌법상의 독립기관으로 두며, 감사원장 및 감사위원의 임명은 법률이 정하는 추천위원회의 추천을 거쳐 하원(민의원)에서 결정하는 것으로 했다.

대화문화아카데미 2025 새헌법안의 감사원에 관한 규정은 기본적으로 이와 유사하다. 다만, 감사원장 및 감사위원의 임명과 관련하여 추천위원회의 추천을 거친 이후에 하원(민주원)에서 재적의원 3분의 2 이상의 찬성으로 임명하는 것으로 변경했다.

이렇게 바꾼 것은 어느 한 정당이 과반 의석으로 감사원장 및 감사위원 임명에 절대적 권한을 갖는 것보다는 3분의 1 이상의 의석을 갖는 정당까지 찬성하지 않으면 임명할 수 없도록 함으로써 특정 정당의 지지를 받는 후보자보다 여야 모두에서 반대하지 않는 후보자가 당선될 수 있도록 하는 것이 감사원의 정치적 중립성을 확보하는 데 더 바람직할 것으로 판단했기 때문이다.

2. 국회 개헌특위 자문위원회안 및 문재인대통령 개헌안과의 유사점과 차이점

대화문화아카데미 2025 새헌법안의 감사원에 관한 조항은 감사원을 헌법상의 독립기관으로 바꾸는 것이라는 점에서 2017년 국회 개헌특위 자문위원회안 및 2018년 문재인대통령 개헌안과 공통점을 갖는다. 다만, 감사원장 및 감사위원의 임명 방식에서 각 헌법안의 차이가 확연하게 드러난다.

대화문화아카데미 2025 새헌법안은 감사원장 및 감사위원을 법률이 정하는 추천위원회의 추천을 거쳐 하원(민주원)에서 재적의원 3분의 2 이상의 찬성으로 결정하도록 함으로써 대통령이 아닌 하원(민주원)이 실질적인 임명의 주체가 되도록 했을 뿐만 아니라, 여와 야 어느 한쪽이 일방적으로 결정할 수 없도록 했다.

2017년 국회 개헌특위 자문위원회안(다수의견)은 감사위원은 독립적인 감사위원후보추천위원회의 추천으로 국회의 동의를 얻어 대통령이 임명하도록 한다는 점에서 대화문화아카데미 2025 새헌법안과 유사하나, 국회의 동의를 재적의원 과반수의 찬성으로 한다는 점에서 중요한 차이가 있다.[18]

2018년 문재인대통령 개헌안은 감사원을 독립된 헌법기관으로 두는 것으로 하면서도 감사원장을 포함한 9명의 감사위원을 대통령이 임명하도록 함(개정안 제115조)으로써 많은 비판을 받았다. 마치 헌법재판소와 유사하게 감사위원 중 3명은 국회에서 선출하는 사람을, 3명은 대법관회의에서 선출하는 사람을 임명하도록 했지만, 이런 선임 방식은 대통령의 영향력이 매우 커진다는 점에서 바람직하지 않다는 날카로운 비판이 있었다.

3. 제10차 개헌의 방향에 대한 제언

감사원이 중립적이고 독립적인 위치에서 제 기능을 다하기 위해서는 현재와 같이 대통령 소속하에 있는 것보다는 헌법상의 독립기관이 되는 편이 바람직하다는 점에 대해서는 폭넓은 공감대가 있다. 대화문화아카데미 2025 새헌법안을 비롯하여 2017년 국회 개헌특위 자문위원회안과 2018년 문재인대통령 개헌안이 모두 감사원의 독립기관화를 제안하고 있다는 점에서 이러한 공감대를 확인할 수 있다.

그러나 감사원의 구성 방식을 어떻게 하느냐에 따라서 감사원의 실질적 독립성과 중립성에 큰 차이가 생길 수 있다.

문재인대통령 개헌안처럼 대통령이 임명권을 가질 경우에는 대통령이 임명하는 3명뿐만 아니라 국회에서 선출하는 3명 중에서 여당 몫, 그리고 대법관회의에서 선출하는 사람 중에서도—대통령의 대법원장 및 대법관 임명권을 통한 영향력 때문에—대통령과 코드를 같이하는 사람이 많을 수 있다는 점 때문에 그 독립성과 중립성을 담보하기 어렵다.

---

[18] 국회 헌법개정특별위원회 자문위원회, 앞의 책, 180쪽.

국회 개헌특위 자문위원회안의 경우는 이보다 진일보한 것으로 보이지만, 국회 내의 다수파가 감사위원의 임명을 좌지우지할 수 있다는 문제점으로 인하여 사실상 감사원이 헌법상의 독립기관이 아닌 국회의 하부기관처럼 운용될 가능성을 배제하지 못하며, 이는 정치적 중립성의 확보도 어려움을 의미한다.

이런 점을 고려할 때, 대화문화아카데미 2025 새헌법안이 제안하는 것처럼 민주원 재적의원 3분의 2 이상 다수로, 즉 여야의 합의에 의해서 감사위원을 선임하는 것을 적극적으로 검토·수용할 것을 기대한다.

V. 결론

대한민국 헌법이 이제는 개정의 골든 타임을 놓치고 있는 것은 아닌가 하는 우려가 적지 않다. 대한민국의 국가 정체성, 국가 목표 및 이를 실현하기 위한 원리와 기본권적 가치를 어떻게 21세기에 맞게 구현할 것인지는 더 이상 미룰 수 없는 시급한 과제로 널리 인식되고 있다.

그동안 여야의 진영 갈등이, 심지어 이러한 갈등이 국민 사이에까지 확산하고 있는 현상이 헌법개정에 대한 합의에 매우 심각한 장애로 작용하고 있지만, 이제는 헌법 내용 전반에 대한 합의를 전제로 할 것이 아니라, 합의된 부분만이라도 먼저 개정하는 것이 절실하게 필요한 시점이 된 것이다.

이런 맥락에서 논란이 많은 문제를 제외하고, 제왕적 대통령제의 불식 및 이를 위한 대통령의 권한 합리화 등과 같은 명분이 뚜렷한 부분, 여야 모두가 동의할 수 있는 부분부터 개헌하는 것이 필요하다.

특히 정부형태에 대한 헌법개정은 2017년 국회 개헌특위 당시에 가장 강력한 추동력으로 작용했던 제왕적 대통령의 극복이 현시점에도 여전히 중요한 헌법적 과제라는 인식에 따라 분권형 개헌을 방향으로 이에 따른 대통령 및 총리의 권한 재조정, 감사원의 독립기관화 등을 중심으로 대화문화아카데미

2025 새헌법안이 마련되었다.

  물론 구체적인 쟁점으로 들어가면 정치권에서, 혹은 국민 사이에 새롭게 논란되는 문제가 계속 발생할 수 있을 것이다. 그러나 적어도 현시점에서 대화문화아카데미 2025 새헌법안은 개헌 논의를 위한 의미 있는 시작점이 될 수 있을 것으로 기대한다.

3.5. 선거관리위원회

조진만 | 덕성여대 글로벌융합대학 정치외교학전공 교수 · 대화문화아카데미 새헌법위원

I. 서론

민주주의는 갈등을 선거로 해결한다. 다시 말해 민주주의는 선거를 통하여 민의를 확인하고, 패자와 승자 모두 그 결과를 인정하면서 권력을 분배하는 것을 핵심으로 운영된다. 권력의 정통성과 권위 역시 이와 같은 선거 과정을 통하여 구축된다. 선거라는 기제가 제대로 작동하지 않는 국가에서는 권력자나 국민이 표라는 종이 탄환(paper ballot)을 선택하지 않고 다양한 폭력 수단을 동원할 수 있다. 선거가 제대로 작동하지 않으면 정치 갈등이 내란과 같은 비극적인 상황을 초래할 가능성이 크다.

다만, 민주적인 선거가 제대로 이루어지기 위해서는 선거 과정에 대한 공정한 관리가 필수적이다. 한국은 3·15 부정선거의 경험이 있다. 민주화 이후에도 조직선거와 금권선거 등의 문제가 지속해서 불거져 나왔다. 오늘날에도 투·개표와 관련한 논란이 제기되고 있다.

이와 같은 점을 고려할 때, 헌법에서 선거관리 문제와 관련한 조항을 어떻게 구성하고 마련할 것인가의 문제는 중요하다. 하지만 선거관리와 관련한 헌법조항에 관한 논의는 지금까지 심층적으로 논의되지 못한 측면이 있다.

민주화 이후 절차적 민주주의를 완성해가는 과정에서 선거관리와 관련하여 심각한 문제가 제기될 것이라고 예상하지 않았기 때문이다.

실제로 대화문화아카데미 2016 새헌법안 논의에서도 선거관리위원회 조직이 너무 비대하다는 지적과 선거관리와 관련한 내용을 헌법에 명시할 필요가 있는지에 대한 의문 제기가 있었다. 하지만 선거관리에 관한 헌법 근거를 마련하여 절차적 민주주의를 공고하게 하고, 향후 있을지도 모를 선거 관련 문제에 잘 대응하기 위해서는 현행헌법의 골격을 유지하는 것이 좋겠다는 차원에서 합의가 이루어졌다. 대신, 중앙선거관리위원회 구성과 관련하여 대법원장이 지명하는 3인을 삭제하고, 민의원(하원)과 참의원(상원)이 각각 선출하는 3인으로 하는 새헌법안을 제안했다.

대화문화아카데미는 2025 새헌법안을 마련하는 과정에서 선거관리와 관련하여 그동안 진행했던 논의를 토대로 토론을 진행했다. 특히 최근에 발생하고 있는 선거관리 관련 문제를 고려하여 선거관리위원회의 중립성과 공정성을 강화하는 방안을 다양하게 모색했다. 다만, 선거관리 영역의 특수성, 지금까지 마련한 선거관리 관련 법·제도·문화와의 관계, 헌법조항 마련의 적실성 등에 대한 고민을 토대로 새헌법안에 대한 합의가 이루어졌다.

II. 선거관리 관련 기존 헌법 논의

선거관리와 관련한 기존 헌법 논의의 핵심을 정리하면 다음과 같다.

첫째, 선거관리위원회 명칭과 관련한 논의이다. 핵심 쟁점은 '관리'라는 단어에 비민주적인 의미가 내포되어 있어 선거관리위원회를 선거위원회로 개정하자는 주장이다. 국회 개헌특위 자문위원회에서도 이와 같은 논의가 이루어졌고, 대체로 위원들이 공감을 표시했다. 중앙선거관리위원회도 2017년 2월 13일에 이와 같은 기관 명칭 개정의 필요성에 동의하는 의견을 밝혔다. 하지만 2018년 문재인대통령 개헌안에는 선거관리위원회라는 용어를 그대로 사용했다.

둘째, 헌법 제7장의 제목을 선거관리라는 기능적 명칭에서 헌법적 독립기관으로서의 위상을 명시하는 선거관리위원회로 개정하자는 주장이다. 선거관리의 공정성과 책임성을 높이기 위해서는 헌법적 독립기관으로서 선거관리위원회의 위상을 명문화하는 것이 필요하다는 것이다. 국회 개헌특위 자문위원회도 이와 같은 장 제목의 필요성을 강조했고, 2018년 문재인대통령 개헌안에서도 제7장의 제목을 선거관리위원회로 변경했다.

셋째, 중앙선거관리위원회 구성 방식과 관련한 논의이다. 국회 개헌특위 자문위원회에서는 중앙선거관리위원회 구성 시 국회의 역할을 강화하면서도 정파성을 방지하는 차원에서 국회 재적의원 3분의 2 이상의 가중다수결 제도의 도입을 주장했다. 이것은 현행헌법에서 대법원장이 지명하는 3인 대신 국회에서 선출하는 3인을 추가하는 조치였다. 다만, 2018년 문재인대통령 개헌안에서는 대법원장 지명 3인 대신 대법관회의에서 선출하는 3인으로 변경했다.

넷째, 대법관 출신이 중앙선거관리위원회 위원장으로 호선되는 관행을 개선해야 한다는 주장이다. 현행헌법에서 대통령이 임명하는 3인과 국회에서 선출하는 3인은 정파성 논란에서 벗어나 있지 않다. 이러한 이유로 대법원장이 지명하는 3인 중에서 위원장이 호선되고, 대법원장도 중앙선거관리위원회의 위상을 고려하여 대법관 중 한 명을 위원으로 지명하는 관례가 유지되고 있다. 또한, 선거관리위원회가 선거, 정당, 정치자금과 관련한 사법적인 사안을 다루는 상황에서 현직 대법관이 위원장직을 수행하는 것이 효율적이고 유리한 측면으로도 작용한다. 다만, 중앙선거관리위원회가 수행하는 역할과 그 중요성을 고려할 때, 위원장이 법관 출신으로 편중되고 겸직하는 문제를 개선할 필요가 있다. 국회 개헌특위 자문위원회에서는 중앙선거관리위원회 위원장을 호선하는 제도는 유지하되, 추후 국회가 승인하거나 위원 선출 시 국회의 역할을 강화하자는 의견을 제시했다. 다만, 2018년 문재인대통령 개헌안에서는 중앙선거관리위원회 위원장은 위원 중에서 호선한다는 현행헌법을 유지했다.

다섯째, 선거관리위원회의 직무범위를 헌법에 구체적으로 명시할 것인지와 관련한 논의이다. 국회 개헌특위 자문위원회에서는 국가 및 지방자치단체의 선거·국민투표·선거 및 정치자금·주민투표 및 주민소환투표·선거제도 및 선거구 획정 등에 관한 사무를 직무범위에 포함하는 개헌안을 제안했다. 이것은 2017년 2월 13일 중앙선거관리위원회가 현행 선거관리위원회의 직무규정(선거, 국민투표 관리, 정당에 관한 사무)이 실제 직무범위(주민투표, 주민소환 등 포함)와 일치하지 않으므로 이를 포함하여 직무범위를 헌법에 구체적으로 명시하는 것이 필요하다는 의견을 수용한 측면이 있다. 2018년 문재인대통령 개헌안에도 선거관리위원회의 직무범위를 헌법에 구체적으로 명시되어 있다.

III. 대화문화아카데미 2025 새헌법안 논의 쟁점과 합의

1. 선거관리위원회 명칭

대화문화아카데미 2025 새헌법안 논의에서 선거관리위원회의 명칭에 관한 심층적인 논의는 이루어지지는 않았다. 오랜 기간 선거관리위원회라는 명칭을 사용해왔다는 점과 2018년 문재인대통령 개헌안에서도 선거관리위원회라는 용어를 그대로 사용했다는 점을 고려했기 때문이다. 대화문화아카데미 차원에서는 선거관리위원회에 대한 새로운 기관 명칭을 마련하여 새헌법안을 만드는 것보다는 선거관리위원회의 위상과 기능을 어떻게 잘 정립할 것인가에 관한 논의에 초점을 맞추었다. 선거관리위원회의 명칭 변경과 관련한 논의는 향후 최종 헌법개정안을 마련하는 과정에서 기존의 논의를 고려하여 정치권이 고민하고 결정할 문제가 될 것이다.

2. 선거관리위원회 헌법적 독립기관 명문화

헌법 제7장의 제목을 선거관리에서 선거관리위원회로 수정하자는 의견에는 합의가 이루어졌다. 선거관리위원회가 단순히 선거관리 업무를 담당하는 행정기구를 넘어서서 헌법적 독립기관으로서의 위상을 명확하게 하기 위해서는 장 제목의 변경을 통한 명문화가 필요하다고 판단했다.

최근에 중앙선거관리위원회와 감사원 간에 직무감찰 문제를 둘러싼 갈등이 발생하여 헌법재판소에 권한쟁의심판을 청구하는 문제가 발생했다. 이와 같은 문제도 헌법에 선거관리위원회라는 기관 명칭을 명문화하지 않아 발생한 측면이 있다. 또한, 다른 헌법적 독립기관인 헌법재판소와 비교하여 선거관리위원회만 기관 명칭을 사용하지 않는 것도 헌법 정합성을 고려할 때 개정이 필요한 부분이라고 판단했다.

3. 중앙선거관리위원회 구성 방식

대화문화아카데미 2025 새헌법안 논의에서 중앙선거관리위원회 구성 방식과 관련한 논의를 진행하여 2016년 새헌법안과는 차별성을 갖는 조문을 마련했다. 대화문화아카데미 2016 새헌법안에서는 "중앙선거관리위원회는 대통령이 임명하는 3인, 민의원(하원)에서 선출하는 3인과 참의원(상원)에서 선출하는 3인으로 구성한다"라고 제안했다. 양원제 새헌법안을 제안한 상황에서 대법원장이 지명하는 3인 대신 하원과 상원에 해당하는 민의원과 참의원이 각각 3인을 선출하는 방식을 제안한 것이었다. 그리고 그 이유로 선거 과정의 당사자가 선거관리위원의 임명에 직접 관여하게 함으로써 공정성이 오히려 더 잘 확보될 것이라는 점을 제시했다.

대화문화아카데미 2025 새헌법안에서는 여기에서 더 나아가 "중앙선거관리위원회는 중앙선거관리위원추천위원회의 추천을 받아 민주원(하원) 재적의원 3분의 2 이상의 찬성으로 선출하는 9인의 위원으로 구성한다"라고 제안했다. 먼저 대통령 임명이나 국회의 선출에 자율적으로 맡기기보다는 법률에 따라 중립적으로 구성된 중앙선거관리위원추천위원회에서 추천한 후보자에 대하여 민주원에서 선출하도록 한 것은 이것이 공정한 선거관리에 더욱 효과적일 것으로 판단했기 때문이다. 또한, 국회가 9인 중 6인을 선출한다고 하더라도 대통령이 3인을 지명할 수 있고, 국회에서 영향력을 행사할 수 있는 여당의 몫을 고려하면 실질적으로 대통령의 영향력이 커질 수 있다고 우려해 9인 모두 국회에서 선출하는 것으로 제안했다. 더불어, 국회에서 여야 간에 나누어 먹기 방식으로 중앙선거관리위원회 위원을 선출할 경우 정치적 중립성과 공정성에 기반하여 선거관리위원회가 운영될 가능성이 작아질 수 있다는 점을 고려하여 민주원 재적의원 3분의 2 이상의 찬성으로 선출하는 방식을 채택했다. 다시 말해 민주원에서 여야 간 합의 없이는 재적의원 3분의 2 이상의 동의를 받기 힘들다는 차원에서 선거관리위원회의 중립성과 공정성을 훼손할 수 있는 인사가 중앙선거관리위원회 위원이 될 가능성을 차단하려고 했다.

다만, 중앙선거관리위원회 구성과 관련하여 공화원(상원)의 역할을 크게 부여하지 않은 점에 대해서는 추후 논란이 제기될 수 있다. 대화문화아카데미 2025 새헌법안에서는 중앙선거관리위원추천위원회라는 새로운 제도를 도입하는 상황에서 주권자의 의사를 균등하게 대표하고 그 수도 상대적으로 많은 중추적 대의기관인 민주원에 그 역할을 부여하는 것이 바람직하고 효율적이라고 판단했다.

4. 중앙선거관리위원회 위원장 선출 방식

대화문화아카데미 2025 새헌법안은 중앙선거관리위원회 위원장을 위원 중에서 호선하는 방식을 유지했다. 대법관이 중앙선거관리위원회 위원장으로 호선되는 관행은 대화문화아카데미 2025 새헌법안의 내용을 고려하면 자연스럽게 개선될 것으로 판단했다. 다시 말해 대화문화아카데미 2025 새헌법안에 따르면, 법관 출신이 아닌 다양한 인사가 중앙선거관리위원회 위원으로 추천될 수 있고, 그중에서 호선하면 지금과는 다른 차원의 위원장 선출이 이루어질 가능성이 크다고 판단했다. 그리고 이 과정에서 중앙선거관리위원회

위원장의 겸직 문제가 논란으로 제기되었다. 하지만 이와 관련한 규정은 헌법에 포함하는 것보다 추후 법률적인 차원에서 고민하여 마련하는 것이 바람직하다고 판단했다.

5. 선거관리위원회 직무범위 명시

대화문화아카데미 2025 새헌법안에서는 선거관리위원회의 직무범위를 구체적으로 명시하는 조문을 새롭게 삽입하지는 않았다. 선거관리위원회가 향후 수행할 새로운 직무가 생겨날 수도 있는데, 그때마다 헌법을 개정하기 힘들 뿐만 아니라 이미 다양한 관련 법이 존재하여 직무범위와 관련한 논란 자체가 적다고 판단했기 때문이다. 구체적인 선거관리위원회 직무범위는 현행 헌법을 고려하여 법률적인 차원에서 유연하게 대응하는 것이 더 긴요할 수 있다.

특히 선거관리위원회의 직무범위와 관련하여 선거구 획정 권한을 새롭게 추가하자는 논의가 있었다. 선거구 획정이 지연되고 있고, 게임의 당사자인 국회가 선거구 획정이라는 규칙을 정하는 현실을 개선하는 헌법적 근거가 필요하다는 주장이 제기되었다. 하지만 토의 과정에서 선거구 획정 지연의 근본적인 원인이 헌법 제41조에서 국회의원 수, 선거구와 비례대표제 기타 선거에 관한 사항은 법률로 정한다는 규정이 존재하기 때문이라는 지적이 있었다. 선거구획정위원회는 선거구 획정과 관련한 기본적인 권한을 공직선거법을 통하여 이미 부여받고 있다. 그런데 선거구획정위원회는 입법기관이 아니므로 결국 선거구 획정을 최종 마무리하려면 헌법상 국회에서 법률로 의원정수와 선거구를 확정해야 한다. 또한, 전문가라고 하더라도 소수의 선거구획정위원회 위원이 한정된 기간에 전국의 지역구를 그 실정에 맞추어 공정하게 획정하는 것도 현실적으로 한계가 있고, 이것이 과연 바람직한가에 대한 문제도 제기될 수 있다. 대화문화아카데미는 이와 같은 점을 종합적으로 고려하여, 2025 새헌법안에 선거관리위원회의 직무범위를 구체화하거나 새로 추가하지는 않았다.

6. 기타 논의 사항: 중앙선거관리위원회 위원 자격 요건 명시

대화문화아카데미 2025 새헌법안 논의 과정에서 중앙선거관리위원회 위원의 자격 요건과 관련하여 "정당에 가입하거나 정치에 관여할 수 없다"라는 조항보다 엄격한 자격 요건을 구체적으로 명시하는 것이 필요하다는 주장도 제기되었다. 예를 들어 헌법에 최근 3년 이내 정당 가입 또는 3년 이상 정당 활동이나 정치 관여가 없는 인사를 중앙선거관리위원회 위원으로 추천하는 방안 등이 제시되었다. 하지만 선거관리위원회라는 기관의 특성을 고려할 때, 구체적인 자격 요건을 마련하는 것이 꼭 필요한가에 대한 문제 제기가 있었다. 이뿐만 아니라 이와 같은 내용은 헌법에 명시할 사항이라고 보기 어렵고 법률 사항으로 보인다는 지적도 있었다. 이러한 이유로 대화문화아카데미 2025 새헌법안에서는 이와 관련한 새로운 조문을 마련하지는 않았다.

IV. 결론

1948년 정부 수립 당시 선거에 관한 사무는 내무부 산하의 선거위원회에서 관장했다. 이러한 이유로 이승만 정부에서 관권을 동원한 부정선거가 가능했다. 현행헌법에서 선거관리와 관련한 별도의 장을 두고 있는 이유는 선거관리위원회가 헌법적 독립기구로서 공정한 선거관리를 하는 것이 중요하다는 것을 천명한 것이다. 이러한 헌법 정신을 고려해 대화문화아카데미 2025 새헌법안에서는 현행헌법에서 선거관리위원회의 독립적 위상을 강화하는 동시에 공정한 선거관리를 위해 필요한 방안이 무엇인가를 고민하여 제시했다.

선거 과정에 대한 논란이 그 어느 때보다도 많이 제기되고 있는 현실에서 대화문화아카데미에서 고민하고 토의한 내용이 우리 사회의 민주주의가 한 단계 더 도약하는 데 도움이 되기를 희망한다. 대화문화아카데미가 헌법적인 차원에서 반영하지는 못한 내용에 대해서는 정치권이 고민하여 국회에서 법률적인 해결책을 마련할 필요가 있다.

3.6. 지방자치, 경제, 헌법개정

하승수 | 변호사 · 공익법률센터 농본 대표 · 대화문화아카데미 새헌법위원

I. 지방자치

1. 지방자치 관련 헌법 조항의 변천 과정

헌법상 지방자치에 관한 조문은 2개 조문으로 유지되어왔다. 1948년 헌법 제정 당시에는 지방자치 조문에 대해서 토론이나 이의가 없었을 정도로 관심도가 떨어졌던 것으로 보인다. 제헌국회에서 헌법 제정안 제2 독회를 진행할 당시에 다른 조문에 대해서는 표결까지 하는 경우가 많았으나, 지방자치 2개 조문과 관련해서는 재석 인원 152인에 찬성(가)은 108명, 반대(부)는 없는 것으로 가결되었다.

그리고 지방자치 관련 조문에 변화가 없다가, 4·19혁명 직후인 1960년 6월 15일 개정된 제2공화국 헌법에서 "지방자치단체의 장의 선임방법은 법률로써 정하되 적어도 시·읍·면의 장은 그 주민이 직접 이를 선거한다"라는 내용이 추가되었다. 이 조항이 추가된 것은 이승만 정권 시절에 지방자치단체장을 임명직으로 퇴행시켰던 경험에서 비롯된 것이다.

1956년 2월 13일 지방자치법이 개정되어 시·읍·면장 선거가 간접선거에서 직접선거로 바뀌었는데, 이승만 정권은 1958년 각급 지방자치단체장을 임

명제로 바꾸는 지방자치법 개정을 추진했다. 그리고 같은 해 12월 24일 지방자치법 개정안을 국가보안법 개정안과 함께 날치기로 통과시켰다. 그에 따라 시·읍·면장이 임명제로 전환됐고, 동·이장도 임명제로 바뀌었다. 이를 되돌리는 차원에서 4·19혁명 직후에 헌법개정을 하면서 시·읍·면장을 선출직으로 헌법에 명시했다. 그러나 "적어도 시·읍·면의 장은 그 주민이 직접 이를 선거한다"라는 내용은 1961년 5·16군사정변이 일어난 후에 개정된 제3공화국 헌법에서 삭제되었다.

제헌헌법	2공화국 (1960년)	3공화국 (1963년)	현행헌법
제96조 지방자치단체는 법령의 범위 내에서 그 자치에 관한 행정사무와 국가가 위임한 행정사무를 처리하며 재산을 관리한다. 지방자치단체는 법령의 범위 내에서 자치에 관한 규정을 제정할 수 있다. 제97조 지방자치단체의 조직과 운영에 관한 사항은 법률로써 정한다. 지방자치단체에는	제96조 지방자치단체는 법령의 범위 내에서 그 자치에 관한 행정사무와 국가가 위임한 행정사무를 처리하며 재산을 관리한다. 지방자치단체는 법령의 범위 내에서 자치에 관한 규정을 제정할 수 있다. 제97조 ①지방자치단체의 조직과 운영에 관한 사항은 법률로써 정한다. ②지방자치단체의	제109조 ①지방자치단체는 주민의 복리에 관한 사무를 처리하고 재산을 관리하며 법령의 범위 안에서 자치에 관한 규정을 제정할 수 있다. ②지방자치단체의 종류는 법률로 정한다. 제110조 ①지방자치단체에는 의회를 둔다. ②지방의회의 조직·권한·의원선거와 지방자치단체	(내용은 변화 없고 조문 순서만 변동) 제117조 ①지방자치단체는 주민의 복리에 관한 사무를 처리하고 재산을 관리하며, 법령의 범위 안에서 자치에 관한 규정을 제정할 수 있다. ②지방자치단체의 종류는 법률로 정한다. 제118조 ①지방자치단체에 의회를 둔다. ②지방의회의 조직

각각 의회를 둔다. 지방의회의 조직, 권한과 의원의 선거는 법률로써 정한다.	장의 선임방법은 법률로써 정하되 적어도 시·읍·면의 장은 그 주민이 직접 이를 선거한다. ③지방자치단체에는 각각 의회를 둔다. ④지방의회의 조직, 권한과 의원의 선거는 법률로써 정한다.	의 장의 선임방법 기타 지방자치단체의 조직과 운영에 관한 사항은 법률로 정한다.	·권한·의원선거와 지방자치단체의 장의 선임방법 기타 지방자치단체의 조직과 운영에 관한 사항은 법률로 정한다.

한편 2개 조문으로 구성된 헌법의 지방자치 조항은 실질적인 자치권을 보장하고 지방분권을 실현하기에는 매우 미흡하다는 평가를 받아왔다. 대표적인 예로 자치입법권과 관련해서 "법령의 범위 안에서 자치에 관한 규정을 제정할 수 있다"라는 헌법 조항으로 인해 자치입법권을 확대하는 데 제약이 있다는 비판이 있어왔다. '법령'의 범위에는 국회에서 만든 법률뿐만 아니라 행정부가 만든 시행령·시행규칙도 포함되는데, 지방의회라는 대의기관이 만든 조례가 행정부의 시행령·시행규칙에 위반된다는 이유로 대법원 판결로 무효가 되는 사례가 계속 발생해왔기 때문이다.

또한, 지방분권의 문제의식이 헌법 전반에 반영되어야 한다는 지적도 있어왔다. 권력은 수평적으로도 분산되고 견제-균형이 이뤄져야 하지만, 수직적으로도 분산되어야 하기 때문이다. 따라서 분권형 개헌에서 지방분권과 지방자치의 실질적인 보장은 중요한 과제라고 할 수 있다.

2. 대화문화아카데미 2016 새헌법안

대화문화아카데미가 그동안 제안해왔던 헌법개정안에서도 지방분권을 실현하고 지방자치를 실질적으로 확대할 수 있는 내용이 포함되어왔다.

대화문화아카데미 2016 새헌법안에서는 *지방자치와 관련된 장(章)의 제목을 '지방자치'에서 '지방자치와 지방분권'으로 변경하고, *헌법에서 기초지방자치단체의 명칭을 시·군·자치구로, 광역지방자치단체의 명칭을 도(道)로 명시하며, *지방자치에 관해서 7개 조문(제1절 총칙에서 1개 조문, 제2절 시·군·자치구에서 2개 조문, 제3절 도에서 4개 조문)을 두는 것으로 제안했다. 또한, 새로운 지방자치 단위를 설정하는 경우에는 법률로 규정할 수 있도록 했다.

그리고 지방자치단체의 중요한 의사결정에 대한 주민의 직접 참여권을 보장하고, 중앙정부와 지방정부 간 역할 배분의 기본원칙인 보충성의 원칙을 명시했다.

자치입법권과 관련해서는 광역이든 기초든 지방자치단체의 자치사무에 관한 한 법률의 위임 없이도 지방자치단체가 조례로 제정할 수 있도록 했다. 그리고 광역의 경우에는 외교, 국방, 통화 등 국가의 전속적인 입법 영역을 제외하고는 국가와 광역지방자치단체인 도가 경합적인 입법권을 가지도록 규정했다. 또한, 지방의회 선거나 지방자치단체 집행부의 조직 형태는 조례로 정하도록 했다.

비용 부담과 관련해서는, 국가가 지방자치단체에 위임한 사무의 집행 비용은 국가가 부담하도록 했고, 자치사무라 할지라도 그 수행 여부를 국가가 법률로 규정한 경우에는 국가가 그 비용을 부담하도록 했다. 또한, 지방자치단체가 자치권을 침해받는 경우 법원에 제소할 수 있도록 했다.

자주과세권과 관련해서는, 지방자치단체가 법률의 위임 없이도 자기 책임 하에 지방세를 조례로 신설하여 징수할 수 있도록 했다. 그리고 지역 간의 재정 격차를 해소하기 위하여 재정조정제도를 마련하도록 했다.

3. 대화문화아카데미 2016 새헌법안과 다른 변화

지방자치 및 지방분권과 관련한 대화문화아카데미 2025 새헌법안은 2016 새헌법안과는 몇 가지 점에서 변화가 있었다.

우선 체계 및 용어와 관련된 변화가 있었다. 대화문화아카데미 2025 새헌법안에서는 2016 새헌법안과는 달리 '지방자치와 지방분권'의 장에서 절을 구분하지 않는 것으로 했다. 조문 숫자(4개 조문)로 볼 때 절을 구분하지 않는 것이 낫다고 판단했기 때문이다. 또한, 지방자치단체라는 용어를 '지방정부'라는 용어로 대체하기로 했다.

2016 새헌법안에는 없었던 '지방분권국가 선언' 부분이 추가되었다. 헌법 제1조에 3항을 신설하여 '대한민국은 지방분권국가'임을 선언하는 것을 제안하는 것이다. 비록 연방제 국가는 아니지만, 지방분권국가임을 선언하는 것이 지역 대표형 상원제도 도입 등과도 조화할 수 있다고 판단했다. 참고로 프랑스도 헌법 제1조에서 "프랑스는 지방분권을 기초로" 한다고 선언하고 있다.

지방정부의 종류와 관련해서는 광역의 경우에는 "도 및 그와 대등한 지위를 가지는 시"로 하고, 기초의 경우에는 법률에 위임하는 것으로 했다. 현재의 지방자치제도 중에서 기초 지방자치의 경우에는 자치의 단위를 어떻게 설정할 것인지에 대한 재논의가 필요하기 때문이다. 농촌 지역의 경우에는 지방자치법 제정 때부터 읍·면 단위로 기초 지방자치를 하다가 1961년 5·16 군사정변 이후에 군(郡)으로 통합되었는데, 그로 인해 여러 가지 문제가 발생하고 있다. 농촌의 인구 유출과 고령화에 대응하기 위해서는 생활권 단위인 면과 읍에서 자치적인 계획을 수립하고 실행할 수 있어야 하는데, 지금처럼 단순한 하부행정조직인 읍·면은 권한과 예산이 없어서 실질적으로 할 수 있는 역할이 없는 상황이다. 미국, 독일, 프랑스, 스위스, 일본 등에서도 농촌 지역의 경우 읍·면 정도 단위에서 기초 지방자치를 하고 있다.

따라서 앞으로 지방자치의 적절한 단위에 대해 논의가 필요한 것을 감안하면, 현시점에서는 헌법에서 기초지방정부의 종류를 명시하기보다는 법률에 위임하는 것이 낫다고 판단했다.

한편 주민 직접참정권의 헌법적 근거를 마련하고, 보충성의 원칙을 명시하는 것, 자치입법권을 확대하는 것은 2016 새헌법안과 동일하다.

국가와 지방정부의 입법권 배분과 관련해서는 국가가 전속적 입법권을 갖는 영역을 제외하고는 지방정부가 경합적 입법권을 갖는 것으로 했다. 다만, 중앙정부의 법률은 조례에 우선하는 효력을 갖도록 했고, 광역지방정부의 조례는 기초지방정부의 조례에 우선하는 효력을 갖도록 했다.

지방의회의 선거 방식, 지방정부의 권력구조, 집행기관의 구성 방법 등은 2016 새헌법안과 마찬가지로 조례에 위임하여, 각 지역에서 자율적으로 정할 수 있도록 했다.

자주과세권을 보장하는 내용도 포함했다. 비용 부담과 관련해서는 2016 새헌법안과 마찬가지로, 지방자치단체에 사무를 위임한 경우 그 비용은 위임한 측에서 부담하도록 했으며, 지방재정 조정제도를 두는 것으로 했다.

2016 새헌법안에서는 자치권 침해에 대해 법률이 정하는 바에 따라 법원에 제소할 수 있는 내용이 포함되어 있었는데, 자치권 침해에 대해서는 헌법재판소에 권한쟁의 심판을 할 수 있으므로 2025 새헌법안에서는 이 부분은 포함하지 않았다.

4. 2017년 국회 개헌특위 자문위원회안 및 2018년 문재인대통령 개헌안과의 유사점과 차이점

대화문화아카데미 2016 새헌법안 이후에 2017년 국회 개헌특위 자문위원회 지방분권분과안(이하 "국회 자문위안")이 나왔고, 2018년에는 문재인대통령의 헌법개정안이 발의되었다.

위 두 개헌안과 대화문화아카데미 2025 새헌법안이 유사한 점은, 첫째, 헌법 제1조에서 지방분권국가임을 선언하자는 점, 둘째, 지방자치단체라는 용어를 지방정부로 바꾸자는 점, 셋째, 주민참여권과 보충성의 원칙, 자주조직권(지방의회의 선거 방식, 지방정부의 권력구조 등을 스스로 결정), 자주과세권 보장, 사무위임의 경우 위임한 측에서 비용을 부담한다는 원칙을 헌법에 명시하자는 것이다.

그리고 대화문화아카데미 2025 새헌법안은 지방정부가 국가와 경합적 입법권을 갖도록 한다는 점에서도 국회 자문위안과 유사하다. 다만, 대화문화아카데미 2025 새헌법안은 아래와 같은 점에서 국회 자문위안과 차이가 있다.

첫째, 국회 자문위안은 현행 지방정부의 종류를 그대로 인정하고, 이를 변경하고자 하는 경우엔 주민투표를 거치도록 했으나, 대화문화아카데미 2025 새헌법안에서는 기초지방정부의 종류를 법률에 위임했다는 점에서 차이가 있다. 앞으로 기초 지방자치의 단위를 현재처럼 시·군·자치구로 할 것인지 아니면 다른 선택을 할 것인지에 대한 논의의 가능성을 열어놓은 것이다.

둘째, 국회 자문위안은 지방정부가 만드는 법규를 '법률'이라고 부를 것을 제안하고 있으나, 대화문화아카데미 2025 새헌법안은 '조례'라는 용어를 그대로 사용할 것을 제안하고 있다. 지방정부의 자치입법권이 확대되어야 한다는 취지에는 공감하나, 국가 차원의 법규와 지방 차원의 법규를 동일하게 '법률'이라고 부를 경우, 발생할 수 있는 혼란을 고려한 것이다.

셋째, 국회 자문위안은 지방의회 대신 주민총회가 입법기관으로서 역할할 가능성을 열어뒀으나, 대화문화아카데미 2025 새헌법안에서는 이를 반영하지 않았다.

전반적으로 대화문화아카데미 2025 새헌법안은 국회 자문위안의 문제의식과 유사하나, 현실적인 측면을 고려하여 일부 차이가 있다고 볼 수 있다.

한편, 대화문화아카데미 2025 새헌법안과 2018년 문재인대통령 개헌안은 지방정부의 입법권 등에서 상당한 차이가 있다.

첫째, 2018년 문재인대통령 개헌안에서는 조례 제정과 관련해서 "권리를 제한하거나 의무를 부과하는 경우 법률의 위임이 있어야 한다"라는 단서를 두고 있다. 그러나 이는 타당하지 않다. 조례의 실효성을 확보하기 위해서는 벌칙이나 과태료 부과 등의 조치가 가능해야 하고, 지역 실정에 맞게 규제기준(예: 환경기준)을 강화할 수 있어야 하는데, 일일이 법률의 위임이 있어야 한다면 실질적으로 자치입법권이 위축될 수 있기 때문이다. 따라서 자치입법권의 범위는 현재 "법령의 범위 안에서"를 "법률에 위반되지 않는 한"으로 수정하는 것으로 하고, 문재인대통령 개헌안에서 "권리제한과 의무부과에 관해서는 법률의 위임이 있어야 한다"는 부분은 제외하는 것으로 했다.

둘째, 문재인대통령 개헌안에서는 국가와 지방정부 간 입법권의 배분에 대해서는 언급이 없으나, 헌법에 국가와 지방정부 간 입법권의 배분에 규정을 두는 것이 바람직하다. 즉 국가가 전속적 입법권을 갖는 영역을 규정하고, 그 외의 부분에 대해서는 국가와 지방정부가 경합적으로 입법권을 갖는 것으로 하는 것이 바람직하다. 그렇게 함으로써 지방정부가 자율적으로 행사할 수 있는 입법권을 헌법적으로 보장할 수 있다. 다만, 국가의 법률이 우선하는 효력을 가진다고 명시하고 있고, 점진적으로 입법권 배분의 원칙에 따라 법률을 정비하는 것으로 하면 혼선은 크지 않을 것이다.

5. 제10차 개헌의 방향에 대한 제언

통계청에 따르면 2022년 수도권 인구는 2,605만 명으로 전체 인구의 50.5%에 달했다. 1975년 수도권의 인구는 우리나라 인구의 34%에 불과했지만, 2020년 사상 처음으로 50%를 넘어 비수도권 인구를 추월했다.

인구뿐만 아니라 정치·경제·사회의 모든 측면에서 대한민국은 극단적인 수도권 일극 집중체제이다. 그리고 수도권 일극 집중체제는 자연스럽게 형성된 것이 아니다. 극단적인 중앙집권주의 국가 시스템의 결과물로 봐야 한다. 중앙에 권력이 있으니 돈도 쏠리고, 사람도 쏠리는 것이다. 나아가 이는 지역 간 서열을 만들었다. 서울과 지방, 대도시와 중소도시/농촌의 서열을 고착화해온 것이다.

또한, 이는 대한민국에서 수많은 문제를 심화시키고 있다. 부동산가격 폭등, 인구 밀집으로 인한 삶의 질 저하, 기후위기 시대에 대처 불가능한 중앙집중적인 에너지 시스템 등 온갖 문제의 주요 원인은 인구가 수도권에 너무 많이 집중되어 있다는 데 있다. 저출산도 수도권 일극 집중과 연관이 있다.

합계출산율이 0.7 이하로 떨어질 상황인 대한민국에서, 가장 출산율이 낮은 지역은 서울이다. 서울의 합계출산율은 전국 17개 시·도 중에서 가장 낮다. 반면에 상대적으로 출산율이 높은 곳은 농촌 지역이다. 결국, 수도권 집중이 부동산가격 상승, 긴 출퇴근 시간 등을 낳았고, 사람들의 삶을 팍팍하게 만들었다. 그리고 그것이 극도로 낮은 출산율로 나타나고 있다는 것이다.

그런 점에서 지금 대한민국에서 지방분권과 지방자치의 실질적인 보장은 수도권 일극 집중을 해소하고, 저출산과 기후위기에 대응하기 위해서도 매우 절실한 과제라고 할 수 있다.

수도권 집중을 해소하려면 중앙집권적인 국가구조를 혁파하고 '지방분권국가' 구조로 전환해야 한다. 지방정부의 자율권을 확대하고 주민참여를 보장해서 실질적인 지방자치가 가능하도록 해야 한다. 따라서 제10차 개헌에서 지방분권과 지방자치의 실질적 보장은 중요한 의제로 다뤄져야 한다.

II. 경제

1. 대화문화아카데미 2016 새헌법안에서의 변화

대화문화아카데미 2016 새헌법안 논의 당시 경제에 관한 헌법상의 원칙을 천명하고 있는 헌법 제119조와 그 외 경제헌법 조항을 둘러싸고 상당히 치열한 논의가 있었다. 그러나 최종적으로는 제119조 1항과 2항을 그대로 살리되, 3항을 신설하여 "국가는 전국의 균형 있는 경제발전을 위하여 필요한 정책을 수립하고 시행한다"라는 조항을 추가하는 것으로 정리되었다.[1] 그 외 조항도 일부 표현을 수정하고, 조문의 순서를 조정하거나 통합하는 정도의 수준에서 헌법개정안이 마련되었다.

---

[1] 김재원, 「영토 및 통일조항, 경제헌법」, 『대화문화아카데미 2016 새헌법안』, 대화문화아카데미, 2016, 94~101쪽 참조.

대화문화아카데미 2025 새헌법안에서도 이념적 갈등의 여지가 있는 내용은 제외하는 것으로 방향을 잡았다. 이는 이번 헌법개정의 초점을 분권형 개헌에 맞추기 위한 것이기도 하고, 헌법이 사회적 합의의 산물이 되어야 한다는 점을 감안할 때에 경제 관련 조항의 개정은 신중하게 접근할 필요가 있다고 판단했기 때문이다.

따라서 대화문화아카데미 2025 새헌법안 중 경제 부분은 2016 새헌법안의 내용을 거의 그대로 따르되, 일부 문구만 수정하는 정도로 개헌안을 작성했다.

다만, 농업계에서 농업의 공익적 기능을 헌법에 명시할 것을 강력하게 요구하고 있고, 농어촌 지역의 인구감소와 고령화 등을 감안하여 농어촌 지역의 지속가능성을 확보하기 위한 대책이 필요하며, 기후위기 등을 생각해도 농업의 공익적 기능이 사회적으로 인정되고 존중될 필요가 있으므로, 농업·농촌에 관한 조문(현행헌법 제121조)은 일부 문구를 수정하는 것으로 했다.

즉, 2016 새헌법안에서 "국가는 농업과 어업의 지속적인 개발 및 농어민의 권익을 신장하기 위하여 필요한 정책을 수립하고 시행한다"라고 되어 있던 부분을 "국가는 식량의 안정적 공급과 생태 보전 등 농어업의 공익적 기능을 바탕으로 농어촌·농어업의 지속가능한 발전과 농어민의 권익신장을 위해 필요한 계획을 수립하고 시행한다"라고 수정했다.

또한, 2016 새헌법안에서는 "농지의 소작제도는 금지된다"라는 부분을 삭제하는 것으로 했는데, 2025 새헌법안에서는 현행헌법에 있는 위 문구를 그대로 유지하는 것으로 했다.

2. 2017년 국회 개헌특위 자문위원회안 및 2018년 문재인대통령 개헌안과의 유사점과 차이점

대화문화아카데미 2016 새헌법안 이후에 2017년 국회 개헌특위 자문위원회 경제·재정분과안(이하 "국회 자문위안")이 나왔고, 2018년에는 문재인대통령의 헌법개정안이 발의되었다.

국회 자문위 경제·재정분과에서는 합의에 이르지 못해서 다수의견과 소수의견으로 나뉘었고, 다수의견은 경제 관련 조항을 상당 부분 개정할 것을 제안했다. 예를 들어서 다수의견은 헌법 제119조 2항에 "경제력의 집중 방지"를 명시하고, 여러 경제 주체의 참여, 상생 및 협력을 새로 규정하며, 동 조항을 강행규정으로 할 것을 제안했다. 또한, 제119조 3항을 신설해서 국가가 시장의 지배와 경제력 집중·남용에 의한 피해자에게 징벌적·집단적 사법구제 수단을 보장하도록 했다. 그러나 소수의견은 이런 개정에 반대했다. 결국, 국회 자문위 경제·재정분과는 단일안을 도출하지 못하고, 다수의견과 소수의견을 병기하는 것으로 보고서를 제출했다.

2018년 3월, 당시 문재인 대통령이 발의했던 헌법개정안에도 경제민주화 조항에 '상생'이 추가되고, 국가에 사회적 경제의 진흥 의무를 부과하며, 토지공개념을 강화하는 등의 내용이 담겨 있었다. 그러나 이 헌법개정안은 국회를 통과하지 못했다.

이런 경험은 경제 관련 조항을 개정할 때에 첨예하게 의견이 갈릴 수밖에 없다는 것을 다시 한번 보여준다. 따라서 이번 개헌의 초점을 분권형 개헌에 둔다면, 경제 관련 조항의 개정은 최소화하고 이후에 사회적 논의를 이어가는 것이 바람직하다.

3. 제10차 개헌의 방향에 대한 제언

1987년 이후 헌법을 단 한 줄도 고치지 못하고 있는 상황에서, 이번 개헌의 초점을 어디에 둬야 개헌을 성사시킬 수 있을 것인지에 대해서는 지혜로운 판단이 필요하다. 개헌의 성사를 위해서는 국회에서 3분의 2가 동의해야 하고, 개헌 추진 과정에서 개헌의 내용에 대한 사회적 합의 수준이 높아야 한다. 그런 점에서 보면, 한 번의 개헌에 모든 것을 담으려고 하기보다는, 현재 합의할 수 있는 문제와 앞으로 사회적 논의를 더 해야 할 문제를 현명하게 구분하는 것이 필요하다.

그런 점에서 대화문화아카데미 2025 새헌법안은 헌법의 경제 관련 조항의 개정을 이번에는 최소화하고, 앞으로 사회적 논의를 더 해나갈 것을 제안하고 있다. 헌법에 담고자 하는 경제의 밑그림에 대해 서로 다른 의견이 존재하는 상황에서, 이런 제안이 헌법개정의 성사와 국가의 미래를 위한 것임을 이해해주기를 바란다.

III. 헌법개정

1. 대화문화아카데미 2016 새헌법안에서의 변화

대화문화아카데미 2016 새헌법안 중에서 헌법개정 절차와 관련된 내용의 핵심은 *대통령의 헌법개정 발의권 삭제, *국회의원 발의요건 완화, *헌법개정 국민발안제도의 도입이었다.

대화문화아카데미 2025 새헌법안도 기본적으로 2016 새헌법안과 같은 입장이다. 대통령의 헌법개정 발의권 삭제는 필요하다. 헌법개정은 기본적으로 국회에서 논의되어야 할 사항이고, 2018년 문재인대통령 개헌안이 실패로 끝난 것처럼, 대통령의 개헌안 발의가 헌법개정의 성사에 바람직한 영향을 주지 못할 수 있다.

또한, 국회의원의 헌법개정 발의요건 완화는 타당한 방향이다. 참고로 제헌헌법에서 6차 개정헌법까지는 국회 재적의원 3분의 1 이상 찬성으로 헌법개정안 발의가 가능하게 되어 있었다.[2] 소수파 정당이라고 하더라도 헌법개정안 발의를 지나치게 제한할 필요는 없다. 하원(민주원) 또는 상원(공화원) 재적의원 3분의 1 이상의 찬성으로 헌법개정안을 발의할 수 있게 할 필요가

---

2 다만, 1952년 1차 헌법개정에서는, 민의원이 발의하는 경우는 재적 1/3 이상 찬성으로 발의가 가능하도록 했으나, 참의원의 경우에는 재적 2/3 이상 찬성으로 발의할 수 있게 되어 있었다. 그러나 1954년 2차 헌법개정에서는 민의원, 참의원 모두 재적의원 1/3 이상 찬성으로 발의할 수 있게 했다.

있다.

또한, 헌법개정안에 대한 국민발안제도의 도입도 필요하다. 다만, 2016 새헌법안의 경우, 국민발안으로 제안된 헌법개정안은 "발의한 날로부터 6개월 이후 1년 이내에 국민투표에 회부하여 투표자 과반수의 찬성을 얻어야 한다"라고 되어 있어서, 국민발안을 한 경우는 국회의결을 거치지 않고 곧바로 국민투표에 부의할 수 있는 것처럼 되어 있었다. 그러나 2025 새헌법안에서는 국민발안의 경우에도 국회의원이 발의한 경우와 동일한 절차를 밟도록 했다. 즉 국회 재적의원(민주원과 공화원에서 각 원 재적의원) 3분의 2 이상 찬성으로 의결을 해야 국민투표에 부의하는 것으로 했다.

모든 국민발안을 곧바로 국민투표에 부의하는 것으로 할 경우, 혼선과 부작용이 있을 것이 우려되기 때문이다. 참고로 2020년 3월 6일, 강창일 의원 등 국회의원 148명 발의로 제안된 헌법개정안에서는 국회의원 선거권자 100만 명 이상이 헌법개정안을 발의할 수 있되, 발의 이후의 절차에 대해서는 별도 규정을 두지 않았다. 즉 국민발안의 경우에도 국회의원 재적 과반수가 발의한 경우와 동일한 절차(국회 재적의원 3분의 2 이상 찬성으로 의결한 후 국민투표 부의)를 밟게 되어 있었다.

또한, 국민발안에 필요한 서명 숫자를 2016 새헌법안에서는 70만 명으로 했으나, 2025 새헌법안에서는 150만 명으로 제안했다. 전자서명 등으로 국민발안에 참여하기가 쉬워졌다는 점, 거대정당의 당원 숫자가 증가했다는 점, 헌법개정안의 중요성을 감안할 때 유권자의 3% 정도 서명을 요구하는 것이 과도하지는 않을 수 있다는 점 등을 감안한 것이다.

2. 2017년 국회 개헌특위 자문위원회안 및 2018년 문재인대통령 개헌안과의 유사점과 차이점

2017년 국회 개헌특위 자문위원회 지방분권 분과의 헌법개정안(이하 "국회 자문위안")에서는 헌법개정 절차와 관련해서, *헌법개정에 관한 국민발안제를 부활하고(국회의원 선거권자 60만 명 이상 서명), *국회의원이 헌법개정안을 발의할 수 있는 요건을 국회 재적의원 3분의 1로 완화했으며, *대통령의 헌법개정 발의권은 남용될 우려가 있으므로 삭제하는 것으로 했다.

이와 같은 국회 자문위안은 기본적으로 대화문화아카데미 2025 새헌법안과 유사한 문제의식을 담고 있다. 다만, 대화문화아카데미 2025 새헌법안은 양원제를 전제로 하고 있으므로, 하원(민주원) 또는 상원(공화원) 재적의원 3분의 1 이상이면 헌법개정안을 발의할 수 있도록 했다. 또한, 국회 자문위안에서는 국민발안의 경우 국회의결 절차를 거치지 않고 곧바로 국민투표를 통해 확정하는 것으로 되어 있는데, 대화문화아카데미 2025 새헌법안에서는 국민발안의 경우에도 국회의결을 거치는 것으로 되어 있다.

한편, 2018년 문재인대통령 개헌안에서는 대통령의 개헌안 발의권을 유지했고, 국회 재적의원 과반수를 발의요건으로 했으며, 헌법개정안 국민발안에 대해서는 언급이 없었다. 문재인대통령 개헌안에서는 법률안의 경우에는 국민발안제도를 도입하는 것으로 되어 있었으나, 헌법개정안에 대해서는 국민발안제도를 도입하지 않는 것으로 되어 있었던 것이다. 그러나 국민 참여의 확대라는 측면에서 보면, 헌법개정안에 대해서도 국민발안제도를 도입하는 것이 바람직하다.

3. 제10차 개헌의 방향에 대한 제언

1987년 이후 헌법을 한 줄도 고치지 못하고 있는 상황임을 감안하면, 헌법개정 절차를 보다 활성화할 수 있는 방안이 필요하다. 우선, 이를 위한 방안으로 국민발안제를 도입하고, 국회의원의 헌법개정안 발의요건을 완화하는 것이 필요하다. 헌법개정안이 발의되더라도 국회 3분의 2 이상의 찬성이 있어야만 국회를 통과할 수 있고, 국민투표까지 거쳐야 확정되는 것은 동일하다. 따라서 헌법개정안 발의가 활성화되더라도, 실제 헌법개정은 여전히 쉽지 않을 것이다. 그래도 발의요건이 완화되면 헌법개정 논의가 지금까지보다는 활성화되는 효과가 있을 것이다.

새헌법위원회
심의기록

4.1. 전반적 논의

1) 정치제도 측면의 개헌 방향

장영수 다들 이 문제에 대해 깊이 공부하신 분이기 때문에 세세한 부분보다는 큰 흐름을 중심으로 그리고 왜 이 테마가 중요하다고 생각하는지를 중심으로 말씀을 드리겠습니다. 사실 대부분의 국민들은 분권형에 대해서 잘 모릅니다. 대통령제에 너무 익숙하고 의원내각제에 대해서는 과거 2공화국의 의원내각제는 실패라는 것을 박정희 정권 내내, 만 18년 동안 계속 학습받아왔습니다. 실제로 실패라고 평가하기에도 부족한 1년이 채 안 되는 기간인데 그런 식으로 수십 년 학습이 되다 보니까 '의원내각제 우리는 안 된다' 이런 선입견을 갖게 만들어버린…… 이걸 좀 깨야 되는데 당장 쉽게 깨지지 않습니다. 그리고 그와 관련해서 여기서 일부러 분권형 정부라고 말씀드렸습니다만 분권형 대통령제 하면 여론조사 결과가 상당히 높게 나옵니다. 그런데 이원정부제, 이원집정부제 이런 식으로 하면 그 결과가 확 떨어집니다. 사실 내용상으로는 거의 같은 것임에도 불구하고, 그런 문제가 있는 거죠.

실제로 대통령제가 지금까지 유지되고 있는 가장 큰 원인은 국민보다는 오히려 정치권에 있다고 생각합니다. 결국은 정치권 내에서 차기 유력 대선 후보,

이런 분들이 대통령제를 놓지 않으려고 하다 보니까 계속 버리지 못하고 있고 제왕적 대통령 문제가 그렇게 얘기되고 있는데도 고쳐지지 않습니다. 벌써 그게 30여 년이 지났습니다. 이제는 근본적으로 뜯어고칠 때가 되기는 했는데, 이런 문제를 얘기하기 위해서는 결국은 분권, 현재 대통령제 가지고서는 한계가 있다, 분권형 정부로 가야 한다, 그런 의미에서 말씀을 드립니다.

박은정 범중도라고 했을 때, 객관적으로 보면 대통령 중심제를 선호한다기보다는 그게 문제가 있고 그래서 변화가 필요한데, 이게 우리 용어로 분권입니다. 조금 더 나아가서 내각제 이런 쪽으로 생각을 할 경우에 그걸 거부한다기보다는 상당히 불안하게 보는 거죠. 예컨대 총리하고 대통령 사이에 분권이 행정부 쪽에서 이루어져야 하는데 이럴 경우에 '분권하면 싸운다, 충돌한다, 그럴 때 해결책이 없다, 헌재로 간다, 또 실질적인 삼권분립이 안 돼 있다면 헌재로 간다고 이게 다 해결되는 건 아니다' 이런 인식이 있는 거 같아요. '그래서 포기하자'가 아니라 그럴수록 더 설득력 있는 합리적인 발언이 나오고 그게 여론으로 형성되어야 하는데……

그런 점에서 우리가 지금 이야기하는 분권은 대통령 중심제와 내각제 사이에 있는 거다, 여기까지는 합의할 수 있고, 그렇죠? '이게 내각제로 가는 길목이다', 이거까지는 아직 합의가 안 된, 그런 정도로 정리를 할 수 있을 것 같지 않습니까?

장영수 그리고 제가 위원장님 말씀에 대해서 한 가지만 추가하면, 지금 일반 국민과 얘기를 해보면 일단 대통령도 마음에 안 들지만 국회의원이 더 마음에 안 든다, 그러니까 국회에 어떻게 권한을 주자는 거냐, 여기에 대한 감정적인 반발이 상당히 큰 것 같습니다.

박은정 그러니까 그 부분에서 저희가 해야 할 게 분권형으로 간다는 것은 의회를 강화하는 쪽 아니겠습니까? 의회를 강화하기 위한 전제는 여당이 행정부를 통제한다는 것이 돼야 하지 않겠어요? 그런데 지금은 우리 정치 현실에서는 여당이 다수당이 되면 대통령하고 한 짝이 되거나 아니면 대통령 밑으로 들어간다 이거죠. 이게 우리 정치 문화 현실에서 일정 기간 동안 바뀔 수 있겠는가? 이런 현실도 염두에 두면서 저는 단계적 개헌론이 돼야 하지 않을까 하는 생각이 강하게 있어요.

강대인 지금 말씀이 '한국에는 여당이 없다'는 얘기잖아요. 이승만 정부 때부터 지금까지. 그런데 저는 '대권에서 분권으로'를 강조하는 가운데 사실 제일 중요한 내용이 '양당제에서 다당제로'라고 생각합니다. 그 이유가 뭐냐 하면 우리 사회가 실제로 굉장히 다원화돼서 그 다양한 계층을 대변할 수 있는 정치 세력이 국회에 들어와야 제가 보기에는 대화 민주주의가 현실적으로 가능하리라고 봐요. 왜냐하면 독주하는 정당이 없어야 서로 견제가 되고 타협을 할 수밖에 없는 상황으로 가니까요. 그런데 지금도 양당을 중심으로 생각하는 사람들은 다원사회 속에서 하나의 새로운 정치 세대나 여성을 대변하는 세력이나 이런 데 대한 개념이 없어요. 그러니까 이걸 깨는 게 분권 개념이라고 봅니다.

장영수 오히려 준연동형 비례대표제 도입하면서 그때 군소정당이 다 죽었지 않습니까? 그런데 문제는 준연동형 비례대표제 도입까지만 하더라도 군소정당의 도움 없이는 법 개정이 불가능했었거든요. 자기 죽을 줄 모르고 그걸 했었던 꼴이고요. 이런 부분에서 다당제를 계속 끌고 갈 수 있는 틀도 필요하고요. 또 하나는 현재 여당은 무조건 대통령 편, 야당은 무조건 반대, 이 자체가 승자독식의 폐해 중 하나거든요. 선의의 경쟁이라는 게 구조적으로 불가능한 상황이다 보니까 이 부분에서도 많은 설득이 필요할 것 같습니다. '분권형으로 가게 되면 선의의 경쟁이 가능하다, 무조건 대통령 하는 거 반대가 아니라 대통령과 총리가 각자 정책 경쟁을 할 수 있다, 누가 더 잘하는지 보자' 이런 쪽으로도 자꾸 얘기가 확산될 필요가 있지 않을까 싶습니다.

박찬욱 어느 쪽이든 의석의 불균형이 심화되는 게 문제인데, 그러니까 우리가 헌법 얘기를 하면서도 항상 그 하위의 선거법 얘기를 할 수밖에 없고⋯⋯ 그걸 얘기하다 보면 결국 대통령제의 문제를 생각하는데 여태까지 대통령제를 볼 때 여소야대, 분점정부라는 거는 대통령제에도 당연한 거고 그다음에 미국을 보면 그동안에 여소야대가 그러니까 분점정부가 돼도 입법이 통과되고 이러는 데 큰 문제가 없었고, 그리고 한국도 사실 윤석열 정부 이전에 여소야대가 돼도 큰 문제 없었다는 식의 주장이 많았습니다. 그런데 미국도 사실 그렇지 않아요. 예를 들면 미국이 옛날에 문제가 없을 때는 민주당 안에서 남부민주당은 좀 오른쪽이고, 공화당 안에서 북부는 왼쪽이고 이래서 중도가 있고 온건한 사람들이 있어서 합의가 되니까 분점정부가 돼도 접점을 찾고 그랬는데 미국도 지금은 안 그렇죠. 우리 경우도 이번에 보면 21대 국회에서 야당이 180석일 때 보니까 문재인 정부 때는 한쪽으로 권력이, 어떻게 보면 노무현 정부는 제왕적 대통령제가 약간 약화된 모습이었는데, 문재인 정부 때는 셌단 말이에요. 그다음에 윤석열 정부는 시작부터 '저는 발'이라고 그러니까…… 더불어민주당이 사실 발목 잡는 거지 대선에서 차이가 적다고 그래서…… 왜 야당은 발목만 잡느냐 하면 결국 대권이 중요해서 대권 몰입 정치를 하다 보니까 의회에서 입법 만들고 대화하고 이런 거 관심 없어요. '대통령이 망하는 게 최고야, 그래서 발목 잡아야 해', 대권 때문에 그런 거라고요. 이쪽도 보면 대권이 중요하니까 대통령직을 잡아야 사는 거고……

그러니까 지금 이 대권 몰입의 정치를 어떻게 바꾸느냐? 그런데 국민은 대통령제 그러면 정부의 안정성이라든가, 강력한 리더십 이런 것을 생각한단 말이에요. 그런데 사실은 지금 이 여소야대가 심각한 상황에서 우리나라 대통령제의 정치적 안정성과 효율성이 문제란 말이에요. 하지만 국민이 그건 생각을 안 하고…… 이런 문제가 있죠. 그걸 어떻게 해야 할지 정말 모르겠어요. 유튜브로 영상을 만들어서 대통령제의 폐해를 자꾸 얘기해야 하나……

하승수 여러 위원님 말씀 들으면서 저도 생각을 정리해본 건 어쨌든 지난번에 문재인대통령이 발의했던 개헌안에도 헌법에 선거의 비례성의 원칙을 명시하는 거는 들어가 있었는데 이게 결국에는 분권형 대통령제를 하려고 할 때 다당제하고 연결해야만 효과가 있으니까, 그래서 저희가 만약에 헌법개정안을 제안한다면, 국회의원 선거에 비례성 원칙 같은 걸 헌법에 한 줄이라도 명시를 하면 좋겠습니다.

분권형 대통령제로 갈 때 제가 보기에는 두 가지 정도의 방안이 있을 것 같아요. 일종의 저강도로 분권을 하는 방안은 그거는 사실 국회에서는 다수가 동의하는 안일 텐데 총리를 국회 추천 또는 선출로 하자는 조항만이라도 넣자는 것이고, 그리고 중강도 분권 정도가 되면 총리의 권한과 대통령의 권한을 헌법에서 교통정리를 하는 방법이 있을 것 같습니다. 대화문화아카데미 2016 새헌법안은 고강도 분권, 왜냐하면 여기 군 통수권이나 외교 관련된 것도 지금은 총리한테 사실상 실권이 넘어가 있고, 양원제까지 들어가 있으니까…… 분권의 수준에 대해서 저희가 한번 정리해볼 필요는 있을 것 같아요. 어떤 수준으로 할 건지.

박명림 저는 개인적으로 지금 이 권력구조로 우리 사회가 버틸 수 있을까? 5년 단임으로 수많은 정책을 펴왔는데 구조적으로 계속 악화되는 걸 막을 수 있을까? 이제 임계점(tipping point)을 넘고 있다고 생각이 들거든요. 이게 폭발할 때는 걷잡을 수 없을 것으로 봅니다. 최악의 자살과 저출산 문제는 공동체의 지속과 관련해서도 지극히 부정적입니다. 권력을 독점하고 승자독식해서 집권 5년간 과거를 부정하면서 왼쪽으로 한번 달려보고 또 오른쪽으로도 달려보고 할 경우에 양극적인 대결 구도는 남지만, 반드시 해결해야 될 공통의 문제는 계속 쌓여서 정치의 본령인 인간 문제나 사회문제 해결은 계속 방치되거든요. 한국의 현행 승자독식 헌정체제는 이제 문제 해결 역량을 상실했다고 봅니다.

문재인 정부 때 여러 개헌 관련 회의에서 토론이 있었는데요, 제가 국무총리 복수 추천을 제안하니까 대통령 중심제를 지지하는 분들이 정색으로 반박을 하면서 "그건 내각제다." 이러는 거예요. 그래서 제가 "대통령이 임명을 하는데 어떻게 내각제냐?"하고 반론하면서 "미국 대통령이 개헌안 발의권 있냐? 법률안 제출권 있냐? 장관 임명도 의회의 동의를 받아야 된다. 또 예산법률주의다. 감사권도 의회에 있다. 여러분이 말하는 현행 한국식 대통령제가 아니라 제가 말하는 분권형 대통령제가 오히려 미국식 대통령제다." 하고 반박한 바 있습니다.

권위주의 독재 정부가 성공한 긍정적·부정적 신화가 몇 가지 있는데, 하나는 경제성장에 대한 신화를 심어준 것이고 다른 것은 의회 때리기와 대통령 직선제에 대한 신화를 심어준 것이라고 생각합니다. 특히 의회 비판이 곧 의회민주주의에 대한 비판으로 연결되고, 반대로 대통령 직선제와 인물 중심의 권력 집중에 대한 잘못된 신화를 심어놓았다고 생각됩니다. 관료, 사법부, 언론, 시민단체의 의회 때리기가 결과적으로 제왕적 대통령제에 크게 기여하고 있는 셈이지요.

근대 민주공화국의 확고한 이론 틀을 놓은 존 로크나 몽테스키외의 일관된 신념이 대권(prerogative) 폐지입니다. 로크의 『통치론』을 보면 '대권 철폐'는 가장 강력한 주장이고, 몽테스키외의 『법의 정신』도 '군주 없이 귀족 없고 귀족 없이 군주 없다'며 일인 통치 체제에 대해 강력하게 비판적입니다. 역시 강력한 민주공화국 이론을 제창한 존 밀턴도 마찬가지고요. 저는 현행 권력 집중형 대통령제를 유지하는 한 일인 중심 체제 더하기 진보 기득권과 보수 기득권의 교체 이외에는 달라질 게 없다고 생각합니다. 결국 의회 때리기와 일인 인물 중심이라는 권위주의의 유산이 지속되면서 좌우 기득권은 계속 갈 것 같아요.

박찬욱 우리말 '대권'이라는 게 외국인은 이해하기 어려워요. presidential power도 아니고, 물론, 대통령이 그 대권을 표상화하는 권력을 인격화하는 지위에 있는 사람이지만, 또, 대권이 대통령 권력도 아니에요. 그러면서도 긴급권에 비상 대권에, 그런 emergency에 있는 그런 대권, 그걸 얘기하는 것도 아닌 것 같고. 우리나라 대권 그러면 (**강대인** 전권이지) 그러니까 그런 거죠. 이게 제왕, 정말 제왕이 가졌던 절대적인 권력, 그 대권이라는 말이라는 게 없어졌으면 좋겠어요.

박명림 그런데 우리가 크게 오해하고 있는 게, 서구 유럽 국가의 의회민주주의 전통이 그리 오래된 것은 아니라는 점이라고 생각합니다. 현재 선진 의회민주주의 국가의 대부분은 근대에 절대왕정이나 현대에 들어와 전체주의를 경험한 나라입니다. 극소수를 빼고는 권력 분산의 역사가 길지 않습니다. 따라서 '경로 의존성'에 대해 이야기하지만 사실 경로 의존은 절반만 맞습니다.

나머지 절반은 새 경로를 만들 수 있기 때문이죠. 절대왕정 역사를 갖고 있는 나라도 특정 계기에 제도 변혁을 통해서 그것들을 극복하거든요.

우리도 4·19혁명이나 부마항쟁, 서울의 봄, 6월항쟁을 보면 직접 통치와 직접 저항이 부딪히는 나라였거든요. 이 경로 의존성을 이제 바꾸면 될 듯합니다. '권력은 원래 대표되는 거고, 나누는 것이다, 제한되는 거다'는 방향으로요. 우리 사회는 분권형 개헌을 말하면 '권력 나눠먹기 아니냐' 하고 비판을 하는데, 원래 '권력은 나누라고 있는 거다. 그게 민주주의다' 하고 반박을 하곤 했습니다. 권력 나눠먹기가 아니라 권력 독식이 나쁘거라는 점을 확고하게 인식시킬 필요가 있을 듯합니다.

조진만 우리나라가 특히 그런 것 같은데요. '협치하라'고 그러잖아요. '제발 싸우지 말고 정치권에서 타협해서 해라.' 그런데 그게 안 맞는다는 겁니다. 왜냐하면, '싸우지 마라. 그런데 반드시 이겨라' 이런 식으로 내가 원하는 거 해달라는 거거든요. 그러니까 국민이 다 양쪽 진영에서 싸우지 말라고 하지만, 협치 잘해서 타협하고 조정해서 안을 내놓으면 결국은 양쪽이 다 불만이에요.

박찬욱 대화문화아카데미 2016 새헌법안에는 총리는 양원제로 해놨기 때문에, 민의원에서 재적의원 과반수 찬성으로 선출하고, 이건 내각제 요소이고, 뒤에 대통령 임명이라는 건 형식적인 절차죠. 그러니까 기본적으로 총리라고 할 때는 총리는 의회 권력이고, 대통령은 그야말로 행정부 권력이고, 이렇게 이야기한 거 아닙니까? 실질적으로는.

하승수 그래서 대화문화아카데미 2016 새헌법안은 사실상 총리 쪽에 한 7:3 정도……

박찬욱 사실상 의원내각제에 가까운 이원정부제, 우리가 그런 입장을 정했었거든요.

박은정 우리는 그런 안을 2016년에 내놨는데 '대화문화아카데미 2025 새헌법안'이 나올 경우에…… 대화문화아카데미 2016 새헌법안은 양원제를 포함해서 상당히 이상적인, 장거리 시각이 아니었습니까? 그런데 그 부분에 대해서 이제 어느 정도 농도를 조정할지, 이게 또 저희가 심사숙고해야 할 문제인 것 같아요.

박찬욱 저도 의회를 공부하지만 우리의 2016 새헌법안은 상당히 이상적이고 의욕적인데……

박은정 그런데 2016년에는 어느 정도 분위기상으로는 그랬을지 몰라요.

박찬욱 개헌도 할 것 같고 또 통일도, 남북 간에도 뭔가 좀 될 것 같아서 그런 비전이 있었죠. 근데 이거 당장 보면 뜬금없는 소리일 수도 있어요. 그러니까 16년에는 긴 안목에서 뭘 한다고 그랬는데, 다음 국회 때 뭐가 되려면 또 좀 더 현실적이고 그런 맥락에서 해야 되는데 어떡하나 하는 그런 고민이 있더라고요. 그런데 또 한편으로는 우리가 대사회적 메시지를 낼 때 "현행헌법에서 이거를 놔두되, 이렇게 고쳐라" 이런 메시지를 해야 할 필요가 있느냐, 그런 질문이죠. 아예 우리 작업에 대해서 자꾸 현행헌법에 대한 미련을 안 갖는 게 좋지 않냐, 이런 생각도 듭니다.

 2016 새헌법안이 너무 고강도 수준의 분권이었다고 생각되면 중강도 수준으로 조정을 해야 하고 그걸 어떻게 조정하느냐 하는 문제는 쟁점별로 정리를 해가면 되지 않을까 생각합니다. 그런데 장영수 위원님은 맨 처음에 2016 새헌법안을 볼 때 '이건 의원내각제다' 이런 생각은 안 하셨어요?

장영수 먼저 전제를 해야할 것인데요. 사실 우리가 2공화국은 당연히 내각제라고 생각하는데 전형적인 의원내각제는 아닙니다. 2공화국에서 대통령의 권한이 너무 크거든요. 일반적인 의원내각제에서 국가원수인 대통령은 형식적, 의존적 권한만 가져야 되는데 당시 윤보선 대통령이 너무 많은 권한을 행사하고 있었고, 그로 인해 5·16군사정변 때 그걸 막는 데 있어서 장애가 됐었다는 이런 평가까지 나올 정도고, 그 부분에 있어서 아무튼 우리가 이걸 전형적인 의원내각제로 전제하는 가운데 출발하는 건 조금 아닌 것 같고요.

 두 번째로 제가 말씀드리고 싶었던 것은 중강도 분권이라고 할 경우에 사실 어떤 권한이 대통령의 권한이고 어떤 권한이 총리의 권한이냐에 따라서 이게 왔다 갔다 할 수 있거든요. 예를 들어서 2016년 대화문화아카데미안은 권한이 총리 쪽으로 쏠리다 보니까 '이게 왜 중강도냐? 고강도다.' 이럴 수 있는…… 그래서 중강도가 어느 정도의 균형이냐는 부분에 대해서도 조금 더 정리가 필요할 것 같습니다.

그런데 저는 개인적으로 이렇게 생각합니다. '이쪽(대통령제) 끝에서 저쪽(의원내각제) 끝으로 한꺼번에 갈 수도 없고, 가도 안 된다. 혁명 같은 걸 통해서나 가능한 일일 뿐 아니라, 그렇게 했을 때 반작용이 항상 크다'고 생각해요. 오히려 단계적으로 가는 게 맞다. 그래서 한 50년, 100년 후를 본다면 우리도 내각제로 가야 한다, 그런데 당장 하는 건 무리가 있다. 중간 단계로서 생각해보자 이런 정도고, 그러니까 분권형이 과도기적인 것이라고 생각을 하고요. 그런데 이 과도기 중에서도 다시 단계를 나눈다면, 예를 들어서 프랑스형으로부터 시작해서 핀란드형으로 넘어가야 될지 아니면 바로 핀란드형으로 갈 수 있을지 그런 고민입니다.

강대인 하 위원님 요즘도 핀란드형 주장하시죠?

하승수 저는 요즘 많이 꺾여가지고. (웃음) 그래서 사실 포르투갈 정도로 제안을 해보면 어떨까라는 생각을 했습니다. 그러니까 핀란드, 오스트리아까지 가면 국민이 낯설어 하거나 받아들이지 못할 가능성이 좀 많을 것 같고. 그런데 프랑스로 하면 또 약점이 프랑스에 대해서도 부정적인 평가를 하는 그런 얘기도 많다 보니까. 그래서 반(半)대통령제라고도 하는 포르투갈 정도라고 한다면 어떨까 하는 생각을 해봤습니다. 직선으로 선출되는 대통령이 국군통수권, 법률안거부권, 외교 관련 권한, 총리 및 장관 임면권을 갖되, 실질적으로 의회 다수파의 의사에 따라 임명되는 총리 중심의 내각이 일상적인 국가 운영을 하는……

박명림 이번에 우리가 새헌법안을 제안할 때는 두 가지를 제시해야 할 듯합니다. 하나는 철학과 원칙이고 다른 하나는 조문의 내용과 편제 방향. 철학과 원칙에서 이제 기후생태 문제와 기본권 강화는 너무 중요해졌고, 또 확실히 진척이 되고 있는 게 저희 8년 전과 비교해서 권력분립, 지방분권, 비례성, 대표성 강화, 이것도 대권 폐지를 포함해서 많이 논의가 됐고요. 그런 거랑 한국 헌법이 어떻게 보편적인 그런 걸 담을 수 있을까? 이런 몇 가지가 담기면 전체적인 철학과 원칙, 조문과 편제는 방향이 잡힐 것 같은데요.

조문의 내용에서는 권력구조와 관련해서 계속 고민이 되는 게 민중과 대중 차원의 '과잉 민주주의'와 통치와 정부 차원의 '과소 민주주의'의 만남입니다. 이 두 현상이 만나서 이를테면 '권위주의적 포퓰리즘', 이게 그러니까 과소 민주주의로서의 권위주의와 과잉 민주주의로서의 포퓰리즘이 하나로 만나는 모순적인 현상입니다. 한국의 진보나 보수 모두 동일합니다. 대중과 기층 수준에서는 극단적인 포퓰리즘에 기반하고, 정부와 정당의 운영은 지극히 과두적이고 권력 집중적이지요. 그래서 저는 이번 개헌 국면에서 '지금의 진영 대결로는 어느 쪽이 집권을 해도 바람직한 민주공화국은 어렵다'는 점에서 확실한 분권이 되었으면 좋겠습니다.

87년 이후의 한국 민주주의를 종합적으로 고려할 때 헌법 전문의 '민주이념'도 이제는 '민주공화이념'으로 분명하게 바꾸는 게 좋다고 생각합니다. 그게 헌법 1조랑도 수미상관하게 맞고, 미래 한국의 비전으로도 나을 듯합니다.

박찬욱 법이 모든 걸 상세하게 어떻게 다 규정할 수 있어요. 불문율, 관례 이게 굉장히 중요하거든요, 정치는. 아무튼 경악스러운 일이 요새 자꾸 생기더라고요. 그래서 저는 사고가 퇴행적인지 면책 특권, 불체포 특권, 이런 데 대해서 손대는 거 생각이 없었는데, 요새 '면책 특권도 제한을 해야 되나? 아니면 불체포 특권을 없애야 되나?' 요새 그런 생각까지 하게 돼서, 원래는 전혀 그런 생각이 없었거든요. 지난번 우리 2016 새헌법안 작업할 때도 지켜야 한다 그랬는데 요새는…… 그렇다고 '빼자, 고치자'는 얘기는 아닌데. 국회에 대한 신뢰가 매우 없어졌어요, 스스로. 그런 게 제일 걱정이고. 심지어 예산안 법률주의 같은 것도 제가 강조하고 주장해서 넣었는데 지금 이런 국회라면 국정만 더 마비시키고 되는 일이 하나도 없겠다, 정책 집행이. 요새 자꾸 그런 생각이 들거든요.

박명림 네, 세계적으로도 유사한 듯합니다. 자유주의 절정의 시기 동안에 왜 이렇게 비자유주의가 확산되었나? 저는 요즘의 미국과 중국 체제가, 일면 심하게 갈등하지만, 일면 너무 유사해지고 있다는 점에서 중첩 동조화(overcoupling)라는 표현을 씁니다만, 국내 체제도 진보와 보수 간에 완전 동일한 현상인 듯합니다. 그런 점에서 좀 비관적입니다.

박찬욱 그래서 우리가 제도를 이렇게 얘기해서 근사한 그림을 그려보는 데 얼마나 설득력 있을까 그런 회의도 있어요. 그런데 그렇다고 작업을 포기할 수는 없지.

박은정 해제문에 그런 우려와 회의, 이런 것들을 집어넣죠. 돌이켜보니까 지난 때도 마찬가지였지만, 그래도 우리가 개헌에 관한 논의를 하면서 지금처럼 이렇게 암울한 느낌으로 한 적이 있었는가 싶습니다. 우리가 중요한 선거 전후로 혹은 새 정부가 들어설 때 정치 개혁과 관련된 모임은 했는데, 그럴 때에도 제왕적 대통령제니, 양극화니 하는 것에 우려를 표하긴 했지만, 개헌이라는 주제를 가지고 모여서 연속적으로 이야기하면서 현실 정치의 이 암울함의 무게에 이렇게까지 짓눌려서 논의하기도 처음이지 않은가 싶은 생각이 들어서, 저는 위원님들이 해제에서 그런 부분을 담는 것도 나쁘지 않다고 생각합니다. 그게 깎아내리자는 것이 아니라 과거의 논의에서 현재 그리고 다음으로 넘어가는 과정에, 이 과정이 필요하다는 의미에서도, 그런 무게 추를 다는 것도 좋을 것 같은 생각입니다.

조진만 원형이라는 게 있지 않습니까? 대통령제의 기본적인 원형이라고 했을 때 우리와 비슷한 점이 없어요. 그런데 이거를 놓고 대한민국은 어쨌거나 분권이라는 차원에서 권력을 무조건 독점하면 안 되니까 나눠야겠다, 지방으로 나눠주고, 상원도 나눠주고, 대통령도 총리가 견제하게 하고, 독립기관도…… 이런 차원에서 양원제도 가치의 정합성이 있기 때문에 괜찮다는 겁니다. 그런데 문제는 여기서 총체적인 혁명(total revolution)을 꿈꾸셨던 거죠. 전반적으로 대한민국을 헌법을 통해서 전반적인 변화와 개혁을 이끌어보자. 그런데 요즘 같은 세상에는 현명한 혁명(smart revolution)이 필요한 것 같습니다. 진짜 세상을 바꾸기 위해서 작은 부분에 현명하게 접근하는 것이 필요하다는 생각을 합니다.

박명림 이론적으로 보자면 국가별로 헌법의 동일성 여부와 관계없이 권력의 발현 형태는 다른 것 같아요. 그리고 원형은 존재하지 않는다고 생각합니다. 처음에는 다 웨스트민스터 모델과 매디슨 모델 두 개만 있는 줄 알았는데, 실제로는 스칸디나비아 모델이 나오고, 또 민주주의는 다수결이 원칙인 줄 알았는데 합의제가 나오고 그렇듯이…… 그건 다 70년도 안 된 거예요. 그 사이에 준대통령제, 반대통령제도 나오고요.

그럼 우리 권력구조는 대통령제의 원형이냐? 지금 우리의 대통령제를 대통령제의 원형으로 볼 수는 결코 없다고 생각합니다. 앞에 말씀드린 대로 미국 대통령을 포함해 일반적인 대통령제의 집행부 최고 대표에게 없는 권한이 많지요. 그래서 한국의 '대통령제' 앞에는 과잉(hyper), 초과(super), 또는 제왕적(imperial)이 붙어야 한다고 봅니다. 이번에 이걸 준대통령제, 또는 분권형에 가깝게 대폭 분산해야 할 듯합니다.

조진만 박명림 위원님 말씀에 대체로 공감합니다. 그런데 우리나라가 대통령제 원형에 맞는데, 한 가지가 아니에요. 총리, 총리 부분이 아니에요. 그게 걸린다는 겁니다. 그러니까 미국 헌법 1조가, '미연방의 입법권은 의회에게 있다' 이거잖아요. 대통령은 원래 회의나 주재하고 그러는 사람인데…… 개인화된 권력, 개인화된 대통령이 국가를 상징하다 보니까 의회를 지원해주는 방식으로 간 거잖아요. 그러니까 이원적인 정통성이, 둘 다 선거를 한다면 대통령과 국회가 서로 권한을 갖고 견제하는 게 맞고, 그게 분권인 거죠. 그 무게 중심은 순수 대통령제 미국의 원형으로 보면 의회가 엄청나게 권한을 가지고 있는 거든요. 그런 차원에서 미국의 특수한 상황에서 양원제를 하는 거니까 우리도 남북한 관계로 하면, 사실은 그 고민이면 분권형에서 보면, 저는 총리와 관련한 부분은 차라리 빼는 것도…… 그러니까 이게 정합성이 잘 안 맞아 보이는 거죠. 이게 선출도 아니고.

장영수 지금 현재 우리가 얘기하고 있는 것에 가장 가까운 모델은 사실 프랑스거든요. 결국은 의원내각제, 대통령제를 반씩 섞어서 이원정부제라고 하기도 하고, 반대통령제라고 하기도 하는데. 그리고 또 한 가지는 프랑스가 연방

국가가 아니면서 지역대표형 상원을 가지고 있는 나라이기도 하고요. 그런데 문제는 그런 것보다도 조 위원님께서 '토탈리 비전(totally vision)보다 스마트 비전(smartly vision)으로 가자' 이런 말씀을 하셨는데 과연 어떻게 가능할까 하는 의문이 있습니다. 왜 그러냐면 우리나라에서는 실제로 정치 불신, 제도 불신이 너무 광범위해요. 말하자면 어떤 자동차 같은 걸로 얘기하자면, 이게 total loss 상태…… 여기에서 어느 특정 부위 중심으로 smartly vision이 국민에게 설득력을 가질 수 있을까? 저는 그 부분을 우려하거든요. 오히려 국민으로서는 이것저것 다 잘못했으니까, 이참에 왕창 뜯어고쳐야, 국회도 바꾸고 대통령도 바꾸고 필요하다면 법안도 바꾸고 그래야 기대를 걸어보겠지. 대통령 조금 하고 국회는 그냥 놔둔다, 혹은 그 반대로 한다 이랬을 때 국민이 과연 어느 정도의 공감을 보일지 저는 그 부분이 좀 우려가 됩니다.

조진만 사실은 2018년 문재인대통령 개헌안에 비례적인 선거 원칙이 있었죠. 그런데 선거제도도 꼭 비례성만 가치가 있는 게 아니거든요. 영국의 소선거구 단순 다수제도 장점이 있습니다. 과반수를 차지하는 정당이 있고, 책임성을 가지고 국정 운영을 하고, 내가 내 지역에 문제가 생기면 확실하게 가서 얘기할 수 있는 대표가 있고. 그래서 선택의 문제지 이게 가치의 문제는 아니에요. (**박명림** 그렇죠) 만약에 한국에서 분권으로 보면 반드시 바꿔야 하는 부분은 선거제도라고 보거든요. 국회에서 합의해서 선거제도를 비례적으로 바꾸든지, 아니면 그거와 관련한 것이 안 될 것 같으면 헌법조항으로 비례성을 명시해서 국민의 의사가 정확히 반영되는 거로 하면 권력이 바뀌고 정당구조가 바뀌고 국회도 바뀌고 많이 바뀔 거예요.

장영수 그런데 한 가지 말씀드리고 싶은 건 헌법이 모든 걸 다 담을 수는 없습니다. 지금 선거제도에서 비례성만 선언하는 정도로 과연 선거법이 얼마나 바뀔지는 저는 좀 부정적으로 보고 있고. 그렇다고 해서 이걸 헌법에다 아예 구체적으로 집어넣을 경우에는 너무 경직돼버리니까……

조진만 그렇죠. 저도 찬성하는 건 아닌데요. 그런데 궁금한 게, 저희가 한 분권형 정부 형태에서 보면 제왕적 총리가 될 가능성은 없나요? 제왕적 대통령이 제왕적 총리로 바뀌면 상관없나요?

박찬욱 의회에 신임이 많으면 그 잠재력이 없는 건 아니죠.

박은정 아니면 둘 다 제왕이라고 하면서……

하승수 총리가 미는 사람이 대통령이 되면 그럴 수 있죠.

조진만 특정 정당이 과반수 이상의 의석을 장악하고 있으면……

박찬욱 그런데 일부, 국가를 대표하고 상당히 중요한 안보나 이런 경우는 대통령의 견제 권한이 지금 들어가 있으니까.

조진만 굉장히 제한적이잖아요.

하승수 의회 구성이 전제가 될 필요가 있죠. 의회가 이렇게 특정 정당이 단독 과반수를 차지하는 그런 의회면 말씀하신 것처럼 언제든지 또 그런 일이 생길 수 있으니까.

조진만 그래서 저는 우리나라는 특정 정당이 과반수 이상 장악하면 진짜 위험하다고 생각합니다.

박은정 그러니까 그 분권의 안정성이 여러 가지 경우의 수, 예를 들어서 여소야대였을 때, 아니면 어느 당도 과반이 안 될 때, 어느 당이 절대적인 과반이었을 때, 아니면 그야말로 다당제일 때, 이렇게 한 네다섯 가지로 나누어 상정해가지고 시뮬레이션도 해봐야 될 것 같아요. 그래서 이게 안정한 것인지, 정말 최악의 경우라도 이게 제대로 작동할 제도가 되는지.

박찬욱 그게 일반적으로는 국회 선거 결과가 좌우해주는 건데, 결국 그거는 제도가, 그러니까 사실 전면적인 소선거구제를 하면 그럴 가능성이 커지는데 그걸 비례대표제를 나누고 중선거구제에 넣는다든가, 그러면 양당이 되더라도 불균형이 덜 심화되고 그다음에 제3지대 발언권이 생기도록, 입지가 생기도록 하는 선거제도를 갖는 게 중요한 거죠.

조진만 제일 중요한 게 선거제도 같거든요. 특정 정당이 과반수 이상 못 가지고 가게 만들면…… 분권의 핵심이 총리 추천과 관련된 쟁점이 아니라……

박은정 2025 새헌법안을 만들면서 그 안에 정치 개혁이 없이는 안 된다고 하는 그런 꼭지가 들어가야 하겠죠?

박명림 중요하게 들어가야 할 것 같습니다.

박찬욱 하 위원님 말씀하신 대로 선거나 정당법, 사실 영국에서는 그것도 다 헌법이라고 생각하는데…… 그 비례성 원칙이라는 게 물론 두 개가 있겠죠. 인구 대비 의석수가 있을 거고 득표율 대비 의석수가 있을 거고. 이런 식의 의미에서 비례성을 상당히, 100%는 안 된다고 해도, 상당한 정도로 담보해주는 그런 제도, 그걸 만들도록 선언적이라도 헌법에 넣는 건 의미가 있다고 생각합니다.

박은정 선거법이라든가 정당법 이런 것들이 이른바 헌법 관련 법률이잖아요. 그러니까 그런 부분에 대한 언급도 하고, 그리고 연관된 부분을 헌법 조문화할 때 어쨌든 내용적으로 유의미하게 반영되어야죠.

박찬욱 그러니까 그거를 집어넣으면 정당법, 선거법이 문제가 있을 때 위헌법률심사를 할 수도 있는 근거가 되겠죠.

박은정 그렇죠. 그러니까 할 일이 정말 많네요.

*2024년 9월 10일 확대심의모임

성한용(한겨레 선임기자) 지금은 유권자가 분권형 대통령제를 원하지 않는 것 같아요. 특히 양쪽의 열성 지지층…… 윤대통령 지지하는 유권자들 중에 상당수는 이재명을 왜 못 잡아가냐? 문재인을 그러지 못하냐? 오히려 더 제왕적 대통령을 요구하고. 그 반대쪽, 이재명 대표 쪽 열성 지지자는 반대로 윤석열 감옥 보내라. 정치 양극화가 굉장히 극심한 상황에서 과연 분권형 대통령제를 유권자가 받아들일 수 있을지?

특히 개헌이 이루어진다면 현실적으로 합의를 해야 되는 게 차기 대선 주자들이라고 생각합니다. 현재로서는 이재명 대표하고 한동훈 대표겠죠. 그러니까 이분들이 개헌작업을 할 때 과연 분권형 대통령제를 받아들일 수 있을지? 특히 양원제를…… 국회가 하나 더 생기는 건데 그런 복잡한 걸림돌을 또 하나 더 만들고 싶어 할지 좀 걱정됩니다.

이하경(중앙일보 대기자·전 주필) 지금 주로 말씀하시는 권력구조에 대해서는 국민들이 별로 관심이 없다고 생각합니다. 개헌 논의에서 중요한 것은 결과적으로 오게 될 상태, 즉 엔드 스테이트(end state)일 것입니다. 어렵게 개헌을 해서 내게 다가올 세상을 명확하게 제시하는 것입니다. 나의 소중한 일상과 삶이 어떻게 구체적으로 바뀌는지를 실감할 수 있도록 해주어야 할 것입니다. 그러기 위해서는 권력구조뿐 아니라 기본권, 경제, 지방분권에 대해서도 좀 더 분명한 목표와 그 결과가 손에 잡히도록 설명해야 합니다. 예컨대 지방분권을 확실히 할 경우 1인당 GDP가 얼마나 늘어날 것인지를 제시해야 합니다. 헌법학자, 정치학자의 추상적·관념적인 접근만으로는 어려울 것입니다. 경제학자, 사회학자, 통계학자가 함께하는 입체적 노력이 필요할 것입니다.

2) 생명생태가치의 헌법화

*2024년 12월 23일 기후생태위기 대응 법안심의 자문회의
-평창동 대화의집
-발제: 조효제(성공회대 명예교수·전 한국인권학회장), 박태현(강원대 교수(법학)·지구법학회 회장), 한윤정(한신대 생태문명원 대표)

조효제 네, 감사합니다. 조효제라고 합니다. 이렇게 대화문화아카데미 새헌법위원회에서 오랫동안 일을 해오셨고, 또 그전에 이렇게 만들어주셨던 단행본도 제가 보고 굉장히 감탄을 했었고, 굉장히 큰일을 해오셨는데 이런 자리에 불러주셔서 매우 영광으로 생각합니다. 저는 사회학자로서 인권 공부를 해왔고, 오늘 제가 드릴 말씀을 간단하게, 먼저 제 입장을 먼저 말씀드리면, 지금 여기 와 계시는 한윤정 박사님하고 또 앞으로 오실 박태현 교수님과 비슷한 생각을 가지고 있습니다. 저는 인권에서 출발했지만, 생명, 생태, 환경, 비인간, 자연 이런 쪽으로 굉장히 지금 생각이 많이 기울어져 있는 상태이기 때문에, 저 스스로도 놀랄 정도로 저의 학문적인 관점이 많이 변한 상태입니

다. 근데 이제 오늘 제가 드릴 말씀은 저의 개인적인 이야기보다는 지금 제가 속해 있는 인권학계의 주류적인 의견, 그 통설을 중심으로 이 문제를 바라보는 관점을 소개드리고, 마지막에 제가 생각하는 바를 약간 첨언하도록 하겠습니다.

우선 제 이야기를 끌어가기 위해서, 저는 법학자가 아니기 때문에 전혀 모르지만 인권학자 인권사회학자의 눈으로 봤을 때의 헌법의 기본권이라든지, 이런 이야기를 먼저 하고 계속해서 이야기를 풀어나가도록 하겠습니다. 헌법 10조의 "국민의 권리"라고 하는 조항에서 "인간으로서의 존엄과 가치" 그다음에 "개인이 가지는 불가침의 기본적 인권"이라고 되어 있는데, 인권학에서 보면 헌법에서 보장한 국민의 권리라고 하는 것이 모든 인간의 보편적 권리인지, 국민의 기본권인지가 명확지 않은 것 같습니다. 그래서 사실 우리가 인권이라고 하는 말을 쓰는 순간 그 자체로서 인간의 권리가 성립되기 때문에 저희는 인권을 그냥 모든 인간의 보편적 권리라고 해석하는데, 헌법에서 이렇게 "국민의 권리"라는 항목 내에 불가침의 기본적 인권이라고 해놓아서 저는 이 말 그대로만 문언적으로 판단하면 인간의 보편적 인권으로 해석할 수 있다고 봅니다. 그런데 국민의 권리인지 인간의 보편적 인권인지가 앞으로 더욱 중요해지는 시대가 지금 오고 있다, 벌써 260만 외국인이 우리 사회에 들어와 있고 앞으로 다문화, 다국적, 다인종 사회로 갈 것이 분명한데, 이 문제를 차제에 정리할 필요가 있다고 생각합니다. 그리고 그것과 연관해서 독일연방기본법의 1조 2항, "독일 국민은 불가침의 양도할 수 없는 인권을 세계의 모든 공동체, 평화, 정의의 기초로 인정한다." 이런 식의 접근도 좋아 보입니다.

그리고 2001년에 통과된 〈국가인권위원회법〉 2조에 보면,

국가인권위원회법

제2조 인권이란 대한민국 헌법 및 법률에서 보장하거나 대한민국이 가입·비준한 국제인권조약 및 국제관습법에서 인정하는 인간으로서의 존엄과 가치 및 자유와 권리를 말한다.

여기에서는 인권이라고 하는 것이 대한민국 국내 헌법과 법률, 그다음에 국제법에서 인정하는 인간으로서의 존엄과 가치, 자유와 권리 이렇게 조금 더 자세하게 나와 있습니다. 저는 이 개념이, 이 규정이 헌법에서 이야기하는 것보다는 훨씬 더 명확하다고 생각합니다.

이어서 '건강한 환경인권'에 대해 말씀드리겠습니다. 국제 사회에서 인권을 인정했던 그 역사에서 가장 최신 인권으로 나온 거죠. 이게 유엔 내에서 '인권과 환경 캠페인 그룹'이라고 하는 5개 나라가 한 20년 이상 활동을 했거든요. 사실 이게 단초가 됐던 것은 1972년에 스톡홀름 환경회의 이후에 인권 쪽에서 어떻게든 이 문제를 인권에서 권리를 한번 만들어보자고 했고, 그래서 50년 걸렸습니다. 50년 걸려서 2022년에 유엔총회 결의안이 통과되면서 풀네임은 "깨끗하고, 건강하고, 지속가능한 환경에 대한 인권" 이렇게 나와 있고, 이것을 우리가 보통 줄여서 '건강한 환경인권'이라고 이야기를 합니다. 그때 총회 결의안 때 보니까 기권이 여덟 나라가 나왔습니다. 유엔에서는 기권이 있어도 반대가 없으면 만장일치로 간주하니까 만장일치로 통과했습니다. 근데 여덟 나라 중에서도 제가 약간 의아했던 게 중국 같은 경우에는 시진핑 체제 이후에 생태 문명을 굉장히 강조하면서도 왜 여기에 기권했을까? 러시아 같은 경우에는 이전에 소련 무너지고 러시아연방 만들어지고 나서 러시아 그 당시 소련 치하에 있었던 러시아를 포함한 여러 공화국이 그 이후에 형법 개정하면서 생태 학살, 에코사이드 범죄를 형법에 넣은 나라가 많거든요. 베트남도 그런 부류에 포함됩니다. 그런데 왜 러시아가 여기서 건강한 환경인권 결의안에 기권했는지? 그것도 제가 잘 이해가 안 가는 점입니다. 어쨌든 그래서 이제 이런 모든 움직임의 단초가 됐던 스톡홀름 유엔 인간환경회의의 결과였던 〈스톡홀름 선언〉 1조에서는, '인간이 환경의 창조물이자 형성물이다'라는 내용이 들어가게 됩니다. 여기에서 인권 쪽에서 건강한 환경인권을 만드는 하나의 큰 계기가 되는 거죠. 오늘의 눈으로 보면 이것 역시 인간중심주의적으로, 인간에게 도움이 되는 환경을 우리가 가질 권리를 갖자 이런 식으로 워딩이 되었기 때문에 이것조차도 비판을 많이 받고 있지만, 어쨌든 굉장히 중요한 출발점이라고 이야기 드릴 수 있을 것 같습니다.

그리고 아시다시피 국제인권규약의 양대 규약, 1966년에 만들어졌던 자유권규약과 사회권규약이 인권의 일종의 황금 원칙이라고 우리가 보통 이야기를 하는데, 자유권위원회에서 2018년에 일반 논평을 통해서 자유권규약의 핵심 조항인 6조 '생명권'의 유권해석을 새롭게 내놨습니다. 여기에서 뭐라고 하는가하면 "환경훼손, 기후변화, 그리고 지속불가능한 발전이 이 미래세대의 생명, 현세대와 미래세대의 생명권을 가장 시급하고 심각하게 위협하는 요인이다"라는 아주 중요한 해석이 나왔습니다. 이게 다른 쪽도 아니고, 사회권위원회도 아니고, 자유권위원회, 아시다시피 인권에서 자유권은 전통적으로 또 굉장히 역사적으로도 핵심 줄기이지 않습니까? 그런데 이 자유권위원회에서 생명권을 환경기후변화와 연결시켜서 해석했다고 하는 것은 굉장히 큰 변화였다는 말씀을 드리고 싶어요. 그리고 여기 일반 논평에서 자유권 규약의 당사국 의무를 새롭게 규정하여, 우리나라도 당사국이죠, 자유권규약에 가입한 모든 당사국이 이러이러한 환경에 대한 의무를 진다는 구체적인 권고까지 해놨습니다.

'건강한 환경인권'이라는 새롭게 나온 2년 된 인권이, 인권 규범의 전통에서 보면 굉장히 큰 변화입니다. 스톡홀름 선언을 바로 직접 계승한 것인데, 그렇지만 한계는 있는 거죠. 인간중심주의적인 인권 담론 내에 위치한다고 하는 한계는 분명히 존재하는 것 같고. 그런데 그동안에 특별보고관 제도에서 인권-환경특별보고관 제도가 생겨서 활동을 해왔고요. 인권-환경특별보고관이 이니셔티브를 취해서 자연의 권리라든지 이런 쪽까지 생태법인 이야기까지 굉장히 많이 논의를 진척해놓은 상태입니다. 이것이 환경 쪽에서 나오는 이야기가 아니라 인권 쪽에서 이런 이야기가 나오고 있다고 하는 걸 꼭 제가 말씀을 드리고 싶습니다. 그리고 3년 전에 '기후비상 인권특별보고관'이라고 하는 제도도 신설됐고, 현재 이태리 출신의 Elisa Morgera 선생이 맡고 계십니다.

제가 볼 때 우리나라 헌법의 환경권 35조에 나오는 환경권 워딩을 보면 유엔에서 이번에 정한 '깨끗하고, 건강하고, 지속가능한 환경에 대한 인권'이라고 하는 것과 내용적으로 상당히 유사하다는 느낌을 받거든요. 그래서 저는 87년에 개정된 우리 헌법이 그 당시 상황에서 굉장히 선구적이었던 거 아닌가, 적어도 환경권이라고 하는 관점에서 보면, 그런 걸 생각하게 됩니다. 그런데 물론 그 당시에 넣어놨던 헌법의 환경권은 환경의 관점을 국민의 권리에 포함시켰던 것이어서, 우리가 보통 통상적으로 이해하는 인권의 관점에서 환경에 접근한 것은 아니었던 것 같은 느낌도 듭니다. 거기까지가 이제 우리 인권학계에서 보통 통설로 이야기하는 바를 설명을 드렸고요.

결어로서 제가 제 개인적인 말씀 조금 드리면, 이번 기회에 국민의 권리나 인간으로서의 존엄과 가치나 불가침의 기본적 인권이라고 하는 개념을 조금 더 가지런하게, 이게 진짜 어떤 인간의 보편적 인권인 것인지 국민의 기본권인 것인지, 이런 적용 대상, 개념, 범위 같은 걸 확실히 정리해주시면 좋겠다, 이렇게 말씀드리고요. 그것의 한 방법으로서 〈국가인권위원회법〉에서 규정한 인권을 헌법에서 오히려 역으로 끌어다가 쓰는 방법도 있을 것 같고, 또는 우리가 이제 국제적으로 승인하고 비준한 각종 국제 규범을 갖다가 똑같은 지위를 준다고 했으니까 헌법에서, 국제적으로 제정된 전체 인권을 헌법에서 포괄적으로 인정하는 방법 같은 것도 한번 생각해보시면 좋겠다 싶습니다. 그렇게 했을 때 '건강한 환경인권'이라고 하는 새로운 인권을 환경 쪽에서 구성해서 국민의 권리로 넣은 식이 아니라, 아예 그냥 보편적 인권의 최신 버전으로 지위를 이동시키는 방법은 어떨까, 조심스럽게 제안드려봅니다. 그리고 여기서 조금 더 나아가서 지금 현재 인간중심주의적인 인권을 넘어서는 '탈인간중심주의적인 권리', 생태-환경-자연 자체의 권리. 저는 여기에 찬성합니다. 그런데 이 부분을 헌법에 어떻게 넣을 수 있을까, 이런 생각을 한번 적극적으로 해보시면 좋겠습니다.

그리고 대화문화아카데미 2016 새헌법안에도 기후위기가 나오는데, 현 시대의 기후생태위기의 심각성이나 시급성을 감안했을 때, 저는 '기후위기'라는 말에서 '기후생태위기에 대처한다'는 식으로 하면 어떨까 이런 생각을 하게 되고, 또 하나는 대화문화아카데미 2025 새헌법안에서 전문에 '기후위기에 대처하는 데 최선의 노력을 다함으로써 우리들과 미래세대의 안전과 자유 행복' 이렇게 돼 있는데, 이것을 저는 우리들, 우리 현 세대죠. 그다음에 미래세대, 여기에다가 인류, 그다음에 자연, 이런 말까지도 넣는 방식으로 워딩을 약간 조절해보시면 어떨까? 이렇게 말씀드립니다. 왜 그런가 하면, 우리나라 현재 법〈기후위기 대응을 위한 탄소중립·녹색성장 기본법〉 2조에 보시면 기후위기의 규정을 인류 문명이라고 하는 말을 쓰고 있거든요. 그래서 헌법 전문에서도 현재의 탄소중립 기본법의 워딩을 원용해서 인류라든지 자연이라고 하는 말까지도 넣을 수 있는 어떤 근거가 되지 않을까 이렇게 생각을 합니다.

박은정 고맙습니다. 짧은 시간에 국내외 환경권, 인권 관련 위상에 대해서 저희가 점검할 수 있는 아주 귀한 기회를 주셨습니다. 이어서 한윤정 대표님, 부탁드립니다.

한윤정 네, 그동안의 수고를 치하드리고 이런 발언 기회를 주셔서 감사합니다. 저는 법률문제에 대한 문외한이다 보니 그냥 저널리스트이자 잡지편집인의 관점에서, 그러니까 보통 사람들의 눈높이에서 간단한 말씀을 드릴 수밖에 없을 것 같습니다.

먼저 헌법 전문을 전체적으로 보았을 때, 이제 '정치·경제·사회·문화' 외에 '환경'까지 다섯 분야가 들어간 것에 대해서 굉장히 적절하다는 생각을 했고요. 그런데 그 아래로 내려가다 보면 '안으로는 삶의 질의 균등한 향상을 기하고 밖으로는 인류의 항구적인 공존공영에 이바지하며'라는 부분이 있습니다. 우선 '안으로는'이라는 뜻은 국내적인 맥락일 텐데, '삶의 질의 균등한 향상'이라는 것은 경제성장과 분배, 복지적인 관점이라고 생각됩니다. 과거에는 경제성장이 중요했지만, 지금 기후위기 시대를 맞아서 이런 성장주의적인 사고에 제약이 가해질 수밖에 없기에, 저는 "지속가능한 삶의 토대를 닦고", 이런 의미가 들어가면 어떨까 생각해보았습니다.

그리고 '밖으로는'이라는 대목에서 기존 헌법에 나온 인류의 공존공영 외에 기후위기 문제가 여기에 새로 추가되었는데요. 이게 '밖으로는'의 문제에 해당하는지에 대해서는 조금 의문이 있습니다. 기후위기는 물론 글로벌한 문제이지만 전 지구에 걸쳐 보편적인 문제이고 국경 바깥의 문제는 아닐 것 같아서요. 그 부분이 조금 마음에 걸렸습니다. 또 기후위기 외에 생물다양성 감소 등 다양한 문제가 있기에 기후위기에 대처한다기보다는 "지구 생태계를 보전한다"라는 식으로 조금 더 넓은 의미를 담으면 어떨까 생각되었습니다.

현행헌법 제35조 환경권 부분에서는 그동안 법률로 정한다고만 되어 있던 것에서 굉장히 구체적인 내용이 많이 들어간 게 눈에 띄었고 좋게 생각되었습니다. 그중에서 2항에 보면 '생명체는 법률이 정하는 바에 따라 국가의 보호를 받는다.'라는 부분이 있는데 최근에 이슈가 되는 동물권의 헌법적인 근거라고 생각되는데요, 생명체라고 했을 때는 조금 개별 존재라는 의미가 있지 않을까 싶고, 또 저희가 모든 생명체를 보호할 수는 없기에 조금 더 구체적으로 "사람 이외의 생명이나 종도 법률이 정하는 바에 따라서 국가의 보호를 받는다." 이렇게 하면 더 구체적이지 않을까 생각되었습니다. 사실 인권은 개별적인 인간 모두에게 주어지지만, 동물권의 경우 하나의 종으로 접근하는데요, 이것도 수많은 종 가운데서도 인간과 가장 가까운 반려동물인 개, 그다음에 식용으로 사육되는 소, 돼지, 이런 종들로만 제한되는 문제가 있어서 이 생명체라는 게 무엇을 가리키는지 명확하게 했으면 좋겠다는 생각을 했습니다.

그리고 세 번째 항에서 '온실가스 감축과 정의로운 전환을 위해 노력하여야 한다.'라는 구절이 있는데요, 여기에서 '정의로운 전환'이라는 개념이 저는 헌법에 들어가기에는 다소 협소하게 느껴졌습니다. 정의로운 전환은 에너지 전환 과정에서 손해 보는 사람이 없도록, 'No one left behind' 이런 개념으로 쓰이고 있어서 그것보다는 "정의롭고 지속가능한 경제로의 개편"이라든가 전환이라든가, 정의로운 전환을 포괄할 수 있는 더 큰 개념이 들어가면 어떨까 생각해보았습니다.

박은정 참고로 말씀드리면, 저희가 생명체라고 했을 때, 이것을 동물권을 염두에 둔 것은 아니었던 것 같습니다. 저희 기록을 살펴봐야 하겠지만, 동물권 쪽보다는 더 포괄적인 생명, 이런 쪽으로 잡았다는 말씀을 드리고요. 예, 그러면 박태현 선생님 말씀해주시면 고맙겠습니다.

박태현 지금 국회의장 직속으로 개헌자문위원회가 구성돼서 현재 2회 가동했습니다. 위원은 30명인데, 아직 '여'에서 추천을 안 한 인원 여섯 분 제외하고, 나머지 스물네 분이 구성이 돼서 활동을 하고 있고요. 그래서 저도 환경권 전문가로 활동하고 있습니다. 그리고 개인적으로 국회 기후위기 탈탄소경제포럼에서 작은 연구를 하나 수행했는데, 연구 제목은 '기후생태헌법'이라는 연구 내용이었고요. 거기서 저는 그냥 단순하게 환경권 조항의 강화라고 하는 그런 차원이 아니라, 조금 거창하게 말씀을 드리면 이제 우리의 어떤 달라진 패러다임을 반영하는 그런 헌법안이 되어야 하겠다. 그래서 19세기에 자유주의 헌법 질서가 나왔고, 20세기에 사회복지, 사회국가원리가 반영이 된 두 번째 단계의 헌법 질서가 나왔습니다. 그게 우리 마지막 1987년도에 사회권 보장과 사회, 시장경제 질서를 통해서, 사회복지국가를 반영한 두 번째 단계에 헌법 질서가 나왔다고 보고. 이제는 생태국가성을 반영을 해야 된다, 생태국가라고 했을 때 단순하게 환경권 조항을 강화하는 것이 아니라 전문부터 시작해서 총강, 기본권, 국가권력, 경제 질서, 국토 조항 전반에서 생태 가치 특히 기후위기와 관련된 미래세대의 권리 보장 이런 부분을 전반적으로, 그런 생태성이 전반적으로 관철되는 헌법을 제안했습니다.

대화문화아카데미 2025 새헌법안 조문은 헌법 전문과 35조 중심인데 35조 내용을 자세히 보면, 여기에 국가 환경, 국가 목표로서의 환경권 내용도, 그러니까 총강으로 들어갔으면 하는 그런 내용도 있고. 그다음에 기본권으로서 모든 사람은 건강하고 쾌적한 환경을 누린다, 이런 내용도 있고 또 생명체는 국가의 보호를 받는다는 부분은, 제가 제안했던 개정안에는 헌법 10조가 인권, 불가침했던 인권을 선언하고 국가가 이를 보장한다는 그런 내용이었는데 그 내용을 1항으로 하고, 2항에서 이런 생명체, 생명체가 존중받을 권리를 이야기를 하고 법률로써 국가가 그러한 내용을 보호 보장한다. 그래서 같은 내용이지만 이걸 어디에 배치하느냐에 따라서 그 의미 맥락은 달라진다고 생각을 하고, 제가 10조 2항으로 이 내용을 생명체 부분을 제안했던 건, 헌법이라는 것 자체가 어쨌든 인간 이성의 산물이지만 거기에서, 지나친 인간 중심주의에서 조금 벗어나는 게 결국은 인간을 위한 길이기도 하기 때문입니다.

그리고 4항 '국가와 국민은 환경을 지속가능하게 보전하기 위해 노력해야 하며,' 이런 내용은 총강에서 표현하는 것이 더 적절치 않은가? 이게 국가의 환경 보호 의무가 단순하게 국민의 기본권 보호 보장이라거나, 이런 내용을 사실 기본권으로 선언되면 이 내용은 사실 인정이 되는 건데, 이걸 총강에 배치를 한다면 훨씬 더 이 의미가 살지 않을까 이런 생각을 합니다.

그리고 경제질서 조항도 탈탄소 포함, 탄소에 덜 의존하는 경제질서를 포함해서 자연의 재생 능력을 존중하는 그 한계 내에서 경제질서가 구축될 수 있도록 하는 쪽으로 표현을 했으면 좋겠다는 제안을 드리고, 국토도 역시 마찬가지, 국토는 제가 3가지 의미로 층위를 나누었습니다. 지금의 국토는 인간의 어떤 생활 생산 기반으로서 국토인데, 두 번째 층위는 미래세대를 위한 국토라고 하는 그런 층위가 있다고 생각을 하고, 마지막 층위는 이제 동식물의 자연 서식지로서의 층위가 있다고 생각합니다. 그래서 각각의 층위를 국토에서 표현을 하고, 각 층에 맞는 우리의 뭐라고 할까, 하여튼 보호, 이용 방식, 그 층위에 알맞은 그런 내용을 구축하는 것으로 제안했습니다.

그리고 헌법 전문, 사실 헌법 전문이 정말 중요하다고 생각하는데요. 말씀드렸지만 어떤 자유, 그다음에 법치주의, 민주주의, 사회국가원리, 사회정의, 사회국가원리라고 하는 내용은 전문에 잘 담겨져 있는데, 말씀드린 생태성이라고 하는, 그리고 미래세대라고 하는, 그다음에 자연과의 공존이라고 하는 그런 가치가 전문에 담겨져야 한다고 생각을 하고, 그 내용이 헌법 본문을 해석 적용하는 데 있어서 하나의 가치 지침이 돼야 한다고 생각합니다. 그런 점에서 보면 지나치게 헌법 전문이 장황해서도 안 되겠지만, 조금 더 그러한 가치가 더 반영이 되는 전문이 됐으면 좋겠다, 이런 생각을 하고, 그러면 어떤 가치여야 하냐, 그런 가치를 표현하는 핵심 단어를 반영하는 것이 필요하지 않을까 이런 생각을 합니다.

　자연과의 조화, 공존. 그리고 어쨌든 지속가능 발전이라고 하는 부분에 대해서는 많은 비판이 있지만, 이른바 생태적 지속가능성이라고 하는 것을 강화한 그런 지속가능성에 대한 표현도 더 담는 것이 좋지 않을까, 이런 생각을 합니다. 하여튼 이 개정안에 대한 제 의견을 정리하면, 헌법 전문에 그런 가치가 더 반영됐으면 좋겠고, 35조에 있는 이 내용을 총강과 10조, 하여튼 35조 이렇게 적절히 내용을 제시를 하고, 거기에 의미성을 더 부여하는 그런 사고, 그리고 여기서 제안되지 않은 국토, 경제질서, 이 부분에 대한 고려가 있었으면 더 좋지 않을까요? 너무 장황했습니다. 이상입니다.

박은정　고맙습니다. 저희가 미처 생각하지 못한 영역까지 시야를 넓혀주신 데 대해서 무엇보다도 감사드립니다. 이제 남은 시간에 저희 위원님들하고 이 문제에 대해서 토론을 하고 또 질문도 주고받는 시간을 갖도록 하겠습니다. 우선 제가 한 가지만 말씀드리면 조효제 선생님께서 서두에 표현하신 '국민으로서냐 아니면 인권으로서냐' 하는 문제와 관련해서는 저희가 기본권의 적용 주체의 범위를 확장하기로 하는 식으로 접근을 하면서 그 기본권의 적용 주체가 지금 현재 국민으로 되어 있는 부분을 모든 사람으로 확대했다는 점을 말씀드립니다. 그리고 헌법 해석을 통해서는 기본권 적용 주체 범위가 사실 국민 이상으로, 선생님께서 말씀하신 국제조약이라든가 이런 것에 따르는 방향으로 확대 해석해서 적용해온 것은 사실입니다. 이것을 새로운 헌법에서는 개별 조항의 성격에 따라서 적용 범위를 모든 사람으로 바꾸어서, 적어도 자유권적 기본권의 성격이 강한 조항에서는 기본권의 적용 대상의 범위를 공동체에 거주하는 모든 사람으로 확장하도록 변경했습니다. 그러면서 헌법 2장의 표제도 현재는 '국민의 권리와 의무'로 되어 있는데, 이것도 '기본권과 기본의무'로 바꾸었습니다. 참고해주시면 고맙겠습니다. 하승수 변호사님 우선 먼저 말씀해주시지요.

하승수　예, 조효제 선생님 말씀해주신 내용이 저도 참 공감이 많이 되고 아까 박태현 교수님이 이야기한 것도 연결되는데, 어쨌든 배치를 어떻게 할 것인가? 또 주어 주체를, 이 환경권의 주체를 누구를 어떻게 표현할 건가? 사람으로 할 것인가? 국민으로 할 것인가? 그 부분이 필요한데, 어쨌든 제 개인적으로는 환경과 관련된 인권도 결국에는 인간으로서 누려야 할 최소한의 권리라고 볼 수도 있고, 말씀하신 것처럼 외국인이 이미 우리나라에 260만 이렇게 들어와 있는데, 그분들에게도 당연히 건강하고 쾌적하고 안전한 환경을 누릴 권리가 있기 때문에, 그래서 이것도 이제 사람의 권리로 보는 게 맞지 않겠나 생각을 해봤습니다. 그리고 문구와 관련해서는 어쨌든 주신 의견, 감안해서 더 고민을 해봐야 할 것 같고, 한윤정 선생님 말씀해주신 부분도 마찬가지로 문구와 관련해서 좋은 의견 많이 주셨는데 고민을 좀 더 해보면 좋을 것 같습니다. 좀 더 문구를 다듬고 이렇게 할 필요가 있을 것 같고, 박태현 교수님 말씀하신 것도 저희가 그동안 계속 논의해왔던 문제 인식이고 오늘은 주로 환경권, 기존의 35조 관련된 거지만, 사실은 말씀하신 대로 국토나 경제 관련해서도 이런 문제의식을 문구에 담아보려고 논의를 하다가 아직 깔끔하게 정리는 안 돼 있지만, 어쨌든 그런 상태에 있다는 말씀을 드리고. 오늘 말씀해주신 것 감안해가지고 국토나 경제 질서 쪽도 어쨌든 이런 문제의식을 반영할 수 있는 그런 방법을 찾아보려고 하는데……

  다만, 고민스러운 것은 10조 2항에 만약 생명체가 관련된 내용을 넣는 것은 약간은, 취지는 제가 충분히 공감합니다만, 아직은 좀 쉽진 않겠다는…… 제 개인적으로. 어쨌든 이거는 뭐랄까? 헌법 체계에서 큰 변화이기 때문에, 그래서 전문이나 아니면 환경권 관련된 조항이나 말씀하신 국토나 경제질서 조항에서 이런 문제의식을 반영하는 게 어떨까? 현재로서 제 생각은 그렇습니다. 그리고 총강 부분도 한번 고민은 해볼 필요는 있을 것 같습니다. 아까 말씀하신 환경 보전 의무 같은 것들은 총강 부분에 넣는 것도 한번 고민은 해볼 필요는 있을 것 같고……

  전반적으로는 저희가 이제 대화문화아카데미 2016 새헌법안보다는 더 기후위기에 대한 문제의식도 갖고 인간중심주의적인 헌법에서 조금 더 벗어나려고 하는, 그런데 제 개인적인 생각은, 좀 더 나아가야 하지만 또 그것이 어느 정도 선, 어디까지 나갈 것인지는 여전히 고민거리가 아닌가. 물론 이제 시민사회 차원에서 제안하는 헌법개정안이기 때문에 대화문화아카데미 2025 새헌법안은 좀 더 나아가도 되는 면도 있지만 그럼에도 불구하고 사회적으로 진지하게 논의가 받아들여질 수 있는 선이 어디까지일까? 사실은 이 부분은 그와 관련된 고민이 좀 많이 있는데, 어쨌든 세 분 선생님께서 오늘 좋은 의견들 주셨고 그걸 좀 더 고민해가지고 문구에다 반영하고 체계에도 반영하겠습니다.

장영수 오늘 모임의 의미가 서로 다른 의견을 듣는 것이고 그런 면에서 상당히 의미 있는 기회라고 생각합니다. 다만 평소에 생각하는 것과 다른 부분에 대해 저희 쪽 입장도, 이건 합의된 의견이라기보다는, 헌법을 전공한 저의 입장일 수 있는데, 아무튼 그것도 한번 말씀을 드리는 게 도움이 되지 않을까 생각합니다. 먼저 조효제 교수님 말씀하신 부분과 관련해서는 일단 우리가 해석상으로 문구상으로는 모든 국민이라고 전부 다. 주체는 국민으로 돼 있습니다. 그런데 해석상으로는 국민의 권리와 인간의 권리가 이미 구분되고 있고요. 그리고 개중에 있어서 조금 애매한, 이게 인권이다 혹은 국민의 권리다고 하기에 애매한 부분까지도 있습니다. 예컨대 서구의 선진국에서 보편화되고 있는 노동허가제 같은 것은 결국 근로의 권리라고 하는 것이 이게 이제 국민의 권리냐 인간의 권리냐 이런 부분과 관련해서 논란이 되고 있는 지점이거든요. 그리고 경제적 기본권 조항 관련해서 예컨대 토지 소유권 같은 경우는 나라에 따라 인정하는 경우도 있고 안 하는 경우도 있고 이런저런 여러 가지 복잡한 현실적인 문제와 연결돼 있기 때문에 이걸 획일적으로 모든 인간은 똑같이 이렇게 말하기 어려운 그런 점이 있다. 이 점은 감안해주시기 바랍니다.

그리고 그런 맥락에서 봤을 때 국가인권위원회법 같은 경우는 국가인권위원회의 어떤 권한 범위라는 것이 명확하기 때문에 거기서 인권은 이런 것으로 보고 거기에 대해서 권고하겠다, 조사하겠다는 거지만, 헌법은 이 인권이라는 것이 헌법의 내용으로 들어가면, 구체적 문제는 합헌/위헌을 결정해야 하기 때문에 그런 점이 훨씬 더 조심스럽다, 이런 점을 말씀드리고자 합니다.

그리고 지금 아마 가장 많이 얘기되고 있고 앞으로도 얘기할 부분 중에 하나가 이른바 인간 중심을 벗어나서 생태 중심 혹은 탈인간 중심 이런 것에 공감 가는 부분은 틀림없이 있습니다. 하지만 이게 이제 또 전통적인 법의 논리 구조하고 잘 안 맞는, 다시 말하자면 법적인 권리를 얘기하려면 권리 주체가 있고 그 주체가 권리를 행사할 수도 있어야 합니다. 그런데 생태, 자연, 이게 권리 주체다, 그 권리를 행사할 수 있다, 이렇게 말하기 어렵거든요. 이런 부분을 어떤 식으로 재구성할 것인지에 대한 충분한 합의가 전제되지 않으면 이건 막연한 방향성이지, 실질적으로 실현하기가 어려운 문제가 있다는 점도 함께 말씀드리고자 합니다.

그리고 한윤정 선생님 말씀하신 부분에 대해서는 저도 '아 이렇게 볼 수 있구나' 새롭게 느낀 부분이 있으면서 동시에 과연 이걸 진짜로 집어넣으면 어떻게 될까, 하고 의문이 생기는 부분이, 예컨대 헌법 전문에 '지속가능한 삶의 토대를 닦고' 했을 때 지속가능성에 대한 얘기는 그동안에 많이 있었고, 지속가능한 환경, 지속가능한 경제 이런 것에 대해서 어느 정도 공감대가 형성됐다고 봅니다. 그런데 지속가능한 '삶'이라고 범위를 대폭 확장시켰을 때 그게 뭐냐? 어떤 것이 지속가능한 삶이냐? 이 부분에 대해서는 상당히 혼란이 있을 것 같거든요. 이 내용이 규정되지 않으면, 법적으로 갖는 의미가 굉장히 약화되거나 어떤 경우에서는 사실상 무시당하는 경우가 돼버릴 수도 있기 때문에 이 지속가능한 삶이 무엇이냐에 대한 조금 더 구체적인 징표라고 할까요, 이런 것이 필요하지 않을까 싶습니다.

그리고 이제 환경권 규정과 관련해서 '사람 이외 생명이나 종도' 했을 때, 생명 이외의 종이라고 하는 것이 이제 종 다양성이나 이런 것을 염두에 두신 것 같기는 한데, 과연 생명 외의 종을 따로 얘기해서 실익이 있을까, 결국 생명을 보호하면 그걸 통해서 종도 보호되는 것 아닌가, 이런 생각도 들었고요. 아무튼 그런 새로운 시각에 대해서 감사드리지만 고민거리는 여전히 남아 있다는 점을 말씀드립니다.

그리고 마지막으로, 박태현 교수님 말씀하신 부분도 '이런 시각도 가능하구나' 하는 것을, 제가 어떤 의미에서 고정관념을 너무 많이 가지고 있었구나, 이런 생각을 하면서도 실제로 말씀하신 대로 되면 기대했던 효과가 발생할까, 이런 우려를 갖게 되는 것이, 예를 들어서 총강에 배치하면 기본권 장에 규정한 것보다 이익이 더 클까? 저는 아닐 수 있다고 생각하거든요. 왜냐면 총강에 있으면 원칙적인 규정이고, 예를 들어서 기본권에 있는 것이라면 헌법소원심판이라는 구체적인 기본권 침해를 다루는 헌법소송으로 다툴 수가 있어요. 근데 총강에 있으면 그게 불가능해져버릴 수 있거든요. 이런 점에서도 의미가 꼭 강화되는 게 아니라 오히려 약화되는 거 아니냐? 이런 점도 있고요.

그리고 생명체 원리는 아까 말씀드렸던 그런 것도 있지만, 관련해서 인간중심주의 극복에 대해서 또 다른 비판이 있거든요. 칸트의 인식론적인 관점에서 얘기를 한다면, 인간이 생각하는 건 결국 자기 스스로가 인간이기 때문에 그 틀을 벗어나지 못한다. 인간이 생태 중심으로 생각하는 건 결국 생태 그 자체를 생각하는 게 아니라 인간이 자기 관점에서 보는 생태 중심일 뿐이다. 결국 그런 점에서 본다면 사실 본질적으로 생태 중심이라고 하는 게 불가능한 거 아니냐, 이런 식의 비판도 있고……

그리고 마지막으로 한 가지 더 말씀드리고 싶은 것은, 10조 2항에 생명체의 권리를 넣자고 했을 때 문제는 아까 말씀드린 것처럼 이게 법적 권리 주체로 활동할 수 있느냐, 이런 부분이 있지만, 그것과는 또 별도로 헌법 전문에다 지속가능성이나 자연과의 조화나 이런 것을 넣는 방안을 말씀하셨는데, 이거는 그 자체로서는 공감을 얻을 수 있겠지만, 아까 말씀하신 것처럼 이게 헌법 전문에 들어감으로써 구체적인 다른 문제를 해결하는 데 기준 또는 지침이 되기 위해서는 구체화해야 합니다. 구체화하지 않은 생명체? 그에 대한 해석은 다 분분한, 이런 상황이 되면 기다리던 효과가 나타나기가 힘들어질 거거든요. 이게 어떻게 구체화할 수 있느냐? 특히 지속가능성이나 자연과의 조화와 같은 것은 원론적으로는 많은 사람이 공감하지만, 실제로 '이게 그거다'

할 때는 수많은 이견이 나올 수밖에 없는 거죠. 그런 점에 대한 우려를 말씀드렸습니다. 이상입니다.

한윤정 지속가능한 삶의 토대라는 말이 조금 모호하다는 말씀에 대해서 저도 동의합니다. 그런데 아시다시피 유엔에서 1997년 '지속가능한 발전'이라는 개념을 내놓고, 그 이후 구체적인 기준이나 실천 방안을 계속 발표해왔습니다. 이 개념의 가장 근본적인 전제는 현세대가 지나친 경제 개발과 환경 파괴로 인해 미래세대의 권리를 빼앗으면 안 된다는 것입니다. 현재 17개 지속가능발전목표가 있고 국가별, 지역별로 구체적인 기준까지 나와 있어서 '지속가능한'이라는 뜻에 대해서는 대체로 합의가 이루어졌다고 봅니다. 다만 '발전'이라는 말에는 여전히 경제성장이나 개발을 지속한다는 오해가 있어서 발전 대신 삶의 토대라는 말을 써보았습니다. 개인적으로 지속가능한 삶의 토대는 생태적 한계를 넘지 않으면서 분배와 복지를 통해 사회적 최저선을 지키는 것이라고 봅니다.

'사람 이외의 생명이나 종'이라는 표현 역시 조금 부정확하게 썼다는 느낌이 있었는데요, 제가 이야기하고 싶었던 바는 국가가 온전한 환경에서 살아갈 수 있는 권리로서 환경권의 적용 대상을 좀 더 확대한다면 사람 이외에, 생태계를 구성하는 동식물을 포함한 다수의 생명이라는 것입니다. 종을 특별히 언급한 이유는 우리 사회에서 특별히 착취당하는 종들이 있기 때문인데요. 최근에 개 식용 금지법이 통과됐지만, 그밖에 공장식 축산 시스템에서 심하게 착취당하는 식용 동물들, 즉 소, 돼지, 닭 같은 동물에 대한 고려도 필요할 것 같아서, '사람 이외의 생명이나 종'이라고 표현했다는 점을 부연 설명 해드립니다.

박태현 전문과 관련해서 말씀하신 지적에 대해서 공감하는데, 제가 전문의 중요성을 강조하는 건 결국 우리가, 예를 들어 생명체의 권리 또는 자연의 권리를 인정한다 하더라도 결국은 인간의 권리와 충돌할 수밖에 없고 그런 과정에서 결국은 이 충돌을 조화롭게 해결을 해야 하고, 조화롭게 해결하는 방법이 결국은 이익형량이라고 하는 그런 방법일 텐데 저는 이 전문에서 노리는 것은 그런 이익형량을 할 때 이 생명의 가치, 자연과의 조화라는 이 가치도 경제성장의 가치와 동등하게, 적어도 그 이상의 어떤 헌법적 가치이자 이익이라는 것을 인정받고, 그래서 구체적인 실무 과정에서 이익형량을 할 때 제 몫으로 이익형량이 되었으면 좋겠다는 관점에서 전문의 중요성을 강조했습니다.

에콰도르 헌법에 자연의 권리 조항도 있지만 헌법 전문에도 그런 내용이 포함되어 있습니다. 자연의 권리를 인정하고 자연과 조화하는 방식이 좋은 삶의 방식이라는 그런 전문의 내용이 실제로 판결을 할 때 영향을 주는데요, 결국 이 헌법이 우리 사회에 관철하려고 하는 것은 자연과 조화하는 그런 사회 공동체, 인간 질서라고 하면서 실무 해석을 할 때 그런 내용이 반영됩니다.

박은정 에콰도르는 2008년도인가요? 헌법을 개정을 해서 인권 이외에 자연권을 헌법에 한 장으로 아예 넣었습니다. 남미의 어떤 뭐라고 할까, 생태, 공유재 이런 것을 핵심 가치로 삼는 남미 좌파 운동의 결실이라고 봅니다. 어쨌든 대화문화아카데미가 이번에 제안하는 개헌안이 박태현 선생님이 관여하고 계시는 '지구법학'에서 제안하는, 그야말로 모든 생명의 존중과 자연의 권리까지는 미치지 못한다는 것은 인정하지 않을 수 없을 것 같아요. 그렇지만 헌법 질서 안에 생명, 생태 가치를 들여옴으로써 기존의 인간 중심적인 헌법 가치 질서를 누그러뜨리는 의미는 적어도 담고 있지 않나, 저는 제 나름대로 그렇게 생각하고 있습니다.

박찬욱 2016년에도 그랬지만, 이번에 조금 더, 지금 조효제 선생님 말씀하신 대로 국민의 권리를 넘어서 인간의 기본적인 권리에 대한 그걸 그런 맥락에서 더 고쳐야 한다, 이걸 특히 박은정 선생님이 강조하시거든요. 그래서 우리가 국민이라고 하는 걸 어떻게 고치냐, 이런 문제를 계속 조문화 작업을 해야 되기 때문에, 좋은 말씀이고요. 그리고 이번에 사실 큰, 어떻게 보면 현행 헌법 35조, 이것도 사실 지금 이렇게 뜯어보니까 조금 더 다듬어야 한다는 생각이 들고요, 그리고 아까 한 대표님 말씀 들으니까, '기후위기' 그러지 말고, '기후생태위기' 그렇게 해서 쓰는 게 더 좋을 것 같아요.

또 하나, 이제 고민이 생겼어요. 보니깐 지난번에 전문에도 '밖으로는' 이렇게 해놨는데, 사실 기후생태위기에 대처하는 게 밖으로만 하는 게 아니잖아요. 대외적으로만 하는 게 아니라 대내적으로도 엄청나게 중요한 문제인데. 이게 전문을 이렇게 그냥 읽다 보면 오해 내지는 좀 미진한 그런 감이 있어서 이것도 어떻게 해야 되겠다는 생각이 듭니다.

이거는 역시 고민인 것 같아요. 이 정의로운 전환이라는 게 협소할 뿐만 아니라 애매하잖아요. 그걸 어떻게 고쳤으면 좋겠냐, 그래서 한 대표님이 '정의롭고 지속가능한 경제' 그러는데 이것도 쉽지 않은 것 같아요. 왜냐하면, 우리가 정의롭다고 할 때, 여태까지 경제 얘기할 때는 생산과 분배를 중심으로 해서 정의롭다고 생각을 했잖아요. 그러니까 생산에 소유 문제라든가 분배에 있어서 형평성이나 이런 것만 생각했는데, 지금 이제 기후생태위기가 들어와서 정의 개념을 얘기해야 하니까 이것도 상당히 얘기할 게 참 많은 것 같아요. 그냥 정의롭고, 정의로운 경제 그러면 우리가 통상적으로 이해하는 그 정의로운 경제 넘어서기가 참 어렵다는 말씀이죠. 그런 문제가 하나 있고요.

그다음에 박태현 교수님 말씀이지만, 이번에 작업에서 그래도 과감한 거는 총강에 대한민국이 단일제, 단방제 국가지만, 그 틀 안에서 중앙과 지방 간의 분권, 이걸 강조해가지고 총강에 지방분권국가 선언을 넣었거든요, 프랑스처럼. 그것도 사실 장족의 발전인데, 거기에 이제 생태의 길을 집어넣으면 이건 엄청나게 나가는 거죠. 그러려면 그걸 뒷받침하는 구체적인 조항이 좀 더 들어가야 하겠는데, 그게 또 고민 사항이 된 것 같아요. 그래서 아무튼, 굉장히 좋은 말씀입니다. 짧은 시간이지만 많이 배웠습니다. 감사합니다.

조진만 제가 이 분야를 잘 모르는데 세 분 말씀 듣고 많이 배웠습니다. 한국에서 환경문제는, 전 세계적으로 강조되고 있음에도 불구하고 여전히 무임승차가 가능한 공유재라는 인식이 강한 느낌이거든요. 이게 제가 판단을 잘못한 것인지는 모르겠지만 중요한 건, 지금은 기후와 환경문제가 메가 트렌드라는 건 인정하는 것 같습니다.

그러면 이 메가 트렌드를 어떠한 식으로 대한민국 헌법에 담을 것인가를 고민해서 전 세계인에게 가치를 제시하면 좋겠다는 생각을 해봅니다. 선언적인 것 이상의 의미가 있는 무엇이 있었으면 좋겠습니다. 그러니까 우리나라 사람들한테 영향을 미치려면 '이거 메가 트렌드야, 그리고 기업이든 국가의 경쟁력이든 환경문제를 해결하지 않으면 안 된다'는 그런 뉘앙스 같은 게 헌법에 들어오면 좋겠거든요. 그래야 사람들이 느끼겠죠. '아! 이게 중요하구나' 그리고 다른 나라하고 비교해보더라도 조금 뭔가 차별화한, 유엔에서 얘기하는 거 그대로 따라가는 게 아니라, 한국 사람들은 국가적·개인적·경제적인 차원에서 동기부여하는 것이 필요합니다. 아니면, 먹고 살기도 힘든데 환경문제…… 아니면 우리가 이전보다 잘 사니까 이제는 약간 고품질의 가치를 추구하는구나, 하는 생각밖에 안 할 것 같거든요. 그래서 그것보다 좀 더 절실한 먹고 사는 문제라든지 경제문제와 관련이 있다는 것을 잘 반영해주는 것이 필요해 보입니다.

* 생명생태가치의 헌법화와 관련된 논의는 전문(前文), 기본권(중 환경권), 경제 부분 심의기록에도 포함되어 있음.

3) 개헌 가능성

박은정 원장님께서 대화문화아카데미의 정체성에 관한 말씀을 하시면서 아카데미의 역할은 아카데미즘과 저널리즘을 연결하는 역할로서, 엘리트 중심적일 수밖에 없다고 말씀하셨는데, 문제는 대화문화아카데미의 출발 기조에서 그 엘리트의 위치와 지금 이 사회에서 엘리트의 위치가 상당히 달라져 있다는 점입니다. 엘리트를 불신하고 어느 면에서 엘리트에 비판적이지요. 그런 관점에서 대화문화아카데미가 아카데미즘과 저널리즘을 연결하는 노력이나 태도에 병행해서 여타 시민사회 진영과의 관계맺음 등, 방향 조정도 중요하다고 생각합니다. 더구나 헌법 이슈에서는, 궁극적으로 헌법의 저자가 국민이니 만큼, 엘리트의 한계를 넘어서는, 확대된 공론장을 염두에 두어야 한다고 생각합니다. 역사적으로도 엘리트로부터 오는 한계 때문에 개헌의 장이 열린 경우도 많지요.

강대인 지금 변화를 얘기하시는데 과거하고 달리 지금 재야도 없어졌고, 우리 사회의 오피니언 리더의 어떤 도덕적 설득력이라는 게 굉장히 실종되다시피 한 건데…… 정문길 선생님이 30여 년 전 우리 잡지에 썼던 article 중에 '지식인의 반역'이 있습니다. 오르테가의 '대중의 반역'을 패러디해가지고 요즘 생각하면 우리 사회에 지금 엘리트라는 말이 어떻게 보면 양식 있는 대중하고는 너무 거리가 먼, 그런 위상이 된 것 같아요. 대표적인 게 지금 우리 사회의 파워 엘리트인데 공공성을 추구한다기보다는 interest 그룹이 돼버려서…… 그러니까 지금 박 위원장님이 얘기하신 것처럼 저희는 무슨 우리가 센터가 된다든지 그런 생각을 해본 적이 한 번도 없고 그냥 우리 사회 전체 속에서 가급적이면 좀 명품을 만들어보려고 하는 그런 정도죠. 그러니까 우리 늘 해온 얘기가, '우리 사회 전체가 유기체적인 관계 속, 돌아가는 속에서 하나의 부품으로 작은 나사못 같은 역할을 하자' 그런 거니까요.

조진만 그러니까요. 저는 중요하고 어려운 문제를 엘리트 차원에서 심도 있게 논의하고, 뭔가 안을 만들어내는 거는 당연히 중요하다고 생각합니다. 그런데 중요한 거는 그걸 갖고 쉽게 대중한테 설명하고 납득시키는 거, 역시 저는 엘리트의 역할이라고 보거든요, 그거를.

강대인 그게 일종의 저널리즘의 역할이죠.

조진만 근데 저널리즘도 제대로 못하는……

장영수 한 가지 말씀드리고 싶은 것은, 일단 세대 차이라고 하는 게 분명하게 있고요. 그리고 그 부분과 관련해서 이런 식으로 얘기하는 분이 있습니다. '이제 문자 세대에서 영상 세대로 바뀌었다. 문자 세대는 글을 읽으면서 사고하는 것에 익숙한 세대인데 요즘 젊은 세대는 사고를 하는 게 아니라 그냥 영상을 보면서 감각적으로 느끼는' 그러니까 여러 가지 문제에 대해서 맞다 틀리다를 따지기보다는 한번 들어보고 '나 저편이야' 편가르기처럼 해버리는…… 그리고 그런 것이 또 한 가지 나타나는 게, 옛날과는 달리 요즘 유튜브라고 하는 게 확산되고 있는 현상하고도 맞물려 있다고 봅니다. 그런데 문제는 이게 우리나라만의 특유한 현상이 아니라 미국이나 프랑스나 혹은 영국 같은 대표적인 선진국가도 다르지 않다는 거죠. 브렉시트 같은 경우도 그렇고 혹은 트럼프 당선 같은 경우도 그랬고 이런 것이 합리적으로 고민하고 따졌더라면 그렇게 결정하기 어려웠을 거라는 얘기를 하거든요. 그런 점에 있어서, 일단 우리의 현실로 받아들이고 거기에 어떻게 대응할 거냐는 대응 전략의 문제가 될 것 같습니다.

하승수 저도 계속 고민 중인데…… 사실 과거에 제가 선거법 관련해서 SNS에 글을 쓰면 바로 저한테 들어오는 공격이 '내각제 하자는 거 아니냐', 아마 분권형 대통령제를 이야기해도 바로 그런 공격이 들어올 텐데, 그걸 보면서 '한국에서 이렇게 유튜브나 이런 걸 통해서, 주로 정치 관련된 유튜브 많이 보고 정치 기사 찾아보고 이런 사람들은 대체로 대통령제, 강력한 대통령을 통해서 사회가 나아지기를 바라는 경향이 있구나' 하고 느끼게 됩니다.

그런데 그분들이 약간 SNS에서 과잉 대표되고 있는 상황이고 현재 거대 양당은 그런 사람들에 의해서 움직여지는 경향이 보여서…… 국민의 여론을 어떻게 만들 수 있느냐가 제일 중요한데, 이런 분들이 일종의 정치 고관심층이고, 확실한 지지 정당이나 정치인이 있는 사람들은 대통령제를 선호하는 경향이, 지금의 제왕적 대통령을 선호하는 경향이 있는 것 같습니다. 그렇지 않은 경향의 사람들은, 정치에 무관심하거나 아니면 중도적인 성향의 사람들은, 사실 극단적으로 양극화된 정치인에 대해서 혐오 내지 불신을 가지고 있는데 문제는 그런 사람들은 SNS 활동도 안 합니다. 그러니까 조직화되지 않은 사람들이죠.

말씀대로 전 세계의 경향이 그렇게 양극화된…… 양쪽 진영의 지지자는 조직화가 되고 활동적인데 그 양쪽에 속하지 않은 사람은 무관심 내지는 자기 의견을 아예 정치적으로 발언도 하지 않고 관심도 없는 이런 사람이죠. 그런 사람들이 만약에 개헌이나 이런 주제를 가지고 조직화될 수 있느냐가 저는 관건일 거라고 생각해보거든요. 역으로 생각해보면, 그런 사례는 아마 없는 것 같은데, 사실 숫자로 따지면 다수는 제가 보기에는 오히려 큰 틀의 변화가 필요하다고 생각하지 않을까, 그런데 문제는 그 사람들은 전혀 조직화되어 있지 않고 정치에 대한 관심도 떨어지고 발언도 하지 않고…… 이런 사람들이라는 게 제일 어려운 점인 것 같습니다. 생각이 정리된 건 아닌데, 역발상을 한다면 어쨌든 그런 사람들을 조직화하고 여론 형성을 하는 게 필요하지 않을까 싶습니다.

그리고 유튜브나 SNS에서 활동하는 적극적인 정치 고관여층이, 대체로 보면 한겨레, 경향신문조차도 불신하는, 진보 쪽에서는. 그런데 사실 그 두 신문이 진보 쪽에서 그 사람들한테 욕을 많이 먹지만 그래도 한겨레와 경향은 기본적으로 제도가 중요하다는 생각 정도는 가지고 있습니다. 합리적 보수와 합리적 진보, 이런 쪽이 아마 전문가 집단이나 언론 쪽에서는 어느 정도 형성될 수 있는데 문제는 이런 지금의 상황에서 일반 시민 중에 그런 문제의식을 가진 사람들이 조직화될 수 있을지 요즘 고민해보고 있습니다.

조진만 저는 개인적으로는 분권형이라는 부분이 나쁜 게 아니라 '이걸로 개헌이 될까' 하는 의심이 듭니다. 일단 개헌이 되려면, 여야, 거대 양당이 일단 합의를 해서, 국회에서 발의하는 게 가장 좋은 모습이고, 그걸 통해서 국민을 설득하는 게 사실은 가장 좋고, 가능성도 높고, 아니면 진짜 민주화 운동처럼, 국민 전반의 컨센서스가 있어서 정치권을 압박해가지고 하는 방법이 있는데, 이건 네이밍(naming)하고 콘텐츠의 문제인데, 분권형 권력구조라고 했을 때 정치권이 특히 양당이 합의할 것이냐, 그리고 국민이 지금같이 분열돼 있고 정서적으로 양극화돼 있는데 될 것이냐, 내용하고는 상관없는 것이죠. 분권형이라는 이 네이밍 자체가 그렇게 흡수력을 갖고 개헌을 다시 유발할 수 있고 동기부여를 할 수 있고 추진할 수 있는 그런 콘셉트로 적합한가에 대한 의문은 있습니다. 동거 정부라든지 총리 추천권이라든지 여러 가지도 추상적이지만 구체적으로 머리에 그려야 하거든요. 예를 들어서 지금 같은 상황이면 민주당 다수가 그 룰을 세팅할 수 있고 진보 진영에서 총리 2명을 대통령한테 추천할 수 있는 거죠. 장관도 마찬가지입니다. 그런 부분에 대해서 유권자가 관심이 없는 것 같지만 사실은 스마트합니다. 그래서 어떤 상황에 대해서 딱 인지를 하게 되면 그다음에는 잘 안 바뀌거든요. 그래서 네이밍도 중요하지만 국민이나 정당에서 합치할 수 있는 것이 중요하죠.

특히 국민 정서에 부합할 수 있는 몇 가지 콘셉트는 있다고 봅니다. 첫째, '대통령 권한이 너무 세다, 축소해야겠다'는 거예요. 이거 동의할 겁니다. 제왕적 대통령, 청와대 정부, 지금 용산 정부니까. 둘째, 제왕적 대통령이면 국회도 힘이 세서 견제를 해야 하는데, 사실은 국회 불신도 너무 심하기 때문에 국회의 권한을 강화해야 하는데 '국회 강화하겠다, 그걸 하기 위해서……' 그러면 안 될 겁니다. 그래서 '국회가 불필요한 특권이 많은데 이거 포기하고 차라리 책임을 강화해야 하겠다. 그러니까 국회 특권은 문제 제기하고 책임이라든지 그런 부분은 더 강화해서 국회의원도 열심히 일해야겠다'. 셋째, 그 연장선상에서 아까 다당제 선거제도 이야기했지만, 제가 경실련에서 정치개혁위원장으로 일할 때 '양대 정당의 기득권을 타파해야겠다'는 게 저희 슬로건이었거든요. 선거제도도 그렇고, 정치관계법의 모든 부분에서. 국회법에서 교섭단체 부분도 그렇고요. 지역주의에 기반한 이 양대 정당의 기득권을 타파할 수 있는 정치 개혁. 그게 미래인 것 같고, 그래서 세 번째 콘셉트로는 '양대 정당의 기득권이 너무 많다. 그런 부분을 줄여야 여러 가지 나아질 것 같다' 하고…… 넷째, '수도권과 서울의 집중이 너무 크다', 이 콘셉트로 하면 좋겠습니다. 지금은 분권이라는 가치에 대해서 설명하는 것 같지만 사실은 그 워딩으로 해서 분권형 권력구조보다도 우리가 지향하는 분권의 개념과 목표는, 슬로건은 딱 이런 것이라고 해야 국민과 훨씬 쉽게 얘기할 수 있을 겁니다. 그러니까 국민에게 쉽게 퀘스천(Question)을 줘야 얘기를 할 수 있다고 생각합니다.

그리고 제가 최근에 쓴 논문이 있습니다. 하나는 개헌에 찬성하고 반대하는 대한민국 유권자가 어떤 성향이라든지 정치적인 균열이 있거나 그걸 어떻게 인식하느냐는 게 있었고, 또 그 직전에 누가 왜 대통령을 지지하는가, 하는 분석을 한 게 있습니다. 사실은 보통 사람을 저희가 이해해야 해요. 학계에서 '당연히 이렇겠지' 하거나 가설을 세워서 여론조사를 해봤더니 '이거 왜 이러지? 국민들이 왜?' 이런 결과가 나오더라고요. 그러니까 그거를 심층적으로 밝혀서 '아, 이거는 이런 부분인 것 같다. 그리고 이렇기 때문에 어느 정도의 정치 개혁이라든지 어떤 접근이 유용할 것 같다' 하는 전략이 있는 게 중요하다고 생각합니다. 그런데 저희가 잘 모르잖아요. 제 스스로도 정치 개혁을 얘기하고 활동하고 그러지만 '내가 우리 국민을 너무 모르는 것 같다. 양극화되어 싸우고 감정적이라고 그러는데 왜 대통령제를 좋아하지? 이게 어떤 식으로 균열이 돼 있는 거지?' 이런 것을 파악하고 그러다 보니까…… 한 가지 예로 우리가 상식적으로 생각할 때는 대통령을 배출할 수 있는 영호남 유권자가 대통령제 유지하는 걸 좋아할 것 같은데 결과를 보니 아니더라고요.

저는 보통 사람을 납득시킬 수 있으면 된다고 봐요. 헌법(개정안)을 들었을 때 '아 이러면, 이렇게 개헌을 하면, 내 삶이, 기본권이 좋아지겠구나. 지금보다 낫겠구나'는 (**박찬욱** common sense에 부합하면) 그것만 되면 괜찮아요. (**박찬욱** 그게 어렵지) (**하승수** 그렇죠)

하승수 조 위원님 말씀을 들으면서 저도 고민을 많이 했던 건 저희가 만드는 헌법의 네이밍을, 저는 '분권형 헌법' 그렇게 해도 된다고 생각하는데, 또 사람들은 이 헌법, 그럼 그게 그렇게 되면 뭐가 좋은데, 하는 질문에 대한 답을 할 수 있어야 한다는 건 되게 중요한 말씀 같습니다. 어떻게 우리가 이름을 붙이든 간에 이 헌법이 지향하는 게 지금 한국 사회에 어떤 문제를 해결하고자 하는 것인지, 그게 좀 드러나는 일종의 키워드나 슬로건 같은 것이 같이 가면 좋겠고, 그거는 "대권에서 분권으로, 통치에서 자치로" 이런 식의 표현, 한 가지 덧붙이면, "적대에서 공존으로" 이렇게 했으면 좋겠습니다.

왜냐하면 이제 더 이상 적폐청산 하지 말고. 정권이 바뀌었을 때 상대방을 인정하면서 여당이든 야당이든 공존하는 (**강대인** 보복의 악순환) 거기(보복)에서 벗어나자는 취지, 이런 게 우리가 헌법을 개정하고자 하는 이유가 되면 어떨까요? 많은 사람이, 지금 양당의 강성 지지층을 제외한 나머지 사람들이, 국민이 느끼고 있는 답답함을 해결하는…… 어쨌든 제 생각으로는 헌법개정안의 네이밍뿐만 아니라 그런 키워드나 이 헌법안이 의도하는 지향점, 이런 것을 밝혀주면 좋겠다는 거는, 저도 참 공감을 많이 해서. 그거는 한번 계속 고민을 해봤으면 좋겠다는 생각이 들었습니다.

그리고 저도 가장 큰 고민이 동력인데, 몇 가지 시나리오가 있을 것 같습니다. 현직 대통령이 개헌에 나서는 게 일종의 필요조건 같습니다. 충분조건은 아닌 것 같고. 그런데 필요조건인 현직 대통령도 반대하는데 추진이 힘들죠. 충분조건은, 이게 또다시 '국면 전환용' 안 되려면 야당과 시민사회가 호응할 수 있어야 하는, 그러니까 최소한 헌법개정과 관련해서는 우리가 정파적으로 접근하지 말고, 정쟁하지 말고 광범위한 전문가, 시민사회, 국민의 의견을 들어서 안을 만드는 걸로 하자. 이 정도 원칙에 초정파적으로 합의해야만 실제로는 될 텐데, 그런 점이 숙제인 것 같습니다.

장영수 저는 오히려 차라리 여당, 야당 할 것 없이 어느 쪽도 과반이 안 되고 (**하승수** 그렇죠. 그럴 수도 있고) 3당, 4당으로 나뉘어서 협의할 수밖에 없는 구조가 만들어지면 좀 더 가능성이 커지겠다고 봅니다.

박명림 저는 여론조사에 몇 번 참여를 해봤는데 질문을 약간만 바꿔도 답변이 크게 바뀌어요. 이를테면 현행 제도를 제왕적 대통령제라고 놓고 분권형 대통령제를 물으면 후자가 높게 나오지요. 국민은 인물과 제도를 동일시해요. 그런데 대통령제냐, 내각책임제냐 하고 물으면 대통령제가 압도적입니다. 사람들은 대통령제는 곧 직선제라고 생각하거든요. 따라서 국민의 직선 주권행사는 보장하면서, 권한 배분을 통해 승자독식으로 인한 갈등을 완화하면 되지 않을까 싶습니다. 정치가 갈등 해결의 기제가 아니라 갈등을 악화시키고, 현행 권력구조로는 점점 더 갈등을 심화시킨다, 따라서 이제는 갈등을 완화시키고 합의나 연정을 촉진할 국회의 총리 복수 추천제나, 국무회의 의결기구화, 장관임명동의제 정도를 제안하면 국민도 지지하지 않을까 싶습니다.

조진만 그런 부분이 있으니까 잘하면 대통령제를 바꾸거나 대화문화아카데미에서 지금 하는 총리 국회 추천이라든지 임명이라든지 이런 부분을 할 수 있는 여지가 있다고 봅니다, 큰 틀에서의 가치에 대한 합의만 되면. 그런데 저희가 자꾸 대통령제를 이상적인 측면으로 보면서…… 우리가 가는 건 아닌 것 같고, 합의나 대화와 같은 대화문화아카데미 정신이 사실 합의제 민주주의의 기본 전제 같은 거거든요. 그런 가치를 파격적으로든 아니면 그 가치에 맞게끔 워딩을 하고, 브랜딩을 하고…… 타협을 하더라도 그거를 기본적으로 유지하거나 살릴 수 있는 워딩이 필요한데……

박명림 개헌 시기와 관련해서 말씀드리면 현재 권력과 미래 권력 사이에 절묘한 공백 상태나 이행 상태(interregnum)가 타협하기에 가장 좋은 시점이 아닐까 싶습니다. 현재 권력은 자기의 권력을 내려놓으려 하지 않고, 미래 권력은 임박한 집권 가능성을 흔들고 싶어하지 않기 때문입니다. 아주 나쁜 현상입니다. 따라서 이러한 진단은 한국의 선거 주기와 정치 현실에 근거한 권력이론적 분석이지만, 사실은 개헌은 필요 상황이 도래하면 의회의 합의에 따라 언제나 가능해야 하는 것이지요. 미국과 독일은 각각 대통령제와 의회제 국가이지만 개헌은 국가의 필요와 의회의 합의에 따라 수시로 진행해왔습니다.

미국의 개헌이 적었던 것처럼 알려진 것은 오해입니다. 미국은 사실 핵심 원리와 헌법 현실이 개헌으로 변화해온 나라라고 해도 과언이 아닙니다. 제헌 당시에도 미국에서는 제헌-개헌 문제와 관련하여 큰 논쟁이 있었습니다. 그러니까 미국 헌법을 같이 만든 가장 친한 정치적 동지인 제퍼슨하고 매디슨이 갈라지는 게 바로 그 지점인데요. 제퍼슨은 죽은 세대가 살아 있는 세대를 지배하는 것은 안 된다며 모든 헌법과 법률은 한 세대인 19년이 지나면 만료된다고 보았습니다. 항구적인 헌법과 법률은 존재할 수 없다는 것이지요. 그래서 19년에 한 번씩 헌법은 고쳐야 한다는 거였고, 매디슨은 그 반대였습니다. 매디슨은 항구적인 헌법의 이점을 강조합니다. 그는 한 세대의 편익이 다음 세대에게 전수되려면 보다 안정적이고 항구적인 형평성이 필요하다고 보았습니다. 그가 보기에는 헌법과 법률을 세대마다 다시 써야할지, 과거의 그것을 고수해야 할지를 둘러싸고 폭력적인 충돌이 있을 수 있기 때문이었습니다. 계속 변하게 될 다수파의 변덕에 따른 소수자 억압, 정치의 폭력적 양극화도 크게 우려하였습니다. 결국 미국의 제헌과 개헌의 역사를 돌아보면, 헌법 제정 원칙에서는 매디슨이 승리하고 훗날 개헌 현실에서는 제퍼슨이 승리를 한 것이라고 할 수 있습니다. 우리는 이렇게 헌법이 계속 문제가 되고 있고 노태우부터 문재인까지 모든 대통령이 그렇게 개헌을 제안하고 추진하고 해도 안 되는 현실은 확실히 문제가 있지 않나 싶습니다.

4.2. 전문

현행헌법

유구한 역사와 전통에 빛나는 우리 대한국민은 3·1운동으로 건립된 대한민국임시정부의 법통과 불의에 항거한 4·19민주이념을 계승하고, 조국의 민주개혁과 평화적 통일의 사명에 입각하여 정의·인도와 동포애로써 민족의 단결을 공고히 하고, 모든 사회적 폐습과 불의를 타파하며, 자율과 조화를 바탕으로 자유민주적 기본질서를 더욱 확고히 하여 정치·경제·사회·문화의 모든 영역에 있어서 각인의 기회를 균등히 하고, 능력을 최고도로 발휘하게 하며, 자유와 권리에 따르는 책임과 의무를 완수하게 하여, 안으로는 국민생활의 균등한 향상을 기하고 밖으로는 항구적인 세계평화와 인류공영에 이바지함으로써 우리들과 우리들의 자손의 안전과 자유와 행복을 영원히 확보할 것을 다짐하면서 1948년 7월 12일에 제정되고 8차에 걸쳐 개정된 헌법을 이제 국회의 의결을 거쳐 국민투표에 의하여 개정한다.

대화문화아카데미 2025 새헌법안

유구한 역사와 전통에 빛나는 우리 대한국민은 3·1운동으로 건립된 대한민국임시정부의 법통과 **4월혁명 및 6월항쟁의 민주공화이념을** 계승하고, **민주주의와 법치주의, 사회정의, 평화통일, 그리고 세계평화의** 사명에 입각하여 **생명존중, 생태보전, 자유, 평등, 연대, 복지의 가치를** 바탕으로 자유민주적 기본질서를 더욱 확고히 하여 정치·경제·사회·문화·**환경**의 모든 영역에서 **모든 이에게** 기회균등과 **다양성을 보장하며, 자율과 책임, 권리와 의무를** 완수케 하여 **삶의 질의** 균등한 향상을 기하고 **인류의** 항구적인 **공존공영에** 이바지하며 **지구생태계를 보전하는 데에 최선의 노력을 다함으로써** 우리들과 **미래세대의** 안전과 자유와 행복을 영원히 확보할 것을 다짐하면서 1948년 7월 12일에 제정되고 **9차에** 걸쳐 개정된 헌법을 이제 국회의 의결을 거쳐 국민투표에 의해 개정한다.

하승수 대화문화아카데미 2016 새헌법안에서는 기후 문제에 대해서 구체적인 언급은 하지 않지만 전문에서 '생명존중, 생태보전' 이걸 하나의 바탕이 되는 가치로 포함했습니다. 그간 몇 나라 헌법에서 기후위기 관련한 문제의식이 헌법에 담겼고, 프랑스 같은 경우 흥미로웠던 거는 상당히 강한 의미를 담은 조항이 제안됐다가 논의 과정에서 결국에는 무산됐지만, 어쨌든 프랑스는 마크롱 대통령이 제안해서 구상했던 그 기후시민회의에서 헌법개정 제안을 했는데, 그 내용은 제가 읽어봐도 '문구가 너무 세다' 이런 생각이 들었습니다. 헌법 1조에 "프랑스는 환경보존 및 생물 다양성을 보장하고, 기후변화에 맞서 투쟁한다" 이렇게 내용을 기후시민회의에서 제안해서, 아마 하원에서는 통과된 것 같은데, 상원에서는 이 문구가 너무 좀 지나치다는 의견이 있어서, 어쨌든 이게 헌법개정 통과는 안 된 것 같습니다. 프랑스의 논의가 보여주는 게 기후위기에 대한 문제의식을 헌법에 담아내는 게 필요하다는 것이었습니다.

그리고 2017년 국회 개헌특위 자문위원회안을 보면, 제가 보기에는 성안된 안으로서는 기후 관련 문제의식을 가장 충실히 담았던 것 같습니다. 헌법 전문에 생명존중, 미래세대에 대한 책임, 지속가능성, 이런 문제의식이 들어가 있고, 구체적으로는 그 헌법 전문에 "지구생태계와 자연환경의 보호에 힘쓰며 (…) 모든 분야에서 지속가능한 발전을 추구함으로써 우리와 미래세대의" 이런 식으로 당시 국회 개헌특위 자문위원회가 상당히 이 문제의식을 많이 담았고, 2018년 문재인대통령 개헌안에서는 헌법 전문에 "자연과의 공존 속에서 우리들과 미래세대의 안전과 자유와 행복" 이런 식으로 돼 있습니다. '자연과의 공존'이라는 표현과 '미래세대'라는 표현이 추가되는 식이었습니다.

대화문화아카데미 2016 새헌법안	2017년 국회 개헌특위 자문위원회안	2018년 문재인대통령 개헌안
유구한 역사와 전통에 빛나는 우리 대한국민은 3·1혁명으로 건립된 대한민국임시정부의 법통과 4월혁명 및 6월항쟁의 민주이념을 계승하고, 민주주의와 법치주의, 사회정의, 평화통일, 그리고 세계평화의 사명에 입각하여 생명존중과 생태보전, 자유, 평등, 연대, 복지의 가치를 바탕으로 자유민주적 기본질서를 더욱 확고히 하여 정치·경제·사회·문화의 모든 영역에서 모든 이에게 기회균등과 다양성을 보장하며, 자율과 책임, 권리와 의무를 완수케 하여 안으로는 삶의 질의 균등한 향상을 기하고 밖으로는 인류의 항구적인 공존공영에 이바지함으로써 우리들과 우리 자손들의 안전과 자유와 행복을 영원히 확보할 것	유구한 역사와 전통에 빛나는 우리 대한국민은 3·1운동으로 건립된 대한민국임시정부의 법통과 불의에 항거한 4·19혁명과 6·10항쟁의 민주이념을 계승하고, 조국의 평화적 통일과 법치주의에 터 잡은 자유롭고 평등한 민주사회의 실현을 기본 사명으로 삼아, 인류애와 생명존중으로 평화와 공존을 추구하고, 자율과 조화를 바탕으로 사회정의와 자치·분권을 실현하고, 기회균등과 연대의 원리를 사회생활에서 실천하고, 지구생태계와 자연환경의 보호에 힘쓰며, 안으로는 국민의 생활을 균등하게 향상시키고, 밖으로는 항구적인 세계평화와 인류공영에 기여하고, 모든 분야에서 지속가능한 발전을 추구함으로써 우리와 미	유구한 역사와 전통에 빛나는 우리 대한국민은 3·1운동으로 건립된 대한민국임시정부의 법통과 불의에 항거한 4·19혁명, 부마민주항쟁과 5·18민주화운동, 6·10항쟁의 민주이념을 계승하고, 조국의 민주개혁과 평화 통일의 사명을 바탕으로 정의·인도와 동포애로써 민족의 단결을 공고히 하고, 모든 사회적 폐습과 불의를 타파하며, 자치와 분권을 강화하고, 자율과 조화를 바탕으로 자유민주적 기본질서를 더욱 확고히 하여 정치·경제·사회·문화의 모든 영역에서 개개인의 기회를 균등히 하고, 능력을 최고도로 발휘하게 하며, 자유와 권리에 따르는 책임과 의무를 완수하게 하여, 안으로는 국민생활의 균등

| 을 다짐하면서 1948년 7월 12일에 제정되고 9차에 걸쳐 개정된 헌법을 이제 국회의 의결을 거쳐 국민투표에 의해 개정한다. | 래세대의 자유와 안전과 행복을 영원히 확보할 것을 다짐하면서, 1948년 7월 12일에 제정되고 9차에 걸쳐 개정된 헌법을 이제 국회의 의결을 거쳐 국민투표에 의하여 개정한다. | 한 향상과 지역 간 균형 발전을 도모하고 밖으로는 항구적인 세계평화와 인류공영에 이바지함으로써 자연과의 공존 속에서 우리들과 미래세대의 안전과 자유와 행복을 영원히 확보할 것을 다짐하면서 1948년 7월 12일에 제정되고 9차에 걸쳐 개정된 헌법을 이제 국회의 의결을 거쳐 국민투표에 의하여 개정한다. |

박은정 대화문화아카데미 2025 새헌법안이 결국 생명생태가치의 헌법화를 어느 정도는 한 셈인데, '생명생태'를 이렇게 붙여서 이야기하는 것은 생명과 생태가 불가분의 관계에 있다는 것을 철학적으로 강조하는 바탕에서 나왔던 것 같아요.

생명생태가치의 헌법화는 세 차원에서 구성할 수 있다고 생각합니다. 하나는 1) 이념적 지향 차원, 다른 하나는 2) 기본적 권리 및 의무 차원, 그다음에 3) 국가정책 목표 제시 차원인데요. 말하자면 생명생태가치를 이념적인 지향으로서 이를테면 헌법 전문에 담고, 기본권 차원에서 새로운 관련 기본권을 설정하거나 강화하는 것, 그리고 국가의 핵심적인 정책 목표로도 명시하는 것, 이 세 차원의 헌법화가 모두 필요하다고 봅니다. 2016 새헌법안도 기본적으로는 그런 방향에 서서 한 것이, 아까 하승수 변호사님이 말씀하셨지만, 우선 헌법 전문에는 생명존중과 생태보전이라고 하는 헌법 가치를 명시했는데 기본권 차원에서는 환경권은 건드리지 않고, 기본권의 적용 주체를 국민에서 모든 사람으로 변경하고, 생명권 신설, 사형금지 조항 도입으로 대신했습니다. 그리고 국가정책 목표 차원에서는 경제 관련 조항에 지속가능한 개발과 천연자원 및 생태환경 보전을 위한 국가의 의무를 명문화하고 이런 정책 목표를 실현하기 위해서 환경 거버넌스로 생태환경에 대한 대통령직속위원회를 두도록 한다, 이런 정도로 했습니다.

이런 개헌안은 이른바 지구법학이라든가 생태주의를 주장하는 모든 생명의 존중과 자연의 권리 요청에는 미치지 못하지만, 헌법 질서 안에 생명생태가치를 들여옴으로써 기존의 인간 중심적인 헌법 가치 질서를 누그러뜨리는 출발적인 의미는 담고 있다는 정도로 볼 수 있을 것 같고요, 다만 우리 대화문화아카데미 2016 새헌법안에서 미흡하다고 생각한 부분은, 지속가능성과 미래세대를 위한 책임 부분인데, 미래세대를 위한 책임 부분은, 예컨대 탄소중립기본법에 보면, 기본 원칙으로 첫 번째가 미래세대의 생존을 보장하기 위하여 현세대가 져야 할 책임이라는 세대 간 형평성의 원칙, 그다음에 지속가능 발전의 원칙, 이 두 가지를 일차적인 원칙으로 내세우고 있습니다. 탄소중립기본법상의 기본 원칙은 미래세대의 책임 쪽보다는 세대 간의 균형 내지는 형평성 원칙, 여기에 더 초점이 가 있는 것 같아요. 그래서 그런 점에서 아까 하 위원님 말씀하신 것처럼 그야말로 미래세대를 위한 국가나 국민의 책임을 강조하는 방향으로 보완될 필요가 있겠습니다. 그리고 경제 조항에 국토의 지속가능한 이용과 개발, 생태환경 보전 이런 부분이 들어 있는데, 이 부분도 조금 더 전향적으로 나아갈 필요가 있지 않나 싶습니다.

하승수 전문을 개정한다면 이런 제안을 드립니다. 현행헌법은 '자유민주적 기본질서를 확고히 하여, 정치·경제·사회·문화의 모든 영역에서 모든 이에게 기회균등과 다양성을 보장하며'로 되어 있습니다. 여기에 '환경'을 하나를 더 넣어서 '자유민주적 기본질서를 더욱 공고히 하여 정치·경제·사회·문화·환경의 모든 영역에서 모든 이에게 기회균등과 다양성을 보장하며' 이렇게 제안을 드립니다.

박은정 환경 자체는 정치·사회·경제·문화 영역과 나란히 하는, 그 비중은 맞는 것 같은데, 그다음에 기회균등이 환경에 걸리는 부분에서의 표현과 다양성이라고 하는 것이 환경하고 연결되는 부분이 다소 어색한 것 같습니다.

히승수 그 부분은 저도 고민이 있습니다. 생물다양성 같은 의미로 볼 수도 있을 텐데, 약간 어색한 부분도 있어서요.

박은정 그다음에 '다양성을 보장하며 자율과 책임, 권리와 의무를 완수케 하여, 안으로는 삶의 질의 균등한 향상을 기하고, 밖으로는 인류의 항구적인 공존공영에 이바지하며' 여기까지는 이제 기왕에 있는 조문이고, 거기에 이어서 이제 새로 들어올 것이 '기후위기라는 사상 초유의 위기 상황에 대처하는 데 최선의 노력을 다함으로써 우리들과 미래세대의 안전과 자유와 행복을 영원히 확보할 것을 다짐하면서'라고 제안하셨습니다. 그래서 '우리들과' 다음에 '미래세대'라는 것을 넣었고요. 여기 지금 새로 들어온 부분, '기후위기라는 사상 초유의 위기 상황에 대처하는 데 최선의 노력을 다함으로써' 이 표현에 대해서 어떻게 생각하시는지요?

장영수 기후위기를 넣는 건 괜찮은데 '사상 초유의' 부분이 걸립니다.

박은정 박명림 사상 초유의 위기 상황이라는 게……

박은정 강하다는 이런 느낌이……

박명림 헌법에 들어가기에는……

박은정 10년 후, 20년 후에 이것에 대해서 또 받아들이는 강도는 또 어떨지? 이런 것을 생각하면 이것을……

박찬욱 기후위기? 기후재난? 기후재앙?

박은정 글쎄요. '기후위기라는 사상 초유의 위기 상황에 대처하는 데 최선의 노력을 다함으로써'를 그냥 '기후위기에 대처하는 데 최선의 노력을 다함으로써' 그런 정도로 하면 어떨까요? (**장영수** 그 정도면 무난할 거 같습니다)

*2024년 12월 23일 기후생태위기 대응 법안심의 자문회의를 거쳐 전문이 일부 수정됨. 관련 기록은 '4.1. 전반적 논의'에 포함됨.

4.3. 제1장 총강

1) 영토/통일 조항

현행헌법	대화문화아카데미 2025 새헌법안
제3조 대한민국의 영토는 한반도와 그 부속도서로 한다. 제4조 대한민국은 통일을 지향하며, 자유민주적 기본질서에 입각한 평화적 통일 정책을 수립하고 이를 추진한다.	제3조 대한민국의 영토는 한반도와 그 부속도서로 한다. 제4조 대한민국은 통일을 지향하며, 자유민주적 기본질서에 바탕을 둔 평화통일 정책을 수립하고 추진한다.

박명림 예전에 영토 조항 관련하여 여론조사를 했을 때 어떤 결과가 나왔냐면, '대한민국의 영토는 한반도 부서로 한다. 단, 통일 이룰 때까지는 1953년 7월 27일 정전협정의 관할 구역으로 한한다.' 이걸 넣었는데, 이 단서 조항 삽입에 대해 일반 국민은 찬성이 가장 높게 나왔어요. (단, 국회의원은 현행 유지에 가장 높은 찬성을 표시했습니다.) 이거는 당위 규범과 실행 규범을 타협을 한 거죠, 독일 기본법처럼요. 규범적으로는 우리 영토지만 현실적으로는 우리의 관할 구역이 아니니까요. 독일이 동독 지역은 떼어놓듯이 그렇게 했는데요. 만약에 영토 조항에 단서 조항이 들어가는 게 합의가 된다면, 우리 사회에 한번 던져볼 만한……

박은정 헌법의 틀 안에서 이제 두 국가론 논의도 해야 하지 않는가 하는 문제의식에 대해 어떻게 생각하시는지요?

하승수 당연히 한반도 평화가 굉장히 중요한 과제인데, 저는 또 내부의 평화도 중요하다고 보거든요. 그런데 지금 너무 내부의 갈등과 분열이 심한 상황에서 헌법개정에 이 한반도 논의를 끌어들이면 또 이것도 하나의 이념 갈등 문제로……

박은정 지금 문제가 되는 것은 전쟁은 막아야 한다는 그런 절실함, 그 절실함 속에서 선제적으로 해야 할 것도 있고 장기적으로 다룰 부분도 있는데, 저도 하 위원님이 생각하시는 것과 비슷한 맥락인데, 그런 절박함과 관계된 내용이 이 헌법에 어떤 식으로 담길 수 있는지……

장영수 통일 문제는 관련된 것이 너무 많거든요. 그중에서도 우리가 간과하기 쉬운 것 중의 하나가 탈북자 문제입니다. 탈북자 문제가 헌법 제3조랑 바로 맞물려 있고, 독일에서도 그것 때문에 이제 두 개의 독일이라고 하는 것은 안 된다, 그렇게 얘기를 했던 게 국적 문제 때문이거든요. 북한 주민이 대한민국 국적을 가질 수 있느냐 아니냐? 지금 헌법재판소 판례나 대법원 판례는 북한 주민, 탈북민은 귀화가 필요 없는 당연한 대한민국 국민이라고 해석합니다. 그런데 이게 이제 두 개의 국가로 가면 끊어지는 거거든요.

 예를 들어 가지고 현행헌법에서도 지금 자꾸 3조만 초점을 맞추다 보니까, 4조에서는 자유민주주의 기본질서에 입각한 평화적 통일이라고 명시하고 있습니다. 다시 말하자면, 무력 통일, 북진 통일 이거는 헌법 스스로 금지하고 있고, 그랬을 때 우리가 평화를 어떻게 진전시키느냐는, '평화를 넣자'와는 또 다른 얘기입니다.

강대인 그게 반전이죠. 전쟁을 막자는 거라니까요, 평화가. 생태계 위기도 관계돼요, 전쟁하고.

장영수 물론 그렇죠. 우리는 전쟁을 못 일으키도록 헌법에 못 박고 있고, 북한이 전쟁을 만약에 일으킨다면 방위할 수밖에 없는 거고, 그러니까 이게 우리가 헌법 논의로 끌어들일 때 '평화가 없는 상태에서 평화를 넣자' 이렇게 하면 거기에서 가시적인 변화가 있는데 지금 이미 있는 상태에서 평화를 어떻게 실질화할 것이냐 하면 훨씬 더 어려운 과제가 됩니다.

다수 현행헌법대로 유지합시다.

2) 공무원/정당 조항

현행헌법	대화문화아카데미 2025 새헌법안
제7조 ①공무원은 국민전체에 대한 봉사자이며, 국민에 대하여 책임을 진다. ②공무원의 신분과 정치적 중립성은 법률이 정하는 바에 의하여 보장된다. 제8조 ①정당의 설립은 자유이며, 복수정당제는 보장된다. ②정당은 그 목적·조직과 활동이 민주적이어야 하며, 국민의 정치적 의사형성에 참여하는 데 필요한 조직을 가져야 한다. ③정당은 법률이 정하는 바에 의하여 국가의 보호를 받으며, 국가는 법률이 정하는 바에 의하여 정당운영에 필요한 자금을 보조할 수 있다. ④정당의 목적이나 활동이 민주적 기본질서에 위배될 때에는 정부는 헌법재판소에 그 해산을 제소할 수 있고, 정당은 헌법재판소의 심판에 의하여 해산된다.	제7조 ①모든 국민은 자유롭게 정당을 설립할 수 있다. 복수정당제는 보장된다. ②정당은 그 목적·조직과 활동이 민주적이어야 한다. ③정당은 법률이 정하는 바에 의하여 국가의 보호를 받는다. **다만,** 정당의 목적이나 활동이 민주적 기본질서에 위배될 때에는 **집행부가 국무회의의 의결을 거쳐,** 헌법재판소에 그 해산을 제소할 수 있고, 정당은 헌법재판소의 심판에 의하여 해산된다. 제8조 ①공무원은 국민 전체에 대한 봉사자이며, 국민에 대하여 책임을 진다. ②공무원의 신분과 정치적 중립성은 법률이 정하는 바에 의하여 보장된다.

장영수 현행헌법 7조와 8조의 자리 바꿈, 다시 말하면 공무원보다는 정당 조항이 앞으로 가도록 한 이유가 궁금합니다.

사무국 『대화문화아카데미 2016 새헌법안』 135쪽을 보면, 국가에 대한 규정이 나오다가 갑자기 공무원 조항이 나오는, 순서가 어색하다는 문제 제기가 있어서 두 조항의 순서를 바꾼 것으로 되어 있습니다.

다수 큰 문제가 없다면 2016 새헌법안과 일관성을 유지합시다.

장영수 그런데 정당 해산 조항에서 "헌법재판소는 결정으로써 그 정당의 해산을 명할 수 있다." 이 부분은 재고가 필요합니다. 현행헌법에서는 '명할 수 있다'가 아니라 '헌법재판소의 심판에 의하여 해산된다' 즉, 명하는 것이 아니라 그 자체로써 해산이 되는 이걸 이제 헌법학에서는 창설적 효력이라고 얘기를 하거든요. 헌법재판소의 결정 자체로서 효력이 발하는 거죠. 명한다면 그 명에 따라서 해산을 집행해야 되거든요. 그런데 그러한 집행에 의해서 비로소 해산되는 것으로 했을 때는 또 다른 문제가 생깁니다.

모두 현행헌법대로 수정합시다.

*기타 총강 조항에 대한 논의는 단행본 『대화문화아카데미 2016 새헌법안』(대화문화아카데미, 2016)에 실려 있음. 총강 부분은 2016 새헌법안과 크게 다르지 않음.

4.4. 제2장 기본권과 기본의무

1) 기본권 향유 주체, 생명권 표현 방식

현행헌법	대화문화아카데미 2025 새헌법안
제2장 국민의 권리와 의무	제2장 **기본권과 기본의무**
제10조 모든 국민은 인간으로서의 존엄과 가치를 가지며, 행복을 추구할 권리를 가진다. 국가는 개인이 가지는 불가침의 기본적 인권을 확인하고 이를 보장할 의무를 진다.	제9조 ①모든 **사람은** 인간으로서의 존엄과 가치를 가지며, 행복을 추구할 권리를 가진다. 국가는 개인이 가지는 불가침의 기본적 인권을 확인하고 이를 보장할 의무를 진다. ②**모든 사람은 생명의 권리를 가진다.** ③**사형은 금지된다.**

박명림 대화문화아카데미 2025 새헌법안에서 기본권의 주체를 일부 사람으로 바꿨는데 이 정도가 좋을지 아니면 인구 급감 때문에 다문화 현실과 외국인 노동의 급증 등을 반영하여 좀 더 넓히는 게 좋을지⋯⋯ 또, 현실이 그렇다고 해도 과연 헌법적으로 담아낼 수 있을지? 그런 게 고민이 됩니다.

하승수 제가 2018년 문재인대통령 개헌안에 관여할 때 지역 순회하면서 설명회를 몇번 했는데 제일 반발이 심했던 게, 모든 국민을 모든 사람으로 바꾸는 거였습니다. 문자 오고 메일 오고 그러더라고요. 그러니까 지금은 약간 순차적인 접근이 필요하지 않을까, 최소한의 인권에 대해서는 주체를 모든 사람으로 하더라도, 더 넓히는 것은 순차적으로 접근할 필요가 있을 것 같습니다. 사실 지금도 사회권과 관련해서도 이미 이주 여성, 이주 노동자에게 인정되는 부분도 있지만 그걸 헌법에 담는 경우는 신중할 필요가 있을 것 같습니다. 참정권도 그렇고요.

박명림 저도 기억납니다. 의무와 권리 조항의 균형 문제도 그렇고요. "그 사람들 세금 안 내는데 왜 보호를 해줘야 하냐?" "납세의무는 대한민국 국민만 지고, 권리는 모든 사람?" 이렇게 막 항의받고……

하승수 예, 그런 식의…… 헌법개정 논의의 초점이 흐려질 가능성이 있어서, 말씀하신 점은 저도 공감합니다만, 이번 개헌안에서는 저희가 가능하면 반보 전진 정도만 하면 어떨까요?

박은정 담지는 않되, 이런 논의가 있었다는 것을 설시하는……

하승수 모든 사람이라는 걸, 일부라도 모든 사람으로 주체가 바뀌는 것만 해도, 제가 보기에는 반보는 전진한 거죠.

장영수 그리고 표현상의 문제인데요. '생명의 권리'가 낫겠냐 '생명권'이 낫겠냐, 또 하나는 모든 사람은 자기 정보에 대한 결정의 자유를 가지는 것, 그런데 이 부분이 사실 지금 판례나 합법상으로는 결정의 자유라고만 하기에는 그렇지 않느냐, 결정권으로 얘기를 일반적으로 많이 하거든요, 개인정보자기결정권 이런 식으로 해서. 왜 그러냐면, 이제 자기 혼자서만 하는 게 아니라, 그것과 관련해서 국가나 공공기관에 대해서 '이거 너희 함부로 하지 마라', 요청하는, 이런 것 때문에, 자유로만 표현하기에는 부적절하지 않느냐, 이런 얘기가 있는 것 같고요.

박은정 아까 생명권과 관련해서는 뭐라고 말씀하셨죠?

장영수 지금 여기 '생명의 권리' 이렇게 했는데, 표현상의 문제인데, 생명의 권리가 낫겠냐, 생명권이 낫겠냐, (**박찬욱** 내용상 차이가 있나요?) 내용상의 차이는 별로 없는데, 이게 일반적인 용어 사용의 문제죠. 일반적으로는 '생명권' 하지, 생명의 권리 이렇게는 잘 안 하니까, 순수하게 이건 표현상의 문제입니다.

박찬욱 이게 영어로 하면 뭡니까? Right to life 이렇게 되나요? 생명의 권리를 가진다 생명권을 가진다, 지금 일반적으로는 생명권으로 다 표현한다, 이런 말씀이죠?

장영수 예, 지금 명문 규정은 없고, 학설이나 판례에서는 생명권으로 표현하고 있습니다.

조진만 재산권, 생명권, 생명권이 더……

장영수 요즘 사람들이 줄여서 쓰는 걸 선호하기 때문에.(웃음)

박은정 예를 들어서 정보권도 정보의 권리 이런 식으로 풀어서 표현하듯이 전체적으로 그 방식으로 문구를 취하자고 해서 '생명의 권리를 가진다' 이렇게 된 셈이죠.

조진만 어떻게 하든 오해의 소지는 없어 보입니다. 오해의 소지는 없기 때문에 단어의 문제……

하승수 재산권처럼 생명권도 그냥 생명권이라고 하는 것도 조금 표현이 명료한 것 같아서 그렇게 해도 저는 좋을 것 같다는 생각이 듭니다. 우리가 소유권도 소유할 권리라고 하진 않으니까 그런 면은 있는 것 같습니다.

박찬욱 대화문화아카데미 2016 새헌법안에, 그때 생명권이란 말을 생명의 권리라고 쓴 거잖아요.

박명림 2011년안에도 생명의 권리라고 표기했습니다.

박은정 생명권과 생명의 권리라는 용어의 의미 폭이 좀 다를 수 있다는 생각이 드는데요. 지난 번에도 한번 논의했는데 그대로 됐고, 또 2016 새헌법안도 그렇게 돼 있으니까 그냥 넘어가면 어떨까요?

다수 동의합니다.

2) 차별금지기준

현행헌법	대화문화아카데미 2025 새헌법안
제11조 ①모든 국민은 법 앞에 평등하다. 누구든지 성별·종교 또는 사회적 신분에 의하여 정치적·경제적·사회적·문화적 생활의 모든 영역에 있어서 차별을 받지 아니한다. ②사회적 특수계급의 제도는 인정되지 아니하며, 어떠한 형태로도 이를 창설할 수 없다. ③훈장 등의 영전은 이를 받은 자에게만 효력이 있고, 어떠한 특권도 이에 따르지 아니한다.	제10조 ①모든 **사람은** 법 앞에 평등하다. ②모든 **사람은** 성, 종교, **종족, 연령, 신체적 조건이나 정신적 장애, 출신, 성적 지향** 또는 사회적 신분 등에 의하여 정치적·경제적·사회적·문화적 생활의 모든 영역에 있어서 차별을 받지 아니한다. ③**국가는 성평등의 실질적 실현을 위하여 노력하여야 한다.** (2항, 3항 삭제)

장영수 한 가지 여쭤보고 싶은 게 있는데요. '신체적 조건이나 정신적 장애'에 의해 차별을 받지 아니한다고 하셨는데 처음에는 '신체적 조건도 장애가 될 수 있다'고 생각하다가 나중에 조금 더 찬찬히 읽어보니까 '조건은 조건이고 장애는 장애, 오히려 신체적·정신적 장애가 또 따로 들어가야 되는 거 아닌가?' 이 부분에 대해서 위원님들은 어떻게 생각하시는지 여쭤보고 싶습니다.
박은정 정신적 장애 쪽은 발달장애 등을 염두에 둔 표현이고, 그러니까 '정신적·신체적' 둘은 다 들어오는 게 맞기는 맞는 거죠. 그리고 신체적인 조건

과 관련해서는, 신체 조건이 정상인과 다를 경우 우리는 일반적으로 쉽게 장애라고 이야기하지만, 그러나 그것은 신체적인 조건의 다름이나 특수성이다, 하고 이해하기도 하기 때문에 아마 이런 표현이 나오지 않았나 이런 생각이 듭니다.

장영수 신체적 조건에 장애를 포함되는 것으로 보면 그때는 아무 문제가 없는데, 신체적 조건은 조건이고 장애는 여기에 포함이 안 된다고 해석하게 되면 그러면 이제 정신적 장애는 차별받지 않지만 신체적 장애는 차별받을 수 있다, 그렇게 보여질 수도 있을 것 같아서……

박은정 말씀하신 문맥에서는 전자로 이해하는 것이 맞죠. 그러니까 '조건'이라고 했을 때 장애적인 조건까지를 포함하는 것이죠. 왜냐하면, 장애적이지 않은 조건에 대해서 우리가 기본권 보호 차원에서 특별히 언급해야 할 필요는 없지 않습니까? 그런데 그간 신체적인 것 중심으로 장애가 부각되다 보니 신체적이지 않은 장애 쪽은 차별금지 논의에서 주변화된 맥락이 있었기 때문에, 이렇게 장애가 이 둘에 다 걸리면서도, 신체적인 조건을 장애로 여기는 인식 또한 극복하자는 취지를 담고 있는 거죠.

조진만 요즘에는 안 그런지 모르겠는데 예전에는 스튜어디스 같은 경우에 일정 키 수준 이상 안 되면은, 신체적 조건이 어느 정도 갖춰지지 않으면은 아예 채용이 안 됐거든요. 저는 신체적 조건은 그런 차별 같은 느낌이 들고…… 그런데 명확하게 하려면 '연령, 신체적 조건, 장애' 이렇게 하면 되는 거 아닙니까? 이러면 신체적 장애와 정신적 장애를 포괄할 수 있고요.

박은정 그러면은 글쎄…… 발달장애 같은 쪽이 그동안 사각지대에 있었는데 이 부분을 이제 들어오게 하자라고 하는 그런 취지가 안 살아나는 거죠.

하승수 약간 중언일 수도 있지만, 사실 '신체적 조건, 신체적·정신적 장애'라고 하는 게 가장 정확하긴 하죠. 장애인복지법에서도 신체적·정신적 장애를 장애라고 하고 있어서요.

박찬욱 좀 난잡한 것 같아요, 표현이. 전 조건이라는 데 장애가 당연히 포함이 된다고 보는데요. 그리고 이걸 법 해석할 때 문제가 전혀 없을 것 같은데……

조건에 장애가 들어가죠. 그런데 '정신적인 조건' 이런 표현보다는 정신적인 측면은 장애라는 말을 좀 한정적으로 얘기해주는 게 좋은 것 같습니다. 신체적 조건은 신장이 얼마냐, 몸이 말랐느냐 그런 거 가지고 차별받으면 안 되니까. 이게 기본권을 해석하고 재판하고 같은 그럴 때 큰 문제가 되나요? 그냥 놔둬도 문제 안 될 것 같은데요.

조진만 이것도 계속 이어져온 거면 그냥 넘어가도 되지 않을까요?

장영수 일단 넘어가시죠.

박찬욱 문제 제기는 상당히 좋습니다.

장영수 그리고 '성적 지향'이라는 부분이 2017년 국회 개헌특위 당시에 가장 논란이 많았던 부분입니다. 그것 때문에 '이럴 바에는 개헌하지 마라', 이런 얘기까지 나왔던…… 특히 기독교 쪽에서 가장 심하긴 했지만 거기 동조하는 사람도 꽤 있었고 그거 안할 거면 또 어쩌고 해가지고 너무 논란이 심했습니다. 그래서 이 부분도 차라리 빼는 게 낫지 않을까 하는 생각이 들었습니다.

(**박명림** 저도 당시 민원과 비판을 많이 받았습니다)

박찬욱 이번에 서울시에서 퀴어 축제를 우회적으로 금지한 거 아니에요? 그런데 그게 헌법소원감이 될 수도 있겠네요.

장영수 인정이 되면 그럴 수 있죠.

박은정 인권위원회에서는 '성적 지향', 이 부분이 당연히 들어오는 거로 이해하지 않습니까?

장영수 인권위원회가 기본적으로 진보 성향이 강한데, 보수 성향이 강한 쪽에 있어서는 거기에 대해 불만이 많고요, 맞다 틀리다를 떠나 충돌이 뻔히 보이는……

박찬욱 학교에서도 양성평등이냐 성적 평등이냐 가지고 교수들끼리 논쟁도 심합니다.

박은정 이젠 그런 논쟁은 대개 정리가 됐어요. 그래서 양성평등이라는 용어 대신 성평등이라고 쓰지요.

장영수 아니요. 지금 기독교에서는 여전히 그러고 있습니다.

박은정 그러나 가톨릭조차도 이제는 이 부분에 대해서 조금 더 열린 시각을 가지고 있지 않습니까?

장영수 이 부분이 문제가 되는 게 지금 종교계건 보수권이건 동성애 자체를 묵인하는 것에는 별로 이견이 없어요. 그런데 지금 뜨거워지고 있는 게 동성결혼 문제거든요. 이걸 인정하면 동성결혼까지도 합법화된다, 그래서 더 격렬하게 반대하는 부분이 있습니다.

조진만 보니까 외국은 동성 관련된 수치가 의미 있게 높고 우리도 꽤 많아지는 것 같거든요. 그게 우리 사회에서 이런 부분에 대한 관용이 넓어진 거죠. 추세로는 이게(동성애) 줄어들 것 같지는 않거든요. 전 세계적인 추세로 보거나 여러 가능성을 고려하면, 늘어날 거고, 예전보다 많은 느낌이에요. 그런데 문제는 이게 그냥 정치적으로만 보면 보수는 이 아젠다에 있어서는 확실하게 majority를 가지고 갈 수 있는 아젠다거든요, 문제 제기하고서 '이거 안 된다' 하면. 왜냐하면 대다수의 대한민국 사람들이 동의, 말 그대로 진짜 소수자이기 때문에, 그러니까 사실 기본적인 가치로 놓는 차원은 맞죠. '모든' '모든 사람'이 차별 안 받는 게 기본적인, 물론 맞는데 이게 지금 수준에서 그런 부분에 있어서……

박명림 저희가 깊이 고민해볼 문제는 동성애를 포함한 기본권과 인권 문제를 진보와 보수 이분법을 넘어 접근하는 대안의 제시가 아닐까 싶습니다. 기본권은 생물학적 정체성의 문제를 포함하되 기본적으로는 사회적 주체성의 문제 아닙니까? 이를테면 기본권, 성(젠더), 출산, 가족, 인구, 사회정책의 문제를 결합하여 여성의 출산 의지, 사회 참여, 일과 가정, 여성정책과 가족정책과 사회정책을 복합적으로 연결하여 사고했던 스웨덴의 노벨평화상 수상자 알바 뮈르달(Alva Myrdal)의 탁월한 접근법을 생각해봅니다. 제 생각에 평등한 젠더정책, 사회정책을 요구하면서 진보적 가족정책과 출산정책을 도외시하는 것은 좀 모순적이지 않나 싶습니다. 물론 이때 말하는 가족은 전통적인 가족 개념은 아닙니다. 다만 개인과 공동체의 쌍방향적 표현과 연결 고리로서 두 성의 주체적 결합 단위를 말합니다. 개인의 기본권은 사회적·공동체적 차원에서 자유와 평등의 보장 문제와 직결된다고 봅니다. 그런 점에서 성 정체성보다 중요한 것은 성 주체성이 아닐까 싶습니다. 기본권 자체가 정체성보다는 주체성의 범주이고요, 동성애나 젠더 문제조차 평등주의나 휴머니즘 안에서 해소 가능하다고 봅니다.

우리 사회도 이제 1인 가구가 최대가 됐는데 결국 가구·가정·가족이 모두 해체되는 가운데 젠더 문제를 사회적으로 접근하면서 거꾸로 보수적 범주인 정체성을 얘기한다는 것은 이해하기 어렵습니다. 예컨대 인구정책은 젠더정책, 교육정책, 가족정책, 여성정책, 주택정책, 복지정책, 일자리 정책, 모든 정책의 최종 귀결이자 종합이자, 특히 정치경제적 평등성과 대등성 없이는 성평등 문제는 소정의 목표를 달성하기 어렵습니다. 따라서 국회의원, 장관, 국가와 기업의 고위직을 포함한 정치적 대표성과 경제적 평등성이 가장 중요하지 않나 싶습니다.

조진만 외국은 대부분 기독교 문화가 있어도 성적 지향 상관없이 성평등 쪽으로 가잖아요. 그런 걸 보면 저는 이 방향으로 가는 게 맞다고 보는데, 아까 말씀하신 것처럼 우리 사회의 특수성이라든지 정치적인 이런 프레임으로 보면 이거는 논란이 될 수는 있다고 보이는 거죠. 그럼에도 불구하고 이건 결정하면 그냥 가는 게 맞다고 보고요.

기본권을 확장하거나, 동성결혼을 하더라도, 제가 종교가 없으니까 그런지 몰라도 그게 무슨 문제입니까? 사실 남한테 피해 안 주고, 그리고 남녀부부가 아니라도 입양을 하거나 그러면은, 사실 그게 중요한 거잖아요. 가족에서 우리가 저출산이라든지 하는 부분도 정상적으로 미래세대를 양육하고 그러는 부분이, 사회적인 책임이 굉장히 중요한 건데. 제가 봤을 때 이거는 부부는 그렇지만, 그게 너무 부담스럽고 현 시점에서 그렇다고 그러면 그거를 남기고 하는 부분이 있지만, 사회적으로 하면 오히려 헌법 가치로 보면 용감하게 넣는 것도 괜찮다고 봅니다.

장영수 한 2년쯤 전에 국회에서 이 문제로 토론하는 자리에 한번 갔었거든요. 거기에서 사람들이 가장 예민하게 반응하는 부분이 뭐냐면, 이런 식으로 우리 자녀들 교육시킨다? 학교에서? 그건 용납할 수 없다. 우리 애들한테 '동성애 괜찮아, 해봐' 이런 교육을 어떻게 용인하나?

박은정 그런데 이제 그런 사회적인 문제와 (**장영수** 현실의 문제입니다, 가치의 문제보다도) 헌법에 차별이 금지되어야 한다는 차원의 문제는 구별해야 하지 않을까요? 결국은 이렇게 함으로써 도미노 현상으로 뭐도 무너지고 무너질 것이다 이렇게 생각하면, 사실 이 건만이 아니죠, 그럴 경우에는. 기본적으로는 인권에 좌우가 어디 있냐? 기본권은 좌우를 넘어서는, 이념을 넘어서는 문제다, 이런 단순한 원칙을 가지고 이 문제를 봐야 하지 않을까요? 그리고 그다음에 생길 수 있는 갈등 여지 등의 문제는 또……

박명림: 논의를 할 때 늘 성적 취향이나 지향이라고 했을 때 너무 휘발성이 강하니까 좀 누그러뜨려서 '성적 가치'라고 표현하는 것이 어떨지……

하승수: 지금 논의가 36조 혼인 관련된 조항과도 연결이 되는데, 대화문화아카데미 2016 새헌법안에서는 양성의 평등을 성평등으로 바꾸는 걸로 되어 있는 게, 이게 연결된 논의인 것 같거든요. 사실 차별금지조항에서는 어떤 이유에서든 차별을 해서는 안 되는 거지 않습니까? 그러니까 어떻게 보면 그게 하나의 예시인데, 예시 조항 가지고, 그리고 더 구체적인 건 차별금지법이나 법률 수준에서 입법화해야 할 부분이 있고, 어쨌든 헌법에서는 차별금지의 원칙을 표방하는 건데요.

박은정 차별 금지와 관련된 기본권의 역사를 보면 개별적인 차별 행위가 이슈화되면서 '이것도 차별이다, 그리고 이것도 차별해서는 안 된다', 이런 것을 확고히 하는 방향으로 발전해오지 않았나 이런 생각이 드는데요. (**하승수** 그렇죠)

박찬욱 구체적으로 이런 기준을 적시는 해야 할 것 같아요. 그런데 특히 목사님들이야 종교적인 배경이나 종교적 신념에서 반대하니까 그건 극복하거나 설득하기도 어려울 거란 말이죠.

박은정 대한민국의 모든 사람을 다 설득해야 헌법상의 기본권이 확고히 되는 건 아니죠.

박찬욱 법이니까 강제할 수도 있는 거고…… 글쎄, 어렵습니다.

조진만: 저는 궁금한 게 동성애가 허용된다는 의미가 아니잖아요. 이게. (**박은정** 그렇죠.) (**박찬욱** 그건 아니지, 그런데 implication이) 동성애는 이미 동성애자는 하고, 동성애는 보편적으로 하거나 늘어날 거고. 다만 자기가……

박은정 그렇게 교육시키게 된다 이런 이야기죠. (**박명림** 그렇죠)

조진만 교육을, 동성애를 하는데, '네가 동성애자라고 사회적으로 우리 사회에서 차별받지는 않는다' 하는 거를 국가가 교육시키는 거지, 동성애를 확산하는 그게 아니잖아요.

박찬욱 그런데 외연으로 그렇게 가게 돼 있어요.

박명림: 그렇게 가게 되죠. 그게 문제예요. (**장영수** 가게 돼 있고, 이미 그렇게 하는 나라도 있어요) 예컨대 "그럼 학교에서 동성애 가르치는 교사를 어떻게 처벌하라는 거냐" 이렇게 반론이 나올 때, "그게 아니다" 하고 우리가 논리적으로는 설득할 수 있는데 현실적으로는 이런 공격이 막 들어오죠.

박은정 그건 잘못된 교육의 문제로 봐야죠. (**박명림** 그렇습니다)

3) 고문금지조항 표기 방법

현행헌법	대화문화아카데미 2025 새헌법안
제12조 ②모든 국민은 고문을 받지 아니하며, 형사상 자기에게 불리한 진술을 강요당하지 아니한다.	제11조 ②모든 **사람은** 고문을 받지 아니하며, 형사상 자기에게 불리한 진술을 강요당하지 아니한다.

사무국 대화아카데미 2016 새헌법안에서는 '②모든 사람은 형사상 자기에게 불리한 진술을 강요당하지 아니한다. 고문은 금지된다.'라고 되어 있습니다.

장영수 내용은 현행헌법하고 같은데 순서는 앞뒤가 바뀐 것 같습니다. 이렇게 바꾸신 어떤 특별한 의미가 있는지요? 예전에는 고문이 심각하고, 그 고문과 관련해서 부수적으로, 불리한 진술을 강요당하지 않을 것은 그보다는 조금 후순위인 것으로 느껴졌는데, 지금은 순위가 이제 바뀌다 보니까 고문보다 이게 더 중요하다는 의미인가, 이렇게 생각을 할 수가 있거든요.

박찬욱 장 위원님 말씀이 일리 있는 것 같아요. 왜냐하면 고문이 가혹한 행위고 인권을 훼손하는 행위니까 먼저 고문이 안 된다는 얘기를 하고 진술거부권을 얘기하는 게 맞는 순서 같은데요.

박은정 그럼 현행헌법대로 두면 되지 않을까요? 주어만 모든 사람으로 바꾸고.

박찬욱 그렇죠. '모든 사람은' 이 부분이 중요한 거죠.

4) 반인도적 범죄의 공소시효

현행헌법	대화문화아카데미 2025 새헌법안
(관련 조항 없음)	제12조 ④**특정 집단의 전부 또는 일부를 말살할 목적으로 범해진 집단살해, 공권력에 의한 반인도적 범죄에 대해서는 법률이 정하는 바에 의하여 공소시효를 배제한다.**

장영수 4항과 관련해서는 일단 두 가지를 말씀드리고 싶은데 한 가지는 반인류적 범죄라기보다는 반인도적 범죄라는 표현을 법학에서는 더 많이 쓰거든요. 왜냐하면, 인류를 애기하다 보면 어떤 유교적인 인상을 풍기기도 하고 어떤 부모에 대한 혹은 어떤 노인에 대한 이런 범죄를 연상하기가 쉬운 것 같아서 '반인도적인' 이게 일반적인 표현 같아서 어떤 특별한 의미가 있는지 한번 여쭤보고요. 또 다른 하나는 '특정 집단의 전부 또는 일부를 말살할 목적으로 범해진 집단 살해' 부분을 꼭 집어넣을 필요가 있을지입니다. 왜냐하면, 그거 자체가 반인도적 범죄의 대표적인 사례 중 하나인데…… 반인도적 범죄는 집단 살해라든지 생체 실험이라든지 고문이라든지 노예매매라든지 이런 것들을 대표적인 예로 들고 있거든요. 그래서 굳이 이 부분을 넣으면 어떤 인상을 풍기느냐면 예전에 코소보의 인종 청소 같은 일이 우리나라에도 있거나 있을 위험이 커서 들어간 듯한…… 그것 때문에 저는 조금 꺼려집니다.

박명림 2011년안, 2016 새헌법안에서 계속 '반인륜적'이라는 표현을 써왔네요. crime against humanity를 어떻게 번역할까요? 저는 둘 다 가능하다고 봅니다.

조진만 저게 아마 옛날에 특정 종교 집단이라든지 이런 데에서 일부 신도를 어떻게 하거나 이런 부분이 나중에 밝혀지면 그거에 대한 공소시효를 배제하려고 그런 거 같은데, 그런데 헌법에서는 어쨌거나 공권력에 의한 반인도적 범죄가 더 강조되는 게 중요할 것 같긴 하거든요.

박은정 이 조문은 사실 국제규약을 거의 옮겨온 것 같은 거죠. 장 위원님 말씀하신 대로 인도적이라고 해도 크게 다를 건 없을 것 같습니다.

박찬욱 그러네요. 그런데 사인 관계에 대한 반인도적 내지는 반인륜적 범죄 행위에 대한 공소시효 배제하는 건 그럼 어떤 근거로 해요?

장영수 두 가지로 볼 수 있을 것 같습니다. 이게 국제법상으로 확립되었기 때문에 국내법으로 따로 안 하더라도 인정될 수 있다, 이게 하나의 맥락이 될 수 있을 거고요. 다른 한편으로서는 실제로 공권력이 유지되는 한 이런 것조차도 처벌되지 못하는 건 심각한 문제다 이렇게 생각하는 게 있어요. 하지만 박찬욱 위원님 말씀하신 그런 점을 감안하자면 '공권력'이라는 말을 빼버려도 됩니다. 국제법상으로 이제 반인도적 범죄에 대해서 공소시효 없다는 의미이지 공권력이건 혹은 사인이건 그런 걸 따지는 게 아니니까요. 이게 현실적으로 문제되는 경우는 드러나지 않게 예컨대 생체 실험을 했다든지 인신매매를 했다든지 이런 부분이 공소시효 지난 다음에 드러나면 어떡하느냐 하는 부분이거든요.

박찬욱 알겠습니다. 이 사인 간의 문제는 법률로써 해도 위헌 요소는 없을 것 같습니다.

박은정 이러한 범죄의 엄중함에 대해서 인권법에 관한 한 국제법과 국내법에서 거의 차이를 두지 않는 정도로 수위를 같이 하고 있는 셈인데, 그런 점에서 일반적으로 선언된 국제법적 원칙을 우리 헌법에 앉히는 것도 좋다고 생각되는데요.

박명림 보편적인 원칙이나 규정을 따르면 '특정 집단이 전부 또는 일부를 말살할 목적으로 범해진 집단살해' 이것을 두는 것도 좋겠습니다. 원래 국제법상의 강행규범(ius cogens)인 인신매매, 노예매매, 성노예 등 이런 걸 다 넣기보다는 지금 정도로 살리는 건 어떨지 싶긴 합니다.

다수 '반인륜적'을 '반인도적'으로 수정하는 선에서 개정합시다.

5) 직업의 자유 조항의 권리 주체

현행헌법	대화문화아카데미 2025 새헌법안
제15조 모든 국민은 직업선택의 자유를 가진다.	제14조 모든 국민은 **직업의 자유를** 가진다.

장영수 14조에서 직업의 자유를 외국인에게 똑같이 인정하기 좀 어려운 점이 있거든요. 우리가 재산권이나 직업의 자유는 대표적인 경제적 기본권이고 그렇기 때문에 노동허가제를 외국에서 다 인정하고 있지 않습니까? 그런 점에서 외국인에게 똑같이 직업의 자유로 인정한다고 하기는 조금 어려울 것 같아서 여쭤봅니다.

박찬욱 국민이라는 말을 그냥 놔두는 게 괜찮을 것 같네요. 왜냐하면 외국인은 취업에 여러 제약이 사실상 있잖아요.

모두 동의합니다.

6) 영장 발부 절차

현행헌법	대화문화아카데미 2025 새헌법안
제16조 모든 국민은 주거의 자유를 침해받지 아니한다. 주거에 대한 압수나 수색을 할 때에는 검사의 신청에 의하여 법관이 발부한 영장을 제시하여야 한다.	제15조 모든 **사람은** 주거의 자유를 침해받지 아니한다. 주거에 대한 압수나 수색을 할 때에는 **적법한 절차에 따라** 법관이 발부한 영장을 제시하여야 한다.

장영수 앞에서 신체자유의 경우에서 '적법한 절차에 따라 검사의 신청에 의하여 법관이 발부한' 대신에 '적법한 절차에 따라 법관이 발부한'이라고 했는데 이 조항에서는 적법 절차라는 말이 없습니다. 통일해야 하지 않을까요?

조진만 법관이 영장 발부하면 적법한 절차를 거치는 게 아닌가요?

장영수 신청 주체가 문제가 되거든요. 현재도 검사가 신청하도록 돼 있는 걸 이제 이런 식으로 좀 열어놓음으로써 법률에 따라서 검사관인 경찰도 영장청구권을 가질 수 있도록 그런 변화를 주는 건데, 그리고 그런 경우에서 일정한 절차는 필요한 거고요.

박찬욱 그렇죠. 일관성이나 정합성으로 봐서 통일해야겠습니다.

모두 동의합니다.

7) 개인정보자기결정권

현행헌법	대화문화아카데미 2025 새헌법안
제17조 모든 국민은 사생활의 비밀과 자유를 침해받지 아니한다. 제18조 모든 국민은 통신의 비밀을 침해받지 아니한다.	제16조 ①모든 **사람은** 사생활의 비밀과 자유를 침해받지 아니한다. **②모든 사람은 개인정보에 대한 결정의 자유를 가진다.** ③모든 **사람은** 통신의 비밀을 침해받지 아니한다.

장영수 대화문화아카데미 2016 새헌법안에서는 '② 모든 사람은 자기 정보에 대한 결정의 자유를 가진다.'라고 해서 '개인정보'가 아닌 '자기 정보'라는 표현을 쓰고 있는데요, 헌법재판소 판례로 '개인정보자기결정권'이라는 게 인정되고 있습니다. 일종의 불문의 기본권으로 자리 잡았다고 말씀드릴 수 있는데, 문제는 이 개인정보라고 하는 게 무엇이냐에 대해서, 예를 들어서 공공기관이 관리하는 정보를 '자기 정보니까 내가 결정하겠다' 이렇게 하기는 어렵거든요. 그런 부분을 고려했을 때 차라리 지금 헌법재판소에 결정되고 있는 것처럼 그냥 개인정보에 대한 결정의 자유 이런 식으로 얘기를 해서 그동안 축적된 것을 그대로 가져가는 편이 나을 듯합니다.
모두 동의합니다.

8) 언론·출판·집회·결사의 자유

현행헌법	대화문화아카데미 2025 새헌법안
제21조 ①모든 국민은 언론·출판의 자유와 집회·결사의 자유를 가진다. ②언론·출판에 대한 허가나 검열과 집회·결사에 대한 허가는 인정되지 아니한다. ③통신·방송의 시설기준과 신문의 기능을 보장하기 위하여 필요한 사항은 법률로 정한다. ④언론·출판은 타인의 명예나 권리 또는 공중도덕이나 사회윤리를 침해하여서는 아니된다. 언론·출판이 타인의 명예나 권리를 침해한 때에는 피해자는 이에 대한 피해의 배상을 청구할 수 있다.	제19조 ①모든 **사람은** 언론·출판의 자유를 가진다. ②**모든 사람은 알 권리를 가진다.** ③언론·출판에 대한 허가나 검열은 금지된다. **(3항, 4항 삭제)** 제20조 ①모든 **사람은** 집회·시위의 자유를 가진다. ②집회·시위에 대한 허가는 금지된다. 제21조 ①모든 **사람은** 결사의 자유를 가진다. ②결사에 대한 허가는 금지된다.

장영수 언론의 자유라는 표현을 지금 학설상으로 더 많이 쓰고 있거든요. 왜냐면 옛날에는 언론을 대표하는 게 출판이라고 했는데 지금은 출판물보다도 방송이나 인터넷의 비중이 훨씬 더 커졌거든요. 그런데 그건 빼고 출판만 넣

는 게 좀 안맞다는 애기들을 합니다. 그래서 저는 개인적으로는 언론의 자유라고만 해도 이제는 되지 않을까 그런 생각을 합니다.

박은정 출판과 관련해서는 검열이 문제되지 않겠습니까?

장영수 그런 검열은 방송이나 인터넷에 결국 똑같이 적용되거든요.

박찬욱 영어로 'freedom of the press'란 말을 쓰면서도 거기에 인터넷 이런 것까지 다 들어가잖아요.

박은정 방송 쪽을 같은 언론이라고 하더라도 출판하고는 (성격이) 다르지 않습니까?

장영수 원래 출판도 언론의 일부분으로서 애기가 되던 것이거든요. 제가 알기로 미국 같은 경우에서도 예전에는 freedom of speech로 애기하다가 오히려 freedom of communication을 애기할 정도로 범위를 계속 확대하고 있거든요.

조진만 우리는 분단국가이다 보니까 불온서적이라고 있잖아요. '불온서적'이라는 그런 딱지를 붙이거나 책 내는 부분에 대한 검열이나 사전허가 이런 경험들이 있어서 언론출판의 자유라는 조항을 넣은 것 같은데요.

장영수 사실 그렇다면 언론, 출판 외에 방송, 인터넷까지 다 넣는 게 오히려 균형이 맞는 거거든요. 사실 지금까지도 그냥 이렇게 하고서, 말하자면 표제하고 내용이 서로 안 맞는 가운데서 수십 년 써왔으니까 이거 고치기 부담스럽다면 그냥 두어도 됩니다.

박은정 언론·출판의 자유라는 이름으로 오랜 동안 쌓인 판례, 해석들도 비중 있게 다루어야 한다는 점에서는 저는 그대로 그냥 가도 좋을 것 같은 생각이 듭니다.

박찬욱 예, 앞으로 생각해볼 문제이긴 한데 그대로 가도 되겠습니다.

모두 동의합니다.

장영수 현행헌법에서는 언론/출판/집회/결사로 표현하던 것에 '시위'를 새로 넣으셨거든요. 그런데 지금까지 해석상으로는 집회 안에 시위도 포함이 됩니다. 말하자면, 시위는 움직이는 집회, 집회의 범주 속에 들어가 있는 하나의 형태로 보고 있거든요. 헌법에는 시위에 대한 애기가 없습니다. 그런데 그걸

'집회 및 시위에 관한 법률' 이렇게 했을 뿐이고요. 언론 출판과 마찬가지로 그냥 놔두셔도 되는데 그런 점이 있다는 점은 고려해주시기 바랍니다.

박명림 저희가 2011년안과 2016 새헌법안에서 집회·결사의 자유를 두 개 조항으로 나누다가 이런 현상이 생긴 거네요. '20조는 집회·시위의 자유를 가진다, 21조는 결사의 자유를 가진다' 이렇게요.

박은정 이것에 따른 법률도 있고 하니까 이 조항을 그 상위 개념으로 이렇게 얹혀두는 것도 괜찮을 것 같은 생각이 드네요.

모두 동의합니다.

9) '법관에 의하여' 표현 수정

현행헌법	대화문화아카데미 2025 새헌법안
제27조 ①모든 국민은 헌법과 법률이 정한 법관에 의하여 법률에 의한 재판을 받을 권리를 가진다.	제27조 ①모든 **사람은** 헌법과 법률이 정한 **법원에 의한** 재판을 받을 권리를 가진다.

장영수 이 부분은 재고가 필요하지 않을까 싶습니다. 지금 우리 헌법상으로 '헌법과 법률이 정한 법관'이라는 것은 특별한 의미를 갖거든요. 이걸 '법원에 의한'으로 수정하는 건 말하자면 강화시키는 게 아니라 약화시키는 게 돼 버립니다. 가장 대표적인 예가 군사법원 같은 경우입니다. 군사법원은 법관이 아닌 사람이 재판할 수 있도록 하는 거고, 그런 식의 것들을 막기 위해서 헌법과 법률이 정한 법관에 의한 재판 이런 식으로 규정이 된 건데 이걸 '법원에 의한'으로 해버리면 후퇴하는 문제가 생길 수 있습니다.

박은정 이 부분이 들어왔던 맥락은 사법 참여라고 하는 관점에서 국민참여재판 등의 근거를 마련하기 위해서입니다.

장영수 무슨 말씀인지는 잘 이해를 하겠고요. 그런데 반대 측면도 함께 고려할 필요는 있습니다. 그래서 독일 같은 경우 배심이 아니라 참심이라고 해서 그런 경우에는 법관은 아니라는 점을 얘기하기도 합니다. 다른 한편으로는 오히려 법관의 자격 자체를 조금 더 넓혀놓는 것도 필요하지 않냐는 논의도 있습니다. 아무튼 지금 그냥 법원이라고만 할 때는 조금 불안한 부분이 있어서 일단 말씀드립니다.

박은정 그런데 '헌법과 법률이 정한'이라는 부분이 있지 않습니까?

장영수 사실 군사법원 같은 경우도 법률로 정한 거거든요. 그리고 거기서는 그 부대의 장이나 이런 사람들이 실제로 법관의 자격이 없으면서도 재판관으로 활동을 하고 그것 때문에 계속 논란이 되었는데 그 비슷한 일이 이제 다른 쪽에서 또 벌어진다면…… 예를 들어서 특허재판은 특허 관련 공무원이 한다, 조세재판은 국세청 공무원이 한다……

박은정 특허재판의 경우에는 현재도 직업 법관이 아닌 사람이 실질적으로 참여하고 있죠.

장영수 아니요. 재판은 법관이 합니다. 그런데 1심은 일종의 행정심판 비슷하게 하고 2심부터 고등법원급의 특허법원이 하고요. 그런데 그 특허법원 법관의 전문성이 높지 않다는 논란이 있는 상황입니다.

박은정 '법관에 의하여'를 '법원에 의한'으로 바꿈으로써 좁아지는 영역도 있고 넓어지는 영역도 있는 것은 확실한 것 같아요.

하승수 '법관에 의하여'라는 표현이 여러 가능성을 제한하기 때문에 '법원에 의한'으로 바꾸자는 게 2018년 문재인대통령 개헌안에서도 반영되었습니다. 그런데 장 위원님 말씀처럼 참심제라든지, 법관의 자격을 넓힌다든지 이런 가능성도 사실은 앞으로 법률 수준에서는 염두에 둬야할 텐데 헌법에서는 아무래도 달리 표현할 방법이 없으면 '법원에 의한 재판'이라고 해도 괜찮지 않을까 하는 생각입니다.

10) 학습할 권리

현행헌법	대화문화아카데미 2025 새헌법안
제31조 ①모든 국민은 능력에 따라 균등하게 교육을 받을 권리를 가진다.	제31조 ①모든 국민은 **학습할 권리가 있으며** 능력에 따라 균등하게 교육을 받을 권리를 가진다.

박명림 2011년안, 2016 새헌법안에서 '학습할 권리'를 포함하면서 그때 이 조항도 '모든 국민'을 '모든 사람'으로 바꿔달라는 그런 문제 제기가 있었습니다. 그러니까 국제 결혼 자녀나 무국적자, 불법 체류자가 학습할 권리는 보편적인 권리인데 의무교육까지는 아니어도 균등하게 교육을 받을 권리조차 배제되는 듯한 뉘앙스를 준다고 비판을 했습니다. 주어를 '모든 사람'으로 바꿀 때 예산이나 세금이나 이런 부분과 관련해서 문제는 없을까요?

장영수 사회적 기본권은 '모든 국민'으로 하지, '모든 사람'으로 하는 경우가 일반적이진 않거든요. 사회적 기본권은 국민 중에서도 어디까지 적용하느냐에 대해 방금 말씀하신 재정 형편이나 예산 등을 고려해서 결정하기 때문에 외국인이나 무국적자에게 당연히 인정된다고 하기에는 좀 어렵습니다.

박은정 학습할 권리를 중심으로 보면 모든 사람으로 확대할 수도 있을 것 같은데, 균등하게 교육받을 권리라고 한다면, 이민자 내지는 외국인에 대해서 각각 언어에 상응하는 교육을 받게 할 권리라든가 이런 쪽으로 가게 되면 사회권적인 제약이 현실적으로 따르게 되는 부분이 있는 거죠. (**장영수** 예, 맞습니다)

박명림 일단 두뇌 저희가 고민을 해봐야 할 것 같습니다. 그리고 '능력에 따라'를 빼는 게 어떠냐는 문제 제기도 있습니다. 저도 같은 생각이고요. 다른 권리는 그런 내용이 없는데 유독 여기에만, 교육 받을 권리를 학습할 권리로 바꾸면서도 '능력에 따라'를 남겨두는 게 맞느냐에 대해서는 문제 제기가 있을 수 있습니다.

장영수 이 부분은 현재 대학입시 같은 걸 완전히 없애버리고 그야말로 고교 평준화처럼 대학 평준화를 하기 전에는 어렵습니다. 원하는 대학을 가느냐 못 가느냐가 능력에 따라서 이런 식으로 결정될 수밖에 없는 게 현실이니까요.

조진만 그런데 '능력에 따라 균등하게'라는 표현이 약간 모순적입니다. 능력의 차이에 따라서 그 차이를 인정하면서 하자라는 거잖아요. 그냥 능력에 따라 교육을 받을 권리를 가진다고 해도 충분하지 않나요? 능력에 따라서 차이를 둔다면 꼭 균등하게 하는 건 아니잖아요.

박명림 맞습니다. 다른 권리 조항과는 달라서, 오래전에 저도 문제 제기한 적이 있습니다. 그런데 이 조문은 1962년 헌법에 처음 들어간 뒤, 우리 교육의 오래된 관행이라서……

조진만 그래도 영 어색하긴 합니다, 능력에 따라 균등하게라는 말이 개인적으로.

장영수 그 의미가 교육의 기회균등, 말하자면, '교육을 획일적으로 똑같게 하지는 못하지만 기회는 균등하게' 이 의미로 계속 사용되고 있는 거거든요.

조진만 어느 정도 법적으로 정립이 된 거죠?

장영수 맞습니다.

11) '근로의 의무' 삭제

현행헌법	대화문화아카데미 2025 새헌법안
제32조 ②모든 국민은 근로의 의무를 진다. 국가는 근로의 의무의 내용과 조건을 민주주의원칙에 따라 법률로 정한다.	(삭제)

장영수 근로의 의무를 삭제하셨거든요. 현재는 6대 의무라고 합니다만 예전엔 4대 의무라고 해서 납세, 국방, 교육, 근로 이 네 가지를 기본의무로 얘기를 했었는데 지금 이 기본의무 중 하나가 빠진다는 건 상당히 큰 변화입니다. 최근에 이 조문에 대해 '강제 도입까지는 아니지만 '간접 강제', 말하자면 일 안하는 사람들에게 세제상으로나 여러 가지 복지 혜택에서 불이익을 줄 수 있다, 그런 의미에서 법적 의무다' 이런 해석이 많아지고 있거든요. 그런 면에서 근로의 의무를 살려놓는 게 낫지 않을까 하는 게 제 개인적인 생각입니다.

조진만 의무라는 건 적은 게 좋은 건데 국가가 의무를 근로에 대해서 부과를 할 수 있을 정도면은 근로하겠다는 국민에게 일을 보장해줘야 될 거 아닙니까. '나는 일하고 싶은데 직장이 없다' 그러면 어떻게 해야 합니까?

장영수 그렇기 때문에 고용 증진 의무도 국가에 있고, 그에 맞춰서 근로의 의무도 동시에 얘기를 하는 것이고요. 그건 마치 환경권을 인정하면서 환경보전 의무를 인정하는 것과 비슷합니다.

박은정 그런데 고용 증진은 '노력'이라고 돼 있고 근로는 '의무'라고 하는 것이…… 완전고용 사회도 아니고, 또 가치 다원화된 이 사회에 맞느냐는 비판이…… 오늘날 헌법에 이런 의무를 정하고 있는 나라는 거의 없지요.

장영수 근로의 의무라는 것은 강제노역과 같은 그런 직접적인 것이 아니라 말하자면, 충분히 일할 수 있는 조건이 되는데도 '나 그냥 놀고 먹을래, 무위도식 할래' 이런 사람들에 대해서 '그렇다면 너는 세제 혜택 못 주겠다, 너는 복지 혜택 못 주겠다'고 하는 겁니다. 현재도 고용보험법에 따라서 보험금을 받는 사람들도 국가에서 제공하는 근로를 해야 하거든요.

박은정 네, 그런데 이제는 일을 안 하는 사람의 문제는 어차피 개인적인 선택 사항에 해당하고, 국가가 보호하고 장려하고 해야 하는 것은, 일하고 싶어도 못하는 사람, 일자리를 잃은 사람, 이런 부분들을 기본권 영역에서 보호해야 한다는 취지가 아니겠습니까?

장영수 아무튼 저는 그런 의견을 가지고 있다는 걸 말씀드리고 결정은 여러 선생님께서 하시기 바랍니다.

박은정 다른 선생님은 어떻게 생각하시는지요

하승수 장 위원님 말씀처럼 사회보장이나 사회보험 영역에서 일할 수 있는데도 일하지 않는 사람에 대해서 좀 불이익을 주고 이런 거는 필요할 수도 있다고 생각하는데, 다만 이걸 헌법상 근로의 의무로 꼭 명시할 필요가 있느냐에 대해서는 약간…… 이미 법률 수준에서 지금도 제한을 일부분 하고 있고, 또 '근로의 의무'는 오해의 소지도 있으니까 '근로의 의무'는 빼고 말씀하신 그런 문제의식들은 저희가 이후에 계속 고민해나가는 건 어떨까 싶습니다.

12) 아동과 노인의 권리

현행헌법

제34조 ④국가는 노인과 청소년의 복지향상을 위한 정책을 실시할 의무를 진다.

대화문화아카데미 2025 새헌법안

제35조 ①모든 국민은 아동기에 성장과 발전을 위하여 국가와 사회의 특별한 보호를 받을 권리를 가진다. 아동은 자신의 정신적, 신체적 성숙정도에 따라 기본권을 행사한다.
②아동의 양육은 부모의 권리인 동시에 의무이며, 부모는 의무를 이행함에 있어서 국가의 도움을 받는다. 부모가 그들의 기본적 의무를 적절하게 이행하지 못할 경우, 아동을 부모로부터 분리하는 등 부모의 권리에 대한 제한 또는 중지에 대한 조건과 절차는 법률로 정한다.
③혼인 외의 출생자의 정신적, 신체적 성장과 사회적 지위에 관하여 입법을 통하여 혼인 중의 출생자와 동일한 기회가 부여되도록 규정하여야 한다.
④부모가 없는 아동, 유기아동, 장애아동에 대하여 국가는 법률이 정하는 바에 따라 특별한 보호를 한다.
⑤아동에 관한 모든 사안에 있어서 아동의 최선의 이익이 우선적으로 고려되어야 하며, 아동의 의사를 반영할 수 있는 적정한 절차가 마련되어야 한다. 아동의 권리가 침해된 경우 구제를 위하여 필요한 지원 방식과 절차는 법률

> 로 정한다.
>
> 제36조 모든 국민은 노년기에 국가의 보호를 받을 권리를 가지며, 이 권리의 실현을 위하여 국가는 특별한 조치를 할 의무를 진다.

박은정 현행헌법에서 노인, 아동, 여성 이런 쪽을 다 합쳐서 사회적 약자나 소수 이런 개념으로 묶여 있던 것을 2025 새헌법안에서는 수혜적인 느낌이 아니라 기본권 향유 주체라고 하는 것을 좀 더 살리기 위해서 조문을 분리하면서 보호의 정도를 강화한 셈이죠. 이 부분이 관련 단체나 시민사회 진영에서 제기된 논의 사항과 요구 사항을 수렴한 그런 의미도 있습니다.

장영수 표현상의 문제인데요. 2016 새헌법안 35조 5항이 마지막 문장에서 '아동의 권리가 침해된 경우 구제를 위하여 적절한 지원 방식의 절차를 법률로 정한다' 이렇게 되어 있는데 문장이 조금 어색하게 느껴지거든요. '구제를 위하여 필요한 지원 방식과 절차는 법률로 정한다' 이런 식으로 바꿔보면 어떨까요?

모두 좋습니다.

장영수 그리고 36조에서 노년기에 국가의 보호를 받을 권리를 말하고 있는데 이 '노년기'라는 말이 불명확하거든요. 지금 법률상으로 여러 구체적인 나이를 정해가지고 고령자라든지 노인이라든지 표현하는데, 사실 그것도 통일이 안 돼 있어서 문제되는 점이 있는데, 어찌 됐건 오늘날 고령화 사회에 들어가면서 노인복지법이든지 여러 가지 법률에서 구체적으로 65세든 60세든 정하고 있는데 '노년기'라는 말은 지금까지 제가 법률에서 본 적이 없습니다. 그렇다면 차라리 그냥 '노인은 국가의 보호를 받고 그 보호의 구체적인 내용과 방법은 법률로 정한다' 이런 식으로 하고 그 노인에 대한 건 여러 법률이 있으니까 그쪽으로 넘기는 것은 어떨까 하는 생각도 듭니다.

박은정 법률상으로 여러 기준들과 그에 따른 관련 기관들이 있다면 그런 점을 감안해서 그 상위 개념으로 '노년기'라는 표현을 썼다고 이해할 수 있지 않을까요?

장영수 그렇게 되면 그 법률이 어디에 근거한 것이냐도 문제 되지만 그 법률을 다 바꾸라는 얘기도 되거든요.

박은정 꼭 그렇지는 않은 것 같습니다. 그 법률이 노년기의 국가보호와 관련된 법률이 되는 것이죠.

장영수 예, 그렇게 생각하신 거라면 그렇게 이해하겠습니다.

14) 환경권

현행헌법	대화문화아카데미 2025 새헌법안
제35조 ①모든 국민은 건강하고 쾌적한 환경에서 생활할 권리를 가지며, 국가와 국민은 환경보전을 위하여 노력하여야 한다. ②환경권의 내용과 행사에 관하여는 법률로 정한다. ③국가는 주택개발정책등을 통하여 모든 국민이 쾌적한 주거생활을 할 수 있도록 노력하여야 한다.	제37조 ①모든 국민은 건강하고 쾌적한 **환경을 누릴** 권리를 가진다. **(2항, 3항 삭제)** ②생명체는 법률이 정하는 바에 따라 국가의 보호를 받는다. ③국가와 국민은 환경을 지속가능하게 보전하기 위해 노력하여야 하며, 기후생태위기에 대처하고 환경을 보전하기 위한 국제적인 노력에 참여하여야 한다. ④국가와 국민은 기후생태위기에 대처하기 위해 필요한 온실가스 감축과 정의로운 전환을 위해 노력하여야 한다.

전반부 심의

박은정 기후·환경 관련 조항은 하 위원님께서 워낙 잘 정리해주셨습니다. 참고로 올해부터 시행되는 탄소중립기본법, 거기에 '정의로운 전환'과 여러 다른 개념이 포함되었더군요.

하승수 네, 탄소중립기본법에 '정의로운 전환' 개념이 이미 사용되고 있습니

2017년 국회 개헌특위 자문위원회안	2018년 문재인 대통령 개헌안	수정 제안
제37조 ①모든 사람은 건강하고 쾌적한 환경을 함께 누릴 권리를 가진다. ②모든 생명체는 법률이 정하는 바에 따라 국가의 보호를 받는다. ③국가는 기후변화에 대처하고, 에너지의 생산과 소비의 정의를 위해 노력하여야 한다. ④국가는 지구생태계와 미래세대에 대한 책임을 지고, 환경을 지속가능하게 보전하여야 한다.	제38조 ①모든 국민은 건강하고 쾌적한 환경에서 생활할 권리를 가진다. 구체적인 내용은 법률로 정한다. ②국가와 국민은 지속가능한 발전이 가능하도록 환경을 보호해야 한다. ③국가는 동물 보호를 위한 정책을 시행해야 한다	제37조 ①모든 사람은 건강하고 쾌적한 환경을 함께 누릴 권리를 가진다. ②모든 생명체는 법률이 정하는 바에 따라 국가의 보호를 받는다. ③국가는 기후위기에 대처하기 위해 필요한 온실가스 감축과 정의로운 전환을 위해 노력하여야 한다. ④국가는 지구생태계와 미래세대에 대한 책임을 지고, 환경을 지속가능하게 보전하여야 한다.

다. 그래서 우리 안에도 그런 정도로 표현하면 어떨까 싶습니다. 그리고 헌법 전문에 이런 문제의식을 적절하게 담는 방안은 아무래도 저보다는 여기 위원님들께서 생각해보시면 어떨까요?

장영수 근데 저는 이 '수정 제안'을 보면서, 이건 2017년 국회 개헌특위 자문위원회안이나 2018년 문재인대통령 개헌안도 비슷한데, 왜 국민의 환경보존 의무는 빠졌을까, 그 부분이 의문이 들었습니다.

박은정 우리 환경권은 '국가와 국민은' 이렇게 돼 있는데, 그 부분이……

장영수 그렇죠. 오로지 국가로만 떠넘기는 그런 현상을……

박은정 그래서 파리협약이라든가 이런 데 보면 공동 부담의 원칙이 있어서, '국가와 국민이' 이렇게 들어가 있는 것 같아요. 아니면 '기업과 국민' 이런 식으로.

장영수 기업도 어차피 국민의 일부니까 국민을 넣는 편이 낫지 않을까요?

박은정 국민이라고 해야 하는지…… 대화문화아카데미 2016 새헌법안에서 기본권과 관련해서 주어를 조항의 성격에 따라 '모든 사람'으로 고치기로 했을 때 환경권도 거기에 포함되나요?

사무국 환경권의 주어는 국민입니다. (2016 새헌법안 제37조 ①모든 국민은 건강하고 쾌적한 환경에서 생활할 권리를 가지며, 국가와 국민은 환경보전을 위하여 노력하여야 한다.)

박은정 그때 '사람'이라고 하지 않은 이유는 환경권을 사회권과 비슷한 관점에서…… 실현을 위한 투쟁 때문에 그렇게 생각을 했군요.

장영수 결국은 자유권처럼 모든 인간의 권리로 보기는 어렵지 않느냐……

박은정 수정 제안에서 3항과 4항의 주어는 '국가와 국민은'으로 하는 것이 맞을 것 같죠? 온실가스 감축과 정의로운 전환, 그리고 미래세대에 대한 책임도 모두 '국가와 국민'을 주어로.

하승수 네, '국가와 국민'으로 하는 게 맞겠네요.

박은정 그리고 2항에 '모든 생명체는 법률이 정하는 바에 따라 국가의 보호를 받는다'. 이때 '모든 생명체'라는 표현은 어떻습니까?

장영수 '모든'은 빼는 게 낫지 않을까요?

박은정 이게 이른바 환경주의와 생태주의의 철학이나 방향의 차이라고 볼 수 있겠는데요. '모든 생명체'라고 하면 이른바 지구법학의 방향 쪽으로 넘어가는 셈이죠?

장영수 '법률이 정하는 바에 따라'라는 부분이 구체적으로 어디까지냐의 문제인데 모든 생명체라고 해버리면 해충 박멸도 안 된다는 식으로 될 수 있으니까 비판을 많이 받을 것 같거든요. 예를 들어서 가축을 도축할 때는 어떤 식으로 하고, 이런 것들은 법률로 정할 수 있는데……

박은정 해충도 물론 법률로 정하면 되겠지만 해충인지 아닌지 불분명한 것은……

장영수 '모든 생명체'라고 했을 때는 결국 '모든 생명체는 보호 대상이다. 해충도 보호 대상이다' 이 부분이 문제가 되는 거죠.

하승수 '모든'은 빼는 게, 위원님 말씀대로. 어쨌든 법률에 의해서 보호가 되는 대상을 언급할 때 '모든'이라는 단어가 조금 오해의 소지가 있네요.

박은정 이때 이 생명체는 인간 아닌 생명체까지도 포함시키려고 이렇게 표현한 거죠? 그렇죠? 그런 취지를 살릴 수 있는 표현이 없을까요?

하승수 지금도 사실 법률에 의해서 보호가 되고 있는 셈이라서요. 야생 동식물도 그렇고.

장영수 그렇죠. 천연기념물 같은 것도 그렇고 보호는 되고 있는데 그걸 헌법적인 근거를 만든다…… (**하승수** 그렇죠, 그런 의미라고 생각을 합니다) (**박찬욱** 생명체라 할 때 동물만 얘기하는 거예요? 식물은?) 아니요, 동식물 다 포함하죠.

하승수 지금도 식물 중에서 보호하는 식물이……

장영수 보호수종이니 이런 게 다 있기 때문에.

조진만 한 가지 궁금한 게, 기후라든지 환경문제라는 게 우리만 열심히 한다고 해결되는 문제가 아니잖아요. 사실 우리나라 규모라든지 여러 가지 기술 수준이나 보면 사실 저희가 그렇게 환경에 아주 피해를 입히는 나라는 아닌 거 같은데, 결국 중국과 우리가 인접해 있어서 피해를 받는 거잖아요. 그러니까 사실 우리 입장에서는 '우리가 이런 거 해야 된다'는 차원이 아니라 외부에서 피해를 봤을 때 국제적인 연대라든지 이런 부분에 대해 적극적으로 해야 한다는 그런 내용이 새로운 헌법안에 들어갔으면 좋겠거든요.

박은정 사실 그런 관점에서 지난 몇 년 동안 상당히 많은 관련 법률이 만들어졌는데 그런 법률이, 국제적인 협력 문제를 포함하여, 이제 헌법적 연결이 필요한 것 같습니다.

장영수 자연환경은 어차피 국경을 생각하지 않으니까, 황사가 국경을 보고

STOP! 이러는 거 아니니까, 그렇기 때문에 환경문제의 본질 자체가 국제적인 연대 없이는 힘들다', 이게 일반적으로 전제되어 있는 것 같고요. 예를 들어 우리나라의 경우는 덜 한데, 유럽이나 혹은 남미를 보면 강 하나가 여러 나라를 거쳐서 흐르면서 상류에서 오염시키면 하류에서는 꼼짝없이 당하는 이런 문제가 있습니다. 우리 지역의 강만 정화해서 되는 게 아니니까요.

박은정 기후 관련해서 헌법소원이 이루어지고 있는데, 정부 입장은 그 소송에 대해서 환경정책이라든가 온실가스 감축은 사법심사 대상이 안 된다는 것입니다. 왜냐하면 파리협약에 의하면 기본적인 목표를 설정해놓되 각 국가가 어느 정도 재량으로 목표를 조정할 수 있도록 하는 조항이 들어갔나 봐요. 그건 사실 미국을 끌어들이기 위해서 집어넣은 내용인 셈인데……

그런데 이제는 기후관련 사법심사는 당연하다고 여겨지고 있으며 국제사법기구도 그런 방향으로 움직이고 있습니다. 사법 판단에서의 대원칙은 '위험(발생)주의'가 아니라 '사전예방주의'입니다. 이에 따르면 정부가 감축 목표를 미룬다는 것은 사전 예방 원칙에 맞지 않는 것이죠. 또 그렇게 미룸으로써 미래세대에 더 부담을 안기는 것이지요.

조진만 사법적인 건 아니더라도, 각국이 이렇게 자생적으로 하는데 국제 기준을 따르라는 것보다도, 그런 문제에 대해서 국제적으로 연대하거나 하여간 그런 것들을 해야 하는…… 그러니까 정부가 '안 할래' 이런 게 아니라 (**박은정** 그래선 안 되지, 법 자체가) 노력할 수 있는 근거가 있었으면 좋겠다는 생각입니다.

박은정 환경정책기본법도 보니까 아주 잘 돼 있던데, 예를 들어서 '오염자 책임 원칙' 이런 것이 있는데요. 국제법적인 시각에서 보게 되면 이 오염자 책임 원칙은 결과적으로 오염시킨 사람만이 아니라 원인자로서 오염 위험을 유발한 자까지 포함이 되는 원칙이더라고요. 그러니까 그런 식으로 상당히 수준이 높아질 수 있는 것이죠.

박명림 한꺼번에 묶어서 말씀드려야 할 듯합니다. 생명권 문제는 너무 중요하고도 너무 민감한 듯합니다. 이를테면 모든 생명권이나 동물권 얘기할 때 과연 그게 진정한 동물의 권리를 보호하고 보장하자는 것인지 진지하게 물어야 할 것입니다. 무슨 얘기냐면 지금 인간이 보호하자는 동물권은 어쩌면 야생동물을 차례대로 가축화 → 애완동물화 → 반려동물화, 즉 점차 인간의 사유물화·소유물화하고는 그 사유물·소유물의 권리를 보호하자는 것인지도 모릅니다. 가축화야말로 생물종 다양성을 완전히 파괴했는데도 불구하고요. 요즘 바이오매스를 연구하는 최근 결과를 보면 너무 충격적이고 정말 놀랍습니다. '인간과 가축은 야생동물 포유류의 20배의 무게를 갖는다, 반려견만 해도 모든 야생 포유류 종을 합친 것과 거의 같다', 이런 경악할 결과를 발표합니다.

그러니까 정직하게 말해 우리가 보호해온 (또는 유기해온) 동물은 동물 전체나 일반 동물이 아니고 소, 개, 돼지, 고양이처럼 인간의 노동력과 먹이, 특히 최근 들어서는 특별히 우리 인간의 위로와 기쁨, 쾌락과 안락을 제공해줄 수 있는 지극히 일부 종에 집중되어 있다는 거죠. 그러나 그들 소수 종의 개체수와 무게는 인간의 필요와 소유 덕분에 비정상적으로 급증하고 있습니다. 그런데 실제로 가축·애완동물·반려동물의 사육 공간은 제한되어 있고 거의 전부 인간의 근린 시설에 있는 거고 나머지 동물은 방치나 버림받은 거잖아요. 극단적인 본질주의일지 모르지만 본래는 야생이야말로 가장 자연친화적인 동물보호가 아닌가요? 자신들의 위로와 안락을 위해 자신들에게 생활적·정신적으로 이익을 주는 극히 일부 종만을 자연과 차단시켜 소유해놓고는 보호하자고 외치는 것은 무언가 모순이지요.

그래서 생명권과 동물권을 인간은 실재로는 소유권 개념의 일부나 연장으로 간주하는 경향이 굉장히 강합니다. 자신들의 배타적인 권리인 인권처럼 자신들의 소유물인 동물의 권리를 말하는 측면이 존재하는 것이지요. 야생동물이나 식용동물의 권리를 넘어, 내 반려동물의 동물권과 이웃이나 인간 일반의 인권이 충돌할 경우 과연 우리 스스로가 무엇에 더 많은 관심과 물질과 비용을 지불하고 있는가를 보면 이 문제는 이제 분명해지고 있지 않나 싶습니다. 마치 과거의 노예보호론자와 같은 모순이지요. 인권, 특히 노예의 소유권과 해방의 역사를 볼 때, 노예가 이른바 '말하는 가재도구'(Speaking inventory)로서 자기에게 이익과 위로를 주는 사유재산이자 사적 소유물이니까 노예에 대해 관심을 갖고 보호하자고 하는 것이지 노예 일반에 대한 보호나 인권, 해방은 전혀 관심 밖이었잖습니까? 동물권 상황과 논의가 딱 지금 그러한 궤적과 거의 같습니다. 그래서 우리가 이러한 모순을 인지하고 삽입 여부를 검토해야 할 듯합니다.

그다음에 생명권도 유사한 문제가 존재합니다. 우선 과연 인간 생명이, 아니 인간이 헌법적·법적으로 "언제부터 언제까지냐" 하는 가장 근본적인 논란부터 아주 중요하게 제기될 듯합니다. 어느 단계를 생명의 시작과 끝으로 볼 것인지가 낙태나 안락사나 연명 치료와 관련하여 결코 간단한 문제가 아니기 때문이지요. 이를테면 낙태의 경우 태아가 언제부터 생명이냐 하는 데서 시작해서, 위기 시에 두 생명권, 즉 모권과 태아권 중에 어떤 생명권을 우선할 거냐 하는 데까지. 연명 치료의 경우도 일반적으로는 동의하는 게 생명 존중이고 효도라고 생각하는데 지금 실제로는 바뀌고 있잖아요. 환자가 고통만 느끼고 있는 뇌사 상태이거나 장기가 거의 기능을 못 하는데 과연 연명 치료가 생명 존중이랄 수 있는 것인지요? 개인적으로 이 문제와 관련하여 권위 있는 의학자와 신학자의 견해를 모두 들어봤는데 연명 치료가 오히려 환자의 고통을 심화시키는 거다, 즉 (생명) 존중과 (인간) 존엄의 자세가 아니라는 동일한 답변을 들었습니다.

그래서 저는 생명권이나 동물권은 넣는 걸 원칙적으로 찬성하는데, 요즘 좀 더 근본적으로 고민하고 있습니다.

하승수 말씀하신 것처럼 지금 그런 상황입니다. 여전히 동물보호운동이 아무래도 반려동물에 많이 초점이 가 있는 상태이다 보니까. 그리고 야생동물은 계속 지금 멸종도 되고 줄어들고 있는 상황이니까. 그래서 저도 이제 동물보호라는 표현보다는, 헌법에 만약에 이 관련된 내용을 넣는다면 생명체 보호가 더 맞지 않나 합니다. 그게 오히려 동물이라는 단어가 연상시키는 이미지가……

박은정 외국 헌법에서는 예를 들어서 생물다양성 보호, 멸종위기종 보호, 동물 보호, 서식 환경보호 등을 담기도 했는데, 그런 부분은 법률에 담는 게 어떨까요?

박명림 하여튼 깊은 고민이 필요할 것 같습니다.

박은정 맞습니다. 대화문화아카데미의 헌법안이 부분적으로 생명생태가치의 헌법화를 어느 정도는 한 셈인데……

박명림 생명생태 시스템과 사회경제 시스템이 균형을 갖춘 헌법으로 전문부터 각 조항까지, 이를테면 경제, 권리, 자연, 토지, 국토 이런 게 쭉 연결되고…… 따라서 인공적·사회적 존재와 자연적·실물적 존재의 상호공생적이며 환경생태적인 공존, 인간사회 시스템의 헌법적 체계를 하나 세우고 여기에 자연생명생태의 가치와 시스템이 잘 결합을 해서 이 두 개의 기둥을 갖춘 헌법을 만들어낼 수 있으면 이번에 패러다임 전환과 관련해 헌법적으로 큰 기여를 할 수 있지 않을까 싶습니다. 근대성과 생태가치를 어떻게 하나의 헌법에 담아낼 수 있을까요?

박은정 하 위원님의 수정 제안과 그 바탕이 된 2017년 국회 개헌특위 자문위원회안에 대해 저도 대체적으로 공감을 하고요, 그런 조문의 바탕이 되는 내용은 제가 총론적으로 정리하면, 그렇게 두루두루 맞추어가면서 논의를 해보시면 좋겠습니다.

하승수 생태환경 쪽은 제가 한번 문구를 작성해보겠습니다.

수정 제안

제37조 ①모든 국민은 건강하고 쾌적한 환경을 함께 누릴 권리를 가진다.
②생명체는 법률이 정하는 바에 따라 국가의 보호를 받는다.
③국가와 국민은 기후생태위기에 대처하기 위해 필요한 온실가스 감축과 정의로운 전환을 위해 노력하여야 한다.
④국가와 국민은 환경을 지속가능하게 보전하기 위해 노력하여야 하며, 기후생태위기에 대처하고 환경을 보전하기 위한 국제적인 노력에 참여하여야 한다.

후반부 심의

하승수 아래와 같이 수정안을 작성해봤습니다.

장영수 1항에서는 환경을 누릴 권리가 아니라 환경을 함께 누릴 권리로, '함께'가 들어가 있는데, 이 '함께'는 어떤 의미입니까?

박은정 현행헌법은 '건강하고 쾌적한 환경에서 생활할 권리를 가진다'라고 되어 있는데 그것을 '환경을 누릴 권리를 가진다'라고 하면 조금 더 포괄적이 되는 것이죠. 그런 의미로 반영하신 거죠?

하승수 맞습니다. 그리고 '함께'라는 표기는 2017년 국회 개헌특위 자문위원회안을 참고했습니다만, 굳이 넣어야 할 필요는 없어 보입니다.

모두 '함께'는 삭제합시다.

장영수 그리고 3항과 4항은 어떤 것이 조금 더 원칙적이고 그것에 따른 구체적인 것인지, 그리고 사전 사후 이런 걸 따진다면 오히려 3항과 4항의 순서를 바꾸는 것도 괜찮지 않을까 하는 그런 생각이 드는데 어떠신지요?

하승수 바꿔도 괜찮을 것 같습니다. 말씀대로 오히려 국제적인 노력이 먼저 들어가는 게 나을 것 같기도 하네요.

모두 동의합니다.

15) '헌법에 열거되지 않은 자유와 권리'의 권리 주체

현행헌법	대화문화아카데미 2025 새헌법안
제37조 ①국민의 자유와 권리는 헌법에 열거되지 아니한 이유로 경시되지 아니한다. ②국민의 모든 자유와 권리는 국가안전보장·질서유지 또는 공공복리를 위하여 필요한 경우에 한하여 법률로써 제한할 수 있으며, 제한하는 경우에도 자유와 권리의 본질적인 내용을 침해할 수 없다.	제39조 ①**모든 사람의** 자유와 권리는 헌법에 열거되지 아니한 이유로 경시되지 아니한다. ②**모든 사람의** 자유와 권리는 국가안전보장·질서유지 또는 공공복리를 위하여 필요한 경우에 한하여 **적법절차에 따라** 법률로써 제한할 수 있으며, 제한하는 경우에도 자유와 권리의 본질적인 내용을 침해할 수 없다.

장영수 39조에서는 '자유와 권리는'이라고 시작하는데, 누구의 자유와 권리인지가 안 들어 있으니까 상당히 어색하게 느껴지고 이대로 가면 모든 사람의 자유와 권리인지 국민의 자유와 권리인지 또 논란이 될 것 같습니다. 어떤 형식으로든 누구의 권리인지를 좀 밝혀줘야 되지 않을까 하는 생각이 드는데요.

사무국 현행헌법은 '국민의' 자유라고 되어 있고, 대화문화아카데미 2016 새헌법안에서 '국민의'가 빠졌습니다.

장영수 앞선 조항에서는 사람이냐 국민이냐를 구별해가면서 외국인도 포함되느냐 안 되느냐를 얘기했는데 여기선 불분명합니다. 여기서는 '모든 사람의 자유와 권리'라고 포괄적으로 해놓고, 지금 어차피 열거되지 않은 거고 제한하는 경우이기 때문에 어떤 기본권이 해당되는지는 그건 해석상의 문제거든요. 굳이 국민으로 한정할 필요 없이 넓게 보는 게 좋지 않을까요?

조진만 동의합니다. 39조 1항은 꼭 국민이 아니라 모든 사람에 대해서 이게 없다고 그래서 기본권이 침해되지 않는다는 거니까 그냥 모든 사람은 다 하는 게 나을 것 같습니다.

모두 동의합니다.

4.5. 제3장 입법부

1) 양원제 도입의 필요성과 가능성

전반부 심의

박찬욱 대화문화아카데미 2016 새헌법안의 입법부 부분을 제가 기초했기 때문에, 이게 지금 고민인데, 당시에는 분권이 굉장히 중요하고 핵심이기 때문에 입법부 안에서의 분권도 생각했고, 그리고 우리는 시민단체이기 때문에 멀리 바라보는 관점에서 양원제로 의견이 다 모아졌거든요. 그런데 22대 국회에서 실제로 실행 가능한 헌법안으로 인식되려면 양원제를 내놔서 골치 아프게 만드는 건 아닌가 하는 우려가 있거든요.
박은정 저는 당시에도 양원제에 대해서는 유보적이었는데……
박찬욱 2018년 문재인대통령 개헌안은 단원제죠? 그런데 2017년 국회 개헌특위 자문위원회안은 양원제로 연구가 나왔고…… 그래서 그게 우리가 심각하게 고민해야 할 사안인 것 같고, 저도 그것에 대한 입장이 명확히 결정되지는 않았습니다.
박은정 분권의 틀에서 대통령-국무총리 권한과 양원제 문제를 같이 논의하면서 대체적인 방향을 정해야 할 것 같아요.
박찬욱 그런데 단원제로 내놓으면 작업이 굉장히 많아질 겁니다. 그거 다 고치려면.
박은정 혹은 기술적으로 1안, 2안 이런 식으로 정리하는 것도 가능할 수 있을 것 같기도 하고……
박찬욱 최종으로 하나로 가야 될 것 같아요. 1안, 2안 그러면 애매할 거 같아서.

박은정 아니면 우리가 순차적 또는 단계적 개헌도 생각했으니까 그런 단계적인 틀에서 양원제를 순차적으로 추진하는 생각도 할 수 있을 것 같습니다.

장영수 양원제에 대해서는 찬반이 날카롭거든요. 그때 양원제에 대해서 비판하는 분들, 어떤 선입견을 가지고 그러는 분이 많은 건 당연했는데 오히려 제가 그때 2017년 국회 개헌특위 자문위원회에서 활동할 때 보면 지역에서, 지방자치단체 쪽에서는 '양원제를 통해 상원을 자기에게 달라, 지역대표형 상원을 만들어달라'는 요구가 굉장히 강했고 그쪽 세력도 만만치가 않습니다. 그렇기 때문에 '양원제면 반대만 클 거다'가 아니라 찬성도 크고, 거기서 어떻게 합리적으로 조율하고 설득하느냐의 문제가 될 것 같습니다.

박찬욱 그러니까 중앙-지방분권 강화하는 측면에서 보면 양원제가 훨씬 거기에 적합한 제도라고 볼 수 있죠.

조진만 분권의 가치로 보면, 양원제가 제도적으로 정합성이 있습니다. 그런데 '분권형 대통령제'라고 하면 현실적으로 대통령제에 대한 국민의 인식이나 선호가 있다는 점도 고려할 필요가 있습니다. 개인적으로 이전에 양원제안을 채택하였다고 하더라도, 그리고 장기적으로 남북관계와 통일을 대비하여 중요하더라도, 이 시점에서 22대 국회에 양원제를 제안하는 것은 빼는 것이 전략적으로 좋지 않을까 하는 생각도 합니다. 왜냐하면, 우리나라는 지역구 기반의 선거를 이미 하고 있습니다. 광역단체장도 존재하고요. 연방제도를 채택하고 있지 않은 대한민국 규모의 국가에서 양원제를 채택하고 있는 국가는 거의 없습니다.

장영수 박명림 위원님께 질문드리고 싶은 게, 제가 얼핏 듣기로는 지금 현재 이 지역구가 헌법재판소 결정에 따라서 인구비례를 굉장히 엄격하게 하고 있지 않습니까? 그러다 보니까 대도시와 농어촌 지역하고 지역 간의 편차 문제가 굉장히 심각하고, 그로 인해서 지역대표성 문제를 가지고 얘기가 계속되다 보니까, 국회 내에서도 그런 의미에서는 지역대표형 상원에 대해서 사실 긍정적으로 볼 필요가 있다는 의견이 꽤 많다는 얘기를 간접적으로 제가 한 번 들은 적이 있어요. 그런데 실제로 이런 안이 들어왔을 때 국회의원이 여야를 막론하고 조금 더 긍정적으로 받아들일 수 있는 상태인 건지? 아니면 아직은 시기상조인 것인지? 거기에 대한 박 위원님 의견을 듣고 싶습니다.

박명림 네, 맞습니다. 수도권과 지방의 편차가 너무 심각하니까 국회의원의 양원제에 대한 선호 정도는 높은 듯합니다. 양원제에 대한 선호는 보수정당에서도 연동형 비례대표제보다 높다는 느낌이었습니다. 저 자신도 이제 양원제는 필수가 아닌가 싶습니다. 현재와 같은 인구대표성만으로는 지방의 대표성은 낮을 수밖에 없다고 봅니다. 따라서 영토대표성을 고려한 상원의 설치가 반드시 필요하다는 생각입니다.

박찬욱 사실 미국은 연방대법원이 선거구 획정할 때 그건 1대1이거든요. 인구 기준이 아주 엄격하고. 그런데 우리는 지금 2대1 아니에요. 캘리포니아는 50석에 가깝고 다른 데는 2~3석 이런데도 조그만 주들이 가만히 있는 게, 상원에서 2석씩이니까. 조그만 주들은 발언권이 있잖아요. 소수도 대표되고. 그게 있는데 우리는 그걸 안 하고, 이런 조그만 지방이나 적은 수, 강원도 같이 땅덩어리는 크지만 몇 사람 안 사는 데, 거기서 오는 요구를 어떻게 수용해야 하느냐, 그런 문제도 있는데……

장영수 인구대표성하고 지역대표성이 지금 편차가 너무 심하니까, 인구대표성을 포기할 수는 없지만, 상원에서 지역대표성을 조금 보충·보완해주는, 이런 것은 현실적인 요구하고도 맞지 않느냐, 그런 얘기 많이 하지 않습니까? 지금 지방에 가보면 어떤 문제가 있느냐면, 서울에서는 구 하나 가지고도 갑·을·병까지 나눠가면서 국회의원 선출을 하는데, 지방에서는 군을 한 5개쯤 묶어가지고 국회의원은 한 명이다 보니까, 이들 군 간의 동질성이 별로 없을 때, '쟤가 우리 대표냐? 우리 대표 아니다, 다른 군 대표다' 이러는 경우가 많거든요. 그리고 그런 사람들에게 국회의원은 어쩔 수 없다 하더라도, 그러니까 하원은 그렇다고 해도, '상원에서는 우리 군도 대표 있다' 이런 게 필요할 수 있다는 얘기죠.

박찬욱 강원도 같은 경우는 선거운동을 할 때 하루 안에 자기 집으로 못 돌아와요. 이게 아주 희한하게 묶어놨더라고요, 교통도 안 좋고.

조진만 그렇죠. 인구 때문에.

박명림 양원제를 하지 않는다면 지금의 한국적인 수도권-지방의 불균형 상태에서 국민주권의 대표성과 평등성이 제대로 반영이 될지⋯⋯ 너무 중요한 문제인 것 같습니다.

박은정 박명림 위원님이 국회에서는 오히려 양원제에 대한 호감도가 높다고 하셨는데 단순화시켜서 이야기해보면 국회 쪽에서는 단원제보다는 양원제로 가는 것이 훨씬 더 국회의 비중을 양적으로나 질적으로 높이는 것이니까⋯⋯ 한 가지 여쭤보고 싶은 게, 예를 들어서 독일 같은 경우에는 연방제를 하고 양원제 의회 정치가 잘 진행되고 있다는 평가를 받는데 그런 것이 혹시 독일은 원천적으로 독점으로 나타나는 양당제가 발붙일 수 없게 하는 어떤 다당제적인 성격의 선거제나 법 제도를 갖추고 있고, 그것이 정착되어 있기 때문이 아닌지? 그런 것하고 연관이 없습니까? 제 생각에는 독일의 양원제의 성공이나 정착도 어떻게 본다면 다당제가 어느 정도 성공을 하는 것하고 연관이 될 것 같아요. 아무리 양원을 만들어놔도, 어느 한 당이 독점하면, 여기도 독점, 저기도 독점해버리면 어쨌든 모든 것이 지체만 되게 만드는, 그런 의미도 되지 않습니까? 근데 독일 같은 경우에는 제가 듣기로는 지금까지 어느 한 당이 단독 정부를 세운 사례가 거의 없다고 하죠. (**장영수** 맞습니다, 한 번인가 있었습니다)

박찬욱 과반수가 돼도 또 참여시키죠.

박은정 예, 그런 게 어떻게 본다면 의회 구성원의 성숙도와도 관계 있을지⋯⋯

박찬욱 있죠. 가까운 거는 선거제도고, 좀 먼 거는 사실 분권의 역사가 깊죠. 비스마르크 때부터.

박은정 당시 독일이 패전국으로서 여러 가지 제도를 만들 때 외국의 관여가 상당히 있었고 나치 같은 것이 두 번 다시 되풀이돼서는 안 된다고 하는 국제 사회의 여론이 있었기 때문에, 어떻게든지 선거법 등을 통해서 어느 한 당이 독점할 수 없도록 하는, 외부 압력 등이 작용하여 결국은 양당제적인 것이 정착이 안 되고, 다당제 쪽으로 가는 방향으로 틀이 이루어졌다, 이런 분석도 가능할 것 같거든요.

박명림 독일은 제2차 세계대전 패전 이후 전체주의 토대와 전통의 제거, 특히 특정 정당이나 인물 중심의 승자독식과 족군주의를 폐지하는 데 심혈을 기울였지 않았나 싶습니다. 전후 다당제와 100% 연정의 전통은 이로부터 나왔다고 생각합니다. 전전과는 큰 차이지요. 한 사람의 지도자가 등장하면 그를 쫙 따라가는 전통, 이를테면 비스마르크나 히틀러를 황제처럼 추종하는 경향의 단절이 핵심이었죠. 사실 대통령제냐 내각제냐가 논란의 본질은 아닌 듯합니다. 같은 내각제일지라도 권력 집중도나 임기의 차이 때문에, 영국은 수상(Prime Minister)을 뽑으면 글래드스턴의 후예가 되는데, 독일은 총리(Chancellor)를 뽑으면 비스마르크 후예가 된다는 언명은 정치학의 한 중요한 주장이기도 합니다. 그래서 영국은 원천적으로 제왕적 수상(Imperial Prime Minister)이 불가능한데, 독일은 제왕적 총리(Imperial Chancellor)가 나타나는 그런 전통을 없애야 한다고 보았죠. 그래서 전후 연합국 점령하의 독일은 장관 책임의 원칙, 내각 연대 책임의 원칙, 총리 책임의 원칙, 이 세 가지를 결합한 헌법을 받아들이지 않았나 싶습니다.

박은정 받아들이지 않을 수 없는 조건이겠죠.

박명림 네, 그렇다고 봅니다. 전전의 전체주의 경험과 전후의 연합국 점령 조건을 결합하여 독일이 총리의 임기로 보나 연정의 빈도로 보나, 국정의 안정성과 연속성, 타협과 안정의 측면에서 전후 가장 성공한 나라로 평가받는 이유가 이게 아닌가 싶습니다. 사실 연정도 100%이지만, 독일은 전후 개헌의 횟수만 해도 무려 67번에 달할 정도로 정당간 타협의 정도가 아주 높죠.

박찬욱 독일은 제도 바뀌는 과정을 보면 과거로부터의 성찰, 그리고 그거를 고칠 때 보수적으로 해요. 한꺼번에 뒤집어엎고, 이성으로서 현실을 단번에 재구성하고 이런 접근을 안 하더라고요. 조금씩 하면서, 끝나고 나면 뭐가 문제였느냐? 이러면서 수시로 고칠 줄 아는데 우리는 뒤집어엎어야 하는 거, 그걸 진보라고 생각하죠. 그러니까 우리는 어떻게 보면 보수주의 전통이 제대로 없어서 이거 점진적으로 할 수도 없고 뒤집어엎어야 한다, 이런 게 우리는 강하거든요. 그러니까 절반의 승리라는 게 없어요.

조진만 저는 보통 사람들이 명확하게 이해하는 것이 중요하고, 이러한 부분을 고민할 필요가 있다고 생각합니다. 특히 헌법은 더 중요합니다. 양원제는 제가 들어도 명확하게 이해가 되거나 그림이 그려지지 않는 측면도 있습니다. 복잡하다는 생각도 들고, 이게 될까? 이런 의문도 생깁니다. 그런 상황에서 전문가들의 의견도 갈리고요. 전문가 의견이 갈리거나 국민이 무관심하고 모른다는 거는, 여기서 합의할 수 없는 부분이 존재한다는 것을 의미하거든요. 새헌법은 국민투표에 부쳐야 하고, 국민 다수의 지지를 받아야 하거든요. 될 수 있으면 많은 국민의 지지를 받는 헌법이 되기 위해서는 이해가 명확하게 되고 합의 수준이 높은 개헌안을 마련하는 것이 중요하다고 생각합니다.

박명림 조 위원님 말씀대로 상세한 사항은 정교하게 논의해야 하겠지만, 전국시도지사협의회를 포함하여 지방자치와 분권을 강력히 주장하는 분들의 지역대표형 양원제 요구가 이제 비등점까지 올라올 정도로 강합니다.

박은정 상당한 이해관계하에 있는 거죠.

박찬욱 그러니까 그게 현실 적합성이라고 할 때, 현실이 뭐냐도 문제 같아요. 존 스튜어트 밀의 『대의정부론』 1장을 읽어보면, 영국 사람은 물론 경험주의적이어서, 제도 만드는 사람은 이성만 보지 말고 현실을 보면서 해야 한다고 봅니다. 그렇다고 현실에 또 매몰되면 개혁이라든가 아무것도 안 되는데, 근데 문제는 그건 원칙적으로 맞는 얘기인데, 뭐가 어디까지가 현실인지 그걸 잘 모르겠어요.

장영수 저는 이렇게 생각합니다. 일단 조진만 위원님이 얘기한 것과 관련해서는, 아까 박명림 위원님이 얘기했지만, 독일의 전통, 독일인의 DNA를 얘기한다면 오히려 군국주의적인 게 강했는데 그걸 시스템의 변화를 통해 바꿨다고 이해하신 거고요. 성공했다고 평가를 받고 있고. 우리도 기존의 DNA에 묶여 있어가지고서는 발전이 없다. 우리가 어떻게 합리적으로 바꿀 수 있느냐? 여기에 조금 더 관심을 가져야 한다고 말씀드리고 싶어요.

그리고 독일의 경우를 보면, 워낙에 큰 사고를 쳤지 않습니까? 1, 2차 세계대전 전범 국가이지, 유태인 학살 관련해서는 인류 역사에 남을 만한 그런 범죄죠. 그러고 나서 그걸 바꾸기 위해서 정말 많은 노력을 했거든요. 그중 하나가 민주시민 교육입니다. 그냥 대충 하는 수준이 아니라 어려서부터 치밀하고 철저하게. 저는 우리나라에 가장 부족한 부분 중 하나가 이거 아니었나…… 그리고 영국의 의원내각제를 독일식으로 바꿔서, 영국 의원내각제 그대로 했으면 여러 가지 문화적인 차이, DNA 차이든 이런 것 때문에 쉽지 않았을 텐데, 이걸 자기식으로 바꿔서 했고, 그리고 아까 선거제도 말씀 나왔지만 연동형 비례대표제라고 하는 시스템을 되게 처음 새로 만든 거거든요.

박은정 그러니까 다당제가 제도적으로 도입이 됐다, 그걸로 족한 게 아니라 그 다당제에 대한 국민적인 신뢰가 쌓여 있다, 이것까지가 돼야 양원제든 내각제든 이런 것의 성공 조건이 갖춰지는 것 같아요.

장영수 그리고 또 한 가지는 아까 박명림 위원님 얘기하셨지만, 큰 틀에 있어서의 대통령제다 의원내각제다 하는 것보다도, 독일의 경우에서 주목해야 할 부분은 내각 내부에서의 분권이거든요. 그 점에 있어서는 아까 말씀드렸던 영국식 의원내각제와 좀 다릅니다. 연정 계약서라고 하는 것을 만들어요. 합의서를 만드는 데, 그 세세한 내용까지 다 다뤄가지고, 이게 수백 페이지가 됩니다. 그리고 거기에 따라서 하나하나 '이거 안 지키면 너희들이 책임져라' 이런 식으로 연정을 하게 되면 총리라고 해서 연정 파트너에 대해서 이래라 저래라 못하거든요. 영국은 오히려 자기 정당으로 쭉 양당제를 하다 보니까 수상이 각료에 대해서 상당한 지배력을 갖습니다. 그런데 독일의 경우는 총리가 장관에 대한 지배력이 상대적으로 약하고, 이들 장관의 독자성이 굉장히 큽니다. 얼마 전에 돌아가신 쇼이블레 장관 같은 경우에도 메르켈 총리에 대해서 그야말로 거의 치받다시피 반대하고 그런 경우도 꽤 있었거든요. 물론 또 도울 때는 적극적으로 돕기도 했었지만. 그런 것이 말하자면 독일식의 시스템이었고, 그리고 우리가 그걸 단번에 하자는 것은, 저는 어렵다고 봅니다. 다만, 이런 여러 가지 모델을 보면서, 우리가 지금 단계에서 할 수 있는 게 뭐냐, 거기에 대해서 조금 더 시야를 넓혀서 볼 필요는 있다고 생각합니다.

조진만 나비 효과 같은 건데요. 양원제가 중요한 게 아니라, 만약에 하면 지역구 의석수를 늘리면 되거든요. '국회의원 수를 줄여라' 이런 말이 많지만 실제로 선거구 획정할 때 지역에 가서 들어보면 자기 지역구 줄여달라는 거 얘기하는 지역은 단 한 곳도 없거든요. '우리는 반드시 늘려야 된다, 줄이면 안 된다' 얘기하고.

장영수 일종의 악순환인데, 국민이 국회의원을 불신하고 싫어하니까 의석을 안 늘려주려고 해요. 그런데 사실은 의석을 늘려야 현재 상황을 타파할 수 있는데, 일종의 악순환의 고리 속에 갇혀버린……

박명림 87년 대선 때도 다자 대결이고 88년 총선도 다당제였는데 지금은 대선도 총선도 다 두 진영 대결인 사실상의 양당제적인 그런 구도가 되어가고 있습니다. 유효 정당 숫자가 88년부터 지금까지 경향적으로 계속 줄어들기 때문에 점점 갈등이 심화되는 건 명확한 징표라서요. 연합 정치와 다당제를 위한 제도적 타개책이 필요하지 않을까? 게다가 지방이 지금 이렇게 빠르게 소멸돼서는 안 되니까 양원제 도입에 돌파구가 있지 않을까 생각합니다. 또 국회의 권한과 규모를 늘리면 상원과 하원으로 나눠서 입법부 내의 분권도 필요하다고 생각합니다.

하승수 저도 단원제 쪽으로 마음이 가기도 하다가 또 양원제로 가기도 하다가, 그러다가 제가 찾아보니까 슬로베니아가 양원제는 아닌데 직업적 이해관계와 지역적 이해관계를 대표하는 '국가평의회'라는 걸, 의회하고 별도로 둬서, 그게 의회의 모든 권한을 가지는 건 아니고요. 법률안 발의권이라든지, 또는 의회에서 통과된 법률에 대한 재의요구권이라든지, 조사 요구, 국정조사 같은 걸 요구한다든지 하는 일정한 권한을 가지는 걸로 돼 있던데요. 어쨌든 우리가 나아가야 할 방향은 양원제라고 하더라도 당장 양원제로 하기보다는 중간 단계 정도를, 또 사실 양원제로 하면 연방제까지도 논의를 안 할 수 없는데, 그거는 더욱 얘기가 쉽지 않을 것 같아서 그래서 제가 아이디어로 생각해본 거는, 양원제로 가는 중간 다리 정도를 일단, 지역대표성이 있는 일종의 기구를 만드는 방법은 어떨까 하는 생각을 해봤거든요.

조진만 저는 세 가지 정도만 헌법에 들어가면 양원제보다 더 큰 효과를 나타낼 수 있다고 봅니다. 첫째, 국회의원은 200명 이상 된다는 걸 300명 이상으로 하고, 더 늘릴 수 있는 부분으로 하자. 양원제도 결국 국회의원 늘리자는 거 아닙니까? 둘째, 지역구와 비례대표 의석의 비율을 2대1로 묶는, 이렇게 헌법에서 못 하겠지만, 균형적으로 구성해야 한다고 하는 원칙을 명시하면 최소한 지금같이 이렇게 불비례적으로 하지는 않을 것 같고요. 셋째, 수도권과 지방 간의 의석 비율은 균형적으로 해야 한다는 내용이 포함되면 좋겠습니다.

박은정 박명림 위원님은 어쨌든 이 시점에서 갈등을 줄이는 데 양원제가 상당한 타개책이다 이렇게 말씀하시는데, 다른 한편에서는 그 부분에 대한 국민 설득이 가능하겠는가? 의회를 통한 갈등 해결의 경험이 있어야 그걸 지지할 수가 있는데…… 의회가 어떻게 보면 상당 기간 동안 갈등의 중심지였고, 갈등 해결 능력도 약했기 때문에 지금 개헌 논의도 나오는 게 아니겠습니까? 그렇기 때문에 양원제가 지금 이 시점에서 우리 사회의 갈등 해결을 줄이는 데 중요한 포인트라고 말하기 어려운 면이 있습니다. 적어도 국민이 보기에는……

우리가 목전의 문제를 해결하려는 것이 아니라 청사진을 만드는 거라고 할지라도 그 청사진은 어쨌든 현 시점에서 우리가 할 수 있는 것을 토대로 나오는 청사진이어야 하므로, 저는 양원제는 장기적 의제로 던져두고 이 시점에서는 좀 더 현실적인 안을 내는 것이 어떤가 하는 생각이 강합니다.

박찬욱 저는 원칙적으로는 양원제인데 말씀하신 현실 적합성을 생각하면 이게……

박은정 양원제를 택했던 나라에서 단원제로 돌아온 나라도 있어요. 그에 대한 논의도 상당 부분 있습니다.

박명림 만약에 저희가 이번 개헌안에서 양원제는 어렵다고 한다면 다른 형태로 의회의 비례성을 확보하고 또 중요한 게, 의회의 규모와 권한을 확대하는 것이라고 생각합니다. 아무리 여러 국제 수치와 비교해봐도 의원 숫자가 매우 적고요. 그리고 행정부에 비해서 입법부가, 대통령에 비해서 국회가 권한이 약합니다. 적극적 권한은 적고 주로 소극적 권한이 많습니다. 주로 거부에 초점이 있는 소극적 권한을 갖고 있으면 집행부에 계속 저항할 수밖에 없다고 합니다. 저쪽이 못 해야 우리 쪽이 정당성을 부여받기 때문이죠. 그런데 적극적 권한을 주면 책임성이 생기기 때문에 상당히 신중해집니다. 권한과 책임은 비례하니까요. 게다가 양당제라고 하더라도 승자독식 대통령 단임제로 인해 한국은 현재 고전적 의미의 지배당(ruling party)과 반대당(opposition party)은 없고, 사실 '대통령당'과 '후보당'만 존재하는 매우 기형적 정당 제도라고 할 수 있습니다. 저는 이를 오래도록 현재 권력(대통령)과 미래 권력(여야 대통령 후보)의 대결이 한국 정치의 거의 전부를 결정해왔다고 주장해오곤 하였습니다.

박은정 그런 관점에서 본다면 지금 이 시점에서 양원제가 아니더라도 의회 정치를 실질화 내지 활성화하는 방안과, 또 한편으로 국민은 국회의원이 너무 많은 특권을 누린다고 생각하니까 대우와 특전은 줄이고…… (**박명림** 그렇죠) 이런 방향의 내용을 1단계 개헌안에 담는 방안도 있지 않을까 싶은데요.

박명림 저는 박은정 선생님 말씀에 전적으로 동의합니다. 의회의 규모와 권한은 키우면서, 의원의 혜택과 특권은 대폭 줄여야 한다고 봅니다. 상세한 통계를 비교해보면 한국 국회의원의 세비는 OECD 평균이나 선진국 평균에 비해서 너무나 높습니다. 대폭 삭감해야 한다고 봅니다. 또 의원 개개인의 보좌관 숫자도 이렇게 많은 나라는 없습니다. 미국 같은 대형 연방국가 빼놓고는요. 현재 보좌관 숫자는 의원당 2명으로 줄여도 됩니다. 그리고 입법지원처를 둬서, 공동보좌관 제도를 도입하면 됩니다. (**박은정** 맞아요)

박찬욱 2016 새헌법안도 사실은 의회를 강화한 거죠. 예산, 그다음에 여러 가지 (**박은정** 몇 가지는 들어왔죠) 국정 감사를 없앤 게, 상시, 수시 감사 체제라든가, 그다음에 여러 가지 명령, 행정부 위임입법이 법에 위반하느냐 아니냐, 이런 거에 대한 심사 같은 것도 강화한다든가, 대개 그런 방향의 것이 들어와 있어요. 그걸 더 추가할 수도 있겠죠.

그런데 미국처럼 국회가 예산 편성권 갖는 건, 전 반대합니다. 왜냐하면 선거로 된 사람은 예산을 팽창시키지 줄이지 않아요. 특히 긴축 재정이 필요할 때, 그거 안 할 가능성이 큽니다. 아무튼 그건 나중에 더 얘기해보아야 할 거지만 권한은 늘려야죠.

박은정 하 위원님은 양원제에 대해서 어떤 입장이신지요?

하승수 제 생각은 저도 좀 더 고민해봐야 하겠지만 아까 말씀드린 것처럼 바로 양원제로 가는 게 당장 쉽지 않다면, 중간 다리 정도, 그거는 결국 지역의 목소리, 지역의 대표성을 확보할 수 있는 다른 방법, 그런데 2018년 문재인대통령 개헌안에는 '중앙지방 협력회의를 만든다' 이렇게 돼 있는데, 사실 협력회의는 실효성이 없기 때문에 아까 말씀드린 것처럼 최소한 어떤 지방과 관련된 법률에 대해서는 발의도 할 수 있고, 재의요구도 할 수 있고, 이 정도 권한을 가지는 기구를 만든다든지 하는 방법은 없을까요?

장영수 그런 기구를 만들면, 형식은 아니지만 실질적으로 상원이다, 그런 얘기 나오지 않을까요?

박찬욱 그런 면이 있죠.

하승수 그렇죠. 그런데 상원이라는 게 만들어지면, 법안 심사, 예산 심사, 국정조사, 다 같이 해야 하니까, 여러 가지로 너무 큰 변화가 아니냐는 얘기가 있을 수 있으니까요.

중반부 심의

조진만 제가 단원제를 강조하는 건 아니고 양원제를 채택하려고 할 때 우리가 추가로 고민하거나 방어해야 할 부분이 있고, 정합성을 맞추어야 할 부분도 있다는 것입니다. 그런 부분을 잘 정리하지 않으면 추후 논란의 소지가 클 수 있다고 생각합니다. 분권형 헌법을 생각하면 양원제 도입은 맞습니다. 양원제도, 분권형을 염두에 두면 하원과 대등하고 강한 상원이 존재해야 하는 것이 맞겠죠. 그리고 숫자도 중요합니다. 전체 의석을 어느 정도로 할 것인지, 양원의 의석을 동수로 할 것인지, 인구비례 원칙을 상원과 하원에서 어떻게 적용할 것인지 등을 정리할 필요도 있습니다.

박찬욱 현실적으로 반론이 많을 것 같아요. 예를 들면 극단적으로 제주도와 경기도를 생각해보세요. 다 동수로 해놨을 때, 거기에 대한 반론이 많을 것 같습니다. 그러니까 현실적으로 레인지(range)를 주고, 그런데 레인지가 크지 않고, 또 그런 레인지 안에서의 인구비례성을 감안해야죠. 인구비례인데 1대 1이 아니고, 아직 헌재는 2대1 기준이지만, 그걸 고려해서 레인지를 좁혀놔야 하겠죠.

장영수 우리가 지금 2대1로 하는 게 독일의 예를 따르고 있는 거거든요. 그리고 독일의 상원은 기본법 자체에서 예외 규정을 두었기 때문에 상원에서 이런 식으로 해가지고 레인지를 두되, 엄밀한 인구비례는 아니라고 하는 것이 전혀 문제가 안 되고 있습니다.

박은정 독일은 연방기본법에서 "각 주는 최소한 3개의 투표권 기본값을 주고, 그다음에 100에서 200만 명 단위로 조정을 하는" 것으로 정하고 있어서, 인구비례성을 갖되 완전한 절대 비례는 아닙니다.

장영수 그러니까 하원과는 다른 기준이죠.

박찬욱 심지어 하원도 영국이 선거구 획정할 때 잉글랜드하고 스코틀랜드하고 똑같지 않거든요. (**조진만** 그렇죠) 그러니까 그런 식의 지역적 배려가 있단 말이에요.

조진만 영국은 여러 가지를 고려하죠. 면적도 고려하고, 면적이 크면 인구가 적어도 상관없기도 하고요. 그런데 우리에게 익숙한 것은 헌재에서 선거구 간의 격차를 2대1로 설정한 인구 기준이거든요. 지금 선거구 획정할 때도 그렇고 결국은 인구비례가 제1원칙이거든요.

하승수 위원님 말씀처럼 그런 문제가 있어서, 상원을 둘 거면 헌법에서 그런 최소 인원부터 최대 인원까지를 정해놓지 않으면 똑같이 2대1 식으로 되겠죠.

조진만 동수를 의미 있게 하면, 인구비례에 대한 개념이 아예 없어질 수도 있죠. 상원은 인구와는 상관없는 거라고 하고, 권한을 주는 것이 가능하죠. 미국은 각 주마다 그 규모와 관계없이 모두 두 명의 상원의원이 있는데, 우리가 추구하는 가치로 보면 권역을 어떻게 나눌지의 문제가 있지만, 미국과 같은 방식도 괜찮을 수 있겠다고 생각합니다.

장영수 그런데 저는 의문을 갖게 되는 게, 실제로 우리가 지역대표성을 얘기할 때는 사실 도 단위보다는 오히려 조금 더 작은 단위로까지 대표성이 들어가야…… 안 그러면 하원에 있어서 지역대표성이 약화된 것을 상원에서 보충한다, 이게 살아나지 않아요. 그러기 위해서는 상원을, 우리가 도 단위로 한다 하더라도, 숫자를 어떻게 하며, 이걸 지역 간에 안배, 예를 들어 지금 경기도에서 10명을 뽑는다, 그런데 그 10명이 전부 다 인천이나 수원 지역이다, 이렇게 됐을 때, 이게 지역대표성이 있는 거냐, 이런 문제도 생길 수 있거든요.

박찬욱 만약 제주도 같으면 하원 선거가 더 커질 수도 있죠. 그러니까 그것도 문제죠.

장영수 제주도보다 세종시가 더. (웃음)

하승수 시도별 정수는 정해놓되 정수에 관한 원칙은 헌법에 명시하더라도 구체적인 선거구나 비례대표 방식 같은 건 법률로 어차피 위임을 해야 하는데……

박찬욱 우리가 2016 새헌법안에서 '비례'까지는 무난하게 도입했는데 그 비례선거구를 어떻게 하느냐 하는 거는, 그건 법률에서 알아서 하겠지, 그렇게 끝났거든요.

박명림 왜 양원제가 필요하냐? 물론 대통령의 권력 집중을 완화하고, 집행부와 입법부의 권력 균형을 맞추기 위한 방법의 하나로 양원제가 필요하고, 또 수도권 집중을 완화하려면 현재의 인구대표만으로는 지방이 대표될 수 없으니까 영토대표성, 지역대표성을 두는 게 필요하죠. 그런데 미래를 보면 양원제는 더욱 절박합니다. 현재의 이런 인구대표 방식을 고수할 경우 장차 지방은 대표가 급감하거나, 지역에 따라서는 준광역, 또는 5~6개 군, 7~8군에 국회의원 한 명 정도 가질 수 있게 될 겁니다. 수도권은 한 구나 한 시에 몇 명이나 되는데도요. 지방의 인구 소멸 추세를 완화시키기 위해서라도 영토대표성이 들어오지 않으면, 이제는 정말 한국의 민주주의를 넘어 국가와 주권의 근본적인 위기가 오지 않을까요?

선출 방법과 관련해서는 평등성과 비례성을 잘 결합하면 되지 않을까 싶습니다만, 상세한 것은 박찬욱 선생님의 말씀을 들어봐야 할 듯합니다. 일정한 대표성을 보장한 뒤 지방의 대표성을 위해 가중다수결(Qualified Majority Voting) 정신을 도입하는 것도 한 방법이 아닐까 상상을 해봤습니다. 그런데 과연 단일국가 안에서 가중다수결 제도의 도입이 가능할지는 고민되기는 합니다.

박은정 지금 말씀하신 것은 기본적으로 연방제 도입을 전제로 하는 이야기 아닙니까?

박명림 기본적으로는 연방이나 국가연합의 결정 방법이죠. 특히 유럽연합의 결정 방식이죠. 그러나 수도권 독점 방지와 국민 통합을 고려한다면, 한국식 상원의 설립 필요성과 정신을 살릴 때, 인구는 차이가 크지만 일정한 불균등 비례성의 원칙을 도입하면 사실상 미국 상원과 같은 효과를 얻을 수 있지 않을까 싶습니다.

박은정 어쨌든 2016 새헌법안에서 양원제 안을 내놓고, 이제 와서 그걸 뒤집는 게, 그것도 사실 보통 문제가 아니죠.

박찬욱 그리고 말씀하신 대로 지금 시대적인 흐름이, 우리가 연방까지는 안 가더라도 중앙/지방 관계에서 지방, 수도권/비수도권 할 때 비수도권의 사멸, 이게 심각한 문제이기 때문에 그런 문제도 고려를 해야 하고, 그다음에 우리가 권력 분산 문제를 얘기할 때 입법부 안에서의 권력 분산도 있잖아요. 그러니까 명분으로 봐서는 양원제를 도입하는 게 좋은 거 같아요.

그리고 저는 양원일 때, 양원 동등 찬성하지 않습니다. 비대칭이 돼야 하는 거고, 하원이 어차피 민주적 정당성이나 대표권에 있어서 총리 선임과 해임을 한다든가, 아니면 예산권, 이런 데는 하원이 세죠. 미국도 그런 면이 있고. 그리고 하원은 민의를 더 빨리 반영하는 시스템이기 때문에 하원한테 더 줘야 한다고 보는데, 다만 지금 아까 얘기한 독일식까지 연방제는 아니더라도, 그게 지방이든 지역이든, 그런 이슈에 대한, 또는 국방이나 외교 이런 데는 상원의 강한 권한에 대한 고려가 있을 수 있다고 생각해요.

박명림 기존 대통령 중심제하의 지방자치를 주장하는 분들이 분권의 개념을 약간 오해하지 않나 싶습니다. 즉 제 생각에 수평적 분권 없이 수직적 분권은 불가능하다고 봅니다. 그러니까 집행부와 입법부의 권한 분산 없이, 대통령과 집행부가 권한을 독점한 상태에서 수직적으로 지방분권을 해봤자 오히려 이건 또 다른 집중이 됩니다. 저는 그래서 상원의 설치가 비중 있게 다뤄지면 좋겠다는 것이, 집행부나 대통령의 견제, 그리고 지방자치에 모두 유리하기 때문입니다.

조진만 대칭적인 양원제를 채택하고 있는 나라는 상대적으로 소수입니다. 미국 등의 일부 국가를 제외하면 대부분 비대칭적 양원제를 채택하고 있습니다. 다만 비대칭적 양원제를 할 때는 상원의 역할이 그렇게 중요하지 않습니다. 그러니까 제가 정합성 문제를 얘기하는 게, 분권의 가치를 고려하여 상원에 엄청난 역할을 기대하고 계시는데 대칭형 양원제에 준하는 권한들은 구체적으로 생각을 안 하시는 것 같은 느낌도 듭니다. 사실 분권의 가치를 두면 모든 입법이 끝까지 가는 거예요. 예산을 왜 하원에만 줍니까? 상원이 중요한 역할, 그러니까 지역대표고 지방대표인데, 예산이고 뭐고 아무것도 없으면 그냥 국가적으로 멋있는 일만 하고 그런 게 아니잖아요.

장영수 지금 조 위원님의 의견에 세 가지 문제가 있습니다. 첫 번째로는 그렇게 급진적으로 갔을 때는 일단 받아들여지기가 훨씬 힘들어지고요. 두 번째로는 우리나라가 지방자치를 처음 시작했을 때처럼 상원이 시작하고 안착되기까지 여러 가지 문제가 발생할 거고요. 그리고 상하원이 조화롭게 가기보다는 갈등이 훨씬 더 심각해질 가능성이 높고요. 세 번째로 우리가 그런 걸 다 소화할 만큼의 정치 문화가 성숙되어 있나, 저는 그렇게 보지 않거든요.

그 세 가지 문제를 고려한다면 저는 반대입니다.

박은정 정상호 선생님 연구에 의하면, 제2공화국 때 정무차관을 역임했던 그분(김영구)이 한 말이, "의회가 민의원 참의원으로 나뉘어 있었지만 똑같은 법률을 이중으로 다루었을 뿐 고유의 업무는 따로 없었다"라고 회고했다고 하는데, 제2공화국은 어쨌든 이때는 상원 우위적인 구조였음에도 불구하고 실질적으로는 상원이 하원에 종속됐는지 모르겠는데, 제가 자세한 것을 몰라서…… 그러니까 우선 법률안과 관련해서 일반적으로 양쪽에서 다 같이 다뤄야 할 법률안, 특별히 하원에서 주도권을 가지는 법률안, 또 경우에 따라서는 상원이 주도권을 가질 법률안, 이런 것을 분명하게 해놓아야 이 둘이 그야말로 무용하게 싸움만 하고 예산만 갉아 먹는다는 소리를 안 들을 수 있을 것이고, 또 경우에 따라서 양원제를 도입했을 경우에 충돌의 문제, 이 충돌이 해결 안 되고 끝까지 갈 수 있는 그런 여지도 있지 않겠어요. 여기 몇 가지를 저도 체크를 하긴 했는데. 그럴 경우에는 어떻게 해야 할 것인지, 이런 것에 대한 시뮬레이션이 담겨야 하지 않는가 이런 생각이 들어요.

박찬욱 그게 사실, 문제인데 프랑스같이 왔다 갔다 하면서 왕복 심의하는 것도 있고, 미국은 conference committee(양원협의위원회)를 해서 거기서 동수로 할 거예요. 그러니까 결국 양원제를 하면 사실 입법의 지연성, 이런 문제는 생길 수밖에 없거든요, 항상 그런 건 아니지만. 그렇지만 또 어떤 사람은 오히려 법안을 신중하게 심의한 거라고 그렇게 얘기하는 사람도 있을 거고.

박은정 지연되는 건 좋은데, 그 끝이 결정 안 되는 사태가 오는 건 막아야 할 거 아니겠어요. 언젠가는 결말이 나야 한다. 근데 계속해서 핑퐁 게임을 한다, 헌재에서 권한쟁의심판이라든가 할 때 보면, 서로 핑퐁을 하다가 어느 순간에 여론에 의해서 결국 균형추가 생기는 경우가 있지 않습니까? (**박찬욱** 그런 우려가 분명히 있죠) 그런데 헌재라는 그래도 최종적인 판단 권력이 있으니까 그렇게 되는데, 이거는 둘 다 의회 안에 들어 있는 입법 권한을 행사하면서 끝까지 간다고 하면 어떻게 하겠어요? 그 부분에 대한 정리가 필요하죠.

조진만 원래 강한 이슈는 끝까지 갑니다. 그것을 방지하기 위해서 합의가 안 되면 하원의 3분의 2 이상의 동의로 결정을 하던가, 아니면 합동으로 상하원 같이 모여서 표결하든지 하는 방법이 있겠죠.

아까 장 위원님이 급진적이라고 얘기하셨는데, 그보다도 저희가 생각하는 가치 분권형이라는 부분의 정합성 문제를 얘기하는 거예요. 왜냐하면, 저희가 이미 급진적인 거고 양원제 안착은 당연히 쉽지 않겠죠. 그리고 조화, 갈등, 현실을 고려하면 전에도 얘기했지만, 현실에 방점을 둘 건지 이상에 방점을 둘 건지 명확하게 해야 할 것 같거든요. 이럴 때는 이상, 저럴 때는 현실 그러면 잘 모르겠습니다. 제 입장에서는 혼란스럽습니다. 그러니까 정치권이 받든 안 받든 분권형 헌법 가치에서는 강한 상원의 존재가 이상적이고 정합성이 있다, 이렇게 주장할 수 있겠죠. 하지만 현실적인 측면들을 고려하면 이러한 논리와 정합성이 흐트러지는 경우가 많겠죠.

대화문화아카데미가 기존에 토론한 기록을 살펴보더라도 양원제에 대해서는 합의 수준이 높다고 보기 어려운 것 같습니다. 지금까지 진행된 논의로 보면, 전문가 집단에서 '그럼 분권형에 맞으니까 양원제로 갑시다'라는 거지 세부적인 부분에 대한 합의 수준이 높다고 보이지 않거든요. 그것으로 정치권을 설득하고 국민을 설득하는 건 더 어렵습니다. 왜냐하면, 확실하게 양원제의 성격이 어떻고, 이걸 통해서 뭘 하려는 건지에 대한 명확한 정당화와 논리를 제공을 해줘도 될까 말까 하니까요.

박은정 어쨌든 이상을 실현하기 위해서, 이상에 좀 더 다가가기 위해서라도 현실적일 필요도 있지요.

박명림 조 위원님 말씀 중에 언급하신 코네티컷 대타협은 한국에서도 적극 고려할 필요가 있다고 봅니다. 그리고 앞서 잠깐 전국시도지사협의회를 말씀드렸지만 지방 소멸 방지나, 국가의 균형 발전, 그리고 격차 해소를 위한 돌파구 중에 하나가 지방의 참여, 대표, 동력이 아닐까 생각합니다.

조진만 그러니까요. 제가 말씀드린 게 지금 양원제를 도입하는 건 이분들도 생각하는 게 지방소멸, 지방대표성이죠. 지방대표성을 제대로 발휘하기 위해서는 예산, 입법 등이 보장되어야 하는데 우리는 중앙집권으로 이루어지지 않습니까? 그러니까 이분들께 지방에 대한 대표성을 확실하게 보장해주는 방법이나 제도를 마련하지 않으면 그냥 형식적인 양원제가 될 수도 있겠죠. 괴리가 생기는 겁니다. 이분들이 생각하는 지방소멸이라는 부분을 양원제와 연결하여 인식하는 것과 지금 위원님들이 말씀하시는 것이 딱 맞아떨어지지 않는다는 느낌이 자꾸 드는 거죠. 전국 단위로 이분들이 지역 이해관계를 떠나서 활동하는 이런 양원제는 아닌 것 같거든요. 여기서 국회의원들 생각과 지방 분들이 생각하는 양원제, 이 괴리를 어떻게 줄일 거냐 하는 문제입니다.

박은정 상원의 경우에는 하원과는 다른 선출 방식을 취해야 되지 않겠어요?

조진만 대화문화아카데미가 지금 분권형이라는 큰 가치를 기반으로 양원제를 고민하는 것은 맞는 방향입니다. 다만 양원제의 효과성과 정합성을 위해서 세부적인 논리는 좀 더 보강했으면 좋겠습니다.

박은정 예시를 들자면 어떤 것이 있을까요?

조진만 선거라든지, 구체적인 사항은 법률로 정하겠지만 어떤 걸 지향하는가에 대한 아이디어는 갖고 있어야 하고, 그런 입장을 정해야죠. 예를 들어서 임기 같은 것도 국회의원 임기는 4년이고, 대통령 임기는 5년이다. 만약에 상원 임기가 6년이면, 2년마다 3분의 1씩 선출한다. 그러면 어느 순간에는 상원 3분의 1만 선거하는 해도 분명히 올 거잖아요. 안 맞잖아요. 그러면 상원 3분의 1만 뽑을 때가 지방선거하고 맞을 때도 있고 대통령선거하고 맞을 때도 생기는 어마어마한 조합이 생기겠죠. 그런 선거 부분도 개헌할 때 고려해서 정합성 있게 하는 것도 필요하죠.

박명림 양원제는 평민대표, 지역대표를 위한 제도적인 문제이기도 하지만 다른 한편 의회 권력의 분산, 그리고 동시에 인간의 본성에 대한 고민의 반영이기도 합니다. 대통령 4년, 하원 2년, 상원 6년으로 할 때, 이렇게 3분의 1씩 계속 교체를 하는 게, 상황에 따라 변화하는 인간의 선호나 지지를 편중되지 않고 적절하게 분산시킬 수 있기 때문이었죠. 임기를 이렇게 2, 4, 6으로 나눠놨을 때, 특정한 시기에 어느 한쪽으로 쏠림이 드러날 수 있지만, 그래도 나머지 또 3분의 2는 그대로 있고, 또 다음에 3분의 1을 교체하고 해서 전체적으로는 균형적인 사회 의지(social will)가 반영되는 주기가 아닐까 싶습니다. 여기에 지방정부 선거가 반영되면 더욱 그러할 듯싶습니다. 한 시기의 특정 욕망이나 선호에 지배되지 않게 배치한 것이 아닌가 싶습니다.

박찬욱 그러니까 이렇게 6년을 상원 2년씩 하는 게 더 합리적인 거 같아요. 한꺼번에 합치면, 그때 시대에 따라서, 왕창 오거나 (하니까). 그 시대의 흐름, 추세에 따르는 것도 상원의 아이디어가 아니죠. 사실 상원은 피선거권자 나이가 많고 임기 길고, 그래서 지혜, 원래 의도는 인생 경륜도 있고, 멀리 보고 그런 게 있기 때문에 흐름이 한쪽으로 경도가 안 되지, 그런데 한꺼번에 해버리고 6년까지 같이 간다? 그러면 나라가 난리가 날 겁니다.

조진만 저도 만약에 선거를 자주 하고 상원 선거 3분의 1만 할 수도 있는 게 분권형과 충돌되지 않는다는 점에서 큰 문제가 없다는 생각도 합니다. 다만 그 논리에서 우리가 좀 더 발전시킬 수 있는 건 뭐냐 하면 한국의 유권자들이 이번에 상원선거만 하는데 특정 권역에서, 예를 들어서, 권역을 어떻게 나눌지 모르지만, 세종시 같은 데에서, 세종시 같은 데도 상원을 준다면 3명 이상이 돼야 할 거 아닙니까? 최소한 권역을 나눌 때 3명 이상을 주고, 3분의 2씩 나눠야, 상원 선거가 있을 때 전국적인 차원에서 한 명이라도 뽑을 수 있는 데가 되지 않겠습니까? 반대로 생각하면 상원이 너무 적으면 예를 들어서 1, 2등 정도만 뽑는 상황이 된다. 6명이면 2년마다 2등 정도까지 뽑는 거잖아요. 그럼 지역주의가 있는 데서는 복수 공천해서 동반 당선될 수도 있겠죠. 그러면 실질적으로 2년 단위로 3번 선거해서 6명 선출하는 정도면 사실은 그 지역은 다수대표제 이상의 의미가 있기는 힘들거든요.

장영수 그런데 지금 미국 같은 경우에 3배수 아니더라도 그렇게 하잖아요.

박찬욱 그러니까 지금 선거법에, 그걸 세 그룹으로 나눠야지요, 시작할 때. (**조진만** 그렇죠) 세 그룹으로 나눠서 이 선거는 이렇게 하고, 또 보궐선거하면 숫자가 좀 더 많아질 수도 있고, 그걸 정해놔야지. 그러니까 세종시는 임기가 같이 끝나게 하면 안 되죠. 예를 들면 한 선거구에 상원의원 임기가 동시에 시작해서 동시에 끝나고 이런 식으로 하면 안 되겠죠. 엇갈리게 해야 한다는 거죠.

박은정 그러니까 출발할 때 3명을 뽑는데, 한 사람은 처음부터 임기 6년, 한 사람은 임기 4년, 한 사람은 임기 2년, 이렇게 되는 거죠.

박찬욱 맞아요. 2년짜리 4년짜리 6년짜리 이렇게. 원래 미국도 그렇게 했는데. 그런 디자인을 해야, 그러니까 선거법 만들 때 생각할 게 많아지죠.

장영수 그리고 미국의 주는 (상원) 2명이잖아요. 그러니까 3배수로 만들지 않아도 지금 박 위원님 말씀하신 그런 메커니즘 속에서만 하면 된다는 거고요.

하승수 어떤 주는 선거가 있고, 어떤 주는 선거가 없고……

박명림 정확한 말씀입니다.

박은정 상원 선거 방법의 매듭을 지어보면, 우선 선출 방법으로 직선에는 다들 동의하시는 것 같고요.

박찬욱 간선으로 하면 수용을 못 할 거예요.

박은정 양원제로 갈 경우에 그런 것 같고, 그다음에 선거제도와 관련해서는 대화문화아카데미 2016 새헌법안은 어쨌든 도 단위 선거구와 비례대표제로 되어 있는데, 여기에 독일 쪽의 것을 가미한다면, 도 단위 선거로 하되, 일정하게 최소한의 투표권을 보장하는 체제로 가면서, 비례대표제에 의해서 선출한다, 이렇게 넣을 수 있겠어요. 이때 최소한의 수를 계산해서 얼마로 할 것인지를 정하면, 독일처럼 3명으로 한다거나 이렇게 할 수 있는데, 그 부분은 어떻게 생각하세요? 우선 여기에서는 도 단위 정도로 이렇게 두는 걸로……

하승수 도 단위로 하고 차등을 두는 걸로 하되, 구체적인 건 다시 한번 위원님 말씀대로 상한, 하한을 고민해봐야겠죠.

박찬욱 최소 몇 명, 최대 몇 명 이내.

박은정 그러니까 최소한의 일정한 투표권을 보장하는 도 단위 선거구와 비례대표, 이런 식으로 조문화를 하면 될 것 같아요. 임기에 관해서도 그냥 6년에 2년, 그대로 하고, 의원수에 있어서는 현재 국회의원 전체 수와 관련된 논의가 있고 아직 분분하니까 이건 이대로 두는 것도 어떨까 하는 생각도 드는데요.

하승수　(2016 새헌법안의) 100인 이하, 이거요? 이거 한 번 도별로 정수를 한 번 (**박은정**　시뮬레이션을 해봐서) 해가지고 위원님 말씀처럼 아예 하한, 상한 레인지를 두는 것도 좋을 거 같습니다.

박찬욱　제일 작은 지역 광역단체가 세종시와 제주도죠. 그러니까 거길 배려해야 할 거고.

박명림　일단 세종을 어떻게 할까요?

박찬욱　세종도 특별시니까.

박명림　세종을 또 독자적으로……

하승수　아니면 대전으로 합칠 수 있는데, 세종 같은 경우는 특별자치시니까……

박찬욱　그러니까 이게 2년씩 하면 최소한 3인 이상 해주는 게 합리적일 것 같아요. 그걸 둘로 하라 그러면 또 골치 아프거든요. 3인 이상으로 하고. 그런데 인구가 지금 경기도가 제일 많잖아요. 세종시와 인구 차이가 엄청나죠.

박명림　세종시 규모는 경기도의 한 시 정도죠.

박은정　제주도가 아니라 세종시가 제일 작은가요?

박명림　제주도는 한 70만 정도 되지요.

조진만　세종시는 다행히 인구가 늘고 있습니다. 그런데 세종시 3석을 주면, 세종시 권역을 아예 충청도로 포함시켜서 특별시로 하면 모르겠는데, 세종시 3개부터 시작을 한다고 그러면, 독일 기준이든, 인구비례든, 경기도로 가면 그 수가 굉장히 커질 수밖에 없습니다.

장영수　독일은 주 단위니까 제일 작은 주와 큰 주의 차이라는 게 우리나라 세종시랑 서울이나 경기도만큼 되지는 않거든요.

하승수　제가 생각하기에는 이게 하원 선거제도가 어떻게 되느냐 하고 맞물려 있습니다. 그러니까 현재와 같은 소선거구제 중심이 유지가 된다면 도 단위 정도를 비례대표제를 하게 되면 오히려 상원이 더 구성이 다양해지고 광역적인 대표성을 가지게 됩니다. 지금의 소선거구제가 소지역을 대표한다면 광역적인 전라북도는 전라북도 전체를 대표하고, 그 전라북도 전체의 광역적인 정책과 국가 정책을 연결하는 그런 역할이 될 거라서, 그래서 선거제도, 하원의 선거제도하고 맞물립니다.

현행 소선거구제에서 국회의원의 폐해로 지적되는 것이 협소한 지역적 이해관계에 얽매이고 국가적인 정책을 소홀히 하는 면인데 사실 도 단위 정도 정책이 되면 협소한 지역 이해관계보다는 오히려 국가 정책하고 많이 연결될 수밖에 없는, 지역 소멸을 고민하더라도, 우리 군에 사업 몇 개 따오고 예산 따오고 이게 아니라, 전라북도가 살려면 어떻게 살아야 되느냐, 이거는 다른 차원의 문제거든요. 그래서 아마 그렇게 될 수가 있을 것 같고. 호주 같은 경우가 지금 하원은 소선구제인데, 상원은 우리로 치면 일종의 주 단위, 도 단위 비례대표 방식인 것 같은데, 선거 방식이 하원과 상원이 좀 다르면 다른 정체성을 가질 수 있겠습니다.

박찬욱 우리가 원하는 게 그거죠. 그러니까 사실은 지리적으로, 신분 가지고 하지 않는 한은, 지리적으로 구획하는 한, 지역대표 개념을 양쪽 다 가질 수밖에 없는데, 상원 경우는 범위가 넓고 그러니까 지금 강원도라면, 그런데 하원은 춘천시 이런 식으로 범위가 좀 좁죠.

박명림 사실 지금 우리나라는 하원이나 상원을 도입하더라도, 인구대표도 아니고 지역대표도 아니고 모두 전국대표라 문제가 아닌가 싶습니다. 국회의원은 기본적으로, 그 지역과 주민의 대표여야 하는데, 우리는 중앙에서 공천해서 아무 지역구에나 내려보내거든요. 이래서는 안 된다고 봅니다. 그래서 이번 기회에 이 문제를 엄밀하게 고안해서, 하원이나 상원의 의원이 되려면 해당 지역 거주 기간이 각각 10년, 또는 15년 이상과 같은 조건을 둬야 하지 않을까 싶습니다. 이게 원래의 참정권의 반영 의미에도 맞고요. 또 상원은 거주 기간을 좀 더 길게 하고, 이번 기회에 하원도 위로부터의 일방적 공천을 못하게 아래로부터의 공천이나 주민 대표성을 강화하기 위해서 그 지역구에 일정 기간 거주 요건을 두면 좋겠습니다. 주민도 아니면서 대표가 된다, 이거는 안 된다고 봅니다.

박찬욱 그것도 또 빠져나올 방법이 많아요. 그러니까 지금 문제는, 다른 문제의식이지만, 수도/비수도권이 저렇게 된다니까, dual residence를 주자는 거 아니에요. 그러니까 서울에 살아도 저쪽에도 주민등록 할 수 있고, 양쪽으로 주민등록을 하는 식으로 빠져나가면, 그 거주 요건을 만들어봐야, "나 서울 살면서, 거기도 한 10년 살았다"고 그러면, 그 의미가 없어요. 유명무실해지죠.

하승수 자세한 거를 넣을 순 없고, 원칙 정도는 넣을 수 있겠죠.

장영수 우리나라의 선거법이 가장 자주 바뀌는 법 중에 하나입니다. 그런 선거법을 헌법에 집어넣어놓으면, 헌법개정을 해마다 해야 합니다.

박은정 원칙을, 정당과 선거에 관한 어떤 원칙을 넣으면 되지 않을까요?

박찬욱 2016 새헌법안에서 상원은 시도별 단위의 비례대표제인데, 사실 비례대표만 해도 오만 가지가 있거든요. 그것까지 헌법에서 다 미주알고주알 규정하기가 어렵죠. 그런데 막연하게 비례대표제를 한다든가 이런 식으로 할 수는 있겠죠. 그러니까 비례성을 강조하는……

박명림 그러니까 화급한 지방 소멸 위기를 반영하여 인구대표를 넘는 지역대표 개념까지 고려하면서 우리가 출마에 거주 요건과 지역 주민대표성을 강화하지 않는다면 모순으로 보여집니다. 특히 기후환경문제까지 생각하면, 즉 지방과 환경문제를 동시에 고려한다면, 주민도 아니면서 선거에 임박하여 주소 이전만으로 출마하는 것은 안 된다고 봅니다. 이제 이 주민대표와 지역대표의 조건 문제를 명확히 할 때가 왔다고 봅니다.

하승수 제 생각으로는 하원은 몰라도 상원은 거주 요건을 늘리는 게 오히려 명분상 좋을 거 같아요.

박찬욱: 그런데 실효성 문제가 있어요. 왜냐하면 지금 하면 dual residence 개념으로 할 건데……

하승수 헌법에는 거주 요건을 넣는 정도만 하고 자세한 요건은 선거법에……

장영수 박 위원님 우려는 알겠는데 지금 전국에 어디서든지 오는 것보다 2개, 듀얼 정도 해가지고 그중에 하나 해라, 이것만 해도 성공이지 않을까요?

하승수 그나마 그 정도라도 되면은…… (웃음)

장영수 고민이 되는 건 정당 공천을 유지해야 하는지 아니면 아예 정당을 배제시켜야 하는지 그 부분도 고민이 됩니다.

박찬욱 그런데 선거가 있으면 정당을 배제할 방법이 없잖아요.

장영수 비례대표는 애초에 구조적으로 정당 배제가 불가능합니다.

박찬욱 그러니까 그게 문제입니다.

하승수 다만 정당 설립 요건을 완화하면 현재 전국 거대 정당이 장악하는 일은 좀 없지 않을까요?

장영수 지방 정당이 생기면, 그건 가장 바람직한데……

박은정 정당 공천과 관련해서는 예컨대 정당 설립 요건 완화라든가, 정당 활성화와 관련해서 지역 정당이 가능하도록 하는 원칙을 도입하는 걸로 하시죠. 그럼 양원제 열차는 이제 떼어 보내도 되겠습니까? 섭섭한 것 있으세요? 저는 좀 있긴 합니다만, 어쨌든 초를 치지 않기 위해서.

조진만 전반적으로 동의합니다.

후반부 심의

*2024년 9월 10일 확대심의모임의 논의와 이후 위원회에서 전개된 논의

강원택(서울대 교수, 정치학) 사실 옛날에는 양원제를 좀 주저하는 측면이 있었는데 지금은 찬성으로 입장이 바뀌었습니다. 특히 요즘 보면 미국의 헌법을 만든 사람들이 가졌던 권력 집중의 우려나 또 그래서 분산시켜야 한다는 지혜나 이런 것에 요즘 많은 공감을 느낍니다. 바람이 한번 불게 되면 싹쓸이하고, 3분의 2에 가까운 의석을 차지한 상황에서 여기에 만약에 대통령까지 민주당이었으면 거의 모든 권한이 다 장악되는 거 아니겠어요. 그래서 양원제를 하는 건 좋은 것 같은데 원로원처럼 할 수 있을까에 대한 고민이 있어요. 기본적으로 양원제가 되는 건 지역대표성이라는 측면도 있지만 로마부

터 시작해서 어쨌든 기본적인 것은 원로원의 특성을 갖고 장기적인 관점에서 뭘 좀 하자라는 거, 귀족원이든 원로원이든 이런 건데, 하원에서처럼 상원에서도 똑같이 싸우면 어떡하지, 이런 우려가 드는 거죠. 하원에서 싸운 게 해결되자마자 또 상원에서도 똑같은 싸움판이 재연되면 어떻게 하나? 그래서 그 구성을 어떻게 해야 하지? 상원의원의 자격을 제한을 해야 하나? 여러 가지 생각이 많이 드는데 마땅한 해결책은 잘 모르겠습니다. 상원 선거에 출마하려면 정치적 경험을 전제로, 예컨대 하원 재선 이상이어야만 출마할 수 있다든지 이런 걸 넣어야 하지 않을까, 하여튼 그런 내용이 좀 필요할 것 같다는 생각이 들고요. 그리고 선거제도와 관련해서는 지금 같은 지역주의 정당 구조에서는 까딱하다가 특정 지역에서 특정 정당이 상원의원까지 싹쓸이 할 수 있기 때문에 그걸 막을 수 있는 제도는 반드시 필요할 것 같습니다. 그래서 만약에 다수를 뽑는다면 비례대표제가 들어와야 될 것 같고요. 만약에 2인이나 3인이면 아일랜드에서 하는 단기 이양식 선거 방법도 한번 고려해볼 수 있을 것 같습니다.

김종민(국회의원 무소속) 양원제 같은 경우도 과연 상원, 하원을 어떻게 구분할 건가 하는 논쟁이 있어요. 그래서 저는 약간 의구심이 드는 게 지방대표형, 지역대표형 상원을 자꾸 얘기하시는데, 대한민국의 지금 의회가 엄청나게 지역대표형입니다. 지역대표밖에 안 해요. 사실. 여기다 또 무슨 지역대표를 또 만들 필요가 없죠. 그래서 저는 상원은 조금 더 미래 전략형, 미래 의제형 의회, 다음에 하원은 일상적인…… 법도 중장기적인 기본법 논의가 있고 일상적인 일반법 논의가 있잖아요. 그래서 기본법은 주로 상원에서, 또 일상 일반법은 하원에서, 이런 방식의 역할 분담도 가능하지 않을까 생각합니다.

국가 전체의 권한 배분, 재원 배분에서 미래에 대한 논의를 해나가는 팀과 일상적으로 집행하는 걸 관리하는 팀을 분리시켜서 미래에 대한 논의를 훨씬 보강해야 합니다. 지금 이거 국책연구소만 하거든요. 국책연구소 하는 사람들이 권한이 있습니까? 일단 의회도 관심이 없고, 그래서 의회에서 미래위원회를 상임위원회로 만들자고 하는데 저는 상임위원회 하나 정도 갖고는 안

될 것 같고 상원을 만들되 이런 역할을 부여해서 거기서 미래 전략을 끊임없이 세우고 이걸 국정기본계획이라는 형태로 입법화해서 매년 하원에다가 방향을 제시해주면 됩니다. 그래서 국정기본계획안으로 상원이 의결한 거를, 하원과 정부는 그걸 기본으로 해서 세부적인 입법과 예산안을 짜는 방식으로 그렇게 운영해나가면, 서로 부딪히지 않고 상생하는 그런 역할 분담이 되지 않을까 하는 고민을 해봤습니다.

김문현(이화여대 명예교수(헌법학)·학술원 회원) 양원제로 가는 것에 대해서는 저도 어느 정도 동의하는데 선거제도가 사실 좀 어렵거든요. 양원, 상원을 어떻게 구성할 거냐? 현대 국가에서 굳이 상원을 둘 필요가 없는 게, 정당정치 속에 들어가 버리면 사실은 하원이나 상원이나 똑같은 정당 분포에 의해서 구성되면 상원이 있어봤자 복잡할 뿐이지 의미가 별로 없거든요, 모든 것은 정당 내에서만 거의 결정되기 때문에. 상원은 여기 제시한 안(대화문화아카데미 2025 새헌법안)은 주로 비례대표거든요. 권역별 비례대표인데, 아마 하원은 주로 소선거구제, 상대 다수대표제를 채택한다고 하더라도, 그러면 상원은 비례대표제를 하게 되는데 비례대표제가 되면 정당 구속성이 더 강화되는 거 아니겠습니까? 그리고 비례대표제는 당적을 변경한다든가 이런 경우에는 의원 신분을 상실하는 문제가 생기는데⋯⋯ 중재적인 역할을 하고 또 과격해지는 것을 막고 이런 역할을 하려고 그러면 상원이 그래도 정당 정치에서 조금은 비껴 있는, 또는 어렵다 하더라도 너무 가까이 가 있지는 않은 이런 사람들이어야 하지 않겠냐 하는 생각이 드는데 지금 보면 다 비례대표제에 의해서 선출되는 것으로 돼 있거든요. 그게 권역별이든 어쨌든 간에. 그래서 그런 점에서 어떻게 선거제도를 구성하면 좋겠는가를 고민해주셨으면 합니다.

　지금 선거를 정당 없이 운영할 수 있겠는가? 그런데 지금 교육감 선거를 보면 우리가 그런 걸 목격하지 않습니까? 여기에 상원은 교육감보다는 훨씬 더 큰 단위로 많은 사람을 선출해야 하기 때문에 정당 없이 이게 과연 가능하겠느냐는 그런 생각은 있는데, 오히려 그렇게 생각하면 비례대표보다는 선거구를 굉장히 크게 대선거구나 이렇게 해서 선출 방법에 있어서는 굳이 정당에 소속되지 않더라도 소위 그 사회의 원로라든가 이런 사람이 명망이나 이런 것에 의해 선출되는 그런 방법도 생각할 수는 있지 않겠는가 하는 생각이 듭니다.

이대근(우석대 교수·전 경향신문 논설주간) 이번 헌법개정 논의의 취지가 이상적인 것보다는 현실에 맞춰서 기대 수준을 낮추는 것이라고 한다면, 양원제와 대통령제는 뭔가 궁합이 안 맞는다는 느낌이 좀 있습니다. 그러면서도 다른 한편으로는 이걸 가지고 당장 국회에서 그게 국민투표를 할 건 아니니까 양원제 의제가 국회 개혁을 어떻게 할 것인가 하는 논의를 촉발한다는 점에서는 도움이 되지 않을까 생각합니다. 양원제를 도입하면 사실 지금 국회의 많은 문제를 해결할 수가 있죠. 의원 정수라는 한계를 양원제 제도로 전혀 다른 경로로 접근하니까 300인이라는 틀을 깰 수가 있고, 선거제도를 바꾸는 계기가 될 수 있고, 지금의 단원제 국회에서 봉착한 난관을 전혀 다른 제도로 다르게 접근해볼 수 있습니다. 하지만 동시에 문제를 양산할 수도 있습니다. 한국 정당정치의 현실에서 싸우는 국회, 국민이 싫어하는 국회가 두 개 생긴다고 사람들이 생각할 가능성이 큰데 하나 가지고 감당이 안 되는데 두 개를 가지고 어떻게 굴러갈 거냐? 그걸 해본 경험도 거의 없고, 굉장히 낯선 제도죠. 의제로 던질 수는 있는데 상당히 어렵다……

박찬욱 김문현 선생님 말씀은 무소속, 전국적인 명망이 있거나 신망이 있는 사람들은 못 뽑히지 않느냐는 겁니다. 개인적으로 뽑히기는 어렵죠. 정당 명부 (**박은정** 정당 기반이 없는 선거) 예, 그러니까 그게 사실 쉽지 않다고요.

하승수 결국에는 명부를 개방 명부로 한다든지 그런 식으로……

박찬욱 그것도 정당에서 그런 방법을 피해 가려면, 일본의 예전 선거제도, 우리나라는 자꾸 중선거라고 하는, 한 정당에서도 몇 명 나와 당선되는 거 있잖아요. 그것도 역효과가 있는데 정당 내 파벌을 조장하고 또 정당 비례성을 왜곡시키고, 그런 문제도 생기더라고요. 그러니까 선거제도를 어떻게 운용하느냐에 따라 다른 건데, 비례대표제를 하더라도 정당이 직능대표성 있는 후보를 뽑아주면 되는 건데 그걸 뽑아주겠어요?

박명림 두 개가 맞물린 것 같습니다. 양원제 도입을 포함해 의회 강화와 대권 철폐는 초기 의회민주주의 도입 시기부터 서로 긴밀히 맞물린 것 같습니다. 그것은 근대의 국왕이건 현대의 대통령이건 차이가 없다고 봅니다. 대권(prerogative)을 두면 어떻게 되냐면 대권 소유자가 세습이건 선출이건 그대로 정당이나 진영, 또는 파당이나 파벌의 최고 영수가 되는 거지요. 연합 정치도 불가능하고요. 대권 철폐가 되면 정당이나 파벌의 독점적 지배가 불가능하죠. 그러니까 대권 철폐와 양원제를 잘 합치면, 그래서 저희가 총리 복수 추천제나 국무회의 의결기구화라든가 장관임명 동의제 이런 걸 논의했는데, 이 세 가지 못지않게 중요한 게 대권 철폐와 양원제를 어떻게 결합시킬 거냐는 문제죠.

박찬욱 그런 논의를 많이 했죠. 우리 하 위원님도 하셨고. 그런데 미국의 상원 보면, 초기에는 상원이 wisdom도 있고, 비정파적이고, 더 냉철한 사람, 그렇게 해서 제도가 움직이는 것 같았는데 지금 상황은 똑같아져버렸어요. (**박은정** 지금은 똑같지 않아요? (웃음)) 그러니까 이게요. 제도를 아무리 디자인을 해놔도 그 취지하고 전혀 다르게, 소프트웨어가 안 되면은 쉽지 않아요.

박은정 똑같은 게 아니라, 적은 수가 똘똘 뭉쳐서 더 고약한 짓을 하는 거 같아요.

박명림 예, 동의합니다. 요즘 주요한 정치 현실이자 중심적인 이론적 주장으로 대두되고 있는 소수 지배(rule of minority) 현상이지요.

하승수 사실 저는 지난번 확대 모임 하면서 들었던 고민이, 이제 대화문화아카데미 2016 새헌법안보다 대통령 권한을 분산시키는 걸 저희가 조금 약하게 잡았는데, 또 어떻게 생각해보면 말씀하신 것처럼 양원제가 잘 작동하기 위해서라도 대통령의 힘이 더 빠져야 되는 거 아닌가 하는 생각도 듭니다. 상원을 만드는데, 상원도 하원하고 똑같은, 선거제도를 어떻게 하느냐에 따라 달라지긴 하겠지만, 하원과 똑같이 정파적인 논쟁만 계속하면 안 되니까요. 사실 관건은 대통령 1인으로 집중되어 있는 권력이 많이 분산되면 될수록 의회 기능이 활성화하고, 그러면서 하원과 상원 간에도 선거제도라든지, 임기를 달리해서 각자의 역할을 찾아나가는 게 가능할 것 같은데요.

박은정 순기능이 되면 그렇게 되는데 역기능이 되면 안 하니만 못한 게 되는……

하승수 역기능이 되면 똑같은 게 두 개 생기는 거죠.

2) 양원의 선출방식과 권한

현행헌법	대화문화아카데미 2025 새헌법안
제40조 입법권은 국회에 속한다. 제41조 ①국회는 국민의 보통·평등·직접·비밀선거에 의하여 선출된 국회의원으로 구성한다. ②국회의원의 수는 법률로 정하되, 200인 이상으로 한다. ③국회의원의 선거구와 비례대표제 기타 선거에 관한 사항은 법률로 정한다.	제42조 ①입법권은 국회가 **담당한다**. ②**국회는 민주원과 공화원**으로 **조직된**다. ③**민주원과 공화원**은 국민의 보통·평등·직접·비밀·**자유선거**에 의하여 선출된 의원으로 구성한다. ④**민주원의원과 공화원의원은 서로 겸직할 수 없다.** ⑤국회의원의 수는 법률로 정하되, **민주원의원은 300인, 공화원의원은 100인을 상한으로** 한다. ⑥국회의원의 선거구와 비례대표제 기타 선거에 관한 사항은 법률로 정한다. **다만, 민주원의 의석은 정당별 득표율에 비례하도록 노력하여야 하고, 공화원의원은 도 및 그와 대등한 지위를 갖는 시 단위, 또는 도와 그와 대등한 지위를 갖는 시를 통합하는 권역 단위로 비례대표제에 의하여 선출한다.**

하승수 사실 양원제 자체는 대화문화아카데미 2016 새헌법안에서 정리하신 대로 하되, 선거제도를 법률로 다 정하도록 할 게 아니라 선거제도의 큰 가닥 같은 정도만이라도 조문화하는 게 좋을 듯합니다. (**박찬욱** 헌법에 넣는 게 좋겠죠) 지금 상원을 직선으로 뽑는 나라도 워낙 선거제도가 다양하지만 대체로 우리로 치면 광역 단위로 뽑습니다. 가령 호주 같은 경우도 하원은 일종의

소선거구제에서 선호투표를 한다면 상원은 주 단위 정도를 기반으로 한 주에 12명씩 이렇게 뽑습니다.

박찬욱 지금 17개 시도가 있어서 그런데 제주, 세종 이렇게 있어가지고…… 저는 시도 단위보다 더 높은 광대역, 그러니까 예를 들면 세종, 충남, 충북 이렇게 묶어야 그 상원의원 수 가지고 3분의 1씩 개선(改選)하는 이런 제도가 쉽지, 세종시만 따로 하려면, 한 사람은 2년짜리, 4년짜리, 6년짜리 이것도 법으로 정하기 어렵고, 또 선출할 때 유권자는 다 알고서 선출해야 할 거 아니에요? 그런데 미국은 일단 뽑아놓고, 그때 13개 주니까 26명이잖아요. 해놓고 본인들이 모여서 일단 상원의원이 된 다음에 a 클래스, b 클래스, c 클래스로 임기를 나눴더군요. 그런데 우리는 그렇게 할 리가 없습니다. 선거하기 전에 해놔야죠. 그러니까 그런 광대역으로, 광대역이라는 이름을 썼는데, 그렇게 만들면 (**하승수** 훨씬 수월할 거에요) 수월하긴 한데. 우리말로 하면 이제 권역이라는 말이 더 가깝죠. 그것도 아우성치지 않을까 모르겠네요. 하여튼 제주도, 강원도가 문제……

조진만 선거구 획정을 해보니까 권역을 호남, 충청, 경상 이렇게 나눈다고 하더라도 수도권과 인구 편차가 꽤 크더라고요. 그래서 평등선거 원칙을 고려할 때, 어떠한 형태로든 (**박찬욱** 레인지를 주기로 했죠) 기준을 마련해야 할 텐데 쉽지 않은 측면도 있습니다. 현재 국회의원 선거구 획정도 지역구 간 인구 편차 2대1 기준을 적용하는데, 그것도 상원에서 달리할 수는 없거든요. 권역으로 하면, 권역 간의 인구 편차 2대1이든, 아니면 인구수 2대1로 하는 거로 갈 가능성이 큰데, 그렇다면 강원도와 제주도를 어떻게 묶을 수가 있을지……

박찬욱 그거는 그렇게 어렵지 않은 게 서울과 경기를 안 묶고, 그러면 독일식으로, 독일도 기본적으로는 상원의원 할 때, 그 인구를 엄격하게 지키는 방식이 아니라, proportionality를 지키되, 레인지(range)를 주잖아요. 몇 명에서 몇 명 사이. 우리도 그 레인지 안에서, 예를 들면 그렇게 하다 보면 인구비례는 하지만 큰 선거구가 과소대표 될 가능성, 작은 선거구가 과대대표 될 가능성을 묶고 가는 거죠. 그 안에서 하되, 우리나라 헌법재판소의 2대1 기준을 위배하면 안 되겠죠.

장영수 지금 헌법재판소 기준도 국회의원 선거는 2대1인데, 지방선거는 3대1입니다.

조진만 그런데 이게 국회의원이기 때문에, 지방선거가 아닌 (**박찬욱** 또 그런 건 있죠) 국회의원 인구비례 기준 헌재 판결을 적용할 가능성이 큽니다.

장영수 지역대표형이고, 지방간의 균형이기 때문에, 이 부분에 있어서 사실 그걸 엄격하게 하려면…… 지금 2대1, 3대1로 하는 것의 분명한 전제는 뭐냐면, 선거구 획정 다시 해라, 그리고 그 얘기는 그러면 지금 이 권역 구분을 다시 해라, 이런 얘기가 되는데 그건 사실 어렵잖아요.

박찬욱 그거 하자고 하면 싸움을 몇십 년 할 건데……

장영수 독일 같은 경우에 그런 식의 레인지를 두게 된 게, 사실 우리가 2대1이라는 거 독일에서 배워서 하는 건데, 이미 형성돼 있는 경계를 허물지 말고, 그러면서 적절하게 타협해라 이런 거거든요.

박찬욱 그렇죠. 그 방향인데. 지금 국회의원 선거도 권역별 비례대표제로 할 때, 항상 강원도와 제주도가 어디로 들어가냐? 제주는 투표 성향을 볼 때는 호남으로 붙이면 또 제주 사람들 아우성쳐요. 강원도도 애매해요. 의석이 얼마 되지도 않은데, 서울-경기에 붙여놓으면 또 아우성이죠.

조진만 근데 경기도가 지금 남도/북도로 나누려고 하니까 만약에 나눠진다면 경기 북부와 강원도를 묶어서?

박찬욱 그런데 상원 임기가 6년이잖아요. 6년마다 선거구를 redistricting 하는 여지는 남겨두어야 합니다. '처음 만들어둔 대로 평생 간다' 그러면 안 좋아 하죠.

하승수 만약 상원 정수를 100명으로 하려면, 17개 시도를 인위적으로 지금 어떻게 하는 거는 상정하기 복잡하니까 그냥 지금 17개 시도에서 정수 배분을 해서 예시로, 이렇게 꼭 그대로 된다는 건 아니지만, 예시를 주고, 거기서 어떻게 선출을 하는지, 선거제도까지도 예시를 해주면 이해하는 데 도움이 될 거 같습니다

장영수 예시가 늘어나니까, (**하승수** 그렇죠) 명확하게 해야 하니까.

박찬욱 그래서 시뮬레이션 해봤는데, 100만 단위로 끊으면 100명 배분할 때 잘 맞게 나눠지는데 문제는 서울과 경기예요. 지금 경기가 천몇백만 명이에요. 서울이 천만 조금 안 됩니다. (**조진만** 경기도가 제일 많죠) 그럼 이렇게 되면 서울, 경기 각각 10석 이상씩 줘야 하는데 그거는 아니란 말이에요. 우리가 말하는 지역대표형 상원으로 하려는데 그렇게 주면 안 되잖아요. 아니면 상한을 10석으로 정할 수는 있겠죠. 아무튼 서울과 경기가 너무 커서…… 다른 데는 별문제 없어요. 고만고만해요.

조진만 그런데 100명이면 그냥 전국 단위 비례대표로 뽑으면 되는 거 아닙니까? 꼭 지역을 고려해야 하나요?

박찬욱 그런데 그 지역대표형 성격이 (**장영수** 그럴 경우 하원과 차별성이 없습니다) (**하승수** 그렇죠) 직능대표 성격을 고려하면서 이런 생각은 해봤습니다. 100명 중에 60명은 지역대표형으로 가고, 40명을 전국구 비례대표제로, 전국 선거구 비례대표제, 전국을 단일로 하는 선거구로 가는, 그렇게 되면 지역대표형 성격이 줄죠.

장영수 직능대표라고 하는 게 사실 제도화하기가 거의 불가능한 것 같아요. (**하승수** 그렇죠) 그러니까 추천하는 정당에서 알아서 하는 거지 제도로서 무슨 단체 들어가고, 무슨 단체 빠지고를 법률로……

박찬욱 그게 딜레마인데 아일랜드는 중세말 길드 시대부터 시작해가지고 5개 직역인가가 되는데. 거기에 대해서, 그것도 사실은 헌법에 그렇게 돼 있는데 조금 더 읽어보니까, 실제로 각 직능대표는 누가 뽑냐, 그랬더니, 그냥 정당 지도자가 추천하더라고요. 그렇게 되니까 결국은 직능대표한다고 그래 놓고 정당이 다 좌우하게 되어 있어요. 또 아일랜드는 전통이 있어서 5개로 나눠지는데 우리나라 직역을 어떻게 나눌 거예요? 엄청 싸우죠.

조진만 만약에 상원에 전문가를 충원하려면 상향식(bottom-up) 방식은 현실적으로 어려움이 있을 겁니다. 전문가가 지역구 선거에서 질 가능성이 클 것으로 보이거든요. 그러면 결국은 (**박찬욱** 경선 같은 거 못 받죠) 약간 모순되긴 하지만, 하향식(top-down)으로 할 수밖에 없겠죠. 정당이 그냥 명단을 만들어라, 그리고 비례적으로 의석을 배분하면 하원과는 많이 차이가 있겠죠.

장영수 상원을 지금 두지 말자는 의견도 꽤 많거든요. 그런데 두겠다는 것은 지역대표형이라는 이걸 가지고, 지역 소멸을 막자라고 해서 하는 건데, 지금 조진만 위원님 말씀하신 건 하원에 적용하면 오히려 딱 좋은데, 상원에 이런 목적으로 만드는 이 지역대표형 상원의 구성을 그렇게 한다, 이게 과연 설득력이 있느냐, 특히 정합성이 있느냐, 이런 비판이 바로 나올 것입니다.

조진만 모르겠어요. 상원의 목표를 고려하면 장기적, 비정파적, 미래지향적, 여기에 지역 소멸까지 여러 가지 들어가긴 할 것 같아요.

박찬욱 하원의 경우에 우리나라 제헌 이후에 소선거구제를 없앤다는 거는 사실 이론적으로 가능하지, 실질적으로 우리 정치 현실에서 불가능하다고 봅니다. 그래서 소선거구제의 일부는 하원 선거에서 그냥 유지하는 것, 그런 걸 전제해야 되지 않나 하는 생각이 듭니다. 전 사실은 혼합제를 선호하는데 독일식 연동제로 초과 의석 같은 거 나타나면 우리 정치 환경에서는 신경질 반응, 난리가 날 거예요. 그러니까 심플하게 병렬 하나 가지고, 그런 식의 병립식 혼합제 가는 게 어떨까 생각합니다. 대신에 이제 소선거구에서 뽑아줄 수 있는 거는 최대 3분의 2 안으로 하고, 나머지는 전국구로 하든 아니면 비례대표제로 가야겠죠.

조진만 지금 비례대표 18%밖에 안 되는데, 사실 큰 의미가 있기 힘들죠. 저는 상원과 하원을 다른 방식으로 선출하면, 정당이 여러 가지 고민을 할 것이고 상원과 하원 간의 구성도 달라질 것으로 봅니다. 그러면 사실 하원 우위라고 말하더라도 하원 우위가 아닐 수 있겠다고 생각되거든요. 제가 봤을 때는 그냥 대등한 관계가 될 가능성이 크죠. 입법적인 부분은 하원에서 먼저 하겠지만 기본적으로 선출된 권력이라는 점에서 대등하고, 어느 분야에 대해서 강력하게 반대하면 못 하는 구도가 형성되지 않겠습니까?

장영수 그건 다를 수 있습니다. 지금 양원합동회의라고 하는 것이 숫자적인 차이가 있기 때문에, 모였을 때 똑같이 한 표석이면, 하원의 결정이 압도적으로 양원합동회의를 결정하죠.

박찬욱 지금 사실 구조적으로 그렇게 돼 있어요. 그래서 하원 우위인데.

박은정 이러한 사안에 대해서는 합동회의에 반드시 넘어가도록 그렇게 되어 있어야겠죠?

박찬욱 그런 게 있어요. 계엄 해제 요구라든가, 그런데 그런 부분을 더 명확히 해야 될 것 같아요.

박찬욱 그런데 지금 조 위원님 말씀하신 제도가 현실이 되면 협소한 의미의 지역 선거구, 그게 시를 나누건, 군이 합쳐졌건, 그거와 전국은 있는데, 시도나 시도보다 조금 큰 권역 대표가 없단 말이에요. 그런데 지역대표형이 있으려면, 이걸 국가를 구성하는 광역 내지 광대역 정부에 대한 대표성이 있어야 지역대표형 상원이라 그러거든요.

조진만 그러니까 저는 지역 소멸 문제를 다루는 의원이 지금 254명이나 있는데, 만약에 상원까지 그러면 저는 너무 지역, 지역하는 것도 문제라고 보거든요. 지금 국회의원 254석 그 사람들이 못하는 게 문제지 그걸 상원으로 또 해 준다고 해서 잘될 것 같지도 않고……

장영수 그런데 그건 구조적인 문제거든요. 물론 그 사람들이 못하는 게 있는데…… 현재 지역에서는 몇 개 군을 묶어서 지역구 국회의원이 한 사람이다 보니까 구조적으로 우리 군은 대표도 없다, 이런 문제가 생기고. 그게 지역 소멸과 직결되는 것으로 지역에서는 인식을 합니다.

박찬욱 그 대표성을 가질 수 있을려면 의원 수가 몇 명이 돼야 하죠? 그것도 문제죠. (**조진만** 그러니까요)

장영수 그렇게 하려면 지역구 의원 수를 지금의 2배 이상으로 늘려야 하는데 현실적으로 불가능하고, 그러니까 그렇게 군 단위까지는 아니어도 예컨대 경상도 대표를 한다, 전라도 대표를 한다, 강원도 대표를 한다는 게, 그 지역 주민들에게 주는 어떤……

조진만 예를 들어서 인천에 국민의힘 의원이 몇 명 있고, 호남에는 민주당 의원 몇 명 있고, 지금 상황이 그런 거잖아요. 그냥 호남에서 몇 석 상원이 있다고 해서…… 그러면은 하원에 7명이 있고 상원에서도 7명이 있어도 내 동네 지역은 아니잖아요.

장영수 거꾸로 생각하는 게 상원에서 그거 하고, 대신에 하원에서는 그런 거 좀 덜 해라, 하지 말고 국가 전체를 위해서 해라. 변화를 주기 위해서 (**조진만** 하원에서요?) 하원이 지금 너무 지역대표로……

박찬욱 그게 소선거구제로 뽑으면 극복하기 어려울 거예요.

장영수 그런데 상원이 그 역할을 전담하면 아무래도 부담은 줄거든요. 현재 국회의원은 지역대표이고, 동시에 전체 국민의 대표이고, 정당의 대표이고 이 세 가지를 동시에 하고 있는데 지역대표로서 부담을 많이 줄여주자는 거죠.

박찬욱 representation, 어차피 의원이 다차원적으로 그걸 다 가질 수밖에 없습니다. 나는 지역대표만 한다, 이게 아니라. 그러니까 사실은 요만한 선거구에서 뽑혀도, 국가 이익 우선이라는 조항은 항상 있는 거잖아요.

조진만 소선거구제는 사표도 많고 문제가 있지만, 분권의 가치로 보면 소선거구제가 좋은 거죠, 사실은요. 어떤 당파적인 걸 떠나서 내 지역에 확실한 국회의원이 있고, 내가 문제가 생기면 이 지역에 문제가 생기면 확실하게 요구할 수 있는 정치적인 대표가 있죠. 1등만 뽑기 때문에 그 대표는 죽기 살기로 재선을 하기 위해서는 그 이해관계를 첨예하게, 지역적으로 이기주의다 비판을 받을지언정, 예산 낭비다 비판을 받을지언정, 국회로 가서 얘기하고 문제를 해결하려고 노력하겠죠.

박찬욱 그런데 그건 자치권에 한계가 있죠. 조금 더 광역으로 올라가면 우리가 이제 분권 개념으로 자치권을 더 넓은 지역에서도 허용해야 하는데 상원을 그렇게 뽑고 나면 하원은 또 어떡할 거냐? 이건 대책이 안 섭니다.

하승수 양쪽 선출 방식이나 이런 것이……

장영수 제가 알기로 영국 같은 경우는, 역사적으로 유사한 나라가 더 있다고 듣긴 했는데, 귀족원과 평민원이었고 그리고 대부분의 상원을 두고 있는 나라는 연방제를 해서 그런 식으로 하고 있고 그리고 프랑스 같은 경우가 연방제가 아니면서 지역대표 차원을 두고 있고. 지금 조 위원님이 말씀하신 그런 식으로 하원은 소선거구 중심으로 하고 상원은 비례대표를 중심으로 그런 사례가 있나요?

하승수 호주가 그런 사례인 셈인데 상원은 권역별 비례대표제에 가깝습니다.

박찬욱 호주도 주 단위고 지역대표형이죠.

하승수 상원을 전국구 비례대표제로 하는 경우는 못 본 것 같은데요.

박찬욱 대개 임명하는 경우는 행정부, 심지어 대통령이 임명해서 하는 그런 상원도 있죠. 그거는 전국구라고도 볼 수 있죠. 그런데 그런 경우는 예외죠. 우리는 지금 임명이나 파견이 아니라 직선을 해야 하는 거니까요.

조진만 상하원 간의 선거제도가 대부분 일치하나요? (**박찬욱** 아니요) 대부분 다르지 않나요?

박찬욱 달라요. 다른 경우가 많죠.

조진만 그 이유가 있거든요. 다르게 하는 이유가.

장영수: 다르다는 것은, 당장 거기 투표에 참여하는 사람들의 범위 차이에서부터 시작합니다. 미국 같은 경우는 둘 다 직선으로 하지만, 그 지역의 주에서만 뽑아가지고 상원으로 올리고, 하원은 자기 선거구에서 뽑고. 선거구 자체가 다른 이런 것들도 있거든요, 투표 방식이 꼭 달라서가 아니라.

하승수 선거구의 크기 자체도 완전히 다른…… (**장영수** 그렇죠.)

조진만 그냥 미국식으로 우리가 따져보면, 권역별로 몇 석을 배분한 다음에, 거기 주마다 2명이니깐요. 그다음에 선거를 해가지고 그 등수만큼 다수결로 뽑아야 하는 거잖아요.

장영수 그게 꼭 바람직한 건 아니라는 거죠. 그리고 역사적인 배경이 있거든요. 미국 같은 경우는 처음부터 13개 주가 독립된 국가처럼 있었고, 마치 우리가 유엔에서 똑같이 한 표씩 갖듯이, 연방제를 똑같이 비중을 가지고서 해야 한다는 게 처음부터 전제되어 있었죠. 안 그러면, '나 그거 안 한다' 이래 버릴 테니까. 그렇기 때문에 미국이 특별하게 모든 주가 규모와 상관없이 똑같은 의석수이지만 대부분의 나라가 그렇지 않습니다.

박찬욱 그리고 또 초기에 상원은 직선이 아니었죠.

조진만 그렇죠. 주 정부에서 보냈죠.

하승수 제가 생각하기에 결국에는 이제 이게 선출 방식과 연관된 문제일 수 있다는 생각이 들어요. 왜냐하면 어떻게 선출하느냐에 따라서 그 사람들이 어떻게 대표자로서의 역할을 수행하느냐와 연관돼 있고 그래서 양원제를 채택할 경우에 하원의 선출 방식과 상원의 선출 방식을 어떻게 할 것인지, 거기에 한번 집중적인 논의가 필요합니다. 그리고 선출 방식이 정리가 되더라도 우려가 여전히 존재할 수 있는 부분은 과연 또 어떻게 해소할 수 있을지 그렇게 한번 집중 논의를 해보고, 조금 더 넓혀서 의견을 들어볼 필요가 있습니다.

박명림 미국의 연방주의까지는 가지 않더라도 앞서 말씀드린 EU 만들 때의 가중다수결(Qualified Majority Voting)을 도입한 취지를 생각한다면, 그래서 사실상 지역대표라면 강원도의 영토를 대표하는 것이지, 강원도의 주민만을 대표하는 게 아니라. 강원도의 물과 자연, 호남의 식량, 제주도의 바다 이런 전체를 고민하면 좋지 않을까⋯⋯ 사실 이 지역 고민의 단초가 홉스나 흄 한테도 이미 약간 들어 있거든요. (**박찬욱** 생태적인 관점) 예, 맞습니다. 물론 오늘날의 대표 이론과 똑같은 것은 아니지만요.

박은정 영토와 인구만이 아니라 선거구 획정에서 자연적 요소까지를 고려하자는 주장이나 또 일각에서는 '미래세대까지를 합치는 선거구 획정하자'고 하는 상당히 진보적인 안도 나오는데, 거기까지는 아니라 할지라도 아마존 열대우림이 어떻게 되면 우리 세계가 어떻게 될 것이냐, 이런 관점에서 본다면 강원도나 제주도의 자연물이나 지리적인 여건도 감안할 수 있지 않을까요?

박찬욱 시대가 변하는 새로운 발상이긴 한데 아직도 법조계 헌법 해석은 산촌, 초목은 대표하는 게 아니라고 하니까요.

조진만 그렇죠. 헌법적 근거가 부족해요.

박찬욱 그래서 아마 그런 설득을 하려면 담론이 굉장히 필요할 거에요.

박은정 어쨌든 헌법재판 등에서 조금씩 다른 담론이 나오기도 하는데, 선거와 관련해서 더 설득력 있는 논거를 제시하는 것이 사회심리적으로도 좋은 방향인 것으로 저는 생각합니다.

박찬욱 그렇다면 인구를 고려한다 하더라도 강원도, 제주가 독립선거구가 될 수 있죠.

박명림 게다가 물을 포함한 자원 사용 및 환경권과 기후생태환경문제를 고려하면 이제 영토대표개념은 더 이상은 미룰 수 없습니다. 우리 현실만 보더라도 당장 한강수계의 물사용 부담과 지원을 둘러싼 갈등 문제만 봐도 너무도 분명합니다. 이제 너무도 중요한 문제가 되었습니다.

박찬욱 그거 춘천시에서 지금 난리가 났어요. 수자원공사하고 춘천시가 싸우는……

박명림 지금 용인시의 원삼면 일대에 거대한 반도체 단지가 들어섭니다. (**박찬욱** 물은 어디서 오나요?) 네. 바로 그 물 문제 때문에 전국에서 몇 째로 크다는 고삼 호수와 안성천 주변 주민들은, 혜택은 적으면서, 물을 포함한 환경오염에 대한 우려가 정말 큽니다. 시위도 제법 벌였고요. 기업과 갈등은 물론 용인시와 안성시 및 평택시 사이의 갈등도 만만치 않았습니다. 물론 기업 논리와 거대 시군이 당연히 승리하지요. 물 자원 및 환경문제를 둘러싼 이러한 첨예한 갈등을 보면서도 이제 진짜로 확실히 상원이 있지 않으면 안 되겠구나 느꼈습니다. 저번에 제퍼슨의 상향식 공화국 구상을 말씀드렸는데요, 간디의 헌법 구상도 완전히 똑같았습니다. 그러니까 제 생각에는 면도 일종의 자율적인 공화국 개념으로 상념을 해서 고삼(면)공화국, 안성(시)공화국, 경기(도)공화국, 대한민국 공화국 식으로 상향식으로 적극 사유해야 할 때가 오지 않았나 싶습니다.

박은정 물만이 아니라 정말 요새 기후위기 때문에 식량값이 치솟는다고 하는데, 이게 일시적인 현상이 아니라 제 생각에 앞으로 계속 큰 문제일 것 같아요. 우리 같은 경우 그렇게 되면 경기나 호남 등지의 곡창지대에서 뭐라도 제대로 나오지 않으면…… 그런 관점에서도 앞으로는 영토, 인구에 더해 자연생태와 기후위기까지를 고려에 넣는 선거구 획정 논의를 비현실적이라고만 생각할 수 없다고 봅니다.

박명림 그런데 지역을 막론하고 국회의원은 똑같이 반도체 단지 유치 공약을 내세운 거였더라고요. 그래서 환경과 산업, 지역과 인구를 동시에 고려하는 정교한 광대역, 권역별 대표 체계의 마련이 반드시 필요하겠다고 생각했습니다.

하승수 양원제를 하는 나라의 선거제도에 대해서 사실은 자세하게 볼 필요가 있거든요. 예를 들면 오스트리아 같은 경우는 상원은 주별로 하지만, 하원은 굉장히 독특한 선거 방식이어서 소선거구로 하는데, 두 단계 조정을 거쳐서 사실상 비례성이 보장되는 그런 방식도. 그런데 이제 그거는 1인 1표 방식을 해도 할 수 있는 건데……

우리나라는 헌재 판례가 있으니까 제약이 있습니다만 사실은 여러 가지를 상상해보면 선택지가 있을 수 있고요. 그런데 기본적으로 하원은 어쨌든 인구비례 성격이 강한 것이고, 상원은 지역대표 성격이 강하다고 본다면, 그걸 감안해서 '하원 선거는 이런 나라는 이렇게 하고, 저런 나라는 저렇게 하고, 또 상원 선거는 대체로 다 광역 단위 정도를 권역으로 해서 이렇게 한다' 이런 정도의 예시 정도만 해줘도 되지 않을까요?

장영수 인구비례를 2대1의 범위 내에서 하더라도, 예를 들어서 대도시 쪽에서는 2에 가깝게, 지역 쪽에서는 1에 가깝게, 그런 식으로 하면 말씀하신 대로 상당 부분 조정이 될 거예요. 그런데 지금 가만 보면 안 바꾸려고 합니다. 자기 지역구 절대 안 건드리려고…… **(조진만** 그렇죠) **(박찬욱** 목숨 걸고 지키려고 그러지)

박은정 상원의 권한과 역할에 대해 더 의논해보시죠.

박찬욱 지역대표성을 강화하는 경우에 상원을 조금 더 배려해야 하지 않느냐 그런 생각이 있어요.

박은정 예컨대 어떤 배려가 있을까요?

박찬욱 미국은 외교가 상원이 센데 그게 헌법의 권한보다도 임기가 길어지니까. 그러니까 2년씩 세상을 보는 눈하고 달리 장기적 전망이 있으니까요. 그리고 독일처럼 특정 사안이 주의 권한에 관한 문제일 때 반드시 상원에서 오케이를 해줘야 하잖아요.

박명림 네. 우리는 현재 대통령령, 총리령은 말할 것도 없지만 부령으로도 지방의회의 조례를, 무시하는 건 아니지만, 어쨌든 법령의 위계상 부령이 조례보다 우위에 있으니까요. 그 문제를 우리가 상원 도입을 고민할 경우에, 그러한 문제는 당연히 넘어서게 된다고 봅니다. 나아가 지역대표, 지방분권, 자치의 제고 이런 걸 고민하면 예산, 법률, 세금의 경우도 지역 개발, 환경문제 이런 것과 관련해서, 그것이 지방에 관계된 문제일 때에는 일반적인 법률이나 예산 문제처럼 이걸 하원에 우선권을 줘야 할지, 아니면 그런 문제에 있어서는 상원을 먼저 고려를 해야 할지가 중요할 듯싶습니다.

박은정 상원의 역할은 다루는 그 의제 자체가 지역적이 아니라 국가 전체 살림에 관한 예산, 세입, 징수 이런 것이죠. 그리고 어떤 것은, 예를 들어 부산의 가덕도신공항은, 지역적인 동시에 국가적인 이슈일 수 있는 것이죠. 어쨌든 겸직을 하는 건 아니니까 그럴 때는 '국민을 위한 충성 경쟁을 하는 거다', 그렇게 이해하면 되지 않을까 싶습니다.

박명림 네. 그런 고민이 잘 반영되면 좋겠습니다. 그러니까 하원은 양당이 동일하게 가덕도공항 유치하자고 주장하는데 상원에서는 '안 된다' 이런 멋있는 정치도 생기고, 그래야 상원 설치 목적도 충족될 겁니다.

박은정 대화문화아카데미 2016 새헌법안에서는 상원 우위를 인정하는 사항으로 예컨대 지방자치단체에 중요한 영향을 줄 수 있는 법률안이나 헌법재판관에 대한 탄핵심판 등을 들고 있네요.

조진만 중요한 사안을 하원 따로 하고 그다음에 상원으로 넘겨서 따로 하면 정파적 갈등이 심각하면 문제 해결이 되지 않을 것 같기도 합니다. 그래서 중요한 사안은 상하원 합동회의라든지 이런 식이 더……

박찬욱 그렇죠. 그런데 그건 conflict 있을 때 그렇게 합니다. 지금 지방 사안을 먼저 상원에서 논의하게 해주면 틀이 잡히잖아요. 그러면 하원에 가서, 물론 반대도 있을 수 있지만, 누가 먼저 심의하고 의결하느냐도 상당히 중요하거든요.

박은정 2016 새헌법안을 보면, 국회의 의결을 요하는 의안에 관하여 양원의 의결이 일치하지 아니한 때에는 '양원협의위원회'에서 단일안을 작성 발의해서 각 원에서 다시 의결한다고 되어 있습니다.

박명림 사실 하원을 하다가 상원 하는 사람은 있는데 상원하다가 하원하는 사람은 찾기 힘들죠.

박은정 그런 점에서 보면 상원의 피선거권 자격에 관한 것이 필요할까요?

박찬욱 그게 연령으로 제한하는 방법, 그다음에 거주 요건, 이런 건데요, 나이를 높이죠. 미국이 상원 피선거권 나이 제한이 30대이고 그리고 하원은 20대, 아무튼 나이 제한이 다를 겁니다. 상원의원의 연령 요건을 5년이든 10년이든 하원보다 높여놓는 게 좋을 것 같아요. 그런데 젊은 세대에서는 반대하겠죠. 옛날에는 conventional wisdom이, 나이가 많으면 지혜롭고 그럴 줄 알았는데 요새 또 나이 먹은 사람들 그렇지도 않잖아요. 거주 요건은 요새 이런 디지털 시대에 의미가 있는지 모르겠어요. 지금도 국회의원 거주 요건이 있는데 선거 전에 아파트 하나 전세 얻어서 주소 옮겨놓으면……

박은정 그게 헌법사항인지 아니면 법률로 넘어가는지?

박명림 법률이나 헌법 이전에 민주공화의 핵심 원리로 돌아가야 하는데……상하 양원을 나눌 때, 핵심은 역시 공천 문제가 대의민주주의에 맞아야, 즉 아래로부터 민의나 주권성의 발현을 통한 선출 과정과 대표성을 가져야 합니다. 지금처럼 공천관리위원회나 당 지도부가 전략공천하고 거주 요건 상관없이 아무 데나 상원도 공천한다? 지금처럼 위로부터 공천을 하면 소수인 상원의 공천과 장악이 훨씬 쉽기 때문에 상원이야말로 대권 후보와 정당 지도부의 쟁투장이 될 것 같습니다. 하원이 국민원이라면 상원이 더 국가원의 성격을 갖고 좀 더 원숙해야 하는데…… 저희가 현실 정치를 고려해서 정교화해야 할 것 같습니다.

박은정 정교화하는 방법이 뭘까요?

장영수 일단 피선거 연령 관련해서 한 가지 말씀드리면요. 헌법이 정하지 않으면 법률로서는 힘들 겁니다. 예전에는 우리나라에서 이게 다 연령별로 쪼

개져 있었거든요. 25세, 30세, 35세, 40세, 대통령 빼고 다 없어졌습니다. 참고로 독일은 오히려 대통령 포함해서 아무 제한이 없습니다. 성년이기만 하면 됩니다.

박은정 피선거권 연령을 민의원보다 올려놓으면, 그게 좀 더 지혜로운 사람을 원한다는 상징이 되는 걸로 볼 수도 있을까요?

장영수 그러니까 그게 담으려고 하면 헌법에 담아야지, 법률 위임해서는 안 된다. 그렇게 말씀드립니다.

박찬욱 논란 많이 될 거예요.

다수 연령 제한은 유보하시죠.

＊2024년 9월 10일 확대심의모임의 국회의원 선출과 정수 관련 발언

최형두(국회의원, 국민의힘) 김진표 의장 때 비례대표제도를 상원식으로 만들려고 한 적이 있습니다. 그게 권역형 병립형 제도인데요. 250대50으로 해서 50명 비례대표를 상원제 방식으로 하는데, 수도권은 인구 130만 명당 비례대표를 1명 뽑고, 중부권은 이제 충남, 대구, 경북, 강원에서 인구 80만 명당 비례대표 1명 뽑고, 그다음 남부권은 부산 경남하고 제주도와 전남, 광주, 전북을 해서 인구 80만 명당 1명 그렇게 하면, 각각 18명, 14명, 17명 이렇게 나옵니다. 동네에 매달리지 말고 적어도 영호남 동서를 통합할 만한 큰 정치인을 뽑자는 취지죠. 이런 구조에서는 여성 비례라든가 전문성, 또 지역을 대표할 만한 명망성, 또 광역을 대표할 만한 어떤 상징성도 아우를 수 있지 않았을까요? 그런 방식으로 당장 상원은 못 가더라도…… 그런 식으로 상하원 제도를 지금 비례대표를 가지고 한번 운영해보면 어떨까 생각이 듭니다.

김영배(국회의원, 더불어민주당) 개헌이라고 하는 합의에 이르는 과정에 대해서 저는 더 주목하고, 논의도 풍성하게 하고, 개헌 자체보다는 개헌의 정치 과정을 설계하고 만들어갈 필요가 있겠다는 생각이 듭니다. 그런 면에서는 개헌을 단계적으로 접근하면 좋겠다는 생각을 하고 있습니다. 한꺼번에 하지 말

고 합의 가능하고 급하고 더 변화를 체감할 수 있는 영역, 그리고 상대적으로 쟁투가 덜 벌어질 수 있는 그런 영역을 골라서 먼저 하는 게 어떠냐, 그런 생각이 있습니다. 그런데 저는 기본적으로는 상원이 반드시 필요하다고 생각하는데, 해보니까 최형두 의원님 말씀대로 300명과 별도로 의원 정수를 늘린다는 것에 거부감이 너무 심하더라고요. 그 사안을 조정하고 타협하는 과정이 굉장히 어려웠습니다.

3) 양원의 명칭

박명림 민의원-참의원, 상원-하원 명칭은 너무 오래돼서 바꿔보자, 하원을 '국민원'으로 하고, 상원은 '국가원', 이렇게 해서, 국민 문제와 국가 문제를 동시에 고민하는 게…… 특히 국가원 의원은 지역구 활동 열심히 하지 않아도 지역과 국가의 장기적 과제를 고민할 수 있게……

박찬욱 미국 상원이 그런 개념으로 길게 보고, 국가적으로 생각하고……

박명림 원래 애초에 영국이 상원을 만들 때 그런 개념이었죠.

박찬욱 영국은 귀족 제도가 있어서……

박명림 물론 그렇죠. 근데 상하원으로 번역하는 과정도 불분명하거든요. 외국에서도 안 쓰이는 말인데, 누가 이걸 상하원으로 번역해가지고 계속 쓰는지, 어떤 나라에도 없는 개념이거든요.

장영수 공식 용어는 아닌데, 어퍼 하우스(upper house)-로워 하우스(lower house)라는 말을 쓰긴 하더라고요. (**박명림** 맞습니다.)

박찬욱 2016 새헌법안을 논의할 때는 그냥 상원-하원 하다가 결국은 민의원-참의원으로 갔어요, 결국 익숙한 걸로.

박명림 제가 제안을 드렸던 두 가지 방안은, 하원은 국민원, 상원은 국가원으로 하든지 아니면 하원은 민주원, 상원은 공화원으로 하는 거였습니다. 국민 의제도 걱정하고 국가 의제도 걱정하며, 또 민주주의도 걱정하고 공화주의도 걱정하는……

박은정 민주공화국, 그걸 공평하게 나눠서……

박명림 네. 그렇습니다. 바로 그런 문제의식이었습니다. 역사적으로 하원을 서민원, 평민원이라고 할 때, 평민(Commons)의 대표를 뜻했지요. 그걸 어떻게 평민원(House of Commons)으로 했는가를 조사하다 보니까, 선후로 긴 시기를 두고 공화국·공통 복리(commonwealth), 상식(common sense), 보통법(common law/common statue), 공통 교례, 공통 예배…… 일련의 공통성·공공성(the common)에 대한 문제의식의 산물이라는 것을 깨달았습니다. 하느님이나 교황이나 군주가 내려주는 위로부터의 신적인 계시나 일방적 명령이 아니라 세속의 평민 대표끼리 공통적으로 합의를 해나가는 게 중요하다는 문제의식이었지 않나 싶습니다. 그런 점에서 의회를 민주원과 공화원으로 나누는 것은 민주공화국의 민주와 공화의 원리를 다 담을 수 있다고 봅니다. 그러니까 이게 하원을 commons, 그때는 계층적인 문제가 중요하니까, 귀족과 평민, 어쨌든 로마의 원로원과 평민원을 끌어온 것도 있고 그랬으니까…… 우리는 나라가 두 쪽이 나 있으니까 계층 문제 말고, '당신들은 국민 대변해라, 지역. 그리고 당신들은 국가를 대변해라' 이렇게 하든지 '당신들이 민주주의 원칙에 좀 초점을 둬봐라. 그리고 당신들은 공화주의……' 하원의 원래 뜻은 서민원, 평민원이었어요, Lord와 다른.

박은정 고대 중국에서 계층을 다섯으로 나누는데 맨 하층이 서민이고, 우리도 '서자(庶子)'라고 할 때 그 글자를 씁니다. 그래서 사실은 '서민'이라는 말을 쓰면 안 돼요. (**박명림** 네)

박찬욱 민의원은 좋은 표현 같아요. 그런데 참의원이 문제죠. 우리가 2공화국 때 경험이 있어서 한쪽을 민의원이라 하니까 참의원, 이렇게 한 건데. 참의원을 공화원으로? 어떻게 해야 할지 모르겠네요.

장영수 그런데 문제는 실제 상원의 성격이거든요. 지금까지 많이 나온 상원 제안은 사실은 지방분권하고 연결해서 지역대표성을 강화하는, 그러면서 오히려 민의원에서는 지역에 대해 연연하는 걸 줄여라 이런 쪽이었는데, 그런 식으로 할 때 참의원이라는 이름이 적절하냐? 2공화국 때 참의원은 전혀 다른 것이었기 때문에……

박찬욱 그러니까 Bundesrat를 참사원이라고 번역한 사람도 있잖아요. 그때 그 '참'인 것 같고. 그런데 결국 이건 일본 잔재죠. (**장영수** 그렇죠) 일본 잔재인데 우리가 익숙해서……

장영수 일본은 중의원-참의원이라고 하죠. 그런데 저는 그냥 무난하게 상원-하원이……

박찬욱 그래서 처음에 상원-하원 그랬는데 고유명사가 필요하다고 그래서 이렇게 들어온 거거든요.

박명림 원래 상원-하원이 정식으로는 어느 나라에도 없는 말 아닌가요?

박찬욱 네덜란드인가 보면 그게 또 거꾸로 돼 있어요. 상원을 오히려…… 그러다 보니까 First-Second로 하든가? 제 기억에, upper-lower가 아니라. 이상하게 그 명칭을 보면 네덜란드의 상원이 오히려 하원 같고 이게 달라져요. (**박은정** 명칭이) 헷갈려요.

박찬욱 일본 중의원에서 '중(衆)'은 보통 사람, 그게 영국 전통 같아요. '참'은 영국식으로 아마 계급적인 개념이 들어간 거 같습니다.

박은정 '대한민국은 민주공화국이다' 이걸 살려서 민주원-공화원도 괜찮을 것 같아요.

박찬욱 그것도 발상은 상당히 좋죠.

박명림 민의원이라고 하면 '민의원의원(民議院議員)' 할 때 '의원'이 반복되니까.

박찬욱 사실 공화 개념이라는 게 다 포함해서……

장영수 오히려 추상적인 얘기니까 가능한데, 참의원보다는 나은 것 같습니다. (**하승수** 그렇죠. 오히려) (**박은정** 참의원보다 나은 거 같아요)

박은정 이거보다 더 좋은 아이디어가 없으면 그걸로 하는 거로 하죠.

박찬욱 근데 영어로 표시하면 어떻게 되요? 민주원은?

장영수 직역하면 republic house든 아니면 democratic house든……

하승수 예 그렇죠. 그렇게 직역하는 게 더 좋죠.

박은정 아귀가 맞네요. (**장영수** 그게 맞고, 아니면 민의원-공의원 하든지)

박찬욱 그것도 생각해보죠. 우리가 생각했던 민의원은 민주원, 참의원은 공화원으로.

박명림 민주정(democracy)과 공화국(republic)의 원뜻을 고민할 때 민주원-공화원이 말은 맞는 것 같아요.

박은정 용어 자체로만 본다면, 민주원의 '민주'는 그야말로 시민이 주가 되어서라는 뜻이고, 공화원의 '공화'는 더불어 함께라는 뜻이거든요. 용어 뜻이 역사적으로, 이념사적으로도 반영되는 거라는 생각이 듭니다.

박찬욱: 국민원-국가원보다는 민주원-공화원이 더 나은 것 같습니다.

4) 국회의원 특권 폐지

현행헌법	대화문화아카데미 2025 새헌법안
제46조 ①국회의원은 청렴의 의무가 있다. ②국회의원은 국가이익을 우선하여 양심에 따라 직무를 행한다. ③국회의원은 그 지위를 남용하여 국가·공공단체 또는 기업체와의 계약이나 그 처분에 의하여 재산상의 권리·이익 또는 직위를 취득하거나 타인을 위하여 그 취득을 알선할 수 없다.	제50조 ①국회의원은 청렴의 의무가 있다. ②국회의원은 국가이익을 우선하여 양심에 따라 직무를 행한다. ③국회의원은 그 지위를 남용하여 국가·공공단체 또는 기업체와의 계약이나 그 처분에 의하여 재산상의 권리·이익 또는 직위를 취득하거나 타인을 위하여 그 취득을 알선할 수 없다.

박찬욱 뉴질랜드 같은 데가 전형적으로 영국식, 그것도 승자독식이었는데 지금 완전히 네덜란드처럼 정말 거의 비례성이 확보되는 비례대표로 갔잖아요. 그때 할 때 보면 국민투표를 해요. 그런데 국민투표가 법적인 구속력을 갖고 있지 않았는데, 여론조사식인데, 그런데 그냥 의회에서 또 그걸 존중을 하고, 그런데 우리나라 같으면 "그건 법적 구속력이 없는 결과인데 뭐 하려 하냐" 그리고 국회의원이 무시해버리잖아요.

박은정 사실 제가 저 얘기를 했었는데, 기억에서 희미해졌는데 살려주셔서 고맙습니다. 제 생각에는 이 문제는 그러니까 의회 구성원의 핵심 이익 내지 이권에 관한 사항이잖아요. 선거구 획정, 보수, 대우, 특혜 등등…… 이런 것을 포괄해서 의원의 이익이나 특전에 관한 사항은 지금처럼 의원이 만드는 국회규칙이나 법률에 맡겨둘 것이 아니라, 의원이 함부로 할 수 없게 헌법적 차원의 조정이 필요하다고 생각합니다.

장영수 지금 말씀하신 그 부분은 현행헌법에 국회의원 의무와 관련해서 이권 개입 금지 의무 같은 것이 있는데 그와 관련해서 하나 추가해도 괜찮을 것 같습니다.

박명림 그걸 국민발안으로 할 수도 있고, 저희 토론 때 나왔던 거는 사법부의 시민배심원제처럼 입법배심원제도 좋고요.

박은정 조문화할 경우에 그 가능성 하나는 국민발안 쪽이거나 아니면 국회의원의 의무 관련 조항에……

하승수 그동안 개헌절차법 논의할 때 나왔던 얘기가 국민이 참여하는 절차를 밟아서 어쨌든 추진하자는 건데, 말씀하신 것처럼 선거제도나 국회의원 처우나 이런 것도 사실 그렇게 하는 게 맞는데, 입법부 쪽에 그렇게 한 조항을 넣고 어차피 세부 사항은……

장영수 예를 들어서 국회의원이 자기 보수를 직접 결정하지 못한다든지, 혹은 자기 이익에 개입해서 법을 만들지 못한다든지 그런 거는 명시하는 게 필요할 겁니다.

박은정 그렇게 조문에 명시하면 이거야말로 정말 분권 이상으로 지지를 받을 겁니다.

박찬욱 보수나 아니면 의원이 갖는 (**박은정** 특혜 이런 거죠) 특혜 이런 걸 포함해서, 이게 지금 생각나는 건 미국의 수정헌법 27조인지 몇 조는…… 그러니까 당대에 자기한테 이득이 돌아오는 거는 할 수 없다는 게 있거든요. 그런 입법례는 본 것 같은데, 사실 자기 이익이 상충하는 사안을 안 한다고 그러면 그 범위가, 어떤 입법을 할 수 없느냐 그 범위를 상당히 특정하기가 굉장히 어렵다 이거죠.

박은정 의회 구성원의 이권이나 특혜 관련 부분은 주권자의 통제를 받아야 한다는 이야기인 거죠.

박찬욱 이런 입법례가 어디에 있나요? 그러니까 이렇게 구체적으로 돼 있나요? 그런 게 있나요? 독일 헌법에서는 그런 게 없는 거 같고. (**장영수** 제가 아는 선에선 없습니다) (**하승수** 헌법 수준은 없고) 헌법 수준에서는 없는 거 같고. (**하승수** 법률 수준에는 있는 거 같은데)

하승수 영국이 법률 수준에서는 국회의원 연봉이랑 처우 관련해서는 독립위원회에서 정하게 돼 있기는 한데……

장영수 그런데 영국이라는 나라가 상당히 특별하거든요. 예전에 국회에서 헌법연구자문위원회 할 때, 영국 의원이랑 교수랑 만난 적이 있습니다. 그런데 그 사람들 스스로가 얘기하는 게, 영국은 법제보다도 관행으로 성립된 나라고 이건 다른 나라가 따라할 수 없는 거다. **(박은정 박명림** 그건 맞는 말이죠) 그러니까 우리가 이런 식으로 한다고 당신도 똑같이 하지 마라. 아예 그렇게 얘기를 하더라고요.

박은정 우리는 관행이 안 서 있으니까, 법으로 해놔야……

장영수 아까 말씀하신 독립위원회 같은 것도 그쪽에는 존중하는 관행이 있으니까 그걸 아무도 못 깨요. **(하승수** 맞아요) 우리는 그런 거 들어오면 바로 깨려고 할 거거든요.

박은정 그러니까 깨지 못하게 못 박고 그렇게 해서, 그게 나중에 관행으로 굳어지면, 그런 것은 필요 없게 되고, 그래서 사문화하는 정도가 되면 더 좋겠죠.

장영수 그래서 이걸 법률로 하면 자기네들이 법률 고친다고 또 그럴 거거든요. 그러니까 어떻게든 헌법에 넣어서 헌법 사안이면 법률로 못하니까 이렇게라도 좀 해보자, 그런 의미로 저는 이해를 했습니다.

박찬욱 선언적이라도 헌법에 그걸 어떻게……

장영수 이해충돌방지법이 있지 않습니까? 거기에서 이해충돌방지에 관한 규정 없다고 그래서 한참 뭐라고 그러니까, 구체적인 걸 만들었어요. 그런데 그 만들어놓은 법을 한번 검토해보면 개인적인 재산상의 이익 중심으로 얘기가 돼 있지 공무수행과 공무수행 사이의 충돌, 이 부분은 대부분 빠져 있거든요. 그러니까 사실상 적용하기가 쉽지 않은 겁니다.

박은정 예를 들어서 코트라(KOTRA)나 코이카 등 외교통상부 산하기관에 대한 감사 감독을 위해 국회 외교통상위원이 관련 해외 지역에 나갈 때 경비를 외통부나 관련 기관 예산에서 받아서 가는 것을 이때까지는 당연하다고 생각을 한 거죠, 공무라고 생각하고. 그러니까 감독기관이 피감독기관의 돈을 받아서 감독한다. 이때 공무 사이의 이해충돌의 문제, 이런 것이 관행상으로 인식되어 있지 않은 거죠.

박찬욱 국회의원은 또 규제하기가 어려운 게, 대표로서 하는 행위라고 말하거든요. 자기 지역구 일이든 심지어 자기 지역구민의 사적인 일 같은 것도 해주는 걸, 그것도 그렇게 따지면 자기 선거에 유리하니까 이익 충돌 소지가 있지만 그건 직무수행의 일로……

박은정 민원이야 행정부만큼 많이 처리하는 데가 있습니까? 그러니까 그것도 국회의원의 레토릭인 거지요.

박찬욱 심지어 민주화 이전에는 은행에 가서 대출받는 거, 이것도 국회의원이 알선 많이 했어요.

박은정 그러니까요. (**박명림** 맞아요)

박찬욱 거기서 또 떼어먹을 수도 있죠. (**장영수** 취업 알선하고) 그러니까 미국 수정헌법 27조에는 본인 당대 봉급(의원 보수) 올리지 못하게 돼 있어요. 사실 근데 법에 그런 거 만드는 게 쉽지 않죠.

박은정 자세하다고 할지라도 역사적 맥락에서 이 시점에서 중요한 거라고 한다면 그걸 헌법에 못 담을 이유가 있을까요?

박찬욱 그런데 입법 사항이니까 헌법에 할 수 없고 법률에 유보할 수밖에 없는데, 그러면 법 만드는 사람은 그 사람들이라……

박은정 법으로 정한다고 하되 입법 목적이나 취지를 분명히 하는 거죠. 이해관계에 좌지우지되지 않도록 할 수 있는 거죠.

장영수 선례가 없는 건 아닙니다. 예로 스위스 헌법, 지금은 개정이 돼서 없어졌는데, 예전에는 도축 조항이라고 '동물(가축) 도축하기 전에 꼭 마취를 시켜라' 이게 헌법 사항 아니잖아요. 그런데도 헌법에 들어가 있었어요. 그 유사한 것이 나라마다 조금씩 있거든요. 국민적인 공감대만 있으면 되죠.

박은정 이런 부분을 적극적으로 생각해보죠. 이거 넣었다고 우리 보고 우스운 집단이라 말할 사람은 없을 것 같습니다.

5) 의원 정수

현행헌법	대화문화아카데미 2025 새헌법안
제41조 ②국회의원의 수는 법률로 정하되, 200인 이상으로 한다.	제42조 ⑤국회의원의 수는 법률로 정하되, **민주원의원은 300인, 공화원의원은 100인을 상한으로** 한다.

하승수 대화문화아카데미 2016 새헌법안에서는 상원(참의원) 의원이 100명이었습니다.

조진만 미국이 대타협(Great compromise)을 할 때, 하원은 인구비례로 하고, 상원은 주 대표성을 고려하여 동등하게 2석씩 준 거잖아요. 그런 차원인거죠.

박찬욱 글쎄…… Great compromise라는 건 그런 계기가 있는데 우리는 지금 그런 건 아닌 것 같아요.

조진만 저는 지금 상황이 미국이 대타협했던 식으로 해야 하는 시점이라고 보이거든요. 지방 소멸, 저출산, 지금 위험하니까 여러 문제에 대한 대타협이 필요한 시점이라고 보입니다.

박명림 제가 2016 새헌법안 때 발제를 한번 했는데요. 1948년 헌법 때는 인구 10만 명당 1인, 그렇게 해서 지금으로 치면 이제 국회의원이 500명이 돼야 하고, 우리와 비교 가능한 OECD 국가의 평균이 대략 인구 6만 명당 1인인데 우리는 17만 명에 1인이어서, 그때 한 800명 정도면 OECD 평균에 값한다고 발제했습니다.

박찬욱 저도 옛날에 늘려야 한다고 생각한 사람이에요. 그런데…… 지금 베이스 라인이 300이니까 양원으로 해서 합치면 더 해야 할 거 아니에요.

박은정: 450이 되는데, 그건 좀 과하다?

박찬욱: 2016 새헌법안은 350(하원 250, 상원 100)이고 또 지금 말씀하시는 걸로 따지면 450까지 되는데 이러면 이거……

박명림 2016 새헌법안 때 제가 규모와 함께 예산도 같이 말씀드렸는데 국회의 규모와 권한은 늘리되 예산은 가능하면 늘리지 말자는 거였습니다. 국회의원 보좌관을 9명에서 2~3명으로 줄이고 의원 특권은 대폭 줄이면 됩니다. 특히 의원 보수가 지금 OECD 평균보다 너무 높습니다. OECD 선진 민주국가는 의원 보수가 국민 1인당 평균 소득의 1.5배에서 3배인데, 우리는 5배에서 6배잖아요. 국회의원 급료하고 의정 활동비 다 합치면요. 거기다가 사실상 개인 보좌 기능을 갖는 보좌관이 9명인 이렇게 큰 나라는 없잖아요. 연방제인 미국의 경우 16명을 제외하면 어떤 나라보다 보좌관이 많기 때문에 이를 입법조사처나 공동입법보좌관으로 돌려서 보좌관을 줄이면 의원을 늘려도 입법부 규모와 권한은 커지지만 개인 특권은 없어지니까, 그러면 국민한테 동의 구하기 쉽지 않을까 이렇게 보고를 드렸던 건데요.

박찬욱 지금도 의원이 보수라든가 아니면 자기 지원 인력, 스태프 수를 줄이면서 의원 수 늘리겠다, 이러면 그게 먹힐 게 있을 거예요. 그런데 그 전제가 현실화할 것 같지 않아요.

박명림 의원 수를 1948년에 10만 명당 1인에서 20만 명당 1인으로 줄인 게 5·16군사정변 헌법이기 때문에 이거는 민주주의 회복의 의미도 있습니다.

박은정 그런 논거도 중요하지만 우리들이 8년 전에 적정한 수가 350명이라고 했는데 그동안에 이와 관련해서는 어쨌든 여론은 끊임없이 나빠진 셈인데…… 그래도 늘린다면 현실적인 논거와 당위적인 논거 이 두 가지가 잘 조화해야 할 거 같습니다.

박명림 국회에서 발제할 때 의회 규모가 클수록 사회갈등 지표가 낮아지는 건 너무나 명확하니까 그걸 보면서 의원은 규모를 늘리는 게 좋겠다고 동의하다가도, 세비를 절반 정도 줄여야 한다고 하니까, 현재도 국회의원이 차관급인데 차관 예우는 해야 하기 때문에 더 깎으면 안 된다고 하더라고요.

박찬욱 그런데 의원 하나하나가 장관하고 이렇게 해야 하니까 자기는 장관급 대우 받아야 한다고 생각합니다.

박명림 그런데 그 9명 보좌관의 역할 중 정말 입법 보좌 기능은 너무 적지요.

박찬욱 어쨌든 300, 100?

박은정 민주원 300, 공화원 100. 현실적으로 하원에서 현행 300명을 줄이기는 어렵고, 두 개의 원이 생김으로 최소한 100명은 늘려야 하고, 이런 정도의 합의가 있었습니다. 그리고 공화원 선출의 경우 2016 새헌법안은 선거구를 시도를 중심으로 도 단위 선거구로 했는데 그걸 다르게 할 수 있는 방안도 있을까요?

장영수 거기에서 한 가지 우리가 신경 써야 될 게 시도는 법률로 다 바꿀 수 있습니다. 그러니까 연방의 '주' 같은 경우에 있어서는 법률로 바꾸지 못하지 않습니까? 그러니까 주 단위로 그걸 기준으로 해서 헌법에서 의원을 뽑는다, 이 얘기는 충분히 가능한데, 헌법에서 시도 단위로 하겠다 해놓고 그 시도가 바뀌어버리면 헌법의 애초 의도에 맞느냐, 이런 문제가 제기될 수 있는 가능성이 있습니다.

박은정 그런 문제는 법률유보를 하는 다른 영역에서도 마찬가지의 위험 감수 측면이 있지 않을까요?

하승수 말씀하신 부분이, 예를 들면 경기도 같은 경우에는, 경기 북부를 분리하려는 움직임이 있는데 그런 경우는 독일이나 오스트리아 같은 나라는 일종의 원칙만 정해놓고……

장영수 그런데 거기는 연방이기 때문에 (**하승수** 그렇죠, 물론) 그런 문제가 안 생기는데 예를 들어, 우리가 상원의 총원을 100명으로 정했다. 그런데 갑자기 이런저런 이유로 인해 방금 말씀하신 경기남도/북도 나눠서 하면 전체적으로 상원 의원의 지역별 숫자를 줄여야 하는 거냐, 아니면 거기에 맞춰서 더 증원할 수도 있느냐, 이런 여러 가지 복잡한 문제가 발생할 수 있습니다.

하승수 그래서 예를 들면 상원의원 정수는 상한선을 정한다든지, 2016 새헌법안이 100인이면 100인이나 150인이든 상한선을 정하고, 그다음에 상한선 안에서 지역별 의원 정수는 원칙 같은 걸 정하는데, 가령 만약 100인 이하로 한다면, 단순하게 생각하면 17개 시도가 평균 4명을 배정한다고 하면 72명이 되고 5명을 배정한다고 하면 85명 정도 되는데 그 정도로 여유를 두고 헌법에 일정한 원칙을 정하면 되지 않을까요?

장영수 그런데 지금 하원 같은 경우도 200인 이상으로 하고 있지 않습니까? 이게 상한을 정하는 게 맞느냐, 하한을 정하는 게 맞느냐. 그리고 상·하한을 아예 한꺼번에 정해서, 예컨대 '100인 이상, 200인 이하' 이런 식으로 할 것이냐, 그런 문제도 고려해야 할 것 같습니다.

하승수 그래서 그런 점을 감안하면서 헌법에 원칙을 정하지 않으면 안 됩니다. 지역대표성이라는 게 명확하지 않기 때문에……

장영수 원칙을 정해야 하는 건 맞는데, 다만 구체적으로 어떻게 정하느냐, 그 문제죠.

6) 재임 기간 제한

현행헌법	대화문화아카데미 2025 새헌법안
(관련 조문 없음)	제43조 ③**민주원의원은 3선을 초과하여 재임할 수 없다.**

박찬욱 대화문화아카데미 2016 새헌법안을 보면 어느 한 원에서 통산 12년을 초과하여 재임 불가하다는 조항이 있었거든요. 그런데 그러면 이거는 괜찮겠죠, 민주원에서 12년 하다가 공화원에 가서 또 의원 하는 건 아무 문제가 없다는 뜻이고, 이렇게 되면 이제 원천적으로 의원의 임기나 재임 연한을 제한해야 하나, 그런 근본적인 질문이 생깁니다. 사실 의원은 선출직에 대해서 국회의원의 경우에 미국과 같은 경우도 3번, 주의회는 그게 많아요. 3기에 한해서 재임한다든가 그런 게 있고. 과거에 의회 개혁이라고 해서 연방에서도 하원의원을 3기로 제한한다는 말이 있었다가 없어졌거든요. 그러니까 하원 같은 경우는 십몇 선 그런 사람이 많단 말이에요. 긍정적인 효과는 있죠. 재임 기간을 제한해야 '새 피 수혈'이 있다든가 교체가 되고, 이게 동맥경화 같아 가지고 오래 하면 부패하기도 쉽고 이런 건 사실이거든요.

박은정 기본적으로 공직, 그것도 고위직 공직, 선출직이든 임명직이건 간에, 그 막강한 권한을 가지는 사람의 임기는 짧게 하는 게 맞는 거 아닙니까? 그런 관점에서 본다면?

박찬욱 그러니까 민주원이 4년이니까. 12년을 지나면 3선만 하고 그만둬라 이거예요. 더 하고 싶으면 상원으로 가든가.

박은정 아니면 봉사를 하든가.

박찬욱 그게 우리 2016 새헌법안의 정신이었어요. 그걸 살릴 거냐? 아니면 그냥 없앨 거냐?

박은정 요새도 보세요. 유능한 사람은 다 나오지 않아요. 더 해줬으면 하는 사람은 불출마를 선언하고, 그만 나왔으면 하는 사람은 용케도 또 나오고, 자식한테도 물려주려 하고.

박찬욱 예, 저도 큰 이의는 없어요.

박은정 저는 제한이 있어야 한다고 생각합니다.

박찬욱 우리가 그걸 짚고 넘어가는 게 중요하고요.

장영수 다만 국회의원이 많이 싫어할 거 같습니다. 저도 선생님 의견에 동의하는데 '대통령도 그렇고 단체장도 그런데 왜 국회의원만 그러냐'는 비판도 가능하죠.

박은정 그렇게 한 경험을 가지고 국민을 위해서 낮은 곳에서 봉사하는 자리를 찾아야지, 그게 선출직의 마땅한 행로인 거죠.

조진만 그렇죠. 그러니까 사실은 저희는 양원제를 했기 때문에 민주원 3선 정도 하면 공화원으로 가기도 하고, 광역단체장이든 다른 선출직도 도전할 수 있잖아요.

박은정 시의원도 할 수 있죠.

조진만 그런데 지금 같으면 저는 임기 제한하는 거는 반대인데요. 왜냐하면, 아마추어리즘 같은 부분도 있어서요. 국회에 다선 의원들이 필요해요. 4선 이상 의원이 국회에 없다는 것도 행정부와의 관계라든지 이런 점들을 감안하면 과연 좋은 것인지……

박찬욱 그런 건 있어요. 상임위 위원장 하려면 보통 3선으로 시작하잖아요.

조진만 3선으로 제한하면 민주원의 의장 같은 경우에도 3선이 의장 후보들이 되고 경쟁하고 그럴 거 아니에요. 그러니까 민주원의 3선 정도가 의장이 된다는 것과 5선이나 6선이 의장이 되는 것의 차이가 있죠.

박찬욱 맞아요. 의장이나 부의장 같은 경우는 보통 5선, 6선 하는 사람들이 할 수 있는데……

박은정 그 5선, 6선 한 사람이 의장을 해서 꼭 잘한 것은 아니지 않습니까? 3선보다 5선이 월등히 잘해서……

조진만 그런데 공무원이나 행정부에서 느끼는 건 확실히 다를 거예요. 그러니까 재선의원이 위원장이고 간사고 하면…… 아무래도 국민한테 여섯 번 선출받아서, 어쨌거나 그 살벌한 정치판에서 그렇게 공천받으면서……

박은정 국민한테 선택을 받는 경우라 하더라도 선택의 여지가 없었기 때문인 경우도 얼마나 많습니까?

조진만 그래도 그분들이 국회에서 하는 거는 저희에게 보이는 거하고 달라요. 실제 모습을 보면요. 그리고 빤히 그 속을 알거든요. 임기 제한 이거는 정당 차원에서 알아서 하는 거지……

장영수 그건 전혀 실현 가능성이 없습니다.

조진만 지역주의가 있어서.

박은정 그러면 총 합쳐서 얼마나 오래 할 수 있습니까?

박찬욱 그거는 없어요. 그러니까 민주원의원 12년 하다가 만약에 공화원의원이 되면.

박은정 그럼 24년 할 수 있는 거죠?

박찬욱 아니요. 공화원의원의 임기 제한이 없으니까 얼마든지, 죽을 때까지도 할 수 있는 거예요.

장영수 이렇게 시스템이 바뀌면 처음부터 민주원의원이 되겠다가 아니라 시의회든 혹은 도의회든 이런 데서 경험을 쌓자, 이런 경향이 생기게 될 거고, 아니면 단체장 같은 걸 하면서 경험을 쌓고 그다음에 하자는 경우도 늘어날 것 같습니다.

박은정 경륜이 그런 것이죠.

조진만 그러니까 다 3번 정도를, 기초의회도 그렇고, 단체장도 그렇고, 그렇잖아요. 그런데 공화원으로 가면.

박찬욱 공화원에서 하면 제한 없습니다.

조진만 제한 없는 게 괜찮은가요? 다른 거는 다, 예를 들어서 지금 민주원까지도 임기 제한이 있는데 유일하게 임기 제한이 없는 게 공화원이잖아요.

박찬욱 광역단체장 같은 경우는 상당히 큰 권한이 있으니까 그쪽으로 옮겨갈 수도 있죠. 대통령 하고 싶으면 오히려 3선 하다가 광역단체장으로 가는 수가 있겠죠.

장영수 그러니까 지금 공화원의 권한이 민주원만큼 크면 거기도 제한할 필요가 있을 텐데, 현재로서는 아직 크지 않으니까.

박은정 기본적으로 민주원, 제가 너무 이상적으로 생각하는지 몰라도 민주정-공화정이라고 할 때 민주정의 큰 이념은 치자와 피치자 사이에 질적인 차이가 없다고 하는 것이 전제 아닙니까? 민주정이 치자와 피치자의 동일성 원리라고 한다면, 질에 있어서 치자와 피치자의 차이가 없다는 대원칙……

장영수 결국 본인이 유권자고 피치자고 다 그렇다?

박찬욱 원리는 그런데 그래도 좀 달라야죠.

조진만 예, 다르죠. 대리인만 있는 게 아니라 수탁자도 있고.

박찬욱 그러니까 재임 기간을 제한하지 않았던 논리는, 오래 하면 전문성도 생기고 판단 능력도 많아지고 국정에 대한 지식도 많아지고 그런 거였는데 선생님 말씀은 과연 그러냐?

박은정 그건 인간성에 대한 너무 낙관적인 사상이고, 오래 할수록……

박찬욱 매너리즘.

박은정 권력은 오래가면 부패한다, 그것을 최우선 원칙으로 삼아야 할 것 같습니다.

장영수 아무튼 저는 재임 기간 제한을 유지하는 것에 찬성입니다.

박찬욱 유지. 여기서는 그게 대세니까 일단 살려보겠습니다.

7) 집행부 법률안 제출권

현행헌법	대화문화아카데미 2025 새헌법안
제52조 국회의원과 정부는 법률안을 제출할 수 있다.	제56조 ①민주원의원과 공화원의원은 그가 소속한 원에 법률안을 제출할 수 있다. 대통령은 국무회의의 의결을 거쳐 양원 중 하나의 원에 법률안을 제출할 수 있다. 단 세입·징수에 관한 모든 법률안, 재정법률안 및 재정지출이 수반되는 사회보장법률안 등은 민주원에 먼저 제출하여야 하고, 지방자치단체에 중대한 영향을 줄 수 있는 법률안은 공화원에 먼저 제출하여야 한다. ②집행부제출법률안의 심의는 법률안이 먼저 제출된 원에서 총리가 제출한 원안을 대상으로 한다. 다른 원에서 가결한 법률안의 심의는 송부된 안을 대상으로 한다.

장영수 법률안 제출권에 대해서 간단하게 말씀드리면 우리나라가 예외입니다. 대통령제 국가에서는 법률안 제출권이 없거든요. 미국을 포함해서 프랑스도 그렇고. 프랑스는 이원정부제이지만 대통령의 법률안 제출권을 인정하지 않습니다.

박은정 하지만 예외인지 여부를 떠나서 사회문화적인 배경을 생각해본다면, 우리나라에서는 초창기부터 정부에서 제안한 법률안의 비중이 더 컸고. 통과율도, 제 기억으로는 정부 제출안이 더 높습니다. (**장영수** 예, 맞습니다) 이게 역전된 지가 얼마 되지 않습니다. 그러니까 어느 것이 정상이냐 아니냐를 떠나서 우리 의정 활동이라든가 이런 부분, 지금 어떻게 보면 우리나라에서 법률안이 프랑스의 삼십 몇 배고, 독일에 팔십 몇 배…… 국회의원이 그야말로 경쟁적으로 졸속으로, 마구잡이식으로 발의하는 거죠.

장영수 시민단체가 의정 활동 평가를 할 때 법률안 발의수로 따지거든요, 통과 건수가 아니라.

박은정 거기에 놀아나는 것도 문제인 거죠. 발의한 것 중에서 얼마나 통과했느냐는 걸 보면 너무 한심해서…… 그 점에서 (정부 발의안과) 너무나 비교가 되니까……

조진만 사실 시민단체에서 정량적인 걸로 해서 경쟁적으로 많이 하긴 하는데 꼭 그렇지만은 않거든요. 왜냐하면, 우리나라의 의원발의법안 가결률이 낮은 편이 아닙니다. 그렇게 남발하는 것 같지만 가결되는 비율이 낮지 않거든요. 그리고 의원발의법안이라는 게 가결을 목적으로 하는 법안이 아닌 게 대부분입니다. 여론 몰이라든지, 즉각적으로 지역구, 특히 저희 같이 소선거구제를 하면 지역 민원을 어떠한 형식으로든 수용해야 하는데 입법적으로 빨리 수용할 수 있죠. 절차가 굉장히 간단하지 않습니까? 동료 국회의원 10명의 동의를 받아야 하지만 사실 그건 별로 어렵지 않죠. 정부제출법안은 권한이 있지만 사실 정부가 하는 거를 막 하면 안 되니까 입법 과정의 절차가 많이 복잡하지 않습니까? 사실은 정부도 법안 만드는 게 그렇게 쉬운 건 아니죠. 그럼에도 불구하고 정부도 많이 하는데, 가결률은 정부제출법안은 그렇게 노력을 하는데도 계속 떨어지고 있는 거예요. 그만큼 국회가 견제를 하거나 수정을 요구하는 부분이 많다는 거죠. 미국도 정부법안은 없지만, 대통령이 의원을 통해서 우회적으로 입법을 하든지 아니면 상임위원장에 부탁해서 하는 부분도 있죠. 사실 우리도 이런 게 많거든요.

박은정 그럼요. 우리도 많은 여당안이 정부에서 만든 안이에요.

조진만 그러니까 사실 의원들은 (**박은정** 의원들은 좋죠) 원 플러스 원이잖아요. 발의도 준비해주고. 그런데 이것을 근원적으로 방지하기는 쉽지 않아서……

장영수 첨언을 드리면, 과거에 정부입법에 대해 부정적 인식이 확 늘어났던 게 뭐냐 하면, 헌법재판소에서 이런 것을 자세히 살펴보니까 법률로 정해야 할 걸 시행령으로 위임하는 게 정부입법에 너무 많습니다. 그래서 이거 위헌이라고 결정한 경우가 많았습니다. 또 하나는 이런 식으로 정부입법을 하면 여당 의원이 무책임해집니다. 정부입법이니까 우리(여당)는 무조건 손들어(찬성), 내용 따지지도 않아, 본인이 발의했으면 혹시 이게 잘못되면 어떡하나 해서 더 들여다볼 것조차도 안 들여다보거든요. 이게 정부입법으로 올렸을 때랑 정부입법을 여당 의원을 통해서 올렸을 때의 차이라고 합니다.

조진만 국회에서 입법을 추상적인 수준에서 하고, 나머지 집행과 관련한 시행령은 정부에서 만들죠. 그런데 대통령이나 정부 입장에서도 처음에는 국회를 설득하려고 하다가 국회에서 타협하든지 해서 일단 법을 만들어놓으면 그다음에 시행령으로 너무 다르게, 법 취지하고는 다르게 하는 게 너무 많으니까요. 그런데 국회가 지금 규모로는 그 시행령들을 다 검토할 수가 없어요. 국회가 입법권을 갖고 있음에도 불구하고 행정부의 시행령과 관련한 부분에 대한 통제라든지, 입법 취지에 대한 확인, 이런 것이 제대로 안 되는 게 사실은 더 문제죠.

장영수 그런데 저는 그 생각과는 조금 다른데요. 국회에서 시행령에 대해 '이거 잘못했으니 고쳐라' 이렇게 할 때 그 부작용이 더 클 수 있습니다. 정상적으로 한 시행령도 의회의 생각하고 맞지 않는다고 해서 전부 다 뜯어고치라고 하면 정부가 아무 일도 못 하게 되거든요. 만약 그게 진짜로 정상적인 범위를 벗어났으면 사법심사를 통해서 해결하면 되는 거죠. 이렇게 국회에서 시행령에 관여하게 되면 권력의 균형이 깨집니다. 지금은 '국회와 정부 사이에 시행령과 관련해 이견이 있다. 제3의 기관인 사법부에서 해결해라' 이런 건데, 만약 시행령을 국회가 다시 봐서 결정하겠다는 건 정부와 국회 사이에 갈등이 있으면 국회가 모든 것을 결정하는 상황이 돼버리니까요.

박은정 그렇죠. 사법심사를 통해서도 해결이 안 됐다고 생각하는 것은 결국 국민 여론에 의해서 정리될 수밖에 없는 거죠.

하승수 국회가 시행령이 법률을 위반했다고 판단하면, 사실 대체로 법률에 공백이 있거나 취지가 애매모호해서 그러기 때문에, 법률을 개정해서 입법 취지를 좀 더 명확하게 하면 하위 법령은 거기에 맞춰서 바꿀 수밖에 없는데 그건 사실 case by case로 해결할 문제죠.

박은정 그런 점에서 반드시 필요한 게, 환경영향평가 같이 입법영향평가가 제도적으로 도입이 되어야 할 거 같습니다. 지금은 제도적으로 도입돼 있지는 않잖아요.

하승수 입법영향평가 같은 것도 고려해볼 수 있지만 실제로 상위 법률하고 하위 법령이 충돌하는 것처럼 보이는 경우를 보면 대체로 상위 법률에서 구체적으로, 예를 들면 심의회를 두는데 심의회의 역할을 명확하게 규정 안 했다든지, 개념 설정을 했는데 개념이 애매모호하다든지, 그러면 그걸 공무원은 본인 뜻대로 만드는 거라서…… 사실 저도 국회의원한테 하는 이야기가 이런 게(시행령이) 만약에 법률의 취지에 안 맞는다고 생각하면 법률을 세부화해서 구체화하면 되지 않겠냐고 하는데, 그래도 그런 노력은 잘 안 하더라고요.

조진만 법안이 엄청나게 많은데 의원입법도 가결까지 가면 이것도 굉장한 절차거든요. 발의가 빠른 것뿐이지 그 나름 꽤 완성도가 높습니다. 국회가 합의하고 조정해서 가결됐으면 시행령에 대한 부분은 그 취지에 맞게 해야 하는 게 맞는다고 봐요. 사실 법률과 시행령이 다른 게 너무 많아요. 그리고 사법심사로 가면 워낙 시간이 오래 걸립니다. 그래서 의원들이 사법심사의 판결을 기다리면 이미 시행령이 정착돼서…… 그래서 시행 초창기에 하든지 아니면 국회에서 최소한 확인하고 통제해서 문제가 되면 요구를 할 수 있든지…… 그런 다음에도 문제가 되면 사법부로 가면 모르겠는데 지금은 그런 부분에 대해서는 의원들도 관심이 없거든요. 상징적으로라도 견제할 수 있거나 통제할 수 있는 부분이 있어야 한다고 생각합니다.

장영수 법안이 가결됐다고 해도 여야 합의가 항상 이루어진 건 아니거든요. 여야 합의를 전제하기 어렵고, 졸속으로 법을 만드는 경우도 드물지 않기 때문에 법안이 최종 통과했을 때는 합리적인 법일 거라는 전제를 국민이 가지고 있지 않습니다.

박은정 입법이 허술하고 법이 졸속으로 만들어지면 결국 행정부의 재량이 늘어날 수밖에 없는 것이죠. 물론 사법부에도 부담을 주고. 그래도 어쨌든 정리를 해보죠. 대통령이 가지는 게 좋겠습니까? 아니면 어쨌든 정부가 안 가지는 걸로 할까요? 총리는 어떻습니까?

장영수 총리가 권한을 갖는 건 당연하다고 생각합니다. 지금까지 내각 쪽에서 법률안 제출권을 갖는 건 당연한 거니까요.

박명림 이 문제는 쉽지 않은 듯합니다. 그러나 제한이 맞다고 봅니다. 두 가지 때문인데요. 하나는 행정부 입장에서는 여당을 통해서 법률안을 제출할 수 있는데도 왜 꼭 정부 법률안제출권을 확보해서 직접 입법행위에 참여하려고 할까, 따라서 폐지하는 게 어떨까 하는 생각이 있고요. 다른 하나는 시행령의 재량권의 범위가 너무 넓기 때문이죠. 분명히 시행령은 모법에서 위임받은 사항, 위임 명령하고 모법을 집행할 때 필요한 집행 명령, 이 위임과 집행을 벗어날 수 없는데 너무 포괄적으로 제정이 되어서 문제입니다. 시행령 제정이 Another legislation, 또 다른 입법 과정이 됩니다. 심지어 모법에 위반되는 시행령도 있고요.

하승수 저도 위원님 말씀대로 그렇게 제한하는 것도 괜찮을 것 같습니다. 지금까지 일종의 입법 관행상으로는 정부 역할이 굉장히 컸는데 그게 꼭 바람직한 건 아닐 수도 있으니까요.

박은정 정부의 정책촉진형 법률이, 물론 규제적인 법도 있지만, 정책촉진형 법률이 상당히 늘어나는 셈인데 국회에서는 아무래도 그런 법률에 대한 관심이 약할 수가 있고, 긴 안목을 요하는 법률에 대해서도 국회는 아무래도⋯⋯ 선거에 대한 관심 때문인지 몰라도 그런 시차가 있는 면도 있습니다.

박명림 현대국가가 의회국가에서 행정국가로 바뀌면서, 정부의 역할과 부하는 커지는데 정부의 책임성이나 반응성은 떨어지는 데서 오는 그 간극이 커지다 보니까 문제가 제기됩니다. 그런데 반대로 이번에 코로나가 긴급한 상황이었는데, 처음에는 행정국가나 권위주의 국가가 잘 대처한다고 그랬다가, 긴급 상황에서도 민주주의국가의 입법이 지체되지 않고 잘 대처하지 않았나 싶습니다. 이런 걸 보면 원칙적으로는 그래도 국민의 대표를 존중해주는 게 나을 듯합니다. 그리고 사실 시행령을 세세히 공개도 잘 안 하지 않습니까?

박은정 시행령을 공개하지 않나요?

박명림 시행령은 공개한다고 해도 그 밑의 세칙이나 규정 등은 잘 공개를 안 합니다.

박은정 법률안이라는 것이 거의 대부분이 개정안 아닙니까? 그렇죠? 그런데 그런 것은 또 정부 차원에서 시행 운영을 하다 보면 알게 되는 부분이 있고, 또 어떤 것은 국회가 급박하게 혹은 상당히 타협적으로 빨리 만들면서 문제가 있음에도 우선 통과시키고 나중에 다시 고친다는 식의 행태를 보이는 경우도 꽤 있거든요. 그런데 국회에서 한 번 통과시킨 법안을 그 임기 안에 쉽게 바꿀까요?

박찬욱 국회 연구하면서 행정부 법률안제출권을 없애면 안될 것 같은 생각이 들었습니다. 예산 법률안은 어차피 정부가 제출하는 거 아니에요. 그런데 일반 법률안도 (**조진만** 저도 필요한 거 같습니다) 그러니까 우리가 계속 유지해 왔는데 이걸 바꿔놓으면 반발이 많을 것 같아요.

조진만 아마 국가가 돌아가는 데 필요한 법을 만드는 거는 의원에게서 나오기 쉽지 않을 거예요.

박찬욱 그래서 이걸 갑자기 없애지는 말고, 또 그러면 미국처럼 아주 대통령제를 엄격하게 하면 당연히 없앨 수 있는데, 우리는 지금 섞여 있는 시스템이라…… 그래서 이건 그냥 가는 게 어떨까 하는 생각이 들고요.

장영수 다수의견에 따르겠습니다.

8) 의회 해산권, 내각불신임권, 총리·장관 해임요구권

현행헌법	대화문화아카데미 2025 새헌법안
제63조 ①국회는 국무총리 또는 국무위원의 해임을 대통령에게 건의할 수 있다. ②제1항의 해임건의는 국회 재적의원 3분의 1 이상의 발의에 의하여 국회 재적의원 과반수의 찬성이 있어야 한다.	제67조 ①민주원은 **총리 또는 행정각부의 장관 해임을 대통령에게 요구할** 수 있다. ②제1항의 **해임요구는 민주원** 재적의원 3분의 1 이상의 발의와 재적의원 과반수의 찬성이 있어야 한다.

박명림 대화문화아카데미 2016 새헌법안에 포함했던 대통령의 의회 해산권은 폐지해야겠습니다. 의회에 내각불신임권이 없는데 의회 해산권을 주면 그건 정합적으로 안 맞죠.

박은정 예, 이것도 큰 문제가 없겠죠? (일동 네)

장영수 내각제에 가까운 형태로서 2016 새헌법안에서는 의회 해산권을 인정하는 쪽으로 했는데 우리가 대통령의 실질적인 권한을 인정한다면 이건 폐지하는 게 맞습니다. 그런데 한 가지 고려해야 할 것은 지금 우리가 대통령제도 아니고 내각제도 아니고 분권형인데, 외국의 사례를 보면 총리의 제청으로 대통령이 의회를 해산할 수 있는 이런 제도가 있는 나라도 있거든요. 그러니까 이게 당연히 없어져야 된다는 것은 아닙니다.

박명림 집행권에 대한 탄핵권과 의회 해산권을 교환할 거냐? 아니면 입법부 우위 원칙을 존중해서 대통령 탄핵권은 남겨두되 의회 해산권은 아예 두지 말 거냐?

장영수 총리가 국회 추천, 선출이 아니라 추천이라고 하지만 결국은 국회와 밀접한 관계를 가지고 있는데 그렇다면 의회에서 '저런 총리 불신임한다'고 내각불신임처럼 그런 식으로 할 가능성을 열어둔다면 그러면 그때는 의회 해산도 균형 있게 같이 가야 하는 겁니다. 내각불신임과 의회 해산권이 같이. 그런데 지금 문제의 핵심은 뭐냐면 총리를 추천했는데 이 총리가 지속적으로 의회를 대변할 수 있느냐 하는 부분이거든요. 만약에 그냥 추천만 하고 거기서 끝이라면 그다음에 고무신 거꾸로 신고서 대통령에 붙어가지고 둘이서 짝짝꿍해도……

박은정 장 위원님 말씀은 의원내각제에서 다수당이 총리를 집행부에 파견을 했을 때 그때 마음에 안 들면 일본식으로 갈아치우고 그러니까 이쪽은 해산하고 이런 거죠. 우린 지금 추천만이 아닙니까? 그러기 때문에 그런 식의 해산과 해임, 그렇게 가긴 어려울 거 같은데요.

박명림 또 해임 제청권은 있으니까요. 국무위원하고 총리에 대해서 국회가 해임 제청을 건의할 수 있으니까요.

박은정 그렇죠. 그걸로 대신할 수 있죠.

조진만 현실적으로 생각해보면 총리는 다수당 소속이지 않습니까? 여당이 다수당인데 총리를 야당으로 할 이유도 없고, 야당이 다수당인데 여당을 승인할 필요도 없고. 결국은 다수당에서 올라온 사람이 되는 거고, 대통령은 국회 다수당의 지지를 받은 총리하고 국정운영을 같이 해야 하는 상황인 거죠.

박찬욱 그럼 의회는, 그게 양원이 됐든 어디가 됐든, 해임을 의결할 수 있나요?

박명림 현재는 건의인데, 현행헌법은……

박찬욱 건의로 할 거냐? 아니면 의결로 할 거냐?

박명림 '건의/제청/의결' 이런 걸 논의를 해야 할 것 같습니다. 이를테면 대통령과 의회의 임기가 다르면, 다수당이 바뀌었을 때에 총리를 갖고 오기 위해서 해임 의결을 할 거냐? 제청을 할 거냐? 건의를 할 거냐? 이거는 헌법적으로 고민을 해봐야 될 것 같습니다. 헌법적 안정성을 중시할 거냐? 민의가 바뀌었으니까 대통령은 그냥 두더라도 총리는 다수당이 바뀌면 바뀌야 되냐?

조진만 지금도 총리 해임을 건의할 수는 있지 않아요? (**박찬욱 박명림** 지금은

건의죠)

장영수 그런데 건의라고 하는 건 구속력이 없거든요. (**조진만** 그렇죠) 지금 인사청문회에서 채택 안 해도 임명하는 것처럼.

조진만 인준투표를 안 하니까…… 그러면 건의하는 게 아니라면 형식 요건을 어떻게 갖추는 거죠? 예를 들어서 총리가 문제가 있다면?

박찬욱 불신임을 의결하느냐 아니면 해임하도록 요구하느냐인데……

장영수 프랑스에서 이원정부제로 가게 됐던 게, 그전에는 내각제를 쭉 해왔었거든요. 그런데 내각제에서 어떤 문제가 있었냐면, 이건 프랑스의 어떤 정치 문화의 특성이라고 그러는데, 국민이 내각에 대해서 별로 신뢰를 안 해요. 자기가 자기 손으로 뽑은 의원에 대한 신뢰는 가지고 있는데 내각을 신뢰를 안 하다 보니까 어떤 식이 되냐면 내각불신임이 수시로 벌어지는 거에요. 그런데 내각이 그것에 대해서 문제 있다 싶으면 의회 해산을 해야 되는데 엄두를 못 내고, 그러다 보니까 정국의 불안정이 굉장히 심했고 이걸 고치자고 해서 드골 헌법을 통해서 현재와 같은 형태가 만들어졌습니다. 거기서 대통령은 의회로부터 독립된 그리고 국민에 의해서 직접 선출된 이런 존재로 만들어 놓은 거거든요.

조진만 해임안을 상정하고 표결해서 그 결과를 놓고 대통령한테 국무총리 해임하라고 요청하면 대통령은 무조건 받아들여야 하나요?

박찬욱 그게 문제인데 받으면 그건 사실 불신임 의결이나 똑같은 거고, 안 받으면 지금 건의로 끝나는 거죠. 사실은 권고지, 강제적인 게 없잖아요.

박명림 저는 총리추천권에 해당하는 만큼의 그런 해임제청권, 그런 것을 의회가 갖는 거는 좋다고 봅니다, 건의보다는 조금 강한.

박은정 그럼 제청을 하면 어떻게 되죠?

박명림 상당한 정도로 구속력을 갖는 거죠, 총리에 대한 추천권이 의회에 있기 때문에.

장영수 현재의 해임건의권을 과반수로 해임요구로 바꾸느냐? 불신임은 안 될 것 같고, 그 정도까지는 생각해볼 수 있는데, 선생님들 생각은 어떻습니까,

건의로 놔둘까요? 요구로 바꿀까요? 법적으로 요구한다는 얘기는 수용하라는 얘기죠.

조진만 건의보다는 높은 수준인 거죠.

박찬욱 건의보다는 높죠. 요청한다, 이건 똑같은 말이고.

조진만 요청한다/요구한다도 다르지 않나요?

장영수 약간 다릅니다. 요구가 가장 강력한……

박명림 그러면 추천권에 해당되게 건의보다는 세게, 요구로……

조진만 저도 동의합니다.

박찬욱 의회에서 추천하고 또 해임요구도 할 수 있고…… 일단 이렇게 해보죠.

장영수 예, 요구로 바꾸는 거로 하겠습니다.

9) 법률안 국민발안제

현행헌법	대화문화아카데미 2025 새헌법안
(관련 조문 없음)	제57조 ①모든 국민은 민주원의원 선거권자 150만 명의 서명으로 법률을 발안할 수 있다. 국민의 발안에 대해서 국회는 180일 이내에 심의하여 의견을 표명하거나 대안을 발안할 수 있다. 국회가 대안을 발의한 경우에는 원안과 대안에 대해서 각각 찬반을 물어야 한다. 국민발안은 제기된 날로부터 1년 이내에 국민투표에 회부하여야 한다. ②제1항의 국민투표는 투표자 과반수의 찬성으로 의결한다. 원안과 대안이 국민투표에서 모두 가결된 경우에는 찬성이 많은 안으로 확정하며 찬성이 동수인 경우에는 원안으로 확정한다. 국민투표와 국민발안의 시행을 위해 필요한 사항은 법률로 정한다.

박찬욱 대화아카데미 2016 새헌법안에 법률안 국민발안제를 포함했어요, 나중에 국회에 와서 심사를 하더라도. 그런데 지금 보면 선거권자 수를 좀 다시 생각해볼 필요가 있어요. 2016 새헌법안에는 우리가 50만 명 서명으로 한다고 그랬는데, 50만 명이라는 게 요새 보니까 아무것도 아니니까……
조진만 저는 개인적으로 100만 명도 그렇게 많은 것 같지 않은 느낌입니다.
박찬욱 그럼 150만 명? 그거는 또 말이 돼요? 150만 명은?
장영수 결국은 유권자의 몇 퍼센트냐, 이걸 가지고 얘기할 수밖에 없는데……

박찬욱 그런데 그렇게 하더라도 일단은 국회에서 심사를 하고 똑같이 절차를 밟게 돼 있는 거니까……

장영수 그러니까 거기에 대해서 너무 큰 부담을 가질 필요는 없는데 다만 너무 작은 숫자면 남발하는 문제가 생기죠. 너무 큰 숫자면 있으나 마나 한 제도가 되고. 그래서 적정선이 어디냐가 중요합니다.

박찬욱 맞아요. 그러니까 150만 명. 그런데 스위스는 발안하면 그냥 법이 되더라고요. 그런데 우리는 그런 건 아니잖아요. 국회로 일단 들어가야 하잖아요. 그래서 150만 명 정도 하는 게 좋겠다, 이런 얘기죠.

조진만 그런데 150만 명은 어감이 안 좋아서.

박찬욱 그럼 200만? 그렇게 되면 너무 허들이 높죠. (**장영수** 예)

조진만 2016년 새헌법안에서 50만이니까 최소한 두 배, 100만 명 정도로 해도……

장영수 그런데 사실 100만이면 서로 모순되는 법률안이 동시에 나올 수 있는데……

박찬욱 예전에는 100만 그러면 엄청났는데 요새는 100만 명 서명하는 거 별거 아니에요.

조진만 온라인으로 하고 그러니까.

장영수 예, 그렇죠, 온라인 때문에.

조진만 200만도 괜찮은데 갑자기 이렇게 올려버리면 제도의 취지라든지 여러 면에서 오히려 안 좋아질 수도 있는 거죠.

박찬욱 그럼 150만 명?

다수 일단 150만 명으로 하시죠.

* 향후 '헌법개정' 분야 논의에서 전체 유권자의 3%가 150만 명 정도인 점을 고려하여 헌법개정안 발안 기준을 민주원의원 선거권자 150만 명으로 결정하였으며 법률안 국민발안의 기준도 그에 준하여 결정함. 국회의원 10명 이상이 법률안을 발의할 수 있는 것은 의원 정수 300명의 3% 정도인 점을 감안함.

10) 국회의원 국민소환제

현행헌법	대화문화아카데미 2025 새헌법안
(관련 조문 없음)	제42조 ⑦**국회의원은 임기만료 전이라도 국민이 소환할 수 있으며 소환 요건이나 절차 등 구체적인 사항은 법률로 정한다.**

박찬욱 대화문화아카데미 2016 새헌법안에 국민소환제를 넣었는데 사실은 그때도 우리가 그냥 국민소환에 관한 여러 절차니 이런 거는 법에 위임한다고 넘어갔거든요. 그런데 사실 소환제도 간단하지 않잖아요. 소환 사유, 소환 절차……

장영수 어차피 법률로 둘 수밖에 없습니다. 그런데 문제는 소환 대상입니다. 소환 대상이 제일 골치 아픈 게 한편으로는 탄핵이 있는데 거기에 해당되는 사람을 또 소환하느냐? 그 문제가 하나 있고요.

박찬욱 그런데 지금은 국회의원에 관한 거니까요.

장영수 그렇다면 지역구 의원과 비례대표 의원은 소환투표를 누가 하느냐?

박찬욱 그것도 상당히 골치 아프죠.

장영수 예컨대 지역구 국회의원인데 전체 국민이 소환투표한다고 하기도 그렇고, 그런데 또 지역구 내에서는 탄탄하고, 전국적으로 비난받는 이런 의원이 대체로 문제거든요. 그럼 지역구에서 하면 이 사람 소환투표가 부결될 거고, 그런데 전국적으로 하자니 지역구 선거하고 안 맞는 것 같은데……

박찬욱 사실 소환 사유 같은 것도 문제예요. '말하는 거 기분 나쁘다' 그래서 소환할 수는 없잖아요.

박은정 지금 말씀하신 그런 문제는 소환 사유를 제시하면 정리할 수 있지 않을까요?

박찬욱 그걸 논의하기 시작하면 우리 한참 또 얘기해야 될 거예요, 소환법은.

장영수 소환 사유는 다양하게 주장할 수 있는데 누가 판단을 하느냐까지 또 가야 합니다.

박은정 간단한 문제가 아닌 것은 말할 것도 없는데. 어쨌든 지자체에서도 주민소환이 있는데 국회의원은 왜 없는가? 기본적으로 이렇게 생각하고, 주민소환제하고 비교해서 적절하게 조문화를 할 수 있는 거죠.

조진만 저도 논의가 필요하다는 박찬욱 위원님 의견에 동의합니다. 왜냐하면, 국민발안제 토론할 때 우리가 100만 명, 150만 명 이런 논의를 했는데……

박찬욱 발안제는 그렇게 되는데, 아까 말씀드린 대로 국회의원은 선출한 주체에 따라 지역구인 경우가 있고 또 전국구가 있기 때문에 일반적으로 몇만 명이 서명해서 소환된다고 얘기할 수가 없다, 이런 얘기죠.

박찬욱 (**장영수** 해제에서 하시면) 그런데 해제도 그렇게 자세히 할 수는 없고…… 이런 거죠, 대의제인데 대리인이 주권자의 의사에 반하고 이럴 때 대의제를 보완하기 위해서 주권자가 소환할 수 있는 제도를 넣었다, 이 정도는 해석할 수 있는데 구체적으로 아까 얘기했듯이 소환 사유부터 소환 절차, 소환 대상, 또 소환 투표는 누가 하느냐 이런 얘기를 할 수가 없다는 얘기죠.

장영수 구체적인 절차는 어차피 법률로 해야 하는데, 그렇다고 소환할 수 있다는 것만으로는 좀 부족한 점은 있거든요. 예컨대 우리가 발안할 때도 최소한 몇 명이 발안한다는 것은 넣어줘야 하는 것처럼, 소환할 때도 최소한 이런 경우에 소환할 수 있다. 지금 탄핵 같은 경우도 보면 직무상 헌법이나 법률에 위배된 때라고 하는 요건하고 대상, 이러이러한 사람들…… 아까 국회의원이라고 말씀하셨지만 실제로 지역구 의원과 전국구 의원을 같이할 건지 달리 할 건지, 여기에 대한 어떤 대강은 기준 정도를 정해주는 게 낫지 않을까요?

박은정 지역구를 통해 뽑히고, 루트가 다르다고 할지라도 국회의원이 헌법기관으로서 하는 직무에 있어서 지역구하고 비례대표가 차이가 있는 것도 아니고 기본적으로 국정 운영과 관련된 부분이기 때문에, 지역 주민만이 참가한다든가 이런 것도 해당 안 되는 거 아닙니까?

조진만 아니죠. 지역구는 확실히 다르죠, 지역구는 지역구에서.

박은정 지역에서 출발했다 할지라도 그 사람의 국정 운영에서의……

조진만 국정 운영도 지역대표로서 하라는 측면도 강하죠.

박은정 국정 운영을 왜 지역대표로 합니까?

박찬욱 (장영수 법상으로는 전체) 일반적으로는 국익인데 선출권자는 지역민이기 때문에.

박은정 아니죠. 그게 지자체하고 중앙정부와 차이인 것이지요.

박찬욱 선출권자는 지역민이기 때문에 선출권자가 소환을 해도 상관없죠. 그니까 그게 또 문제가 있죠.

조진만 내가 뽑아준 대표에 대한 위임이 있는 거거든요. 전국 위임이 아니거든요. 선거권, 선거 위임으로만 놓고 보면 지역구 국회의원은 지역의 대표라는 성격을 안 가질 수가 없어요.

장영수 헌법 스스로도 그리고 국회법 같은 데서도 '전체 국민의 대표다' 이런 얘기를 하고 있고, 그런데 또 다른 한편으로서는 현실적으로는 정당의 대표 역할도 하고.

조진만 (박찬욱 다차원적이죠) 그러니까 전체 국민이 지역구 254개 나눠서 254명이 집단적으로 대표가 되는 거죠. 한 명이 전국을 다 대표한다고 보긴 어렵죠.

장영수 지금 헌법재판소 판례에서도 개개의 국회의원이 그러니까 '나는 지역구를 대표하느라고 국익에 반했다' 이게 정당화되지는 않습니다.

조진만 만약에 지금같이 대통령이 인기가 없으면 여당 의원들을 소환해서 전국 투표를 해버리면요? 다 소환될 거예요. 그러지 않겠습니까? 지금 정도의 지지도로는?

박은정 (웃음) 대통령 인기 없다고 여당 의원 소환하는 그런 식으로 소환제를 운영하도록 만들어서는 안 되지 않습니까?

조진만 저는 가능하다고 보거든요. (웃음)

장영수 그런 점은 있는데, 지금 소환제를 도입하는 순간 이전투구를 막는 건 불가능하다. 그거는 여야를 막론할 거예요. 당장 선거 끝나자마자 떨어진 쪽에서 "얘 이런 문제 있으니까 소환하자" 이런 얘기 바로 나올 거거든요. 그래서 지금까지 국민소환제 논의 나올 때 가장 단골로 등장하던 것 중의 하나가 당선 후 1년 동안은 소환 못 하게 하자는 거였습니다.

박찬욱 예를 들면 지금처럼 의원들 상당수가 형사상의 문제가 있어서 심지어 1심 재판까지 받고 그러는데, 물론 대법원 확정이 안 돼도. 그런데 징계도 의원 자체에서도 안 하고, 그러면 국민이 불러내야 하잖아요. 그런데 그걸 불러낼 수 있느냐, 없느냐? 이것도 사실 소환법의 문제거든요. 상당히 만들기 어렵죠.

박은정 기본적으로 이 시스템 자체가 대의제를 기본으로 하기 때문에, 결국 이 상태에서는 직접 민주주의 요소를 도입하는 것이 제도상으로 어렵게 돼 있고, 우리 의식에서도 그러하고.

장영수 그리고 문제가 되는 건 그 법을 국회가 만들어야 하는데 국회의원이 스스로에게 불리한 법은 안 만들지 않습니까? (**조진만** 그렇죠)

장영수 그러니까 알아서 만들어라 하면 유명무실한 법이 될 가능성이 매우 높습니다.

조진만 사실은 국회의원들을 이 틀에 옮겨 가게 하려면 "국회의원 너네만 소환 안 당하는 특권을 가지려고 하냐?"가 아니라 그걸 넘어서는 논리를 만들어줘야 국회의원들도 "그래, 우리도 들어가야 되고 이 정도면 받아들여야겠다"고 할 텐데 지금 보면 그 정도까지는 안 되거든요.

장영수 2017년 국회 개헌특위 당시에도 국회의원은 다들 반대했어요, 그때 여당, 야당 할 것 없이 모두.

박찬욱 소환제에 대해서요? 국회의원 싫어하겠지, 자기 발등에 도끼 찍겠어요?

조진만 정치인은 선거로 심판을 받는 건데…… 그리고 실제로 주민소환법이 있고, 여러 번 시도가 있었지만 실질적으로 된 적은 한 번도 없잖아요.

박은정 그러나 있는 거 하고 없는 건 차이가 많죠.

조진만 그러니까 아무것도 안 되는 데 있다는 게, 그것도 국회의원을 상대로, 제가 봤을 때 이거 해봐야 소환될 가능성은 거의 없을 것 같거든요. 대신 이것을 정쟁 차원에서는 다양하게 활용할 수도 있겠다는 생각이 들거든요.

장영수 말씀드렸듯이 이전투구에 대한 우려는 2017년 개헌특위 자문위원회에서 반대 의견의 가장 중요한 근거인 거예요. 그럼에도 불구하고 다수는 찬성했던 게, 여야 할 것 없이 국회의원들 못 믿는다는 국민의 정치불신……

박찬욱 요샌 더하지 분위기가……

조진만 그렇죠. 그런데 만약에 소환되면 법적인 건 어떻게 됩니까?

박찬욱 일단 쫓겨나고, 탄핵하고 비슷해요. 민형사상의 무슨 책임 이런 건 또 다른 문제고.

박은정 탄핵은 헌재가 하는데 이것은 국민이 직접 한다, 이거죠.

조진만 그런데 꼭 법적으로 문제가 돼야 소환이 되는 건 아니잖아요.

박찬욱 정치적인 것도 있죠. 심각한 정책적인 실패 같은 것도 사실 소환 사유가 될 수 있죠.

조진만 그렇게 되면 법적으로 상관이 없는데 의원직을 상실하는 거고, 사법부나 법에 근거하지 않고 정치적으로 의원직 상실이 가능해지는 상황이잖아요.

박찬욱 그러니까 이전투구가 되는 게, 이게 이제 주권자의 의사에 반하는 짓을 하면 소환한다는 건데, 그게 구체적으로 뭐냐, 이걸 따지기 시작하면은 그게 얘기가 구구하다 이런 얘기죠. 그래서 쉽지는 않아요, 법률 이런 게.

장영수 예를 들어 주민소환 같은 경우도 보면 그 사유를 깔끔하게 정리했다기 보다는 이제 요건 자체를 그 지역 주민들의 몇 % 이상이 투표를 요구했을 때 그걸 먼저 해놓고, 그리고 그 요건을 갖추면 그다음에 투표 들어가고 여기서 퍼센티지가 더 높아지는데, 그게 사람들이 관심 없으면 결국은 문제가 없어서가 아니라 투표율이 낮아가지고……

조진만 그렇죠. 집행부, 집행 권한이 있는 단체장이면 가능할 것 같은데 집행 권한이 없는 국회의원이나 기초의원을 이렇게, 이게 꼭 필요한가? 저는 개인적으로 집행을 하면은 집행 과정에서 예산이든지 뭐든지 주민과 갈등이 있는데, 국회의원이나 기초의원, 지방의원도 그렇고 의정활동을 하면서 부적절한 건 사법적으로 단죄하면 되고 의원직 상실에 대한 부분도 법적으로 판단받으면 되는데, 이 대표들이 소환을 당한다? 뭘로? 법을 잘 못 만들어서? 발의를 잘못해서? 국감 때 잘못해서?

박찬욱 그러니까 애매하면 요건을 맞추기가 어렵겠죠.

조진만 그래서 단순히 의원들이 제 살 깎게 하고 그런 차원은 아니라 그걸 넘어서는 논리가 있어야 할 것 같습니다.

박찬욱 아니 그런데 예를 들면 심지어 정말 1심 재판을 했는데도 윤리위원회에서도 가만히 있어요. 그러니까 잘못한 거에 대한 응징하는 게 없단 말이에요. 그런 경우 누가 있어요? 선출권자인 사람들이 응징하는 방법밖에 없는 게, 끌어내리는 거죠. 이게 아무튼 민의에 제대로 대응하지 않는 그런 불신이 많아서 소환제 자체를 도입하는 데 대해서는 아마 찬성할 거예요. 그런데 따지고 들어가서 이거 어떻게 소환하고 과연 그게 무슨 효과 있냐를 따지면 사실 간단한 얘기는 아니다, 이런 거죠.

박은정 쉽지는 않죠, 기본적으로 대의민주주의 체제인데, 여기다가 직접민주주의를 넣는다는 것이.

조진만 자꾸 이렇게 현실적인 우려를 하는 것을 보면 진짜 비정상적으로 운영되는 부분이 많다는 것이겠죠. 예전에는 그래도 헌법 정신이라든지, 법 제도에 대해서 그 취지를 고려해서 정치도 하고 주민도 반응하고 이런 부분이 있었던 것 같아요. 그런데 지금은 여론 선전 선동 등 여러 가지를 보면 진짜 법이 아무리 좋은 취지라고 해도 그 취지하고 다르게 현실에서 운영될 가능성이 크다는 우려가 생기고 있어요.

박은정 그런 우려는 도처에 있죠. 모든 영역에 다 있는데, 그러니까 법도 위반하고 품위도 손상하고 그런 경우에 법에 따른 수사 등을 받아야 하고 그다음에 징계도 받아야 하는데 국회의원이라는 이유로 그 둘 다 피할 수 있게 되어 있는 상황에 놓여 있을 때, 결국은 소환밖에 없다. 이게 마지막인 것이죠. 그런데 실제로 거기에 해당하는 사람이 쏟아져 나올 것이다, 이렇게 보지는 않아요. 그런데 이게 있고 없고의 차이는 상당히 클 거다, 이런 거죠.

4.6. 제4장 집행부

1) 집행부 명칭, 집행권의 귀속, 국가원수 호칭

현행헌법	대화문화아카데미 2025 새헌법안
제4장 정부	**제4장 집행부** **제1절 총칙** 제71조 ①집행권은 대통령과 행정부로 구성되는 집행부가 담당한다. ②집행권에 속하는 것으로서 헌법에 대통령의 권한으로 규정된 것 외에는 행정부의 권한으로 본다. 제2절 대통령
제1절 대통령 제66조 ①대통령은 국가의 원수이며, 외국에 대하여 국가를 대표한다. ②대통령은 국가의 독립·영토의 보전·국가의 계속성과 헌법을 수호할 책무를 진다. ③대통령은 조국의 평화적 통일을 위한 성실한 의무를 진다.	제72조 **대통령은 외국에** 대하여 국가를 대표한다. **(2항, 3항 삭제)**

| ④행정권은 대통령을 수반으로 하는 정부에 속한다. | (수정하여 제71조로 옮김) |

박찬욱 대화아카데미 2016 새헌법안에서는 집행부라는 말을 쓰고, 이게 대통령 플러스 행정부란 말이죠. 집행부 안에 행정부가 들어가고 그래서 총리를 행정수반으로 하고, 대통령은 행정부 밖에 나가 있었거든요. 그런데 미국 같은 경우에는 거꾸로 Administration 안에 대통령이나 Chief Executive라고 해서, 집행부가 행정부 안의 개념이에요. 미국은 행정부의 고위층을 집행부라고 그랬고. 그런데 우리 경우는 지금 집행부 안에 대통령이 있고, 행정부가 있고, 행정부에 총리가 수반이고 행정각부가 있거든요. 이게 정치학, 행정학에서 쓰는 사람마다 헷갈립니다.

하승수 지금 헌법은 정부 안에 대통령이 있고 행정부가 있죠.

박명림 2016년에 '정부'라는 용어를 안 쓰려고……

박찬욱 그랬죠. 왜냐하면 정부라는 건 사실 3부 다 얘기하는 건데 우리는 행정부만 자꾸 얘기를 하니까 그것도 문제예요. 그래서 정부라는 말을 안 쓰려고 하다 보니 그렇게 된 거죠.

장영수 나라마다 또는 개인마다 의견 차이가 있는데, 독일은 집행부를 더 큰 개념으로 봅니다. 행정이라고 했을 때는 정책 결정이 아니라 결정된 정책을 기계적으로 수행하는 기관입니다. 그리고 정부 내 정책 결정은 이런 행정과는 구분되는 것이어서 정책 결정 집단을, 위원님이 지금 말씀하신 policy executive를 행정이라고 말하면 안 됩니다. (**강대인** 독일말로 집행부를 뭐라고 그래요?) Vollziehung이라고도 얘기를 하고, Exekutive라고 얘기를 하기도 합니다.

강대인 Verwaltung이 더 작은 개념이다, 이거죠?

장영수 그렇죠. Verwaltung은 그 하위 개념, 그건 기술적·기계적인 수행이라는 거죠.

장영수 그런데 문제는 법상으로는 안 그렇습니다. 그러니까 우리가 행정을 담당하는 사람들을 직업 공무원이라고 하고, 정치적인 공무원은 이쪽에 해당이 안 되기 때문에 정무직이라고 별도로 부르거든요.

박은정 우리가 일반적으로 삼권분립을 이야기할 때는 입법부/행정부/사법부 이렇게 이야기하지 않습니까?

장영수 초기에 독일도 그랬었는데 그게 바뀌게 된 게, 정책 결정이라고 하는 부분을 끼워 넣으니까 행정의 개념하고 안 맞게 돼버렸거든요. 그래서 그 두 개를 포괄하는 개념으로 더 넓은 '집행'이라는 개념을 쓰기 시작한 겁니다. 아마 제가 알기로는 20세기 초반에.

박찬욱 영어도 Executive라고 할 때 political을 앞에 쓰는데 항상 의사결정이 더 중요한 거거든요. 그러니까 집행이라는 말도 단순한 일상적인 실행, steering이 아니라. 그래서 집행이라는 말도 저는 그런 의미에서 지난번에도 이렇게 써도 좋다고 동의했거든요.

박은정 그리고 정부라고 할 때 총칭의 의미로 '정부'라는 표현을 대개 쓰고…… 행정부도 그런 표현을 선호하지 않습니까?

박찬욱 사실 문제죠, 행정부를 정부라고 말해버리면.

박은정 행정부 수반인 거죠, 대통령은.

박찬욱 미국 사람들은 Government라고 하면 사법부까지 다 포함된 개념으로 이해하고 행정부만 얘기할 때는 Administration이라고 합니다.

박은정 그런데 우리는 Administration을 이야기할 때 바로 그 Government를 염두에 두고 말하는 거죠. (**박찬욱** 우리는 그렇게 썼죠) 그리고 대통령은 그런 의미에서 그걸 다 총괄하는 보스라고 하는……

박찬욱 그래서 정부라는 말을 웬만하면 헌법 용어에 안 쓰는 게 좋을 것 같아요. 행정부, 집행부가 낫지.

박은정 2016 새헌법안에서 바꿨는데, 지금 2025 새헌법안에도 그대로 집행부라고 이렇게 쓰긴 하는데, 이게 이제 일상 언어 감각에서 어떤지…… 학계에서는 그게 어느 정도는 정리가 되긴 했는데……

다수 2016 새헌법안을 유지하는 편이 좋겠습니다.

장영수 그리고 2016 새헌법안에서 "집행권은 대통령과 행정부로 구성되는 집행부가 행한다."라고 했습니다. 이건 표현상의 문제인데 '……권을 …… 행한다'는 말이 일반적인 법률적인 표현은 아니거든요. 그렇다고 해서 '권력을 갖는다'고 하는 것도 그렇고…… 그래서 '담당한다' 정도가 무난하지 않을까? 그래서 이 표현을 바꾸는 것을 제안드리는 거고요.

박찬욱 입법권이나 사법권도 마찬가지로 표현해야겠죠. 사실 주권자가, 권력의 소재는 주권자인데 위임된 권력이라는 점을 나타내기 위해서 이렇게 조문화하는 거 아니겠어요.

장영수 위원님 말씀처럼 주권이 국민에게 있는 거죠. 집행부는 권력을 갖는 게 아니라 위임받아서 '행사한다' 혹은 '담당한다', 결국 둘 중 하나가 되어야 할 것 같습니다. 저는 개인적으로는 '담당'으로 했는데 '행사한다'도 가능은 한데 아무튼 지금 '행한다'는 이상한 것 같습니다.

박찬욱 현행헌법에는 '속한다'고 그러잖아요. 권력을 위임된 사람이 갖는 것처럼 오해를 하니까 이 표현을 바꾸는 건 좋은 것 같은데……

박명림 하여튼 '주권은 국민으로부터 나온다'고 할 때 그 주권은 sovereignty이고 이때의 '(집행)권'은 '권한', authority/power이니까 '속한다'고 해도 큰 문제는 없지 않을까요? '속한다'는 미국 헌법을 번역한 게 분명한데, 그렇죠?

박은정 그렇죠.

모두 '담당한다'로 하시죠.

장영수 알겠습니다. 그리고 2016 새헌법안과 똑같이 대통령과 행정부가 집행부를 구성하는 것으로 했습니다. 또한 현행헌법에서는 대통령에게 '국가원수' 지위를 부여하는데 2016 새헌법안에서 삭제했고요. 2025 새헌법안에도 그대로입니다.

모두 동의합니다.

2) 대통령의 임기, 결선투표제

현행헌법	대화문화아카데미 2025 새헌법안
제67조 ①대통령은 국민의 보통·평등·직접·비밀선거에 의하여 선출한다.	제73조 ①대통령은 국민의 보통·평등·직접·비밀·**자유선거에** 의해 선출된다.
	②대통령으로 선거될 수 있는 자는 **대한민국 국민으로서** 선거일 현재 40세에 달하여야 한다.
②제1항의 선거에 있어서 최고득표자가 2인 이상인 때에는 국회의 재적의원 과반수가 출석한 공개회의에서 다수표를 얻은 자를 당선자로 한다.	**(2항 삭제)**
	③제1항의 선거에서 유효투표의 과반수를 얻은 후보자를 대통령으로 선출한다.
	④**유효투표의 과반수를 얻은 후보자가 없는 경우에는 제1차 투표 14일 이후 21일 이내에 제2차 선거를 실시하여야 한다. 이때 후보자 중에서 후보 포기를 하지 아니한 득표 상위 2인에 대해서만 제2차 투표를 실시한다.**
③대통령후보자가 1인일 때에는 그 득표수가 선거권자 총수의 3분의 1 이상이 아니면 대통령으로 당선될 수 없다. ④대통령으로 선거될 수 있는 자는 국회의원의 피선거권이 있고 선거일 현재 40세에 달하여야 한다.	⑤대통령후보자가 1인일 때에는 그 득표수가 선거권자 총수의 3분의 1 이상이 아니면 대통령으로 당선될 수 없다. **(수정하여 2항으로 옮김)**
⑤대통령의 선거에 관한 사항은 법률로 정한다.	⑥대통령의 선거에 관하여 상세한 것은 법률로 정한다.

제70조 대통령의 임기는 5년으로 하며, 중임할 수 없다.	제76조 ①대통령의 임기는 5년으로 하며, 중임할 수 없다. ②**대통령은 임기개시일로부터 임기 종료일까지 당적을 가질 수 없다.**

전반부 심의

장영수 대화문화아카데미 2016 새헌법안에서는 대통령의 임기를 6년 단임으로 하고 결선투표제를 실시했습니다. 하지만 2025 새헌법안에서는 대통령의 역할이 2016 새헌법안보다 강화되었기 때문에 임기에 대해 다시 논의할 필요가 있습니다.

박명림 국민 여론조사에서는 직선과 4년 중임에 대한 선호가 높게 나오는데요. 4년 중임제가 실제로는 8년 단임제와 비슷하게 운영될 거라는 걱정이 있습니다. 하지만 분권형을 한다면 크게 걱정하지 않아도 되겠습니다. 4년 중임을 하면 권한을 많이 나누니까 연임 대통령의 전반 4년에 업적이 뛰어나다는 연구가 많거든요. 그러니까 대통령 단임은, 지금의 5년 단임은 대통령 책임제가 아니라 대통령 무책임제입니다. 5년 동안 국정을 난맥상으로 만들어놓고 그렇게 해놔도 심판할 수 없는…… 사람만 바꿔서, 정당 이름도 바꾸고 계속 이러니까요.

장영수 프랑스는 예전에 7년으로 하다 5년으로 줄였거든요. 그리고 그것은 '대통령의 권한이 너무 크다, 그런 상태에서 임기까지 길면 곤란하다' 이런 생각이 반영된 것 같고요. 우리나라에서도 5년 단임제에 대해 그동안에 별로 이견이 없었던 것이, 이전에 장기 집권에 대해서 국민이 호되게 당했기 때문에 5년 단임에 찬성했는데 점점 달라지기 시작합니다. 한편으로는 레임덕 문제, 5년 중에서 2년 레임덕하고 나면 남는 게 뭐냐는 비판이 나오고 다른 한편으로는 무책임제, 어차피 단임으로 끝나니까 임기 말에 대통령이 손 놓아버리는 문제가 반복됐습니다. 그런 점 때문에 4년 중임 정도가 어떠냐는 의견이 나왔습니다. 대화문화아카데미 2016 새헌법안에서는 6년 단임으로 했는데 그러면 현재의 문제를 근본적으로 해결할 수 있을까, 다시 말하자면 레임덕 문제나 무책임 문제 같은 것을 해결할 수 있을까, 차라리 4년 중임 정도가 지금 대세이기도 하고 크게 무리가 없지 않을까 하는 게, 제 개인적인 생각입니다.

하승수 저도 장 위원님하고 같은 생각인데, 중임이냐, 연임이냐 정리를 명확하게 해주는 게 좋겠습니다.

장영수 중임은 직접 이어지느냐와 상관없이 한 번만 더 할 수 있습니다. 그런데 푸틴처럼 두 번 하고, 한 번 쉬었다가 다시 또 하고, 이게 말하자면 연임의 개념입니다. 우리 경우라면 아무래도 푸틴처럼 그런 식으로 하는 것을 용인하기는 어려울 것 같고 중임 제한으로 하는 게 어떻습니까?

하승수 한 번만 더 할 수 있는 거로.

장영수 그렇죠. 연속해서든 띄어서든 두 번만 합니다.

박명림 괜찮을 것 같습니다. 4년 중임에 대한 국민적인 지지라는 게 있으니까, 이제 장기 집권 위험성이나 가능성은 사라졌고…… 4년 중임은 분권형 대통령제를 제안할 때 설득력이 있을 것 같습니다. 한편으로는 책임성을 확보하고 동시에 연속성과 안정성도 추구할 수 있을 듯합니다.

조진만 저도 임기가 너무 길면 안 될 것 같습니다. 단임으로 하면 현실적으로 2016 새헌법안이 낫다고 생각했는데, 직선하는 대통령의 임기를 6년으로 하는 나라는 별로 없거든요.

장영수 핀란드, 오스트리아가 그렇습니다. (**조진만** 그렇습니까?)

하승수 그 나라들은 대통령 권한이 약하니까……

조진만 대통령 권한이 약하니까 그렇긴 한데…… 그런데 우리는 이렇게 하기는 쉽지 않을 것 같아서요.

장영수 저도 동의합니다. 말씀드렸듯이 프랑스는 7년에서 5년으로 줄인 상태고 우리가 지금 당장 아주 약한 대통령으로 가기는 쉽지 않다, 그런 것을 고려한다면 그렇죠.

박은정 2016 새헌법안은 상당히 약한 대통령이었죠. 총리도 국회에서 선출하고 국무회의도 총리가 주재했기 때문에 대통령 임기가 길어도 상관없다고 생각했던 부분이 있었고, 단임으로 한 이유는 독재 폐해 등에 대한 고려였죠. 그런데 대화문화아카데미 2025 새헌법안은 2016 새헌법안보다는 대통령의 권한이 더 커졌으니 4년 중임으로 변경할 이유가 있는 거죠.

조진만 맞습니다. 또 한 번 할 수 있는, 재선할 수 있는 기회는 주는 거니까.

박은정 그리고 중임/연임에 대해서는 학계라든가 전문가는 구별이 되는데, 사실 헌법은 그야말로 중학생이 읽어도 딱 들어오도록 해야 되니까, '연임/중임이 뭐지?' 하며 의문을 갖는 것보다는 정확하게 '1차에 한해서 연임할 수 있다'든가, '1차에 한해서 중임이 가능하다'든가, 이렇게 확실히 표현하는 편이 좋을 것 같아요.

장영수 그러니까 오히려 우리말로 풀어버리면 '대통령은 한 번만 더 할 수 있다, 선출될 수 있다' 이러면 확실하죠.

하승수 '1회에 한하여 다시 선출될 수 있다' 이렇게 하면 되죠.

박명림 '4년 중임'이라는 표현은 없으니까, "대통령의 임기는 4년으로 한다. 1차에 한하여 중임할 수 있다" 이렇게 되는 거죠. 조문으로 만들면. '4년 중임제' 이런 말은 없으니까.

박은정: 그렇죠. 가능하면 바꾸면 좋은데, 너무 또 튀지는 않아야 하니까. 그러면 현재로서는 '1차에 한하여 중임 가능'이라든가, '다시 선출 가능' 이런 쪽으로 합의가 된 걸로 알고 있겠습니다.

조진만 재선에 실패한 대통령이 다음에 또 나오면 4년짜리 대통령이 되는 거죠? (모두 그렇죠)

장영수 그리고 2016 새헌법안에서 '모든 후보자가 유효투표의 과반수를 얻지 못한 경우'라고 했는데 이건 일반적인 법률적 표현은 아니거든요. 의미는 대충 알 수 있는데, 일반적인 표현은 '유효투표의 과반수를 얻은 후보자가 없는 경우에는' (**박찬욱** 훨씬 좋네요) 예, 이런 식으로 표현하기 때문에, (모두 좋습니다) 그리고 '임기 만료 35일 내지 20일 전에', 이렇게 하는 건 일단

날짜와 관련한 것도 있고 표현의 문제도 있거든요. 임기 만료 35일이라고 하는 건 일반적이지는 않습니다. 차라리 한 '60일' 정도로 하는 것이 어떨까 싶고…… 사실 20일은 너무 촉박합니다. 왜냐면 대통령직 인수위원회가 꾸려지고 그 활동 기간이 어느 정도는 필요하거든요. 이런 문제가 있어서 30일 정도 시간은 줘야 하지 않을까 싶습니다. 그리고 표현상의 문제는 35일이나 20일 '전에'라고 했는데, 오히려 60일이나 30일 '사이에'로 표현하는 게 조금 더 정확할 것 같아서 제안을 드립니다.

박명림 더 합리적이고 매끄러운데요. 35일, 20일은 뭔가 어색한……

박찬욱 현행헌법과 2016 새헌법안을 잘 절충한 것 같아요.

후반부 심의

조진만 개인적으로는 4년 중임제에 비판적인 입장입니다. 순수 대통령제라면 괜찮겠지만 대화문화아카데미 2025 새헌법안의 방향과 현 단계의 전략적 접근을 고려하면 대통령에게 권한이 더 갈 수 있는 요소는 특별하게 고려하지 않는 것도 좋을 것 같습니다. 4년 단임제하고 민주원과 동시 선거하는 것이 가장 나을 것 같기는 한데, 그 부분도 수용이 어려워 보이기 때문에 현행헌법을 유지하는 것도 좋다고 생각합니다. 그리고 결선투표제는 대통령의 정통성을 강화하는 요인으로 작용하여 진영 간 대결을 초래할 수도 있기 때문에 그냥 현행 선거제도처럼 가고 양원제하에서 민주원이 비례적인 방식으로 선거제도가 변경된다면 분권의 개념에는 더 부합할 것으로 생각합니다.

하승수 대통령 임기는 현행처럼 5년 단임제를 유지하는 것도 좋다고 생각합니다. 한국이 여전히 쿠데타로부터 자유롭지 않은 국가이고, 고위 군인/경찰/관료가 권력에 휘둘리지 않는다는 보장이 없는 상황인 것 같습니다. 그래서 이번에는 5년 단임제를 유지하는 것도 좋을 것같습니다. 그런데 결선투표제는 필요하다고 봅니다. 오히려 결선투표제가 연합 정치를 촉진하는 역할도 할 수 있고, 소수정당이 대통령선거에 참여할 공간을 넓혀주는 의미도 있다고 생각합니다. 그리고 권력이 어느 정도 분산되더라도 대통령의 권한은 막강하므로 민주적 정당성을 확보하는 차원에서도 결선투표제는 필요한 것 같습니다. 참고로 의회제나 이원집정부제로 분류되는 핀란드, 오스트리아, 프랑스 모두 결선투표제를 채택하고 있기도 합니다.

장영수 2016 새헌법안에 비하여 대통령의 권한이 일부 강화되었다는 점을 고려할 때 대통령의 임기를 길게 하는 것이 갖는 위험성이 있습니다. 교차 선거를 통한 통제의 효과 측면에서는 4년 단임을 고려해볼 수도 있고 현행 5년 단임을 유지하는 방안도 있습니다.

박명림 우선 "①분권, ②다당제, ③연정과 연립, ④국정의 안정성(타협성)과 연속성"의 원칙을 다시 생각해봅니다. 이 네 가지는 적어도 권력구조에 관해서는 대화문화아카데미 헌법 논의의 기본 원리이자 중심 정신이었습니다. 그것이 역대 국회의장 및 국회가 대화문화아카데미의 헌법 논의를 깊게 주목한 이유이기도 하구요. 이 원리와 원칙이 흔들리면, 늘 바뀌기 마련인 현실을 너무 의식한 조항의 기계적 조합은 (87년 헌법처럼) 장기적으로 또 다른 후과를 초래하지 않을까 걱정입니다.

 두 번째로 결선투표제는 주권과 대표성은 물론 다당제와 연정(그리하여 결과적으로 분권까지)을 담보하는 중심적인 기제이지, 거꾸로 다당제와 연정이 결선투표 때문에 승자독식과 권력 독점으로 치달은 사례도 드뭅니다.

 세 번째로 4년 중임은 성문헌법과 제도로는 우리나라가 48년 건국헌법에서 미국보다 먼저 실시한 제도입니다. 더군다나 48년 건국헌법은 국무원제로서 혼합제, 즉 사실상의 준대통령제였습니다. (흔히 오해하듯 4년 중임은 박정희가 넣은 5·16 조항이 아닙니다.) 미국은 워싱턴 이래 4년 중임 전통이 사실상의 불문율(불문헌법)이었으나 루즈벨트의 4선을 겪으면서 비로소 "처음으로" 성문헌법에 대통령 임기 제한 조항을 두었고 그전에는 아예 없었습니다. 이 수정헌법 22조는 47년에 의회에서 발의·승인되었으나, 비준 여부는 여전히 불확실했고, 51년에서야 비준·발효되고, 52년 대선부터 처음으로 적

용되었습니다. (우리는 48년부터 실시)

넷째로 이른바 가장 대표적인 '전두환 조항'인 "7년 단임(80년 헌법)-5년 단임(87년 헌법)"은 평화적 정권교체에 끼친 긍정적 효과는 컸지만, 그동안 승자독식, 국정 단절과 불연속성, 대선 캠프 정치(87년부터 대선승리당은 다음 대선 이전에 항상 해체·실종. "대선 후보 캠프"가 정당을 재창당하므로), 공화적·공통적 국가의제 실종의 주요 원인의 하나로 지목받아온 것이 사실입니다. 그러나 저는 분권이 핵심이기 때문에 대권 폐지와 철저한 분권만 된다면 단임이냐 중임이냐 문제는 열려 있다고 생각합니다.

참고로 대통령제 국가 중 단임제 국가는 10% 정도이고(선진 민주국가 중에서는 우리 말고는 없습니다. 즉 단임이라서 분권이고, 중임이라서 권력 집중인 것은 아닙니다), 나머지는 중임제입니다. 단임제 국가는 대부분 민주주의와 경제가 매우 저발전한 나라입니다. 만약 우리가 4년 단임을 채택할 경우 현재 권력과 미래 권력, 대통령실과 후보 캠프의 관계상 실제로 일을 할 수 있는 기간은 2년 반 정도가 아닐까 싶습니다. 그래서 제 생각에는 4년 단임은 어렵지 않을까 싶습니다.

하승수 저는 임기와 관련해서는 현행 유지가 더 낫지 않을까 싶습니다. 〈4년 중임 vs. 4년 단임〉의 논쟁 구도보다는 〈4년 중임 vs. 현행 유지〉의 논쟁 구도가 분권을 지향하는 입장을 설파하기는 더 나을 것 같고, 5년 단임의 현행헌법으로 인해 평화적 정권교체가 정착되었다는 점도 강조할 수 있을 것 같습니다. 만약 4년 단임으로 하면 오히려 '4년'이 너무 짧다는 반론과 함께 4년 중임 측의 입장이 더 부각될 수 있고 현행 5년 단임제가 가져왔던 장점이 덜 부각되지 않을까 하는 우려가 있습니다.

조진만 위원님 간에 성급하게 합의를 하기는 어려운 것으로 보입니다. 이견이 존재한다면 그냥 현행 5년 단임제를 유지하는 거로 하고 관련 논의가 있었다는 점을 토론 기록에 명시하는 편이 어떨까요?

하승수 현행 5년 단임제를 유지하자는 제안만으로도 지금의 사회적 논의에 자극을 줄 수 있을 것 같습니다. 핵심은 4년 중임제가 아니라 '분권'에 있고,

분권이 선행된 후에 대통령 임기나 중임 여부에 관한 논의를 하는 것이 더 적절한 논의 방향이라는 것을 부각시키면 좋겠습니다.

조진만 정치인 입장에서는 대통령의 역할이 필요하다는 인식과 책임 정치를 기반으로 안정적인 집권의 가능성을 열어두자는 것인데, 저는 오히려 부작용이 더 클 것으로 생각합니다. 재선을 위하여 집권 1기에 무리한 시도도 많이 할 것이고, 집권 2기에는 마음껏 권력을 행사할 가능성도 커 보입니다. 한국정치의 역동성을 고려하면 집권 1기 시점에 대통령이 인기가 높을 가능성이 적을텐데 정당에서 인기도와 상관없이 책임 정치 차원에서 재선에 도전하는 것을 그냥 허용할지도 모르겠습니다. 아마도 집권 가능성이 떨어진다면 후보자를 어떻게든 교체할 가능성이 클 것으로 보입니다. 저도 4년 중임제보다는 현행 단임 5년제를 유지하면서 분권으로 가는 것이 더 낫다고 생각합니다.

박은정 현재로서는 이전 논의에 따라 4년 중임/결선투표제 도입에 찬성입니다. 하지만 이 문제는 한결 더한 숙고의 여지가 있다는 점도 인정해야 할 것 같습니다. 단임을 택해야 한다면 현행 5년 단임을 유지하는 게 낫겠다는 생각도 듭니다. 일단 우리 위원회의 안은 5년 단임제와 결선투표제 도입으로 정리하고 향후 의견 수렴을 통해 변경할 여지를 남겨두면 어떨까요?

모두 좋습니다.

3) 총리 선출 방식

현행헌법	대화문화아카데미 2025 새헌법안
제86조 ①국무총리는 국회의 동의를 얻어 대통령이 임명한다.	제92조 **총리는 민주원에서 재적의원 과반수의 찬성으로 2인의 후보를 추천하며, 대통령이 그중에서 임명한다.**

박은정 총리 선출제와 추천제에 대해 의논하시죠.

하승수 저도 쟁점이라고 정리했지만 국회 선출제로 가는 게 좋지 않을까, 대화문화아카데미 2016 새헌법안도 그렇게 돼 있고, 그게 더 명확하고, 어쨌든 그렇게 해야 하원이 제 나름대로 역할을 할 수 있을 것 같고요. 그러면 사실 2016 새헌법안에서 크게 바꿀 거는 별로 없는 상태인데, 다만 한 가지, 2016 새헌법안에서는 민의원이 2개월 이내에 총리 선출을 못하면 대통령이 민의회를 해산할 수 있도록 돼 있는데, 저는 그것보다는 만약 민의원이 선출을 못하면 대통령이 지명한다든지 해서. 어쨌든 이게 민의원이 총리 선출을 빨리 하도록 강제하는 조항인데, 그 강제 방법이 '해산'은 너무 한 것 같다. (**박찬욱** 대통령이 지명하는 방안이 더 효율적인 거 같네요) 이 부분에 대한 리스크가 크기 때문에 그 부분이 수정할 게 있고. 나머지 불신임 관련 조항이나 이런 것은 2016 새헌법안 그대로 가도 되지 않을까 싶습니다.

연관해서 생각해본다면 권한 배분과 관련해서 하나는 대통령이 행정부의 수반으로 유지되는 안이고, 다른 하나는 총리가 수반이 되는 안입니다. 사실 총리를 국회에서 선출하는 이유는 총리를 행정부의 수반으로 하는 이야기라고 생각이 돼서…… 그런데 이렇게 되면 '의원내각제가 아니냐' 하는 반론이 들어올 것 같은데, 그래서 용어를 생각해본 게, '일상적으로는' 총리가 총괄한다. 그렇지만 국가 비상 상황이라든지 이럴 때는 대통령이 한다는 겁니다. 대통령이 가진 긴급권이라든지 군통수권을 가지고 대통령이 최종 책임을 지는 거니까……

장영수 이게 말하자면 바이마르식이거든요. 바이마르 같은 경우는 평상시에는 총리 중심으로, 내각제 스타일로 운영을 하다가 국가비상사태가 선포되면 대통령이 전권을 쥐고서 하는데, 이게 장점의 결합을 의도했는데 결과적으로는 단점의 결합으로 나타났습니다. 그러니까 의원내각제식의 총리 운영에서도 정치적 불안정이 굉장히 심했고, 대통령이 그때 힌덴부르크가 정권을 쥐고 나섰을 때는 독재가 돼버렸고, 그러다가 결국 히틀러가 나왔고, 그래서 여기에서 일상과 비상을 나누는 건 자꾸 바이마르를 연상시키거든요.

박은정 그렇죠. 요즘 같은 시대에 뭐가 일상적 혹은 평상적인 것이고 뭐가 그렇지 않은 것인지, 또 뭐가 국내적인 사안이고 뭐가 국제적인 사안인지, (**하승수** 그럴 수 있겠습니다) 예컨대 사스(SARS, 중증급성호흡기증후군) 같은 이슈가 생기면, 그게 국내 사안입니까 국외 사안입니까, 둘 다의 사안인 것이죠. 보건 이슈 범위가 전체적으로 넓어지면 그게 비상 사안이 되는 것인데……

장영수 내각제를 시행하는 독일의 경우 대통령이 사실 실권이 없거든요. 하지만 그것과는 달리 우리 안에서는 실권을 일정 부분 주겠다는 점에서 차이가 있습니다.

박명림 제가 복수 추천제 말씀을 드렸었는데요. '추천'은 제가 이해하기에는 선출·선거(election)는 아니에요. 그런데 천거(recommendation)도 아닙니다. 일종의 강한 선발·선임(selection)이고 지명의 뜻을 갖는 추천이죠. 단순히 천거나 제안(suggestion)하는 게 아니라 딱 제한된 선발·선임(selection)을 해주는 것으로서, 그렇다고 또 대통령의 각료에 대한 임명(appointment)과 같은 것도 아니에요. 그래서 지명(nomination)에 가까운 선임인 것이지요. 국민이 대표를 '선출'할 때랑 대표가 총리를 '선임'하는 과정은 용어가 다릅니다. 지금 현대 용어로는 그냥 선출(election)이라고 부르지만, 정교하게 민주공화국의 틀을 놓는 사람은 다르게 표현합니다. 따라서 저희의 총리 복수 추천제는 선임·선발(selection)이라고 할 수 있습니다. 오래 지켜보고, 숙의와 타협 과정을 거치기 때문에, 방법과 절차는 선거·선출(election)이지만, 내용과 본질은 선임이지요. 아래로부터의 보통선거(popular election)와는 크게 다르지요. 그러나 만약 국회에서 총리를 단수로 선출·결정을 하면 '결국 내각제 아니냐'는 논란을 돌파하기 어려울 듯해요. 그거는 분명 일반적인 대통령제는 아니에요. 단수 선발도 선출하고 똑같은 거거든요. 사실은 국회가 임명하는 거나 마찬가지죠. 저는 여전히 원칙적으로는 의회책임제를 지지하지만, 국민의 의사를 존중하는 뜻에서 대통령제의 틀을 유지하면서 그 권력을 대폭 나누는 분권형을 고민해야 한다고 생각합니다. 국무회의 의결기구화와 장관임명 동의제가 들어가면서, 총리를 복수 추천만 해도 상당한 권력 분립이 되지 않을까 생각합니다.

박은정 그런데 양원제를 택하면서 총리추천제를 하는 것은 모순이 아니냐는 의견이 있는데, 그게 반드시 그럴까요?

하승수 꼭 그런 건 아닙니다. 양원제도 상당히 파격적인 제안이니까 기왕 하는 김에 선출제로 하자는 의견이었습니다. 사실 양원제를 제안한다는 건 우리가 나아가야 할 방향을 명확하게 제시하는 건데 그런 맥락으로 본다면 총리선출제를 제안하는 것도 우리 작업에서는 의미 있지 않을까 싶었습니다.

박은정 저는 양원제를 하면서 선출제까지 나아가는 것은, 그것이 개헌 추진적으로 받아들이기 어렵다는 점을 떠나서, 우리가 출발점에서 이야기한 분권형 대통령제라고 하는 기점에서 본다면 다른 차로 갈아타는 거 아닌지……

하승수 사실 저도 마음이 왔다 갔다 하는데요. 말씀 들어보니까 그렇게 하는 게 좋겠다는 생각도 듭니다.

박은정 총리추천제로 하면서 장관임명 동의제도 도입하고 그리고 국무회의도 의결기구화 한다면 그런 정도만 해도 상당한 혁명이라는 생각이 듭니다.

박명림 독일의 총리는 건설적 불신임제 덕분에 미국 대통령보다도 임기가 더 길지요. 건설적 불신임제는 사후적인 안전장치인 반면 총리 복수 추천제는 사전적 안전장치라고 생각이 듭니다. 만약에 추천된 1, 2등의 표차가 거의 없거나 여야가 비슷하다 그러면 대통령이 이때 강한 리더십을 선택하고 싶으면 여당을 선택할 수도 있고, 또 야당이 다수당일 경우에는 야당을 선택해서 연정 형태를 띨 수도 있고……

장영수 박명림 위원님 말씀을 들어보면 결국은 복수 추천이라고 하는 게 사실상은 여당 쪽에서 추천된 사람 하나, 야당 쪽 추천 하나, 이렇게 1등, 2등을 뽑는 식으로 하자라고 했을 때 이게 어느 정도 변화가 가능하냐? 숫자가 적더라도 여당 쪽에서 추천된 사람을 대통령이 지속적으로 임명한다면 그러면 있으나 마나 한 제도가 돼버릴 수도 있거든요. 지금 우리나라 같은 정치 문화에서는, 예컨대 야당이 다수라고 해서 야당 쪽 후보를 대통령이 뽑지 않을 것 같거든요. 여당 추천 후보를 임명해버리고 앞으로 몇 년 편하게 지내자는 식으로 할 수도 있습니다.

박명림 사실 저는 복수 추천제를 현대 헌법을 공부하면서 배운 동시에, 조선시대의 군권과 신권의 균형 과정을 공부하면서 고민했습니다. 물론 제도를 정도전이 워낙 잘 만들어놓은 측면도 있지만, '의정부'가 정부인 동시에 '부'를 빼면 '의정' 아닙니까? 그러니까 정치는 대궐에 있어도 안 되고 법률가한테 있어도 안 된다, 의정에 있어야 한다, 조정에 있어야 한다는 겁니다. 그런데 그 핵심 중 하나가 추천제입니다.

박찬욱 우리 안이 의원내각제와 약간의 거리가 있다는 걸 보여주려면 국무총리나 장관을 국회의원이 아닌 자가 할 수 있는 여지를 헌법에 넣어야 합니다. (**박명림** 그럼요) 그걸 안 해놓으면, 의원이 다 해버리면 그건 의원내각제라고 반론이 들어올 겁니다. 그런데 추천할 때 순위가 있는 추천이냐, 아니면 무순위냐 이것도 간단하지 않아요.

하승수 복수 추천하더라도 국회의원 과반수가 동의한 사람을 추천하는 경우가 있을 수 있고, 아니면 투표에서 1등, 2등 한 사람을 추천하는 게 있을 수 있는데요. 만약 과반의 동의가 있는 사람을 추천한다면 아마 여당이 마음대로 하기는 어려울 수 있고, 만약에 여소야대의 경우에는 그럴 수도 있고……

박찬욱 그런데 추천 방법을 어떻게 하냐는 국회 자율권 문제 같아요. 이건 헌법에 그것까지 (**하승수** 명시하기 쉽지 않죠) 자세히 하기는 어렵지 않나요?

박은정 만약 대통령이 이 사람도 싫다, 저 사람도 싫다 이럴 경우에는 어떻게 합니까?

박찬욱 과연 비토(veto)할 수 있느냐 없느냐도 그것도 상당한 논쟁이 필요하겠습니다.

박은정 아무것도 안 하고 이걸로 끝내버리면 비토를 못 하는 거죠. 그런데 비토의 기회를 주는가, 그리고 아까 하 위원님 말씀하신 대로 국회가 추천할 때 과반이라는 조건을 다는가?

하승수 어쨌든 추천이라는 행위도 결국 국회에서 의결이 필요하니까요. 지금도 아마 국회가 인사 추천권을 행사할 때는 다 일반 의결정족수에 따라서……

박찬욱 만약에 초당적으로 합의가 안 되면, 평행선으로 가면, 다수당이 무조건 이기는 시스템입니다. 그리고 복수 추천된 사람 모두 거부하는 상황에 대한 대비는, 그런 거야말로 헌법 관행이 축적되어야 해결할 수 있는 문제겠죠.

박은정 그런 관행이 쌓여 있어야 하는데 이게 지금 시작이니까……

박명림 사실은 '복수'라는 개념 속에는 거부권을 행사하지 않는 걸 전제하는 건데…… 단수 추천일 경우에는 대통령은 1회에 한해서 거부권을 행사할 수 있다. 이렇게 해서 균형을 맞출 수 있으면, 복수 추천을 하면 가능한 한 의회를 존중하는 차원에서 대통령이 두 명 중 1명을 임명하는 게……

장영수 이게 총리 선출해서 끝나는 게 아니거든요. 총리가 결국 의회와 계속 연결되고 의회와 유대 속에서 활동할 뿐만 아니라, 의회와 틀어지면 불신임을 당할 수도 있습니다. (**모두** 그렇죠) 이런 상태에 있어서는 의회 다수파의 지지 없이는 총리는 아무것도 아닌 게 되거든요. 결국 복수 추천 했다고 하더라도 그런 부담이 있고, 그랬을 때 이 제도는 실패라고 하는 그런 문제로 이어질 가능성도 있습니다.

박은정 여소야대가 되어서……

장영수 여당 후보를 대통령이 지명했는데 국회에서 협조를 안 하면 총리는 아무것도 못하게 되거든요, 야당이 다수당이니까 핑계 잡아가지고 불신임해버리고.

박찬욱 그러니까 프랑스도 지금 대통령이 본인 당 총리로 결정될 수 있어요. 그런데 그렇게 하면 의회에서 자꾸 불신임하고 그런 문제가 있죠.

하승수 어쨌든 제 생각으로는 복수 추천하면 거부권은 상정을 안 하는 게 오히려 정치적 타협이 있을 것 같습니다. 그냥 위원님 말씀대로 '복수 추천한다'로 끝내는 게…… 나머지는 사실은 정치적인, 정치의 영역으로 생각합니다.

모두 동의합니다.

* 향후 논의에서 내각불신임권과 의회해산권은 인정하지 않기로 함, "의회해산권, 내각불신임권" 토론기록 참조

4) 국무회의 주재, 총리의 위상

현행헌법

제86조 ②국무총리는 대통령을 보좌하며, 행정에 관하여 대통령의 명을 받아 행정각부를 통할한다.

제88조 ②국무회의는 대통령·국무총리와 15인 이상 30인 이하의 국무위원으로 구성한다.
③대통령은 국무회의의 의장이 되고, 국무총리는 부의장이 된다.

대화문화아카데미 2025 새헌법안

제91조 **행정부는 총리와 행정각부로 구성된다. 총리는 행정각부를** 통할한다.

제95조 국무회의는 대통령과 **총리, 행정각부의 장관으로** 구성되며, 대통령이 의장, 총리가 부의장이 된다.

장영수 내각의 위상에 관하여는 아무래도 총리가 내각을 주재하지 않으면 (즉, 대통령이 내각을 주재할 경우에는), 분권의 의미가 크게 퇴색할 것으로 보입니다. 사실상 대통령 소속이 아닌 정부부처에 대해서도 대통령이 상당히 강력한 영향력을 행사할 수 있을 것이기 때문입니다. 그래서 저는 총리가 내각을 주재하되, 대통령은 필요하다고 인정될 경우에 내각 회의에 옵저버로 참석할 수 있는 정도가 적절하지 않을까 생각합니다. 그리고 대통령 소속하에 있는 정부부처의 장관도 원칙적으로 내각 회의에 참석할 수 있도록 해야 할 것으로 생각합니다. 다만, 이와 관련하여 내각의 의결 사항에 대해서는 일부 조정이 필요할 것 같습니다. 한 가지 방법은 대통령의 소관에 속하는 사항을 내각의 의결 사항에서 제외하는 것이고, 다른 하나의 방법은 대통령의 소관에 속하는 사항에 대해서는 내각의 의결이 대통령의 사후 승인을 받도록 하는 방법입니다. 제 개인적인 생각으로는 대통령에 속하는 정부부처와 총리가 직접 관장하는 정부부처 사이에도 협력의 필요성이 적지 않다는 점에서 내각의 의결 사항은 그대로 두되, 후자의 방법에 따라 대통령이 사후 승인하도록 하는 방법이 어떨까 생각합니다.

박은정 국무회의에서는 국정 운영 전반에 관한 안건이 다루어지지 않습니까? 예를 들어서 외교 안보에 관한 사항도 있고, 고위 공무원 임명에 관한 사항도 있고, 이럴 것인데 이 부분이 전체적으로 다 총리가 주재하는 국무회의에서 다루어진다? 이게 대통령 중심의, 대통령에 더 포인트가 있는 분권형이다?

장영수 국무회의의 권한 자체도 깊이 한번 봐야 할 겁니다. 그러니까 대통령이 국무회의를 주재하면 지금하고 별로 달라질 게 없습니다.

박은정 그렇지 않을 것 같습니다. 국무회의가 의결기구가 될 경우에 그렇게 간단치는 않을 거 같은데요.

장영수 국무회의가 의결기구인 점은 중요한데 문제는 인사권입니다. 말하자면 대통령이 총리나 장관을 언제든지 해임할 수 있다면 무조건 대통령을 따라갈 수밖에 없거든요. 그 부분이 문제인 거고요. 결국 그렇게 되면 대통령의 의사가 사실은 내각의 의사가 돼버립니다.

박은정 우리들이 나중에 대통령이 행사하는 인사권의 범위에 관한 조정도 하게 되겠죠.

장영수 어느 부처는 대통령 소관이고, 어느 부처는 총리 소관이다, 그런 식으로 쪼개는 것이 프랑스형입니다.

박명림 분권형이긴 해도 대통령제니까 대통령이 인사권에 있어서 일정 부분 책임을 지게 하는 게 맞지 않을까요.

조진만 지금은 대통령이 차관회의부터 국무회의까지 일사천리로 가는 거 아닌가요? 그런데 만약 2016 새헌법안처럼 총리가 국무회의를 주재하는 식으로 개헌이 된다면, 그래도 대통령이 차관회의 단계까지는 영향력을 행사할 수 있을 거예요. 국무회의에 올라가는 단계까지는 대통령의 의사를 반영할 수 있을 텐데…… 다만 국민의 다수가 국회의원 선거에서 야당을 지지했고 총리가 야당이면, 이건 그런 과정을 통해서 거부권을 갖게 되는 거잖아요. 총리도 그만큼의 견제권이 있어야 하는 거죠.

박은정 그렇죠. 총리가 그만큼 영향력이 있으면 권력이 총리 쪽으로 쏠리게 되겠죠. 그런데 반대의 경우에는, 대통령이 국무회의를 주재하지 않더라도 총리를 내세워서 얼마든지 마음대로 할 수 있죠.

박명림 독일이 기본법을 만들 때 대통령(president)과 수상(prime minister)의 중간 정도인 총리(chancellor)제로 가면서 국정의 안정성과 연립성, 연속성, 타협성을 확보했는데요. 그래서 단임 정부일 때도 독점하지 않고 연립정부일 때도 분열하지 않았습니다. 저희도 그런 제도를 만들면 좋겠습니다.

박은정 그런데 2016 새헌법안처럼 총리가 실질적인 권한을 갖고 국회에 선출되는 경우에는 총리가 국무회의를 주재한다고 생각했지만 2025 새헌법안은 다르지 않습니까?

박명림 대통령제에서 대통령의 권한 행사와 국무회의를 통한 견제, 이 두 가지를 어떻게 조화시키냐 하는 건데 저는 국무회의 주재권은 (1948년 헌법처럼) 대통령한테 부여하고, 대신 국무회의를 국회에서 추천하는 총리와 또 국회의 동의를 받는 장관이 참여해서 의결기구화 할 경우에는, 지금의 부서권이나 제청권보다 견제 권한이 훨씬 강할 수 있다고 생각이 듭니다.

다수 국무회의의 의장은 대통령으로 합시다.

장영수 2016 새헌법안에서는 '총리는 행정부의 수반으로서 행정부의 활동을 지휘한다'라고 되어 있습니다. 그런데 '총리는 행정부의 최고책임자이다' 정도로 하면 어떨까 싶습니다. 왜냐면 행정각부가 총리의 총괄 하위에 있지만 또 독자성이 완전히 부정되는 것처럼 표현하는 것은 오히려 '대통령 독재가 아니라 총리독재다' 이런 식으로 비판받을 수 있기 때문에 이 부분은 조금 완화하는 것이 낫지 않을까요?

박찬욱 근데 이런 혼란은 있겠네요. 왜냐하면, 총리는 행정부 수장이면서, 그리고 대통령은 또 집행부 수장이 되니까, 사람들이 그걸 구분해서 이해를 할까요?

장영수 그런데 지금 여기서 이미 행정부라는 표현을 쓰고 있기 때문에……

박찬욱 구분해서 이해해야 하겠네요.

조진만 저희는 집행부를 큰 개념으로 하고 하위 개념으로서 행정권은 행정부에서 총리가 담당하는 거죠.

박찬욱 그러니까 영어로 하면 이게 executive 밑에 administration이 있는 거죠.

박명림 : '최고책임자'를 chief executive라고 그러면은 대통령은 뭐라고 하나요?

박찬욱 chief administration인데……

박명림 chief administrator가 되겠네요. 그렇죠?

박은정 '지휘'하고 '책임자'라는 말을 꼭 넣어야 할까요?

박명림 그래서 저도……

조진만 '행정부를 총괄 지휘한다'는 어떻습니까?

장영수 그런데 사실 '총괄 지휘'한다는 말이 '최고책임자'보다는 훨씬 더 센 말이거든요. 의원내각제 같은 경우에는, 선생님들 다 잘 아시겠지만, 총리가 대통령처럼 모든 것을 하는 게 아니라 행정의 독자성이라고 하는 게 상당히 강하게 인정되는 가운데 총리는 prime minister, minister 중에서 첫 번째지, 상위에 있는 president는 아니라는 뜻이지 않습니까?

박찬욱 그러니까 (현행헌법의) '대통령의 지시를 받아' 이 부분은 완전히 없어지는 거잖아요.

박은정 그럼 '통할한다'만 남기면 어떨까요?

박명림 그게 더 좋지 않을까요?

박찬욱 그게 받아들이기는 '최고책임자'라는 표현보다 더 무난한 것 같아요.

박명림 무리가 없죠.

조진만 '최고책임자'라는 표현은 책임을 지게 하는 그런 의도이신 것 같은데 보통 사람은 이게 약간 권력자 같은 어감으로 인식할 거 같아서…… 저도 '통할한다' 이런 식의 표현이 더 좋습니다.

장영수 네, 선생님들 의견 따르겠습니다.

5) 대통령 승계 서열, 의전 서열

현행헌법	대화문화아카데미 2025 새헌법안
제71조 대통령이 궐위되거나 사고로 인하여 직무를 수행할 수 없을 때에는 국무총리, 법률이 정한 국무위원의 순서로 그 권한을 대행한다.	제77조 ①대통령이 궐위되거나 사고로 인하여 직무를 수행할 수 없는 때에는 **총리, 법률이 정한 행정각부의 장관**의 순서로 그 권한을 대행한다. ②대통령의 직무수행불능여부는 헌법재판소가 결정한다. ③대통령의 권한대행에 관해 필요한 사항은 법률로 정한다.

박찬욱 의전 서열 또는 대통령 승계 서열 문제인데 대통령은 직선하면 대행도 있어야 될 거고, 아무튼 임기가 조금 남았을 경우, 승계가 돼야 할 거 아니에요. 그런 경우에 누가 하냐? 미국은 상원 의장인 부통령이 당연히 승계하고 다음에 하원 의장이란 말이에요. 우리 경우에는 만약에 그러니까 공화원 의장하고 민주원 의장하고 누가 더 의전 서열이 높은 거고, 승계 서열은 어떻게 되는 건지? 그런 걸 생각해봐야 합니다.

박명림 규모나 대표성 면에서 하원 의장이 되겠죠.

박찬욱 그거는 좀 controversial 해요. 사실은, 숫자가 많다고 그렇게 하기가……

장영수 상원이 먼저냐, 하원이 먼저냐.

박찬욱 그거는 정치인한테 상당히 심각한 문제 같아요.

장영수 그런데 현재 우리나라는 총리가 권한대행 1순위거든요. 그리고 그것이 가지고 있는 의미는 '의장과 총리는 성격이 다르다' 다시 말하자면 집행을 아는 사람이 해야지, 의회만 하던 사람이 하는 것보다는. 미국 같은 경우는 부통령이기 때문에 그건 어차피 그런 건데, 우리는 그게 다르다 보니까 문제는 상당히 복잡해질 수 있습니다.

박은정 그러니까 행정부의 수반으로서의 대통령이 유고가 된 거라고 봐야 되는 거잖아요. 그런 경우에는 행정부 안에서 대행을 해야죠.

박찬욱 총리 다음에 외무부 장관이든, 요새는 외무부 장관이 아래지, 부총리가 해야 되겠네요.

장영수 총리가 우선이고 그다음 부총리. 2016 새헌법안을 보면 권한대행 순위에 관한 건데 참의원의장, 민의원의장, 참의원부의장, 민의원 제1부의장, 민의원 제2부의장 이렇게 해놨거든요. 일단 이게 집행부의 수반에 대한 권한대행인데, 집행부가 아닌 입법부의 수장이 가서 권한대행을 한다는 게 맞느냐? 현행과 비슷하게 총리나 그 이후 법률이 정한 국무위원의 순서로, 그게 저는 개인적으로 더 나을 것 같습니다.

박찬욱 2016 새헌법안에서 대통령은 그냥 국가의 수장이고 실질적인 집행권보다는 그런 의미만을 강조했기 때문에 입법부에 이런 지도적 인물도 대통령 권한대행을 하는 걸로 했는데 우리는 대통령제 쪽으로 한걸음 갔으니까 집행부 안에서 정하는 게 순리 같기는 해요.

장영수 예, 그러면 이 부분도 선생님들께서 동의하신 걸로 생각하겠습니다.

6) 국가긴급권, 군통수권

현행헌법	대화문화아카데미 2025 새헌법안
제74조 ①대통령은 헌법과 법률이 정하는 바에 의하여 국군을 통수한다. 제76조 ①대통령은 내우·외환·천재·지변 또는 중대한 재정·경제상의 위기에 있어서 국가의 안전보장 또는 공공의 안녕질서를 유지하기 위하여 긴급한 조치가 필요하고 국회의 집회를 기다릴 여유가 없을 때에 한하여 최소한으로 필요한 재정·경제상의 처분을 하거나 이에 관하여 법률의 효력을 가지는 명령을 발할 수 있다. ②대통령은 국가의 안위에 관계되는 중대한 교전상태에 있어서 국가를 보위하기 위하여 긴급한 조치가 필요하고 국회의 집회가 불가능한 때에 한하여 법률의 효력을 가지는 명령을 발할 수 있다. ③대통령은 제1항과 제2항의 처분 또는 명령을 한 때에는 지체 없이 국회에 보고하여 그 승인을 얻어야 한다. ④제3항의 승인을 얻지 못한 때에는 그 처분 또는 명령은 그때부터 효력을 상실한다. 이 경우 그 명령에 의하여 개정 또는 폐지되었던 법률은 그 명령이 승인을 얻지 못한 때부터 당연히 효	제80조 ①대통령은 헌법과 법률이 정하는 바에 의하여 국군을 통수한다. 제82조 ①대통령은 내우·외환·천재·지변 또는 중대한 재정·경제상의 위기에 있어서 국가의 안전보장 또는 공공의 안녕질서를 유지하기 위하여 긴급한 조치가 필요하고 국회의 집회를 기다릴 여유가 없을 때에 한하여 최소한으로 필요한 재정·경제상의 처분 또는 이에 관하여 법률의 효력을 가지는 명령을 발할 수 있다. ②대통령은 국가의 안위에 관계되는 중대한 교전상태에 있어서 국가를 보위하기 위하여 긴급한 조치가 필요하고 국회의 집회가 불가능한 때에 한하여 법률의 효력을 가지는 명령을 발할 수 있다. ③대통령이 제1항과 제2항의 처분 또는 명령을 발한 때에는 지체 없이 **민주원과 공화원에 보고하고 양원합동회의의** 승인을 얻어야 한다. ④제3항의 승인을 얻지 못한 때에는 그 처분 또는 명령은 그때부터 효력을 상실한다. 이 경우 그 명령에 의해 개정 또는 폐지되었던 법률은 그 명령이 승인을 얻지 못한 때부터 당연히 효

력을 회복한다.
⑤대통령은 제3항과 제4항의 사유를 지체 없이 공포하여야 한다.

제77조 ①대통령은 전시·사변 또는 이에 준하는 국가비상사태에 있어서 병력으로써 군사상의 필요에 응하거나 공공의 안녕질서를 유지할 필요가 있을 때에는 법률이 정하는 바에 의하여 계엄을 선포할 수 있다.
②계엄은 비상계엄과 경비계엄으로 한다.
③비상계엄이 선포된 때에는 법률이 정하는 바에 의하여 영장제도, 언론·출판·집회·결사의 자유, 정부나 법원의 권한에 관하여 특별한 조치를 할 수 있다.
④계엄을 선포한 때에는 대통령은 지체 없이 국회에 통고하여야 한다.

⑤국회가 재적의원 과반수의 찬성으로 계엄의 해제를 요구한 때에는 대통령은 이를 해제하여야 한다.

을 회복한다.
⑤대통령은 제3항과 제4항의 사유를 지체 없이 공포하여야 한다.

제83조 ①대통령은 전시·사변 또는 이에 준하는 국가비상사태에 있어서 병력으로써 군사상의 필요에 응하거나 공공의 안녕질서를 유지할 필요가 있을 때에는 법률이 정하는 바에 의하여 계엄을 선포할 수 있다.
②계엄은 비상계엄과 경비계엄으로 한다.
③비상계엄이 선포된 때에는 법률이 정하는 바에 의하여 영장제도, 언론·출판·집회·결사의 자유, 정부나 법원의 권한에 관하여 특별한 조치를 할 수 있다.
④계엄을 선포한 때에는 대통령은 지체 없이 **민주원과 공화원에** 통고하여야 한다.
⑤국회의 **양원합동회의에서** 재적의원 과반수의 찬성으로 계엄의 해제를 요구한 때에는 대통령은 이를 **즉시** 해제하여야 한다.

장영수 국가긴급권 그러니까 계엄선포권, 긴급명령권, 긴급재정경제처분 및 명령권 이런 것인데, 이게 대통령에게 있으면 아무래도 대통령의 실질적인 권한이 커지는 거고 총리에게 있으면 총리의 실질적인 권한이 커지는 겁니다. 이제 문제가 되는 것은, 예컨대 우리나라 제2공화국 같은 경우에 의원내각제하에서 국가긴급권이 당시 대통령에게 있다 보니까 5·16군사정변이 났을 때 대통령에게 '계엄선포하고 쿠데타 세력에 대응해야 한다'고 했는데 안 했거든요. 서로 책임 공방을 하게 된 게, 윤보선 대통령은 "이건 총리가 해야 할 일이지, 나는 그냥 허수아비 대통령인데" 하고, 장면 총리는 "대통령의 권한인데 왜 나보고 그러느냐?" 이런 식으로…… 그래서 국가긴급권이 명실상부해야 하고 이런 식으로 서로 변명할 수 있는 상황이 되면 곤란합니다. 개인적인 생각으로는 대통령 권한을 아주 약화시키겠다는 게 아니라면 국가긴급권을 대통령에게서 빼기는 어려울 것 같습니다.

박명림 계엄선포권, 국군통수권이 같이 가니까 대통령제를 유지하려면 이게 대통령한테 있어야 제도적인 정합성이 있지 않을까요? 국가긴급권이 행사될 가능성은 크지 않더라도 군통수권, 군정권, 군령권은 상시적으로 행사해야 하는 거라서……

장영수 군통수권을 보면 오스트리아 헌법은 제80조 제2항에 의해 사실상 무력화되어 있다고는 하지만 프랑스, 포르투갈뿐만 아니라 핀란드도 대통령에게 군통수권을 인정하고 있거든요. 다시 말하자면 대통령이 아예 없으면 모를까, 대통령이 있고 국가원수면서 군통수권이 없는 예를 찾아보기가 어렵고 그런 면에 있어서는 대화문화아카데미 2016 새헌법안이 오히려 예외적이었다고 볼 수 있습니다.

두 번째로는 그럼에도 불구하고 국가긴급권이 핀란드 같은 경우는 대통령에게 없거든요. 그 얘기는 '군통수권은 주되, 이거(국가긴급권)는 안 된다' 하는 그런 사례도 있고. 또 한 가지는 아까 말씀드린 것처럼 이제 대통령의 실질적인 권한을 어느 정도 인정한다면 이 두 개(국가긴급권, 군통수권)는 사실 기본적으로 가는 것이 국민이 보기에 무리가 없다고 봅니다. 대신에 '대통령이 가지고 있는 권한이지만 통제한다. 국회가 통제하고 총리의 협의를 거치도록 하고' 이런 식으로 해서 통제할 수 있는 길을 찾아보는 게 더 낫지 않을까, 하는 생각을 합니다.

박은정 국가긴급권, 군통수권은 예외적인, 또는 비상적인 긴급을 요하는 때에 발휘할 수 있는 권한인데 이걸 병렬적으로, 즉 누가 제안하고 누가 행사하는 식으로 만들면 적절하지 않을 것 같습니다.

장영수 권한은 어차피 한 사람에게 있어야 합니다. 그런데 그 권한에 대한 통제, 다시 말하자면 지금 현행헌법상으로도 '국가긴급권은 대통령에게 있지만, 국회가 요구하면 계엄 해제해라' 이런 식으로.

박은정 그 부분은 국회와의 관계이지, 총리와 대통령과의 관계에서 통제가 작동하게 하진 말아야죠.

장영수 국군통수권과 관련해서, 핀란드를 보시면 대통령에게 그것을 인정하는데 군사 명령은 장관과 함께하는 식으로 합니다. 대통령이 일방적으로 하는 게 아니라 국방장관과 함께 하는 식으로 하거든요. 이런 것이 주로 문제 되는 게, 예를 들면 선전포고를 할 때, 대통령이 일방적으로 하느냐 아니면 국방장관의 의견을 들어가지고서 해야 하느냐 이런 차이가 생기는 겁니다.

조진만 이게 특수한 상황이고, 의사결정을 해야 하는 거 아닙니까? (**장영수** 그렇죠) 긴박한 상황에서 누군가는 결정하고 그 결정이 효력을 발해야 하는데 만약에 총리와 대통령이 입장이 다르다든지, 대통령과 국방장관 혹은 내각이 입장이 다르다든지 하면, 그래서 반대하면 어떻게 해결하는 겁니까?

장영수 국가긴급권에 대해서는 긴급하니까 일단 하고 보는 겁니다. 그다음에 국회에서 해제를 요구하거나, 긴급명령 같은 경우에 대해서는 승인을 받도록 하거나(**조진만** 사후 승인 받는 거죠?) 그렇죠. 급한 일이니까. 그러니까 통제라고 하는 게 사전적인 통제가 아니라 사후적인 통제가 되는 겁니다.

그런데 조금 혼란이 생긴 게 국군통수권 얘기입니다. 이건 국가긴급권 행사하고는 다른 거니까, '사전에 협의해라' 이럴 수 있다는 거죠. 국군통수권이 사실 일상적인 상황에서는 문제가 안 되는데, 예를 들어 외국과의 갈등이 있고 전쟁을 치르겠다 하는데 대통령이 일방적으로 결정하는 게 좋겠냐, 이런 문제가 있는 거죠.

하승수 국가긴급권에 대해 대화문화아카데미 2016 새헌법안에서는 '내각의 결 후 총리 요청을 받아'서 하게 돼 있는데, 제 생각으로는 그것보다는 대통령에게 국가긴급권은 인정을 해주되 위원님 말씀처럼 사후 통제를 하는 것으로 하는 게, 긴급권의 성격상 그 부분은 2016 새헌법안을 수정하는 게 좋을 거 같습니다.

박명림 긴급 상태라는 게, 예외 상태, 주권을 누가 선언할 수 있느냐 하는 건데, 어쨌든 State emergency를 직선 대통령이, 결선 투표를 통해서 당선된 대통령이 선포할 권한을 갖지 않으면 헌법 이론적으로도, 주권 이론적으로도 이상합니다.

장영수 그리고 이제 '계엄' 부분입니다.

박은정 2016 새헌법안에서는 '내각의 의결을 거쳐 대통령에게 요청'한다고 했는데, 그러면 '내각 의결' 부분을 빼는 건가요?

장영수 총리가 긴급권을 발동할 때는 일방적으로 하기 힘드니까 그렇게 하고 대통령은 거기에 따라 형식적으로 (승인)하는 이런 구조였는데 이제는 대통령이 직접 하는 걸로 하니까 바꿔야 합니다.

박찬욱 4항은 통보를 해줘야 하니까, 국회에다가. (**장영수** 예, 이거는 필요합니다)

장영수 그리고 계엄과 관련해서도 역시 대통령의 권한으로 (**박은정 조진만** 예) 해야 될 거 같고요.

모두 맞습니다.

박명림 그리고 5항과 관련해서 이번에 논란이 됐던 게 대통령이 해제를 '즉시' 안 하는 경우였습니다. 그래서 국회에서 계엄 해제 의결을 한 경우에 그 즉시 해제 효과가 나타나는 걸로 하자는 목소리가 있었습니다.

장영수 그 부분은 조금 생각하셔야 할 것이 (해제를) '요구'라고 한 것은 군의 명령 계통 때문이거든요. 국회가 의결한 것이 군으로 바로 전달되는 게 사실 군의 명령 계통에서 정상적인 것은 아닙니다. 특히 전시라면 '국회에서 무슨 의결이 있었대' 이렇게 할 게 아니라 대통령이 군통수권자로서 정상적인 명령 계통을 밟아서 계엄을 해제해야 합니다. 전시 혹은 내란 같은 경우에 정보가 굉장히 교란돼 있을 때까지 생각한다면 명령 계통을 통해 전달되도록 하는 게 좋습니다.

박은정 대통령은 '즉시' 해제한다 정도로 수정하면 어떨까요? 그리고 국무회의 심의의결 사항에 비상계엄 선포·해제 건도 있지 않습니까? 그러면 그 조항에 따라서 '즉시 국무회의를 통해서 해제를 한다'고 해석이 되죠. '국무회의 의결 없이 즉시 해제하라' 그런 의미가 아니라요.
모두 동의합니다.

7) 사면권

현행헌법	대화문화아카데미 2025 새헌법안
제79조 ①대통령은 법률이 정하는 바에 의하여 사면·감형 또는 복권을 명할 수 있다. ②일반사면을 명하려면 국회의 동의를 얻어야 한다. ③사면·감형 및 복권에 관한 사항은 법률로 정한다.	제84조 ①대통령은 **독립적인 사면위원회의 의결을 거쳐 특별사면권을** 행사할 수 있다. ②대통령은 **독립적인 사면위원회의 의결을 거쳐 일반사면안을** 발의할 수 있다. 발의된 일반사면안은 국회에서 법률의 형식으로 의결되어야 한다. 일반사면에 관하여 기타 필요한 사항은 법률로 정한다. ③**사면위원회의 조직·절차 기타 필요한 사항은** 법률로 정한다.

박은정 현행헌법상으로는 사면권은 국회의 동의를 얻어서 대통령이 하는 걸로 돼 있던가요?

장영수 네, 일반사면의 경우 그렇고 특별사면은 동의 없이 합니다.

조진만 대통령의 고유권한이죠.

박은정 특별사면의 경우에는 헌법에 명시된 게 없죠? 특별사면/일반사면 이렇게 이야기하는 것도 사면법에 있지, 헌법에는 없죠? (**장영수** 예, 맞습니다)

하승수 예, 그냥 대통령 권한으로만 되어 있습니다.

박은정 그렇죠.

조진만 권한은 있고 규정이 없으니까 대통령이 그냥 고유권한처럼 하는 거죠. (모두 그렇죠)

장영수 그런데 그 역사 자체가 국왕의 prerogative 대권이라고 하는 거기서부터 유래한 것이고, 결국 이거는 말하자면 법치적인 질서 속에서 설명할 수 있는 게 아니거든요. 사법부가 최종 판단까지 한 걸 뒤집어 엎는다, 이건 재심하는 것도 아니고. 이러다 보니까 '이건 국왕의 대권이다, 그리고 그것을 대통령이 이어받았다' 이런 식으로 설명이 되고 있고.

또 다른 한편으로서는 '그럼 없애야 하는 거 아니냐? 왜 놔두고 있느냐'에 대해서는 이건(사면권) 함부로 쓸 일은 아니지만 국익을 위해서 꼭 필요한 경우가 있다고 해서, 주로 예를 드는 게 외국의 국가원수 같은 경우는 치외법권이 있지 않습니까? 그래서 우리나라에 와서 불법을 저지르더라도 주권면제해서 내보냅니다. 그런데 동반한 가족이나 가까운 부하(직원)나 이런 사람이 문제를 일으키면 법상으로는 처벌해야 하거든요. 그런데 그랬을 때 국가 관계에 여러 문제가 생긴다든지 이런 경우에 있어서 아무래도 '사면해서 내보내라' 이렇게 하는 것이 한 가지 얘기가 되고, 또 하나는 사법부의 판단에 대해서 국민의 불신이 아주 심한 경우, 흔히 얘기하는 '사법 살인이다', 이런 경우에 있어서 사법적으로 확실하게 된 건 아니지만 어떤 국민적인 불안이나 불만을 해결하기 위해서 사면을 하는 게 나을 경우가 있습니다. 그 두 가지 경우 때문에, 우리나라뿐 아니라 서구의 선진국도 사면제도를 여전히 유지하고 있습니다.

그런데 문제는 미국에서도 그런 얘기가 나옵니다마는, 사면이 원칙적으로 아주 예외적이어야 하는데 사면권이 있다 보니까 자꾸만 오남용 되는 문제가 생겨납니다. 미국 같은 경우에도 과거에 비해서 트럼프 시절에 사면이 굉장히 많았습니다. 그런데 트럼프 때 많다고는 해도 그래도 몇백 건이거든요. 미국이 예전에 몇십 건 하던 게 트럼프 때 4백몇십 건인가 이런 식으로 늘었다고 그러는데, 우리나라는 기본 단위가 다르거든요, 몇만 건. 김대중 대통령 시절에 교통법규 위반자 사면하면서 몇백만 건을 특별사면한 적이 있습니다. 이런 것에 대해서 비판이 많을 수밖에 없는 거고 결국 이걸 완전히 없애기도 그렇고, 그렇다고 해서 지금 오남용하는 것도 분명히 눈에 보이고…… 옛날부터 기업가든 고위 공직자든 정치인이든 이들을 사면하는 데에 대한 비판은 계속 있어왔으니까요.

박은정 2016 새헌법안도 오남용 방지에 역점을 두고 제한을 가하자고 하는 취지였던 것 같습니다.

박명림 장 위원님 말씀대로 어쨌든 군주제의 대권(prerogative) 전통이라 사면권이 반역죄를 포함한, 국익에 대해 정면 도전했을 때 그걸 은사로서 사면을 베풀어줄 수 있는 건데…… 언제까지 남겨야 할지 그게 고민입니다. 부패 사범에 대한 사면권이 대권 사안도 아니고, 또 본질적인 강행 규범을 위반했을 때, 인권 유린, 성폭행, 인도에 반하는 범죄 이런 거에 대한 사면도 대권 사안이 아니고, 지금 사면권은 완전히 정치적인 용도로 사용됩니다. 국가의 최고 주권 결정자로서의 사면이 아니라 일종의 파당적인 (사면권) 행사가 돼버렸으니까요. 사면권이 정치적인 행사, 주고받기가 돼버려서 이걸(사면권을) 어디까지 계속 살려놔야 할지……

박은정 사면법에는 지금 위원님이 말씀하시는 것과 관련해서 어떤 설시가 없나요?

하승수 그냥 위원회, 심사위원회 심사 절차만 있는…… (**조진만** 절차는 있습니다.)

장영수 문제는 그 심사위원회 구성이 법무부 장관에게 달려 있고, 법무부 장관의 제청을 받아서 대통령이 사면하도록 하면, 사실 대통령 뜻대로 되거든요.(**박명림** 그러니까요) 그래서 일각에서는 사면법을 개정해서 이 심사위원회를 외부위원 중심으로, 말하자면 법무부 장관 손을 떠나게 해야 한다는 얘기는 나오고 있습니다. 그런데 그건 헌법 사항은 아니고, 법률 사항이죠.

조진만 대통령이 사면권을 갖고 있는데 모든 사면권 행사에 대해서는 국회의 동의를 받으라고 하면 되지 않나요?

장영수 일단 일반사면과 특별사면의 성격 차이가 있고요.

조진만 그러니까 그 모든 걸 포함해서……

장영수 일반 사면은 사실상 국회에서 법을 제정하는 것과 마찬가지일 거거든요. 거기에 해당하는 모든 사람에 적용하는 것, 법이라는 게 다 똑같이 적용되기 때문에 국회 동의를 받으라는 거지요. 아까 말씀드렸던 김대중 대통령 같은 경우도 사실 그런 경우는 수백만 명이면 일반사면을 했어야 하거든요.

그런데 특별사면을 해서 문제가 된 겁니다. 그리고 그때는 여소야대여서 국회의 동의를 못 받을지도 모른다 해서 강행했던 측면도 있습니다.

그런데 일반사면/특별사면을 구분하는 이유가 어떤 특수한 경우에 특수한 고려, 아까 말씀드렸던 국민의 사법판단에 대한 불신이든, 아니면 외국 국가원수와 관련한 문제든, 이런 것에 대해서는 예외적인 고려가 필요하다는 것이고, 이걸 국회의 판단에 맡기기에는 부적절하다는 겁니다. 지금 우리 문제는 특별사면과 일반사면 구별을 허물자는 것보다도 오남용의 문제에 있고요. 오남용을 어떻게 막을 거냐? 혹은 영 못 막겠으면 차라리 사면 자체를 없애는 게 낫냐? 그러니까 우리 그런 얘기하지 않습니까? 국회의원의 특권도 사실 필요하거든요. 세계 각국이 다 두고 있습니다. 그런데 이런 식으로 오남용할 거면 아예 폐지하는 게 낫지 않냐? 이런 얘기 나오는 거와 비슷한 맥락에서 이 문제를 봐야 할 것 같습니다.

박은정 역사적으로 일반사면을 한 예는 거의 없어요.

조진만 일반사면은 사면한다는 효과가 안 나죠.

하승수 대화문화아카데미 2016 새헌법안이 사면위 의결 후 대법원 의견을 받아서 하는 걸로 돼 있는데, 이런 식으로 약간의 견제 장치를 두는 건 어떨까요?

대화문화아카데미 2016 새헌법안

제84조 ①대통령은 사면위원회의 의결을 거쳐 대법원의 의견을 서면으로 받은 후 특별사면권을 행사할 수 있다.

②총리는 대통령에게 전항의 사면권 행사를 요청할 수 있다.

③대통령은 사면위원회의 의결을 거쳐 대법원의 의견을 서면으로 받은 후 일반사면안을 발의할 수 있다. 발의된 일반사면안은 법률로써 의결되어야 한다. 일반사면에 관하여 기타 필요한 사항은 법률로 정한다.

④사면위원회의 조직·절차 기타 필요한 사항은 법률로 정한다.

장영수 사면심사위원회도 마찬가지거든요. 절차상의 견제 장치인데 구속력이

없습니다. 또 이게 참 골치 아픈 게 구속력이 있으면 이게 대권이 아니에요. 그런데 구속력이 없으면 무시하고 그냥 해요. 이게 딜레마죠.

하승수 약간 정치적 부담을 주는 정도가 아닐까 싶은데요.

장영수 그런데 사실 그런 식으로 국민이 원하지 않는 사람을 사면할 때 이미 정치적 부담이 있다는 걸 알거든요. 이게 있다고 해서 과연 정치적 부담을 훨씬 더 느낄까? 거기에 대해서 의문입니다.

박은정 '사면위 의결 후 대법원 의견을 받아' 대법원 의견을 받아서 그다음에 국회 동의를 받는 거예요?

하승수 일반사면은 국회 동의를 받아야 하고, 특별사면은 그냥 (**장영수** 국회 동의 없이) 사면위원회에서 대법원 의견 받아서 그냥 하는 걸로 되어 있네요.

사무국 2016 새헌법안에서는 일반사면의 경우 법률로써 의결되어야 한다는 규정이 있습니다.

장영수 그런데 그 부분은 사실 큰 의미는 없습니다. 구체적으로 말씀드리면 아까 김대중 대통령 시절에 교통법규 위반자의 전과를 없애기 위해서 특별사면을 했는데, 만약 이걸 법률로 의결하면 앞으로 교통법규 위반자는 계속 전과가 없다는 얘기냐? 법률로 하기에도 애매한 부분이 있습니다.

하승수 특별사면 권한을 없애는 게 가장 강력하고 (**장영수** 가장 강력하죠), 아니면 견제 장치를 어떻게든 두는 건데……

장영수 개인적으로는 사면위원회 구성을 바꿔서 실질적인 견제가 되도록 하는, 내용적인 견제는 힘들기 때문에, 절차적인 견제를 강화하는 식으로 하면 좋겠습니다. 대법원이나 총리를 통한 견제보다는 차라리 그쪽이 낫지 않을까, 그런 생각입니다.

박은정 사면위의 구성에 관해 구체적인 것은 법률 사항이라 할지라도 외부 인사의 필요성이라든가 이런 원칙은 헌법에 넣을 수 있는 거죠.

장영수 그건 가능합니다.

박은정 사면위 구성 변화와 대법원 의견을 받는 것, 이 두 가지를 다 할 수 있는가? 아니면 선택적으로 할 것인가?

장영수 저는 사면위 구성만 제대로 되면 대법원 의견은 필요 없다고 생각합니다. 예를 들어서 헌법에서 '대통령의 사면권 행사는 독립적인 사면위원회의 심의를 거쳐야 한다'라고 하고, '사면위원회 구성과 관련해 법률로 정한다' 이런 식으로……

하승수 그렇게 하는 것도 방법인 것 같습니다. '독립적'이라는 표현을 써놓으면 법률에서 그래도 제약을 받으니까.

조진만 그럼 대부분 대통령, 사법부, 국회에서 추천받아서 하겠죠. (웃음)

장영수 그렇게 하든지, 다른 방식으로 (**하승수** 어쨌든 법무부로부터는 독립을 하도록) 아무튼 장관이 일방적으로 다 하는 거보다야 낫겠죠.

박은정 어쨌든 이 사안과 관련해서는 사법부에서는 확정적으로 손을 뗀 사안이 아니겠어요? 끝난 사안인데 이것에 대해서 '대법원의 의견을 받아'라고 하는 게 원론적인 의미의 삼권분립 차원에서는 어떻게 생각하시는지요?

장영수 사면이라는 것이 결국 법원의 확정판결을 뒤집어버리는 거거든요. 그러니까 대법원에서 '이것에 대해서는 우리가 생각하기에는 일리가 있다'라고 할 정도면, 그때는 사면에 대해서 국민도 납득하는 면이 있겠지만…… 보통 두 가지 문제가 지적이 되는데요. 하나는 수천 명씩 사면을 하는데 일일이 대법원 의견을 받을 수 있냐는 게 첫 번째 문제고요, 두 번째 문제는 대법원이 '그럴(사면할) 수 있겠다'라고 과연 말하겠냐, 하는 거죠. (**하승수** 그러니까요)

박은정 제 말이 바로 그겁니다. 만약 제가 대법원 소속이라고 가정하면 사면에 대해서 '어떤 논리로 일리가 있다'고 어떻게 이야기하겠습니까?

장영수 그러니까 결국은 하나마나한 얘기 아니냐는 비판이 있는 거죠.

조진만 법관은 '그거는 대통령 권한이니까 하고 싶으면 하세요'라고 할 수밖에 없지, 이걸 법적으로 따지고 들어가면 다 네거티브한 의견밖에 쓸 수가 없을 거 같아요.

박은정 그럼 이 부분은 2016 새헌법안을 과감히 뿌리치고 독립적인 사면위의 의결을 거치도록 하는 걸 핵심으로 하면 될 것 같습니다.

조진만 혹시 사면권 횟수를 제한하는 나라가 있습니까? 대통령 임기 중에 특별사면을 한 번 할 수 있다든지…… 그런 건 없죠?

장영수: 그런 사례는 없고요. 그런데 실제로 그렇게 행사를 안 한 나라로는, 독일 같은 경우, 최근은 모르겠습니다만, 전에 한 60년 동안에 네 번 행사했다고 그러더라고요. 그리고 내용상의 문제는 아닌데, 2016 새헌법안에서 "일반사면안은 법률로써 의결되어야 한다."라는 부분이 있습니다. 이게 내용상으로 틀리진 않는데 확 와닿지 않는, 그러니까 국회 일반의결인데 꼭 법률인 것처럼 혼동할 수도 있기 때문에 아예 "국회에서 법률의 형식으로 의결되어야 한다"라고 하면 좋겠습니다. 국회 의결이 일반의안하고 법률안하고 조금 다른 부분이 있기 때문에 이건 법률의 형식이라고 아예 정확하게 얘기하는 편이 낫지 않을까 싶습니다.

박찬욱 그럼 사면안이 국회에 접수되면 또 이것도 위원회 심사, 특사위원회 같은 데서 하나요? 아무튼 위원회 심사를 하고, 또 본회의 의결하고 이런 절차를, 입법 절차로 가야 된다는 걸 의미하는 거죠?

장영수 그렇습니다. 지금도 국회의 동의를 얻어서 하게 돼 있거든요. 그런데 국회의 동의인데 형식이 일반 의결인지 법률 형식인지가 정확하게 안 돼 있고. (**박은정** 불분명하죠)

모두 그렇게 수정합시다.

8) 국민투표부의권

현행헌법	대화문화아카데미 2025 새헌법안
제72조 대통령은 필요하다고 인정할 때에는 외교·국방·통일 기타 국가안위에 관한 중요정책을 국민투표에 붙일 수 있다.	제78조 대통령은 **민주원과 공화원의 동의를 얻어** 외교·국방·통일 기타 **중요정책**을 국민투표에 부칠 수 있다.

장영수 국민투표부의권이라고 하는 것에 대해, 여기 계신 위원님들 다 잘 아시겠지만, 이게 신임투표와 정책투표를 나누지 않습니까? '신임투표는 안 되고, 정책투표는 된다.' 이게 일관된 해석이고 헌법재판소에서도 그런 결정을 내린 적이 있었고요. 노무현 대통령 당시 신임투표하겠다고 하다가 위헌이라면서 포기한 적이 있었거든요. 그런데 문제는 신임투표와 정책투표의 구분이 모호한 경우가 있습니다. 예를 들어, 어떤 정책에 대해 국민투표 걸어놓고서, '이거 부결되면 나(대통령) 물러나겠다' 이러면, 사실상 정책투표에서 신임투표가 돼버리거든요. (**박명림** 그렇죠) 이런 것 때문에 이게 오남용될 수 있는 소지는 여전히 있다는 것이 한 가지고……

또 한 가지는 실제로 이런 국민투표부의권이라고 하는 것이, 대통령이 국회를 압박하는 수단으로 이용되는 경우도 있거든요. 이건 물론 그 나라의 정치수준에 따른 문제인데 선진국에서는 그런 경우가 상대적으로 덜하고, 프랑스에서 드골이 그런 식으로 한번 했다가 실패해서 결국은 정계 은퇴한 사례도 있는데, 후진국에서는 국회에서 뭐라고 하면 '그러면 국민 판단받겠다' 해서 하는 이런 것 때문에…… 이게 장점과 단점을 동시에 가지고 있는 복합적인 제도라고 생각하고 이 문제를 보셔야 할 것 같습니다.

박은정 현행헌법에 "대통령은 필요하다고 인정할 때에는 외교·국방·통일 기타 국가안위에 관한 중요정책을 국민투표에 붙일 수 있다"고 해서 신임투표는 들어가지 않고 정책투표만 있는 셈인데요.

조진만 저는 개인적으로 우리가 국민투표를 너무 안 한다고 생각합니다. 태어나서 지금까지…… 죽을 때까지 국민투표를 한 번이라도 할까요?

박명림 정치학 이론에서는 여론조사가 매일매일의 국민투표(plebiscite)라고도 봅니다. 여론조사가 일종의 비공식적 국민투표의 성격을 갖고 있어서 사실상 국민투표가 필요 없다. 그래서 여론조사 폐지를 주장하는 사람도 있지 않습니까? 이게 포퓰리즘의 중요한 근거가 되고, 아무런 구속력이 없는 건데도, 여론조사의 지지도에 따라서 정책이 휘청휘청하니까…… 민간 회사에서 하는 건데, 그거(여론조사)에 따라서 어떤 정책을 펴기도 하고 못 펴기도 하니까요.

그런데 대통령제를 하면서 대통령에게 국민투표부의권을 부여하지 않으면 모순이 있습니다. 어쨌든 대통령이 의회나 이런 데에서 국민의 대표를 통해서 승인을 못 받을 때 국민에게 직접 묻겠다고 하는 거죠. 그래도 잘 행사는 못하는데…… 권한 자체는 부여하는 게 어떨까요.

박은정 2016 새헌법안에서는 왜 이걸 폐지를 했죠?

하승수 대통령 권한을 많이 약화시켰기 때문에 맞지 않았죠.

장영수 2016 새헌법안은 총리 중심으로 가는데 대통령이 이걸(국민투표부의권) 가지고서 "총리 너 틀렸다. 내가 국민한테 직접 물어보겠다" 이렇게 할 가능성 자체를 차단해버린 겁니다.

박은정 총리가 이 권한을 가지게 되면……

장영수 사실 총리의 경우라면 이런 권한을 갖는 게 성격상 안 맞습니다. (**박명림** 예, 그렇죠) 왜냐하면 총리는 의회와 같이 일하다 보니까, 의회는 국민 소통, 정당성 이런 걸 계속 쌓아야 하는데, 대통령은 그게 상대적으로 약하기 때문에 국민투표부의권이 필요한 거죠.

박은정 그렇다면 2016 새헌법안에는 대통령 권한을 줄인다고 폐지한 그 이유 밖에 없었던 건가요?

박명림 주권이론상 총리는 국회, 즉 대표에 대해서 책임을 지니까 국민투표부의권을 갖는 게 모순이고. 대통령은 국민의 직접 주권 행사이고 국민의 선출을 받은 거니까 국민한테 책임을 진다는 면에서 대통령한테 국민투표부의권을 부여하는 거는 정합성이 맞습니다.

조진만 저는 대통령이 국민투표할 수 있는 권한을 분권형(대통령제)이라도 주는 게 맞다고 봅니다. 왜냐면 총리는 다수당이고 의회에 있기 때문에 법으로, 입법부에서 법을 만들면 되거든요. 그런데 분권형 대통령제를 하면 다수당의 전횡도 있을 수 있잖아요. 내각 총리의 전횡도 있을 수 있으니까, 심각한 상황에서는 대통령이 '이거는 국가적 위기이다. 정파적인 걸 떠나서도 물어야 한다' 하고 생각하면 할 수 있어야죠. 저는 오히려 너무 국민투표를 안 하는 게 문제인 것 같아요. 그냥 여론조사하고 실제 국민이 투표로 하는 것은 차이가 있죠.

그리고 보통 단일 사안이잖아요. 선거에서 어떤 당이 이겼다고 해도, 진짜 잘해서 그 공약 패키지를 다 동의해주는 게 아니기 때문에 환경이라든지 중요한 사안에 대해서, 예컨대 원자력이라든지 이런 문제에 대해서는 단일 사안으로 국민의 의사를 정확하게 물어볼 수 있어야 한다고 생각합니다. 중요한 사안에 대해 정책적인 국민투표를 할 수 있게끔 해주는 게 사회갈등이나 문제 해결에 더 낫잖아요.

박명림 노무현 정부 당시 행정수도 이전 문제, 그러니까 있지도 않은 관습헌법을 들어서 헌재가, 헌법기관이 국민의 주권을 부정하는 게 말이 되냐, 대통령 공약사항이었고 그 공약을 내세우고 당선이 돼서, 국민과 입법부와 행정부의 통과 절차를 거친 거를 몇 명의 헌법재판관이 사법적으로 뒤집는 게…… 그러니까 당시에 이 행정수도 문제를 국민투표에 부의하는 게 옳았는지 헌재로 가지고 가는 게 옳았는지…… 그때도 많이 고민하고 그랬는데, 막상 몇 안 되는 소수의 헌재가 이걸 부인하고 나니까, 그리고 실제로는 성문헌법 국가에서 관습헌법을 근거로 들고 나오니까 말이 안되었죠. 당시 장 위원님은 헌법학자로서 비판을 하셨던 걸로 기억이 납니다.

조진만 그러니까요. 그런데 그게(행정수도 이전) 헌법 조문에 있는 '기타 국가안위에 관한 중요정책'이 아니기 때문에 국민투표에 못 부친 거 아닙니까? 만약에 그 조문이 없으면 이 정도 되는 사안이면 국민투표에 부의하는 범위에 들어갈 수 있죠. 그런데 그게 안 되니까 정치의 사법화가 된 것이죠.

박은정: 위원님 말씀은 국민투표에 붙일 수 있는 사안, 정책 이것의 범위를 좀 넓히자는 의견이시죠?

조진만 네, 국가의 중요한 국민의 요구를 확인할 필요가 있는 경우라든지……

장영수 그런데 이 문제는 사실 단독으로 논의하기가 힘든 점이 있습니다. 직접민주주의 문제와 맞물려 있거든요. 현재 우리나라는 직접민주주의 요소 중에 국민투표만 있고 그것도 헌법개정안과 대통령이 정책에 대해 부의하는 안입니다. 그런데 대통령이 부의한다는 건 결국은 국민이 자율적으로 국민투표를 하는 게 아니거든요. 제대로 되려면 오히려 국민발안, 국민 스스로가 '이거 국민투표하자' 이런 제도를 도입할 필요가 있지 않느냐는 얘기가 2017년 국회 개헌특위 자문위원회에서 나왔습니다. 그리고 그게(국민발안) 들어가면 사실 이게(대통령의 국민투표부의권) 별로 필요가 없어요. 그러니까 이거 하나만 똑 떼어서 볼 게 아니라 서로 연동해 있는 점을 생각해야 할 거 같습니다.

박은정 2016 새헌법안에는 어떻게 되어 있습니까?

사무국 50만 명 이상으로 법률안 발안, 70만 명 이상으로 헌법개정 발안입니다.

조진만 50만 명, 70만 명보다는 대통령이 전적으로 판단해서 부치는 게 낫지 않습니까?

장영수 그러니까 그런 부분을 서로 연동해서 생각해야죠. 장단점이 있으니까요.

박명림 반대하는 분들도 강하지 않습니까? 왜냐하면 대의민주주의 전통상 국민투표를 부의해서 부결되는 경우는 거의 없으니까, 사실상 또 다른 대권의 부여가 아니냐? 그런 점을 대의민주주의 관점에서는 우려하는 것이죠.

장영수 실제로 우리가 이런 식으로 국민투표를 한 적이 역사상 한 번 있거든요. 그때 유신을 정당화한 경험을 한 분들은 '대통령이 하는 건 좀 그렇다' 이런 생각하시는 분도 많이 있죠.

하승수 주민투표법상으로는 지자체장이 주민투표를 하려면 지방의회의 동의를 얻도록 되어 있거든요. 지방자치단체장이 남발, 남용할 수 있으니까요. 약간 절차적인 통제를 둔다면 조금 국민투표 대상 범위를 넓힐 수도 있을 것 같습니다. 제가 생각해도 국민투표 대상이 지금은 너무 제한돼 있습니다. 그리고 국민발안은 국민투표를 제안하는 주체가 여러 주체가 되니까 남용 소지는 줄일 수 있지 않을까 생각합니다. 그런데 우려되는 건 우리나라 상황에서 서명을 받는 게 과연…… (법률안) 국민발안이야 안건을 제안하는 거지만 국민투표 (국민)발안은 투표를 해야 하는 것이기 때문에 그 요건을 법률안 제안보다는 상당히 엄격하게 하긴 해야 할 거 같습니다.

장영수 이게 제일 활성화돼 있는 게 스위스인데 스위스에서도 찬반이 날카롭게 대립하는 상황이기 때문에…… 대통령의 권한으로 굳이 둘 필요가 있느냐? 이런 주장도 있거든요. 말씀하신 것처럼 국민이 법률안 발안을 하는데 사실 정책이라는 게 결국은 법률안 형식으로 제출하면 되지 않습니까? 그렇게 해서 국민투표를 한다면 굳이 대통령이 또 할 필요가 있냐? 어차피 국민투표로 가는데, 그런 얘기가 나오는 거고. 물론 발안은 했는데 국민투표로 가는 게 아니라 발안한 걸 국회에서 논의한다 그러면 얘기는 또 달라지는 거고요. 그렇다면 대통령의 국민투표부의권은 그것대로 또 기능이 다르다 이렇게 얘기할 수 있고, 그리고 발안해서 이게 국민투표로 가느냐 안 가느냐, 여기에 따라서 말하자면 겹칠 수도 있고, 안 겹칠 수도 있고……

박은정 발안해서 국민투표로 가는 거 하고, 여기에서 대통령이 어떤 정책적인, 그 나름대로 정책적인 판단과 관련해서 권한을 가지는 것하고, 이거는 구별할 필요가 있죠?

장영수 구별은 할 수 있습니다. 할 수는 있는데 문제는 지금 대화문화아카데미 2025 새헌법안 정도라면 사실 대통령이 하는 것보다 이게 훨씬 쉽습니다. 예를 들어서 대통령 직접 이것저것 하느니 당원 한 50만 명 만들어서 발안해라, 이게 훨씬 부담이 적거든요. 예를 들어서 국민투표를 대통령이 발안했다가 통과되면 대통령 입장에서 괜찮지만, 부결되면 정치적 부담이 크거든요. 그걸 피하기 위해서 오히려 이쪽(국민발안)으로 올 가능성이 있다는 거죠.

하승수 국민발안제도를 도입하더라도 국민투표까지 가는 건 아니고, 그냥 법률안을 제안하는 정도까지 하면 어떨까요? 그리고 지방자치단체 주민투표처럼 국회 동의를 얻어서 국민투표에 부의할 수 있다든지 하면 남용은 억제할 수 있지 않을까요?

장영수 그것도 상당히 합리적인 대안이라고 생각이 듭니다.

박은정 이렇게 남용 가능성은 사실 이쪽에도 있죠. 그죠?

하승수 예, (**장영수** 그렇죠) 국민발안도 있으니까.

장영수 스위스 같은 경우는 국민투표가 너무 많다고 하니까.

박은정 그럼 이 부분은 아까 이야기한 그 세 가지(국민발안, 국민소환, 국민투표) 부분과 함께 논의하면서, 그 나름대로 병립이 가능하다는 취지에서 이걸(대통령의 국민투표부의권) 살리는 거로 하면 되겠죠?

장영수 저도 개인적으로는 하 위원님 말씀하신 그런 방안이 합리적이지 않을까 하는 생각이 듭니다.

박명림 일반적으로 의회민주주의, 정당민주주의, 대의민주주의가 강화되면서 national referendum(국민투표)은 거의 역할을 못하는 걸로 되었지만, 그래도 필요한 상황이 발생할 수 있으니까 그렇게 국회 동의를 받아서, 그래도 부의권 자체는 대통령에게 주는 게 맞는 것 같습니다.

모두 동의합니다.

9) 장관/공무원 임면권

현행헌법

제87조 ①국무위원은 국무총리의 제청으로 대통령이 임명한다.

대화문화아카데미 2025 새헌법안

제93조 장관은 총리의 제청으로 대통령이 **임면한다.** 다만, 외교·통일·국방 장관은 총리의 제청 없이 대통령이 임면한다.

하승수 저희가 총리를 복수 추천해서 임명은 대통령이 하는 걸로 했으니까 장관 임면을 지금처럼 총리 제청으로 할 거냐, 그 부분의 논의가 필요합니다.

장영수 일단 대통령이 국가원수라고 하면, 임명권은 인정하되, 그 임명권이 어디까지 실질적인 임명권이냐? 이 부분이 문제가 될 것 같고. 그건 프랑스의 경우에 그러하듯이 대통령이 직접 관할하는 데가 어디냐, 아니면 총리가 실질적으로 관할하는 데가 어디냐, 이 문제하고 또 맞물리거든요. **(박명림** 그렇죠)

하승수 복수 추천을 해서 총리가 임명이 되면 총리가 실질적인 제청권을 좀 행사하도록 하면 좋겠습니다. 사실 정치적으로 합의해서 대통령과 총리가 제청이라는 수단을 통해 하면 좋은데, **(장영수** 지금보다는 아무래도 조금 더) 그렇게 하면 좋은데, 헌법에서 이걸 딱 구분할 수는 없으니까요.

박명림 결국은 민주주의 운영의 문제인데, 임명권을 대통령제니까 대통령한테 부여하더라도 총리와 국무회의의 동의를 받아야 하는 직위도 다 있고, 또 장관은 의회에서 임명 동의를 받거나, 그다음에 총리나 장관이 부서하고⋯⋯ 독일이나 미국을 포함해 결국 정치적 지명과 관료적 임명 사이의 문제가 아닌가 싶습니다. 그러니까 정치적으로는 장관을 지명하고, 그다음에 부서 내의 그 관료 임명권은 장관한테 부여하고, 그러면 서로 협력이나 통제가 가능하죠. 그런데 저희가 지금 고려하는 건 정치적 지명·임명이니 공무원 임면권 자체는 대통령한테 주는 게 맞다고 봅니다.

장영수 공무원 임명권과 관련해서 독일 같은 경우는 장관이 실질적으로 관리를 하고, 총리실에서 거기에 대해서 조율하고 그런 부분이 내각제의 특성이 있거든요. 그런데 내각제의 경우에 있어서는 총리와 장관이 상하관계가 아니라, 영국에서는 prime minister라고 그러지 않습니까? minister 중에서 맨 앞에 있는 사람인데, 의원끼리는 선거를 통해서 선출된 사람이기 때문에 동격으로 인정하는데, 대통령제에서 대통령과 장관은 그렇지 않거든요. 결국 대통령이 국민의 선택을 받았고, 그 사람에 의해서 일방적으로 임명됐고, 언제든지 교체할 수 있는, 이러다 보니까 실질적으로는 장관에게 인사권을 주더라도 이 공무원 임면권은 대통령에게 있는 것으로, 다만 장관이 이렇게 해가지고 올리면 대통령이 형식적으로 재가를 하더라도, 임면권은 대통령에게 있는 것으로 되지, 이걸 장관에게 있는 것으로 하면 '장관이 뭘 해서 국민으로부터 정당성 받은 게 없는데?' 이런 얘기가 나오는 그 부분은 정확하게 짚고 넘어갈 필요가 있을 것 같습니다.

박은정 2016 새헌법안에서는 '내각의 의결을 거쳐' 이렇게 되어 있었죠? 어차피 2025 새헌법안에도 주요 공무원의 경우에는, (**하승수** 국무회의 심의 사항으로는 되어 있습니다) 예, 국무회의 심의의결 사항으로 되어 있죠.

장영수 그리고 외교·통일·국방 장관은 총리 제청 없이 대통령이 임면하는 것으로 해야 대통령이 해당 영역에서 국가의 안정성과 계속성을 담보하는 역할을 담당할 수 있습니다.

모두 동의합니다.

10) 법률안거부권, 위헌심판제청권

현행헌법	대화문화아카데미 2025 새헌법안
제53조 ①국회에서 의결된 법률안은 정부에 이송되어 15일 이내에 대통령이 공포한다. ②법률안에 이의가 있을 때에는 대통령은 제1항의 기간내에 이의서를 붙여 국회로 환부하고, 그 재의를 요구할 수 있다. 국회의 폐회중에도 또한 같다. ③대통령은 법률안의 일부에 대하여 또는 법률안을 수정하여 재의를 요구할 수 없다. ④재의의 요구가 있을 때에는 국회는 재의에 붙이고, 재적의원과반수의 출석과 출석의원 3분의 2 이상의 찬성으로 전과 같은 의결을 하면 그 법률안은 법률로서 확정된다.	제58조 ①국회에서 의결된 법률안과 **국민투표에 의하여 확정된** 법률안은 **집행부에** 이송되어 15일 이내에 대통령이 공포한다. ②대통령은 국회에서 의결된 법률안에 이의가 있을 때 제1항의 기간내에 이의서를 붙여 국회로 환부하고, 재의를 요구할 수 있다. 다만, 대통령은 법률안의 일부에 대하여 또는 법률안을 수정하여 재의를 요구할 수 없다. ③대통령의 재의요구가 있을 때에는 **법률안을 최초 의결한 원에서부터 다시 심의하여야 한다. 각 원에서** 재적의원 과반수의 출석과 출석의원 3분의 2 이상의 찬성으로 전과 같은 의결을 하면 그 법률안은 법률로서 확정된다. **④대통령은 법률안이 위헌이라고 판단되는 경우 제1항의 기간 내에 헌법재판소에 위헌여부의 심판을 제청할 수 있다. 이 경우 대통령은 헌법재판소에 서면으로 의견을 표명하여야 한다. 헌법재판소에서 위헌으로 결정되지 않은 법률안은 결정선고일에 법률로서 확정된다.**

⑤대통령이 제1항의 기간내에 공포나 재의의 요구를 하지 아니한 때에도 그 법률안은 법률로서 확정된다.

⑥대통령은 제4항과 제5항의 규정에 의하여 확정된 법률을 지체 없이 공포하여야 한다.

제5항에 의하여 법률이 확정된 후 또는 제4항에 의한 확정법률이 정부에 이송된 후 5일 이내에 대통령이 공포하지 아니할 때에는 국회의장이 이를 공포한다.

⑦법률은 특별한 규정이 없는 한 공포한 날로부터 20일을 경과함으로써 효력을 발생한다.

---

⑤대통령이 제1항의 기간 내에 공포나 재의요구 **또는 위헌여부심판제청을** 하지 아니한 때에는 그 법률안은 법률로서 확정된다.

⑥대통령은 제3항, 제4항, 제5항의 규정에 의하여 확정된 법률을 지체 없이 공포하여야 한다. **다만, 제3항의 규정에 의하여 확정된 법률이 위헌이라고 판단되는 경우에는 대통령은 그 확정법률이 집행부에 이송된 후 5일 이내에 헌법재판소에 위헌심판을 제청할 수 있다. 이 경우 대통령은 헌법재판소에 서면으로 의견을 표명하여야 한다.**

⑦제5항에 의하여 법률이 확정된 후 또는 제3항 또는 제4항에 의한 확정법률이 **집행부에** 이송된 후 5일 이내에 대통령이 공포하지 아니할 때에는 **공화원의장이** 이를 공포한다. **제6항 단서에서 헌법재판소가 위헌 결정을 하지 않았는데 결정선고일로부터 5일 이내에 대통령이 공포하지 아니할 때에는 공화원의장이 이를 공포한다.**

⑧법률은 특별한 규정이 없는 한 공포한 날로부터 20일을 경과함으로써 효력을 발생한다.

장영수 법률안제출권은 논쟁이 많지만 법률안거부권은 인정이 돼야죠.

박명림 네. 그러나 법률안거부권의 한 핵심 문제는 대통령제에서 대통령이 자기 사안을 어떻게 할 거냐의 문제가 아닐까 싶습니다. 그러니까 군주제에서 의회제로 바뀔 때 제일 논쟁이 됐던 게, "누구도 자기 사건의 재판관이 될 수 없다"(Nemo iudex in causa sua)는 원칙인데. 그게 왕도 법 밑에 들어가는, 즉 인치(rule of king)에서 법치(rule of law)로 바뀌는 중심 원리인데 오늘의 한국은 이 원리가 심각히 도전받고 있지 않나 싶습니다. 대통령이 자기 부인에 대한 특검에 대해 행사할 수 있는 거부권을 준다, 이거는 사실상 법치에서 인치(rule of man)로의 역진이라서 자기 사안에 대해서는 거부권을 행사할 수 없게 하는 게 중요하다고 생각합니다.

장영수 법률안거부권 자체를 일반적으로 부정하는 건 아니고 다만 법률안거부권 행사의 범위를 제한하자, 이런 말씀이신 것 같은데 그 범위와 관련해서 헌법학자 사이에서는 이걸 과연 누가 어떻게 특정할 수 있느냐? 이게 상당히 애매하다는 거고 오히려 그래서 지금 전제하셨던 게 뭐냐 하면, 이게 국무회의 내지는 내각이 의결기구화 하면 이건 당연히 국무회의 심의의결 사항이거든요. 그러니까 거기에서 실질적인 통제가 되도록, 다시 말하자면 이런 거는 아까 말씀하신 총리나 장관이 독자적인 의견을 말할 수 있는 시스템이 돼 가지고 '이거는 좀 아니다' 싶으면 거기서 부결하는, 이게 저로서는 가장 무난한 해결이라고 생각합니다. 물론 100% 걸러질지는 장담 못합니다. 하지만 지금보다는 훨씬 나아질 겁니다.

박명림 그렇죠.

장영수 아무튼 법률안거부권 자체를 인정 안 할 수는 없으니까요.

박은정 국무회의 의결을 거쳐 거부하면 국회 환부인 거죠? (**하승수** 예) 그러면 이게 2016 새헌법안하고 같네요.

하승수 2016 새헌법안에서는 각 원에서 재의결하면 법률로 확정됩니다.

박은정 예, 위헌심판제청권도 거기 함께 있고요.

장영수 위헌심판제청권은 어떤 의미입니까?

박은정 위헌소지가 있는 법률에 대해 사전적으로 위헌여부심판을 헌법재판소에 제청하는 거죠.

장영수 이거는 재판의 전제성이 없는 추상적 규범통제가 되는데 추상적 규범통제를 도입하려면 여러 조항이 맞물려 돌아가야 합니다. 헌법재판소에도 이 추상적 규범통제에 관한 권한이 있어야 할 뿐만 아니라 대통령만 인정할 거냐는 문제도 있습니다. (**하승수** 그렇죠, 대통령만 인정할 건지) 지금 독일의 경우에도 대통령 외에 각 주 정부가 권한을 가지고 있고, 그리고 국회에서도 권한을 가지고, 이게 대통령의 어떤 특권처럼 되면 안 되기 때문에, 그런 부분이 있기 때문에 도입하는 것에 반대하는 건 아닌데, 도입한 다음에 그 정합성이 전체적으로 맞아야 합니다.

사무국 2016 새헌법안의 해당 조문(제58조 4항)을 읽어드리면, "대통령은 법률안이 위헌이라고 판단되는 경우 제1항의 기간 내에 헌법재판소에 위헌여부의 심판을 제청할 수 있다. 이 경우 대통령은 헌법재판소에 서면으로 의견을 표명하여야 한다. 헌법재판소에서 위헌으로 결정되지 않은 법률안은 결정 선고일에 법률로서 확정된다." 이렇게 되어 있습니다.

장영수 그런데 이 추상적 규범통제에 대한 제청권자를 어디까지 하느냐가 1차적으로 문제가 되고, 두 번째로는 헌법재판소 권한에 이 추상적 규범통제에 관한 이야기가 어떻게 들어 있느냐, 그게 서로 정합성이 필요하다는 거거든요.

박은정 그걸 정리해서 어쨌든 대통령에게 주자는 거죠. 추상적 규범통제가 우리 헌재 초반부터 있어야 하는데 없었다고 (**장영수** 논란이 있었죠) 대부분의 헌법학자도 이야기하고 그랬으니까 2016 새헌법안에 그걸 넣자는 취지였죠.

장영수 그건 나중에 헌법재판 관련한 파트에 가서 다시 한번 점검해도 괜찮겠습니다.

박은정 예, 그러면 여기서는 우선 이대로 두겠습니다.

11) 국무회의 심의 · 의결 사항

현행헌법	대화문화아카데미 2025 새헌법안
제89조 다음 사항은 국무회의의 심의를 거쳐야 한다. 1. 국정의 기본계획과 정부의 일반정책 2. 선전·강화 기타 중요한 대외정책 3. 헌법개정안·국민투표안·조약안·법률안 및 대통령령안 4. 예산안·결산·국유재산처분의 기본계획·국가의 부담이 될 계약 기타 재정에 관한 중요사항 5. 대통령의 긴급명령·긴급재정경제처분 및 명령 또는 계엄과 그 해제 6. 군사에 관한 중요사항 7. 국회의 임시회 집회의 요구 8. 영전수여 9. 사면·감형과 복권 10. 행정각부간의 권한의 획정 11. 정부안의 권한의 위임 또는 배정에 관한 기본계획 12. 국정처리상황의 평가·분석 13. 행정각부의 중요한 정책의 수립과 조정 14. 정당해산의 제소 15. 정부에 제출 또는 회부된 정부의	제96조 ①국무회의는 **집행부**의 권한에 속하는 중요한 정책을 **심의·의결한다.** ②다음 사항은 국무회의의 **심의·의결**을 거쳐야 한다. 1. 국정의 기본계획과 **집행부**의 일반정책 2. 선전·강화 기타 중요한 대외정책 3. 헌법개정안·국민투표안·조약안·법률안 및 대통령령안·총리령안 4. 예산안·결산·국유재산처분의 기본계획·국가의 부담이 될 계약 기타 재정에 관한 중요사항 5. 긴급명령·긴급재정경제처분 및 명령 또는 계엄과 그 해제 6. 군사에 관한 중요사항 7. 국회의 임시회 집회의 요구 8. 영전수여 9. 사면·감형과 복권 10. 행정각부간의 권한의 획정 11. **행정부** 내의 권한의 위임 또는 배정에 관한 기본계획 12. 국정처리상황의 평가·분석 13. 행정각부의 중요한 정책의 수립과 조정 14. 정당해산의 제소 15. **집행부에** 제출 또는 회부된 **집행부**

정책에 관계되는 청원의 심사 16. 검찰총장·합동참모의장·각군참모총장·국립대학교총장·대사 기타 법률이 정한 공무원과 국영기업체관리자의 임명 17. 기타 대통령·국무총리 또는 국무위원이 제출한 사항	**의** 정책에 관계되는 청원의 심사 16. **법률이** 정한 공무원과 국영기업체 관리자의 임명 17. 기타 대통령·**총리 또는 장관이** 제출한 사항

박명림 현행헌법에 따르면 국무회의 심의 사항에 검찰총장이 포함되어 있습니다. 그래서 검찰총장이 헌법기관입니다. 그런데 이번에 이 부분을 삭제하면 어떨까요?

하승수 현행헌법 제89조 국무회의 심의 사항 16호를 보면 검찰총장 다음에 합동참모의장 순서로 되어 있습니다.

박찬욱 국립대학교 총장도 있지요.

하승수 네, 그렇게 돼 있습니다.

박명림 그러니까 이게 헌법 제정의 형평성의 원칙에 맞지 않다는 겁니다. 왜 검찰총장만 들어 있느냐? 이런 논리라면 관세청장도 들어가야 하고 국세청장도 들어가야 하죠

박찬욱 그런데 사실 고위 공무원 임명할 때 국무회의에서 다 심의하잖아요.

박명림 그렇죠. 그런데 검찰총장만 맨 앞에 따로 명시돼 있으니까요.

박찬욱 순서도 합동참모의장 앞이네…… 그래서 검찰총장이 높군요.

하승수 사실은 이렇게 직책을 명시하기보다는 그냥 법률이 정하는 고위직 공무원이라고 표기하는 편이 낫죠.

박명림 맞습니다. '법률이 정한 공무원과 국영기업체관리자의 임명' 이렇게 해도 되지 않을까요?

박찬욱 그래도 되겠네요.

장영수 말씀하신 대로 그렇게 하나하나 명시하지 않는 게 나을 것 같습니다.

박은정 예, 그러면 국무회의 심의의결 사항 중에서 16호는 '법률이 정한 공무

원과 국영기업체관리자의 임명' 이렇게 하는 걸로 정리하도록 하죠.
모두 동의합니다.

12) 대통령 헌법개정안 발의권

현행헌법	대화문화아카데미 2025 새헌법안
제128조 ①헌법개정은 국회재적의원 과반수 또는 대통령의 발의로 제안된다.	제133조 ①헌법개정 제안은 **민주원의원 선거권자 150만 명 이상의 찬성** 또는 민주원 재적의원 3분의 1이나 공화원 재적의원 3분의 1 이상의 찬성으로 할 수 있다. ②대통령은 제안된 헌법개정안을 20일 이상 공고하여야 한다.

하승수 대통령의 헌법개정안 발의권도 삭제하는 거로 해야죠. (**박명림**: 그렇죠)

박은정 맞습니다.

하승수 2016 새헌법안에도 삭제하는 거로 돼 있습니다.

박은정 예. 현행헌법에는 대통령에게 있죠? (**하승수** 예) 이거를 삭제하는 거죠? (**박명림** 예) 그러니까 2025 새헌법안이나 2016 새헌법안에서는 국회에서 하거나 (**하승수** 발의해서, 국민발안) 국민발안으로 합니다.

모두 동의합니다.

13) 부통령제 도입 가능성

조진만 부통령제. 총리가 아니라 부통령제에 대한 논의는 심도 깊게 나눈 적이 없으신지요?

박은정 한 번 논의를 하긴 했어요.

조진만 권력을 분산하는 방법이 총리를 통해서, 결국 야당이라든지 의회를 통해서 하는 건데요. 지금 국회에 대한 불신이 높으니까 그냥 원칙적으로 설득하기도 쉬운 거는, 부통령을 러닝메이트로 해서 대통령의 권력을 부통령, 즉 차기 미래 권력과 행정부 내에서 조정하는 것도 방법이 될 수 있다고 생각합니다. 국무총리와 관련한 건 사실 대통령이 책임을 안 지잖아요. 얼굴마담같이 취급하고, 다 떠넘기고 그러는데…… 오히려 대통령 책임도 강화하고, 러닝메이트로 나온 차기 대권 주자잖아요, 실질적으로. 그 사람이 행정부 내에서 대통령하고 각을 세우는 게 훨씬 더 안정성도 있으면서 견제도 되고요.

　당내 경선을 할 때도 부통령이 그냥 수동적으로 따라가는 게 아니라 경선에서 이길 거와 본선에서 이길 거를 고려해서 굉장히 신중하게 선택할 거고요. 그다음 이길 것을 확신한다면, 자기가 5년 재임 기간 중에 잘할 사람인지, 대선 후보의 셈법이 굉장히 복잡해지고……

박찬욱 우리 헌법안에서는 집행부 안에서 결국 대통령하고 총리하고 서로 견제 관계가 있는 거죠. 그런데 이런 게 있더라고요, 우리 문화에 '부' 자를 붙이잖아요. 그러면서 거기에 권한을 준다는 게 제도적으로 쉽지가 않아요. '부' 자 붙이면 그 밑에 들어가서…… '부' 자 없는 사람한테 몰아주게 되어 있죠.

강대인 국회 부의장이 그렇죠.

박찬욱 이 '부' 자가 그게, '부' 자 없는 사람하고 수평적 관계로 견제를 하고…… 이런 방안이 별로 수용력이 없어요. 그러니까 차라리 총리라는 말이 나을 수도 있습니다. 우리나라 문화라는 게 그렇다고요, 권한상으로는 가능해도.

박명림 그렇죠. 한국 현실에서 부통령 러닝메이트제 도입하는 걸 저희가 토론했을 때 역할이나 권한이 없다. 그리고 그것보다 더 중요한 게, 대통령을 견제할 수가 없다, 당선된 뒤에. 그런데 총리는 국회에서 그래도 임명 동의라도 거치기 때문에 총리가 오히려, 총리제가 권력 분산과 역할이 없더라도, 부통령보다는 대통령 견제에 낫다고 해서요. 그 제도를 유지하면서 조금 더 견제하는 방향으로 하기로 했습니다.

조진만 부통령제 얘기는 제가 궁금해서 제기한 거고요. 특히 요즘 같은 상황에서 그런 것 같은데, 총리제가 나쁘다는 게 아니라, 어쨌거나 해서 러닝메이트로 나오면 부총리는 국민의 선택을 받은 거거든요. 그러니까 러닝메이트로 해서 이기면 대통령 입장에서도 이 사람이 어떤 표로 됐는지 모르니까 국민이 직접 선출한 권력을 공유할 수 있는 거죠.

박찬욱 형식적으로는 아마 민주적 정당성이 부여되겠죠. 그런데 우리가 선거하게 되면, 그런데 사실 같은 동반 티켓이라고 그래도 대통령이 누가 되는가, 그게 포인트죠. 우리는 권력이 모이는 것 같아요. 중앙에만 몰리고 한 사람에 몰리고, 정당에서도 집단지도체제가 안 되잖아요. 1공화국 때 초기에는 이시영, 이런 사람이 부통령 그만둔다고, 왜냐하면 부통령도 권한 있는데 대통령이 마음대로 하고 그러니까, 그래서 자꾸 부통령이 말 안 들으니까 이기붕 같은 사람 세우잖아요. 그러니까 이게 '부' 자는 별로 안 좋더라고요.

4.7. 제5장 사법부

1) 사법권의 귀속

현행헌법	대화문화아카데미 2025 새헌법안
제5장 법원 제101조 ①사법권은 법관으로 구성된 법원에 속한다.	제5장 **사법부** **제1절 총칙** 제102조 사법권은 **헌법재판소와 법원이 담당한다.**

장영수 입법부, 집행부 조문처럼 사법부에서도 '사법권은 (…) 담당한다'로 표기했습니다. 또한, 2016 새헌법안과 같이 현행헌법 제5장 법원과 제6장 헌법재판소를 제5장 사법부로 통합하였고, 제2절에 헌법재판소를 그리고 제3절에 법원을 배치했습니다.

모두 좋습니다.

2) 헌법재판관 선출 방식과 임기

현행헌법	대화문화아카데미 2025 새헌법안
제111조 ①헌법재판소는 다음 사항을 관장한다. 1. 법원의 제청에 의한 법률의 위헌여부 심판 2. 탄핵의 심판 3. 정당의 해산 심판 4. 국가기관 상호 간, 국가기관과 지방자치단체 간 및 지방자치단체 상호 간의 권한쟁의에 관한 심판 5. 법률이 정하는 헌법소원에 관한 심판 ②헌법재판소는 법관의 자격을 가진 9인의 재판관으로 구성하며, 재판관은 대통령이 임명한다. ③제2항의 재판관 중 3인은 국회에서 선출하는 자를, 3인은 대법원장이 지명하는 자를 임명한다. ④헌법재판소의 장은 국회의 동의를	제104조 ①헌법재판소는 다음 사항을 관장한다. **1. 제58조 제4항 및 제6항에서 정한 대통령의 제청에 의한 위헌여부의 심판** 2. 법원의 제청에 의한 법률·**명령·규칙·조약 및 조례의** 위헌여부심판 3. 탄핵의 심판. **다만, 헌법재판관의 탄핵의 심판은 제외한다.** 4. 정당의 해산 심판 5. 국가기관 상호 간, 국가기관과 **지방정부간 및 지방정부** 상호 간의 권한쟁의에 관한 심판 6. 헌법소원에 관한 심판 **7. 국민투표의 효력에 관한 심판** **8. 대통령, 국회의원의 선거 또는 당선의 효력에 관한 심판** **9. 제77조에서 정하는 직무수행불능여부에 관한 결정** ②헌법재판소의 장은 **헌법재판관추천위원회의 추천을 받아 민주원에서 재적의원 3분의 2 이상의 찬성으로 선출**한다. ③헌법재판소는 헌법재판소장을 포함하여 9인의 재판관으로 구성한다. 재판관은 헌법재판관추천위원회의 추천을

얻어 재판관 중에서 대통령이 임명한다. 제112조 ①헌법재판소 재판관의 임기는 6년으로 하며, 법률이 정하는 바에 의하여 연임할 수 있다. ②헌법재판소 재판관은 정당에 가입하거나 정치에 관여할 수 없다. ③헌법재판소 재판관은 탄핵 또는 금고 이상의 형의 선고에 의하지 아니하고는 파면되지 아니한다.	받아 민주원에서 재적의원 3분의 2 이상의 찬성으로 선출한다. ④헌법재판관의 자격, 헌법재판관추천위원회의 구성과 추천절차 등 직무범위에 관한 사항은 법률로 정한다. 제105조 ①헌법재판소장과 헌법재판소 재판관의 임기는 **9년으로 하며, 중임할 수 없다.** ②헌법재판소 재판관은 정당에 가입하거나 정치에 관여할 수 없다. ③헌법재판소 재판관은 탄핵 또는 금고 이상의 형의 선고에 의하지 아니하고는 파면되지 아니한다.

장영수 현행헌법상 헌법재판소와 중앙선거관리위원회는 이른바 3:3:3의 방식으로 구성됩니다. 즉, 국회와 대통령, 대법원장이 각기 3인을 선임하는 방식을 취함으로써 어느 쪽도 과반의 영향력을 갖지 못하도록 하고 있으며, 이를 황금분할로 표현하기도 합니다. 그러나 이런 외견상의 황금분할을 실질적으로 대통령의 영향력을 극대화한 것으로 나타날 수 있습니다. 대통령 몫의 3인 이외에도 여당 몫의 1~2인, 그리고 대통령이 임명한 대법원장이 대통령의 의중에 따라 헌법재판관을 선임할 경우는 다시 3인이 추가되어 전체 9명 중에서 7~8인이 대통령의 직·간접적 영향력하에서 선임될 수 있는 것이죠. 또한, 대통령이 헌법재판소장을 임명하는 것에 대해서도 많은 논란이 있었습니다. 이를 극명하게 보여주었던 것이 노무현 대통령 당시의 전효숙 재판관을 퇴임시킨 후 다시 임기 6년의 헌법재판소장으로 임명하려 했던 것이었습니다. 이에 대해 야당은 물론, 언론과 관련 전문가의 비판이 이어졌고, 결국 전효숙 전 헌법재판관을 헌법재판소장으로 지명하였던 것을 철회하고, 이강

국 전 대법관을 헌법재판소장으로 임명한 바 있습니다. 헌법재판소 구성 방식에 대한 문제점에 대한 지적은 이미 20여 년 전부터 있었고, 헌법재판관 구성 방식이 달려져야 한다는 주장은 오래전부터 계속되었습니다. 다만, 헌법개정이 37년 동안 불발한 가운데 현행헌법상의 헌법재판소 구성 방식은 계속 유지되고 있습니다.

헌법재판소 구성의 개선에 관하여는 다양한 견해가 제시된 바 있습니다. 이러한 개선안의 공통점은 대통령의 영향력을 축소하는 대신에 국회의 영향력을 확대하는 방안이라고 할 수 있지만, 그 구체적인 내용에는 적지 않은 차이가 있습니다. 첫 번째 개선안은 감사원 구성의 개선방안과 유사하게 독립된 추천위원회의 추천을 거쳐서 국회의 인사청문회 및 동의를 얻은 이후에 대통령은 형식적으로 임명하는 안입니다. 이 경우 대통령의 실질적 영향력은 최소화하는 반면에 추천위원회의 권한이 커지므로, 추천위원회의 구성과 활동이 매우 중요해집니다. 두 번째 개선안은 추천위원회의 추천 없이 국회에서 3분의 2 이상의 다수로 헌법재판관 선임 여부를 결정하자는 안입니다. 이는 여야의 합의 없이는 헌법재판관 임명이 사실상 불가능하도록 함으로써 여야 모두 비토권을 갖게 하자는 것인데요. 즉, 양대 정당이 모두 수용할 수 있는 중도적 성향의 인물이 헌법재판관이 되도록 하자는 안입니다. 세 번째 개선안은 위의 두 가지 안을 혼합하여 추천위원회의 2~3배수 추천 이후에 국회에서 3분의 2 이상의 다수로 선임을 결정하는 방안입니다. 추천위원회 제도의 장점과 3분의 2 이상의 다수로 국회에서 선임하는 방법의 장점을 결합할 수 있도록 하려는 안입니다.

이제 2017년 국회 개헌특위 자문위원회안과 2018년 문재인대통령 개헌안을 분석하겠습니다. 잘 알려진 바와 같이 당시 국회 개헌특위는 눈에 띄는 결과물을 내놓지 못했습니다. 오히려 국회 개헌특위 자문위원회가 활발하게 활동하여 1년의 활동 결과를 보고서로 내놓았고, 이 보고서의 안이 최근까지도 개헌과 관련하여 많이 참고되고 있습니다. 2017년 국회 개헌특위 자문위원회안에 실려 당시 논란이 뜨거웠던 사법평의회 제도의 도입 문제는 김명수 대법원장 당시, 사법행정회의 형태로 논의되었으나 법원 안팎의 반대와 비판으로 결국 실패했습니다. 사법평의회 제도 도입 주장은 사법의 민주성 확보·강화를 위하여 유럽 일부 국가처럼 사법평의회를 구성하고, 사법부에 관한 중요 결정을 사법평의회에서 내리도록 하자는 것입니다. 그 대표적인 권한으로 대법관추천권 등을 들 수 있습니다.

2017년 국회 개헌특위 자문위원회안

110조의2 ①법관의 임용, 전보 내지 징계, 법원의 예산 및 사법정책 수립 기타 법률이 정하는 사법행정 사무를 처리하기 위하여 사법평의회를 둔다.
②사법평의회는 법률에 저촉되지 아니하는 범위 안에서 소송에 관한 절차, 법원의 내부규율과 사무처리에 관한 규칙을 제정할 수 있다.
③사법평의회는 국회에서 재적의원 5분의 3 이상의 찬성으로 선출하는 8인, 대통령이 지명하는 2인, 법률이 정하는 법관 회의에서 선출하는 6인의 위원으로 구성한다. 위원장은 위원 중에서 호선한다.
④위원의 임기는 6년으로 하며, 연임할 수 없다.
⑤위원은 법관을 겸직할 수 없고, 정당에 가입하거나 정치에 관여할 수 없다. 위원은 퇴임 후 대법관이 될 수 없다.
⑥위원은 탄핵 또는 금고 이상의 형의 선고에 의하지 아니하고는 파면되지 아니한다.
⑦사법평의회의 조직과 운영 기타 필요한 사항은 법률로 정한다.

그리고 2017년 국회 개헌특위 자문위원회안은 사법부 독립의 강화를 위해 대법원장은 대법관의 호선으로 선출되도록 한 것이 특징입니다. 또한, 헌법재판소의 구성과 관련하여서는 현행헌법의 구성 방식을 유지하자는 제1안과 국회에서 5분의 3 이상의 찬성으로 선출하고, 대통령이 임명하도록 하자는 제2안이 대립하였습니다. 그리고 헌법재판소장은 대법원장과 유사하게 헌법재판관이 호선하는 방안이 제시되었습니다.

2018년 문재인대통령 개헌안은 2017년 국회 개헌특위 자문위원회안에 비해 현행헌법에서 크게 달라지지 않았다는 특징을 가지며, 사법부 관련 개헌안에서도 이런 점은 다르지 않았습니다. 먼저 대법원의 구성에 관하여는 대법원장의 임명은 현행헌법과 동일하였고, 대법관의 구성에 관하여는 대법원장의 제청으로 대통령이 국회의 동의를 받아 임명하는 점에서는 현행과 같으나, 대법관추천회의의 추천을 거치도록 한 점에 차이가 있습니다. 대법관추천위원회를 두되, 대통령이 지명하는 3명, 대법원장이 지명하는 3명, 법률로 정하는 법관 회의에서 선출하는 3명의 위원으로 구성하도록 함으로써 사실상 대통령의 영향력이 매우 강력하게 미친다는 지적을 받았습니다. 그리고 헌법재판관의 임명에 관하여는 현행과 거의 유사하나 대법원장이 지명하는 3인을 대법관 회의에서 선출하는 3인으로 바꾼 점이 차이라고 할 수 있고 헌법재판소장을 헌법재판관 중에서 호선으로 하도록 한 점에서도 차이가 있습니다.

2018년 문재인대통령 개헌안은 비록 현행헌법과의 차이가 미미하지만, 그 나름대로 현재보다는 나은 것으로 볼 수도 있습니다. 다만, 대통령이 사법부에 미치는 영향력이 크게 줄지 않는다는 점에서 제왕적 대통령의 권력을 내려놓으려는 의지가 보이지 않는다는 비판을 많이 받았습니다.

박은정 고맙습니다. 장 위원님, 여기서는 언급하지 않으셨습니다마는 헌법재판소 운영체제의 대표사례라고 할 수 있는 독일을 포함하여 다른 나라는 어떻습니까?

장영수 독일의 경우에는 사실 우리나라 대법원의 위상을 가지고서 헌법재판을 하는, 다시 말해 독일에 있어서는 실질적인 최고 법원이거든요. 그러다 보니까 독일에서는 처음 기본법 제정할 당시부터도 미국처럼 종신을 할 것이냐 이걸 고민했다고 합니다. 그런데 아무래도 종신은 감당하기 어렵다, 어떤 문제가 생길지 모르고, 괜히 사람 하나 잘못 뽑아놓으면 평생 가는 문제가 있으니까, 그거보다는 12년 단임으로 한다. 다시 말하자면 연임 신경 쓰지 마라. 한 번 되고 나면 이런 거 신경 쓸 이유가 없어져버리죠. 현행헌법에서는 임기 6년에 연임할 수 있게 되어 있는데요, 문제는 18대 국회 김형오 의장 시절에 개헌 논의가 나와서 그때 헌법연구자문위원회라고 해서 전문가 그룹 안에서

1년 반 정도 논의를 했거든요. 거기에서 얘기가 나왔던 것이, 우리 국회의원이 지금 본인 임기는 4년인데, 6년 한다는 것도 겨우 받아들이는데, 12년 하는 거 이거 절대 못 받아들인다. 독일식으로 못 한다. 그런 얘기가 나왔습니다. 굉장히 비합리적인 이유인데, 그게 현실이라고 그러더라고요. 그래서 한참 얘기를 하다가 '그러면 6년 말고 9년 정도라도 어떠냐?' '이것도 쉽지 않은데' '그래도 안이니까 한번 해보자' 이런 정도였습니다.

박은정 소장 호선 문제나 재판관 선출과 관련된 부분은 어떻습니까?

장영수 독일은 헌법재판소를 두 개의 부로 나눕니다. 그래서 그 각각의 부가 8명으로 구성이 됩니다. 헌법재판소장과 부소장은 전부 다 독일연방의회에서 결정을 하니까 그쪽에서 선임합니다. 호선은 아닙니다. 그래서 소장이 한 부를, 부소장이 또 다른 한 부를 맡습니다. 그리고 우리나라처럼 3분의 2가 아니라 과반으로 결정을 합니다. 과반으로 결정한다는 얘기는 결원만 안 생기면 8명 중에 4대4는 안 되니까, 5대3으로 결정하도록 하는 거고. 그게 우리의 경우와 다르고, 또 그것도 그 나름대로 합리적이라고 하는 게, 여기 위원님들 잘 아시겠지만 지난번 '검수완박' 입법 같은 경우도 그렇고, 여러 개가 권한쟁의심판으로 들어갔는데, 사실은 입법과 관련되는 이런 경우에는 지금 현재 우리가 5개의 헌법소송 유형이 있는데, 4개는 6인 이상의 찬성입니다. 유일하게 한 가지, 과반으로 하는 게 권한쟁의입니다. 왜 그러냐면, 권한쟁의는 두 개의 기관 사이의 권한 충돌이니까, 6인 이상의 찬성으로 하면 굉장히 불합리해집니다. 먼저 청구한 쪽이 무조건 불리해지니까요. 그러니까 이 경우는 과반으로 한다. 그런데 다른 경우, 위헌법률심판도 그렇고, 헌법소원심판, 탄핵심판, 정당해산심판 할 것 없이 전부 다 6인 이상의 찬성이거든요. 이래놓으니까 방금 말씀드렸던 그런 입법과 관련된 권한쟁의심판에 있어서 '권한 침해의 위헌성을 인정하고 법률은 유효하다'라는 좀 모순적인 결론이 나오게 됩니다. 정족수가 다르니까. 5대4로 해서는 권한쟁의심판에서 위헌인데, 위헌법률심판의 성질을 하는 이 부분에서 위헌으로 못 하거든요. 그런데 독일의 경우는 그게 됩니다. 전부 다 과반이니까, 그런 부분이 미묘하게 차이로서 나타나고 있다고 보시면 될 것 같습니다.

박은정 헌법재판소장의 중요한 역할에 대해 제가 깨달은 바가 있습니다. 독일의 프라이부르크 법과대학 교수 중에 한 분이 헌재 재판관이 되었는데, 이분하고 헌법재판소 소장의 역할에 대해 대화를 나눈 적이 있는데요, 국가적으로 중대한 사안의 경우, 이를테면 대통령 탄핵결정 같은 거겠죠, 이런 사안에서 자칫하면 국론 분열의 우려도 크지 않습니까. 이런 경우에는 시간이 걸리더라도 대개 만장일치로 결정을 이끌어내고자 노력하며, 이때, 소장이 그런 과정으로 가는 데 중요한 역할을 합니다. 실제로 독일이나 미국에서도 국가적으로 중요한 사안은 대개 만장일치로 결정이 났습니다. 물론, 소장도 재판관의 일원으로서 결정에서는 n분의 1로 참여하지만, 심리 진행이나 평의 과정에서 절차적으로나 시간적으로 끈질기게 조정하는 식으로 초기의 분분했던 의견이 조율되는 장을 더 늘리고, 그래서 의견이 갈리면 그다음에 또 그 쟁점을 심의하고, 이런 과정을 통해 결국 합의를 도출하고 그래서 국론 분열을 막는 역할을, 그걸 헌재소장이 한다는 거예요. 이게 중요한 역할이라는 이야기를 들었거든요. 그런 점에서 본다면 사실 호선을 해도 무방한데 어쨌든 그 역할이 있다는 점은 고려해야겠습니다.

강대인 질문이 있는데요. 2018년 국회 개헌특위 자문위원회안에 '사법평의회가 5분의 3 이상'의, 그다음에 대화문화아카데미안에 '법관추천위원회', 이 두 위원회의 인선은 누가 어떻게 해요?

장영수 지금 그 부분에 대해서 결국은 헌법에 직접 정하지 못하기 때문에, '법률로 정한다' 하고 그냥 넘어가는 겁니다. 그 법률이 어떻게 되느냐에 따라 사실 변동의 폭은 상당히 있습니다. 사법평의회는 절반 정도는 법관으로 구성하고, 반 정도는 외부 인사로 하는 걸로 압니다. 그런데 그 외부 인사 중에는 국회가 추천하는 사람도 있고. 혹은 법무부 장관이나 이런 사람이 관여하는 것도 있다 보니까 이게 사법부의 독립을 깨뜨리는 것 아니냐는 비판이 많았고 법원 내부에서도 반대가 많았습니다. 그래서 결국은 무산이 됐던 거고요.

박은정 법원 쪽에서는 '독립성이라든가 중립성이 침해될 수 있다' 이런 입장일 텐데, 그러나 사법권도 엄연히 국민으로부터 나오는 것이라고 한다면, 사법에 대한 국민심사 관점에서는 '당연히 외부에서 들어와야 한다'라는 입장이 가능하지 않겠습니까?

장영수 서로 크로스 되는 건데…… 문제는 정치권에서 관여한다는 것에 대해 별로 신뢰를 못 하겠다는 게 법원의 태도였던 거죠.

박찬욱 구체적인 인적 구성 전에, 항상 기본적으로 사법부에 대해 갖던 생각 중 하나는 뭐였냐 하면, 미국은 아무튼 supreme court가 최종심일 뿐만 아니라 헌법재판도 한다, 지금 얘기 들어보면 독일은 헌법재판소가 최상위 아니에요? 그런데 우리는 대법원과 헌법재판소를 보면 법조계에서는 대법원을 더 상위기관처럼 생각을 하고, 헌법재판소는 아니란 말이죠. 제가 기억은 정확히 안 나지만, 두세 건 대법원이 확정 최종판결을 냈는데, 헌법재판소에서 거기 적용된 법 조항에 한정 위헌을 한 게 있었어요. 그러니까 대법원은 재심하라는데 안 하고 그냥 각하시켜버리고 그런 게 있었더라고요. 그러면 누가 더 상위기관인지……

장영수 그게 법적으로 정리가 안 돼 있는 상태고요. 그리고 거기에 있어서 문제는 뭐냐면 독일의 경우 재판에 대한 헌법소원이 인정됩니다. 그러니까 대법원의 재판이라도 헌법재판소가 깰 수 있는 법적인 근거가 있거든요. 그러니까 사실상의 4심이고 최상위 재판소가 될 수밖에 없는 거죠. 독일은 그런데, 우리는 재판소원이 없다 보니까 이렇게 충돌할 경우에 해결할 수 있는 방법이 없습니다.

박은정 그 부분을 이번에 정리해야 하는데, 대화문화아카데미 2016 새헌법안에서는 '5장 사법부'라고 해서 법원, 헌법재판소를 편제상 통일하지 않았습니까? 그런데 현행헌법은 장이 나누어져 있잖아요.

박찬욱 그리고 헌법재판소를 먼저 넣었죠.

박은정 현행헌법 101조 2항에 보면 '법원은 최고법원인 대법원과 각급 법원으로 조직된다' 이렇게 돼 있거든요. 여기서 '최고법원인 대법원'이라고 명시한 부분을 수정해야 할 것 같아요. 헌법재판소가 출범할 당시에는 대법원이라고 하는 어마어마한 조직에 비하면 사실 너무나도 미약했지요. 헌재의 역할에 대한 국민적 기대도 크지 않았고요. 그러기 때문에 '당연히 대법원이 최고지' 이랬는데. 그러나 헌재가 이제 안착하여 성공적으로 기능하면서 많은 것이 달라졌지요. 헌법재판소가 형식적으로나 실질적으로 상위에 놓이는 게 맞는 체계이죠.

모두 동의합니다.

박찬욱 그리고 이 사안도 중요하죠. 2016년에 논의할 때는 하원(민주원) 선출 얘기 나온 게, 민주적 정당성하고 대통령 권한에 대한 제약을 생각한 건데 지금 생각하면 또 국회로 가면 정당 간 갈등이 심해질 것 같거든요. 그런데 그걸 3분의 2로 하면 좀 덜할까, 그런 생각이 있긴 있네요.

하승수 제 생각은 어쨌든 추천위원회에서 추천하고, 국회에서 선출이든 동의든 할 때 저는 가중정족수를 둬서 안전장치를 마련하는 게 좋지 않겠나 싶습니다. 그러면 정파적인 사람을 걸러낼 수 있으니까. 재판의 공정성 측면에서 보면 정파적인 사람을 걸러내는 게 대법원이나 헌법재판소에서 제일 중요한 것 같아서요. 그래서 대법원과 헌법재판소의 구성 원리를 굳이 다르게 할 필요는 없을 것 같습니다. 추천위원회의 추천이 1단계, 그리고 2단계로 국회에서 3분의 2 동의, 그리고 형식적인 임명은 대통령이 하는 이런 식으로 정리하고, 그 수장인 대법원장이나 헌법재판소장도 똑같이 하는 게 어떨까요? 제 생각으로는 호선하게 되면 또 그 안에서 다른 혼란이 발생할 수 있을 거 같아서 그것보다는 명확하게 하는 게 좋을 듯합니다.

박은정 그렇다면 대화문화아카데미 2016 새헌법안의 표현에 따라 '민의원에서 선출하되, 재적의원 3분의 2 이상의 동의를 요한다' 이런 정도로 수정하는 거로 합시다. 그리고 형식적 임명은 대통령이 하는 거로 정리하면 될 것 같습니다.

박찬욱 또 질문이 있습니다. 예를 들면 헌법재판소장 임기, 전효숙 건같이, 지금 현직에 있는 재판관 중에 해서 하다 보니까 잔여 임기만 하고 나가잖아요.

지금 계속 그러고 있고. 근데 이게 합리적인 건지, 소장의 임기를 법률 사항이 아니라 헌법에 뭘 적어야 하는 건지 어떻게 되는지 모르겠어요.

장영수 일단 헌법기관의 임기는 헌법에 쓰는 게 맞고요. 그리고 만약에 법률로 했었을 때는 예를 들어서 어느 특정 정당이 과반 의석을 가지고서 그걸 자기 마음대로 늘렸다 줄였다 한다면 그로 인한 혼란이 훨씬 더 클 겁니다.

하승수 2016 새헌법안에서는 헌법재판관 임기는 9년으로 했고, 대법관은 현행처럼 6년으로 돼 있네요, 위원님 말씀대로 9년으로 하고 단임으로.

박찬욱 그때 왜 9년으로 했는지 기억이 안 나네요.

박은정 대통령에 따라 흔들리지 않게 하려는 이유였던 것이죠.

장영수 그런데 대법관도 같이 가는 게 낫지 않을까요?

박은정 맞습니다. 대법관도 9년으로 하면 어떨까 이런 생각입니다.

하승수 9년으로 하고 단임으로 하는……

장영수 9년 단임, 그리고 그것도 반영하는 걸로 하겠습니다.

박은정 예, 그럼 다른 위원님 이것도 다른 의견은 없으시죠?

모두 동의합니다.

3) 헌법재판관의 자격

현행헌법

제111조 ②헌법재판소는 법관의 자격을 가진 9인의 재판관으로 구성하며, 재판관은 대통령이 임명한다.

대화문화아카데미 2025 새헌법안

제104조 ③헌법재판소는 헌법재판소장을 포함하여 9인의 재판관으로 구성한다. 재판관은 헌법재판관추천위원회의 추천을 받아 민주원에서 재적의원 3분의 2 이상의 찬성으로 선출한다.
④헌법재판관의 자격, 헌법재판관추천위원회의 구성과 추천절차 등 직무범위에 관한 사항은 법률로 정한다.

박은정 헌법재판관의 경우에 꼭 직업 법관으로만 구성되어야 하는가? 이 문제를 논의해보시죠. 독일의 경우에 헌법재판관 16명 중에서 필히 3명은 연방최고법원의 판사, 그러니까 우리로 한다면 대법관을 임명하도록 돼 있어요. 그래서 전문적인 법적인 판단을 하게 한 것이죠. 그런데 헌법재판소의 헌법적인 결정 사안, 예컨대 권한쟁의라든가 이런 것은 법적이면서도 동시에 정치적인 문제가 아닙니까? 그래서 독일에서도, 현대사회의 헌법재판소라고 하는 제도를 출범시킨 나라가 독일인데, 헌법적인 사안과 관련해서 사실 직업 법관이 압도적으로 되게 내버려두지 않았어요. 헌법재판소의 구성과 관련해서는 법관이 아닌 사람도 들어갈 수 있도록 해야 한다는 거죠.

하승수 대화문화아카데미 2016 새헌법안에도 비(非)법관이 헌법재판관이 될 가능성이 반영돼 있네요.

박은정 2016 새헌법안은 "제110조 ④헌법재판관의 자격, 헌법재판관추천위원회의 구성과 추천절차 등 직무범위에 관한 사항은 법률로 정한다." 이렇게 되어 있는데 사실 구성을 법률에 따르도록 한다고 하면 그 법률은 대개 법관 자격이 있는 걸 전제로 하거든요. 그런데 헌법재판관이야말로 일정 정도는 비법관이, 비법률가가 들어가야 한다고 생각합니다.

장영수 저도 2016 새헌법안에 대해 특별히 이견이 없었기 때문에 따로 언급하지는 않았습니다.

조진만 9명 중에 반드시 비법관을 포함해야 한다는 뜻은 아니잖아요.

하승수 맞습니다. 비법관이 반드시 들어간다는 보장은 없는 거죠.

박은정 그렇죠. 현행헌법에 '법관의 자격을 가진'이란 부분이 명시가 돼 있기 때문에 지금까지는 법관이 아닌 사람은 들어갈 수가 없었던 거죠.

조진만 그럼 그 부분을 빼고 '9인으로 구성한다'라든지 그렇게만 하는 거죠?

모두 맞습니다.

4) 헌법재판소 예비재판관 제도

장영수 지금(2024년 12월, 최상목 대행이 국회 몫 3명 중 2명 임명 이전) 헌법재판소가 6명인 상태니까 문제가 되지 않습니까? 독일 같은 경우는 이런 경우에 임기 만료 재판관은 후임이 임명될 때까지 계속하기 때문에 문제가 안 생깁니다. 오스트리아 같은 경우는 예비재판관이 있습니다.

조진만 그 인원수를 유지하게끔 해야죠.

박찬욱 그게 합리적이죠.

장영수 우리도 그런 논의가 있었는데 아직 제도적으로 수용이 안 됐습니다.

사무국 2016 새헌법안에 관련 규정이 있습니다.

대화문화아카데미 2016 새헌법안

제110조 ③헌법재판소는 헌법재판소장을 포함하여 12인의 재판관으로 구성하며, 3인의 예비재판관을 둔다. 재판관과 예비재판관은 헌법재판관추천위원회의 추천을 받아 민의원에서 선출한다.

박은정 후임이 선출될 때까지 계속 일하는 건 일종의 관습법으로 생각을 해야 하지 않아요?

장영수 그런데 임기 만료된 사람이 계속한다는 것도 그렇기 때문에…… 사실은 쉽지 않습니다. 그런데 독일식으로 하는 거는 헌법이 아니라 법률에 규정해도 됩니다. 하지만 예비재판관이라는 별도의 제도를 두는 건 헌법에 직접 규정할 필요가 있고요.

박은정 우리는 예비재판관이라든가 이런 제도에 대해서 낯설죠.

박찬욱 어색하죠. 그러니까 자리가 비어야 그때부터 임기가 시작되는데, 그럼 기다릴 동안은 예우를 어떻게 하는지? 간단한 문제가 아니네요.

박은정 의결정족수와 연관이 되는 문제가 생기기 때문에 후임 선출 때까지 하는 거로 하면 어떨까요?

박찬욱 그게 합리적인 거 같아요.

장영수 저도 동의하는데 다만 그걸 헌법재판소법을 개정해서 넣든지, 헌법에 직접 규정하기엔…… (**조진만** 헌법재판소법 정도에서) 예, 그런데 지금까지 계속 안 하고 있습니다.

박은정 그러게요. 근데 헌법재판소는 워낙 중요하니까 그 부분을 헌법에 넣어도 되지 않습니까?

장영수 넣을 수는 있는데 체계상으로 딱 맞는 건 아니고요.

조진만 그렇게 되면 선관위와 같은 다른 헌법적 독립기관에서도 비슷한 규정을 넣어야 하지 않을까요? 그래서 헌법보다는 그냥 법률에서 하는 게 나을 것 같습니다.

장영수 제 개인적인 생각입니다만, '이거는 헌법재판소법에서 정해야 한다'는 논의 과정을 정리해두면 그게 해석의 지침이 되겠죠.

박찬욱 그렇죠.

5) 대법관 선출 방식과 임기

현행헌법	대화문화아카데미 2025 새헌법안
제104조 ①대법원장은 국회의 동의를 얻어 대통령이 임명한다. ②대법관은 대법원장의 제청으로 국회의 동의를 얻어 대통령이 임명한다. ③대법원장과 대법관이 아닌 법관은 대법관회의의 동의를 얻어 대법원장이 임명한다.	제108조 ①대법원장과 대법관은 **법관추천위원회의 추천을 받아 민주원에서 재적의원 3분의 2 이상의 찬성으로 선출한다.** ②대법원장과 대법관이 아닌 법관은 **법관추천위원회의 추천을 받아** 대법원장이 임명한다. ③**법관추천위원회의 구성과 추천절차 등 직무범위에 관한 사항은 법률로 정한다.**
제105조 ①대법원장의 임기는 6년으로 하며, 중임할 수 없다. ②대법관의 임기는 6년으로 하며, 법률이 정하는 바에 의하여 연임할 수 있다. ③대법원장과 대법관이 아닌 법관의 임기는 10년으로 하며, 법률이 정하는 바에 의하여 연임할 수 있다. ④법관의 정년은 법률로 정한다.	제109조 ①대법원장과 대법관의 임기는 **9년으로 하며, 중임할 수 없다.** ②대법원장과 대법관이 아닌 법관의 임기는 10년으로 하며, 법률이 정하는 바에 의하여 연임할 수 있다. ③법관의 정년은 법률로 정한다.

장영수 대법관의 선출 방식과 임기는 지난 토론의 합의에 따라 헌법재판관 선출 방식, 임기와 같게 하였습니다.

모두 동의합니다.

6) 검찰 개혁, 사법 개혁

박명림 초기 제헌 속기록과 검찰청법을 면밀히 검토해보니, 처음에는 검찰총장도 똑같은 청장, 즉 차관급이었는데 이게 제헌 과정과 검찰청법을 만들면서 검찰청장만 검찰총장이 돼요. 그리고 훗날 사실상 장관급이 돼요. 검찰은 또 준사법기관이 됩니다. 지금의 중요한 난맥은 거기서 오는 겁니다. 검찰이 집행부 소속으로서의 안정성과 특권은 그것대로 누리고, 준사법기관으로서의 독립성과 고위직 초과잉 현상은 그것대로 누리니까 검찰은 국가 기구 중 특별한 이중 특혜를 받고 있습니다. 조직으로서나 개인으로서나. 판사에 준하는 대우를 받지요.

시기에 따라 약간의 차이는 있지만, 국가직 공무원 총 75만 명 중에 차관급이 106명밖에 안 돼요. 대통령 비서실이 10명인데 보통 부처에서 1~2명이 차관이에요, 많은 데가 4명, 외청이 많은 데가. 그런데 검사는 2,292명 중에 검찰 안에서만 39명, 법무부 13명의 차관급 검사까지 포함하면 52명입니다. 집행부 소속이면서도 이건 완전 고위직 초과잉 현상이지요. 법관은 3,120명 중에 117명이 차관급이고, 법원 전체로는 법무부까지 하면 이제 120명입니다. 경찰은 13만 1,046명 중에 단지 1명, 경찰청장만 차관급입니다. 이 사안은 개헌 사안은 아니지만, 검찰총장은 개헌 사안입니다. 사법기구를 개혁할 때 검찰이 국가공무원이면서 준사법기관으로 누리는 이중특혜를 개혁해야 한다고 생각합니다.

장영수 제가 거기에 대해 반론을 말씀드리겠습니다. 일단 첫 번째로는 검찰의 삼권분립상의 위치를 어떻게 잡느냐? 실제로 유럽 일부 국가 중에는 검찰을 사법부의 구성 요소로 보는 경우도 있습니다. 그런데 그게 옛날부터 그렇게 해왔지만, 최근에 들어와서는 '좀 안 맞는다'고 해서 점점 분리시키는 경향이거든요. 그 이유는 간단합니다. 삼권분립이라고 하는 건 견제와 균형인데 견제와 균형이라고 했을 때 수사와 재판을 동일 기관에서 한다, 사법부 안에서 수사도 하고 재판도 한다고 했을 때, 이게 제대로 되겠느냐, 통제가 안 된다, 결국 검찰은 저쪽(행정부)에 있고, 법원은 이쪽(사법부)에 있어서, 서로 간에 견제와 균형이 이뤄져야 하는데 동일 기관이면 그거 아무래도 약화한다, 이 부분이거든요. 그렇기 때문에 검찰이 유럽의 오래된 국가 말고, 오히려 미국 이후에 조금 비교적 새로운 국가일수록 행정부로 들어가지, 사법부로 안 들어가는 거거든요. 그게 구조적인 문제고요.

그리고 두 번째 검찰에 차관급이 많다, 또는 이게 불균형이라는 점에는 저도 동의하는데 문제의 핵심은 어디 있냐면, 지금 법원도 그렇고 검찰도 그렇고 이게 우리나라의 보수 체계라고 하는 게, 미국이나 다른 나라도 같은 급이라고 같은 보수는 아닙니다. 같은 차관급이라 하더라도 보수는 천차만별이고 같은 1급이라도 그렇습니다. 그런데 우리는 그게 아니거든요. 차관급이면 다 비슷해야 하고, 1급이면 또 비슷해야 하고, 봉급은 원칙적으로 같거든요. 그리고 차량이 나오고 그러는 것도 급에 따라서 비슷하고. 그런데 그러면 이 사람들 굳이 그렇게 더 대우해줄 필요 있냐, 확 깎자, 하는데 그러면 다 나갑니다. 다시 말하면 현재 그나마 우리의 경우에 법원이나 검찰이 유지되고 있는 건 유능한 사람들이 남아 있기 때문이거든요. 그런데 이 유능한 사람들은 사실 대형 로펌 가면 지금 보수의 2배, 3배를 받습니다. 그런데 이걸 깎는다면 아마 상당수가 나갈 겁니다.

박명림 전적으로 공감하는데, 제가 말씀드리는 것은 보수의 문제가 아니라 비정상적인 직급 특혜와 영향력을 말씀드린 거라서…… 그래서 저는 집행부인 동시에 준사법기구라는 사실상의 특혜를 조정하자는 것입니다. 이를테면 차라리 말씀하신 대로 그냥 행정조직으로 만들어서 그런 우수한 사람들이 남아 있게 하자는 겁니다.

장영수 제 취지는 '차관으로 내려도 좋다. 다만 지금처럼 보수 체계를 똑같이 해서 이 사람들 다 떠나게 만들면 안 된다'는 겁니다. 한 가지 예를 말씀드리자면, 최근 재판 지연 문제가 심각합니다. 법관 수가 확 줄어서가 아니라 유능한 사람들이 많이 빠져나갔기 때문입니다. 그 이유 중 하나가 김명수 대법원장 시절에 고법 부장판사 제도를 없앴어요. 그거 없애니까 그 자리라도 하면서 대우를 받으며 남아서 열심히 일하면서 대법관이라도 바라보고 이랬던 사람들이 희망 없다고 다 나갔거든요. 그 사람들의 숫자는 한 1%, 2%밖에 안 될지 모릅니다. 그런데 전체적인 역량은 확 떨어졌다고 얘기를 하거든요. 이런 문제가 생기는 거거든요. 말하자면 악화가 양화를 구축하는……

하승수 검찰 개혁이 중요한 주제이긴 한데, 어쨌든 헌법에 검사의 보수나 대우에 관한 내용을 담을 건 아니니까 하위 법률에서 말씀하신 부분을 고민해야 하겠습니다. 그리고 요즘에 드는 생각이, 앞으로는 변호사를 하다가 법관이 되지 않습니까? 대형 로펌에서 일하다가 법관이 되는 비율이 높아지는 거죠. 저는 그거는 그럴 수 있다는 생각이 들더라고요. 대형 로펌에 있다가 거기에 회의를 느껴지고 법관을 하고 싶을 수 있는 거니까, 보수는 적더라도. 그런데 저는 그거보다 법관을 하다가 대형 로펌으로 가는 게 오히려 더 문제가 될 수 있다고 생각합니다, 재판의 공정성이나 사법에 대한 신뢰 측면에서 보면. 장 위원님 말씀대로 낮은 보수를 감수하고라도 법관이 됐는데, 그렇지만 이 사람들이 또 어느 정도 적정한 대우를 받아야지 다시 로펌으로 빠져나가는 일이 없는데…… 법관을 하다가 로펌으로 빠져나가는 경우가 요즘 많고 그게 재판의 공정성에 대한, 실제로 그게 재판에 영향을 미치든 안 미치든, 불신의 원인이 되고 있지 않나 생각합니다.

조진만 사법부가 신뢰를 회복하려면 돈과 명예, 둘 중 하나를 선택해야죠. 법조인도 명예 쪽으로 가면은 그 영역에서 성장하는 거고, 돈의 영역으로 가면 다음에 다시 명예 영역으로 들어오지 않았으면 좋겠습니다. 트랙을 명확히 구분하는 거죠. 법조인은 '내가 로펌 가면 이 정도 받을 수 있는데' 이런 생각을 하면 안 되는 거죠. 정치 영역은 이것이 쉽지 않았던 측면이 있었죠. 양극화되기 이전에는 심판 기능이 있었어요. 정치인이 돈과 명예를 동시에 갖기 쉽지 않았죠. 그래서 부자인 사람은 정치하기 어려운 측면이 있었습니다. 그런 차원에서 어느 정도 다양성이 발휘되는데 지금은 아니잖아요. 돈, 명예, 권력 다 갖고 있고. (**박명림** 세 가지를 다 갖죠) 이거는 아닌 것 같아요.

박찬욱 공감은 하는데, 그런데 그거는 교육이나 가치관 문제라, 어디서부터 해야 할지⋯⋯ 그리고 박명림 위원님이 말씀하신 검찰총장을 검찰청장으로 바꾼다는 문제는, 사실 국회의원 대우도 그랬잖아요. 국회의원의 보수도 그렇고. 옛날에 전두환 때 국회의원을 차관급으로 만들어서 월급도 줄이고 그랬는데, 민주화돼서 장관급으로 올랐잖아요. 그런데 국회의원도 할 말이 있더라고요. 왜냐하면, 행정부를 감독해야 하는데 의원 본인이 차관인데 어떻게 하겠어? 그런 논리가 있더라고요.

7) 탄핵소추권 제한

박은정 탄핵소추권 제한과 관련된 문제는 어떻게 생각하시나요?

장영수 그건 헌법 사안은 아니라고 보는데…… 일단 탄핵소추제도를 폐지하지는 못합니다. (**박은정** 그렇죠. 폐지는 할 수 없죠.) 그리고 헌법상 요건이 굉장히 까다롭고 엄격한 것도 아니거든요. 사실 오남용되고 있다는 점이 문제입니다.

박은정 그걸 좀 까다롭게 하자는 거에요, 폐지하자는 게 아니라.

장영수 가장 문제가 되는 건 소추하자마자 바로 직무가 정지되는 부분이거든요. 왜냐면, 이 직무정지를 노려서 뻔히 기각될 걸 아는데도 계속 소추를 해요.

박은정 그런 부분을 좀 다듬을 수 없습니까?

장영수 그거는 헌법 사안이 아니라서…… 그런데 그렇다고 해서 윤 대통령이 비상계엄을 했는데 이걸 직무정지를 안 시킨다, 이것도 이상한 거잖아요. 그러니까 가장 합리적인 해결은 헌법재판소법을 고쳐서, 요건이 너무 분명하게 해당 안 되는 건 바로 기각하거나 아예 가처분함으로써 직무정지는 안 한다는 결정을 할 수 있도록 하거나……

하승수 행정소송처럼 탄핵소추 결정의 효력을 집행정지시키는……

장영수 그렇죠. 그리고 소추를 해도 최소 몇 달 동안 직무정지가 되는 게 아니라 일주일 만에 '이거 그냥 기각이다' 아니면 이거는 가처분을 통해서 '계속 직무해라' 이러면 되거든요.

박찬욱 가처분 심리도 시간이 꽤 걸리지 않나요?

하승수 (**장영수** 아니요, 그건 빨리합니다) 행정소송에서 집행정지 신청에 대한 결론은 금방 나옵니다.

박찬욱 기간을 정해줘야 하나요?

장영수 하승수 아니요.

4.8. 제6장 선거관리위원회

1) 중앙선거관리위원 선출 방식과 자격

현행헌법	대화문화아카데미 2025 새헌법안
제7장 선거관리 제114조 ①선거와 국민투표의 공정한 관리 및 정당에 관한 사무를 처리하기 위하여 선거관리위원회를 둔다. ②중앙선거관리위원회는 대통령이 임명하는 3인, 국회에서 선출하는 3인과 대법원장이 지명하는 3인의 위원으로 구성한다. 위원장은 위원중에서 호선한다. ③위원의 임기는 6년으로 한다. ④위원은 정당에 가입하거나 정치에 관여할 수 없다. ⑤위원은 탄핵 또는 금고 이상의 형의 선고에 의하지 아니하고는 파면되지 아니한다. ⑥중앙선거관리위원회는 법령의 범위 안에서 선거관리·국민투표관리 또는 정당사무에 관한 규칙을 제정할 수 있으며, 법률에 저촉되지 아니하는 범위 안에서 내부규율에 관한 규칙을 제정할 수 있다.	**제6장 선거관리위원회** 제115조 ①선거와 국민투표의 공정한 관리 및 정당에 관한 사무를 처리하기 위하여 선거관리위원회를 둔다. ②중앙선거관리위원회는 **중앙선거관리위원추천위원회의 추천을 받아 민주원 재적의원 3분의 2 이상의 찬성으로 선출하는 9인의 위원으로 구성한다.** 위원장은 위원 중에서 호선한다. ③위원의 임기는 6년으로 한다. ④위원은 정당에 가입하거나 정치에 관여할 수 없다. ⑤위원은 탄핵 또는 금고 이상의 형의 선고에 의하지 아니하고는 파면되지 아니한다. ⑥중앙선거관리위원회는 법령의 범위 안에서 선거관리·국민투표관리 또는 정당사무에 관한 규칙을 제정할 수 있으며, 법률에 저촉되지 아니하는 범위 안에서 내부규율에 관한 규칙을 제정할 수 있다.

⑦각급 선거관리위원회의 조직·직무 범위 기타 필요한 사항은 법률로 정한다.

제115조 ①각급 선거관리위원회는 선거인명부의 작성등 선거사무와 국민투표사무에 관하여 관계 행정기관에 필요한 지시를 할 수 있다.
②제1항의 지시를 받은 당해 행정기관은 이에 응하여야 한다.

제116조 ①선거운동은 각급 선거관리위원회의 관리하에 법률이 정하는 범위안에서 하되, 균등한 기회가 보장되어야 한다.
②선거에 관한 경비는 법률이 정하는 경우를 제외하고는 정당 또는 후보자에게 부담시킬 수 없다.

⑦각급 선거관리위원회의 조직·직무 범위 기타 필요한 사항은 법률로 정한다.

제116조 ①각급 선거관리위원회는 선거인명부의 작성 등 선거사무와 국민투표사무에 관하여 관계 행정기관에 필요한 **지원을 요청**할 수 있다.
②제1항의 **요청을** 받은 당해 행정기관은 이에 협조하여야 한다.

제117조 ①선거운동은 각급 선거관리위원회의 관리 하에 법률이 정하는 범위 안에서 하되, 균등한 기회가 보장되어야 한다.
②선거에 관한 경비는 법률이 정하는 경우를 제외하고는 정당 또는 후보자에게 부담시킬 수 없다.

전반부 심의

장영수 선관위는 잘 아시다시피 3·15부정선거 이후에 제2공화국에 들어와서 현재까지 유지되고 있는 우리나라의 독특한 헌법기관입니다. 우리나라에서도 그전에는 내무부에서 선거관리를 했었고, 사실 선거관리가 일상적이라기보다는 선거가 있을 때만 하는 특수한 업무이고, 이걸 담당하기에는 또 순간적으로 이게 상당히 많은 인력이 요구되기 때문에, 행정부에서 이걸 담당하는 게 일반적이거든요. 그런데 우리는 3·15부정선거 이후에 '고양이에게 생선 맡길 수 없다' 이러면서 선거관리위원회를 독립된 헌법기관으로 두었고, 현재까지 유지되고 있습니다. 솔직히 박정희 정권이나 전두환 정권 때 이게 제 기능을 했다고 보기는 어렵습니다. 민주화 이후에는 그래도 국민이 믿어주려고 했다가 최근 선관위에 대해 온갖 문제가 많이 있었죠. 그런 것 때문에 그동안 선관위를 고치자는 얘기는 별로 없었는데 최근에는 좀 많이 나옵니다.

그리고 그와 관련해서 얘기되는 것이 3:3:3 시스템, 대통령이 3명, 국회에서 3명, 대법원장이 3명 선출하는데, 이게 외견상으로 황금분할처럼 어느 쪽도 과반이 안 되고 이른바 다리가 세 개인 솥처럼 서로 균형을 잡는 것으로 보였는데, 알맹이를 들여다보니까 아니더라, 대통령이 3명뿐만 아니라, 국회 3명 중에서 여당 몫이 1명이나 2명이고, 거기다가 대통령이 임명한 대법원장이 3명이다 보니까, 그것도 같은 코드로. 이렇게 되면 대통령 몫이 사실상 3명으로 끝나는 게 아니라, 한 7~8명 되는 압도적인 다수가 되는 상황에서 어떻게 정치적 중립을 지키느냐 해서, 이 부분을 좀 고치자는 의견이 있습니다.

더군다나 지금 선관위 같은 경우에는 정치적 중립성이라고 하는 것이 무엇보다도 중요한데, 여당 몫이 얼마고, 야당 몫이 얼마고, 이런 식으로 할 게 아니라, 오히려 정치색을 빼는 게 목적이라면, 여당도 야당도 다 반대하지 않을 만한 사람, 여당 색깔이 강한 사람은 야당에서 반대하고, 야당 색깔이 너무 극단적인 사람은 또 여당에서 반대하고, 그래서 예전부터 헌법학계에서 일부 논의되었던 게, 한 사람 한 사람에 대해서 3분의 2 찬성을 얻도록 하자, 선관위나 헌법재판소 같은 경우에는 정치적 중립성이 가장 중요하니까, 그 얘기는 여당 성향이 몇 명, 야당 성향이 몇 명, 균형, 이런 것보다는, 한 사람 한 사람이 성향이 아예 없을 수는 없어도 좀 지나친 사람은 배제할 수 있도록, 3분의 2라면 여야 합의 없이는 안 되는 거거든요. 이런 것도 한번 고려해볼 만하지 않을까 그런 생각을 말씀드리고요.

그리고 마지막으로 자격 요건과 관련하여 선관위 위원과 헌법재판관을 한번 비교를 해봤습니다. 무슨 얘기냐면, 헌법상으로는 똑같습니다. 정당 가입이나 정치 관여를 금지하고 있는 헌법 규정이 헌법재판관에게도 있고, 선관위 위원에도 있습니다. 그런데 그것을 구체화하는 법률 규정에 있어서 차이가 있고, 그 차이를 지금 오남용하는 현상이 있다고 보이거든요. 헌법재판관 같은 경우는 아예 정당 가입 금지와 관련해서는 최근 3년 동안 정당 가입한 당원 신분을 가지고 있었던 게 있으면 아예 자격이 없다. 그러니까 말하자면 정당 당원을 하던 사람은 안 된다. 한 3년 이상 벗어난 다음에나 임용 대상이 된다, 이런 거거든요. 마찬가지로 선거에 출마했던 사람, 예비 후보라도 등록했던 사람은 그 이후 3년 지나야 한다, 대통령 선거의 자문이나 고문, 선거 캠프에서 활동하던 사람도 마찬가지로 3년 이상 지나야 합니다. 그런데 선관위 같은 경우는 정당 개입이나 정치 관여를 금지하는 헌법 규정에도 불구하고 선관위법에서는 "정당 가입하면 해임된다. 정치에 관여하면 해임된다." 이것뿐이거든요. 그 얘기는 사전에, 1년이고, 2년이고 혹은 직전까지 이거(정당 개입이나 정치 관여) 했어도 그에 대한 명시적인 배제 기준이 없습니다.

대화문화아카데미 2016 새헌법안	2017년 국회 개헌특위 자문위원회안	2018년 문재인대통령 개헌안
위상은 세 안 모두 독립된 헌법기관		
제128조 ②중앙선거관리위원회는 대통령이 임명하는 3인, 민의원에서 선출하는 3인과 참의원에서 선출하는 3인의 위원으로 구성한다. 위원장은 위원 중에서 호선한다. ③위원의 임기는 6년으로 한다. ④위원은 정당에 가입	제114조 ③중앙선거위원회 위원장과 위원의 임면은 헌법기관장의 임면 절차와 통일적으로 한다. ④중앙선거위원회 위원의 임기는 6년으로 하며, 탄핵 또는 금고 이상의 형의 선고에 의하지 아니하고는 파면되지 아니한다.	제115조 ①감사원은 원장을 포함한 9명의 감사위원으로 구성하며, 감사위원은 대통령이 임명한다. ②제1항의 감사위원 중 3명은 국회에서 선출하는 사람을, 3명은 대법관 회의에서 선출하는 사람을 임명한다. ③감사원장은 감사위원

하거나 정치에 관여할 수 없다.
⑤위원은 탄핵 또는 금고 이상의 형의 선고에 의하지 아니하고는 파면되지 아니한다.

⑤중앙선거위원회와 각급 선거위원회 위원은 정치에 일절 관여할 수 없다.

중에서 국회의 동의를 받아 대통령이 임명한다.
④감사원장과 감사위원의 임기는 6년으로 한다. 다만, 감사위원으로 재직 중인 사람이 감사원장으로 임명되는 경우 그 임기는 감사위원 임기의 남은 기간으로 한다.
⑤감사위원은 정당에 가입하거나 정치에 관여할 수 없다.

하승수 2016 새헌법안에서는 대통령 3인, 민의원 3인, 그러니까 하원 3인, 상원 3인 이렇게 중앙선관위를 구성하는 걸로 돼 있었는데. (**박은정** 3:3:3) 사실 3:3:3보다는 국회 재적의원 3분의 2가 좋지 않을까요?

장영수 국회에서 결정할 때는 3분의 2로, 왜냐하면 (**하승수** 가중정족수를) 그렇죠. 잘 아시겠지만, 국회의원이 가장 예민한 부분이 선거거든요. 그렇기 때문에 여기에 어떻게 해서라도 영향력을 미치려고 하는데 내가 원하는 사람을 뽑는 게 아니라 이상한 사람 오면 배제해라, 그게 오히려 중립적인 선거관리위원회 만드는 방법 아닐까……

박은정 헌법재판관처럼 최근 3년 동안 당원 신분을 가지고 있었으면 자격이 없다는 규정, 그리고 선거에 출마했던 사람, 예비 후보라도 등록했던 사람은 그 이후 3년 지나야 한다는 규정, 끝으로 대통령 선거의 자문이나 고문, 선거 캠프에서 활동하던 사람도 마찬가지로 3년 이상 지나야 한다는 3:3:3 규정을 선관위에도 명시하는 것이 정말 중요할 것 같습니다. 이런 게 없으면 아까 말씀드린 대로 어제까지 정당원이었는데 오늘 당원증 반납하면 상관없거든요.

장영수 그랬을 때 정치적 중립이라고 말하기가 어렵죠.

박은정 그럼요. 지금 여기만이 아니라, 예를 들어서 국민권익위원회에도 법률상으로는 정당인이어서는 안 된다고 돼 있어요. 정당 가입은 안 되는데 어제 탈당하고 오늘 임명하면 되는 거죠.

구분	헌법재판관	중앙선관위 위원
당원 자격	정당가입 금지(헌법 제112조 2항), 당원 신분 상실 후 3년 이상 경과 후 임용 가능(헌재법 제5조 1항 4호)	정당가입 금지(헌법 제114조 4항), 가입시 해임(선관위법 제9조 1항)
선거 입후보	정치관여 금지(헌법 제112조 2항), 선거입후보(예비후보자 포함) 등록 이후 3년 이상 경과 후 임용 가능(헌재법 제5조 1항 5호)	정치관여 금지(헌법 제114조 4항), 관여시 해임(선관위법 제9조 1항)
대통령 선거의 자문, 고문	정치관여 금지(헌법 제112조 2항), 대통령선거 자문, 고문 역할 이후 3년 이상 경과 후 임용 가능(헌재법 제5조 1항 6호)	정치관여 금지(헌법 제114조 4항), 관여시 해임(선관위법 제9조 1항)

조진만 저는 정치학자로서 헌법재판관하고 중앙선관위 위원은 다르다고 보거든요. 왜냐하면, 선관위가 다루는 일이 선거, 정당이잖아요. 그런데 정당 가입 한 번도 해본 적 없고, 정치 관여도 해본 적 없는 인사가 국회의원과 정당과 관련한 문제를 제대로 다룰 수 있는지 하는 문제도 고민할 필요가 있습니다. 중앙선관위 위원은 고도의 정치적인 상황을 고려하여 판단하고 해석하는

것이 중요한데, 이 점을 고려하면 정치 관여나 정당 가입 제한 규정을 엄격하게 두는 것이 과연 바람직하냐는 생각도 합니다.

박은정 가입을 금지하거나 정치 관여를 하지 말라는 것이 아니라, 일정 기간을 두는 거죠.

조진만 만약에 아까처럼(3년-3년-3년) 하면 중앙선관위 위원은 정당 가입 경력이 없거나 아무것도 안 한 인사가 될 가능성이 크죠. 국회에서 3분의 2 가중정족수까지 충족하려면 더 그럴 가능성이 큽니다. 감사원이나 헌법재판소는 성격상 그래도 되고, 그것이 업무를 정확하고 공정하게 하는 데 도움이 된다고 봅니다. 그런데 중앙선관위 위원은 과연 그것이 중요한 직무를 수행하는 데 좋은 것인가에 대한 다소간의 우려가 있습니다.

박명림 제가 오랫동안 감사원, 국가인권위원회, 선관위, 공정거래위원회 등을 독립시켜서 아예 감독부를 따로 둬서 삼권분립이 아니라 사권분립을 하자고 주장한 게 사실은 '대의민주주의에서 파수꾼 민주주의나 견제적 민주주의로 한번 가보자', 즉 국가와 시장에 대한 감시, 감독 기능과 인권 보호, 환경 문제 등이 너무 중요해졌는데 이걸 어떡할 거냐? 그러나 또 사실 독립기관화하면, 기능 감퇴 정도가 아니라 기능 부전이나 기능 실패에 빠지는 문제도 있고……

갈등과 긴장이 있고, 힘의 길항 관계가 있어야 비중이 생기고 역할을 하는 건데, 정치적 증류화를 시켜버리니까 힘이 빠지게 돼요. 그렇더라도 감사, 선거, 감독, 선출 절차 이런 건 너무 중요한데……

박은정 그러니까 독립성은 보장되는데 중립성은 안 되는 그 예가 되는 거죠.

박명림 증류화시키면서 감시·감독도 안 되고 오히려 여당의, 권력기관의 충견 역할을 한다. 감찰견, 감시견 역할을 하라고 그랬더니 거꾸로 보호견 역할을 한다. 권력을 감시하라고 보낸 건데 오히려 권력을 보호하는 역할을 하는 거죠. 그래서 독립성과 중립성을 보장하면서 양극화를 막는 무언가가 있어야 한다고 봅니다.

하승수 구체적인 자격 요건은 어차피 법률에서 정할 사항이라서……

박은정 그런데 법률에서 그걸 안 정할 수도 있기 때문에…… 어떻게 보면 이렇게 헌법 원칙에 따라서, 구체적인 조문화의 방향은 아니라 할지라도……

하승수 헌법에 3년, 5년 이런 걸 명시할 수는 없으니까. 여기 지금도 정당 관여, 정당 가입이나 정치 관여는 금지되어 있고, 그런데 그걸 구체화하는 건 어차피 법률 수준에서 해야 합니다.

박은정 법률 수준에서 하되 그 법률이 현재의 법률처럼 또 이렇게 될 수도 있기 때문에……

장영수 그러니까 그런 거는 설명 속에다가 담아야 할 겁니다. (**하승수** 그러니까 그거는 설명에 하고, 헌법에 직접 담을 수 있는 내용은 아니다) 그리고 제 생각으로는 그렇습니다. 조 위원님 말씀하신 거 일리가 있는데, 그런데 둘(선관위원의 전문성 혹은 중립성)을 비교한다면, 적절한 중간점이 아직은 안 보이니까, 보이면 좋은데. 지금 정당이나 선거는 본인이 직접 해보고서 그에 대한 노하우를 가지는 게 더 중요하냐, 아니면 정치적 중립이 더 중요하냐, 양자택일한다면, 저는 중립이 더 중요할 것 같아요.

　아까 박 위원님 말씀하신 것처럼 이게 오히려 감시 통제가 아니라 한쪽 편을 들어버리는 이런 거는 사실 없으니만도 못한 것이 돼버리기 때문에, 일단 양자택일은 이쪽(중립성)이 우선이고, 그런데 조 위원님 말씀대로 이런 걸 어떻게 보완하느냐? 그런 쪽으로 더 고민을 해봐야 할 것 같습니다.

박은정 그리고 기본적으로 선관위의 임무, 목표는 선거 감시인데, 선거 감시야말로 국민의 몫이 아닙니까?

조진만 감시는 국민의 몫이고, 선관위는 말 그대로 선거관리를 하는 거죠.

박찬욱 그런데 국회 3분의 2 찬성이라면 양원합동회의 같은 데서 해야 하는 거군요, 하원이 하는 것도 아니고.

장영수 그러니까 이런 것들도 검토를 해야 할 부분인데, 2016 새헌법안에 있어서는 3:3:3이 조금 달라진 형태로, 대통령, 상원, 하원으로 돼 있었는데. 대통령을 빼는 것이 맞지 않느냐는 의견이 있었고, 그리고 그걸 전제로 했을 때 3분의 2로 하면 결국 여당, 야당 다 반대하는 사람은 안 되는 거거든요. 그리고 그렇게 한다면 결국은 중립적인 사람이 되지 않겠느냐, 어느 한쪽이 일방적으로 결정한다면 그건 편향성이 있는데, 이쪽저쪽 다 "그래, 이 정도라면 오케이, 이 사람은 그렇게 극단적인 사람 아니다" 이렇게 뽑자는 제안이었습니다.

강대인 선거구획정위원회 영국 경우에는 영어로 뭐라고 그래요?

박찬욱 Boundary Commission.

강대인 그건 어디에 속해 있어요?

박찬욱 독립기구입니다. 구성은 아마 총리가 하는데 그 운영에, 제가 알기에는 전혀 관여 안 하고. 또 그게 상당히 오랫동안 관례로 돼 있기 때문에…… 그리고 이렇게 쉽게 선거 때마다 하지 않아요. 미국같이 10년 스케줄이 있다든가……

박명림 주권이나 법치주의의 원론으로 보면 의회의 의원이 자신들의 선거구를 스스로 획정하는 것은 맞지 않는다고 봅니다. 이게 바로 당사자 제척사유 잖아요. "누구도 자기 재판의 당사자가 될 수 없다"(Nemo iudex in causa sua)는 원리를 사법부와 집행부에만 적용하지 말고 입법부에도 적용해서 주권을 대표하는 사항, 어떤 대표를 뽑을 거냐는 사항은 입법부 혼자 하면 안 되고, 주권자의 주권이나 다른 객관적 심판관이 들어가야 한다고 봅니다. 권한을 행사하는 국민의 대표가 자기네 선출에 관한 주권 문제를 주권자로부터 위임받아서 자기네가 스스로 만든다? 이건 제척사유에 해당되는 거라고 봅니다.

장영수 그런데 지금 국회에서는 개헌보다도 선거법 개정이 더 힘들다, 이렇게 얘기합니다. 그런데 지금 이거는 (**박명림** 맞습니다) 국회에 맡겨서는 어차피 안 되고, 결국 이걸 해결하는 방법은 국회가, 그렇다고 해서 이거 법률인데, 국회가 선거법 건드리지 마라, 할 수는 없거든요. 말씀하신 선거구 획정은 선관위에 맡길 수 있는데, 선거법을 선관위가 하라고 하기에는 또…… 오히려 제가 생각하기에는 이런 문제를 해결하려면 국민발안을 통해서 국민, 시민단체가 선거법 개정안을 제출하고, 거기에다 국민 여론을 더해가지고, 국회가 무시 못 하게, 이렇게 하는 게 현실적인 대안일 것 같습니다.

박은정 선관위 위원장 선출 방식에 대해서도 논의해보시죠.

장영수 2017년 국회 개헌특위 자문위원회안이 조금 이상하거든요. 그때 자문위원회가 6개 분과로 나뉘어 있었고, 정당·선거 분과에서 이걸(선관위 부분) 했었는데, 법학자가 거의 없이 정치학자들끼리 하다 보니 법적인 고려를 못 한 거 같습니다. 그러다 보니 헌법기관장의 임면 절차와 통일적으로 위원 선임을 하겠다는데, 이건 말이 안 되는 얘기거든요. 헌법기관장마다 다 다를 뿐만 아니라, 선관위 위원장도 아니고, 선관위 위원을 기관장과 통일적으로 한다? 이거 이상한 거거든요. 오히려 그럴 바에는 감사원과 비슷하게 (추천위원회의 추천을 받아 민주원 재적의원 2/3로 선출)하는 게 훨씬 더 합리적이라고 생각합니다. 혹은 우리 나중에 (논의할) 사법부 관련해서 헌법재판소 구성을 어떻게 바꿀 거냐 이런 얘기가 나오는데, 그쪽하고 맞추는 게 낫지 이건 좀 이상합니다. 내용적으로 맞다/틀리다를 떠나서 헌법기관장을 특정하지도 않은 상태에서, 국회의장도 헌법기관장인데 국회의장 선출하듯이…… 이건 말이 안 되지 않습니까? 다음에 2018년 문재인대통령 개헌안은 감사원과 비슷하게 국회, 대통령, 대법관 회의에서 세 명씩 선임하고, 위원장은 위원 중에서 호선하는 방식인데요. 이런 식, 3:3:3으로 하는 것이 문제 있다 말씀드렸던 부분이 그대로 적용될 것 같습니다.

조진만 저는 개인적으로 왜 대법관이 선관위원장을 계속하는지 모르겠어요. (**박은정** 저도 그 부분 말씀드리려고 했어요) 선관위가 법조기관이 아니잖아요. 민주주의를 원활하게 할 수 있도록 지원하고 관리하는 기관인데. (**박명림** 맞습니다) 그러니까 선관위가 자체적으로, 선관위에 있었던 사람이 (위원장으로) 와도 돼요. 자체 추천위원회에서 검증해서…… 대법관이 위원장이 되게 한 건 선관위가 자기 무덤을 판 것 같은 느낌도 들거든요. 왜냐하면, 대법관이 있으면 법률 관계에서 편하니까요. 근데 그럴 필요가 있는가? (**박은정** 맞습니다) 사실은 민주주의, 법치주의 간의 긴장과 관계를 잘 해결해야 하는 부분이 있고, 거기에 좀 다양한 사람이 오는 것이 좋다고 보거든요. 국회 인사청문회와 동의 과정만 있으면 되지, 대통령이 추천하고 사법부가 추천하고 국회가 또 추천하는 이런 방식은 탈피했으면 좋겠습니다.

박은정 지금 현재 대법관으로 해야 한다는 것이 법률에 나와 있나요?

조진만 없습니다.

박은정 없죠? 관행이죠. 그리고 비상근은 법에 비상근으로 돼 있겠죠? 이 부분은 어떻게 생각하세요?

장영수 상임으로 하는 게 맞죠.

하승수 그렇죠, 중요성으로 보면, 그런 건 입법 사항이니까.

박은정 그렇죠. 그러니까 이게 그야말로 헌법 관련 입법 사항이기 때문에, 우리 논의를 통해서 그 부분도 적시하는 것이 맞는 거 같습니다.

조진만 대법관은 대법원이 더 중요하잖아요. 그리고 겸직을 하고 있는 건데, 그러니까 상근을 대법원에서 상근하지, 선관위에서 상근 안 하잖아요.

박명림 대의민주주의 근간을 허물고 있는데 이거를 관행이라고 계속 반복되는 거를 방치해야 하느냐?

후반부 심의

장영수: 대화문화아카데미 2016 새헌법안에 보면, "대통령이 임명하는 3인, 민의원에서 선출하는 3인과 참의원에서 선출하는 3인" 이렇게 있는데, "독립된 추천위원회의 추천을 받아 재적의원 3분의 2 이상의 찬성으로" 민주원이 되겠죠. 재적의원 3분의 2 이상의 찬성으로 선출하는, 이렇게 하는 편이 차라리 깔끔할 것 같습니다.

조진만 이 법률은 중앙선관위 선거관리위원법 여기에 이 추천위원회 관련한 법 마련이 되고……

장영수 그렇죠. 추천위원회까지를 헌법에 규정할 수는 없으니까.

조진만 그럼 추천위원회는 어떻게 구성됩니까? 법률에서 추천위원회 관련한 법을 만든다면 어떻게 마련할지?

장영수 거기에 대해서는 사실 논의의 여지는 있습니다만 지금 현재 법률이 아니라 대법원 규칙으로 대법관 추천위원회를 두고 있거든요. 그런 경우에는 대법원장이 일부 추천하고 법관 회의에서 일부 추천하고, 그리고 외부 인사 중에서 일부 추천하고 이런 식으로 구성하게 돼 있습니다. 그걸 통해서 어느 한쪽이 지배적인 영향력을 행사하지 못하도록. 그런데 지금 현재 대법원 규칙은 대법원장의 영향력이 그래도 너무 크다는 비판을 많이 받습니다. 왜냐하면, 직접 추천하는 것 외에 외부추천위원회에 대해서도 대법원장이 관여하게 되어 있어서요.

박은정 법원행정처에서 의뢰가 와서 하게 되니까.

박찬욱 제가 대법관추천위원이 된 적이 있었습니다. 법학교수회 비슷한 이름의 단체가 있는데 거기서 제가 사회적으로 신망받는 인사 중에 하나가 되어서 추천위원이 된 거란 말이에요. 그런데 그 신망의 판단을 누가 하는 거예요?

조진만 결국 지금은 대통령제이고 삼권분립이니까 대통령, 국회, 사법부 해서 3:3:3, 9명으로 대부분 그렇게 돼 있는 거잖아요. 이렇게 되면 법률을 어떻게 정할지 모르지만, 중앙선관위원이든 감사위원이든 추천위원회 관련한 법령과 그 추천위원회를 어떻게 구성하는지가 제일 중요한 사안이 된다고 생각합니다. 왜냐하면, 그분들이 추천한 사람들을 대상으로 의회는 3분의 2 동의를 해줄 뿐이니까요. 추천 과정에서 의회나 대통령 등의 입장을 받는 부분도 없잖아요. 그러면 이분들이 이와 관련해서 책임이 있건, 전문성이 있건 해야 할 텐데⋯⋯

장영수 그런데 보통 대법관 추천 같은 경우 그렇지만, 인원수에 딱 맞춰서 추천하는 게 아니라 보통 한 3배수 이상으로 추천을 합니다.

박찬욱 맞아요.

박은정 조 위원님은 추천위원회 구성을 이야기하는 겁니다.

박찬욱 구성할 때도 그럴 수가 있어요.

박은정 그 추천위원회 구성을 3:3:3으로 할 수는 없고⋯⋯

박찬욱 그런데 선관위는 정파성이 있어서…… 참 이거 구성하기는 어려울 것 같습니다. 대법원보다 더 힘들 거예요.

조진만 어떤 방법이 있을까요?

박은정 예를 들어서 중요한 기관장 한 셋 정도가 들어올 수 있겠고……

조진만 기관장이라 그러면 사실 다 정부, 대통령의 영향력……

박은정 민간단체 쪽과 그다음에 아까 박찬욱 위원님이 말씀하신 신망이 높은 인사……

장영수 기본적으로 전제되는 건 3:3:3 해봤자 실질적으로는 대통령이 압도적인 영향력을 행사합니다.

조진만 그러니까 그와 다른 방식으로 추천위원회가 운영되려면 그게 방어가 되어야 하는데 어떤 부분이 그렇냐는 거예요. 이 추천위원이라는 분이 정치인도 아니고, 기관장이나 학자라든지 하면은 이게 책임도 없어 보이고요. 제가 생각하는 거는 추천위원회로 갔을 때 지금보다 더 좋거나 책임감이 커질 수 있다는 근거나 논리가 무엇인지 정확하게 잘 안 들어온다는 느낌은 있습니다.

박은정 근데 이게 아니고 그 3:3:3 하는 식이 또 합리적인 건 아니라고 해서 지금 추천위원회를 하잖아요.

조진만 그렇죠. 그런데 그게 문제가 있다고 이게 더 나아 보이지는 않는다는 거죠.

박은정 그럼 제3의 안이 뭐가 있을까요?

조진만 그러니까 그게 없으면 이게 낫다고, 3:3:3 이게 그 나름대로 제도로 정착되어 오랜 기간 관행이 정립되었잖아요. 국민을 설득하거나 삼권분립 하면 3:3:3으로 한다는 원칙을 생각하기 쉽죠. 그리고 그 상황에서 결국 대통령의 영향력이 크기는 하고요 그럼 그거하고는 다른 결로 추천위원회? 추천위원회 법률에 정해서 가면……

장영수 추천위원회를 거친 다음 민주원(하원) 재적의원 3분의 2의 동의를 얻으라는 얘기는 여당이나 야당이나 한쪽에서 결정하지 못하고, 양쪽에서 '이

사람은 도저히 안 되겠다' 하는 사람을 거르려고 하는 거죠. 사실 그동안에 특정 선관위 위원의 경우 극렬히 반대하는데도 그냥 임명한 거잖아요. 이런 일은 더 이상 없게 될 겁니다.

박은정 추천위를 구성할 경우에는 아무래도 주관하는 부처가 중앙선관위 같은 행정 당국이 될 것이고, 그럴 경우 암암리에 대통령 등 윗선의 영향력이 없지 않겠으나, 그러나 직접 3:3:3으로 하는 것보다는 덜 정파적인 그런 풀(pool)이 있을 수 있다, 이런 게 아닐까요?

조진만 3분의 2라는 게 양날의 검처럼 느껴지는데, 만약에 100석만 있으면, 지금 국민의힘 같은 경우에 소수이지만 선관위 인사 등 중요한 문제에 대하여 계속 반대할 수 있는 거잖아요.

박찬욱 그게 지연될 가능성은 있어요, 그러니까 3분의 2를 못 받으면.

조진만 계속 거부하면……

박찬욱 계속 또 딴 사람으로 하고 시간이 꽤 걸리죠.

조진만 합의로 해서 다 3분의 2로 되겠지, 하고 생각만 할 것이 아니라……

박찬욱 더군다나 우리 정치 문화에서는 합의를 잘 안 하니까……

조진만 3분의 1 정도, 100석 정도만 갖고 있으면 다 비토할 수 있는 거거든요.

박찬욱: 글쎄 그런 건 있죠. 그런 일은 있죠.

장영수: 아마 그렇게 되면 그렇게 비토(veto)하기보다는, 바터(barter)할 가능성이 훨씬 더 크다고 봐요.

박찬욱 차라리 바터하면 낫지 않아요? 합의하는 건데?

조진만 낫죠, 나을 수도 있죠.

장영수 그런데 아무튼 지난번 선관위 위원이나 이런 경우처럼 '이 사람은 도저히 안 되겠다' 그건 걸러지겠죠. (**조진만** 바터하면서 걸러진다?)

박찬욱 근데 이제 거기서 바터(barter) 몫이 문제겠지……

박은정 그런 거 생각하면 그냥 다 임명을 해버리면……

조진만 확실히 임명하고 확실히 책임지게 하는 것도 방법이죠.

박은정 제왕적 대통령에게 책임을 지니까 문제가 이렇게……

장영수 그래서 이제 일부 논의되는 건 이거 한꺼번에 9명 갈아치우지 말자는 겁니다.

박은정 헌재 재판관처럼 하자는 거군요.

장영수 그런데 헌재 재판관도 사실은 지금 3명이 동시에 문제 되고 있잖아요. 한 명이면 그 한 명만 가지고 합의를 하면 되는데 한꺼번에 여러 명이 되면……

조진만 3분의 1씩.

장영수 그리고 이제 조금 지나면 일찍 정년한 사람이라 해가지고 다 흩어질 테니까.

박찬욱 참 어렵네요.

박은정 그렇게 도입을 하지 않더라도 시간이 지나면서 순차적으로 구성이 바뀌지 않습니까?

박찬욱 죽는 사람도 있고, 또 사표도 낼 수 있을 거 아니에요.

장영수 정년 나이가 다르기 때문에, 또 임기 다 안 채우고 중간에 정년하는 분들도 있으니까 시간이 지나면 해결될 것 같습니다.

조진만 현실적으로 보면 위원도 임기를 다 안 채우려고 하거나 아니면 임기 끝나는 사람이 있으면 어느 정도 맞춰서 사퇴하는 사례가 꽤 있지 않나요? 3분의 1 정도씩 개선(改選)하는 건 괜찮은 것 같은데 실질적으로 한명 한명씩 하기는……

장영수 그건 곤란한 게 그러려면 최소한 임기가 9년은 되어야 하는데, 9년씩 안 되니까요. (**조진만** 그렇죠)

2) 선거구 획정 업무

박명림 선거구 획정을 계속 의회에 맡겨두는 게 이게 과연 맞는 건가요?

박은정 네, 제가 지난번에도 여기에 꼭 넣어야 한다고 말씀드린 선거구 획정 등의 문제, 이 문제를 언제까지 의원이 법률로써 임의대로 할 수 있게 놔둬야 하는지요. 이때까지의 예나 외국의 헌법 등과 비교해본다면 선거구 획정 문제까지 헌법에 넣을 필요가 있겠는가, 하는 의견도 있겠지만, 결국 우리의 정치 문화적인 배경과 정치 현실을 고려했을 때, 그 부분에 문제가 누적돼 있다면 그리고 그로 인해 정치 발전이 저해되고 있다면, 그런 부분은 그야말로 헌법적 이슈로 가져갈 수 있다고 생각합니다.

예컨대 선거관리위원회가 헌법기관으로 되어 있는 나라는 드물죠. 그런데 우리나라는 있단 말이죠. 그럼 다른 나라에 없는데 우리가 있으니까 장차 이거 없애야 한다? 지금 당장은 그렇게 말하기가 어렵지 않습니까? 그렇다면 그 선관위원회의 기능이 제대로 돌아가게 하려면, (정당원 제한 기간) 3년이라든가 이런 것에 관한 것도 저는 헌법에 넣을 수도 있다는 생각이 듭니다. 아니면 딱 3년을 못 박지 않는다 할지라도 그런 방향의 어떤 제재가 필요하다는 워딩은 적어도 헌법에 남아 있을 필요가 있다고 생각하고요. 그리고 국회의원이 자신들의 목전의 이해관계 속에서 극단적으로 진영화돼 있다고 한다면, 선거구 획정 문제라든가 이런 것들과 관련된 최소한의 규정도 저는 헌법에 실을 수 있다고 봅니다.

입법자가 최악의 행태, 법률을 제정해놓고 이 법의 정신에 위배되는 행위를 서슴지 않고, 심지어 법원리에 반하는 법률을 만들기도 하고, 그러한 행태를 계속할 때⋯⋯ 이게 입법자가 준법을 하지 않으니까⋯⋯ 위성정당도 그렇고요. 이거를 어디까지⋯⋯ 너무 심각해서⋯⋯ 조진만 위원님이 그 부분에 관한 경험이 많으시니 조문을 한번 만들어보시기 바랍니다.

조진만 사실 선거구 획정이라든지 이런 부분까지 헌법에 들어가야 하는지는 고민이 됩니다. 다만, 현실적으로 대한민국 선거가 원활하게 운영되지 않고 있다는 점은 심각한 문제입니다. 위성정당도 그렇고, 공직선거법도 그렇고, 공천도 그렇고. 이번 선거구 획정도 국회가 뒤늦게 재심의 요구를 하면서 몇 시간 안에 처리해달라고 하더군요. 만약에 그날 획정위가 재심의해서 국회의 입장을 수용하지 않으면 국회는 수용해야 하거든요. 그런데 이게 민주주의와 법치주의 간의 갈등인데, 국회가 받지 않을 수도 있죠. 선거구획정안을 법으로 가결해야 하니깐요. 만약에 그 단계에서 국회가 법으로 통과를 안 시키면 선거 자체가 진행이 안 되는 상황도 초래할 수 있는 거죠. 국회가 지역구와 비례대표 국회의원의 의석을 정해서 공직선거법을 개정해야 하거든요. 선거구 획정을 다시 하는 것도 시간이 많이 소요되고 어려운 일이지만 선거구 획정이 지연되면 선거관리 차원에서도 큰 어려움이 있습니다. 갑자기 선거구가 변경되면 관할을 어떻게 할지, 사전투표나 재외국민투표 등을 어떻게 준비할지 어려움이 많죠. 선관위가 요즘 너무 어렵고 정파적인 부분 때문에 휘둘리는 느낌이 있어요. 물론 선관위가 내부적으로 잘못한 것이 있고, 이 부분은 깊게 반성하고 개선해야죠. 그렇지만 지금처럼 정파적으로 가면 선관위가 독립기관으로서 위상을 제대로 지키기 어려울 수도 있겠다는 우려가 있습니다.

장영수 사실 외국 헌법에 없는 조항, 우리 지금 가지고 있는 것들 몇 개 있거든요. 예를 들어서 국회의원의 이권 개입 금지 의무, 이런 거 창피한 얘기거든요.

조진만 그렇죠. 여전히 부패가 많다는 것을 자인하는 것이죠.

장영수 그러니까 그게 헌법에 들어간 배경은 국민이 워낙에 문제라고 하니까 안 하겠다 하면서 헌법에 집어넣었는데, 그리고 지금 우리가 선진국 헌법은 좀 그렇습니다마는, 개발도상국이라고 할 수 있는 그런 나라의 헌법을 보면 정말 온갖 이상한 것이 많이 있거든요. 예를 들어서 특정 정당이 아예 정당의 이름을 명시해서 헌법에다가 이게 과반 의석을 가져간다든지 이런 헌법도 있고, 심지어는 '누가 대통령이다'를 헌법에 못 박은…… 우리가 계속 우려하는 거는 조금 더 구체적으로 헌법에 들어갈 수는 있는데, 여기까지는 안 된다 그런 거지, 말씀하셨던 거를 조금 더 구체화해서 선거구획정위원회 같은 거 집어넣자, 저는 충분히 가능하다고 봅니다.

박은정 우리 정치 현실에서 지금 너무나 고질적인 폐단, 그런 부분에 대한 경험이 국민 사이에서 공유되어 있다면 그것은 헌법 의사로 반영되어야 하지 않습니까?

장영수 그리고 실제로 그렇게 되면 지금처럼 하면 안 되죠. 선거구획정위원회에도 국회에서 다시 의결하는 게 아니라, 국회는 손 떼라. (**박은정** 그럼요) 그러지 않으면 의미가 없습니다.

조진만 국회가 제때 획정 기준을 제시해주면 문제는 해결되죠. 선거를 치르는 데 어려움을 겪지 않도록 국회가 처리해야 하는 부분은 국민의 대표로서 기한을 지켜야 한다는 부분이 법률에 좀 더 구체적으로 명시되면 좋을 텐데, 문제는 이것을 안 지켜도 국회를 처벌하기 힘든 측면이 있습니다.

박은정 그럴 경우를 대비하는 규정도 있어야 하는 것이죠.

조진만 사실 획정위원 9명이 254개 선거구를 결정한다는 게, 그게 사실은 엄청난 거죠. 솔직한 얘기로 획정위원이 신도 아니고, 각 지역에서 얘기하는 거 다르고, 같은 동네에서도 달라요. 또 정당과 국회의원도 견해가 다르고요. 결국, 국회에서 어떠한 형태로든 합의해서 이 정도 수준으로 해달라고 획정위에 요청이 오면 획정위도 그 합의를 존중해줄 필요도 있습니다.

박은정 어쨌든 선거구 분할 권한이 국회가 아니라 선관위가 가져가는 쪽으로 이렇게 정리가 되어야 하는 거 아니에요?

조진만 국회의원이 공직선거법만 바꾸면 돼요.

박은정 그런데 공직선거법을 바꾸거나 안 바꾸거나 하는 것 역시 국회의원 소관이 되니까……

장영수 안 바뀌지죠.

조진만 그런데 선거구 획정의 원칙을 헌법에 넣기가 어렵습니다.

박은정 그 자체는 선거법에서 규정하더라도 제가 말하는 것은 권한, 권한을 이야기하는 거죠.

하승수 네, 선거구 획정 권한에 관해서 헌법에 담을 수는 있을 것 같습니다.

박명림 그렇죠.

조진만 공직선거법상 획정위가 권한을 갖고 있습니다. 그런데 문제는 선거구 획정 권한은 획정위가 갖고 있는데 의원 정수를 매번 선거 때마다 공직선거법을 국회의원들이 개정해줘야 합니다. 300명으로 한다, 비례를 몇 명으로 한다, 이런 식으로요. 그런 내용이 공직선거법에 있습니다. 그러니까 획정위원은 획정 권한이 있는데, 문제는 입법의 권한이 없는 거예요. 그러니까 국회의원에게 해달라는 거고.

박찬욱 그걸 아예 헌법에 명시해놓으면 국회 입법권을 침해하는 게 아니게 되는 거죠.

박은정 입법을 구걸할 필요가 없게 하자, 이 말이지요.

박명림 법치의 근본 원리로서 누구도 자기 사건에 재판관이 될 수 없다. 그러니까 국회의원의 정수나 권리나 세입이나 권한이나 선거구와 관련된 문제도 최종 입법권은 국회한테 줄 수밖에 없어요. 국민의 대표니까. 그러나 최소한 선거구 획정 문제의 경우는 어떤 뭔가 구조를 만들어가지고 통제할 수는 있겠습니다.

조진만 선관위가 획정하는 나라도 많지가 않아요.

장영수 선관위가 없어요, 아예.

조진만 아예 없거나. 주 정부에서 하거나 아니면 의회에서 해요. 자기네들이. 이거는 중요하니까…… 국회는 집합적인 기구니까 선거구 획정이나 이 협상을 특정 정당이나 특정 지역이나 특정 의원이 하지 못한다는 거예요. 워낙 민감하기 때문에. 그래서 이건 국회의원 300명이 달려들어서 자기 목소리로 우리는 안된다 해서 결국은 거기서 타협하는 거죠. 그러니까 그게 내가 내 이해관계를 온전히 관철하기는 어려운 구조가 되는 거죠.

장영수 지금 그렇게 관철하게 돼 있잖아요.

조진만 관철은 못 하죠.

박명림 영국, 미국 지역구 게리맨더링도 그게 사실 말이 안 되지 않습니까?

조진만 헌법에 선거구 획정 관련한 게 들어가 있는 헌법이 있나요?

박명림 한번 자세히 검토를 해봐야 해요. 최근 37개 국가에 대한 정밀한 비교조사를 읽어보니까 입법, 행정, 사법부, 독립기관 등 선거구 획정 기구가 매우 다양하였습니다. 독립적인 선거위원회나 선거구획정위원회가 맡는 나라도 많았고, 오스트리아·벨기에·덴마크·프랑스·핀란드·그리스와 같은 나라는 행정부의 부처에서 담당하고 있었습니다.

박찬욱 선관위 권한으로서 획정 권한을 헌법에 적으면, 국회가 우리가 입법할 게 아니라고 알 수 있겠죠.

하승수 한국적 특수성 같은 게⋯⋯

박은정 그렇죠. 우리의 역사적 경험에 비추어 필요한 바인 거지요.

조진만 선거구 획정의 권한은 선관위가 갖는다?

박찬욱 그거 아주 헌법조항으로는 넣자는 거죠. 사실 획기적인 겁니다.

박은정 우리 헌법안은 분권으로 가서 결국은 대통령 권한을 축소하고 국회 쪽으로 더 주자는 거 아니에요. 그런데 사실은 국회에 대한 불신이 또 크잖아요. 그러니까 저는 그런 상황에서 차제에 국회의원 불체포 특권이라든가 면책특권 등에 대해서도 재검토해볼 필요는 없는지, 하는 생각마저 듭니다. 어쨌든 이 선거구 분할과 관련해서는 선거관리위원회가 엄연히 헌법기관이니까 선관위가 갖도록 못 박는 식으로 정리를 해줘야 한다, 저는 이런 생각이 강합니다.

3) 장의 명칭

조진만 장의 명칭을 기관 명칭으로 표기하는 방안이 좋겠습니다. 이 부분은 2017년 국회 개헌특위 자문위원회안이나 2018년 문재인대통령 개헌안에도 명시되어 있던 부분이고, 헌법재판소와 같이 헌법적 독립기관으로서의 기관 명칭을 사용하는 것이 더 좋을 것 같습니다. 그래야 선관위의 정치적 중립성이 강화되고 행정기구라는 논란도 종식하면서 권한쟁의심판청구 등의 불필요한 법적 논란도 적을 것으로 보입니다.

장영수 저도 여기에 동의하는 게, 현행헌법에서도 모두 다 기관으로 얘기를 했지 기능으로 얘기한 적 없어요.

하승수 선거관리위원회라고 하면 더 명확하고 오해가 없습니다.

다수 동의합니다.

4.9. 제7장 감사원

*국가인권위원회에 관한 토론기록은 맨 끝에 포함

1) 감사원의 소속

현행헌법	대화문화아카데미 2025 새헌법안
제4관 감사원 제97조 국가의 세입·세출의 결산, 국가 및 법률이 정한 단체의 회계검사와 행정기관 및 공무원의 직무에 관한 감찰을 하기 위하여 대통령 소속하에 감사원을 둔다.	**제7장** 감사원 제118조 국가의 세입·세출의 결산, 국가 및 법률이 정한 단체의 회계검사와 행정기관 및 공무원의 직무에 관한 감찰을 하기 **위하여 감사원을** 둔다.

장영수 박명림 위원님께서는 감사원의 의회 이관을 주장한다고 하셨는데 이 부분은 이견이 있을 듯합니다. 김대중 정부 때 이 논의가 처음 나왔었거든요. 그리고 그때는 감사원 국회 이관을 주로 많이 얘기했다가 시간이 가면 갈수록 독립기관화 쪽으로 기울어버렸어요. 그리고 그 이유는 일단은 국회에 대한 불신이 크다는 겁니다. 한창 그런 논의가 있을 때 국회에서 감사원 고위직에 있는 분들의 의견을 청취하는 그런 모임이 있었다고 합니다. 그래서 국회로 갔을 때 장점이 뭐고 단점이 뭐고 독립기관으로 했을 때 이런 내용을 준비해서 갔더니, 정작 의원들이 물어보기는 감사원이 국회에 들어오면 우리한테 뭘 해줄 수 있느냐? 예를 들어서 세금 문제 같은 거, 감사원이 그쪽 회계 전문가가 많으니까 도와줄 수 있느냐? 이런 거 물어보더라고요. 이런 국회에 감사원을 맡길 수 있겠느냐? 이런 국회에서 감사원의 중립성을 존중하겠느

냐? 거기에 대한 불신이 굉장히 큽니다. 그런데 감사원 스스로가, 물론 전체적으로는 모르겠는데, 일단은 독립하는 것에 대해서 두려움이라고 할까, 지금은 대통령을 백그라운드에 놓고서 힘을 행사하고 있는 거고, 국회로 가면 국회를 백그라운드로 삼아서 또 역시 힘을 행사할 수는 있는데, 독립기관을 하게 되면 그야말로 자기 발로 서야 하는 거잖아요.

박은정 인권위 같은 거죠.

장영수 그렇죠. 거기에 대한 두려움이 있는데, 그래서 처음에는 독립기관화를 전혀 선호하지 않았는데, 아까 말씀드렸던 그 일 이후로는 오히려 독립기관화 목소리가 상당히 커졌다고 하더라고요.

박찬욱 우리가 작업할 때도요. 사실은 감사원을 독립기관으로 하느냐, 국회에 이관하느냐 상당히 논의를 많이 했잖아요. 그런데 결국은 우리, 아마 독립기관으로 했을 거예요. 고민이 참 많았습니다. 그런데 미국의 GAO(General Accounting Office, 회계검사원)와 CRS(Congressional Research Service, 의회조사국)는 의회 내에 있지만, 중립성이 유지됩니다. 왜냐면 기관장이 십몇 년씩 하고, 또 양쪽 눈치 안 보면서 보고서 내고 그러는데, 우리는 국회로 가면 정치적인 중립성이 상당히…… 그때도 그런 회의 때문에 결국은 우리가 의회 중심을 맨날 외치면서도 결국 의회에다가 못 집어넣고 빼냈잖아요. 그런 고민이 있는 거 같아요.

장영수 사무총장 역할이 너무 크죠.

박찬욱 지금 보니까 미국식 CRS를 우리도 만들자고 해서 만들 때, 김원기 의장 때부터 해서 제가 위원장을 맡아 미국도 가고…… 그 조직을 박찬표 교수랑 저랑 만든 거예요. 임채정 의장 때 그만했는데…… 그것도 진짜 정파에 휘둘리지 않는 정책에 대한 중립적이고 좀 더 장기적인 연구 같은 걸 하길 바랐는데, 당장 그거 만들어놓으니까 사람 뽑는 데 양당에서 들어오죠, 다음에 사무총장이 예산 안 주죠, 그러니까는 그 조사처장이 힘을 못 쓰더라고요. 우리는 이게 중립이라는 거 이게 참 고민이에요. 그러니까 아마 국회의원들이라면 "우리가 예산 더 줄 테니까 너희 우리 말 들어라" 이런 식 아니에요? 이런 문제를 어떻게 해야 하는지 그것도 의논을 해봐야 하겠네요. 물론 저도 행정부에서는 안 된다고 생각하는데……

조진만 국회로 오면 그런 얘기는 하더라고요. 300개의 감사원이 생기는 거라고. 국회의원 개개인이 다 감사원, 300개의 감사원이 생기는 그런 느낌이라고 보면 된다고.

박은정 독립성이 지켜질 수 있을 것인가 하는 그런 회의에 대한 다른 제도적인 방편들이…… 혹시 외국의 사례라든가 그런 게 있는지요?

장영수 대표적인 게 영국의 NAO(National Audit Office)나 미국의 GAO(General Accounting Office), 그리고 독일의 Bundesrechnungshof(연방회계감사원) 이런 것인데요, 이게 딱 나뉘는 게 영미 같은 경우에는 의회 소속이고, 그러다 보니 정치적 중립성 문제 때문에 한참 고생을 하다가 수십 년의 경험을 통해 지금 자리 잡은, 특히 미국 같은 경우에는 초기에는 굉장히 고생하다가 결국은 GAO장에게 장기간의 임기와 더불어서 권한을 쏟아주고서 외부 개입을 차단하는, 형식상 의회 소속이지만 의회 관여를 배제하는 식이 됐는데 우리에게 그게 맞을까, 이것도 문제고, 그리고 결국 그 경우에는 어쨌든 의회 소속이다 보니까 의회와 협조를 통해 힘을 가지고 있는 건 분명하고요, 그런데 독일, 프랑스의 경우에 우리가 지금 얘기하고 있는 것처럼 독립기관으로서 하고 있는데 이 독립기관이라고 하는 게 애초부터 그런 문제를, 다시 말하자면 플러스/마이너스지 않습니까, 독립돼 있으니까 다른 쪽의 힘을 가져올 수는 없습니다.

그러면 이 기관이 제대로 기능하고 국민의 신뢰를 얻느냐, 이 부분밖에는 없고, 그리고 비교적 성공적으로 하고 있는 것으로 평가되고 있는데 우리나라에서도 똑같이 성공한다는 보장은 없습니다. 그러기 때문에 그건 위원장님이 우려하시는 그런 부분을 고려하면서 초기에 감사원이 독립기관화된 이후에 국민 신뢰를 얻어가지고 일을 잘하는 방식으로 할 수밖에 없지 않나 싶습니다.

박은정 '독립성이 보장되면 중립적이 될 것이다'라고, 독립성과 중립성을 같이 가는 것으로 많이 이야기하는데 그러나 독립성이 보장되었다고 그 독립성이 반드시 중립성을 담보하지는 않습니다. 예를 들어, 사법부 같은 경우에도 예전에 비하면 사법부가 독립성은 강화되었는데 사법부가 독립되었다고 해서 그럼 사법부가 매사에 중립적인 판결을 내리느냐, 이건 또 다른 문제입니다.

2) 감사위원과 감사원장 선출 방식, 임기, 정수

현행헌법	대화문화아카데미 2025 새헌법안
제98조 ①감사원은 원장을 포함한 5인 이상 11인 이하의 감사위원으로 구성한다. ②원장은 국회의 동의를 얻어 대통령이 임명하고, 그 임기는 4년으로 하며, 1차에 한하여 중임할 수 있다. ③감사위원은 원장의 제청으로 대통령이 임명하고, 그 임기는 4년으로 하며, 1차에 한하여 중임할 수 있다.	제119조 ①감사원은 원장을 포함한 **9인**의 감사위원으로 구성한다. ②**감사원장과 감사위원은 감사위원추천위원회의 추천을 받아 민주원에서 재적의원 3분의 2 이상의 찬성으로 선출한다. 감사위원추천위원회의 구성과 감사원장과 감사위원의 추천절차는 법률로 정한다.** ③**감사원장과 감사위원의 임기는 6년으로 하며 중임할 수 없다.** ④**감사위원은 탄핵되거나 징역 이상의 형을 선고받지 아니하고는 파면되지 아니한다.**
제99조 감사원은 세입·세출의 결산을 매년 검사하여 대통령과 차년도국회에 그 결과를 보고하여야 한다.	제120조 감사원은 세입·세출의 **결산과 회계검사의 결과를 국회, 대통령, 총리에게 제출하여야** 한다.
제100조 감사원의 조직·직무범위·감사위원의 자격·감사 대상공무원의 범위 기타 필요한 사항은 법률로 정한다.	제121조 감사원의 조직·직무범위·감사위원의 자격·감사 대상공무원의 범위 기타 필요한 사항은 법률로 정한다.

하승수 감사원 같은 경우는, 대화문화아카데미 2016 새헌법안에서는 감사위원 후보자 추천위원회에서 후보자를 추천한 후에 '국회'에서 선출하는 것으로 문구가 돼 있었는데. 2017년 국회 개헌특위 자문위원회안은 추천해가지고

국회 동의를 얻어서 대통령 임명하는, 그러니까 실질적으로는 2016 새헌법안과 큰 차이가 없죠.

장영수 비슷한데 다만 대통령이 국가원수니까 국회가 임명하는 것보다는 그게(대통령 임명, 2017년 국회 개헌특위 자문위원회안) 모양새가 낫지 않나 싶습니다.

대화문화아카데미 2016 새헌법안	2017년 국회 개헌특위 자문위원회안	2018년 문재인대통령 개헌안
제122조 ①감사원은 원장을 포함한 5인 이상 11인 이하의 감사위원으로 구성한다. ②감사원장과 감사위원은 감사위원추천위원회의 추천을 받아 민의원에서 선출한다. 감사위원추천위원회의 구성과 감사원장과 감사위원의 추천절차는 법률로 정한다. ③감사원장과 감사위원의 임기는 6년으로 하며 중임할 수 없다. ④감사위원은 탄핵되거나 징역 이상의 형을 선고받지 아니하고는 파면되지 아니한다.	제98조 ①감사원은 원장을 포함한 9인의 감사위원으로 구성한다. 〔다수의견〕②감사위원은 법률이 정하는 독립적인 감사위원후보자추천위원회의 추천으로 국회의 동의를 얻어 대통령이 임명한다. ③전 항의 국회의 동의는 재적의원 과반수의 찬성으로써 한다. 〔소수의견〕(장용근 위원) ②감사위원은 감사원장의 제청으로 국회의 동의를 얻어 대통령이 임명한다.	제115조 ①감사원은 원장을 포함한 9명의 감사위원으로 구성하며, 감사위원은 대통령이 임명한다. ②제1항의 감사위원 중 3명은 국회에서 선출하는 사람을, 3명은 대법관회의에서 선출하는 사람을 임명한다. ③감사원장은 감사위원 중에서 국회의 동의를 받아 대통령이 임명한다. ④감사원장과 감사위원의 임기는 6년으로 한다. 다만, 감사위원으로 재직 중인 사람이 감사원장으로 임명되는 경우 그 임기는 감사위원 임기의 남은 기간으로 한다.

박은정 중립적인, 독립적인 기구를 만드는 데에 그럼 그 구성을 어떻게 할 거냐고 할 때 흔히 혹은 합리적으로 짐작할 수 있는 것이 국회에서 몇 명, 국회 안에서는 여에서 몇 명, 야에서 몇 명, 그다음에 행정부에서 몇 명, 그다음에 관련 직능단체에서 몇 명, 이런 식으로 구성을 한단 말이죠. 헌법기관이라 할지라도. 그런데 그럴 경우, 그렇게 구성을 해놓으면, 그 안에서 건전한 집단지성의 합리성이 나와야 하는데, 이게 꼬리표가 다 붙어서 그 꼬리표가 마지막 순간까지 요지부동이어서 결국은 결론이 안 나오고…… 그래서 그 문제가 또 권한쟁의니 하면서 또 다른 헌법기관으로 넘어가고 하는 게 문제라는 거죠. 이런 문제를 다 제도적으로 해결할 수 있는 방안을 찾기는 어렵다고 생각이 되긴 되는데…… 그런데 이게 한두 가지 예가 아니거든요.

장영수 감사원은 2017년 국회 개헌특위 자문위원회에서 얘기할 때는 완전히 독립을 시키고 대통령이 관여하지 못하도록 했었는데, 2018년 문재인대통령 개헌안에서는 형식상 독립시켰지만, 감사원장과 감사위원을 대통령이 임명하는 거, 이 차이가 있습니다. 그러니까 형식상으로는 똑같이 독립기관이지만 실질적으로는 대통령이 장악할 수 있게, 이런 것이 문제고, 결국 그랬을 때는 감사원장을 중심으로, 미국의 GAO 같은 경우나 영국의 NAO 같은 경우도 마찬가지고요. 원장의 독립성이 결국 기관 전체의 독립성이 될 수밖에 없고. 그러면 이 독립성을 어떻게 확보하느냐? 그거는 다시 말하자면 감사원장 혹은 지금 우리나라에서 공수처장 같은 경우도 그렇습니다마는, 추천위원회를 어떻게 합리적으로 구성하고 그 추천위원회가 대통령이나 여야의 영향력을 최대한 배제한 상태에서 감사원장을 선출하느냐가 이 사람이 독립성을 가지느냐를 결정합니다.

박명림 저도 그 문제를 다 동감하는데 감사원 국회 이관을 생각해 봤던 것은, 일장일단이 있는 것 같은데, 하나는 예산법률주의 문제, 다른 하나는 직무감찰과 회계검사를 분리하는 문제 때문입니다. 그래서 절대적인 어떤 상대 다수를 확보할 수만 있으면, 다시 말해 그 당파성을 제어할 수 있는 장치만 있으면 그래도 의회로 가는 게 조금 더 행정부 견제에 낫지 않을까 생각을 했는데…… 만약에 그게 안 된다면 독립기관이 나은데 독립기관이 될 경우에 대통령의 권력 행사의 방식이나, 장악 여부에 따라서는 지금 현재의 감사원이나 방통위원회 같은 문제가 생길 수 있어서 말씀해주신 것처럼 독립성이 유지될 수 있을지 그게……

장영수 어느 쪽이든지 문제지요.

박명림 네, 그래서 절대적 상대 다수를 통해서 감사원을 구성해서 의회 안에서도 감사원장, 감사위원 선출 과정이 조금 정교해질 수 있다면, 어느 쪽이든지 괜찮을 것 같거든요.

장영수 미국 GAO 같은 경우도 여러 시행착오를 거쳐서 지금과 같은 시스템으로 만들어서 독립성을 확보했다고 합니다. 독일이나 프랑스 같은 경우에는 아예 저런 식으로 하기 힘들다고 해서 독립기관으로 간 거고요. 각각의 일장일단이 있으니까. 그런데 제가 미국식으로 하기는 어렵다고 생각하는 것은 GAO 같은 경우는 그쪽 장에게 권한을 갖다 몰아줘서 임기를 매우 길게 하는, 그래서 어떤 정치적인 변화에 영향을 적게 받게 하는, 사실 미국이 그런 식의 뭐랄까? 배포라고 할까? 이런 게 있는 것 같은데. 연방대법원 같은 경우는 아예 종신이잖습니까? (**박명림** 그렇죠) 그런 식으로 길게 하면 어차피 중립이 되기 쉽다, 이렇게 하는데, 사실 그런 식으로 종신하는 나라는 거의 없거든요. (**하승수** 그렇죠)

우리나라에서 임기 길게 하는 게 굉장히 어렵습니다. 지금 국회의원도 그렇고, 당장 독일 같은 경우에도 미국식으로는 못 하겠고 대신에 독일에서 최고 법원이 연방헌법재판소니까 연방헌법재판소 재판관을 12년 단임으로 하거든요. 단임이니까 어차피 눈치 볼 필요 없고 12년이니까 또 바뀌더라도 영향 별로 없다는 겁니다. 그런데 우리나라에서 그 얘기를 몇 번 꺼냈는데 아무 소용이 없습니다. 그래서 이제 얘기하는 게 6년, 9년은 혹시 어떠냐, 이런 정도지, 12년 제안하면 '너무 보수화된다, 너무 길다' 이런 반응입니다. 특히 국회 쪽에서 '의원이 4년인데 감사위원은 6년만 해도 길다' 이런 얘기까지 나오거든요.

그리고 임기를 처음부터 길게 했을 때 오히려 부작용이 있을 수 있습니다. 왜냐면 처음에는 아무래도⋯⋯ 원활하게 운영되기 시작하면 괜찮은데, 처음에 임기를 길게 한 상태로 잘못 들어가면 그 긴 임기 때문에 '이거 문제 있다' 하고 얘기할 가능성이 꽤 높거든요. 앞서 말씀드린 그런 문제를 포함하여 이런 문제까지 있기 때문에 저는 개인적으로는 6년 정도로 시작하고, 상황 봐서 최대 9년까지⋯⋯ 그리고 그럴 때는 대법원이랑 헌법재판소 같은 경우도 같이 임기를 늘리는 게 현실적이지 않을까 생각합니다.

박은정 그런 장기 임기제에 대한 거부는 그런 자리가 정권이 바뀌면 물갈이를 해야 할 것인데 그걸 못하게 하는 현실적인 그런 계산인 거죠.

장영수 그게 안 되면 사실 독립성이 어렵거든요.

박은정 그렇죠. 그런데 지금 미국에서 그 종신제의 폐해가, 대학이든 사법이든 의회든 이런 데서 나타나고 있지 않습니까?

조진만 제 생각에 선관위도 그렇고 다른 헌법적 독립기관이 있는데 감사원만 다른 식으로 구성하기는 쉽지 않을 거로 봅니다.(**박명림** 맞습니다) 그러면 기존의 3:3:3이라는 것을, 선관위까지도 다 바꾸든지 해야겠습니다. 독립기관은 다 그 정도 수준에서 선출하는 게 합리적이고 논란이 없을 것 같거든요.

그런데 제가 보기에는 간단합니다. 감사위원은 인사청문회를 안 하거든요. 감사원은 물론 행정부 소속이니까 안 하는 거지만, 만약 국회 소속이거나 하면 중앙선관위원처럼 당연히 인사청문회 할 거 아닙니까? 인사청문회 한 다음에 이 사람들은 국회 다수의 인준을 받도록 하는 거죠. 총리처럼 표결하는 거죠. 그러면 대통령도 자기가 추천했는데 표결에서 떨어지면 망신이고, 어느 정도 여야 간에 합의가 되거나 도덕성 문제도 검증됩니다. 독립기관은, 추천은 하되 최종적으로 의회 다수의 승인을 받도록 하는 인사청문회를 거치면 지금보다는 좀 달라질 수 있죠. 또 그 정도가 되면 국회가 이 헌법적 독립기관에 대한 궁극적인 영향력을 행사할 수 있고, 권한도 강해지는 것이니 지금과는 좀 다른 차원으로 운영될 수 있겠죠.

장영수 그런데 여대야소일 경우에는 정부의 독점을 막기가 힘듭니다.

조진만 그 정도 되면 여야 간에도 이걸 놓고 타협을, 사전 조정을 하지 않겠습니까?

장영수 최근에 안 한 사례를 우리가 많이 봤거든요. 당장 문재인 정부에서 과반 의석을 가지고 정권을 가지고 있었을 때 그냥 밀어붙였거든요.

박은정 제도를 무력화시키는 그런 일이 하도 빈번하게 일어나니까…… 그런데 3:3:3이 아니라, 조금 더 발상 전환을 해서, 제4 하나를 더 넣어서 하는 건 어떻습니까? 입법, 사법, 행정하고 그다음에 제4는 이를테면 어떤 시민성 내지는 이런 쪽으로……

박찬욱 박명림 위원님이 그때 그렇게 해서 독립기관들 쫙 한번 안을 냈었죠?

박명림 네, 사권분립을 해가지고……

박찬욱 거기에 들어갈 기구라는 게 또 이제 뭐냐? 이런 것도 논란이 되고.

박명림 파수꾼 민주주의(monitoring democracy) 관점에서 보면 입법, 사법, 행정 전체가 감시를 받아야지요. 그런데 파수꾼 민주주의를 고민하기 전에 제가 사권분립을 생각했던 건 민주와 공화의 원리를 동시에 고민하여 후자를 그 나름대로 반영하려 해본 것이었습니다. 감사원이나 헌법재판소나 중앙선거관리위원회나 공정거래위원회나 국민권익위원회나, 이런 것을 파당성으로부터 떼어내 가지고 감독부로 해보면 낫지 않을까? 그랬는데, 몇몇 선생님과 민주주의자 말씀을 들어보니까 그게 또 하나의 권부가 될 수가 있어서 고민이 큽니다.

박은정 감사원이나 국민권익위원회가 그동안 거론되지 않다가 지금 문제로 거론된 현실적인 계기는 결국 그 구성과 관련된 문제였죠. 감사원의 경우 이전 정부(문재인 정부) 마지막에, 그러니까 이쪽은 당선자(윤석열) 신분이었을 때 감사위원을 선임하는 문제가 있었을 때, 이전 정부 쪽에서 캠프 쪽에 있던 사람을 넣었단 말이죠. 그러니까 그 직후 이쪽에서도 공석이 된 자리를 자기 캠프 쪽 사람으로 채워 넣은 겁니다.

권익위만 하더라도 이전 위원장의 경우에는 바로 직전까지 정당 소속이었죠. 그런데 물론 권익위 구성과 운영에 관한 법률에 의하면 정치적 중립을 요하고, 그래서 정당 소속 인사는 안 되게 돼 있어요. 그런데 이분은 임명되기 직전에, 한 주 전인가, 며칠 전에 탈당한 거예요. 그러니까 형식적으로 본다면 법을 어긴 것은 아니지만 법의 정신을 어긴 것이며, 감사원이나 권익위의 그런 식의 출발이 당시에 묵인되면서 결국 기관의 중립성에 대한 국민 신뢰를 훼손한 셈이지요.

조진만 질문입니다. 2017년 국회 개헌특위 자문위원회안(제98조 ②감사위원은 법률이 정하는 독립적인 감사위원후보자추천위원회의 추천으로 국회의 동의를 얻어 대통령이 임명한다.)에서 '법률이 정하는'은 감사원법을 말하는 거죠?

장영수 아니요. 추천위원회에 관한 법을 따로 만듭니다.

조진만 아, 별도로요? 독립적인 감사위원 후보자 추천위원회법을 만든다면, 그 추천위원회 구성을 놓고 어떤 절차를 통하여 추천한다는 걸 법적으로 규정해야겠네요.

박은정 추천위원회의 자격도 법률에서 정해야죠.

조진만 그러면 그렇게 해서 국회의 동의를 얻는다는 것은 추천한 인사들에 대해서 인사청문회를 하고 (**장영수** 그렇죠) 헌법재판관이라든지 선관위 중앙위원처럼 인사청문회 거쳐서 해야 한다는 거죠? 똑같이?

장영수 네, 그리고 예를 들어서 지금 대법관 추천위원회가 있거든요. 그런데 그거는 법률이 아니라 대법원 규칙으로 하고 있습니다. 그렇게 하지 말고 법률로 하라는 겁니다.

조진만 감사원만요?

장영수 아니요. 앞으로 다 바꿔야죠. (**하승수** 사법부도 다)

박은정 지금 헌법재판관이나 대법관 전부가 다 동의를 받게, 청문회를 하도록 돼 있던가요?

장영수 대법관은 맞는데……

하승수 헌법재판소의 경우, 소장은 국회 동의가 필요하지만, 나머지 재판관은 국회 동의가 필요하지 않아서 인사청문회를 거쳐서 임명할 수 있습니다. 다만, 국회가 선출하는 3명은 국회에서 표결로 선출하게 되고요.

조진만 그러니까 저는 감사원이 독립기관이 되는 건 바람직하고 굉장히 중요하다고 보거든요. 그리고 사실은 지금까지 감사원이 대통령 산하에 있기 때문에, 그래서 고위 공직을 갈 수 없는, 인사청문회에 가지 못하는 인사를 감사위원으로 많이 고려한 측면이 있거든요. 문제가 더 많은 사람이 정치적 고려를 통하여 감사원으로 갈 수도 있는 부분이 있는 거죠. (**박은정** 그런 면도 있어요) 그래서 저는 인사청문회라는 걸 명시하는 게 좋지 않을까 생각합니다. 그것이 아니면 후보자 추천보다는 검증 같은 것이 있으면 좋겠거든요. 감사원은 추천만 받아서 하는 게 아니라, 청렴하고, 이런 것을 진짜 제대로 검증할 수 있는 인사가 가면 좋겠습니다.

장영수 그거는 법률로 정할 사항이지 헌법에서 정할 사항은 아니니까……

박은정 법률에서 조 위원님 말씀하신 그런 방향을 지시하는 문구를 넣을 수도 있죠.

조진만 예를 들어서 '감사위원은 검증해야 된다'라든지…… 독립을 하려면 감사위원의 도덕성이 높아야 한다고 봅니다.

장영수 그런데 감사원장의 선임에서는 감사위원 중에서 호선할 건지, 아니면 추천을 받아서 민주원에서 선출하는지, 이 차이는 큽니다. 제 개인적인 의견은 이게(감사원이) 독립된 헌법기관으로 한다면, 민주원에서 추천하는 것보다는 완전히 독립돼서 호선하는 편이 낫지 않을까 싶습니다.

모두 동의합니다.

장영수 대화문화아카데미 2016 새헌법안 122조인데요. 이게 아마 현행 규정을 그대로 가져가서 "5인 이상 11인 이하의 감사위원" 이렇게 하고 있는데, 여기서는 차라리 숫자를 확정하는 건 어떨까요?

조진만 너무 적게 하고 운영될 수도 있어서 그러시는 거죠?

장영수 예, 그것도 있고. 또 하나는 이게 숫자가 너무 적어도 문제고, 너무 많아도 문제거든요, 위원회라고 하는 조직 자체가. 너무 적으면 짝짜꿍해서 넘기기 쉽고, 너무 많으면 논의가 잘 안 되고, 그래서 이것도 헌법상의 독립기관으로 하는 김에, 차라리 선관위나 이런 것처럼 9명으로 정하는 게 낫지 않을까 하는 의견에서 말씀을 드립니다.

조진만 그런데 이렇게 숫자를 딱 정해놓으면 9명이 안 될 수도 있잖아요. 요즘 같은 정치 상황에서 7명, 8명 돼 있으면 정상적으로 조직이 구성이 안 됐기 때문에 의사심의라든지 의사결정에 있어서 제한이 있을 수 있지 않을까요?

장영수 그 부분은 지금 현재도 이제, 선관위법이나 헌법재판소도 9인이니까 거기서도 그렇고, 지금 현재 6명 가지고 운영하는 것 때문에 그러는데, 보통은 이제 7인 이상으로 운영을 하되 의결정족수 같은 것에 대해서는 별도 규정을 두기도 하고요.

조진만 이렇게 해도 그냥 9인……

장영수 법률에서 정하면 (**박찬욱** 감사원법 같은 데에)

조진만 넘어갈 수는 없는 거죠? 9인. 9인으로 하면은 9명보다 많을 수는 없죠.

*2024년 9월 10일 확대심의모임

김문현 (이화여대 명예교수(헌법학)·학술원 회원) 헌재라든가 대법원, 감사원, 중앙선거관리위원회의 구성을, 그러니까 소위 하원(민주원)에서 인사에 대한 권한을 가진 것으로 되어 있는데 사실은 이게 어떻게 보면 정치적 중립성이 보장돼야 하는 기관 구성에 관한 거거든요. 그래서 물론 민주원 재적의원 3분의 2로 한다든가 이렇게 보완 장치가 있을 수도 있지만, 당파 색깔이 강한 하원에 맡기는 게 타당한지, 오히려 경우에 따라서는 상원(공화원)에 이런 역할을 맡기는 건 어떤지, 상원의 당파적인 색깔을 빼고…… 그렇게 생각하고 있습니다.

3) 감사원의 업무와 역할

박명림 감사원이 직무감찰이나 회계검사가 아니고 왜 정책감사를 하는지 저는 알 수가 없어요. 어떻게 그렇게 된 거죠?

장영수 지금 그 부분에 대해서는 제가 전에 조금 공부를 해본 적이 있는데요. 우리나라 감사원이 좀 독특합니다. 제헌헌법 당시의 심계원과 감찰위원회, 이 두 가지를 결합해서 5·16군사정부 당시에 시작해서 3공에서 헌법에 들어간 게 감사원입니다. 서구의 선진국에서는 감사원의 독립성을 전제해서 회계검사를 하고 직무감찰은 안 했어요. 그건 감사원의 역할이 아니었습니다. GAO, Audit Office이지 않습니까? Audit Office가 결국에 회계검사를 중심으로 하는 기관인데 우리는 박정희 정권에서부터 '회계랑 직무를 결합시켜야 훨씬 더 효율적으로 이것저것 감사할 수 있다' 그렇게 했던 거라 특수한 형태였습니다.

문제는 최근에 들어서 말하자면 행정국가화가 진행되면서 서구의 선진국도 재정 통제의 필요성이 커지는데 이 '재정 통제를 회계검사만 해서는 잘 안 된다' 그래서 시스템 감사니 뭐니 하는 이름을 붙여가지고 회계검사하면서 직무의 내용까지도 들여다보는 식으로 최근에 발전이 되었고…… 그러니까 감사원에서는 그걸 가지고서 '우리가 앞섰다' 하고 자랑을 하고 그러더라고요. 그런데 사실 시스템이 다른 거고. 다만 최근에는 행정권에 따라서 통제해야 할 재정의 영역, 양, 복잡성 이런 것이 커지다 보니까 이들 감사기구가 그것에 대해 단순하게 숫자만 맞춰가지고는 안 된다, 구체적으로 무슨 일을 어떻게 했는지 확인해야 한다, 이런 식으로 되는 겁니다.

우리의 경우에 있어서 직무감찰이라고 하는 건, 삼권분립 때문에 행정부 내에서는 해도, 대통령 산하에 있으니까, 이걸 현행법상으로도 국회나 헌법재판소나 이런 데를 못 하게 돼 있고, 지난번에 감사보고에서 '선거관리위원회는 명시가 안 돼 있다'라고 해가지고, 그거 가지고 논란이 있었는데, 사실은 해석상으로는 안 되는 게 맞거든요. 그런데 독립기관화 할 경우에 있어서는 이 회계검사는 당연히 가야 되겠죠. 직무감찰을 어떻게 하느냐는 정하기 나름입니다. 무슨 얘기냐면, 대통령 소속하에 있는 기관이 국회를 직무감찰 한다는 건 말이 안 되거든요. 하지만 독립기관인 감사원이, 대통령 소속이 아니고, 중립적인 입장에 있어서 행정부도 하고 국회도 하고 할 수 있다, 이건 법으로 정하기에 따라서 가능하거든요. 다만, 그걸 밀어붙일 파워가 있겠느냐, 국회가 실질적으로 거부하고 대통령이 거부하는 걸 어디까지 할 수 있겠느냐, 이게 관건이라고 보시면 될 것 같습니다.

박명림 네. 그러니까 민주주의 관점에서 볼 때 선거를 통해 정책을 검토하고 변화시킬 수 있는데, 정부 교체와 동시에 정책을 수사하고 조사하는 건 말이 안 된다고 봅니다. 민주화 이후 진보 정부건 보수 정부건 그런 사례가 너무 많았지 않습니까? 감사할 때에도 감사원이 '이 정책이 옳았냐'를 따져요. 또 적폐청산을 한다고 할 때도 정책을 수사해요.

장영수 적폐청산 얘기 나오면······

박명림 네, 적폐청산 때 제일 제가 당혹스러웠던 건 왜 정책을 수사하는지······ 그걸 알 수가 없었어요.

장영수 이게 법상으로는 합법성 감사와, 다시 말하자면 '이게 합법이다, 불법이다' 하는 이런 것과 어떤 정책 자체의 효율성에 대한 감사, 정책감사로 보통 얘기를 하는데, 합법성 감사는 당연히 인정되지만, 정책적으로 이거 쓸데없는 정책을 해서 국고의 낭비를 초래했다든지 이런 것도 그냥 놔둘 수는 없다는 얘기들을 많이 하거든요. 다만, 그런 경우에 이걸 무한정 확장하면 한도 끝도 없습니다. 그렇기 때문에 '어디까지가 적절한 범위냐'에 대해서는 여전히 논란이 되고 있고요. 그리고 그와 관련해서 이렇게 하게 된다면 '아무 일도 하지 말라는 거다, 결국 일하다가 결과적으로 잘못됐으면 다 책임져라' 하는 꼴이 되니까, 누가 일하겠냐고······

박은정 '적극 행정'을 못하게 하는······

장영수 복지부동을 오히려 조장하는 거라 해서, '적극 행정'에 대한 감사, 면책이라는 얘기가 그 뒤에 따라 나온 겁니다.

박명림 이번에 정부가 바뀌면서 이전 정부 사람들이 "어떻게 정책이 감사 대상이 되고 수사 대상이 될 수 있냐?"며 대표적으로 들고 나온 게 탈원전입니다. 그때 의원들하고 얘기를 나눴는데요. "근데 당신들은 훨씬 많은 박근혜 정부의 중요한 정책을 감사, 수사 대상으로 하지 않았느냐?" 그때도 그거를 절제해야 한다고 그랬는데…… 정치의 사법화가 양쪽에서 같이 간 것 같습니다. 감사원의 기관 위상을 어디에 두는 것이 감사의 적절성과 민주성을 같이 가져갈 수 있을지…… 그런데 감사원이 또 역할을 너무 안 하면 (**하승수** 그렇습니다) 행정부 독주가 돼가지고요.

하승수 어차피 회계검사를 해도 정책의 효과성이나 이런 것들은 또 검증해야 하기 때문에…… 그런데 제가 보기에는 결국은 독립성의 문제가 핵심이 아니겠나 싶습니다. 그러니까 일반적인 정책감사, 가령 어디 도로를 닦았는데 그 도로가 과연 통행량이 예측치만큼 나오느냐 이런 식의 문제가 된 게 아니라 아까 말씀하신 몇몇 사안들, 정권 차원에서 주력하는 사안들 중심으로 감사가 집중적으로 이루어지니까. 가령 지금 하고 있는 SOC 사업 같은 게 과연 얼마나 투입 대비 효과가 있느냐, 이런 거를 한다면 그런 의미의 정책감사는 할 수 있겠지만 지금은 약간 정파적 감사가 되고 있으니까 결국에는 독립성의 문제가 아니겠나 싶습니다.

박명림 그런데 만약 예산대비 정책의 비효율성으로 따지자면 저출산 대책이나 성평등 정책 이런 거야말로 진짜 정밀하게 감사를 해야 하지요. 출산율이 급락하는데도 예산은 300조나 투입, 단일 사안에 대한 최대 예산 투입이더라고요. 결과는 최악이고요.

하승수 그런 의미에서 보면 정파로부터의 독립성을 어떻게 확보할 것인지가 중요할 것 같습니다. 물론 직무감찰이나 정책감사의 범위가 어디까지인지는 늘 논쟁거리일 수밖에 없을 텐데…… 저희가 할 수 있는 건 아무래도 독립성 확보인데, 말씀대로 국회로 이관했을 때의 문제는 한국의 국회가 미국의 GAO와 같은 독립성 확보를 안 해줄 것 같다는 게 제일 우려가 되는 지점입니다. 저도 원래는 국회 이관 쪽이 좋지 않을까 생각했는데, 요즘에는 저도 생각이 바뀐 게 아무래도 한국의 여/야당이 그렇게는 안 해줄 것 같다, 그러면 또 국회로 가서 정파적으로 휘둘릴 가능성이 크니까, 그렇다면 위원님 말씀대로 최대한 독립 기구화하는 게 맞지 않을까 싶습니다.

조진만 한편으로 보면 감사원도 그렇고 지금 행정부 산하에서 대통령 권한이 너무 센 거잖아요. 정파적으로 싸우는 문제는 사실은 독립기관이 잘되면 문제가 없다고 생각합니다. 대통령이 다 하고 인사청문회도 안 하고 그러니까 정파적인 게 그냥 일 정파적인 거죠. 대통령의 정파, 그게 문제죠. 여야가 같이 하고 굉장히 정파적으로 싸우면 실질적으로는 양 정파가 합의하는 걸로 가든지 아니면 그 주변에 있는 사람들이 그중에서 편을 들어주는 거로 갈 수밖에 없거든요. 아니면 못하는 거죠. 그러니까 못하는 게 정상인 거예요. 국회도 그렇지만 서로 싸워서 합의가 안 되면 못하는 게 민주주의가 맞거든요.

박은정 못하거나 한쪽이 감옥으로 가거나, 우리 상황이 지금 그래요.

조진만 그런데 그렇게는 안 되게 해야 하는 거죠.

박은정 수사로 넘어가서, 수사로 집어넣으니까.

박명림 못하거나 감옥에 가죠.

장영수 물론 헌법기관과 법률상 기관은 다릅니다. 다르기는 하지만 실제 역할은 비슷하니까 (**박은정** 그렇죠) 그리고 그런 의미에 있어서 헌법학에서 가장 많이 비교 대상으로 삼는 게 국가인권위원회하고 헌법재판소입니다. 국가인권위원회는 지금 조진만 위원님 말씀하신 것처럼 이게 그런 정파적인 구조 속에서 계속 지금까지 싸우고, 김대중 정부에서 처음 설립이 되어 굉장히 기대가 컸는데, 그 이후에는 그러느라고 일을 못 해요. 일을 못 하니까 국민이 관심을 끊어버리고 따라서 국가인권위원회에 대해서 기대를 접어버리니까 그 위상도 낮아져버리는 거죠.

그런데 헌법재판소 같은 경우는 사실 처음 시작했을 때 기대도 별로 없었어요. 이게 처음 도입한 배경이, 아시는 분 많이 있겠지만, 원래 대법원에다가 주려고 했는데 대법원이 골 아프다고 하면서 안 하겠다. (**박명림** 그렇죠) 그럼 헌법재판소 만들자고 해서 만들어진 거고, 정치권에서도 특별한 기대가 있었던 게 아닙니다. 그런데 이렇게 만들어진 헌법재판소가 초기에는 위헌 결정을 내리면 국회에서 '감히 어떻게 국민의 대표인 국회에서 제정한 법률을', 헌법에 위헌법률심판을 할 수 있도록 돼 있는데도 불구하고, '이런 이상한 기관이 있다, 없애버려야 한다'고 국회의원이 노골적으로 그런 소리 많이 했거든요. 그런데 이게 한 10년 정도 이렇게 오히려 정파적인 걸 떠나면서 이게 쭉 판례를 쌓아오는 과정 속에, 특히 헌법소원재판을 통해서 인권을 보장하는 데 도움이 된다는 인식을 축적하고 나니까 국민의 신뢰를 얻었습니다. 그래서 지금 정치권은 굉장히 속 쓰린 헌재 결정이 나와도 그냥 '존중한다' 그러지 '헌법재판소 없애버려야 한다' 이러지는 못하지 않습니까? 결국, 이게 일을 한다는 거죠. 조진만 위원님 말씀하신 것처럼 '민주주의가 합의 안 되면 일 못 한다. 그럼 어쩔 수 없다'는 원론에는 동의하지만 그게 바람직한 건 아니거든요. 일을 못 하는 기관이 돼버리면 그 기관은 힘을 잃어버립니다. 감사원도 국가인권위원회처럼 돼버리고 국민권익위원회도 그렇게 돼버리고 하는 건 저는 바람직하지 않다고 봅니다.

조진만 제가 반론하면 선관위, 헌법재판소, 국가인권위하고 다른 게, 감사원은 권력기관이거든요. 그리고 저희가 헌법을 논의하면 사실은 권력기관이 권한이 클수록 개인의 기본권이라든지 이 영역이 침해될 가능성이 클 수밖에 없지 않습니까? 그러니까 사실은 감사원이 진짜 특별한 거 아니면…… 아까도 직무감찰하고 회계검사를 이야기했지만, 민주주의 국가에서는 그렇게까지 할 필요가 없는 거죠.

　감사원은 권력기관이고 권력기관은 독립시켜놓고 독립한 기관이 진짜 반드시 해야 하거나 아니면 언론이나 학계 등에서 밝혀서 여론이 형성되어 '이건 해야 하겠다'라는 거 아니면 안 해야 한다고 봅니다. 그것만 제대로 하고 나머지 것들은, 본인의 위상이라든지 승진이라든지 예산과 조직의 확대를 위해서 무리하게 하는 것들은 근본적으로 막아야 할 것 같아요. 헌법적인 독립기관은 다 그렇습니다. '나쁜 사람 잡는 일은 검찰도 있고 경찰도 있고 언론도 있고 다 있으니까, 너네 할 일만 해 그냥 딱!' 이런 식의 분권을 해줘야 합니다. 권력기관의 힘은 무조건 빼야 분권 개념하고 맞다고 보거든요.

박찬욱 권력 절제, 자제.

조진만 그렇죠. 그러니까 이게 다른 기관하고는 다른 것 같아요.

박은정 그 말씀도 받아들일 수밖에 없는 게, 예를 들어서 권력기관, 헌법기관 사이에 싸움이 생기면 이거는 집행이 어려워지지 않습니까? 예를 들어서 1심 법원에서 판결이 확정되면 그건 집행이 되잖아요. 그렇죠? 그런데 헌법재판소의 결정에 대해서 불복을 하는 경우 요컨대 집행이 잘 안 되는 거 아니겠습니까? 그러니까 헌법기관이 가진 권한은 마음대로 그걸 다 휘둘러도 된다는 뜻이 아니라 상호 자제하면서 행사해야 한다는 것이지요. 그게 바로 '견제와 균형'이 지니는 의미가 아닙니까. 그런데 제도적 자제에 대한 컨센서스를 제도화할 수는 없는 거 아니에요?

하승수 그런 절제를 제도화한다는 거는, 가령 감사원 같은 경우는 저는 직무감찰권은 없애도 되지 않을까, 독립기관화하면서. 그러면 회계검사를 하면서 회계검사와 관련된 정책적인 부분에 집중할 수밖에 없습니다. 미국의 GAO도 직무감찰 기관은 아니니까요. 그리고 지금도 계속 논의가 됩니다만 검찰 같은 경우에도 권한이 너무 과도하다고 하면 결국에는 제도적으로 권한을 적절히 분산시켜주는 수밖에는 없지 않을까요? 사실 감사원이 직무감찰을 하지 않아도 사회적으로 물의가 되면 그 기관 자체적으로나 아니면 행정부 같은 경우는 대통령이 지시해서 징계 조치하거나 하면 되는 거라서…… 오히려 감사원 같은 기관이 과도하게 직무감찰을 하는 게 다른 기관 처지에서 보면 복지부동하게 만드는 효과가 있으니까, 그래서 제 생각으로는 그런 헌법기관은 적절하게 권한이 분산되고 절제되도록 정리해주는 것도 좋겠습니다.

장영수 감사원에 관한 부분은 저도 동의하고요, 그건 선택의 문제니까. 그런데 모든 헌법기관으로 확장하기가 어려운데, 일단 제가 말씀 들으면서 가장 먼저 떠올렸던 게, 이 헌법재판소에서 '이거 문제 있다' 하고 헌법 불합치 결정을 내리고 국회에 법 개정해라 하잖아요. 그런데 개정 안 해서 문제가 되는 경우가 너무 많거든요.

박은정 맞습니다.

장영수 이런 경우에 사실 했어야 하는 거예요.

하승수 오히려 그거는 권한을 더 확실하게……

장영수 그래서 지금 현재 국민투표도 못 한다는 거 아닙니까? 법 개정을 안 해서……

조진만 이전 논의에서 저희가 국정감사는 안 하는 걸로, 지난번에 국정조사만 하기로 했는데요. 근데 저는 권력기관만 국정감사하는 거는 한번 고려해볼 필요가 있다고 생각합니다. 결국은 감사원도 감사원을 감사할 수 있는 기관은 국회밖에 없거든요. 그래서 감사원이나 권력기관은, 다른 정부 부서는 국정감사 기간에 정기적으로 해서 계속 호통치고 힘들게 할 필요 없이 조사도 가능할 것 같은데, 권력기관은 국정감사를 하는 거죠, 국회가. 국정감사에서 국회의원이 스포트라이트 받으려고 노력하는데 권력기관이 얼마나 잘하나를 놓고 방송하고 그러면…… 국민도 기본권이라든지 중요한 부분에 대해서 확실히 인식할 거예요. 너무 많은 국정감사가 이루어지는 것보다. 미디어도 그렇고, 딱 권력기관 관련해서 제대로 하고 있는가를 보면 훨씬 더 좋을 것 같은 생각이 드는 거죠.

박찬욱 (상시적인) 조사를 할 수도 있죠. 감사라는 건 우리가 얘기하는 거는 연례적으로. **(조진만** 그렇죠**)**

박은정 국정감사는 특정 기간에 하는데 그것을 폐지하고 국정조사를 일반화해서 상시 1년 내내 하자 이런 의도였죠.

장영수 제가 김형오 의장 시절에 헌법개정안을 한 번 만든 적 있지 않습니까? 그때도 지금 조 위원님 말씀하신 것처럼 '국정감사 폐지하자, 서구에서는 지금도 이런 일이 없다. 조사를 활성화하자' 하는 많은 안이 나왔는데, 마지막 단계에서 김형오 의장이 '이렇게 하면 국회에서 절대 통과 못 한다, 국회의원들이 가장 신경 쓰는 게 선거고, 두 번째로 신경 쓰는 게 국정감사다' **(박찬욱**

그때 폼 잡으니까) '그거 없애려고 하면 의원이 다들 반대할 거기 때문에, 취지는 충분히 이해하지만, 그래도 하지 말아달라' 그렇게 얘기를 하더라고요.

4) 국가인권위원회의 헌법기관화

박은정 대화문화아카데미 2016 새헌법안에 인권위와 관련된 내용이 들어 있었어요.

하승수 국가인권위원회를 헌법기관으로 할 건지부터 먼저 논의해야 합니다.

장영수 그거부터가 문제가 되는 게 예를 들어서 한때는 공수처를 헌법기관으로 하자는 얘기도 있었는데 지금 공수처 가지고는 턱도 없는 얘기가 돼버렸고. 지금 인권위 같은 경우도 참 애매한 게, 이게 성격이나 기능으로 보면 헌법기관으로 할 만도 한데 지금 권한이 아무것도 없어요. 그냥 조사권한과 권고권한만 있지, 구속력 있는 권한이 없거든요. 이런 상태로 헌법기관을 한다는 게 맞느냐, 이런 문제부터 시작이 되기 때문에……
만약에 헌법기관을 한다면, 무슨 권한을 줄 거냐? 여기서부터 논의가 굉장히 커져야 할 것 같습니다. (**하승수** 그렇죠) 그걸 전제로 했을 때 헌법기관화이지, 현재 상태로서 그대로 헌법기관화하자는 건 그건 맞지 않을 것 같습니다.

하승수 지금 상태로 보면 국민권익위원회도 그럼 헌법기관화해야 하는 거 아니냐, 이런 얘기가 나오죠.

장영수 그렇죠. 어떤 의미에서는 권익위보다도 권한이 없어요. 권익위는 그래도 구속력 있는 역할을 하는 것이 있는데 인권위는 그냥 조사하고 권고하고 끝이니까. 그러니까 사람들이 인권위의 비중을 낮게 보고 있기도 하고 또 내부적으로 너무 갈등이 심하다 보니까……

박은정 2016 새헌법안에서는 그런 관점에서 헌법기관화하는 비교적 상세한 조문이 있거든요. 한 세 개 조문이 있는데 이 부분을 그냥 빼요? 현행헌법에서는 인권위에 관한 조항이 없잖아요?

장영수 네, 없습니다. 지금 만약에 이걸 하려면 별도 논의가 필요할 것 같습니다. 그러니까 이게 김대중 대통령 때 들어온 거거든요. 말하자면 현행헌법 만들 때 아예 생각이 없었던 거고, 현재 법률상의 기관입니다. 헌법상의 기관이 아니라. 그리고 2017년 국회 개헌특위에서는 '이런 거 한번 넣어보자, 헌법으로' 했는데, 그 권한에 대한 충분한 얘기는 없었던 것 같고요. 2018년 문재인 대통령 개헌안에는 아예 안 들어갔습니다.

하승수 저는 헌법기관을 많이 만드는 게 꼭 좋은 것인가? 이런 생각이 개인적으로는 들어서……

박은정 지금 국가인권위 하는 걸 보면 이 논의를 하는 것에 대한 실익이 뭐가 있겠나 싶긴 합니다.

장영수 예, 무슨 말씀인지 충분히 공감합니다. (웃음)

박명림 2017년 국회 개헌특위 자문위원회에서도 인권에 관심 있는 분은 '헌법기관화하는 게 좋겠다'라고 그럴 때도 계속 논쟁이 됐던 게 위상과 권한의 불일치죠. 이게 지금 장 위원님 말씀대로 실제로 헌법기관을 만들어놓고 결정 권한과 어떤 집행의 구속력 같은 거는 보장이 안 될 때 오히려 더 (**하승수** 혼란만) 애매모호해지는 그것 때문에……

박은정 약간 다른 이야기지만, 군인권보호관 같은 경우, 현재로서는 차라리 안 만드니 만도 못하게 된 거 아니에요? 국가인권위원회에 군인권보호관을 두자는 것은 사실 시민사회 쪽의 숙원, 요구 사항이었는데, 그걸 만들어놓으니까……

박명림 헌법기관인데도 불구하고 구체적인 집행권한이 없어서 권고 정도에 그쳤을 때를 고려해보면 될듯합니다. 저도 2017년 국회 개헌특위 때는 워낙 많은 분이 요구하고 그래서 인권위를 헌법기관화 하는 게 어떨까 하는 의견을 가졌는데, 그럼 국가인권위원회가 지금보다 얼마나 더 나아질까? 법률상의 기관일 때보다 명목상 헌법기관화했다는 것 말고 구체적인 집행권한이나 결정권한은 어떤 걸 가질 수 있을까? 생각해보면 상당히 애매모호합니다.

장영수 그리고 국가인권위원회 같은 경우에 여야 추천위원끼리 서로 갈등하는 대표적인 기관 중 하나거든요. 그러다 보니까 국가인권위원회가 제 기능을 못 할 뿐만 아니라, 편향성, 사실 제가 생각하기에는 이게 실권이 없는, 예를 들어서 권고밖에 못 하는, 이게 핵심적인 게 아니라, 권고가 나오더라도 그 권고가 사실…… 국회도 헌법재판소 결정을 안 지키는 경우가 많지 않습니까? 그래서 그게 문제가 아니라 국민이 보기에 '이거 제대로 이해하고 있고, 믿을 만한데 이걸 왜 안 따르냐' 이렇게 말하도록 해야 하는데 그게 안 되었다는 겁니다. 그러다 보니 위상이 떨어지고…… 개인적으로는 지금 국민이 국가인권위원회에 큰 기대 안 하고 있기 때문에 위상도 그만큼 낮아졌다, 이렇게 보거든요.

박은정 맞는 말씀입니다. 결국, 기관의 신뢰, 기관이라는 것은 권한이 있기 때문에 권위가 있는 것이 아니라 신뢰를 쌓음으로써 권위가 생긴다고 하는 말씀이신 거죠? (**장영수** 맞습니다) (인권위는) 신뢰를 더 쌓아야겠습니다.

모두 동의합니다.

4.10. 제8장 지방자치와 지방분권

1) '지방분권국가' 선언

현행헌법	대화문화아카데미 2025 새헌법안
(없음)	제1조 ③ **대한민국은 지방분권국가이다.**

하승수 아래 표에 제시한 내용을 먼저 말씀드립니다. 지방자치 조항의 변천과정은 2공화국만 특이한 점이 있고, 사실 거의 대동소이하게 표현만 바뀌었지, 큰 변화는 없었다는 걸 보여드리는 의미로 정리한 겁니다.

2공화국에서 특이했던 점은, 2공화국 헌법 97조 2항에서 '지방자치단체장의 선임 방법은 법률로 정하되 적어도 시, 읍, 면의 장은 그 주민이 직접선거한다'라고 하는 조항이 그때만 있었고, 그게 나중에 없어져버렸는데, 그 부분이 이승만 정권 시절 역사적 경험이 반영된 조항입니다. 이승만 정권 당시에 시·읍·면의 장이 원래 임명제였다가 선출직으로 바뀌었다가 다시 임명직으로 1958년에 날치기 입법으로 통과된 적이 있었는데, 거기에 대한 회복 차원에서 아예 헌법에서 '시·읍·면의 장은 직선으로 뽑는다' 이렇게 규정을 했던 경험이 있습니다. 이 경험이 시사하는 바는, 그래도 한 나라의 헌법이라는 건 그 나라의 역사적 경험이라는 것도 반영해서 '이 조항은 왜 들어갔을까?' 이런 생각이 들 정도의 구체적인 내용이 들어가는 경우도 있습니다.

그리고 지방자치 관한 2개 조문이 쭉 유지되는 과정을 보면, 사실 제헌헌법 당시에도 지방자치 관련된 조항은 국회나 이런 데서 거의 논의와 토론이 잘 안 된 것 같습니다. 표결도 특별한 이견이 없었고. 그런데 그동안 쭉 지방자치를 하는 과정에서 많이 문제가 된 게, 가령 자치입법권 같은 경우가 "법령의 범위 안에서"라는 조항이 있는데, 그 부분 때문에 사실은 계속 자치입법권을 확대하는 게 어렵다. 지방자치법 개정해서 자치입법권을 확대하려고 하면, "아니, 헌법에 '법령의 범위 내에서'라고 돼 있지 않나?" 이런 반론이 늘 나왔던 경험이 있습니다. 그래서 사실 이번에 저희가 개헌안을 논의한다면, 그런 저희 역사적 경험이나 이런 것을 반영하면 좋겠다는 의미에서 먼저 정리를 했습니다.

제헌헌법	2공화국 (1960년)	3공화국 (1963년)	현행헌법
제96조 지방자치단체는 법령의 범위내에서 그 자치에 관한 행정사무와 국가가 위임한 행정사무를 처리하며 재산을 관리한다. 지방자치단체는 법령의 범위내에서 자치에 관한 규정을 제정할 수 있다. 제97조 지방자치단체의 조직과 운영에 관한 사항은 법률로써 정한다. 지방자치단체에는 각각 의회를	제96조 지방자치단체는 법령의 범위내에서 그 자치에 관한 행정사무와 국가가 위임한 행정사무를 처리하며 재산을 관리한다. 지방자치단체는 법령의 범위내에서 자치에 관한 규정을 제정할 수 있다. 제97조 ①지방자치단체의 조직과 운영에 관한 사항은 법률로써 정한다. ②지방자치단체	제109조 ①지방자치단체는 주민의 복리에 관한 사무를 처리하고 재산을 관리하며 법령의 범위 안에서 자치에 관한 규정을 제정할 수 있다. ②지방자치단체의 종류는 법률로 정한다. 제110조 ①지방자치단체에는 의회를 둔다. ②지방의회의 조직·권한·의원선거와 지방자치단체의 장의 선임방	(내용은 변화 없고 조문 순서만 변동) 제117조 ①지방자치단체는 주민의 복리에 관한 사무를 처리하고 재산을 관리하며, 법령의 범위 안에서 자치에 관한 규정을 제정할 수 있다. ②지방자치단체의 종류는 법률로 정한다. 제118조 ①지방자치단체에 의회를 둔다.

둔다. 지방의회의 조직, 권한과 의원의 선거는 법률로써 정한다.	의 장의 선임방법은 법률로써 정하되 적어도 시, 읍, 면의 장은 그 주민이 직접 이를 선거한다. ③지방자치단체에는 각각 의회를 둔다. ④지방의회의 조직, 권한과 의원의 선거는 법률로써 정한다.	법 기타 지방자치단체의 조직과 운영에 관한 사항은 법률로 정한다.	②지방의회의 조직·권한·의원선거와 지방자치단체의 장의 선임방법 기타 지방자치단체의 조직과 운영에 관한 사항은 법률로 정한다.

다음으로, 대화문화아카데미 2016 새헌법안과 2018년 문재인대통령 개헌안, 그리고 2017년 국회 개헌특위 자문위원회안이 그래도 각각 잘 정리된 안이라서, 그걸 중심으로 쟁점만 뽑아봤습니다. 이견이 없을 만한 내용은 생략하고. 그 세 가지 안을 보면서 저희가 논의 내지는 확인이 필요하다 싶은 지점만 정리했는데요.

첫 번째, 2016 새헌법안에는 없는데, 2018년 문재인대통령 개헌안이나 2017년 국회 개헌특위 자문위원회안을 보면, 지방분권국가라는 것을 지향한다고 하든, 선언한다고 하든, 어쨌든 헌법 제1조에 그 내용을 포함하는 게 들어가 있습니다. 아마 모델은 프랑스 헌법 1조에 "지방분권을 기초로"한다는 내용, 그런 모델로 해서 이렇게 들어가는 건데, 제 생각은 2016 새헌법안에는 없지만, 이 내용은 포함하는 게 좋지 않을까, 저희가 당장 연방제로 가는 건 아니지만, 그래도 이 정도 내용이 들어가면, 지역대표형 상원 같은 것, 저희가 반영하기로 했으니까. 지역대표형 상원 같은 제도가 도입되는 것과 조화롭겠다는 생각이 들었습니다. 그래서 헌법 1조에 "지방분권국가를 지향한다"

또는 "지방분권국가이다" 이렇게 선언하는 것이 필요하지 않을까, 하는 생각을 했습니다.

대화문화아카데미 2016 새헌법안	2017년 국회 개헌특위 자문위원회안	2018년 문재인대통령 개헌안
조문 없음	제1조에서 대한민국은 지방분권국가임을 선언 제1조 ③대한민국은 지방분권국가이다.	제1조에 대한민국은 지방분권국가를 선언한다는 내용 신설. 헌법 전문에도 "자치와 분권을 강화하고"라는 내용 추가. 제1조 ③대한민국은 지방분권국가를 지향한다.

박은정 지방분권국가 선언에 대해서도, 제 기억으로는 상당한 논의가 있어서 논의 결과, '선언 규정은 넣지 말자', 2016년 새헌법안에서 그렇게 정하기는 했습니다. 다시 한번 논의의 물꼬를 터보죠.

장영수 사실 우리가 그런 선언과 관련해 어떤 심리적인 저항감을 가졌던 것은, 이게 우리 헌법의 중심 또는 기본원리라고 할 수 있는 민주주의니, 법치주의니, 사회국가원리니 이것하고 대등한 비중이냐, 그렇게 보기는 어렵지 않냐, 하는 것 때문에, 그동안 정치학 쪽은 어떤지 모르겠습니다만, 헌법학자 사이에 있어서는 부정적인 견해가 많았거든요. 그런데 2017년 국회 개헌특위 자문위원회안, 2018년 문재인대통령 개헌안, 이런 것이 그쪽으로 가면서 자꾸 익숙해지다 보니까 어차피 이게 실질적인 내용을 바꾼다기보다는 거기에 대해서 방점을 두는, 우리가 중요하게 생각하는 그런 의미를 담는 것이라면, 굳이 반대할 이유가 없다는 의견이, 지금 정확하게 어느 쪽이 더 많은지 모르겠지만, 과거보다는 많아진 것 같습니다. 다시 말하자면 이렇게 하더라도, '전혀 말도 안 되는 소리다' 이렇게 나올 가능성은 상대적으로 적을 것 같습니다.

저는 개인적으로는 넣어도 괜찮고 빼도 괜찮지만, 우리가 조금 더 전향적으로 생각한다면 넣는 편이 더 낫지 않을까, 그 정도로 생각을 합니다. 이건 결정적인 부분은 아니라고 봅니다.

박명림 지금 하 위원님 말씀해주신 수준이라면, 저는 좋을 거 같습니다. 그리고 '지방분권국가'가 들어가는 게 좋은 게, 사실은 서울도 지방인데 서울이 늘 중앙으로 착각해서 같이 망하는 건데요. 지방 소멸을 방지하려면, 모든 게 중앙집권 국가이고, 중앙이 결정하는 데에서 지방의 자기 결정이 가능하게 바뀌어야 한다고 봅니다. 한국은 너무나 중앙집권적이기 때문에, 선언적으로 지방 소멸 이런 걸 방지한다는 의미에서도 반향이 있을 거 같고, 괜찮지 않을까 싶습니다.

장영수 찬성 의견.

박찬욱 저도 비슷한 입장입니다. 우리가 분권을 좋아하니까, 그쪽으로 가자는 미래 방향으로……

장영수 그러시면 이 부분은 크게 이견 없이……

박은정 그럴 경우에 '지방분권국가이다'라고 할 것인지, '지향한다' 이런 쪽으로 할 것인지, 그것도 논의를 해보시죠.

장영수 근데 사실 지향한다는 말은 어색한 표현이거든요. '우리나라는 민주국가다'라고 얘기하지, '민주주의를 지향한다' 이런 얘기는 안 하거든요.

박은정 이때 지향이라고 하는 것은, 그쪽으로 나아가는 단계에 있다고 하는 것을 뜻하죠.

장영수 하지만 지금 현재는 아니라고 얘기하는 뉘앙스까지도 있고. 그게 사실 규범적으로 애매한 표현이거든요. 그러니까 '우리는 민주국가다'라고 하면, 민주국가이어야 한다는 뜻이지 사실 현실이 민주국가로서 다 갖췄다는 얘기는 아니거든요.

박은정 그런데 이제 '지방분권국가이다'라고 하면, 엄밀히 말해 이제 입법권, 행정권, 사법권 이런 것까지도 다 중앙정부와 지방정부가 분권하는 체제를 이야기하는데, 사실은 우리의 안이나 지금까지 나온 안은 사법까지를 포함하는 것은 아니죠.

장영수 그건 아니죠. 그건 연방국가를 전제로 하는 거니까. 우리가 지방분권, 지방자치에서는 독자적인 사법권까지는 얘기를 안 하는 걸 전제로 해야죠.

박찬욱 사실 혁명적이긴 할 거예요. 특히 재정 기반 같은 경우. 국세, 지방세 문제, 거기에 미치는 영향도 클 거고.

장영수 여기서 선언적인 의미인데, 구체적인 부분은 이 뒤에서 하나하나 조율을 해야 할 것 같습니다. 지금 예를 들어 지금 용어에서도 보면 '지방정부'라는 표현을 하면서 중앙정부와 지방정부를 종속적-수직적 관계가 아닌, 독자적-수평적 관계라고 얘기를 하는데, 과연 그러냐? 예컨대 연방국가에서 '연방'과 '주'도 상하관계로 얘기를 하거든요. 근데 지방정부라고 얘기하면서, 이건 수평적이다? 이건 저는 안 맞는 얘기 같아요.

그리고 지방 '법률'로 얘기하는 건, '좀 과하다' 이런 것은 저도 동의하는데. '법률'로 하자는 의도는 어디에 있냐면, 이 뒤에서 얘기하는 것과 다 연결이 되는 게, 지금 지방자치 조항에서 어떤 권리의 제한이나 의무의 부과, 이것뿐만 아니라 헌법에는 37조 2항이 있지 않습니까? 기본권을 제한할 때는 법률로 하도록 하고 있는데, 그렇다면 조례로서는 못 하는 거거든요. 그러니까 지방 '법률'도 '법률'이니까, 이걸(37조 2항)로 할 수 있다, 이런 주장하고. 또 한 가지는 지방세 이런 부분에서도 조세법률주의 때문에 또 안 되거든요. 지방 '법률'도 '법률'이니까 된다, 그런데 문제는 문구상으로는 그런데, 실제로 37조 2항이나 조세법률주의에 관한 53조나 이런 것들의 취지가, 지방 법률을 포함하는 개념이냐? 그거는 아니거든요. 왜냐면 거기에 있어서 가장 핵심적인 부분은 결국 국민, 전체 국민의 대표자인 국회에서 제정한 법률로써 그것을 인정할 때만 한다, 그런 부분이거든요. 그리고 그랬었을 때 그럼 지방 법률이라고 해도 상관없느냐? 여기에 대해서는 아마 굉장히 시끄러울 겁니다.

하승수 그래서 저도 지금 장 교수님 말씀처럼, 지방 '법률'이라고 하는 것은 지금으로서는 어렵지 않나? 그렇지만 이제 그 문제의식은 저희가 또 많이 참고할 필요는 있겠다, 그런 정도에서 사실 아까 제가 말씀드린 게 약간 절충한 내용으로 말씀드린 겁니다.

박은정 예, 그럼 다시 저희 문건으로 돌아와서 지방분권국가 선언과 관련해서는, 그냥 "지방분권국가이다"로?

장영수 저는 찬성입니다.

박은정 박찬욱 선생님은 어떠세요?

박찬욱 네, 저는 취지는 찬성이죠. 이런 선언을 어떻게 국가 정책이나 아니면…… 현실화하는 문제는 사실 만만치 않을 거 같은데……

박명림 그런데 이 문제는 사실 국회에 가면, 모두 각 지역의 대표거든요. '지방분권국가이다' 이거를 넣는 거를 반대할 국회의원은 많지 않을 것 같습니다. 이 문제는 지금 다 지방 소멸을 절실히 느끼기 때문에 강화할수록 좋지요.

장영수 지금 박찬욱 선생님 말씀하신 거는, 그거보다는 더 구체적으로 지방분권을 해나가야 하는데 어떻게 할 거냐? 다음 단계는 쉽지 않을 거다, 그 말씀이신 것 같습니다.

박은정 '지방분권국가이다', 다수의견이 그쪽(지방분권국가이다)인 것 같군요.

2) 지방자치단체 / 지방정부

하승수 용어 문제인데, 대화문화아카데미 2016 새헌법안은 지방자치단체라는 용어를 그대로 쓰는 거로 되었고, 2018년 문재인대통령 개헌안이나 2017년 국회 개헌특위 자문위원회안은 지방정부로, 지방자치단체가 아니라 지방정부라는 용어를 쓰는 거로 되었는데, 이 부분도 제 생각은 지방정부라는 용어를 쓰는 게 좋겠다는 생각을 했습니다. 지방자치단체라는 것 자체가 너무 협소한 위상을 가지는 거로 해석되는 면이 있다는 비판도 있습니다.

대화문화아카데미 2016 새헌법안	2017년 국회 개헌특위 자문위원회안	2018년 문재인대통령 개헌안
지방자치단체	지방정부	지방정부 **중앙과 지방이 종속적·수직적 관계가 아닌 독자적·수평적 관계라는 것이 분명히 드러날 수 있도록 '지방자치단체'를 '지방정부'로, 지방자치단체의 집행기관 명칭을 '지방행정부'로 한다고 설명

박은정 지방정부 또는 지방자치단체, 이 부분은 어떻게 생각하시는지요?
장영수 용어는 별로 상관없다고 봅니다.
박은정 지방정부로 표현하는 쪽이 그래도 약간, 정합성이 더 있을 것 같군요. 다른 의견이 없으신지?
박명림 저는 지방의회나 지방법원처럼, 하 위원님 말씀대로, 지방정부로 하면 좋겠습니다.

박은정 전체 덩어리는 지방정부로 하고 그 하부 것을 지방행정부로 이렇게 표현을 하는 거죠?

박찬욱 아마 이런 저항이 많이 줄었을 거예요. 지방자치 처음 할 때는 local government하면, 무슨 government가 지방에 있냐고, 특히 국가공무원이 난리를 피웠죠. 요즘에는 그 자치단체장, 특히 광역단체장이 스스로 지방정부라고 해요. 그러니까 큰 무리가 없을 거 같습니다.

박은정 조금 빗나가는 이야기 같습니다마는, 이런저런 새로운 제도를 착안하는 데 있어서, 그걸 도입하는 데 있어서, 예컨대 조례에 상당히 신선한 것이 꽤 있더라고요. 조례를 통해 중앙정부 차원에서는 몸이 무거워서 못 하는 이런 부분을 도입해서, 그런 부분이 정말 중앙정부 차원에서도 벤치마킹할 수 있는 측면이 있어요.

또 다른 한편으로는 반부패라든가 청렴 문제와 관련해서는 중앙정부보다는 역시 아직은 지방자치단체의 점수가, 특히 광역과 기초 일부에서 낮은 데이터가 나오고 있는 것은 사실입니다. 그러니까 지방정부나 지방분권을 더 강화한다는 부분에 대해서, 사실 이 시점에서는 양가적인 평가와 양가적인 감정도 있으리는 생각이 들긴 듭니다. 그러나 저희는 조금 더 전향적인 목표를 가지고 있다는 점에서 이 시점에서 제안하는 우리 개헌안은 2016년 새헌법안에 비하면 획기적으로 진전된 것입니다.

다수 지방정부로 표기합시다.

3) 지방 행정 체계

현행헌법
제8장 지방자치
제117조 ②지방자치단체의 종류는 법률로 정한다.

대화문화아카데미 2025 새헌법안
제8장 지방자치와 지방분권
제122조 ①광역지방정부는 도 및 그와 대등한 지위를 갖는 시로 하고, 기초지방정부의 종류는 법률로 정한다.

하승수 아래 표에서 보이듯이 지방자치단체의 종류에 대해서 대화문화아카데미 2016 새헌법안은 "지방자치단체 종류는 법률로 정하되, 시와 군, 자치구와 도를 두어야 한다" 이렇게 돼 있는데요. 취지는 지방자치단체의 종류를 헌법에 명시하는 것이, 많은 외국에서도 그렇게 지방자치단체의 종류를 헌법에 명시하고 있는데, 우리도 그렇게 하는 게 필요하지 않냐는 취지였는데요, 2018년 문재인대통령 개헌안은, 그것은 헌법에 명시를 안 하고, 법률로 정하도록 했고, 그리고 2017년 국회 개헌특위 자문위원회안은 종전의 지방정부 종류를 보장하고, '변경할 때는 주민동의절차를 거친다' 이렇게 돼 있는데, 제 고민은, 이게 시, 군, 자치구라는 이 기초지방자치단체를 과연 헌법에 명시하는 게 바람직한가, 하는 부분에 대한, 제 개인적인 의견이 있습니다. 왜냐하면, 아까 2공화국 헌법 보셨지만 저희가 1961년 5·16 이전에는 읍면 자치를 했기 때문에 농촌 지역의 기초지방자치단체가 읍면으로 돼 있었습니다. 그러니까 시·읍·면 자치를 했는데 1961년 5·16군사정변 이후에 읍면을 군으로 통합시켰고 그게 지금까지 유지가 되고 있는데, 사실 다시 읍면 자치를 회복, 부활하는 게 필요하다는 논의가 꽤 많이 있습니다. 그게 농촌 지역의 활성화를 위해 필요하기도 하고요.

그리고 지금 이렇게 읍면을 군으로 통합하면서 한국의 지방자치 제도의 문제점으로 많이 지적되는 게, 기초지방자치단체 평균 인구가 20만 명이 넘는데 그런 나라가 없다는 게 그동안 많이 비판으로 나왔습니다. 우리나라 기초지방자치단체 평균 인구가 기초지방자치단체당 20만 명이 넘게 된 이유가 바로 농촌 지역의 읍면 자치를 없앴기 때문이라고 볼 수 있습니다. 외국도 대체로 농촌 지역은 읍면 자치를 하고 있고. 그래서 그런 걸 감안한다면 헌법에서 굳이 기초지방자치단체까지 종류를 명시하는 게 바람직할까 싶습니다.

제 개인적인 의견은 가령 헌법에 지방자치단체 종류를 명시한다면 오히려 광역을 명시하는 거로 하고 기초지방자치단체의 종류는 법률로 정하도록 하는 것이 좋을 것 같습니다. 광역은 도 및 그와 대등한 지위를 가지는 시로 하고. 그러니까 그러면 현재 광역지방자치단체의 종류를 명시하는 거죠. 그리고 기초지방자치단체 종류는 법률로 정하도록 해서 이후에 지방자치 관련된 논의의 가능성을 열어주는 게 좋지 않을까 생각합니다.

대화문화아카데미 2016 새헌법안	2017년 국회 개헌특위 자문위원회안	2018년 문재인대통령 개헌안
지방자치단체의 종류를 법률로 정하도록 하되, 시와 군, 자치구와 도는 반드시 두도록 함.	현행 지방정부의 종류를 헌법에 보장함. 그리고 지방정부의 종류를 변경하고자 할 때에는 주민동의절차를 거쳐 법률로 정하도록 함. 중앙정부가 지방자치의 근간을 이루는 지방정부의 종류를 자의적으로 변경할 수 없도록 하려는 취지임.	지방정부의 종류를 법률로 정하도록 함.
제131조 ①지방자치단체의 종류는 법률로 정	제117조 ②지방정부의 종류는 종전에 의하되,	제121조 ②지방정부의 종류 등 지방정부에 관

> 하되, 시와 군, 자치구와 도를 두어야 한다. 이 헌법에 규정하지 않은 지방자치단체의 설치와 자치권에 대해서는 법률로 정한다.

> 이를 변경하고자 하는 경우에는 주민투표를 거쳐 법률로 정한다.

> 한 주요 사항은 법률로 정한다.

장영수 지금 여기서 얘기하고 있는 거 대부분이 현재의 지방자치 구조, 중층 구조라고도 얘기를 하고 이중 구조라고도 얘기를 하는데, 광역과 기초가 동시에 있는…… 이게 사실 세계적으로 별로 찾아보기 어려운 시스템인데, 우리는 이걸 전제하고 얘기하는데 이게 계속 가야 하는지? 기존에 한 번은 이걸(이중 구조를) 그냥 하나로, 단일 구조로 하자 그래서 전국을 중간 정도의 규모, 95개의 지방자치단체로 나눠가지고, 기초광역 구분 없이, 이렇게 하자는 얘기도 나왔다가, 결국은 반대에 밀려 성공하지 못한 사례도 있는데, 계속 문제는 남습니다.

아까 하 위원님 말씀하신 것처럼, 취지에 맞으려면 오히려 기초보다도 더 작아져야 하고, 근데 더 작아지면 이게 중앙에 더 휘둘리는 거 아니냐? 이런 거 때문에 기초는 기초대로 필요하지만, 중앙에 휘둘리는 걸 막는 방파제로서 광역이 필요하다, 이런 얘기를 많이 하고 있고. 이게 언제까지 갈 거냐? 사실 옛날 같으면 별로 걱정 안 했을 겁니다. '그거야 그때 가서 또 헌법개정 하면 되지', 그런데 지금 헌법개정이 37년이 지나도록 안 되다 보니까, 지금 하고 나서 과연 30년 동안 계속 이대로 가도 되느냐? 이런 문제가 자꾸 거론되는 거거든요. 그 부분도 한 번쯤 생각을 해보면 좋겠습니다.

강대인 실제로 방파제 역할을 할 수 있나요?

장영수 일단 정치적으로는 그런 게 맞습니다. 정부에서 지금 후견적 지방자치라고 하지 않습니까? 지방자치단체가 이래라저래라 했을 때, 기초단체가 거기에 대해 "우리 그거 못 합니다" 소리를 못 해요. (**하승수** 그렇죠) 그런데 서울시나 경기도, 이 정도 되면 "그거 문제 있다" 최소한도 거기에 대해 반대 의견이라도 나오거든요.

박은정 여기서도 수평적이라는 표현에 대해 장 위원님이 지적하셨는데, 그것은 어떻게 본다면 자치권 행사 주체로서 국민과 주민의 대등성, 이런 것을 염두에 두면 수평적이라는 표현을 쓸 수 있지 않나요?

장영수 그런데 이게 현실적인 문제로 나타나는 것은 국회에서 제정한 법률과 지방자치단체에서 제정한 법률의 수평이라면 사실 법적 효력도 대등해야 하거든요. 근데 그게 서로 앞뒤가 안 맞는 이런 부분이 계속 나오거든요.

박찬욱 미국 같이 연방제 하는 나라도 주와 연방정부의 관계라는 게 수직적인 관계라고 그렇게 얘기를 하죠.

장영수 그러니까 이제 수직이되 독자성을 훨씬 더 강하게, 그 정도로 보는 게 맞지, 이걸 수평이라고까지 가는 건 안 맞는 것 같다, 그 정도 말씀입니다.

박명림 민주공화국 초기에 네덜란드나 영국에서 요하네스 알투지우스나 데이비드 흄이 자치·연합·연방의 모델을 구상할 때, 2단계 보충성의 원칙이라 할까 하는 것이 발견됩니다. 하나는 공화국·연합·연방과 주 사이의 관계, 그다음에 주와 카운티 또는 타운의 관계처럼요. 그러니까 연방은 주에 대해서, 주는 카운티와 타운에 대해서, 그런 쌍방향성을 갖고, 자율성도 보장해주면서, 서로 권한을 나누고⋯⋯

만약 지금 저희가 광역지방정부를 없앨 경우, 보충성에 기반한 자치성을 얼마나 담보 받을 수 있을지, 중앙성이 너무 강한 사회에서⋯⋯ 그런데 문제는 이 광역지방정부가 기준이 없다 보니까, 서울·경기 이런 데는 완전히 초거대 광역지방정부이고, 강원·충북·세종·제주도 이런 데는 너무 또 작고. 수직적 보충성 못지않게 수평적 대등성을 어떻게 해야 할지? 서울과 경기가 절반을 먹고 들어가니까. 이 문제를 조정을 안 해도 수평성이 유지될지?

하승수 그래서 지금 지방자치 쪽에서 나오는 얘기는 예전의 단층화 이야기는 많이 들어간 것 같고요, 복층 구조를 유지하되 광역 같은 경우는, 지금 예를 들면 광주/전남이 지금처럼 따로 가는 게 맞냐, 대구/경북이 따로 가는 게 맞냐, 생활권 면이라든지…… 말씀하신 것처럼 어느 정도 인구와 규모가 될 때 이렇게 대등하게 할 수 있으니까, 그래서 그 부분은 저는 열려 있다고 봅니다. 그래서 지금 단층화 이야기는 사실 현실적으로도 안 되고 이론적으로도 사실 맞지 않다는 의견들이 많아서, 그런데 다만 말씀대로 지금 현재 17개 시도가 있는데, 과연 17개 시도로 그대로 갈 것인지? 아니면 좀 더 비수도권 지역의 광역을 통합해서 이렇게 할 것인지? 그 부분은 앞으로 논의가 되어야겠습니다.

박명림 저도 하 위원님과 의견이 같은 게, 수직적 권한 분산과 수평적 균형 분권은 분리될 수 없다는 생각에서 보면, 광주/전남, 대구/경북 이런 거를 따로 놓고서 나중에 광주 상원 따로, 전남 상원 따로 이거는 어떤 형태로든 조정이 되어야겠습니다. (**하승수** 그럴 필요가 있습니다)

하승수 헌법에서는 저희가 그것까지 논의할 수는 없는데 아마 실제로 지방분권을 제대로 하려면 그게 필요하고, 말씀대로 지역대표형 상원을 둘 때도 지금 말씀하신 것처럼 그 정도로 분권을 한다면, 광주/전남이나 대구/경북이 대표적인데, 그런 데는 통합도 검토할 수는 있다고 봅니다. 다만 지역에서의 민주적 의견 수렴이 전제되어야 하고, 그만큼 확실한 분권이 전제되어야 한다고 봅니다.

박명림 그런데 만약 광주·대구·부산…… 이런 독자 권역을 폐지하면 지역의 세가 위축된다고 생각하니까 저항이 강하지 않습니까?

하승수 만약에 그렇게 하려면 아마 주민투표 같은 걸 거쳐야 하겠죠. 그런데 광주/전남이랑 대구/경북은 저는 가능성은 열려 있다고 개인적으로는 보고 있습니다.

장영수 개인적인 질문인데요. 하 위원님 아까 읍면 자치 얘기하셨고, '그 정도면 이제 직접민주주의에 가깝게 운영할 수 있고 지방자치가 살아난다' 그 점에 저도 동의하는데, 그렇다고 대도시는 지방자치를 안 할 수는 없는 거고 읍면에 대응해서 하려면 동인데, 과연 동이 자치가 될까요?

하승수 그 부분은 사실 헌법보다는 법률 수준으로 논의를 넘기는 수밖에 없는

데…… 지금은 두 가지 얘기가 다 있는 것 같습니다. 읍면부터 먼저 하자. 동은 좀 유보적이다. 말씀대로 동이 지방자치의 단위가 될 수 있느냐? 동은 생활권도 아니고, (**장영수** 그렇죠) 그래서 제 개인적인 의견은 시읍면 자치가 원래 맞았다, 사실은 원래 시읍면 자치가 맞고, 그렇지만 군 같은 경우도 아예 없앨 필요는 없고, 지금 독일 같은 경우는 크라이스(Kreis, 군) 밑에 게마인데(Gemeinde)가 있지 않습니까? 그런 식으로 우리도 갈 수도 있지 않을까, 군이 일종의 조정 기능을 하는 거로 해서…… 그래서 제 생각으로는 그냥 가능성을 열어두는 게, 오히려 헌법에서 너무 이렇게 경직되게 기초지방자치단체를 외국처럼 명시하는 것은 논의가 더 좁아지니까, 헌법에서는 가능성을 열어놓고, 교수님 말씀하신 부분은 사실 고민거리로, 저희가 이제 논의 거리로, 지방자치법 영역에서의 논의 거리로 남겨놓는 게 어떨까 싶습니다.

박명림 만약에 본격적으로 지금 장 위원님이 말씀해주신 거를 논의하면, 그러니까 지방자치의 행정적 단위, 관료적 단위, 관리적 단위, 생활적 단위로서 읍면동을 어떻게 포함할 건지 논의가 필요할 듯싶습니다.

영국이나 네덜란드에서 이걸 처음 얘기할 때는 약간 분리를 해서, 타운과 마을은 행정 자치의 단위이기보다는 주민 자율의 단위로 접근을 하지요. 옛날에 촌장 뽑고 향촌에 자율성을 주듯이요. 그렇게 해서 마을부터 점점 더 큰 단위로 올라가 타운, 군, 주, 공화국(연방) 같은 상향식 체제를 구상하지요. 이는 데이비드 흄의 완전한 공화국 구상의 골간이었습니다. 토머스 제퍼슨의 미국 연방 공화국 구상도 마을공화국(기초공화국)부터 연방까지의 상향식이었고요. 토크빌도 이 점을 보고 타운의 역할과 중요성을 그토록 강조한 것이고요.

박은정 유럽이나 이런 곳에서 아직 국가 형성 이전, 그러니까 중앙에 강한 집합체가 생기기 이전에 자생적으로 생겨나는 그런 구조에서는 자율적인 마을공화국 이야기가 자연스러운데, 우리는 아직은 위에서 이것을 내려보내야 하는 제도적 작업을 해야 하는, 그런 역사적인 세팅 속에 있다는 걸 아무래도 전제할 필요가 있지 않을까요?

박명림 그렇죠. 그래도 살려내는 게 중요할 듯싶습니다. 마을 주민총회나 마을 결정 과정을 통해서요.

박찬욱 지방자치를 좀 더 강화하면 고령화나 지방 소멸, 강원도의 예를 들면 접경지역에 양구, 화천 이런 데는 인구가 지금 군이라고 그래 봐야 (**하승수** 2, 3만 명) 자꾸 줄거든요. 자꾸 더 줄어든단 말이에요. 그런 거를 살리는 방도가 되는 건가요?

하승수 지금 농촌에서 일종의 지역이 활성화되거나 혁신되는 게, 군 단위에서 일어나는 사례는 제가 알기로는 별로 없습니다. 면 단위는 있습니다. 면 단위는 인구가 유지되거나 늘어나는 면이 있는데, 그 차이가 뭐냐 하면, 면 단위에서는 어떤 계획을 짤 수가 있고, 실제로 인구를 어떻게 유입할 것인지, 그런 계획을 짤 수가 있는데, 군은 너무 넓고 그 안에서 읍면이 다 다르다 보니까 군에서 세우는 계획은 대체로 전시성 계획이나 형식적인 계획에 그쳐왔고, 그래서 군 단위로 접근하면, 사실 농촌 지역 활성화가 불가능하다는 게 제 생각입니다. 군이 지역 내에서는, 농촌 지역에서는 군이 하나의 중앙집권 국가처럼, 중앙집권화된 조직이 돼서 모든 예산과 권한은 다 거기에 몰려 있는데 실제로 군청에 있는 공무원이 읍면의 실정도 모르는 상태고…… 읍면에서 지금 주민자치위원회나 주민자치회 같은 틀을 통해 주민이 계획을 짜가지고 이렇게 뭔가를 해서 이렇게 인구도 유입하고 지역이 활성화되는 그런 사례는 나타나고 있습니다.

장영수 그러면 그런 읍면 같은 경우는 인구가 인접한 읍면에서 유입되는 겁니까? 아니면 멀리서?

하승수 주로 도시에서 유입되는 경우이고, 그게 전국으로 꼽는다면 한 10개 안쪽인데, 그런 사례가 보여주는 게, 그래도 현재 이런 수도권 집중, 도시 집중 현상을 완화하고 농촌을 살리려면 자치권이 오히려 (읍면에 있는 게 낫다), 그래서 그런 활동을 경험해본 분은 중앙정부가 돈 내려주는 것보다 자치권을 주는 게 훨씬 더 농촌에 도움이 된다고 합니다. 지금까지 농촌에 지원된 예산이 적지 않은 액수인데, 많은 경우에 예산으로 건물 짓고, 건물 관리도 안 되고 이런 식으로 돼버렸는데, 그래도 아까 말씀드린 한 10개 정도 안팎의 면은 변화의 가능성 같은 게 보이는 곳이 있습니다. 예를 들면 곡성이면, 곡성'군' 차원으로 가면 답이 잘 안 보이는데, 곡성군에 가령 어느 '면'에 가면 그런 움직임들이 있습니다. 홍성군도 귀농, 귀촌으로 유명하다고 하는데, 사실은 홍동면하고 장곡면이라고 두 개 면은 지금 사람이 들어오고 있습니다.

 사람이 유입되는 농촌 지역을 보면, 귀농, 귀촌, 귀향 다 있는데, 사람이 들어오고 젊은 사람이 들어오는 곳이 있습니다. 이런 지역에 있는 사람들과 애기해보면 오히려 '면에 자치권을 주는 게 훨씬 낫다, 중앙정부가 농촌 살린다고 돈 지원해줘 봐야 다 공사하고 나면 끝나버린다', 요즘에 농촌에서는 그런 목소리가 힘을 얻고 있습니다.

박명림 농협을 사례로 연구한 분들……

하승수 맞습니다. 농협도 중요하고.

박명림 제 고향 면도 아주 작은 면이거든요, 같은 시 안에서도. 그런데 농협의 규모는 비슷한 인구인 면보다 거의 4~5배쯤 커요. 여기서 주민들이 자체적으로 제품을 여러 가지 개발해서, 그래서 전국적으로 판매하죠. 아주 작은 면 단위의 농협인데 규모가 제법 크거든요. (**하승수** 농협이 여전히 읍면별로) 네. 그래서 농협을 사례로 보면 지방자치의 성공은 여기에 있지 않을까 하는 생각도 듭니다.

하승수 경제적인 측면은 농협이 아직도 읍면별로 담당하는 곳이 많고요. 그런데 면이 하부 행정조직에 불과하고 자치권이 없다 보니까, 경제와 정치가 같이 가야 하는데, 그게 안 되는 면이 있습니다. 경제는 아직도 읍면별 농협이 많이 담당하고 있거든요. 그래서 정치/행정 영역의 자치권이 있으면 훨씬 문제를 풀기가 좋아질 수 있습니다.

박명림 출산·교육·인구·자치·기후…… 다 지금 천편일률로 붕괴하고 있는데 농업·축산·어업 협동조합의 자율적인 동시에 불균등 발전, 능금·한우·어류 양식·각종 지역 산품과 제품 관련으로 발전하고, 이런 거 보면 뭔가 가능성이 있지 않을까요?

하승수 원래는 읍면별로 농협이 있다가 몇 개 읍면의 농협을 통합한 곳이 있는데 대체로 평가가 안 좋습니다. 농민 스스로 한 평가가 "잘못했다. 그냥 어려워도 읍면별로 하는 게 맞았다" 홍성 같은 경우는 지금도 읍면별로 다 농협이 있는 편인데. 실제로 농협이 농촌에서 아직은 그래도 큰 역할을 하고 있습니다. 오히려 5개 면을 합쳐서 농협을 하나로 만든 데, 이런 데는 더 힘든 상황이고요.

아마 한때 농협 구조 개혁한다면서 경영이 부실한 농협을 통합하는 작업을 한 것 같습니다. 막상 해보니까 그런다고 농협이 좋아지는 것도 아니고 오히려 농민하고 거리만 멀어진 그런 형국이어서, 제 생각은 그래서 헌법 수준에서는 그냥 가능성을 열어놓는 게 오히려 좋지 않을까, 지방자치를 우리가 어떻게 할 것인지에 대해서는.

장영수 그것까지 헌법에 일일이 세세하게 규정하기는 어려우니까, 그런 걸 알고 있어야 그런 문제를 판단할 수가 있는 거니까…… 아무튼 하 위원님 말씀하신 거, 정말 많이 배웠고 도움이 많이 됐습니다.

박은정 지방자치단체의 종류와 관련해서는 아까 하 위원님께서는 '이후에 지자체의 논의를 열어두기 위해서 어느 정도 2016 새헌법안에 대한 보완이나 보충이 필요하고 그런 점에서 헌법에 명시할 경우 광역지방자치단체를 도 및 그와 대등한 지위를 가지는 시로 하고, 기초지방자치단체의 종류는 법률로 정한다, 이렇게 하면 어떨까?' 이런 말씀을 하신 것 같습니다. 대체로 이런 의견에 동의하시는지요?

박찬욱 근데 대화문화아카데미 2016 새헌법안 131조에서 맨 처음에 나오는 '시와 군, 자치구' 이거는 기초단체죠? **(하승수** 예) 근데 뒤에 도를 둬야 한다고 했거든요. 그때 도는 광역인데 그러면 서울특별시 이런 건 어떻게 되는 거죠?

하승수 그거는 도는 반드시 둬야 한다, 아마 그 취지는 당시에 단층화 논의가 있으면서 도를 없애자, 이런 논의가 있다 보니, 이걸 헌법에 명시하자는 취지였던 것 같습니다. 그래서 특별시를 안 두는 게 아니라 도는 반드시 둬야 한다……

박은정 사실 내용상으로 조금 어색하기는 해요. 박명림 선생님은요?

박명림 지금은 광역시, 용어는 또 다르게 표시하고 있어서 (**하승수** 예, 맞습니다) 고민이 되는데, '도'는 둬야 하지 않나요?

하승수 그러니까 도와 대등한 지위를 가진다는 말이 광역을 의미하는 거고, (**박명림** 그렇죠) 그래서 지금 말씀대로 서울은 특별시고, 대구, 광주는 광역시고, 세종은 특별자치시로 돼 있어서 광역이 지금 시인데 세 가지 명칭을 '시'에 대해서 쓰고 있습니다.

박명림 강원도, 전라북도, 제주도는 특별자치도죠.

하승수 특별자치도, 그렇습니다. 그래서 헌법에 둔다면 그냥 '도하고 도와 대등한 지위를 가지는 시', 광역은 이 정도로 표현하는 수밖에 없지 않을까요? 그리고 기초는 법률로 정하는 거로 그렇게. 제가 고민을 해봤는데, 표현할 수 있는 방법이…… 아니면 몽땅 법률에 위임하는 방법이 있습니다.

장영수 지금 하 위원님이 제시한 게 두 가지거든요. 하나는 아예 몽땅 법률에 위임하자, 다른 하나는 지금 말씀하신 것처럼 '도와 그 대등한 지위를 가지는 시' 두 가지인데, 저는 개인적으로는 아까 하 위원님 말씀하신 읍면 자치를 우리가 한번 시도할 수 있는 여지를 두자, 그 점 때문에 이걸 이제 모두 다 명시하지는 말자 열어놓자, 법률에 위임하자는 것에 기본적으로 동의하고요. 그리고 이제 도와 그 대등한 지위를 가지는 시, 이걸 넣을 거냐 아니면 이거마저도 뺄 거냐, 저는 다 빼도 될 것 같은데요. 물론 이제 그 경우에는 이 중층 구조를 없앤다는 그것에 대해서 일부 굉장히 거부감이 있었는데, 그런데 지금 봐서는 국민적인 어떤 그런 것을 무시하고 없애기는 굉장히 힘들어 보이는, 그래서 저는 개인적으로는 빼도 괜찮지 않을까 하는 의견입니다.

박은정 그럴 경우 2016 새헌법안에서 이렇게까지 나아가는 데 대한 합당한 사유나 근거가 명시돼야 할 것 같습니다. 2016 새헌법안에 대한 존중도 어느 정도 필요하지 않을까 하는 생각도 듭니다.

장영수 그런 점에서 본다면 하 위원님, 마지막에 말씀하신 도는 그냥 놔두고요?

박은정 제 생각에는 그냥 하 위원님의 그 제안이 어떨까 싶습니다. 어떻습니까? 박찬욱 위원님은 어떠세요?

박찬욱 그니까 하 위원님 제안이라는 게 이거죠? "광역지방자치단체를 도 및 그와 대등한 지위를 가지는 시로 하고, 기초지방자치단체의 종류는 법률로 정한다." 네, 표현이 이게 훨씬 더 자연스럽죠.

박명림 용어는 '지방자치단체' 이렇게요? '지방정부'가 맞지 않나요?

하승수 지방정부로 용어를 바꾸면 (**박은정** 그렇죠) 광역지방정부, 기초지방정부로 하겠습니다.

박은정 용어는 다 통일해야 하겠죠.

4) 지방의회와 집행기관의 구성

현행헌법	대화문화아카데미 2025 새헌법안
제118조 ①지방자치단체에 의회를 둔다. ②지방의회의 조직·권한·의원선거와 지방자치단체의 장의 선임방법 기타 지방자치단체의 조직과 운영에 관한 사항은 법률로 정한다	제123조 ①지방정부에는 지방의회와 집행기관을 둔다. ②지방정부에는 주민의 대표기관으로서 지방의회를 둔다. 지방의회는 주민의 보통·평등·직접·비밀·자유선거에 의하여 선출된 지방의원으로 구성한다. ③지방의회 및 집행기관의 선거, 권한, 조직, 운영에 관하여 필요한 사항은 법률에 위반되지 않는 범위 안에서 해당 지방정부의 조례로 정한다.

하승수 이 부분은 가능하면 법률에 위반되지 않으면 다 조례로 정할 수 있도록, 그러니까 지방의회 선거는 물론이고, 지방정부의 권력구조, 그러니까 지금처럼 일종의 기관 대립형, 자치단체장과 지방의회가 상호대립하면서 견제, 감시하는 쪽으로 갈 것인지, 아니면 지금 저희가 논의하고 있는 국가 차원의 권력구조처럼 여러 가능성을 열어놓을 건지……

그래서 그런 부분은 다 기본 사항만 법률로 정하더라도, 지방정부가 조례로 정할 수 있도록 하자는 것입니다. 지방의회 선거 방식, 권력구조, 집행기관 구성 모두 조례로 정하자는 것인데요. 이와 관련해서는 세 가지 안이 크게 차이가 없기 때문에, 문구만 정리하면 될 것 같습니다.

박은정 네, 그러면 되겠습니다.

대화문화아카데미 2016 새헌법안	2017년 국회 개헌특위 자문위원회안	2018년 문재인대통령 개헌안
지방자치단체의 집행기관의 조직과 구성에 대해서는 조례로 정하도록 함. 제133조 ①시·군·자치구의회의 조직·권한·의원선거 등에 대해서는 법률에 위반되지 않는 범위 내에서 당해 시·군·자치구가 조례로 정한다. ②시·군·자치구의 업무를 수행하기 위한 집행기관의 조직과 구성에 대해서는 법률에 위반되지 않는 범위 내에서 당해 시·군·자치구가 조례로 정한다. 제134조 ①도의회의 조직·권한·의원선거 등에 대해서는 도의 조례로 정한다. ②도집행기관의 조직, 인사, 재정, 기타 운영에 대해서는 도의 조례로 정한다.	지방정부의 입법기관인 지방의회와 집행기관의 조직·권한·의원선거와 집행기관의 선임방법, 지방정부의 기관구성과 운영에 관하여 지방정부의 법률로 도입할 수 있도록 함으로써 다양성과 아래로부터 혁신이 가능하도록 함. 제120조 ②지방정부의 입법기관과 집행기관의 조직·인사·권한·선거, 기관구성과 운영에 관하여 필요한 사항은 해당 지방정부의 법률로 정한다.	지방정부가 스스로에게 적합한 조직을 구성할 수 있도록 지방의회의 구성 방법, 지방행정부의 유형, 지방행정부의 장의 선임 방법 등 지방정부의 조직과 운영에 관한 기본적인 사항은 법률로 정하되, 구체적인 내용은 조례로 정하도록 함. 제122조 ②지방의회의 구성 방법, 지방행정부의 유형, 지방행정부의 장의 선임 방법 등 지방정부의 조직과 운영에 관한 기본적인 사항은 법률로 정하고, 구체적인 내용은 조례로 정한다.

5) 주민 자치

현행헌법	대화문화아카데미 2025 새헌법안
(관련 조항 없음)	제122조 ②주민은 지방정부를 조직하고 운영하는 데 참여할 권리를 가진다. ③주민발안, 주민투표 및 주민소환에 관하여 그 대상, 요건 등 기본적인 사항은 법률로 정한다. ④국가와 지방정부간, 지방정부 상호간 사무의 배분은 주민에게 가까운 지방정부가 우선한다는 보충성의 원칙에 따라 법률로 정한다.

하승수 '주민참여 보장'이나 또 '보충성의 원칙' 같은 것은 3개 개헌안에 다 들어가 있는 내용이고, 문구만 조금씩 차이가 있을 뿐이라서 문구 정리하면 될 것 같은데요. 다만 2018년 문재인대통령 개헌안을 보면 주민발안, 주민투표, 주민소환에 관한 내용이 들어가 있습니다. 구체적인 내용은 법률로 정하지만, 기본적인 내용은 법률로 정하고 구체적인 건 조례로 정하게 돼 있는데, 그런데 지금 대화문화아카데미 2016 새헌법안에서도 국민발안, 국민소환, 국민투표 제도에 대한 언급이 명시돼 있기 때문에 그러면 지방자치 쪽에서는 주민발안, 주민소환, 주민투표를 문재인대통령 개헌안처럼 넣어도 괜찮지 않

대화문화아카데미 2016 새헌법안	2017년 국회 개헌특위 자문위원회안	2018년 문재인대통령 개헌안
제131조 ②지방자치단체의 중요한 의사결정에	제117조 ①주민은 그 지방 사무에 대해 자치권	제121조 ①지방정부의 자치권은 주민으로부터

대해서는 주민이 직접 참여할 수 있도록 보장하여야 한다. ③국가는 지방자치단체가 수행할 수 없는 사무에 대해서만 보충적으로 권한을 가진다.	을 가진다. 주민은 자치권을 직접 또는 지방정부의 기관을 통하여 행사한다. ③정부간 사무배분과 수행은 보충성의 원칙에 따른다.	나온다. 주민은 지방정부를 조직하고 운영하는 데 참여할 권리를 가진다. ③주민발안, 주민투표 및 주민소환에 관하여 그 대상, 요건 등 기본적인 사항은 법률로 정하고, 구체적인 내용은 조례로 정한다. ④국가와 지방정부간, 지방정부 상호간 사무의 배분은 주민에게 가까운 지방정부가 우선한다는 원칙에 따라 법률로 정한다.

겠냐는 생각을 해봤습니다.

장영수 대화문화아카데미 2016 새헌법안에 보면 131조 2항에 '지방자치단체의 중요한 의사결정에 대해서는', 사실 이게 모호하거든요. 중요한 의사결정이 무엇인지를 조금 더 범위를 정해야 합니다. 이게 중요한지 아닌지에 대한 판단의 문제가 있을 수 있거든요. 이 부분은 그냥 놔두기보다는 예를 들어 뭐, 뭐 등 중요한 의사결정이라고 예시를 하든지 뭐가 필요할 것 같습니다. (**하승수** 애매모호하다는 말씀이죠?) 네, 중요한 의사결정인지 아닌지에 대해서 서로 다툼이 생겼을 때, 기준이 없기 때문에⋯⋯

박명림 이거 그때 문재인 정부의 국민헌법자문 때 논의를 많이 한 것 같은데, 대통령 발의안 121조가 더 명확하게 서술된 거로 기억합니다.

박은정 2018년 문재인대통령 개헌안 121조 1항.

하승수 그래서 비교를 해보면 2018년 문재인대통령 개헌안이나 2017년 국회 개헌특위 자문위원회안은 주어를 '주민'으로 써서 주민의 권리 측면으로 설명을 하니까 자연스럽고, 대화문화아카데미 2016 새헌법안은 '보장하여야 한다'라고 돼 있다 보니까 말씀하신 것처럼 보장한다면 어디까지 보장이 되는 거냐는 문제가 있어서, 제 생각은 주어를 '주민'으로 해서 주민이 이렇게 지방자치단체의 의사결정에 참여할 권리를 가진다든지 이런 식으로 표현하는 게 조금 더 자연스러울 수도 있겠다 싶은 생각입니다. 문재인 정부안은 '지방정부를 조직하고 운영하는 데 참여할 권리를 가진다' 이렇게 해서 사실은 그 권리의 구체적인 수준은 어차피 법률로 정하는 거니까요.

장영수 그 경우에 있어서 다음 항에서 예시를 들고 있거든요. (**하승수** 그렇습니다) 이러이러한 것은 거기에 당연히 들어간다, 그렇게 하면 조금 더 구체화하는 거 같습니다.

하승수 네, 그렇습니다.

박은정 그러니까 '주민은 지방정부를 조직하고 운영하는 데 참여할 권리를 가진다' 이 정도로는 약합니까?

하승수 그렇게 하고, 문재인대통령안은 주민발안, 주민투표, 주민소환을 아예 명시하는 거로 했습니다.

박은정 그것을 넣으면 되니까요, 그렇게 표현하면 어떨까요? 주민은 지방정부를 조직하고 운영하는 데 참여할 권리를 가진다, 거기까지를 하고. 그다음에 주민발안, 주민투표, 주민소환에 대해서. 그러니까 그것에 대해서도 2018년 문재인대통령 개헌안이 거의 표본이 되겠네요. 대상, 요건 등 기본적인 사항은 법률로 정한다, 이 문장을 조금 더 다듬는 정도로 하면 될 거 같습니다.

6) 국가와 지방의 입법권 배분

현행헌법	대화문화아카데미 2025 새헌법안
(관련 조항 없음)	제124조 ① 다음 각 호가 정하는 사항에 대해서는 국가만 입법권을 가진다. 1. 외교, 국방, 국세, 국가조직 2. 통화, 물가정책, 금융정책, 수출입정책 3. 국가종합경제개발계획, 국토종합개발계획 4. 도량형 5. 우편, 철도, 고속국도 6. 항공, 기상, 원자력 7. 기타 성질상 국가만 입법권을 갖는 것이 명백한 사항 ② 제1항에 규정하지 않은 사항에 대해서는 국가와 지방정부가 경합적으로 입법권을 가진다. 국가는 전국적인 통일이 특히 필요한 경우에 한하여 입법권을 행사할 수 있다. ③ 국가의 법률은 지방정부의 조례보다 우선하는 효력을 가지며, 광역지방정부의 조례는 기초지방정부의 조례보다 우선하는 효력을 가진다.

하승수 국가와 지방의 입법권 배분에 관한 내용이 대화문화아카데미 2016 새헌법안에 들어가 있는데 저도 이런 게 필요하다는 생각을 합니다. 그러니까 중앙정부, 국가가 전속적인 입법권을 가지는 영역과 그렇지 않은 영역은 국

가와 지방이 경합적으로 입법권을 가지는 거로 하는 것인데. 다만 이제 문구는 정리할 필요가 있고⋯⋯

그리고 2017년 국회 개헌특위 자문위원회 안과 대화문화아카데미 2016 새헌법안의 차이점은 뭐냐 하면은, 중앙정부가 전속적인 입법권을 가지는 것 말고는 이렇게 양쪽이 국가와 지방이 동시에 입법권을 행사할 수 있는데, 2016 새헌법안 같은 경우는 기초지방자치단체는 아니고 광역지방정부인 '도'만 경합적 입법권을 가지는 거로 돼 있습니다. 그런데 국회 개헌특위 자문위원회안은 이렇게 광역만 가지는 게 아니라, 기초지방정부도. 중앙정부가 전속적인 입법권을 가지지 않는 영역은 기초지방정부도 경합적 입법권을 가지는 거로 돼 있는데. 이 차이는 예를 들면, 중앙정부나 광역에서 입법을 안 한 영역에 대해서, 기초지방정부가 독자적으로 입법권을 행사할 수 있느냐, 또는 중앙정부의 법률에 위반되지 않는 범위 내에서는 기초지방정부가 독자적인 입법권을 행사할 수 있느냐, 하는 이런 차이가 있는데, 이거는 이렇게 기초지방정부와 도를 구분할 건지, 제가 마지막에 말씀드릴 부분과 관련이 있습니다. 제 개인적인 의견은 도만 할 게 아니라, 국가와 지방정부가, 그러니까 국가가 전속적 입법권을 가지는 영역은 2016 새헌법안처럼 이렇게 열거를 해서, 거기 외교, 국방부터 통화, 물가정책 쭉 몇 가지는 논의가 필요합니다만, 어쨌든 그런 거 빼고는 지방정부와 국가가 경합적 입법권을 가지는 거로 정리하면 어떨까, 하는 생각을 해봤습니다.

장영수 한 가지 질문드리고 싶었던 게, 지금까지 안에 있어서는 말하자면 국

대화문화아카데미 2016 새헌법안	2017년 국회 개헌특위 자문위원회안	2018년 문재인대통령 개헌안
국가가 전속적 입법권을 갖는 영역과 국가와 광역지방자치단체가 경합	중앙정부의 전속적인 입법권(배타적 입법권)을 한정적으로 열거함. 그	없음

적 입법권을 갖는 영역을 명시함.	리고 그 외 영역에서는 중앙정부와 지방정부가 동시에 입법권을 행사할 수 있음. 중앙정부의 법률의 우위를 원칙적으로 보장하되, 지역적 특수성을 반영할 것이 요구되고 위험의 분산을 위하여 다양한 규율이 요구되는 때에는 예외적으로 지방의 법률로 달리 정할 수 있도록 함	
제134조 ①다음 각 호가 정하는 사항에 대해서는 국가만 입법권을 가진다. 1. 외교, 국방, 국세, 국가조직 2. 통화, 물가정책, 금융정책, 수출입정책 3. 국가종합경제개발계획, 국토종합개발계획 4. 도량형 5. 우편, 철도, 고속국도 6. 항공, 기상, 원자력 7. 기타 성질상 국가만 입법권을 갖는 것이 명	제118조 ①외교, 국방, 국가치안 등 국가존립에 필요한 사무 및 금융, 국세, 통화 등 전국적 통일성을 요하거나 전국적 규모의 사업에 대해서는 중앙정부만 입법권을 가진다. ②제1항에 해당하지 않는 사항에 대하여는 중앙정부와 지방정부가 각각 입법권을 갖는다. ④중앙정부의 법률은 지방정부의 법률에 우선하는 효력을 가진다.	없음

백한 사항 ②제1항에 규정하지 않은 사항에 대해서는 국가와 도가 경합적으로 입법권을 가진다. 국가는 전국적인 통일이 특히 필요한 경우에 한하여 입법권을 행사할 수 있다.	다만, 지방정부는 지역특성을 반영하기 위하여 필요한 경우에는 행정 관리, 지방세, 주민복리와 관련한 주택, 교육, 환경, 경찰, 소방 등에 대해서 중앙정부의 법률과 달리 정할 수 있다.

가와 광역지방정부 얘기를 주로 해왔는데 하 위원님은 거기서 한 발 더 나가서 광역지방정부 말고 기초지방정부에 대해서도 이런 걸 인정하자, 이런 취지로 말씀하셨거든요. 이랬을 때, 이게 문제가 더 복잡해지는 게, 국가와 광역 사이에 있어서의 입법권 배분도 있지만, 이제 광역과 기초 사이에 있어서의 입법권 배분이 다시 구체적으로 얘기가 돼야 하거든요. 그리고 그 부분에 대해서는 일단 지금 현재 지방자치법에서 대충 역할 분담하고 있는 그런 기준으로 생각을 하시는 건지, 아니면 아까 읍면 자치 같은 걸 생각해가지고 거기서 또 다른 어떤 기준을 생각하시는 건지……

하승수 사실 저도 이 부분은 생각이 확실하게 정리된 건 아니어서요. 사실 대화문화아카데미 2016 새헌법안처럼 해도 될 것 같기도 하고, 또 2017년 국회 개헌특위 자문위원회안을 보니까 이게 광역/기초 나누지 않고 그냥 경합적 입법권을 가지는 거로 돼 있어서……

장영수 그런데 이게 어느 쪽도 다 가능은 한데, 지금 이 읍면 자치를 하느냐 마느냐에 따라서 이건 달라질 부분들이 있을 것 같아서, 이 질문을 드리는 겁니다. 그러니까 그렇게 할 수 있기 때문에 열어놓는다 하면 이 부분도 열어놓는 게 맞지 않나?

하승수 그런데 실제로 광역 그러니까 이게 경합적 입법권을 가진다고 했을 때 광역과 기초 사이가 말씀대로 그러면 또 입법권의 배분 문제가 어차피 논의

될 수밖에 없는데…… 현실은 지금도 기초에서 독자적인 입법을 하는 경우가 간혹 있긴 합니다. 그럴 때 광역에서 입법권을 안 하다가 해버리면, 기초와 광역 간에 충돌이 생기는 경우도 간혹 있거든요.

장영수 아니, 기초에서 조례를 만드는 건 지금까지 여러 개 있었고, 그 부분이 아니라 지금 예컨대 군 단위에서 어떤 조례 제정권을 가지고 할 때의 경우와 읍면 단위로 할 때 하고는 아무래도 기준이 달라져야 할 것 같아서……

하승수 맞습니다. 그 부분은 좀 고민입니다. 개인적으로 '기초지방자치단체 종류를 열어놓자'라고 했지만, 굉장히 점진적인 과정을 밟을 수밖에 없을 거로 저는 생각합니다.

장영수 그런데 문제는 이게 헌법이거든요. 여기에서 이제 정해놓으면 나중에 법률로 할 수가 없으니까요.

하승수 네, 그래서 보수적으로 생각한다면, 2016 새헌법안도 괜찮겠다는 생각도 해봅니다. 사실은 그런 지금 말씀하신 부분 때문에…… (**장영수** 알겠습니다)

박은정 하 위원님이 (발제문에) '입법권 배분에 대해 규정을 두는 것은 바람직하다'라고 쓰시고, '다만 현존하는 법률의 우위를 인정하고 점진적으로 입법권 배분의 원칙에 따라 법률을 정비하는 것으로 하면 혼선은 크게 없을 것임'이라고 하셨는데 이 부분이 좀 두루뭉술합니다.

하승수 그래서 거기 지금 2016 새헌법안하고 2017년 국회 개헌특위 자문위원회 안을 비교해보면, 국회 개헌특위 자문위원회안은 4항에 "중앙정부의 법률은 지방정부의 법률에 우선하는 효력을 가진다" 이렇게, 그러니까 조례에 우선하는 효력을 가진다고 되어 있습니다. 이 말은 경합적 입법권을 가지더라도 중앙정부 법률이 우선한다는 의미라서 저는 이 조항은 저희가 반영을 하는 게 좋지 않을까, 혼선을 줄이기 위해서, 그런 의미에서 말씀드렸습니다.

박은정 아까 '법률에 위반해서는 안 된다' 그 표현 대신에 이게 들어오면 좋을 것 같습니다.

하승수 네, 그렇습니다. 그러니까 아까 조례제정권에서도 그 내용이 있지만 사실 입법권을 이렇게 배분한다고 했을 때도 사실 한 번 더 확인해주는 것도 좋습니다. 그러니까 그 부분이 이제 2017년 국회 개헌특위 자문위안하고 대화문화아카데미 2016 새헌법안이 좀 다른 점이 있습니다. 그러니까 2016 새헌법안에서는 경합적 입법권을 가진다는 내용만 있고 그 경합적인 입법권이 상충할 때는 어떻게 할 것인가 내용이 명확하게 없는데, 국회 개헌특위 자문위원회안에서는 중앙정부의 법률이 우선한다는 걸 명시하고 있기 때문에 그 부분은 오히려 저희가 반영하는 것이 혼선을 줄일 수 있지 않을까 싶습니다.

박은정 그러면 대화문화아카데미 2016 새헌법안 134조 1항은 그대로 하되 2항에 '중앙정부의 법률은 지방정부의 법률을 우선하는 효력을 가진다'라는 내용을 넣고, 3항은 이제 '1항에 규정되지 않은 사항에 대해서는……' 이런 식으로 만들면 어떨지요?

하승수 중앙정부의 법률이 우선한다는 걸 3항으로 넣으면 좋을 것 같습니다.

박은정 좋습니다.

박명림 그런데 저희가 지방정부의 법률을 조례로 쓰기로 하지 않았나요?

하승수 네, 조례로 써야 합니다.

박명림 조례로 통일해야 하는 거죠.

박은정 네, 그럼 됐죠.

장영수 한 가지 형식적인 부분인데요. 여기서 도는 반드시 둔다는 얘기가 앞에 나왔는데, 도와 대등한 시, 지금 여기서 '국가와 도', 이렇게 해버리면 도 이외에 특별시나 이런 것들은 아예 배제되는 것처럼 보이니까.

박은정 이런 부분들은 다 통일해야죠

박명림 통일성을 따라서.

하승수 네, 문구 정리하겠습니다.

7) 조례와 법률의 관계

현행헌법	대화문화아카데미 2025 새헌법안
(관련 조항 없음)	제125조 ①**지방의회는 법률에 위반되지 않는 범위 안에서 조례를 제정할 수 있다.**

하승수 조례와 법률의 관계와 관련해 약간 혼선이 있는데, 아래 표에서 보시듯이 국회 개헌특위자문위 안이 이 부분과 관련해서는 되게 파격적으로 지방의회가 제정하는 것도 법률이라는 용어를 쓰자는 제안을, 그러니까 지방법률과 국가법률 이렇게 다 법률이라는 용어를 쓰자는 제안을 하고 있습니다. 그런데 다른 안은 조례라는 용어를 그대로 쓰는 거로 돼 있는데, 제 개인적인 생각은 취지는 이해가 되지만, 법률이라는 용어를 양쪽에 다 쓰면 혼동이 있을 수밖에 없다는 생각이 들어서, 그냥 지방에서 만드는 입법은 조례라는 현재의 명칭을 그대로 쓰는 게 좋지 않을까, 하는 생각을 해봤습니다.

다만 이제, 조례를 통해서 자치입법권을 행사할 수 있는 범위와 관련해서는 2018년 문재인대통령 개헌안에서 가장 많은 비판을 받았던 점 중의 하나가 이 부분인데요. 123조에 1항에 '지방의회는 법률에 위반되지 않는 범위 내에서' 이거는 좋습니다. 왜냐하면, 기존 '법령의 범위 내'를 '법률에 위반되지 않는 범위 내'로 바꾸자는 건, 세 가지 안이 공통적인 안이라서요. 그런데 단서로, "다만, 권리를 제한하거나 의무를 부과하는 경우 법률의 위임이 있어야 한다" 이렇게 헌법에 넣자고 돼 있는데, 이 '다만'이라는 단서가 비판을 많이 받았습니다. 이렇게 되면 자치입법권이 확대되는 게 아니라는 비판을 많이 받았어요. 왜냐하면, 조례가 실효성이 있으려면 벌칙이나 과태료 부과 같은 조치가 가능해야지 실효성이 있는데 좋은 내용을 조례에 담아놓고, 권리 제한, 의무 부과라는 게 결국 벌칙이나 이런 것을 부과하는 건데 그게 안 되는데 무슨 자치입법권이 확대되는 거냐, 또 규제를 강화하려고, 환경 규제 같은 걸 강화하려고 해도 이게 다 법률에 일일이 위임이 있어야 한다면 이게 무슨 자치입법권이 확대되는 거냐는 비판이 있었습니다.

사실 1961년 5·16 이전에는 조례 위반에 대해서도 형사처벌이 가능했습니다. 지방자치법에서. 그 당시에 그렇게 돼 있었는데, 거꾸로 만약에 헌법에서 이렇게 2018년 문재인대통령 개헌안처럼 규제를 해버리면, 과거에 지방자치법에 있었던 형사처벌 조항 같은 것도 다시는 할 수가 없게 되는 거라서…… 이런 비판이 많아서, 저는 대화문화아카데미 2016 새헌법안처럼 그런 단서 조항 없이 '조례는 법률에 위반되어서는 안 된다' 이렇게 정리를 하되, 어쨌든 2017년 국회 개헌특위 자문위원회안에서는 '지방법률'이라는 용어를 쓴 건데, 그거보다는 '조례'라는 용어를 그대로 쓰는 게 어떨까, 하는 생각을 해봤습니다. 나머지는 문구 정리만 하면 될 거 같습니다.

대화문화아카데미 2016 새헌법안	2017년 국회 개헌특위 자문위원회안	2018년 문재인대통령 개헌안
조례는 법률에 위반해서는 안 됨.	주민이 직접 또는 주민 대표기관인 지방의회가 제정하는 입법형식도 조례가 아닌 법률이라는 용어를 사용.	법률에 위반되지 않는 범위 내에서 조례를 제정할 수 있도록 함. 다만, 권리를 제한하거나 의무를 부과하는 경우 법률의 위임이 있어야 함.
제131조 ④조례는 법률에 위반하여서는 아니된다. 다만, 법률로 법률과 다른 내용의 조례를 정할 수 있도록 규정할 수	제118조 ③지방정부는 그 관할 구역에서 효력을 가지는 법률을 제정할 수 있다.	제123조 ①지방의회는 법률에 위반되지 않는 범위에서 주민의 자치와 복리에 필요한 사항에 관하여 조례를 제정할

있다. 이 헌법에서 법률로 정하도록 한 사항이 지방자치단체의 권한에 속하는 경우에는 지방자치단체의 조례로 정할 수 있다.

④중앙정부의 법률은 지방정부의 법률보다 우선하는 효력을 가진다. 다만, 지방정부는 지역 특성을 반영하기 위하여 필요한 경우에는 행정 관리, 지방세, 주민복리와 관련한 주택, 교육, 환경, 경찰, 소방 등에 대해서 중앙정부의 법률과 달리 정할 수 있다.

수 있다. 다만, 권리를 제한하거나 의무를 부과하는 경우 법률의 위임이 있어야 한다.
②지방행정부의 장은 법률 또는 조례를 집행하기 위하여 필요한 사항과 법률 또는 조례에서 구체적으로 범위를 정하여 위임받은 사항에 관하여 자치규칙을 정할 수 있다.

장영수 현행법상으로는 조례가 법령에 위반되어서는 안 된다고, 지금 개정안은 법률에 위반되어서는 안 된다. 그 정도로 해서, 조례가 말하자면 법률보다는 하위이지만, 대통령령이나 총리령, 부령과는 대등하다, 이런 것으로 읽히는데, 문제는 이 법률의 행위는 대부분 시행령을 통해서 되는데 그럼 시행령과의 관계는 어떠냐? 이 문제가 있거든요. 그 문제는 어떻게 생각하십니까?

하승수: 그러니까 그래서 법률에 위반되지 않는다고 할 때는, 이제 법률에서 명시적으로 시행령에 위임해서 시행령에서 정한 것도 사실 저는 거기에 포함된다고 생각하는데⋯⋯ 저희도 실제로 문제가 된 케이스를 보면, 법률에는 사실 그런 내용이 위임을 정확하게 한 것도 아닌데 시행령에서 어떤 내용을 정하면 그것 때문에 대법원에서 무효 판결이 난 사례도 있습니다. 조례 무효 판결이. 그래서 사실 법률에서 명시적으로 시행령에 위임해서 시행령에서 이렇게 내용을 정한 것도 사실 법률에 저는 포함된다고 봐야 할 것 같은데⋯⋯

지금 문제가 되는 부분은, 법률에서는 명확하게 위임을 하지 않았는데 그냥 일종의 집행과 관련된 내용을 시행령, 시행규칙에 막 써놓고, 그게 위반되면 다 지금 조례가 무효가 되는 상황이라서, 그런 점에서 보면 법률에 위반되지 않는다고 표현하고, 정말 법률에서 구체적인 내용을 시행령, 시행규칙에 위임한 경우까지도 저는 거기에 포함된다고 볼 수 있지 않을까 싶습니다.

장영수 그런데 그 부분에서도 논란의 소지가 있습니다.

하승수 논란의 소지가 있습니까?

장영수 현행헌법에서 위임명령, 집행명령 다 가능하도록 그렇게 돼 있는데, 위임명령은 되고 집행명령은 안 된다고 말하는 건 사실 어떤 의미에서는 이거 당연히 위임했어야 할 사항인데 법률에서 소홀히 한 걸 집행명령을 하는 경우도 꽤 많거든요. 그러니까 이게 법률의 취지에 반하는 것이라면 모르겠는데, 위임명령은 조례에 우선하고 집행명령은 아니라고 과연 단언할 수 있을지……

하승수: 말씀하신 것처럼 위임명령 같은 경우는 사실 법률에 포함이 된다고 저는 해석을 할 수 있을 테고, 집행명령은, 저는 그 부분은 지역에 따라서 좀 다르게 생각합니다. 오히려 집행이, 집행에 관해서 정해야 할 부분도 많이 있을 수 있다는 생각이 들어서, 그 부분은 오히려 집행명령과 조례가 어떻게 보면 대등하다고 봐야 하지 않을까 싶습니다. 왜냐하면, 법률에서 위임을 하지 않았는데, 시행령에서 집행하는 과정에서 그 내용을 정한 경우에 그걸 지방에서는 '우리 지방 실정에는 이게 안 맞다'라고 판단해가지고 다른 내용을 정하는 것까지 해야지. 이게 사실 자치입법권이 확대되는 의미가 있어서, 그래서 그렇게 볼 수 있지 않을까요?

박명림 국회에서 많은 의원과 지방정부의 장과 토론이 됐던 건데요, 제 표현이 강하긴 합니다마는, '지방의 자율성 제고를 위해 행정부의 위임명령과 집행명령에 한정되지 않으면 안 된다' 하고 주장했습니다. 즉 헌법 75조(대통령은 법률에서 구체적으로 범위를 정하여 위임받은 사항과 법률을 집행하기 위하여 필요한 사항에 관하여 대통령령을 발할 수 있다.), 그러니까 헌법에서 위임받지 않은 명령이나 모법을 집행하는 데 필요한 시행령이 아니면 이제 안 된다는 원칙이랑, 그다음에는 헌법의 지방자치 조항인 117조의 수정 문제입니다. 117조의 "'법령'의 범위 안에서"를 확실히 "'법률'의 범위 안에서"로 바꿔야겠습니다.

장영수 그런데 이제 하 위원님은 위임명령만 인정하겠다는 것이고, 집행명령은 빼고. 그리고 저는 집행명령을 빼는 게 쉽지 않을 것 같다, 이런 우려를 말씀드리는 겁니다.

하승수 교수님 말씀대로 지금은 우리 입법의 현실이 법률에서 시행령, 시행규칙에 많이 위임을 하고 있기 때문에, 그 위임을 해서 만든 내용은 어쨌든 국가적으로 통일된 규율이 필요하다고 볼 수 있고, 근데 이제 그렇게 명시적으로 위임이 안 됐는데 시행령에서 집행 필요성 때문에 정해진 내용은, 지역의 실정에 맞게 조례로 달리 정할 수 있게 되는, 그게 이제 지금 이 '법률'에 위반하지 않는 범위 내에서라고 했을 때는, 그 정도까지는 가능하지 않을까 하는 생각을 합니다.

박은정 그 부분이 이제 권한쟁의 쪽으로 다 넘어가겠네요? (**박명림** 그렇죠)

하승수 그렇죠. 그래서 만약에 그 위임의 범위를 벗어난 건지 아닌지는 사실 권한쟁의……

장영수 위임도 위임인데, 사실 집행명령이 굉장히 여러 가지거든요. 그래서 "이거는 사실 위임했어야 하는데, 위임 안 해서 집행명령으로 한다." 이런 것도 사실 지금 현재 우리 법률이 좀……

박은정, 박명림 애매모호하니까요.

장영수 지금 이게 수준이 떨어지기 때문에 나타나는 문제인데. 저는 거기에 대해서 우려를 가지고 말씀을 드리는 겁니다. 아무튼, 이 자치권이 확대되어야 한다는 건 기본적인 흐름이고, 거기에 반대하는 건 아닌데, 이 집행명령을 100% 다 배제하는 게 과연 괜찮을까? 그 점에 대해서는 우려가 조금 있습니다.

박은정 그러니까 구체적으로 사안별로 다툴 때는 집행명령에서 위임적인 성격이 강한 것하고 하부적인 것을 구분하는 식으로 정리할 수 있지 않을까 싶은 생각이 드는데요.

장영수 아무튼 이 부분은 이제 넘어가시고, 다만 하 위원님도 그렇고, 박 위원님도 그렇고, 같이 고민을 이어나가는……

하승수 네, 조금 더 고민해보겠습니다.

박은정 그 내용을 가지고 사후 점검을 한 번 더 해보도록 하죠.

박명림 그러니까 이게 지방자치 강화 쪽의 논리도 좀 완강해서, "조례가 명령 위에 있어야 한다" 하고 주장하는 분도 계시지요. 지방의회가 정한 지방'법률'인데 하시면서요. 그렇게 되면 또 이게 계속 권한쟁의심판 하다가……

하승수 저는 그 정도는 아니고…… 가령 이런 게 있습니다. 시행령을 보다 보면 회의 공개 여부에 대해서 위임이 없는데, 가령 시행령에서 비공개로 해놓은 그런 시행령이 가끔 있거든요. 그러면 이제 사실 그거는 위임명령은 아니고 집행명령인데, 근데 지금은 그게 다 전국적으로 다 통일된 규율을 하는데, 가령 이제 그런 거는 조례로, '이거는 회의록 공개할 수 있다' 이렇게 바꿀 수 있다든지, 이런 정도가 아닐까요, 제 생각은……

박은정 그리고 또 5·16 이전에는 '조례 위반에 대해서도 형사처벌이 가능하도록 돼 있다'라는 역사적인 예가 있지 않습니까. 그러면 그 부분도 된 셈이죠. 그런데 조례는 법률에 위반하여서는 안 된다고 규정한 대화문화아카데미 2016 새헌법안 131조 4항이 문구 자체는 하자가 없는데, 법률에 위반해서는 안 된다는 걸 꼭 써야 하나요?

하승수 2018년 문재인대통령 개헌안을 보면 '법률에 위반되지 않는 범위 내에서' 이렇게 표현합니다.

박은정 예, 그런 식으로 들어가는 거로. (**모두** 그렇죠)

8) 지방의회를 대신하는 주민총회

대화문화아카데미 2016 새헌법안	2017년 국회 개헌특위 자문위원회안	2018년 문재인대통령 개헌안
없음	지방의회 대신 주민총회가 입법기관 역할을 할 수 있는 가능성을 열어 둠.	없음
없음	제120조 ①지방정부에는 지방의회와 집행기관을 둔다. 다만, 지방정부의 법률로 주민총회를 입법기관으로 할 수 있다.	없음

하승수 대화문화아카데미 2016 새헌법안을 논의할 때, 기초지방자치단체의 경우 지방의회 대신 주민총회 등 주민직접참여를 통해 의사결정을 할 수 있는, 가능성을 열어두는 방안이 논의되었습니다. 당시에 이기우 교수님은 "다만, 시·군·자치구의 조례가 정하는 바에 따라서, 시·군·자치구의회 대신에 주민총회를 둘 수 있다"라는 문구를 제안했으나 논의 결과 반영되지 않았습니다.

그런데 2017년 개헌특위 자문위원회안에는 지방정부 스스로, 지방의회 대신에 주민총회를 입법기관으로 할 수 있도록 돼 있는데, 아까 말씀드린 것처럼 좀 더 작은 단위, 읍면 정도까지도 자치를 하는 걸 염두에 둔다면, 읍면 같은 경우는 사실 지방의회를 두기보다는 주민총회가 그 역할을 대신하도록 하는 것이 더 나을 수도 있습니다. 왜냐하면, 지금 면 단위 인구가 1천 명 이하로 떨어지는 곳까지 생기고 있기 때문에, 그런 점까지 생각한다면 2017년 국회 개헌특위 자문위원회안처럼 이렇게 지방의회 대신에 주민총회가 그 역할을 대신할 수 있도록 하는 일종의 직접민주주의를 입법도 하는, 이런 것도 한번 저희가 이번에 그걸 반영하면 어떨까, 하는 생각을 해봤습니다.

박은정 지방의회 대신 주민총회가 그 역할을 대체할 수 있는 가능성, 읍면 단위 주민총회 이런 거죠. 2017년 국회 개헌특위 자문위원회안은 주민총회가 지방의회를 대신할 수 있는 가능성을 열어놓자고 했습니다. 꽤 발전적이네요.

박명림 그때도 논의가 많이 됐었거든요. 근데 이렇게 할 경우에는 주민발안, 주민소환, 주민투표가 있는데, 주민총회의 입법적 지위가 어떻게 되느냐 하는 논의가 꽤 제기되었습니다. 주민발안, 주민소환, 주민투표가 있는데 주민총회가 이걸 결정한다는 게…… 주민총회의 권한이 어디까지인지에 대해서 국회 개헌특위 자문위원회안에서도 논의했던 거로 기억이 나거든요.

박은정 주민총회로 의결해서 정했는데 그것에 대해서 주민 몇 명 이상이 이의 제기해서 주민투표에 다시 부친다는 게 논리적으로 가능하나요?

장영수 여기 문구대로 보자면 이 지방의회를 두지 않고 이걸 갖다가 사실상 입법기관으로 두겠다, 조례 제정부터 시작해서 모든 것을 주민총회에서 한다, 말하자면 직접민주주의를 하겠다, 이런 얘기인데, 그렇다면 이거는 아까 얘기했던 읍면 단위로 아예 소규모로 했을 때만 가능하지 지금 현재 구조에서는 가능하지 않은 부분인 듯합니다.

하승수 맞습니다. 그래서 할 수 있다는 정도의 가능성을 열어둔 것 같습니다.

박명림 이건 현실적으로나 입법 원리상으로나 논쟁적이지 않나 싶습니다. 그러니까 지방의회를 두지 않고 주민총회에서 조례 제정권을 갖는 그런 경우가 가능할지…… 자치와 자율의 문제도 있고요. 이런 것이 우리의 다른 조문과 맞을지 고민입니다.

박은정 주민총회에서 표결에 부칠 사안을 따로 정하거나 하는 형태도 아니고 그냥 이걸로 대체한다는 소리군요.

장영수 의회를 없애버리고……

하승수 우려가 크면 빼도 괜찮습니다.

박명림 사실 헌법적 법률적 '자치'의 영역이 아니어도, 주민들이 '자율'의 차원에서 결정하고 진행하는 영역에 대한 존중은 얼마든지 가능하다고 생각합니다. 그런데 이게 만약에 헌법으로 들어갔을 때 우리가 어디까지 규정할 수 있을 것인지……

박은정 그걸 어디까지 할 수 있느냐 그런 문제도 있지만, 논리적으로 주민발안이나 주민소환제도가 있는데, 주민총회가 같이 있는 게 모순되는 것 같기도 하네요. 논리적인 모순, 충돌 그런 측면이 있습니다.

하승수 대화문화아카데미 2016 새헌법안을 논의할 때 이런 내용이 있었고, 2017년 국회 개헌특위 자문위원회안에도 이게 들어가서 한번 논의는 해보면 어떨까 해서 여기 정리한 건데 만약에 여러 가지 면에서 헌법에 넣는 게 적절하지 않다고 보시면 빼는 게 좋겠습니다. 말씀대로 주민총회 같은 거는 그 지역의 조례라든지 이런 거로 또 다룰 수 있으니까요.

박은정 그렇게 해서 이것은 좀 유보하는 것으로 하고요. 다만, 이런 토론 과정은 잘 정리해야겠습니다.

9) 자주과세권, 비용부담의 원칙, 재정조정제도

현행헌법	대화문화아카데미 2025 새헌법안
(관련 조항 없음)	제125조 ②지방정부는 자기 책임 하에 자치사무를 처리하며, 법률에 위반되지 않는 범위 내에서 세입과 세출을 자율적으로 결정할 수 있다. ③지방의회는 지방세의 종목과 세율 및 징수방법 등에 관한 조례를 제정할 수 있다. ④위임사무를 처리하는 데 소요되는 비용은 위임하는 국가나 지방정부가 부담해야 한다. ⑤국가는 지방정부간의 재정 격차를 완화하기 위하여 재정조정제도를 마련하여 운영하여야 한다.

하승수 자주과세권을 보장하는 부분과 관련해서도, 대화문화아카데미 2016 새헌법안에서도 당연히 자주과세권을 보장하는 것으로 돼 있고 나머지 안도 다 마찬가지인데, 다만 아까 용어의 문제와 관련해서 이제 법률이 아니라 조례라는 용어로 해서, 지방세의 종류와 세목, 세율, 징수 방법은 조례로 정하도록 그렇게 문구 정리만 하면 되지 않을까, 하는 생각을 해봤습니다.

비용부담 같은 경우에 지금 중앙정부가 지방자치단체의 사무를 위임하는 경우가 많은데, 위임하면 위임한 측에서 부담하도록 다 돼 있고, 저희 안에도 돼 있고, 지방재정조정제도, 열악한 지방자치단체 같은 경우는 지방재정조정제도를 통해서 열악한 지방정부를 지원해주는 내용도 세 가지 안이 다 들어가 있습니다.

대화문화아카데미 2016 새헌법안	2017년 국회 개헌특위 자문위원회안	2018년 문재인대통령 개헌안
시·군·자치구와 도의 과세자주권을 보장 제132조 ③시·군·자치구는 그 사무를 처리하기 위한 비용을 충당하기 위해 필요한 세입과 세출을 자기 책임 하에 결정할 수 있다. 국가는 시·군·자치구가 그 사무를 원만하게 처리할 수 있도록 지원하여야 한다. *도는 경합적 입법권 보장으로 과세자주권 보장	지방정부의 과세권을 보장. 지방정부는 지방의 사무처리비용을 충당하기 위하여 필요한 비용을 지방세를 통하여 충당할 수 있도록 보장하려는 것임. 제120조 ④지방정부는 지방세의 종류와 세율 및 징수방법을 법률로 정할 수 있다.	법률에 위반되지 않는 범위에서 자치세의 종목과 세율, 징수 방법 등에 관한 조례를 제정할 수 있도록 과세자주권을 보장하고, 조세로 조성된 재원은 국가와 지방정부의 사무 부담 범위에 부합하게 배분하도록 함. 제124조 ②지방의회는 법률에 위반되지 않는 범위에서 자치세의 종목과 세율, 징수 방법 등에 관한 조례를 제정할 수 있다.

박은정 네, 그러면 되겠습니다. 과세권, 이것도 다 우리가 이야기했던 거네요. 지방재정조정제도도 저희가 합의한 것이고요.

장영수 2016 새헌법안 132조 3항에서 "……세입과 세출을 자기 책임 하에서 결정할 수 있다"는 그냥 "자율적으로 결정할 수 있다" 정도가 어떨까 싶기도 합니다. '자기 책임 하'라는 말이 상당히 애매하거든요. 그게 어떻게 보면 자치재정까지 포함하는 것으로 되어서 재정자립도가 없으면 안 된다는 이런 얘기로 흘러나가면 좀 그러니까요.

모두 네, 그게 맞는 것 같습니다.

10) 자치권 침해에 대한 법원 제소 여부

하승수 대화문화아카데미 2016 새헌법안에는 자치권 침해에 대해서 법원에 제소할 수 있도록 그렇게 규정이 돼 있는데, 제 생각은 이거는 권한쟁의심판으로 소화해도 되지 않을까, 싶어가지고. 지금 국가와 지방자치단체 간에도 권한쟁의심판을 할 수 있도록 돼 있기 때문에, 그렇게 하면 좋지 않을까요.

아마 지금은 이게 많이 활성화가 안 돼 있어도, 이렇게 자치권을 확대, 아까 그런 입법권, 경합적 입법권, 전속적 입법권을 배분을 새로 하게 되고, 법률에 위반되지 않는 범위 내에서 조례를 제정하게 되면, 아마 이런 권한 상충이나 충돌 문제가 생길 수 있는데, 그 부분은 제 생각으로는 일반 법원보다는 헌법재판소가 권한쟁의심판으로 다루게 하는 것이 낫지 않을까, 하는 생각을 해봤습니다.

> **대화문화아카데미 2016 새헌법안**
> 제131조 ⑦지방자치단체의 자치권이 침해된 경우에는 법률이 정하는 바에 따라 법원에 제소할 수 있다.

박은정 권한쟁의심판을 하면 되는데 자치권 침해에 대해 법원에 제소할 수 있다는 내용이 필요한가, 그 이야기인 거죠?

하승수 맞습니다. 2016 새헌법안에 이 내용이 들어가 있어서 이게 별도로 필요할지 아니면 그냥 권한쟁의심판으로 해소할 수 있을지…… (**박은정** 이건 필요 없지 않습니까?) 네, 권한쟁의심판으로 그냥……

장영수 권한쟁의심판은 지방자치단체가 주체일 때는 제한 없이 인정됩니다. 그런데 문제는 지방자치단체 내부 기관, 예를 들어서 자치단체의 장과 의회 사이에 갈등이 생기거나 이랬을 때 권한쟁의심판이 안 됩니다. 그러니까 지방자치단체와 중앙정부, 지방자치단체 상호 간의 법적 분쟁은 권한쟁의심판으로 다룰 수 있는데, 지방자치단체 내에서 단체장하고 의회 사이에 갈등이 생기고 분쟁이 생길 때는 권한쟁의심판의 대상이 안 됩니다. 이건 그 문제가 아니기 때문에 괜찮을 것 같습니다.

박은정 네. 자치권 침해의 경우를 이야기하는 것이니까요.

11) 조문안 체계

하승수 대화문화아카데미 2016 새헌법안에서는 지방자치단체에 관련된 장이 "제8장 지방자치와 지방분권"이고, 그 장을 '제1절 총칙, 제2절 시·군·자치구, 제3절 도'로 나누고, 조문은 총 7개 조문으로 되어 있습니다. 그런데 제 생각은, 기초지방자치단체와 도의 크게 다른 점은 아까 말씀드린 도만 그런 경합적 입법권을 갖는 것으로 할 것이냐, 이거 말고 사실 별로 조문에 차이가 없어서, 내용적으로는. 제 생각으로는 이거를 굳이 이렇게 기초와 광역으로 나누지 않아도 되지 않을까, 하는 생각을 해봤습니다.
박은정 그런데 지금까지 논의한 것하고는 이 체계가 안 맞죠.
하승수 예, 논의한 거로 보면 안 맞습니다. 기초와 광역으로 절을 나누지 않으면 조문 숫자도 조금 더 줄일 수 있고 문구도 좀 더 다듬기가 좋아집니다.
장영수 하 위원님 재량껏 정리하신 다음에 다시 보죠.
모두: 동의합니다.

4.11. 제9장 경제

1) 현행헌법 제119조의 수정 여부

현행헌법	대화문화아카데미 2025 새헌법안
제119조 ①대한민국의 경제질서는 개인과 기업의 경제상의 자유와 창의를 존중함을 기본으로 한다. ②국가는 균형 있는 국민경제의 성장 및 안정과 적정한 소득의 분배를 유지하고, 시장의 지배와 경제력의 남용을 방지하며, 경제주체간의 조화를 통한 경제의 민주화를 위하여 경제에 관한 규제와 조정을 할 수 있다.	제126조 ①대한민국의 경제질서는 개인과 기업의 경제상의 자유와 창의를 존중함을 기본으로 한다. ②국가는 균형있는 국민경제의 성장 및 안정과 적정한 소득의 분배를 유지하고, 시장의 지배와 경제력의 남용을 방지하며, 경제주체간의 조화를 통한 경제의 민주화를 위하여 경제에 관한 규제와 조정을 할 수 있다. **③국가는 전국의 균형 있는 경제발전을 위하여 필요한 정책을 수립하고 시행한다.**

하승수 대화문화아카데미 2016 새헌법안을 보니까, 경제 관련해서 상당히 치열하고 다양한 의견이 존재했던 것 같더라고요. 근데 이게 대화문화아카데미에서만 그런 게 아니라, 헌법의 경제 조항 논의를 하면, 굉장히 여러 가지 의견이 있을 수밖에 없고, 또 이념적인 갈등으로 갈 수도 있는데. 개인적인 생각은 그런 문제는 이번 헌법개정에서는 핵심이 아니지 않을까, 이번에는 저희가 '분권형 개헌'으로 가는 데 초점을 맞추면 좋지 않을까 싶습니다. 2016년에도 논의는 치열하게, 일종의 자유시장 경제를 강조하는 입장과 사회국가를 강조하는 입장이 대립하다가 마지막에 정리된 걸 보니까, 가능하면

기존 조항을 크게 건드리지 않는 쪽으로, 그리고 일부 문구 정도 수정하는 쪽으로 합의를 했습니다. 119조 1항, 2항이 가장 민감한 조항인데, 그대로 두는 거로 했고, 3항으로 균형 발전에 관한 내용만 새로 두는 거로 돼 있습니다. 참고로 2018년 문재인대통령 개헌안 중에서 경제 관련 개정 내용은 아래와 같습니다.

2018년 문재인대통령 개헌안 경제 분야 주요 특징

○ 경제민주화의 강화(안 제125조 및 제130조)
 1) 경제민주화는 경제주체 간의 조화뿐만 아니라 상생을 통해서도 실현될 수 있으므로 경제민주화 조항에 '상생'을 추가함.
 2) 골목상권 보호와 재래시장 활성화 등 소상공인의 보호가 주요 현안이 되고 있는 상황을 고려하여 중소기업의 개념에 포함되어 있던 소상공인을 별도로 분리하여 보호·육성 대상으로 명시함.
 3) 양극화 해소, 일자리 창출 등 공동의 이익과 사회적 가치의 실현을 위하여 상호협력과 사회 연대를 바탕으로 경제활동이 이루어지는 사회적 경제가 활성화될 수 있도록 국가에 사회적 경제의 진흥 의무를 부과함.

○ 국토와 자원의 지속가능성 확보 의무 강화(안 제126조)
 1) 국가가 이용·개발과 보전을 위하여 필요한 계획을 수립할 때 미래세대의 이용가능성 등을 고려하도록 국가의 계획 수립 목적에 지속가능성에 관한 내용을 추가함.
 2) 해양자원, 산림자원, 풍력 등은 원칙적으로 국가의 보호를 받으면서 제한적으로 특허될 수 있는 자원과 자연력에 포함됨을 추가로 명시함.

○ 토지공개념의 강화(안 제128조)
 1) 토지공개념은 해석상 인정되고 있으나, 개발이익환수 등 토지공개념과 관련된 정책에 대해 끊임없이 논란이 있어왔음.
 2) 사회적 불평등 심화 문제를 해소하기 위하여 토지의 공공성과 합리적 사용을

> 위하여 필요한 경우에만 특별한 제한이나 의무를 부과할 수 있도록 토지공개념의 내용을 명시함.
> ○ 농·어업의 공익적 기능 명시(안 제129조)
>   식량의 안정적 공급과 생태 보전 등 농·어업이 갖는 공익적 기능을 명시하고, 국가가 이러한 공익적 기능을 바탕으로 농·어촌의 지속가능한 발전과 농·어민의 삶의 질 향상을 위한 지원 등에 대한 계획을 시행하도록 함.
>
> ○ 소비자의 권리 강화(안 제131조)
>   기업에 비해 상대적으로 취약한 소비자의 권익을 위하여 소비자의 권리를 국가가 보장하도록 하고, 국가가 보호하는 소비자보호운동을 보다 폭넓은 개념인 소비자운동으로 변경함.
>
> ○ 기초학문의 장려(안 제134조)
>   그동안 비교적 취약했던 기초학문 분야를 강화하기 위하여 국가에 기초학문 장려 의무를 부과함.

박명림 경제문제 말씀을 같이 나눴으면 하는 게 사실 지금 1987년 이후에, 왜 이렇게 재벌 경제가 되고 신자유주의가 되느냐에 대해서 논의가 많은데, 현행헌법의 경제조항이 경제민주화나 경제민주주의와 관련이 있는 것처럼 설명하는데, 사실 이게 역사적으로 보면 경제민주주의에서 가장 후퇴한 헌법이지요. 시장경제 원리는 발전하고 확장되었지만, 적어도 경제민주주의는 아니지요.

두 가지인데, 하나는 기업을 헌법적 주체로 격상시킨 아주 예외적인 헌법이지요. 개인의 경제상의 자유는 좋은데, '기업'의 자유까지 넣은 거는 세계 헌법에서 아주 드물거든요. 근데 이거를 그렇게 경제민주주의라고 주장합니다. 그리고 더 큰 문제는 우리 헌법의 기본 목적이 1948년, 1954년, 1960년 헌법에는 기본적으로 일관되게 '대한민국의 경제질서는 모든 국민에게 생활의 기본적 수요를 충족하게 할 수 있는 사회정의 실현과 균형 있는 국민경제의 발전을 기본으로 삼는다' 이거였거든요. 사회정의 실현과 균형 있는 국민경제의 발전, 각인의 경제상의 자유는 이 한계 내에서 보장된다. 1962년에 이 순서를 뒤집거든요, 1항과 2항을, 쿠데타 헌법에서. '대한민국의 경제질서는 개인의 경제상의 자유와 창의를 존중함을 기본으로 한다.' 개인의 경제상의 자유가 앞으로 나오고, 뒤에 사회정의 실현과 균형 있는 국민경제발전은 그 뒤로 가거든요. 개인의 경제상의 자유 뒤로, 2항이 되죠.

그런데 1987년 헌법에서 1962년 헌법보다 더 후퇴해서 개인의 경제상의 자유에다가 '개인과 기업의 경제상의 자유와 창의를 존중함을 기본으로 한다'로 수정되지요, 즉 기본 경제 정신과 원리는 1948년에서 1954년, 1962년, 1987년으로 오면서 완전히 바뀌었어요. 그래도 이른바 경제민주주의는 1948년 헌법 이후, 물론 1954년 헌법의 국유, 공유 조항은 다 삭제가 됐지만, 그래도 이 기본 정신과 조항은 바뀌지 않았거든요. 근데 1962년과 1987년 헌법을 거치면서 역전에 가까울 정도로 완전히 변화한 것이지요. 그런데 그런 근본정신과 원리의 역전은 보지 않은 채 일부에서는 마치 현행헌법의 119조 2항으로 인해 경제민주화가 가능한 것처럼 호도를 하지요. 참⋯⋯ 그런데 지금 우리가 개헌 최소주의로 가지 않으면, 아마 119조 1항의 '기업의 경제상의 자유'를 빼면 경제단체부터 난리가 날 텐데⋯⋯ '그러면 사회주의 하자는 거냐?'라고요⋯⋯ 헌법개정 시 이익 관련 조항을 일단 넣으면, 다시 뺄 때는 난리가 나잖아요. 불가능하지요.

박찬욱 지금 그렇게 알려져 있죠.

박명림 기업의 자유가 들어있는 헌법은 정말 희귀한 헌법이거든요. 기업을 민법도 상법도 아니고 헌법에다가 넣어가지고⋯⋯

장영수 그런데 제가 그 부분과 관련해서 몇 가지 말씀을 드리면, 일단 1공화국 당시에 있어서는 오히려 '유진오 박사의 개인적인 성향 때문에 지나치게 사회주의적이 되었다' 이런 평가가 많았고. 결국, 대표적인 게 그때 당시에 도입되었지만 한 번도 제대로 실현되지 못한 근로자의 이익분배균점권 같은 경우, 이건 이런 식으로 가자고 해서 갔는데, 당시 현실 속에서 한 번도 실현

될 수가 없었거든요.

　그리고 이런 상태로 쭉 가다가 결국은 '이렇게 해서는 우리나라가 경제부흥을 하는데 오히려 장애만 된다'며 박정희 정부에서 기본적으로 바꾼 건 맞지만, 박정희 정부에서 바꾼 거기 때문에 다 틀렸다 이렇게 말하기는 어렵다고 생각이 되고요.

　이어서 '기업이냐 개인이냐'의 부분은, 박 선생님께서 마지막에 말씀하신 것처럼 사실 기업을 따로 안 떼어내도 똑같이 해석되는 거거든요. 결국, 보통 사람 혹은 개인, 이렇게 얘기를 했을 때, 이게 자연인이냐 법인이냐, 했을 때 양자를 포괄하는 거거든요. 그러니까 개인으로 표현하더라도 기업은 당연히 법인으로서 들어간다. 그런데 이걸 건드리면 벌집이 될 겁니다. 실제로 그걸 바꾼다고 해서 특별히 달라지는 것도 없어요. 이렇다면 이걸 굳이 우리가 건드릴 필요가 있느냐, 저는 그런 생각입니다.

하승수　저도 이제 박명림 교수님 말씀하신 그런 비교 헌법적인 측면이나 역사적인 측면도 참고하고 또 평가할 지점이 많긴 한데 일단 이게 헌법에 들어온 이상 장 위원님 말씀처럼 지금 그거를 손댄다는 자체가 엄청난 논란에 빠질 수 있어서……

장영수　그건 박 위원님도 인정하셨던 부분인데…… 벌집 되죠.

박찬욱　박명림 선생님 취지에 공감은 하는데도, 사실 자유기업원 그러니까 전경련이나 하이에크주의자는 119조 2항도 지금 없애라는 거거든요. (**박명림** 그렇습니다) 그러니까 이제 그걸, 기업 뺀다고 그러면 굉장히 래디컬하게 문제 제기가 될 거예요.

장영수　오히려 양쪽에서 이렇게 극단적으로 반응하는 거는 안 건드리는 편이 적어도 지금은 낫다, 나중에 어느 정도 공감대가 형성되면 모를까, 아까 말씀하신 것처럼 차라리 분권 쪽에 힘을 실어주고, 이런 건 안 건드리는 편이 낫지 않을까 싶습니다.

박명림　알겠습니다. 동의합니다. 2017년 국회 개헌특위 자문위원회, 그때도 이걸 얘기했더니 실행 가능성보다는 학문적 의견 정도로 간주하더군요.

조진만 '논의에 이런 논쟁이 있었다' 같은 내용을 넣으면 될 것 같아요. 그런데 헌법에서 노동자에 대해서는 노동삼권이나 여러 가지가 있는데, 사실 따지고 보면 자본주의 체제에서 기업이 핵심이기는 하잖아요. 기업과 노동자가 핵심인데, 기업과 관련해서 기업의 생산활동이라든지 여러 가지 보장받을 수 있거나 아니면 그런 장치가 헌법에 있나요?

장영수 지금 그 부분에 대해서 두 가지 측면에서 말씀드릴 수 있는 게, 첫 번째는 기본적인 전제가 노동자는 사회적 약자다, 그래서 노동자의 보호를 얘기하는 거고, 기업과 대등하지 않다, 약자이기 때문에 한다는 거고, 기업 중에서도 대기업은 그러니까 논외고, 중소기업의 보호에 대해서는 특별히 또 규정을 두고 있고요.

조진만 그런데 헌법 차원으로 보면, 국가 공권력이 개인의 기본권을 침해하지 않는 거고, 그 범주에 중소기업도 존재하죠. 우리가 기업 그러면 다 재벌만 생각해서 그러는데, 사실 요즘 재벌도 공권력의 영향이 있는 거잖아요. 그러니까 재벌 총수들이 바빠도 대통령과 함께 대구에 있는 시장 가서 떡볶이 먹고 그런 모습을 보이고 있고요. 기업이 이런 부분에 대하여 방어할 수 있는 법적인 근거가 사실은 그렇게 많지 않아 보여요. 우리 헌법에서 이런 요구를 다 할 수 있는 거 아니겠어요? 이러한 차원에서 기업과 관련한 부분도 조금은 고려할 필요가 있다고 생각합니다. 저는 세계적인 기업이 국내 정치의 공권력에 의해서 좌지우지되거나, 거기에서 자율성을 못 갖는 게 오히려 우려됩니다.

장영수 아무튼 이제 이 부분은 넘어가도 되겠죠?

박은정 네, 박 위원님도 이해하고 양해하시죠?

박명림 네. 이해합니다.

2) 농어업의 공익적 기능, 경자유전 원칙

현행헌법	대화문화아카데미 2025 새헌법안
제120조 ①광물 기타 중요한 지하자원·수산자원·수력과 경제상 이용할 수 있는 자연력은 법률이 정하는 바에 의하여 일정한 기간 그 채취·개발 또는 이용을 특허할 수 있다. ②국토와 자원은 국가의 보호를 받으며, 국가는 그 균형있는 개발과 이용을 위하여 필요한 계획을 수립한다.	제127조 ①국가는 국토의 천연자원 및 생태환경을 보전하고, 국토의 지속가능한 이용과 개발을 위해 필요한 정책을 수립하고 시행한다. ②광물과 그 밖의 중요한 지하자원·수산자원·수력과 경제적 가치를 가진 자연력은 법률에 따라 일정한 기간 채취·개발 또는 이용을 특허할 수 있다. **(수정하여 1항으로 옮김)**
제121조 ①국가는 농지에 관하여 경자유전의 원칙이 달성될 수 있도록 노력하여야 하며, 농지의 소작제도는 금지된다. ②농업생산성의 제고와 농지의 합리적인 이용을 위하거나 불가피한 사정으로 발생하는 농지의 임대차와 위탁경영은 법률이 정하는 바에 의하여 인정된다.	제128조 ①국가는 식량의 안정적 공급과 생태 보전 등 농어업의 공익적 기능을 바탕으로 농어촌·농어업의 지속가능한 발전과 농어민의 권익신장을 위해 필요한 계획을 수립하고 시행한다. ②국가는 농지에 관하여 경자유전의 원칙이 달성될 수 있도록 노력해야 하며, 농지의 소작제도는 금지된다. ③농업생산성의 제고와 농지의 합리적인 이용을 위하거나 불가피한 사정으로 발생하는 농지의 임대차와 위탁경영은 법률로 정하는 바에 따라 인정된다.

제122조 국가는 국민 모두의 생산 및 생활의 기반이 되는 국토의 효율적이고 균형있는 이용·개발과 보전을 위하여 법률이 정하는 바에 의하여 그에 관한 필요한 제한과 의무를 과할 수 있다.	(수정하여 제127조 1항으로 옮김)

하승수 농어업의 공익적 기능에 대한 조문에 대해 아래 안으로 수정하는 방안을 제안합니다. 대화문화아카데미 2016 새헌법안 이후에 주로 농업계에서 농업 관련해 기후위기 문제도 있고 하니까 농업의 공익적 기능 부분을 헌법에 담자는 제안이 있었고, 2018년 문재인대통령 개헌안이라든지 아마 2017년 국회 개헌특위 자문위원회안에서도 그게 반영이 됐던 것 같습니다. 그래서 그 부분만 수정하는 게 어떨까, 하는 생각이 있습니다. 나머지 내용은 2016 새헌법안 그대로 가되……

그리고 대화문화아카데미 2016 새헌법안은 '경자유전의 원칙이 달성될 수 있도록 노력해야 하며' 이렇게, 그러니까 기존 헌법의 두 조항을 합쳤습니다. 그러면서 소작제도 금지라는 표현이 빠졌는데, 제 생각은 이것도 역시 불필요한 논란을 괜히 일으키는 것으로 그냥 현행헌법 조문을 그대로 두고, 1항만 표현을 수정해서 '식량의 안정적 공급과 생태 보존 등 농어업의 공익적 기능을 바탕으로 농어촌·농어업의 지속가능한 발전과 농어민의 삶의 질 향상을 위한 지원 등 필요한 계획을 시행해야 한다.'로 하면 어떨까 합니다. 2018년 문재인대통령 개헌안이나 2017년 국회 개헌특위 자문위원회안을 약간 제가 손 본 정도인데 그런 정도로 수정하는 정도 말고는 나머지는 2016 새헌법안대로 가는 게 어떨까, 하는 게 제 생각입니다.

> **수정 제안**
> 제000조 ①국가는 식량의 안정적 공급과 생태 보전 등 농어업의 공익적 기능을 바탕으로 농어촌·농어업의 지속가능한 발전과 농어민의 삶의 질 향상을 위한 지원 등 필요한 계획을 시행해야 한다.

> ②국가는 농지에 관하여 경자유전의 원칙이 달성될 수 있도록 노력해야 하며, 농지의 소작제도는 금지된다.

조진만 농업의 공익적 기능 관련해, 물론 농업이 중요하지만, 헌법에서 국민 중에 특정 계층의 삶의 질 향상을 위해서 이렇게 해야 한다고 할 수 있나요? 국가가 지원할 수 있다, 이런 건 모르겠습니다. 그런데 헌법에 농어민에 대해 그것도 추상적인 삶의 질 향상을 '해야 한다'고 하면 약간 부담스럽긴 합니다.

그리고 식량안보가 중요하긴 한데 사실 우리가 지금 식량 부족 상태는 아니잖아요. 그리고 예전하고 달라서, 저는 사실 경자유전 소작제도도, 이것도 사실 요즘 추세라든지 여러 가지 점을 고려하면 그렇게 적합한 용어가 아니고, 맞지 않을 수도 있다는 생각도 들거든요.

박명림 그렇습니다. 그런데 '경자유전'이라는 게 기업의 자유처럼 빼면 이것도 격론이 벌어지니까요. 게다가 경자유전 원칙이 없어지면 아마 농촌의 토지 소유가 현저히 왜곡될 수도 있고…… 그래서 남겨두는 게 원칙적으로 옳다고 봅니다.

하승수 아까 기업 문제와 똑같이…… 아마 비농민이 소유하고 있는 농지가 거의 70% 수준까지도 있을 상황입니다. 그런데도 이걸 못 건드리는 이유 중 하나가 말씀대로 어쨌든 경자유전이라는 게 제헌헌법 때부터 쭉 내려왔던 원칙이기도 하고, 이게 또 만약에 이 원칙을 건드리려면 굉장히 많은 논의가 필요하기 때문에, 그래서 제 생각은 역시 마찬가지로 불필요한 논란만 일으킬 가능성이 크다고 생각합니다.

그리고 지금 농업이 GDP에서 차지하는 비중 같은 건 워낙 낮아졌는데, 그래도 대체로 외국에서도 농업 같은 경우는 일종의 식량안보 차원에서 식량주권 차원에서 따로 조항을 두고 있는 나라도 많고, 그래서 이 정도 조항은 괜찮지 않을까요? 스위스 같은 경우는 굉장히 자세한 내용이 많이 들어가 있는데요, 그게 스위스의 농민 단체와 그 소비자 단체가 국민발안을 해서 농업 관련한 여러 조항이 들어가 있는데, 우리가 그렇게까지 하기는 좀 어렵다면,

이 정도 수준으로 반영하는 것이 어떨까 합니다.

박은정 참고로 앞에서 기본권에 대해 논할 때도 여성, 노인, 어린이를 권익 강화의 측면에서 각각 독립적인 조문으로 분화하고 새로 다듬었죠. 그때 권리 등의 표현을 쓰고, 그런 의미에서 대화문화아카데미 2016 새헌법안에서도 '농어민의 권익을 신장하기 위하여'라는 표현을 썼는데, 이제 그것에서 더 나아가서 삶의 질 향상이라는 표현을 쓴다면…… 삶의 질 향상은 어떻게 본다면 국민 전체가 인간다운 생활을 할 권리라고 하는 의미에서의 삶의 질 향상에 관계되는, 이제 특정 직군에, 물론 그 직군이 상당히 낙후된 상태에 처해 있다 하더라도, 적용하는 게 좋으냐, 이런 문제의식이 있는 거죠. 그 부분에 대해서는 어떻게 생각하시는지요?

하승수 지금 의료나 교육 같은 필수 생활 서비스에서 농어촌이 워낙 소외돼 있다 보니까, 그에 관련된 국가 차원의 대책도 계속 수립할 수밖에 없는 상황이라서, 그런 점에서 본다면 이 정도는……

장영수 지금 취지에는 다들 공감하실 겁니다. 그런데 문제는 표현이거든요. (**하승수** 그렇죠) 권익 신장으로도 얘기할 수 있는 걸, 삶의 질 향상이라고 표현함으로써, 오히려 조금 부적절한 표현이 되는 것은 아닌지? (**하승수** 그렇다면 권익 신장으로 표현하는 것도 괜찮겠습니다)

박은정 그걸 제가 지적한 겁니다.

박찬욱 삶의 질 향상이 굉장히 포괄적인 표현 같습니다.

박은정 그러면 농어민의 '삶의 질 향상'을 (**하승수** '권익 신장'으로) '권익 신장'으로 바꾸고, 시행해야 한다? 시행한다?

박찬욱 지원 등 필요한 계획을?

박은정 '시행해야 한다'는 그냥 그대로 두나요?

박찬욱 해야 한다? 시행한다?

장영수 계획을 시행한다는 말이 조금 걸리기도 하네요, 지금 보니까.

하승수 수립하고 시행한다.

장영수 예, 그게 차라리 낫겠네요, 이미 (계획이) 있는 것처럼 얘기를 하니까.

박찬욱 수립하고 시행한다. 근데 조 위원님, 이걸 새로운 각도로 볼 수 있는 게, 물론 시작은 우리가 농업경제라는 게 적어도 농민이 8, 90%일 때 시작했지만, 요새 느끼는 게 아까 시골에 의료 교육 문제도 있고, 개인적인 경험으로, 우리가 중앙/지방분권이 되지만, 아직도 도시/농촌의 격차 문제에서의 분권 강화, 이런 것도 굉장히 중요하고, 또 고령화라는 게 촌이 더 심각하잖아요. 그래서 이게 식량안보, 생태 이런 거 플러스, 가지고 있어도 구태의연하다고 생각을 안 해요.

그리고 경자유전도 그래요. 시골에 땅이 있어서 많이 느끼는데, 그러니까 물려받은 땅인데, 거기서 반경 30km 안에 살지 않기 때문에 '부재지주'죠. 거기다 예를 들면 자경을 8년을 하면 팔 때 공제가 최소한 2억은 돼요. 근데 자경을 안 하니까 그런 혜택 못 받아요. 그런데 그게 페어(fair)한 거예요. 그렇지 않으면 도시의 자본이 다 사버리지, 그러니까 이 경자유전이라는 것도 옛날에 그래서 시작했지만, 요새도 이 법률에 이게 다 녹아 있어요. 그래서 이거 상당히 중요해요, 선언적으로도. 제가 보기에는 구태의연한 게 아닌 것 같아요.

장영수 그리고 추가로 한 가지만 더 말씀드리자면, 결국 그런 식으로 의료건 다른 것이건 이런 게 들어가야 우리가 저출산 문제와 더불어서 문제 삼고 있는 지방 소멸 문제, 이것도 어느 정도 대응할 수 있는 것이지, 그거 없이 지방 소멸을 막으라고 하는 건, 그건 현실적으로 무리입니다.

조진만 식량 문제도 중요하긴 한데 반대로 생각해보면…… 거기서 교육도 잘 되고 인프라도 갖춰져 있어야 유인이 있지 않을까요? 반드시 거기서 농사를 지어야 하면 가짜로 농사를 짓지 않습니까? 어쨌거나 돈 있는 사람이 원하는 땅을 산다는 거는 그렇게 어려운 일은 아니라고 보이거든요. 그러면 오히려 지역에 가서 농어촌의 삶의 질이라든지 인프라라든지 교육이라든지 여러 가지 이바지할 수 있도록 허용하는 것도 고려해야 하지 않을까요? 그렇게 뭔가를 할 방안도 모색해야 하는 시점이 아닌가 하는 생각도 합니다. 안 그러면 점점 서울에 집중될 것 같아요. 요즘에 돈 있고 나이 드신 분은 시골에서 안 사세요. 병원 가까운 서울에 살려고 하시거든요.

장영수 지금 그 말씀은 맞는데 기본적인 전제에 차이가 있는 것 같아요. 많은 분은 당장 이런 걸 풀어버리면 대기업부터 시작할 텐데, 과연 그 대기업이 그렇게 농민을 배려해가면서 할 거냐, 그냥 이익의 극대화를 위해서 노력하고, 결국 이것저것 다 안 되는 가운데 소유주만 확 바뀔 거다, 이런 우려가 있는 거고, 지금 조 위원님은 "그래도 (자본이 들어가면) 뭐 좀 하지 않겠느냐?" 이런 긍정적인 마인드를 가지고 계시고, 그 정도 차이인 것 같습니다.

조진만 저도 유지는 해야 한다고 봅니다.

박찬욱 일리 있어요. 왜냐하면, 지금 사실 네거티브하게 보면 농촌은 완전히 세금으로 살거든요. 구조조정을 해야 하는데, 예를 들면 직불제라는 게 있어서 농사를 하면 정부에서 돈을 준다고 그러니까 농사짓는 사람이 농사를 잘 지어가지고 돈을 버는 게 아니라, 그냥 짓고 농사 자체는 적자인데, 보상금 때문에 세금으로 산다고요. 시골은 지금 시설, 도로 깔고 하는 거 다 세금으로 하고 있어요. 그러니까 서울 도시에서 보면 '밑 빠진 독, 농촌에 구조조정도 안 하고' 이러면서 부정적으로 볼 수 있어요. 근데 대자본이 들어가잖아요. 그럼 뭘 하냐면 골프장 만들고, 그러면 정부에서 또 길 내주고, 그럼 땅값 오르잖아요. 근데 대자본이 들어가가지고 얼마 안 되는 거 다 산다고, 그래서 결국은 거기 또 집중이 일어나요.

박은정 이미 대부분 그런 지경이 되어, 이제 그나마 농지도 별로 남아 있지 않지 않습니까?

조진만 수도권엔 일부 지역 제외하면 거의 없죠.

박찬욱 그래서 사실 난 이걸 구태의연한 건 아닌 것 같아, 살려두는 게 좋지 않나 싶어요. 제가 보수적이다 보니까 이렇게 자꾸 바꾸는 걸 별로 좋아하지 않아요.

박은정 그래요. 그러면 대체로 이 부분은 어느 정도 토론이 된 셈입니다.

*국토의 지속가능한 이용과 개발에 관한 조문에 대한 논의는 '전반적 논의', '전문', '기본권 중 환경권' 심의기록에도 일부 포함됨.

4.12. 제10장 헌법개정

1) 헌법개정 국민발안 요건

현행헌법	대화문화아카데미 2025 새헌법안
제128조 ①헌법개정은 국회 재적의원 과반수 또는 대통령의 발의로 제안된다. ②대통령의 임기연장 또는 중임변경을 위한 헌법개정은 그 헌법개정 제안 당시의 대통령에 대하여는 효력이 없다. 제129조 제안된 헌법개정안은 대통령이 20일 이상의 기간 이를 공고하여야 한다.	제133조 ①헌법개정 제안은 **민주원의 선거권자 150만 명 이상의 찬성 또는 민주원 재적의원 3분의 1이나 공화원 재적의원 3분의 1 이상의 찬성으로 할 수 있다.** ②대통령은 제안된 헌법개정안을 20일 이상 공고하여야 한다. ③대통령의 임기연장 또는 중임변경을 위한 헌법개정은 그 헌법개정 제안 당시의 대통령에 대하여는 효력이 없다. **(제133조 2항으로 옮김)**

하승수 대화문화아카데미 2016 새헌법안에서 헌법개정 절차와 관련된 핵심적인 내용은 대통령의 헌법개정 발의권을 삭제하는 부분과 국회의원 발의요건을 재적 3분의 1, 근데 이제 양원제를 선택했으니까 양원 각 3분의 1 이상이면 발의할 수 있도록 한 부분입니다. 참고로 제헌헌법에서 6차 개정헌법까지는 국회 재적의원 3분의 1 이상 찬성으로 헌법개정안 발의가 가능하도록

되어 있었습니다.[1] 소수파 정당이라고 하더라도 헌법개정안 발의를 지나치게 제안할 필요는 없다고 생각합니다. 그리고 2016 새헌법안에서는 70만 명 이상으로 국민발안제도를 도입하는 것으로 되어 있었습니다.

> **대화문화아카데미 2016 새헌법안**
>
> 제145조 ①헌법개정 제안은 민의원의원 선거권자 70만 명 이상의 찬성 또는 민의원 또는 참의원 재적의원 3분의 1 이상의 찬성으로 할 수 있다.
> ②대통령은 제안된 헌법개정안을 20일 이상 공고하여야 한다.

장영수 지금 국민발안을 인정하자는 데에 대한 합의는 꽤 있는 것 같아요. 그런데 이걸 몇 명으로 하느냐, 2016년에는 70만 명으로 했는데, 사실 70만 명이면 여야 정당에서 당원들 동원해서 수시로 국민발안을 하는 일이 생기지 않겠느냐 하는 우려도 있습니다. 이 숫자를 조금 더 높여야 하지 않겠느냐, (**하승수** 100만 명으로?) 100만이든 150만이든 그 부분도 검토가 필요하지 않을까 싶습니다.

박찬욱 당시 작업할 때는 70만 명도 많다고 생각했는데 (**모두** 요즘 경향을 보면) 요새는 보니까 더불어민주당 당원이 200만 명이라고 그러더라고요.

조진만 200만 명이 넘습니다.

박찬욱 그럼 상당히 편향성이 있을 수 있을 것 같아요. 70만 명 정도 가지고는.

하승수 네, 맞습니다. 그 부분도 저도 고민이 됐었는데, 위원님 말씀처럼……

박찬욱 조금 더 무겁게 해야 할 것 같습니다.

박은정 얼마가 좋습니까?

하승수 장 위원님께서는 어떻게 생각하십니까?

---

1 다만, 1952년 1차 헌법개정에서는, 민의원이 발의하는 경우는 재적 1/3 이상 찬성으로 발의가 가능하도록 했으나, 참의원의 경우에는 재적 2/3 이상 찬성으로 발의할 수 있도록 하였음. 그러나 1954년 2차 헌법개정에서는 민의원, 참의원 모두 재적의원 1/3 이상 찬성으로 발의할 수 있게 하였음.

장영수 저는 딱 잘라서 그건 아니고, 다만 70만 명이 그렇다는 거고요.

하승수 너무 낮다는 말씀이죠?

장영수 사실 지금 국민 유권자 숫자가 2천만 명이 넘는데, 여기에서 100만 명이면 10분의 1도 안 되는 숫자니까. 5% 가지고서 과연 괜찮으냐, 이런 얘기도 나올 수 있고. 그렇다고 해서 이걸 200만 명, 300만 명 하기도 어렵고. 저는 개인적으로는 100만 명에서 150만 명 정도까지는 올려놓아야 하지 않을까 싶습니다. 물론 거기에 있어서도 이제 하 변호사님 말씀하신 것처럼, 그다음에 국회 3분의 2를 거치니까, 그게 이제 일종의 안전장치는 될 겁니다. 그렇게 얘기를 할 수 있겠죠.

박은정 어느 당이든 포함해서 보면 당원 수가 국민의 몇 %쯤 될까요?

조진만 그게 명지대 미래정치연구소에서 조사한 결과를 보면, 2008년 기준 5.8% 수준이었습니다. 실제로 당비를 내는 비율은 더 낮고요.

하승수 실제 당비 내는 당원 숫자랑……

조진만: 3%가 안 되고 그러는데…… 최근에는 바뀐 것 같아요. 최근 더불어민주당 권리당원과 국민의힘 책임당원이 늘어나고 당비를 내는 비율도 높아진 측면이 있습니다.

박은정 천 원만 내면 당원이 된다고 하지 않습니까, 그것도 전자로.

조진만 제가 봤을 때 기준을 상향해야 할 겁니다. 지금 상황으로는요.

박은정 저는 적어도 당원의 숫자보다는 높아야 하지 않을까 하는 생각이 들어서 여쭤본 겁니다.

장영수 그러니까 적어도 하나의 당이 독자적으로 하는 거는 막아야 합니다.

조진만 그냥 간단히 생각하면, 참의원과 민의원 3분의 1 이상이잖아요. 참의원과 민의원의 의장을 선출하는 절차에서도 국회의원 3분의 1이 동의가 필요하지 않습니까? 국회의원은 국민의 대표이고, 자신이 대표하는 유권자가 있는데, 이것을 70만 명으로 등치를 하는 것은 이상하지 않나요?

장영수 그렇게 하면 700만 명이 돼야 하겠는데…… (웃음)

조진만 국민발안이 좋은 제도니까 한다고 하지만, 등치는 안 맞는 느낌이에요.

장영수 그런데 문제는 너무 높여놓으면 유명무실한 제도가 될 거다, 이런 비판도 많이 있거든요.

하승수 그러니까 어차피 통과되려면 국회에서 3의 2가 되어야 하니까.

박은정 왜냐하면 동원할 수 있는 사람은 그 숫자는 또 문제가 아닌 거죠.

하승수 예, 맞습니다, 교수님 말씀대로 100만 명에서 150만 명 정도가.

장영수 제 개인적인 생각입니다. 제가 2017년 국회 개헌특위 자문위원회에서 활동할 때 이 부분 가지고 논란이 꽤 있었거든요. 근데 그때 얘기는 일단 우리는 국민의 편에서 생각해야 하고, 그렇기 때문에 이걸, 사실 저는 그때도 더 올리자는 쪽이었거든요. 그런데 너무 올리지 말고, 대신에 문제가 생기면 그때 가서 다시 하더라도. 시작할 때부터 겉으로는 직접 민주제를 강화하는 척해놓고, 실질적으로는 아무것도 없는 실속 없는 이런 거는 만들지 말자, 하는 의견이 다수였습니다. 근데 그런 관점에서 보더라도 70만 명은 그렇다 싶어가지고…… (**박찬욱** 그러네요. 지금 생각하니까 결코 70만 명이라는 건 상대적으로 적은 수다) 그때와 지금이 또 다르니까요. 그러니까 올리되, 700만 명까지 올리는 건 '이건 하지 말자는 얘기 아니냐' 이런 얘기 들을 것 같아서……

하승수 2020년, 강창일 의원 등이 발의했던 그때 안이 100만 명였던 게 아마 여러 가지를 고려해서 100만 정도로 잡은 것 같은데……

장영수 그러니까 이제 이게 조금 올려서 100만 명, 150만 명 이런 것 얘기하는, (**조진만** 100만 쉽게 도달할 걸요) 100만은 지금으로 봐서는 할 수 있을 거 같아요.

하승수 전자적으로 하면은……

조진만 오늘날 한국정치 현실에서 100만 명 모으는 것은 어렵지 않아 보입니다. 100만 명이 아니라, 한 200~300만 명 모으는 것도 어렵지 않을 수 있습니다.

장영수 지금 이 조항만 우리가 개정하는 게 아니니까, 결국 정치 구도 자체에 있어서 다른 부분, 제왕적 대통령 이런 것을 많이 완화하고, 정당의 민주화에 대한 것도 더 넣고 하면, 그걸 통해서 정당이 일방적으로 그렇게 하기는 힘들어지는, 그것까지도 복합적으로 생각해야 하지 않을까, 아무튼 저도 조 위원님 우려에는 동의하거든요. 동의하는데, 그렇다고 해서 300만 명, 400만 명 하기도 사실은 부담스럽습니다.

조진만 발안과 통과에 좀 차이가 있으면 되는데, 저는 70만, 100만보다 처음에 보수적으로 가는 게 좋다고 생각합니다. 국민발안 처음 생겨서 그 기준을 작게 설정하면 이후에 늘리는 것은 굉장히 어려울 것 같습니다. 지금 정치 상황에서 국민발안 기준을 70만 명, 100만 명 정도로 설정하면 여야 양쪽에서 국민발안을 놓고 싸울 것으로 예상합니다. 국회와 정당뿐만 아니라 국민도 서로 상반하는 아젠다를 제시하면서 싸울 가능성도 크고요.

하승수 그럴 가능성이 크죠.

장영수 예, 그 부분은 충분히 고려하긴 해야 할 것 같아요.

박찬욱 우리가 그렇다고 해서 한 300만 명 이렇게 해놓으면 너무 엄격한 기준이라는 인상도 받거든요. 그러니까 어차피 국회에 와서 심의 의결하고 하니까, 100만 명보다는 크고 300만 명보다는 적고, 이런 숫자로 해야 하는 거 아닌가, 감으로 하는 건데, 무슨 논리적으로 얼마가 된다는 건 없잖아요. 150이든, 200이든 이렇게 되겠네요.

조진만 국민발안의 취지와 양극화 현상 등을 고려할 때, 당초 얘기된 70만 명보다는 100만 명이 나은 것 같고, 과도하지 않은 범위 내에서 높이는 것도 고민할 필요가 있다고 생각합니다.

박은정 예를 들어서 국민적인 이슈에서 가장 많은, 국민적인 합의의 현장 같은 느낌을 갖게 한 역사적인 경험 속에서 가장 많은 수치는 얼마쯤이었을까요? 예를 들어서, 어디 모였다 (하면……)

박찬욱 우리는 '100만인 서명' 그러면 대단한 거로 생각했죠. 근데 실제로 알고 보면……

박은정 서명 내지는 어느 현장에서의 그것의 최대 수치가 우리 기억 속에서……

조진만 문재인 정부 청와대에서 국민신문고를 했잖아요. 그때 1등에서 10위 안에 드는 청원이 말도 안 되는 것이 많았습니다. 보통 100만 넘는 청원도 많았고요.

박찬욱 IT 시대가 되면서 발상이 완전히 달라져요.

조진만 예, 요즘에 인기 있는 유튜브의 구독자는 백만이 넘습니다.

하승수 지금 저희가 선거 유권자가 4,400만 명이 좀 넘는 거로 나오네요.

장영수 선거권자가 4천이 넘어요?

하승수 예, 4,400만. **(장영수** 그건 다시 계산해야 하겠는데) 고령화가 되다 보니까.

박찬욱 그렇다고 '천만인 서명' 이렇게 가는 건 또 너무 국민발안제를 무시해버리는.

장영수 천만 명은 안 되고. 근데 아까 제가 옛날 생각해서 '(유권자 수) 2천만' 이랬는데, 지금 그렇다면은(현 유권자 수 4천만 이상) 기본적인 컷오프 선을 더 높일 필요는 있을 것 같네요.

하승수 그래서 3%라고 보면, 한 130만 명 정도 되는 숫자인데……

장영수 5%면 200만 명이고……

조진만 가장 낮은 수치로 하면, 국회의원도 지금 법안을 300명 중에 발의하려면 옛날에 20명이었다가 10명이잖아요. 그렇게 보면……

장영수 3% 정도로 볼 수 있지요.

조진만 3%잖아요. 그러면 저희가 이거 100만 명 이렇게 하기보다는, 그런 기준을 제안하는, '전체 유권자의 3% 정도 받는다.' 그러면 유권자의 3% 정도의 수치가 나오지 않겠습니까? **(박찬욱**: 그럼 150만 명 정도 되나요?) 그렇겠죠.

하승수 150만 정도.

박명림 네. 좋습니다. 이때 숫자는 실질이자 한도이면서 동시에 국민발안이라는 일종의 원칙이자 상징이죠. 좀 다른 맥락의 얘기이기는 합니다만, 김영삼·김대중 두 야당 지도자가 5공 당시 1986년에 '대통령 직선제 개헌 1,000

만 명 서명운동'을 시작할 때, 1,000만 명으로 결정된 게 YS의 주도였는데, 1000만이 갖는 전국민적 상징성 때문이었지요. 당시에 신중한 DJ는 과연 실제 숫자 1,000만 명을 채울 수 있을지, 못 채우면 독재세력에게 거꾸로 역공을 당하지나 않을지 걱정하여 100만 명을 제안했는데, "누가 세어보나!"라며 YS가 밀어붙였습니다. 실화입니다. (웃음)

박찬욱 그게 YS의 감각이지, YS는 그랬을 거예요, 그게 장점이자 또 단점이지만.

박은정: 그런데 이제 이렇게 분열된 상태에서는, 양쪽에서 개헌안이 오면 그걸 세어보고 그게 잘못 셌다고 그래가지고.

박찬욱 맞아요. 요새는 또 세어보려고 그럴 거예요.

박은정 그걸 빌미로 또 법대로 하자라고 할 것 같은데.

장영수 충분히 그렇죠.

박은정 그러면 어쨌든 그 부분은 잠정적으로는 150만 명, 그러면서 유권자 3%?

장영수 사실 그러니까 이제 그 부분은 일단 해놓고, 나중에 한 번 더 보는 거로 하죠. 어차피 여기서 확정 짓기는 참 어려운 부분이 있으니까요. (**박은정** 예, 그러죠)

2) 헌법개정 절차

현행헌법	대화문화아카데미 2025 새헌법안
제130조 ①국회는 헌법개정안이 공고된 날로부터 60일 이내에 의결하여야 하며, 국회의 의결은 재적의원 3분의 2 이상의 찬성을 얻어야 한다. ②헌법개정안은 국회가 의결한 후 30일 이내에 국민투표에 붙여 국회의원 선거권자 과반수의 투표와 투표자 과반수의 찬성을 얻어야 한다. ③헌법개정안이 제2항의 찬성을 얻은 때에는 헌법개정은 확정되며, 대통령은 즉시 이를 공포하여야 한다.	제134조 ①국회는 헌법개정안이 공고된 날로부터 60일 이내에 의결하여야 하며, 국회의 의결은 **민주원과 공화원에서 각 원** 재적의원 3분의 2 이상의 찬성을 얻어야 한다. ②헌법개정안은 국회가 의결한 후 30일 이내에 국민투표에 부쳐 **민주원의원** 선거권자 과반수의 투표와 투표자 과반수의 찬성을 얻어야 한다. ③헌법개정안이 제2항의 찬성을 얻은 때에는 헌법개정은 확정되며, 대통령은 즉시 이를 공포하여야 한다.

하승수 제가 고민스러웠던 부분은, 대화문화아카데미 2016 새헌법안을 보면, 국회의원이 발의한 안 같은 경우는 재적의원 3분의 2 찬성을 얻어서, 국민투표에 부치는 거로 돼 있습니다. 그런데, 국민발안을 한 안은, 146조 1항을 보시면, '민의원 선거권자가 제안한 헌법개정안' 그러니까 국민발안으로 한 헌법개정안은 '발의한 날로부터 6개월 이후 1년 이내에 국민투표에 회부하여 투표자 과반수의 찬성을 얻어야 한다.' 투표자 단순 과반수로 돼 있는데, 제가 보기에는 이 두 가지가 다른 것처럼 보입니다. 그러니까 국민발안을 한 안과 국회의원이 발의한 안의 절차가 다른 거죠. 국민발안을 하면 국회 의결 없이 바로 국민투표로 갈 수 있는 거로 돼 있고, 국회의원이 발의한 거는 국회 재적의원 3분의 2 이상 의결을 얻어서 국민투표로 가는 투 트랙(Two track)으로 돼 있는데, 취지는 충분히 이해가 됩니다.

그러니까 국민발안 하는 걸 가능하면 국민에게 직접 의견을 물어보는 게 좋다는 취지는 이해가 되지만, 지금 한국 사회가 워낙 분열과 갈등이 심각한 상황에서 제 생각으로는 국민발안을 한 경우도 동일한 절차, 그러니까 국회 3분의 2 의결 거쳐서 국민투표로 가는 거로 하는, 그러니까 동일한 트랙으로 하자는 겁니다. 발의만 국민이 하는 거지 절차는 똑같이 국회의원 3분의 2 의결, 그다음에 국민투표로 가는 식으로 하는 게, 안정성 측면에서는 필요하지 않을까요?

참고로 2020년 3월 6일 강창일 의원 등 국회의원 148명 발의로 제안된 헌법개정안에서는 국회의원선거권자 100만 명 이상이 헌법개정안을 발의할 수 있되, 발의 이후의 절차에 대해서는 별도 규정을 두지 않았습니다. 즉 국민발안의 경우에도 국회의원 재적 과반수가 발의한 경우와 동일한 절차를 밟도록 되어 있었습니다.

대화문화아카데미 2016 새헌법안

제146조 ①민의원 선거권자가 제안한 헌법개정안은 발의한 날로부터 6개월 이후 1년 이내에 국민투표에 회부하여 투표자 과반수의 찬성을 얻어야 한다.
②민의원의원 또는 참의원의원이 제안한 헌법개정안은 국회재적의원 3분의 2 이상의 찬성으로써 의결되어야 한다.
③헌법개정안은 국회가 의결한 후 30일 이내에 국민투표에 붙여 민의원의원 선거권자 과반수의 투표와 투표자 과반수의 찬성을 얻어야 한다.
④헌법개정안이 제3항의 찬성을 얻은 때에는 헌법개정은 확정되며, 대통령은 즉시 이를 공포하여야 한다.

장영수 예, 저도 하 위원님 의견에 동의합니다. 그리고 여기서 4항에서 '헌법개정안이 제3항의 찬성을 얻은 때에는 헌법개정이 확정되며,' 이건 결국 1항은 그 자체로서 확정이 아니라는 것처럼 보이거든요. 불분명한 부분이 있습니다.

하승수 예, 불분명한 부분이 있습니다. 그리고 어쨌든 국민발안을 한 경우는 재적의원 3분의 2는 안 거치는 거로 되는 것 같아가지고……

장영수 그렇죠. 지금 1항과 2항, 3항이 말씀하신 대로 투 트랙인데, 4항에서는 1항에 대한 얘기가 없으니까, 이게 뭔가 안 맞는……

하승수 예, 그런 게 있어서, 그래서 2020년 그때 원 포인트 개헌이 추진돼서 발의까지는 됐던 적이 있었습니다. 강창일 의원이 대표 발의해서. 거기서도 헌법개정안 발의권만 국민발안제도로 두는 거로 하고, 절차는 똑같이, 국회 3분의 2 의결, 국민투표로 가는 거로 했기 때문에, 저는 그런 식으로 해서 조문을 수정하는 게 좋지 않을까 싶습니다.

모두 동의합니다.

5

부록:
현행헌법과
대화문화아카데미
2025 새헌법안
대조표

5.1. 현행헌법과 대화문화아카데미 2025 새헌법안

*현행헌법과 내용이 다른 부분은 '대화문화아카데미 2025 새헌법안'에 굵은 글씨로 표기, 내용 대조를 위해 현행헌법 순서가 다를 수 있음.

현행헌법	대화문화아카데미 2025 새헌법안
전문	전문
유구한 역사와 전통에 빛나는 우리 대한국민은 3·1운동으로 건립된 대한민국임시정부의 법통과 불의에 항거한 4·19민주이념을 계승하고, 조국의 민주개혁과 평화적 통일의 사명에 입각하여 정의·인도와 동포애로써 민족의 단결을 공고히 하고, 모든 사회적 폐습과 불의를 타파하며, 자율과 조화를 바탕으로 자유민주적 기본질서를 더욱 확고히 하여 정치·경제·사회·문화의 모든 영역에 있어서 각인의 기회를 균등히 하고, 능력을 최고도로 발휘하게 하며, 자유와 권리에 따르는 책임과 의무를 완수하게 하여, 안으로는 국민생활의 균등한 향상을 기하고 밖으로는 항구적인 세계평화와 인류공영에 이바지함으로써 우리들과 우리들의 자손의 안전과 자유와 행복을 영원히 확보할 것을 다짐하면서 1948년 7월 12일에 제정되고 8차에 걸쳐 개정된 헌법을 이제 국회의 의결을 거쳐 국민투표에 의하여 개정한다.	유구한 역사와 전통에 빛나는 우리 대한국민은 3·1운동으로 건립된 대한민국임시정부의 법통과 **4월혁명 및 6월항쟁의 민주공화이념을** 계승하고, **민주주의와 법치주의, 사회정의, 평화통일, 그리고 세계평화의** 사명에 입각하여 **생명존중, 생태보전, 자유, 평등, 연대, 복지의 가치를** 바탕으로 자유민주적 기본질서를 더욱 확고히 하여 정치·경제·사회·문화·**환경**의 모든 영역에서 **모든 이에게** 기회균등과 **다양성을 보장하며, 자율과 책임, 권리와 의무를** 완수케 하여 **삶의 질의** 균등한 향상을 기하고 **인류의** 항구적인 **공존공영에** 이바지하며 **지구생태계를 보전하는 데에 최선의 노력을 다함으로써** 우리들과 **미래세대의** 안전과 자유와 행복을 영원히 확보할 것을 다짐하면서 1948년 7월 12일에 제정되고 **9차에** 걸쳐 개정된 헌법을 이제 국회의 의결을 거쳐 국민투표에 의해 개정한다.

제1장 총강	제1장 총강
제1조 ①대한민국은 민주공화국이다. ②대한민국의 주권은 국민에게 있고, 모든 권력은 국민으로부터 나온다.	제1조 ①대한민국은 민주공화국이다. ②대한민국의 주권은 국민에게 있고, 모든 권력은 국민으로부터 나온다. **③대한민국은 지방분권국가이다.**
제2조 ①대한민국의 국민이 되는 요건은 법률로 정한다. ②국가는 법률이 정하는 바에 의하여 재외국민을 보호할 의무를 진다.	제2조 ①대한민국의 국민이 되는 요건은 법률로 정한다. ②국가는 법률이 정하는 바에 의하여 재외국민을 보호할 의무를 진다.
제3조 대한민국의 영토는 한반도와 그 부속도서로 한다.	제3조 대한민국의 영토는 한반도와 그 부속도서로 한다.
제4조 대한민국은 통일을 지향하며, 자유민주적 기본질서에 입각한 평화적 통일 정책을 수립하고 이를 추진한다.	제4조 대한민국은 통일을 지향하며, 자유민주적 기본질서에 바탕을 둔 평화 통일 정책을 수립하고 추진한다.
제5조 ①대한민국은 국제평화의 유지에 노력하고 침략적 전쟁을 부인한다. ②국군은 국가의 안전보장과 국토방위의 신성한 의무를 수행함을 사명으로 하며, 그 정치적 중립성은 준수된다.	제5조 대한민국은 국제평화의 유지에 노력하고 침략적 전쟁을 부인한다. **(2항은 수정하여 제80조 2항으로 옮김)**
제6조 ①헌법에 의하여 체결·공포된 조약과 일반적으로 승인된 국제법규는 국내법과 같은 효력을 가진다. ②외국인은 국제법과 조약이 정하는 바에 의하여 그 지위가 보장된다.	제6조 ①헌법에 의하여 체결·공포된 조약과 일반적으로 승인된 국제법규는 국내법과 같은 효력을 가진다. ②외국인은 국제법과 조약이 정하는 바에 의하여 그 지위가 보장된다.

제7조 ①공무원은 국민전체에 대한 봉사자이며, 국민에 대하여 책임을 진다. ②공무원의 신분과 정치적 중립성은 법률이 정하는 바에 의하여 보장된다. 제8조 ①정당의 설립은 자유이며, 복수정당제는 보장된다. ②정당은 그 목적·조직과 활동이 민주적이어야 하며, 국민의 정치적 의사형성에 참여하는데 필요한 조직을 가져야 한다. ③정당은 법률이 정하는 바에 의하여 국가의 보호를 받으며, 국가는 법률이 정하는 바에 의하여 정당운영에 필요한 자금을 보조할 수 있다. ④정당의 목적이나 활동이 민주적 기본질서에 위배될 때에는 정부는 헌법재판소에 그 해산을 제소할 수 있고, 정당은 헌법재판소의 심판에 의하여 해산된다. 제9조 국가는 전통문화의 계승·발전과 민족문화의 창달에 노력하여야	**(제7조와 제8조 자리 바꿈)** 제7조 ①모든 국민은 자유롭게 정당을 설립할 수 있다. 복수정당제는 보장된다. ②정당은 그 목적·조직과 활동이 민주적이어야 한다. ③정당은 법률이 정하는 바에 의하여 국가의 보호를 받는다. **다만,** 정당의 목적이나 활동이 민주적 기본질서에 위배될 때에는 **집행부가 국무회의의 의결을 거쳐,** 헌법재판소에 그 해산을 제소할 수 있고, 정당은 헌법재판소의 심판에 의하여 해산된다. ④국가는 법률이 정하는 바에 의하여 정당 운영에 필요한 자금을 보조할 수 있다. 제8조 ①공무원은 국민 전체에 대한 봉사자이며, 국민에 대하여 책임을 진다. ②공무원의 신분과 정치적 중립성은 법률이 정하는 바에 의하여 보장된다. **(제9조 삭제)**

한다.

제2장 국민의 권리와 의무

제10조 모든 국민은 인간으로서의 존엄과 가치를 가지며, 행복을 추구할 권리를 가진다. 국가는 개인이 가지는 불가침의 기본적 인권을 확인하고 이를 보장할 의무를 진다.

제11조 ①모든 국민은 법 앞에 평등하다. 누구든지 성별·종교 또는 사회적 신분에 의하여 정치적·경제적·사회적·문화적 생활의 모든 영역에 있어서 차별을 받지 아니한다.

②사회적 특수계급의 제도는 인정되지 아니하며, 어떠한 형태로도 이를 창설할 수 없다.
③훈장등의 영전은 이를 받은 자에게만 효력이 있고, 어떠한 특권도 이에 따르지 아니한다.

제2장 기본권과 기본의무

제9조 ①모든 **사람은** 인간으로서의 존엄과 가치를 가지며, 행복을 추구할 권리를 가진다. 국가는 개인이 가지는 불가침의 기본적 인권을 확인하고 이를 보장할 의무를 진다.
②**모든 사람은 생명의 권리를 가진다.**
③**사형은 금지된다.**

제10조 ①모든 **사람은** 법 앞에 평등하다.
②모든 **사람은 성, 종교, 종족, 연령, 신체적 조건이나 정신적 장애, 출신, 성적 지향** 또는 사회적 신분 등에 의하여 정치적·경제적·사회적·문화적 생활의 모든 영역에 있어서 차별을 받지 아니한다.
③**국가는 성평등의 실질적 실현을 위하여 노력하여야 한다.**
(2항, 3항 삭제)

제12조 ①모든 국민은 신체의 자유를 가진다. 누구든지 법률에 의하지 아니하고는 체포·구속·압수·수색 또는 심문을 받지 아니하며, 법률과 적법한 절차에 의하지 아니하고는 처벌·보안처분 또는 강제노역을 받지 아니한다.

②모든 국민은 고문을 받지 아니하며, 형사상 자기에게 불리한 진술을 강요당하지 아니한다.
③체포·구속·압수 또는 수색을 할 때에는 적법한 절차에 따라 검사의 신청에 의하여 법관이 발부한 영장을 제시하여야 한다. 다만, 현행범인인 경우와 장기 3년 이상의 형에 해당하는 죄를 범하고 도피 또는 증거인멸의 염려가 있을 때에는 사후에 영장을 청구할 수 있다.
④누구든지 체포 또는 구속을 당한 때에는 즉시 변호인의 조력을 받을 권리를 가진다. 다만, 형사피고인이 스스로 변호인을 구할 수 없을 때에는 법률이 정하는 바에 의하여 국가가 변호인을 붙인다.
⑤누구든지 체포 또는 구속의 이유와 변호인의 조력을 받을 권리가 있음을 고지받지 아니하고는 체포 또는 구속을 당하지 아니한다. 체포 또는 구속을 당한 자의 가족등 법률이 정하는 자에게는 그 이유와 일시·장소가 지체 없

제11조 ①모든 **사람은 신체를 훼손당하지 않을 권리와** 신체의 자유를 가진다. 누구든지 법률에 의하지 아니하고는 체포·구속·압수·수색 또는 심문을 받지 아니하며, 법률과 적법한 절차에 의하지 아니하고는 처벌·보안처분 또는 강제노역을 받지 아니한다.
②모든 **사람은** 고문을 받지 아니하며, 형사상 자기에게 불리한 진술을 강요당하지 아니한다.
③체포·구속·압수 또는 수색을 할 때에는 적법한 절차에 **따라 법관이** 발부한 영장을 제시하여야 한다. 다만, 현행범인인 경우와 장기 3년 이상의 형에 해당하는 죄를 범하고 도피 또는 증거인멸의 염려가 있을 때에는 사후에 영장을 청구할 수 있다.
④누구든지 체포 또는 구속을 당한 때에는 즉시 변호인의 조력을 받을 권리를 가진다. 다만, 형사피고인이 스스로 변호인을 구할 수 없을 때에는 법률이 정하는 바에 의하여 국가가 변호인을 붙인다.
⑤누구든지 체포 또는 구속의 이유와 변호인의 조력을 받을 권리가 있음을 고지받지 아니하고는 체포 또는 구속을 당하지 아니한다. 체포 또는 구속을 당한 자의 가족 등 법률이 정하는 자에게는 그 이유와 일시·장소가 지체 없

이 통지되어야 한다. ⑥누구든지 체포 또는 구속을 당한 때에는 적부의 심사를 법원에 청구할 권리를 가진다. ⑦피고인의 자백이 고문·폭행·협박·구속의 부당한 장기화 또는 기망 기타의 방법에 의하여 자의로 진술된 것이 아니라고 인정될 때 또는 정식재판에 있어서 피고인의 자백이 그에게 불리한 유일한 증거일 때에는 이를 유죄의 증거로 삼거나 이를 이유로 처벌할 수 없다. 제13조 ①모든 국민은 행위시의 법률에 의하여 범죄를 구성하지 아니하는 행위로 소추되지 아니하며, 동일한 범죄에 대하여 거듭 처벌받지 아니한다. ②모든 국민은 소급입법에 의하여 참정권의 제한을 받거나 재산권을 박탈당하지 아니한다. ③모든 국민은 자기의 행위가 아닌 친족의 행위로 인하여 불이익한 처우를 받지 아니한다.	이 통지되어야 한다. ⑥누구든지 체포 또는 구속을 당한 때에는 적부의 심사를 법원에 청구할 권리를 가진다. ⑦피고인의 자백이 고문·폭행·협박·구속의 부당한 장기화 또는 기망 기타의 방법에 의하여 자의로 진술된 것이 아니라고 인정될 때 또는 정식재판에 있어서 피고인의 자백이 그에게 불리한 유일한 증거일 때에는 이를 유죄의 증거로 삼거나 이를 이유로 처벌할 수 없다. 제12조 ①모든 **사람은** 행위시의 법률에 의하여 범죄를 구성하지 아니하는 행위로 소추되지 아니하며, 동일한 범죄에 대하여 거듭 처벌받지 아니한다. ②모든 국민은 소급입법에 의하여 참정권의 제한을 받거나 재산권을 박탈당하지 아니한다. ③모든 국민은 자기의 행위가 아닌 친족의 행위로 인하여 불이익한 처우를 받지 아니한다. **④특정 집단의 전부 또는 일부를 말살할 목적으로 범해진 집단살해, 공권력에 의한 반인도적 범죄에 대해서는 법률이 정하는 바에 의하여 공소시효를 배제한다.**

제14조 모든 국민은 거주·이전의 자유를 가진다.	제13조 ①모든 국민은 거주·이전의 자유를 가진다. ②**모든 국민은 어떤 이유로도 추방당하지 아니한다.** ③**국가는 국제법과 법률에 따라 난민을 보호한다.**
제15조 모든 국민은 직업선택의 자유를 가진다.	제14조 모든 국민은 **직업의 자유를** 가진다.
제16조 모든 국민은 주거의 자유를 침해받지 아니한다. 주거에 대한 압수나 수색을 할 때에는 검사의 신청에 의하여 법관이 발부한 영장을 제시하여야 한다.	제15조 모든 **사람은** 주거의 자유를 침해받지 아니한다. 주거에 대한 압수나 수색을 할 때에는 **적법한 절차에 따라** 법관이 발부한 영장을 제시하여야 한다.
제17조 모든 국민은 사생활의 비밀과 자유를 침해받지 아니한다.	제16조 ①모든 **사람은** 사생활의 비밀과 자유를 침해받지 아니한다. ②**모든 사람은 개인정보에 대한 결정의 자유를 가진다.** ③모든 **사람은** 통신의 비밀을 침해받지 아니한다.
제18조 모든 국민은 통신의 비밀을 침해받지 아니한다.	**(수정하여 제16조 3항으로 옮김)**
제19조 모든 국민은 양심의 자유를 가진다.	제17조 모든 **사람은** 양심과 사상의 자유를 가진다.
제20조 ①모든 국민은 종교의 자유를	제18조 ①모든 **사람은** 종교의 자유를

가진다. ②국교는 인정되지 아니하며, 종교와 정치는 분리된다. 제21조 ①모든 국민은 언론·출판의 자유와 집회·결사의 자유를 가진다. ②언론·출판에 대한 허가나 검열과 집회·결사에 대한 허가는 인정되지 아니한다. ③통신·방송의 시설기준과 신문의 기능을 보장하기 위하여 필요한 사항은 법률로 정한다. ④언론·출판은 타인의 명예나 권리 또는 공중도덕이나 사회윤리를 침해하여서는 아니된다. 언론·출판이 타인의 명예나 권리를 침해한 때에는 피해자는 이에 대한 피해의 배상을 청구할 수 있다. 제22조 ①모든 국민은 학문과 예술의 자유를 가진다.	가진다. ②국교는 인정되지 아니하며, 종교와 정치는 분리된다. 제19조 ①모든 **사람은** 언론·출판의 자유를 가진다. ②**모든 사람은 알 권리를 가진다.** ③언론·출판에 대한 허가나 검열은 금지된다. **(3항, 4항 삭제)** 제20조 ①모든 **사람은** 집회·시위의 자유를 가진다. ②집회·시위에 대한 허가는 금지된다. 제21조 ①모든 **사람은** 결사의 자유를 가진다. ②결사에 대한 허가는 금지된다. 제22조 ①모든 **사람은** 학문과 예술의 자유를 가진다.

②저작자・발명가・과학기술자와 예술가의 권리는 법률로써 보호한다.

제23조 ①모든 국민의 재산권은 보장된다. 그 내용과 한계는 법률로 정한다.
②재산권의 행사는 공공복리에 적합하도록 하여야 한다.
③공공필요에 의한 재산권의 수용・사용 또는 제한 및 그에 대한 보상은 법률로써 하되, 정당한 보상을 지급하여야 한다.

제24조 모든 국민은 법률이 정하는 바에 의하여 선거권을 가진다.

제25조 모든 국민은 법률이 정하는 바에 의하여 공무담임권을 가진다.

제26조 ①모든 국민은 법률이 정하는 바에 의하여 국가기관에 문서로 청원할 권리를 가진다.
②국가는 청원에 대하여 심사할 의무를 진다.

제27조 ①모든 국민은 헌법과 법률이 정한 법관에 의하여 법률에 의한 재판을 받을 권리를 가진다.

②대학의 자치는 보장된다.
③저작자・발명가・과학기술자와 예술가의 권리는 법률로써 보호한다.

제23조 ①모든 국민의 재산권은 보장된다. 그 내용과 한계는 법률로 정한다.
②재산권의 행사는 공공복리에 적합하도록 하여야 한다.
③공공필요에 의한 재산권의 수용・사용 또는 제한 및 그에 대한 보상은 법률로써 하되, 정당한 보상을 지급하여야 한다.

제24조 모든 국민은 법률이 정하는 바에 의하여 선거권을 가진다.

제25조 모든 국민은 법률이 정하는 바에 의하여 공무담임권을 가진다.

제26조 ①모든 **사람은** 법률이 정하는 바에 의하여 국가기관에 문서로 청원할 권리를 가진다.
②국가는 청원에 대하여 심사할 의무를 진다.

제27조 ①모든 **사람은** 헌법과 법률이 정한 **법원에 의한** 재판을 받을 권리를 가진다.

②군인 또는 군무원이 아닌 국민은 대한민국의 영역안에서는 중대한 군사상 기밀·초병·초소·유독음식물공급·포로·군용물에 관한 죄중 법률이 정한 경우와 비상계엄이 선포된 경우를 제외하고는 군사법원의 재판을 받지 아니한다. ③모든 국민은 신속한 재판을 받을 권리를 가진다. 형사피고인은 상당한 이유가 없는 한 지체 없이 공개재판을 받을 권리를 가진다. ④형사피고인은 유죄의 판결이 확정될 때까지는 무죄로 추정된다. ⑤형사피해자는 법률이 정하는 바에 의하여 당해 사건의 재판절차에서 진술할 수 있다. 제28조 형사피의자 또는 형사피고인으로서 구금되었던 자가 법률이 정하는 불기소처분을 받거나 무죄판결을 받은 때에는 법률이 정하는 바에 의하여 국가에 정당한 보상을 청구할 수 있다. 제29조 ①공무원의 직무상 불법행위로 손해를 받은 국민은 법률이 정하는 바에 의하여 국가 또는 공공단체에 정당한 배상을 청구할 수 있다. 이 경우 공무원 자신의 책임은 면제되지 아니한다.	**(2항 삭제)** ②모든 국민은 신속한 재판을 받을 권리를 가진다. 형사피고인은 상당한 이유가 없는 한 지체 없이 공개재판을 받을 권리를 가진다. ③**형사피의자 또는** 형사피고인은 유죄의 판결이 확정될 때까지는 무죄로 추정된다. ④형사피해자는 법률이 정하는 바에 의하여 당해 사건의 재판절차에서 진술할 수 있다. 제28조 형사피의자 또는 형사피고인으로서 구금되었던 자가 법률이 정하는 불기소처분을 받거나 무죄판결을 받은 때에는 법률이 정하는 바에 의하여 국가에 정당한 보상을 청구할 수 있다. 제29조 공무원의 직무상 불법행위로 손해를 받은 국민은 법률이 정하는 바에 의하여 국가 또는 공공단체에 정당한 배상을 청구할 수 있다. 이 경우 공무원 자신의 책임은 면제되지 아니한다.

②군인・군무원・경찰공무원 기타 법률이 정하는 자가 전투・훈련 등 직무집행과 관련하여 받은 손해에 대하여는 법률이 정하는 보상외에 국가 또는 공공단체에 공무원의 직무상 불법행위로 인한 배상은 청구할 수 없다. 제30조 타인의 범죄행위로 인하여 생명・신체에 대한 피해를 받은 국민은 법률이 정하는 바에 의하여 국가로부터 구조를 받을 수 있다. 제31조 ①모든 국민은 능력에 따라 균등하게 교육을 받을 권리를 가진다. ②모든 국민은 그 보호하는 자녀에게 적어도 초등교육과 법률이 정하는 교육을 받게 할 의무를 진다. ③의무교육은 무상으로 한다. ④교육의 자주성・전문성・정치적 중립성 및 대학의 자율성은 법률이 정하는 바에 의하여 보장된다. ⑤국가는 평생교육을 진흥하여야 한다. ⑥학교교육 및 평생교육을 포함한 교육제도와 그 운영, 교육재정 및 교원의 지위에 관한 기본적인 사항은 법률로 정한다.	(2항 삭제) 제30조 타인의 범죄행위로 인하여 생명・신체에 대한 피해를 받은 국민은 법률이 정하는 바에 의하여 국가로부터 구조를 받을 수 있다. 제31조 ①모든 국민은 **학습할 권리가 있으며** 능력에 따라 균등하게 교육을 받을 권리를 가진다. ②모든 국민은 그 보호하는 자녀에게 적어도 초등교육과 법률이 정하는 교육을 받게 할 의무를 진다. ③의무교육은 무상으로 한다. ④교육의 자주성・전문성・정치적 중립성은 법률이 정하는 바에 의하여 보장된다. **(대학의 자율성 부분은 제22조 2항으로 수정하여 옮김)** ⑤국가는 평생교육을 진흥하여야 한다. ⑥학교교육 및 평생교육을 포함한 교육제도와 그 운영, 교육재정 및 교원의 지위에 관한 기본적인 사항은 법률로 정한다.

현행헌법	2025 새헌법안
제32조 ①모든 국민은 근로의 권리를 가진다. 국가는 사회적·경제적 방법으로 근로자의 고용의 증진과 적정임금의 보장에 노력하여야 하며, 법률이 정하는 바에 의하여 최저임금제를 시행하여야 한다. ②모든 국민은 근로의 의무를 진다. 국가는 근로의 의무의 내용과 조건을 민주주의원칙에 따라 법률로 정한다. ③근로조건의 기준은 인간의 존엄성을 보장하도록 법률로 정한다. ④여자의 근로는 특별한 보호를 받으며, 고용·임금 및 근로조건에 있어서 부당한 차별을 받지 아니한다. ⑤연소자의 근로는 특별한 보호를 받는다. ⑥국가유공자·상이군경 및 전몰군경의 유가족은 법률이 정하는 바에 의하여 우선적으로 근로의 기회를 부여받는다. 제33조 ①근로자는 근로조건의 향상을 위하여 자주적인 단결권·단체교섭권 및 단체행동권을 가진다. ②공무원인 근로자는 법률이 정하는 자에 한하여 단결권·단체교섭권 및 단체행동권을 가진다. ③법률이 정하는 주요방위산업체에 종사하는 근로자의 단체행동권은 법률이 정하는 바에 의하여 이를 제한하거나	제32조 ①모든 국민은 근로의 권리를 가진다. **국가는 근로자의** 고용 증진과 적정임금 보장에 노력하여야 하며, 법률이 정하는 바에 의하여 최저임금제를 시행하여야 한다. **(2항 삭제)** ②근로조건의 기준은 인간의 존엄성을 보장하도록 법률로 정한다. ③여성의 근로는 특별한 보호를 받으며, 고용·임금 및 근로조건에 있어서 부당한 차별을 받지 아니한다. ④아동의 근로는 특별한 보호를 받는다. ⑤국가유공자·상이군경 및 전몰군경의 유가족은 법률이 정하는 바에 의하여 우선적으로 근로의 기회를 부여받는다. 제33조 ①근로자는 근로조건의 향상을 위하여 자주적인 단결권·단체교섭권 및 단체행동권을 가진다. ②공무원인 근로자는 법률이 정하는 자에 한하여 단결권·단체교섭권 및 단체행동권을 가진다. ③법률이 정하는 주요방위산업체에 종사하는 근로자의 단체행동권은 법률이 정하는 바에 의하여 이를 제한하거나

인정하지 아니할 수 있다. 제34조 ①모든 국민은 인간다운 생활을 할 권리를 가진다. ②국가는 사회보장·사회복지의 증진에 노력할 의무를 진다. ③국가는 여자의 복지와 권익의 향상을 위하여 노력하여야 한다. ④국가는 노인과 청소년의 복지향상을 위한 정책을 실시할 의무를 진다. ⑤신체장애자 및 질병·노령 기타의 사유로 생활능력이 없는 국민은 법률이 정하는 바에 의하여 국가의 보호를 받는다. ⑥국가는 재해를 예방하고 그 위험으로부터 국민을 보호하기 위하여 노력하여야 한다.	인정하지 아니할 수 있다. 제34조 ①모든 국민은 인간다운 생활을 할 권리를 가진다. ②국가는 사회보장·사회복지의 증진에 노력할 의무를 진다. **(수정하여 제10조 3항으로 옮김)** **(수정하여 제35조, 제36조로 옮김)** **(수정하여 4항, 5항으로 옮김)** ③국가는 **질병과** 재해를 예방하고 그 위험으로부터 국민을 보호하기 위하여 노력하여야 한다. ④장애인은 법률이 정하는 바에 의하여 국가의 특별한 보호를 받는다. ⑤질병·노령 기타의 사유로 생활능력이 없는 국민은 법률이 정하는 바에 의하여 국가의 보호를 받는다. 제35조 ①모든 국민은 아동기에 성장과 발전을 위하여 국가와 사회의 특별한 보호를 받을 권리를 가진다. 아동은 자신의 정신적, 신체적 성숙정도에 따라 기본권을 행사한다. ②아동의 양육은 부모의 권리인 동시

에 의무이며, 부모는 의무를 이행함에 있어서 국가의 도움을 받는다. 부모가 그들의 기본적 의무를 적절하게 이행하지 못할 경우, 아동을 부모로부터 분리하는 등 부모의 권리에 대한 제한 또는 중지에 대한 조건과 절차는 법률로 정한다.
③혼인 외의 출생자의 정신적, 신체적 성장과 사회적 지위에 관하여 입법을 통하여 혼인 중의 출생자와 동일한 기회가 부여되도록 규정하여야 한다.
④부모가 없는 아동, 유기아동, 장애아동에 대하여 국가는 법률이 정하는 바에 따라 특별한 보호를 한다.
⑤아동에 관한 모든 사안에 있어서 아동의 최선의 이익이 우선적으로 고려되어야 하며, 아동의 의사를 반영할 수 있는 적정한 절차가 마련되어야 한다. 아동의 권리가 침해된 경우 구제를 위하여 필요한 지원 방식과 절차는 법률로 정한다.

제36조 모든 국민은 노년기에 국가의 보호를 받을 권리를 가지며, 이 권리의 실현을 위하여 국가는 특별한 조치를 할 의무를 진다.

제35조 ①모든 국민은 건강하고 쾌적한 환경에서 생활할 권리를 가지며, 국

제37조 ①모든 국민은 건강하고 쾌적한 **환경을 누릴** 권리를 가진다.

가와 국민은 환경보전을 위하여 노력하여야 한다. ②환경권의 내용과 행사에 관하여는 법률로 정한다. ③국가는 주택개발정책등을 통하여 모든 국민이 쾌적한 주거생활을 할 수 있도록 노력하여야 한다.	(2항, 3항 삭제) ②생명체는 법률이 정하는 바에 따라 국가의 보호를 받는다. ③국가와 국민은 환경을 지속가능하게 보전하기 위해 노력하여야 하며, 기후생태위기에 대처하고 환경을 보전하기 위한 국제적인 노력에 참여하여야 한다. ④국가와 국민은 기후생태위기에 대처하기 위해 필요한 온실가스 감축과 정의로운 전환을 위해 노력하여야 한다.
제36조 ①혼인과 가족생활은 개인의 존엄과 양성의 평등을 기초로 성립되고 유지되어야 하며, 국가는 이를 보장한다. ②국가는 모성의 보호를 위하여 노력하여야 한다. ③모든 국민은 보건에 관하여 국가의 보호를 받는다.	제38조 ①혼인과 가족생활은 개인의 존엄과 **성평등을** 기초로 성립되고 유지되어야 하며, 국가는 이를 보장한다. ②국가는 **자녀의 출산과 양육에 관하여 지원해야 할 의무를 진다.** ③모든 국민은 보건에 관하여 국가의 보호를 받는다.
제37조 ①국민의 자유와 권리는 헌법에 열거되지 아니한 이유로 경시되지 아니한다.	제39조 ①**모든 사람의** 자유와 권리는 헌법에 열거되지 아니한 이유로 경시되지 아니한다.

②국민의 모든 자유와 권리는 국가안전보장·질서유지 또는 공공복리를 위하여 필요한 경우에 한하여 법률로써 제한할 수 있으며, 제한하는 경우에도 자유와 권리의 본질적인 내용을 침해할 수 없다.

제38조 모든 국민은 법률이 정하는 바에 의하여 납세의 의무를 진다.

제39조 ①모든 국민은 법률이 정하는 바에 의하여 국방의 의무를 진다.
②누구든지 병역의무의 이행으로 인하여 불이익한 처우를 받지 아니한다.

제3장 국회

제40조 입법권은 국회에 속한다.

제41조 ①국회는 국민의 보통·평등·직접·비밀선거에 의하여 선출된 국회의원으로 구성한다.

②국회의원의 수는 법률로 정하되,

②**모든 사람의** 자유와 권리는 국가안전보장·질서유지 또는 공공복리를 위하여 필요한 경우에 한하여 **적법절차에 따라** 법률로써 제한할 수 있으며, 제한하는 경우에도 자유와 권리의 본질적인 내용을 침해할 수 없다.

제40조 모든 국민은 법률이 정하는 바에 의하여 납세의 의무를 진다.

제41조 ①모든 국민은 법률이 정하는 바에 의하여 국방의 의무를 진다.
②누구든지 병역의무의 이행으로 인하여 불이익을 받지 아니한다.
③**누구도 양심에 반하여 집총병역을 강제 받지 아니하고, 법률이 정하는 바에 의하여 대체복무를 할 수 있다.**

제3장 입법부

제42조 ①입법권은 국회가 **담당한다.**
②**국회는 민주원과 공화원으로 조직된다.**
③**민주원과 공화원**은 국민의 보통·평등·직접·비밀 **자유선거에** 의하여 선출된 의원으로 구성한다.
④**민주원의원과 공화원의원은 서로 겸직할 수 없다.**
⑤국회의원의 수는 법률로 정하되, **민**

200인 이상으로 한다. ③국회의원의 선거구와 비례대표제 기타 선거에 관한 사항은 법률로 정한다.	주원의원은 300인, 공화원의원은 100인을 상한으로 한다. ⑥국회의원의 선거구와 비례대표제 기타 선거에 관한 사항은 법률로 정한다. 다만, 민주원의 의석은 정당별 득표율에 비례하도록 노력하여야 하고, 공화원의원은 도 및 그와 대등한 지위를 갖는 시 단위, 또는 도와 그와 대등한 지위를 갖는 시를 통합하는 권역 단위로 비례대표제에 의하여 선출한다. ⑦국회의원은 임기만료 전이라도 국민이 소환할 수 있으며 소환 요건이나 절차 등 구체적인 사항은 법률로 정한다.
제42조 국회의원의 임기는 4년으로 한다.	제43조 ①민주원의원의 임기는 4년으로 한다. ②공화원의원의 임기는 6년으로 하고, 2년마다 의원의 3분의 1을 개선한다. ③민주원의원은 3선을 초과하여 재임할 수 없다.
제43조 국회의원은 법률이 정하는 직을 겸할 수 없다.	제44조 국회의원은 법률이 정하는 직을 겸할 수 없다. 제45조 ①공화원은 의장 1인과 부의장 1인을 선출한다. ②민주원은 의장 1인과 부의장 2인을 선출한다. ③공화원의장은 양원합동회의의 의장이 된다.

	제46조 **민주원과 공화원은** 법률에 저촉되지 아니하는 범위 안에서 의사와 내부규율에 관한 규칙을 제정할 수 있다. 제47조 ①**민주원과 공화원은** 의원의 자격을 심사하며, 의원을 징계할 수 있다. ②**민주원과 공화원에서** 소속 의원을 제명하려면, 각 원 재적의원 3분의 2 이상의 찬성이 있어야 한다. ③제1항과 제2항의 처분에 대해서는 법원에 제소할 수 없다.
제44조 ①국회의원은 현행범인인 경우를 제외하고는 회기중 국회의 동의 없이 체포 또는 구금되지 아니한다. ②국회의원이 회기전에 체포 또는 구금된 때에는 현행범인이 아닌 한 국회의 요구가 있으면 회기중 석방된다. 제45조 국회의원은 국회에서 직무상 행한 발언과 표결에 관하여 국회외에서 책임을 지지 아니한다. 제46조 ①국회의원은 청렴의 의무가 있다. ②국회의원은 국가이익을 우선하여 양심에 따라 직무를 행한다. ③국회의원은 그 지위를 남용하여 국	제48조 ①국회의원은 현행범인인 경우를 **제외하고는 국회의** 동의 없이 체포 또는 구금되지 아니한다. ②**국회의원이 체포** 또는 구금된 때에는 현행범인이 아닌 한 국회의 요구가 **있으면 석방된다.** 제49조 국회의원은 국회에서 행한 직무상 발언과 표결에 관하여 국회 외에서 책임을 지지 아니한다. 제50조 ①국회의원은 청렴의 의무가 있다. ②국회의원은 국가이익을 우선하여 양심에 따라 직무를 행한다. ③국회의원은 그 지위를 남용하여 국

가·공공단체 또는 기업체와의 계약이나 그 처분에 의하여 재산상의 권리·이익 또는 직위를 취득하거나 타인을 위하여 그 취득을 알선할 수 없다.

제47조 ①국회의 정기회는 법률이 정하는 바에 의하여 매년 1회 집회되며, 국회의 임시회는 대통령 또는 국회재적의원 4분의 1 이상의 요구에 의하여 집회된다.
②정기회의 회기는 100일을, 임시회의 회기는 30일을 초과할 수 없다.
③대통령이 임시회의 집회를 요구할 때에는 기간과 집회요구의 이유를 명시하여야 한다.

제48조 국회는 의장 1인과 부의장 2인을 선출한다.

가·공공단체 또는 기업체와의 계약이나 그 처분에 의하여 재산상의 권리·이익 또는 직위를 취득하거나 타인을 위하여 그 취득을 알선할 수 없다.

제51조 ①**국회는 의결로써 개회 및 폐회하고 폐·휴회 기간은 연간 60일을 초과할 수 없다.**
②**각 원은 휴회기간 중이라도 재적의원 4분의 1 이상, 대통령 또는 총리의 요구가 있을 경우에는 집회할 수 있다.**

(수정하여 제45조로 옮김)

제52조 ①**민주원과 공화원은 각각 독립적으로 회의를 개최한다. 다만, 필요한 경우에는 법률이 정하는 바에 따라 양원합동회의를 개최할 수 있다.**
②**민주원과 공화원**의 회의는 공개한다. 다만, 출석의원 과반수의 찬성이 있거나, 의장이 국가의 안전보장을 위하여 필요하다고 인정할 때에는 공개하지 아니할 수 있다.
③공개하지 아니한 회의 내용의 공표에 관하여는 법률이 정하는 바에 의한다.

제49조 국회는 헌법 또는 법률에 특별한 규정이 없는 한 재적의원 과반수의 출석과 출석의원 과반수의 찬성으로 의결한다. 가부동수인 때에는 부결된 것으로 본다.

제50조 ①국회의 회의는 공개한다. 다만, 출석의원 과반수의 찬성이 있거나 의장이 국가의 안전보장을 위하여 필요하다고 인정할 때에는 공개하지 아니할 수 있다.
②공개하지 아니한 회의내용의 공표에 관하여는 법률이 정하는 바에 의한다.

제53조 국회는 헌법 또는 법률에 달리 규정된 경우를 제외하고는 각 원의 재적의원 과반수의 출석과 출석의원 과반수의 찬성으로 의결한다. 가부동수인 때에는 부결된 것으로 본다.

제54조 ①국회의 의결을 요하는 의안에 관하여 양원의 의결이 일치하지 아니하는 때에는 양원협의회에서 단일안을 작성·발의하여 각 원에서 다시 의결한다. 양원협의회는 그 구성원의 3분의 2를 민주원의원으로, 3분의 1을 공화원의원으로 구성한다.
②예산법률안에 관하여는 민주원가결안이 공화원에 접수된 후 30일 이내에 공화원이 이를 의결하지 않거나 각 원이 양원협의회안에 대하여 의결을 완료하지 못한 때에는 원래의 민주원가결안을 국회에서 의결된 것으로 본다.
③양원협의회의 구성 및 운영의 세부사항에 관해서는 법률로 정한다.

(수정하여 제52조 2항, 3항으로 옮김)

제51조 국회에 제출된 법률안 기타의 의안은 회기중에 의결되지 못한 이유로 폐기되지 아니한다. 다만, 국회의원의 임기가 만료된 때에는 그러하지 아니하다.

제52조 국회의원과 정부는 법률안을 제출할 수 있다.

제55조 국회에 제출된 법률안 기타의 의안은 회기 중에 의결되지 못한 이유로 폐기되지 아니한다. 다만, 국회의원의 임기가 만료된 때에는 그러하지 아니하다.

제56조 ①민주원의원과 공화원의원은 그가 소속한 원에 법률안을 제출할 수 있다. 대통령은 국무회의의 의결을 거쳐 양원 중 하나의 원에 법률안을 제출할 수 있다. 단 세입·징수에 관한 모든 법률안, 재정법률안 및 재정지출이 수반되는 사회보장법률안 등은 민주원에 먼저 제출하여야 하고, 지방정부에 중대한 영향을 줄 수 있는 법률안은 공화원에 먼저 제출하여야 한다.
②집행부제출법률안의 심의는 법률안이 먼저 제출된 원에서 대통령이 제출한 원안을 대상으로 한다. 다른 원에서 가결한 법률안의 심의는 송부된 안을 대상으로 한다.
③집행부제출법률안 또는 의원발의법률안을 먼저 제출받은 원의 본회의 1차 심의는 법률안이 제출된 날로부터 30일이 경과한 후에 개시할 수 있다. 다른 원에서는 법률안이 송부된 날로부터 15일이 경과한 후에 본회의에서 심의할 수 있다.

제57조 ①모든 국민은 민주원의원 선

	거권자 150만 명의 서명으로 **법률을 발안할 수 있다**. 국민의 발안에 대해서 국회는 180일 이내에 심의하여 의견을 표명하거나 대안을 발안할 수 있다. 국회가 대안을 발의한 경우에는 원안과 대안에 대해서 각각 국민투표로써 찬반을 물어야 한다. 국민발안은 제기된 날로부터 1년 이내에 국민투표에 회부하여야 한다. ②제1항의 국민투표는 투표자 과반수의 찬성으로 의결한다. 원안과 대안이 국민투표에서 모두 가결된 경우에는 찬성이 많은 안으로 확정하며 찬성이 동수인 경우에는 원안으로 확정한다. 국민투표와 국민발안의 시행을 위해 필요한 사항은 법률로 정한다.
제53조 ①국회에서 의결된 법률안은 정부에 이송되어 15일 이내에 대통령이 공포한다. ②법률안에 이의가 있을 때에는 대통령은 제1항의 기간내에 이의서를 붙여 국회로 환부하고, 그 재의를 요구할 수 있다. 국회의 폐회중에도 또한 같다. ③대통령은 법률안의 일부에 대하여 또는 법률안을 수정하여 재의를 요구할 수 없다. ④재의의 요구가 있을 때에는 국회는 재의에 붙이고, 재적의원과반수의 출	제58조 ①국회에서 의결된 법률안과 **국민투표에 의하여 확정된** 법률안은 **집행부에** 이송되어 15일 이내에 대통령이 공포한다. ②대통령은 국회에서 의결된 법률안에 이의가 있을 때 제1항의 기간내에 이의서를 붙여 국회로 환부하고, 재의를 요구할 수 있다. 다만, 대통령은 법률안의 일부에 대하여 또는 법률안을 수정하여 재의를 요구할 수 없다. ③대통령의 재의요구가 있을 때에는 **법률안을 최초 의결한 원에서부터 다**

석과 출석의원 3분의 2 이상의 찬성으로 전과 같은 의결을 하면 그 법률안은 법률로서 확정된다.	시 심의하여야 한다. 각 원에서 재적의원 과반수의 출석과 출석의원 3분의 2 이상의 찬성으로 전과 같은 의결을 하면 그 법률안은 법률로서 확정된다.
	④대통령은 법률안이 위헌이라고 판단되는 경우 제1항의 기간 내에 헌법재판소에 위헌여부의 심판을 제청할 수 있다. 이 경우 대통령은 헌법재판소에 서면으로 의견을 표명하여야 한다. 헌법재판소에서 위헌으로 결정되지 않은 법률안은 결정선고일에 법률로서 확정된다.
⑤대통령이 제1항의 기간내에 공포나 재의의 요구를 하지 아니한 때에도 그 법률안은 법률로서 확정된다.	⑤대통령이 제1항의 기간 내에 공포나 재의요구 **또는 위헌여부심판제청을** 하지 아니한 때에는 그 법률안은 법률로서 확정된다.
⑥대통령은 제4항과 제5항의 규정에 의하여 확정된 법률을 지체 없이 공포하여야 한다.	⑥대통령은 제3항, 제4항, 제5항의 규정에 의하여 확정된 법률을 지체 없이 공포하여야 한다. **다만, 제3항의 규정**에 의하여 확정된 법률이 위헌이라고 판단되는 경우에는 대통령은 그 확정법률이 집행부에 이송된 후 5일 이내에 헌법재판소에 위헌심판을 제청할 수 있다. 이 경우 대통령은 헌법재판소에 서면으로 의견을 표명하여야 한다.
제5항에 의하여 법률이 확정된 후 또는 제4항에 의한 확정법률이 정부에 이송된 후 5일 이내에 대통령이 공포하지 아니할 때에는 국회의장이 이를 공포한다.	⑦제5항에 의하여 법률이 확정된 후 또는 제3항 또는 제4항에 의한 확정법률이 **집행부에** 이송된 후 5일 이내에 대통령이 공포하지 아니할 때에는 **공화원의장**이 이를 공포한다. **제6항 단서**

⑦법률은 특별한 규정이 없는 한 공포한 날로부터 20일을 경과함으로써 효력을 발생한다.

제54조 ①국회는 국가의 예산안을 심의·확정한다.
②정부는 회계연도마다 예산안을 편성하여 회계연도 개시 90일 전까지 국회에 제출하고, 국회는 회계연도 개시 30일 전까지 이를 의결하여야 한다.

③새로운 회계연도가 개시될 때까지 예산안이 의결되지 못한 때에는 정부는 국회에서 예산안이 의결될 때까지 다음의 목적을 위한 경비는 전년도 예산에 준하여 집행할 수 있다.
1. 헌법이나 법률에 의하여 설치된 기관 또는 시설의 유지·운영
2. 법률상 지출의무의 이행
3. 이미 예산으로 승인된 사업의 계속

제55조 ①한 회계연도를 넘어 계속하여 지출할 필요가 있을 때에는 정부는 연한을 정하여 계속비로서 국회의 의결을 얻어야 한다.

에서 헌법재판소가 위헌 결정을 하지 않았는데 결정선고일로부터 5일 이내에 대통령이 공포하지 아니할 때에는 공화원의장이 이를 공포한다.
⑧법률은 특별한 규정이 없는 한 공포한 날로부터 20일을 경과함으로써 효력을 발생한다.

제59조 ①국회는 **집행부에서 제출한 예산법률안을** 심의·확정한다.
②**집행부**는 회계연도마다 예산안을 **법률의 형식으로** 회계연도 개시 **120일 전까지** 국회에 제출하고, 국회는 회계연도 개시 30일 전까지 이를 의결하여야 한다.

③새로운 회계연도가 개시될 때까지 예산**법률안이** 의결되지 못한 때에는 **집행부**는 국회에서 예산법률안이 의결될 때까지 다음의 목적을 위한 경비는 전년도 예산에 준하여 집행할 수 있다.
1. 헌법이나 법률에 의하여 설치된 기관 또는 시설의 유지·운영
2. 법률상 지출의무의 이행
3. 이미 예산으로 승인된 사업의 계속

제60조 ①한 회계연도를 넘어 계속하여 지출할 필요가 있을 때에는 **집행부는** 연한을 정하여 계속비에 관한 **예산법률안을 국회에 제출하여** 국회의 의결을 얻어야 한다.

②예비비는 총액으로 국회의 의결을 얻어야 한다. 예비비의 지출은 차기국회의 승인을 얻어야 한다.

제56조 정부는 예산에 변경을 가할 필요가 있을 때에는 추가경정예산안을 편성하여 국회에 제출할 수 있다.

제57조 국회는 정부의 동의없이 정부가 제출한 지출예산 각항의 금액을 증가하거나 새 비목을 설치할 수 없다.

제58조 국채를 모집하거나 예산외에 국가의 부담이 될 계약을 체결하려 할 때에는 정부는 미리 국회의 의결을 얻어야 한다.

제59조 조세의 종목과 세율은 법률로 정한다.

제60조 ①국회는 상호원조 또는 안전보장에 관한 조약, 중요한 국제조직에 관한 조약, 우호통상항해조약, 주권의 제약에 관한 조약, 강화조약, 국가나 국민에게 중대한 재정적 부담을 지우

②예비비는 총액으로 국회의 의결을 얻어야 한다. 예비비의 지출은 차기 국회의 승인을 얻어야 한다.

제61조 **집행부는** 예산에 변경을 가할 필요가 있을 때 **추가경정예산법률안을** 편성하여 국회에 제출하여 그 의결을 얻어야 한다.

제62조 국회는 **집행부의** 동의 없이 **집행부가** 제출한 지출예산 각항의 금액을 증가하거나 새 비목을 설치할 수 없다.

제63조 ①국채를 모집하거나 예산외에 국가의 부담이 될 계약을 체결하려 할 때에는 **집행부는** 미리 국회의 의결을 얻어야 한다.
②**국가의 채무 부담의 한계는 법률로 정한다.**

제64조 조세의 종목과 세율은 법률로 정한다. **다만, 지방세의 종목과 세율은 조례로 정할 수 있다.**

제65조 ①**민주원과 공화원은** 상호원조 또는 안전보장에 관한 조약, 중요한 국제조직에 관한 조약, 우호통상항해조약, 주권의 제약에 관한 조약, 강화조약, 국가나 국민에게 중대한 재정적

는 조약 또는 입법사항에 관한 조약의 체결·비준에 대한 동의권을 가진다. ②국회는 선전포고, 국군의 외국에의 파견 또는 외국군대의 대한민국 영역 안에서의 주류에 대한 동의권을 가진다.	부담을 지우는 조약 또는 입법사항에 관한 조약의 체결·비준에 대한 동의권을 가진다. ②**민주원과 공화원은** 선전포고, 국군의 외국에의 파견 또는 외국군대의 대한민국 영역 안에서의 주둔에 대한 동의권을 가진다. 제66조 ①**민주원은 행정각부의 장관 등 법률에 정한 공무원에 대한 인준권을 가진다.** ②**인준절차에 관해 상세한 것은 법률로 정한다.**
제61조 ①국회는 국정을 감사하거나 특정한 국정 사안에 대하여 조사할 수 있으며, 이에 필요한 서류의 제출 또는 증인의 출석과 증언이나 의견의 진술을 요구할 수 있다. ②국정감사 및 조사에 관한 절차 기타 필요한 사항은 법률로 정한다.	(수정하여 제69조로 옮김)
제62조 ①국무총리·국무위원 또는 정부위원은 국회나 그 위원회에 출석하여 국정처리상황을 보고하거나 의견을 진술하고 질문에 응답할 수 있다. ②국회나 그 위원회의 요구가 있을 때에는 국무총리·국무위원 또는 정부위원은 출석·답변하여야 하며, 국무총리 또는 국무위원이 출석요구를 받은 때	(수정하여 제70조로 옮김)

에는 국무위원 또는 정부위원으로 하여금 출석·답변하게 할 수 있다.

제63조 ①국회는 국무총리 또는 국무위원의 해임을 대통령에게 건의할 수 있다.
②제1항의 해임건의는 국회재적의원 3분의 1 이상의 발의에 의하여 국회재적의원 과반수의 찬성이 있어야 한다.

제64조 ①국회는 법률에 저촉되지 아니하는 범위안에서 의사와 내부규율에 관한 규칙을 제정할 수 있다.
②국회는 의원의 자격을 심사하며, 의원을 징계할 수 있다.
③의원을 제명하려면 국회재적의원 3분의 2 이상의 찬성이 있어야 한다.
④제2항과 제3항의 처분에 대하여는 법원에 제소할 수 없다.

제65조 ①대통령·국무총리·국무위원·행정각부의 장·헌법재판소 재판관·법관·중앙선거관리위원회 위원·감사원장·감사위원 기타 법률이 정한 공무원이 그 직무집행에 있어서 헌법이나 법률을 위배한 때에는 국회는 탄핵의 소추를 의결할 수 있다.
②제1항의 탄핵소추는 국회재적의원 3분의 1 이상의 발의가 있어야 하며, 그 의결은 국회재적의원 과반수의 찬성이

제67조 ①민주원은 **총리 또는 행정각부의 장관 해임을 대통령에게 요구할** 수 있다.
②제1항의 **해임요구는 민주원** 재적의원 3분의 1 이상의 발의와 재적의원 과반수의 찬성이 있어야 한다.

(수정하여 제46조, 제47조로 옮김)

제68조 ①대통령·**총리**·**장관**·헌법재판소 재판관·법관·중앙선거관리위원회 위원·감사원장·감사위원 기타 법률이 정한 공무원이 그 직무집행에 있어서 헌법이나 법률을 위배한 때에는 국회는 탄핵의 소추를 의결할 수 있다.
②제1항의 탄핵소추는 **민주원** 재적의원 3분의 1 이상의 발의와 재적의원 과반수의 찬성으로 **의결한다.** 다만, 대통

있어야 한다. 다만, 대통령에 대한 탄핵소추는 국회재적의원 과반수의 발의와 국회재적의원 3분의 2 이상의 찬성이 있어야 한다.
③탄핵소추의 의결을 받은 자는 탄핵심판이 있을 때까지 그 권한행사가 정지된다.

④탄핵결정은 공직으로부터 파면함에 그친다. 그러나, 이에 의하여 민사상이나 형사상의 책임이 면제되지는 아니한다.

령에 대한 탄핵소추는 양원에서 각각 재적의원 3분의 2 이상의 **찬성으로 의결한다.**
③탄핵소추의 의결을 받은 자는 탄핵심판이 있을 때까지 그 권한행사가 정지된다.
④**탄핵의 심판은 헌법재판소가 결정한다. 다만, 헌법재판관에 대한 탄핵은 공화원이 재적의원 3분의 2 이상의 찬성으로 결정한다.**
⑤탄핵결정은 공직으로부터 파면함에 그친다. 그러나, 이에 의하여 민사상이나 형사상의 책임이 면제되지는 아니한다.

제69조 ①**민주원과 공화원은 특정한** 국정 사안에 대하여 조사할 수 있으며, 이에 필요한 서류의 제출 또는 증인의 출석과 증언이나 의견의 진술을 요구할 수 있다.
②**국정조사**에 관한 절차 기타 필요한 사항은 법률로 정한다.

제70조 ①총리, 장관 또는 행정부위원은 **민주원, 공화원이나 각 원의** 위원회에 출석하여 국정처리상황을 보고하거나 의견을 진술하고 질문에 응답할 수 있다.
②**민주원, 공화원이나 각 원의** 위원회

	의 요구가 있을 때에는 총리, 장관 또는 행정부위원은 출석·답변하여야 하며, 총리 또는 장관이 출석요구를 받은 때에는 장관 또는 행정부위원으로 하여금 출석·답변하게 할 수 있다.
제4장 정부	제4장 집행부
	제1절 총칙
	제71조 ①집행권은 대통령과 행정부로 구성되는 집행부가 담당한다. ②집행권에 속하는 것으로서 헌법에 대통령의 권한으로 규정된 것 외에는 행정부의 권한으로 본다.
제1절 대통령	제2절 대통령
제66조 ①대통령은 국가의 원수이며, 외국에 대하여 국가를 대표한다. ②대통령은 국가의 독립·영토의 보전·국가의 계속성과 헌법을 수호할 책무를 진다. ③대통령은 조국의 평화적 통일을 위한 성실한 의무를 진다. ④행정권은 대통령을 수반으로 하는 정부에 속한다. 제67조 ①대통령은 국민의 보통·평	제72조 **대통령은 외국에** 대하여 국가를 대표한다. **(2항, 3항 삭제)** **(수정하여 제71조로 옮김)** 제73조 ①대통령은 국민의 보통·평

등·직접·비밀선거에 의하여 선출한다. ②제1항의 선거에 있어서 최고득표자가 2인 이상인 때에는 국회의 재적의원 과반수가 출석한 공개회의에서 다수표를 얻은 자를 당선자로 한다. ③대통령후보자가 1인일 때에는 그 득표수가 선거권자 총수의 3분의 1 이상이 아니면 대통령으로 당선될 수 없다. ④대통령으로 선거될 수 있는 자는 국회의원의 피선거권이 있고 선거일 현재 40세에 달하여야 한다. ⑤대통령의 선거에 관한 사항은 법률로 정한다. 제68조 ①대통령의 임기가 만료되는 때에는 임기만료 70일 내지 40일 전에 후임자를 선거한다.	등·직접·비밀 **자유선거에** 의해 선출된다. ②대통령으로 선거될 수 있는 자는 **대한민국 국민으로서** 선거일 현재 40세에 달하여야 한다. **(2항 삭제)** ③제1항의 선거에서 유효투표의 과반수를 얻은 후보자를 대통령으로 선출한다. ④유효투표의 과반수를 얻은 후보자가 없는 경우에는 제1차 투표 14일 이후 21일 이내에 제2차 선거를 실시하여야 한다. 이때 후보자 중에서 후보 포기를 하지 아니한 득표 상위 2인에 대해서만 제2차 투표를 실시한다. ⑤대통령후보자가 1인일 때에는 그 득표수가 선거권자 총수의 3분의 1 이상이 아니면 대통령으로 당선될 수 없다. **(수정하여 2항으로 옮김)** ⑥대통령의 선거에 관하여 상세한 것은 법률로 정한다. 제74조 ①대통령의 임기가 만료되는 때에는 임기만료 전 **60일 내지 30일 사이에** 후임자를 선거한다.

부록: 현행헌법과 대화문화아카데미 2025 새헌법안 대조표 | 549

②대통령이 궐위된 때 또는 대통령 당선자가 사망하거나 판결 기타의 사유로 그 자격을 상실한 때에는 60일 이내에 후임자를 선거한다.

제69조 대통령은 취임에 즈음하여 다음의 선서를 한다. "나는 헌법을 준수하고 국가를 보위하며 조국의 평화적 통일과 국민의 자유와 복리의 증진 및 민족문화의 창달에 노력하여 대통령으로서의 직책을 성실히 수행할 것을 국민 앞에 엄숙히 선서합니다."

제70조 대통령의 임기는 5년으로 하며, 중임할 수 없다.

제71조 대통령이 궐위되거나 사고로 인하여 직무를 수행할 수 없을 때에는 국무총리, 법률이 정한 국무위원의 순서로 그 권한을 대행한다.

②대통령이 궐위된 때 또는 대통령 당선자가 사망하거나 판결 기타의 사유로 그 자격을 상실한 때에는 60일 이내에 후임자를 선거한다.

제75조 ①대통령은 취임시에 다음의 선서를 한다. "나는 헌법을 준수하고, 국민의 자유와 복리를 증진하며, **국민통합에 노력하기 위하여**, 대통령으로서의 직책을 성실히 수행할 것을 국민 앞에 엄숙히 선서합니다."

②대통령은 임기개시일 0시부터 권한행사를 시작한다.

제76조 ①대통령의 임기는 5년으로 하며, 중임할 수 없다.
②대통령은 임기개시일로부터 임기종료일까지 당적을 가질 수 없다.

제77조 ①대통령이 궐위되거나 사고로 인하여 직무를 수행할 수 없는 때에는 **총리, 법률이 정한 행정각부의 장관**의 순서로 그 권한을 대행한다.
②대통령의 직무수행불능여부는 헌법재판소가 결정한다.
③대통령의 권한대행에 관해 필요한 사항은 법률로 정한다.

제72조 대통령은 필요하다고 인정할 때에는 외교·국방·통일 기타 국가안위에 관한 중요정책을 국민투표에 붙일 수 있다.	제78조 대통령은 **민주원과 공화원의 동의를 얻어** 외교·국방·통일 **기타 중요정책**을 국민투표에 부칠 수 있다.
제73조 대통령은 조약을 체결·비준하고, 외교사절을 신임·접수 또는 파견하며, 선전포고와 강화를 한다.	제79조 ①대통령은 대한민국이 체결하는 조약에 비준하고, 외교사절을 신임·접수·파견한다. ②**대통령은 조약안이 위헌이라고 판단되는 경우 헌법재판소에 위헌여부의 심판을 제청할 수 있다. 이 경우 대통령은 헌법재판소에 서면으로 의견을 표명하여야 한다.** ③**대사 및 특사는 국무회의의 의결을 거쳐 대통령이 임명한다.** ④대통령은 **국무회의의 의결을 거쳐 민주원의 동의를 받아** 선전포고를 한다.
제74조 ①대통령은 헌법과 법률이 정하는 바에 의하여 국군을 통수한다. ②국군의 조직과 편성은 법률로 정한다.	제80조 ①대통령은 헌법과 법률이 정하는 바에 의하여 국군을 통수한다. ②**국군은 국가의 안전보장 의무를 수행하며 정치적 중립을 준수하여야 한다.** ③국군의 조직과 편성은 법률로 정한다.
제75조 대통령은 법률에서 구체적으로 범위를 정하여 위임받은 사항과 법률을 집행하기 위하여 필요한 사항에 관하여 대통령령을 발할 수 있다.	제81조 대통령은 법률에서 구체적으로 범위를 정하여 위임받은 사항과 법률을 집행하기 위하여 필요한 사항에 관하여 **국무회의의 의결을 거쳐** 대통령령을 발할 수 있다.

제76조 ①대통령은 내우·외환·천재·지변 또는 중대한 재정·경제상의 위기에 있어서 국가의 안전보장 또는 공공의 안녕질서를 유지하기 위하여 긴급한 조치가 필요하고 국회의 집회를 기다릴 여유가 없을 때에 한하여 최소한으로 필요한 재정·경제상의 처분을 하거나 이에 관하여 법률의 효력을 가지는 명령을 발할 수 있다.
②대통령은 국가의 안위에 관계되는 중대한 교전상태에 있어서 국가를 보위하기 위하여 긴급한 조치가 필요하고 국회의 집회가 불가능한 때에 한하여 법률의 효력을 가지는 명령을 발할 수 있다.
③대통령은 제1항과 제2항의 처분 또는 명령을 한 때에는 지체 없이 국회에 보고하여 그 승인을 얻어야 한다.

④제3항의 승인을 얻지 못한 때에는 그 처분 또는 명령은 그때부터 효력을 상실한다. 이 경우 그 명령에 의하여 개정 또는 폐지되었던 법률은 그 명령이 승인을 얻지 못한 때부터 당연히 효력을 회복한다.
⑤대통령은 제3항과 제4항의 사유를 지체 없이 공포하여야 한다.

제77조 ①대통령은 전시·사변 또는 이에 준하는 국가비상사태에 있어서 병력으로써 군사상의 필요에 응하거나

제82조 ①대통령은 내우·외환·천재·지변 또는 중대한 재정·경제상의 위기에 있어서 국가의 안전보장 또는 공공의 안녕질서를 유지하기 위하여 긴급한 조치가 필요하고 국회의 집회를 기다릴 여유가 없을 때에 한하여 최소한으로 필요한 재정·경제상의 처분을 하거나 이에 관하여 법률의 효력을 가지는 명령을 발할 수 있다.
②대통령은 국가의 안위에 관계되는 중대한 교전상태에 있어서 국가를 보위하기 위하여 긴급한 조치가 필요하고 국회의 집회가 불가능한 때에 한하여 법률의 효력을 가지는 명령을 발할 수 있다.
③대통령이 제1항과 제2항의 처분 또는 명령을 발한 때에는 지체 없이 **민주원과 공화원에 보고하고 양원합동회의**의 승인을 얻어야 한다.
④제3항의 승인을 얻지 못한 때에는 그 처분 또는 명령은 그때부터 효력을 상실한다. 이 경우 그 명령에 의해 개정 또는 폐지되었던 법률은 그 명령이 승인을 얻지 못한 때부터 당연히 효력을 회복한다.
⑤대통령은 제3항과 제4항의 사유를 지체 없이 공포하여야 한다.

제83조 ①대통령은 전시·사변 또는 이에 준하는 국가비상사태에 있어서 병력으로써 군사상의 필요에 응하거나

공공의 안녕질서를 유지할 필요가 있을 때에는 법률이 정하는 바에 의하여 계엄을 선포할 수 있다. ②계엄은 비상계엄과 경비계엄으로 한다. ③비상계엄이 선포된 때에는 법률이 정하는 바에 의하여 영장제도, 언론·출판·집회·결사의 자유, 정부나 법원의 권한에 관하여 특별한 조치를 할 수 있다. ④계엄을 선포한 때에는 대통령은 지체 없이 국회에 통고하여야 한다. ⑤국회가 재적의원 과반수의 찬성으로 계엄의 해제를 요구한 때에는 대통령은 이를 해제하여야 한다. 제78조 대통령은 헌법과 법률이 정하는 바에 의하여 공무원을 임면한다. 제79조 ①대통령은 법률이 정하는 바에 의하여 사면·감형 또는 복권을 명할 수 있다. ②일반사면을 명하려면 국회의 동의를 얻어야 한다.	공공의 안녕질서를 유지할 필요가 있을 때에는 법률이 정하는 바에 의하여 계엄을 선포할 수 있다. ②계엄은 비상계엄과 경비계엄으로 한다. ③비상계엄이 선포된 때에는 법률이 정하는 바에 의하여 영장제도, 언론·출판·집회·결사의 자유, 정부나 법원의 권한에 관하여 특별한 조치를 할 수 있다. ④계엄을 선포한 때에는 대통령은 지체 없이 **민주원과 공화원**에 통고하여야 한다. ⑤국회의 **양원합동회의에서** 재적의원 과반수의 찬성으로 계엄의 해제를 요구한 때에는 대통령은 이를 **즉시** 해제하여야 한다. **(제78조 삭제)** 제84조 ①대통령은 **독립적인 사면위원회의 의결을 거쳐 특별사면권을** 행사할 수 있다. ②대통령은 **독립적인 사면위원회의 의결을 거쳐** 일반사면안을 발의할 수 있다. 발의된 일반사면안은 국회에서 법률의 형식으로 의결되어야 한다. 일반사면에 관하여 기타 필요한 사항은 법률로 정한다.

③사면·감형 및 복권에 관한 사항은 법률로 정한다.	③**사면위원회의 조직·절차 기타 필요한 사항은** 법률로 정한다.
제80조 대통령은 법률이 정하는 바에 의하여 훈장 기타의 영전을 수여한다.	제85조 대통령은 스스로 **또는 총리의 제청에 의해** 훈장 기타의 영전을 수여한다.
제81조 대통령은 국회에 출석하여 발언하거나 서한으로 의견을 표시할 수 있다.	제86조 대통령은 국회에 출석하여 발언하거나 서면으로 의견을 표시할 수 있다.
제82조 대통령의 국법상 행위는 문서로써 하며, 이 문서에는 국무총리와 관계 국무위원이 부서한다. 군사에 관한 것도 또한 같다.	제87조 대통령의 국법상 행위는 문서로써 하며, 이 문서에는 **총리와 관계 장관이 부서한다.**
제83조 대통령은 국무총리·국무위원·행정각부의 장 기타 법률이 정하는 공사의 직을 겸할 수 없다.	(수정하여 제90조로 옮김)
제84조 대통령은 내란 또는 외환의 죄를 범한 경우를 제외하고는 재직중 형사상의 소추를 받지 아니한다.	제88조 대통령은 내란 또는 외환의 죄를 범한 경우를 제외하고는 재직 중 형사상의 소추를 받지 아니한다. **다만, 증거보전 등을 위한 수사는 이루어질 수 있다.**
제85조 전직대통령의 신분과 예우에 관하여는 법률로 정한다.	(제85조 삭제)
제91조 ①국가안전보장에 관련되는	제89조 ①국가안전보장에 관련되는

대외정책·군사정책과 국내정책의 수립에 관하여 국무회의의 심의에 앞서 대통령의 자문에 응하기 위하여 국가안전보장회의를 둔다. ②국가안전보장회의는 대통령이 주재한다. ③국가안전보장회의의 조직·직무범위 기타 필요한 사항은 법률로 정한다.	대외정책·군사정책과 국내정책의 수립에 **관하여 대통령의** 자문에 응하기 위하여 국가안전보장회의를 둔다. ②국가안전보장회의는 대통령이 주재한다. **총리는 국가안전보장회의에 출석하여 발언하거나 서면으로 의견을 표명할 수 있다.** ③국가안전보장회의의 조직·직무범위 기타 필요한 사항은 법률로 정한다. 제90조 대통령은 **총리·장관**·국회의원 기타 법률이 정하는 공사의 직을 겸할 수 없다.
제2절 행정부 제1관 국무총리와 국무위원 제86조 ①국무총리는 국회의 동의를 얻어 대통령이 임명한다. ②국무총리는 대통령을 보좌하며, 행정에 관하여 대통령의 명을 받아 행정각부를 통할한다. ③군인은 현역을 면한 후가 아니면 국무총리로 임명될 수 없다.	제3절 행정부 **(수정하여 제92조로 옮김)** 제91조 **행정부는 총리와 행정각부로 구성된다. 총리는 행정각부를 통할한다.** **(3항 삭제)** 제92조 **총리는 민주원에서 재적의원 과반수의 찬성으로 2인의 후보를 추천하며, 대통령이 그중에서 임명한다.**

제87조 ①국무위원은 국무총리의 제청으로 대통령이 임명한다.
②국무위원은 국정에 관하여 대통령을 보좌하며, 국무회의의 구성원으로서 국정을 심의한다.
③국무총리는 국무위원의 해임을 대통령에게 건의할 수 있다.
④군인은 현역을 면한 후가 아니면 국무위원으로 임명될 수 없다.

제3관 행정각부

제94조 행정각부의 장은 국무위원 중에서 국무총리의 제청으로 대통령이 임명한다.

제2관 국무회의

제88조 ①국무회의는 정부의 권한에 속하는 중요한 정책을 심의한다.
②국무회의는 대통령·국무총리와 15인 이상 30인 이하의 국무위원으로 구성한다.

제93조 장관은 총리의 제청으로 대통령이 **임면한다. 다만, 외교·통일·국방장관은 총리의 제청 없이 대통령이 임면한다.**

(수정하여 제93조로 옮김)

제94조 **총리는 국무회의의 의결을 거쳐 국정 운영계획 및 대내외 기본정책을 수립·실시하며, 이에 대해 책임을 진다. 이러한 기본정책의 범위 안에서 장관은 소관사무를 자기의 책임으로 처리한다.**

(수정하여 제96조 1항으로 옮김)

제95조 국무회의는 대통령과 **총리, 행정각부의 장관으로** 구성되며, 대통령이 의장, 총리가 부의장이 된다.

③대통령은 국무회의의 의장이 되고, 국무총리는 부의장이 된다.

제89조 다음 사항은 국무회의의 심의를 거쳐야 한다.
1. 국정의 기본계획과 정부의 일반정책
2. 선전·강화 기타 중요한 대외정책
3. 헌법개정안·국민투표안·조약안·법률안 및 대통령령안
4. 예산안·결산·국유재산처분의 기본계획·국가의 부담이 될 계약 기타 재정에 관한 중요사항
5. 대통령의 긴급명령·긴급재정경제처분 및 명령 또는 계엄과 그 해제
6. 군사에 관한 중요사항
7. 국회의 임시회 집회의 요구
8. 영전수여
9. 사면·감형과 복권
10. 행정각부간의 권한의 획정
11. 정부안의 권한의 위임 또는 배정에 관한 기본계획
12. 국정처리상황의 평가·분석
13. 행정각부의 중요한 정책의 수립과 조정
14. 정당해산의 제소
15. 정부에 제출 또는 회부된 정부의 정책에 관계되는 청원의 심사

제96조 ①국무회의는 **집행부**의 권한에 속하는 중요한 정책을 **심의·의결한다.**
②다음 사항은 국무회의의 **심의·의결을** 거쳐야 한다.
1. 국정의 기본계획과 **집행부**의 일반정책
2. 선전·강화 기타 중요한 대외정책
3. 헌법개정안·국민투표안·조약안·법률안 및 대통령령안·총리령안
4. 예산안·결산·국유재산처분의 기본계획·국가의 부담이 될 계약 기타 재정에 관한 중요사항
5. 긴급명령·긴급재정경제처분 및 명령 또는 계엄과 그 해제
6. 군사에 관한 중요사항
7. 국회의 임시회 집회의 요구
8. 영전수여
9. 사면·감형과 복권
10. 행정각부간의 권한의 획정
11. **행정부** 내의 권한의 위임 또는 배정에 관한 기본계획
12. 국정처리상황의 평가·분석
13. 행정각부의 중요한 정책의 수립과 조정
14. 정당해산의 제소
15. **집행부에** 제출 또는 회부된 **집행부의** 정책에 관계되는 청원의 심사

16. 검찰총장·합동참모의장·각군참모총장·국립대학교총장·대사 기타 법률이 정한 공무원과 국영기업체관리자의 임명 17. 기타 대통령·국무총리 또는 국무위원이 제출한 사항	16. **법률이** 정한 공무원과 국영기업체 관리자의 임명 17. 기타 대통령·**총리 또는 장관이** 제출한 사항 ③국무회의는 재적과반수의 출석이 있어야 의결할 수 있다. 국무회의 의결 시 가부동수인 경우에는 대통령이 결정한다.
제93조 ①국민경제의 발전을 위한 중요정책의 수립에 관하여 대통령의 자문에 응하기 위하여 국민경제자문회의를 둘 수 있다. ②국민경제자문회의의 조직·직무범위 기타 필요한 사항은 법률로 정한다.	제97조 ①국가경제의 발전을 위한 중요정책의 수립에 관하여 **총리의 자문에** 응하기 위하여 **국가경제자문회의를** 둘 수 있다. ②**국가경제자문회의의** 조직·직무범위 기타 필요한 사항은 법률로 정한다. 제98조 **총리와 장관은 법률이 정하는 공직에 취임하거나 겸직해서는 안 되며, 영리 목적의 다른 직업에 종사하여서는 안 된다.** 제99조 ①**총리와 장관은 그 후임자가 임명될 때까지 사무를 계속 처리한다.** ②**총리가 궐위되거나 사고로 인하여 직무를 수행할 수 없을 때에는 법률이 정한 순서에 따라 총리의 권한을 대행한다.**

제95조 국무총리 또는 행정각부의 장은 소관사무에 관하여 법률이나 대통령령의 위임 또는 직권으로 총리령 또는 부령을 발할 수 있다.	제100조 ①총리는 법률이나 대통령령에 의해 구체적으로 범위를 정하여 위임받은 사항에 대하여 또는 법률을 집행하기 위하여 필요한 사항에 관하여 총리령을 발할 수 있다. ②장관은 소관사무에 관하여 법률이나 대통령령 또는 총리령에 의해 구체적으로 범위를 정하여 위임받은 사항에 대하여 부령을 발할 수 있다.
제96조 행정각부의 설치·조직과 직무범위는 법률로 정한다.	제101조 행정각부의 설치·조직과 직무범위는 법률로 정한다.
제90조 ①국정의 중요한 사항에 관한 대통령의 자문에 응하기 위하여 국가원로로 구성되는 국가원로자문회의를 둘 수 있다. ②국가원로자문회의 의장은 직전대통령이 된다. 다만, 직전대통령이 없을 때에는 대통령이 지명한다. ③국가원로자문회의의 조직·직무범위 기타 필요한 사항은 법률로 정한다.	**(제90조 삭제)**
제92조 ①평화통일정책의 수립에 관한 대통령의 자문에 응하기 위하여 민주평화통일자문회의를 둘 수 있다. ②민주평화통일자문회의의 조직·직무범위 기타 필요한 사항은 법률로 정한다.	**(제92조 삭제)**

제5장 법원	제5장 사법부
	제1절 총칙
제101조 ①사법권은 법관으로 구성된 법원에 속한다.	제102조 사법권은 **헌법재판소와 법원이 담당한다.**
제103조 법관은 헌법과 법률에 의하여 그 양심에 따라 독립하여 심판한다.	제103조 법관은 헌법과 법률에 의하여 그 양심에 따라 독립하여 심판한다.
제6장 헌법재판소	제2절 헌법재판소
제111조 ①헌법재판소는 다음 사항을 관장한다.	제104조 ①헌법재판소는 다음 사항을 관장한다.
	1. **제58조 제4항 및 제6항에서 정한 대통령의 제청에 의한 위헌여부의 심판**
1. 법원의 제청에 의한 법률의 위헌여부 심판	2. 법원의 제청에 의한 법률·**명령·규칙·조약 및 조례의** 위헌여부심판
2. 탄핵의 심판	3. 탄핵의 심판. **다만, 헌법재판관의 탄핵의 심판은 제외한다.**
3. 정당의 해산 심판	4. 정당의 해산 심판
4. 국가기관 상호간, 국가기관과 지방자치단체간 및 지방자치단체 상호간의 권한쟁의에 관한 심판	5. 국가기관 상호간, 국가기관과 **지방정부간 및 지방정부** 상호간의 권한쟁의에 관한 심판
5. 법률이 정하는 헌법소원에 관한 심판	6. 헌법소원에 관한 심판
	7. **국민투표의 효력에 관한 심판**
	8. 대통령, 국회의원의 선거 또는 당선의 효력에 관한 심판
	9. **제77조에서 정하는 직무수행불능여부에 관한 결정**

②헌법재판소는 법관의 자격을 가진 9인의 재판관으로 구성하며, 재판관은 대통령이 임명한다. ③제2항의 재판관 중 3인은 국회에서 선출하는 자를, 3인은 대법원장이 지명하는 자를 임명한다. ④헌법재판소의 장은 국회의 동의를 얻어 재판관 중에서 대통령이 임명한다.	②헌법재판소의 장은 **헌법재판관추천위원회의 추천을 받아 민주원에서 재적의원 3분의 2 이상의 찬성으로 선출**한다. ③헌법재판소는 헌법재판소장을 포함하여 9인의 재판관으로 구성한다. 재판관은 헌법재판관추천위원회의 추천을 받아 민주원에서 재적의원 3분의 2 이상의 찬성으로 선출한다. ④헌법재판관의 자격, 헌법재판관추천위원회의 구성과 추천절차 등 직무범위에 관한 사항은 법률로 정한다.
제112조 ①헌법재판소 재판관의 임기는 6년으로 하며, 법률이 정하는 바에 의하여 연임할 수 있다. ②헌법재판소 재판관은 정당에 가입하거나 정치에 관여할 수 없다. ③헌법재판소 재판관은 탄핵 또는 금고 이상의 형의 선고에 의하지 아니하고는 파면되지 아니한다.	제105조 ①헌법재판소장과 헌법재판소 재판관의 임기는 **9년으로 하며, 중임할 수 없다.** ②헌법재판소 재판관은 정당에 가입하거나 정치에 관여할 수 없다. ③헌법재판소 재판관은 탄핵 또는 금고 이상의 형의 선고에 의하지 아니하고는 파면되지 아니한다.
제113조 ①헌법재판소에서 법률의 위헌결정, 탄핵의 결정, 정당해산의 결정 또는 헌법소원에 관한 인용결정을 할 때에는 재판관 6인 이상의 찬성이 있어야 한다. ②헌법재판소는 법률에 저촉되지 아니하는 범위안에서 심판에 관한 절차, 내	제106조 ①헌법재판소에서 **결정을 하는 때에는 종국심리에 관여한 재판관의 과반수의 찬성이 있어야 한다. 다만, 대통령에 대한 탄핵심판의 경우 재판관의 3분의 2 이상의 찬성이 있어야 한다.** ②헌법재판소는 법률에 저촉되지 아니하는 범위 안에서 심판에 관한 절차,

부규율과 사무처리에 관한 규칙을 제정할 수 있다. ③헌법재판소의 조직과 운영 기타 필요한 사항은 법률로 정한다. ②법원은 최고법원인 대법원과 각급법원으로 조직된다. ③법관의 자격은 법률로 정한다. 제102조 ①대법원에 부를 둘 수 있다. ②대법원에 대법관을 둔다. 다만, 법률이 정하는 바에 의하여 대법관이 아닌 법관을 둘 수 있다. ③대법원과 각급법원의 조직은 법률로 정한다. 제104조 ①대법원장은 국회의 동의를 얻어 대통령이 임명한다. ②대법관은 대법원장의 제청으로 국회의 동의를 얻어 대통령이 임명한다. ③대법원장과 대법관이 아닌 법관은 대법관회의의 동의를 얻어 대법원장이 임명한다.	내부규율과 사무처리에 관한 규칙을 제정할 수 있다. ③헌법재판소의 조직과 운영 기타 필요한 사항은 법률로 정한다. 제3절 법원 제107조 ①**법원은 대법원과** 각급법원으로 조직된다. ②대법원과 각급법원의 조직은 법률로 정한다. ③법관의 자격은 법률로 정한다. ④**국민은 법률이 정하는 바에 의하여 재판에 참여할 권리와 의무가 있다.** **(1항, 2항 삭제)** **(제107조 2항으로 옮김)** 제108조 ①대법원장과 대법관은 **법관추천위원회의 추천을 받아 민주원에서 재적의원 3분의 2 이상의 찬성으로 선출한다.** ②대법원장과 대법관이 아닌 법관은 **법관추천위원회의 추천을 받아** 대법원장이 임명한다. ③**법관추천위원회의 구성과 추천절차**

제105조 ①대법원장의 임기는 6년으로 하며, 중임할 수 없다.
②대법관의 임기는 6년으로 하며, 법률이 정하는 바에 의하여 연임할 수 있다.
③대법원장과 대법관이 아닌 법관의 임기는 10년으로 하며, 법률이 정하는 바에 의하여 연임할 수 있다.
④법관의 정년은 법률로 정한다.

제106조 ①법관은 탄핵 또는 금고 이상의 형의 선고에 의하지 아니하고는 파면되지 아니하며, 징계처분에 의하지 아니하고는 정직·감봉 기타 불리한 처분을 받지 아니한다.
②법관이 중대한 심신상의 장해로 직무를 수행할 수 없을 때에는 법률이 정하는 바에 의하여 퇴직하게 할 수 있다.

제107조 ①법률이 헌법에 위반되는 여부가 재판의 전제가 된 경우에는 법원은 헌법재판소에 제청하여 그 심판에 의하여 재판한다.
②명령·규칙 또는 처분이 헌법이나 법률에 위반되는 여부가 재판의 전제

등 직무범위에 관한 사항은 법률로 정한다.

제109조 ①대법원장과 대법관의 임기는 **9년으로 하며, 중임할 수 없다.**

②대법원장과 대법관이 아닌 법관의 임기는 10년으로 하며, 법률이 정하는 바에 의하여 연임할 수 있다.
③법관의 정년은 법률로 정한다.

제110조 ①법관은 탄핵 또는 금고 이상의 형의 선고에 의하지 아니하고는 파면되지 아니하며, 징계처분에 의하지 아니하고는 정직·감봉 기타 불리한 처분을 받지 아니한다.
②법관이 중대한 심신상의 장해로 직무를 수행할 수 없을 때에는 법률이 정하는 바에 의하여 퇴직하게 할 수 있다.

제111조 ①법률·**명령·규칙·조약 또는 조례가** 헌법에 위반되는 여부가 재판의 전제가 된 경우에는 법원은 헌법재판소에 제청하여 그 심판에 의하여 재판한다.
(2항은 수정하여 1항으로 통합)

가 된 경우에는 대법원은 이를 최종적
으로 심사할 권한을 가진다.
③재판의 전심절차로서 행정심판을 할
수 있다. 행정심판의 절차는 법률로 정
하되, 사법절차가 준용되어야 한다.

제108조 대법원은 법률에서 저촉되지
아니하는 범위안에서 소송에 관한 절
차, 법원의 내부규율과 사무처리에 관
한 규칙을 제정할 수 있다.

제109조 재판의 심리와 판결은 공개한
다. 다만, 심리는 국가의 안전보장 또
는 안녕질서를 방해하거나 선량한 풍
속을 해할 염려가 있을 때에는 법원의
결정으로 공개하지 아니할 수 있다.

제110조 ①군사재판을 관할하기 위하
여 특별법원으로서 군사법원을 둘 수
있다.
②군사법원의 상고심은 대법원에서 관
할한다.
③군사법원의 조직 · 권한 및 재판관의
자격은 법률로 정한다.
④비상계엄하의 군사재판은 군인 · 군
무원의 범죄나 군사에 관한 간첩죄
의 경우와 초병 · 초소 · 유독음식물공
급 · 포로에 관한 죄중 법률이 정한 경
우에 한하여 단심으로 할 수 있다. 다
만, 사형을 선고한 경우에는 그러하지

②재판의 전심절차로서 행정심판을 할
수 있다. 행정심판의 절차는 법률로 정
하되, 사법절차가 준용되어야 한다.

제112조 대법원은 법률에서 저촉되지
아니하는 범위 안에서 소송에 관한 절
차, 법원의 내부규율과 사무처리에 관
한 규칙을 제정할 수 있다.

제113조 재판의 심리와 판결은 공개한
다. 다만, 심리는 국가의 안전보장 또
는 안녕질서를 방해하거나 선량한 풍
속을 해할 염려가 있을 때에는 법원의
결정으로 공개하지 아니할 수 있다.

제114조 ①군사재판을 관할하기 위하
여 특별법원으로서 군사법원을 둘 수
있다.
②군사법원의 상고심은 대법원에서 관
할한다.
③군사법원의 조직 · 권한 및 재판관의
자격은 법률로 정한다.

(4항 삭제)

제7장 선거관리	제6장 선거관리위원회
제114조 ①선거와 국민투표의 공정한 관리 및 정당에 관한 사무를 처리하기 위하여 선거관리위원회를 둔다. ②중앙선거관리위원회는 대통령이 임명하는 3인, 국회에서 선출하는 3인과 대법원장이 지명하는 3인의 위원으로 구성한다. 위원장은 위원중에서 호선한다. ③위원의 임기는 6년으로 한다. ④위원은 정당에 가입하거나 정치에 관여할 수 없다. ⑤위원은 탄핵 또는 금고 이상의 형의 선고에 의하지 아니하고는 파면되지 아니한다. ⑥중앙선거관리위원회는 법령의 범위 안에서 선거관리·국민투표관리 또는 정당사무에 관한 규칙을 제정할 수 있으며, 법률에 저촉되지 아니하는 범위 안에서 내부규율에 관한 규칙을 제정할 수 있다. ⑦각급 선거관리위원회의 조직·직무범위 기타 필요한 사항은 법률로 정한다. 제115조 ①각급 선거관리위원회는 선	제115조 ①선거와 국민투표의 공정한 관리 및 정당에 관한 사무를 처리하기 위하여 선거관리위원회를 둔다. ②중앙선거관리위원회는 **중앙선거관리위원추천위원회의 추천을 받아 민주원 재적의원 3분의 2 이상의 찬성으로 선출하는 9인의 위원으로 구성한다.** 위원장은 위원 중에서 호선한다. ③위원의 임기는 6년으로 한다. ④위원은 정당에 가입하거나 정치에 관여할 수 없다. ⑤위원은 탄핵 또는 금고 이상의 형의 선고에 의하지 아니하고는 파면되지 아니한다. ⑥중앙선거관리위원회는 법령의 범위 안에서 선거관리·국민투표관리 또는 정당사무에 관한 규칙을 제정할 수 있으며, 법률에 저촉되지 아니하는 범위 안에서 내부규율에 관한 규칙을 제정할 수 있다. ⑦각급 선거관리위원회의 조직·직무범위 기타 필요한 사항은 법률로 정한다. 제116조 ①각급 선거관리위원회는 선

거인명부의 작성등 선거사무와 국민투표사무에 관하여 관계 행정기관에 필요한 지시를 할 수 있다.
②제1항의 지시를 받은 당해 행정기관은 이에 응하여야 한다.

제116조 ①선거운동은 각급 선거관리위원회의 관리하에 법률이 정하는 범위안에서 하되, 균등한 기회가 보장되어야 한다.
②선거에 관한 경비는 법률이 정하는 경우를 제외하고는 정당 또는 후보자에게 부담시킬 수 없다.

제4관 감사원

제97조 국가의 세입·세출의 결산, 국가 및 법률이 정한 단체의 회계검사와 행정기관 및 공무원의 직무에 관한 감찰을 하기 위하여 대통령 소속하에 감사원을 둔다.

제98조 ①감사원은 원장을 포함한 5인 이상 11인 이하의 감사위원으로 구성한다.
②원장은 국회의 동의를 얻어 대통령이 임명하고, 그 임기는 4년으로 하며, 1차에 한하여 중임할 수 있다.
③감사위원은 원장의 제청으로 대통령

거인명부의 작성 등 선거사무와 국민투표사무에 관하여 관계 행정기관에 필요한 **지원을 요청**할 수 있다.
②제1항의 **요청을** 받은 당해 행정기관은 이에 협조하여야 한다.

제117조 ①선거운동은 각급 선거관리위원회의 관리 하에 법률이 정하는 범위 안에서 하되, 균등한 기회가 보장되어야 한다.
②선거에 관한 경비는 법률이 정하는 경우를 제외하고는 정당 또는 후보자에게 부담시킬 수 없다.

제7장 감사원

제118조 국가의 세입·세출의 결산, 국가 및 법률이 정한 단체의 회계검사와 행정기관 및 공무원의 직무에 관한 감찰을 하기 **위하여 감사원을** 둔다.

제119조 ①감사원은 원장을 포함한 **9인의** 감사위원으로 구성한다.
②**감사원장과 감사위원은 감사위원추천위원회의 추천을 받아 민주원에서 재적의원 3분의 2 이상의 찬성으로 선출한다. 감사위원추천위원회의 구성과 감사원장과 감사위원의 추천절차는 법**

이 임명하고, 그 임기는 4년으로 하며, 1차에 한하여 중임할 수 있다.	률로 정한다. ③감사원장과 감사위원의 임기는 6년으로 하며 중임할 수 없다. ④감사위원은 탄핵되거나 징역 이상의 형을 선고받지 아니하고는 파면되지 아니한다.
제99조 감사원은 세입·세출의 결산을 매년 검사하여 대통령과 차년도국회에 그 결과를 보고하여야 한다.	제120조 감사원은 세입·세출의 **결산과 회계검사의 결과를 국회, 대통령, 총리에게 제출하여야** 한다.
제100조 감사원의 조직·직무범위·감사위원의 자격·감사 대상공무원의 범위 기타 필요한 사항은 법률로 정한다.	제121조 감사원의 조직·직무범위·감사위원의 자격·감사 대상공무원의 범위 기타 필요한 사항은 법률로 정한다.
제8장 지방자치	**제8장 지방자치와 지방분권**
제117조 ①지방자치단체는 주민의 복리에 관한 사무를 처리하고 재산을 관리하며, 법령의 범위안에서 자치에 관한 규정을 제정할 수 있다. ②지방자치단체의 종류는 법률로 정한다.	제122조 ①**광역지방정부는 도 및 그와 대등한 지위를 갖는 시로 하고, 기초지방정부의 종류는 법률로 정한다.** ②주민은 지방정부를 조직하고 운영하는 데 참여할 권리를 가진다. ③주민발안, 주민투표 및 주민소환에 관하여 그 대상, 요건 등 기본적인 사항은 법률로 정한다. ④국가와 지방정부간, 지방정부 상호간 사무의 배분은 주민에게 가까운 지방정부가 우선한다는 보충성의 원칙에 따라 법률로 정한다.

제118조 ①지방자치단체에 의회를 둔다.

②지방의회의 조직·권한·의원선거와 지방자치단체의 장의 선임방법 기타 지방자치단체의 조직과 운영에 관한 사항은 법률로 정한다.

제123조 ①지방정부에는 지방의회와 집행기관을 둔다.
②지방정부에는 주민의 대표기관으로서 지방의회를 둔다. 지방의회는 주민의 보통·평등·직접·비밀·자유선거에 의하여 선출된 지방의원으로 구성한다.
③지방의회 및 집행기관의 선거, 권한, 조직, 운영에 관하여 필요한 사항은 법률에 위반되지 않는 범위 안에서 해당 지방정부의 조례로 정한다.

제124조 ①다음 각 호가 정하는 사항에 대해서는 국가만 입법권을 가진다.
1. 외교, 국방, 국세, 국가조직
2. 통화, 물가정책, 금융정책, 수출입정책
3. 국가종합경제개발계획, 국토종합개발계획
4. 도량형
5. 우편, 철도, 고속국도
6. 항공, 기상, 원자력
7. 기타 성질상 국가만 입법권을 갖는 것이 명백한 사항
②제1항에 규정하지 않은 사항에 대해서는 국가와 지방정부가 경합적으로 입법권을 가진다. 국가는 전국적인 통일이 특히 필요한 경우에 한하여 입법권을 행사할 수 있다.

	③국가의 법률은 지방정부의 조례보다 우선하는 효력을 가지며, 광역지방정부의 조례는 기초지방정부의 조례보다 우선하는 효력을 가진다. 제125조 ①지방의회는 법률에 위반되지 않는 범위 안에서 조례를 제정할 수 있다. ②지방정부는 자기 책임 하에 자치사무를 처리하며, 법률에 위반되지 않는 범위 안에서 세입과 세출을 자율적으로 결정할 수 있다. ③지방의회는 지방세의 종목과 세율 및 징수방법 등에 관한 조례를 제정할 수 있다. ④위임사무를 처리하는 데 소요되는 비용은 위임하는 국가나 지방정부가 부담해야 한다. ⑤국가는 지방정부 간의 재정 격차를 완화하기 위하여 재정조정제도를 마련하여 운영하여야 한다.
제9장 경제 제119조 ①대한민국의 경제질서는 개인과 기업의 경제상의 자유와 창의를 존중함을 기본으로 한다. ②국가는 균형있는 국민경제의 성장 및 안정과 적정한 소득의 분배를 유지	**제9장 경제** 제126조 ①대한민국의 경제질서는 개인과 기업의 경제상의 자유와 창의를 존중함을 기본으로 한다. ②국가는 균형 있는 국민경제의 성장 및 안정과 적정한 소득의 분배를 유지

하고, 시장의 지배와 경제력의 남용을 방지하며, 경제주체간의 조화를 통한 경제의 민주화를 위하여 경제에 관한 규제와 조정을 할 수 있다.

제120조 ①광물 기타 중요한 지하자원·수산자원·수력과 경제상 이용할 수 있는 자연력은 법률이 정하는 바에 의하여 일정한 기간 그 채취·개발 또는 이용을 특허할 수 있다.
②국토와 자원은 국가의 보호를 받으며, 국가는 그 균형있는 개발과 이용을 위하여 필요한 계획을 수립한다.

제121조 ①국가는 농지에 관하여 경자유전의 원칙이 달성될 수 있도록 노력하여야 하며, 농지의 소작제도는 금지된다.

하고, 시장의 지배와 경제력의 남용을 방지하며, 경제주체 간의 조화를 통한 경제의 민주화를 위하여 경제에 관한 규제와 조정을 할 수 있다.
③국가는 전국의 균형 있는 경제발전을 위하여 필요한 정책을 수립하고 시행한다.

제127조 ①국가는 국토의 천연자원 및 생태환경을 보전하고, 국토의 지속가능한 이용과 개발을 위해 필요한 정책을 수립하고 시행한다.
②광물과 그 밖의 중요한 지하자원·수산자원·수력과 경제적 가치를 가진 자연력은 법률에 따라 일정한 기간 채취·개발 또는 이용을 특허할 수 있다.

(수정하여 1항으로 옮김)

제128조 ①국가는 식량의 안정적 공급과 생태 보전 등 농어업의 공익적 기능을 바탕으로 농어촌·농어업의 지속가능한 발전과 농어민의 권익신장을 위해 필요한 계획을 수립하고 시행한다.
②국가는 농지에 관하여 경자유전의 원칙이 달성될 수 있도록 노력해야 하며, 농지의 소작제도는 금지된다.

②농업생산성의 제고와 농지의 합리적인 이용을 위하거나 불가피한 사정으로 발생하는 농지의 임대차와 위탁경영은 법률이 정하는 바에 의하여 인정된다. 제122조 국가는 국민 모두의 생산 및 생활의 기반이 되는 국토의 효율적이고 균형있는 이용·개발과 보전을 위하여 법률이 정하는 바에 의하여 그에 관한 필요한 제한과 의무를 과할 수 있다. 제123조 ①국가는 농업 및 어업을 보호·육성하기 위하여 농·어촌종합개발과 그 지원등 필요한 계획을 수립·시행하여야 한다. ②국가는 지역간의 균형있는 발전을 위하여 지역경제를 육성할 의무를 진다. ③국가는 중소기업을 보호·육성하여야 한다. ④국가는 농수산물의 수급균형과 유통구조의 개선에 노력하여 가격안정을 도모함으로써 농·어민의 이익을 보호한다. ⑤국가는 농·어민과 중소기업의 자조조직을 육성하여야 하며, 그 자율적 활동과 발전을 보장한다. 제124조 국가는 건전한 소비행위를 계	③농업생산성의 제고와 농지의 합리적인 이용을 위하거나 불가피한 사정으로 발생하는 농지의 임대차와 위탁경영은 법률로 정하는 바에 따라 인정된다. **(수정하여 제127조 1항으로 옮김)** **(수정하여 제128조 1항으로 옮김)** **(수정하여 제126조 3항으로 옮김)** **(수정하여 제129조 1항으로 옮김)** **(수정하여 제129조 2항으로 옮김)** **(수정하여 제129조 3항으로 옮김)** **(수정하여 제129조 4항으로 옮김)**

도하고 생산품의 품질향상을 촉구하기 위한 소비자보호운동을 법률이 정하는 바에 의하여 보장한다.

제125조 국가는 대외무역을 육성하며, 이를 규제·조정할 수 있다.

제126조 국방상 또는 국민경제상 긴절한 필요로 인하여 법률이 정하는 경우를 제외하고는, 사영기업을 국유 또는 공유로 이전하거나 그 경영을 통제 또는 관리할 수 없다.

제127조 ①국가는 과학기술의 혁신과 정보 및 인력의 개발을 통하여 국민경제의 발전에 노력하여야 한다.
②국가는 국가표준제도를 확립한다.

제129조 ①국가는 중소기업과 **소상인을 보호하기 위하여 필요한 정책을 수립하고 시행한다.**
②국가는 농수산물과 **생활필수품의** 수급균형을 유지하고 유통구조를 개선하여 가격이 안정될 수 있도록 노력한다.
③국가는 농·어민과 중소기업의 자조조직을 **지원하고** 그 자율적 활동을 보장한다.
④국가는 **소비자의 권익을 보호하고 소비자운동을 보장한다.**

제130조 국가는 **국제교역의 효율성 제고와 경상수지의 균형을 위하여 필요한 정책을 수립하고 시행한다.**

제131조 국방이나 국민경제에 긴절히 필요하여 법률이 정하는 경우가 아니고는, 사영기업을 국유나 공유로 이전하거나 그 경영을 통제 또는 관리할 수 없다.

제132조 ①국가는 과학기술의 **혁신과 발전에** 필요한 정책을 수립하고 시행한다.
②국가는 국가표준제도를 확립·관리

③대통령은 제1항의 목적을 달성하기 위하여 필요한 자문기구를 둘 수 있다.

제10장 헌법개정

제128조 ①헌법개정은 국회재적의원 과반수 또는 대통령의 발의로 제안된다.

②대통령의 임기연장 또는 중임변경을 위한 헌법개정은 그 헌법개정 제안 당시의 대통령에 대하여는 효력이 없다.

제129조 제안된 헌법개정안은 대통령이 20일 이상의 기간 이를 공고하여야 한다.

제130조 ①국회는 헌법개정안이 공고된 날로부터 60일 이내에 의결하여야 하며, 국회의 의결은 재적의원 3분의 2 이상의 찬성을 얻어야 한다.

②헌법개정안은 국회가 의결한 후 30일 이내에 국민투표에 붙여 국회의원 선거권자 과반수의 투표와 투표자 과

한다.
(3항 삭제)

제10장 헌법개정

제133조 ①헌법개정 제안은 **민주원의원 선거권자 150만 명 이상의 찬성 또는 민주원 재적의원 3분의 1이나 공화원 재적의원 3분의 1 이상의 찬성으로 할 수 있다.**

②대통령은 제안된 헌법개정안을 20일 이상 공고하여야 한다.

③대통령의 임기연장 또는 중임변경을 위한 헌법개정은 그 헌법개정 제안 당시의 대통령에 대하여는 효력이 없다.

(제133조 2항으로 옮김)

제134조 ①국회는 헌법개정안이 공고된 날로부터 60일 이내에 의결하여야 하며, 국회의 의결은 **민주원과 공화원에서 각 원** 재적의원 3분의 2 이상의 찬성을 얻어야 한다.

②헌법개정안은 국회가 의결한 후 30일 이내에 국민투표에 부쳐 **민주원의원** 선거권자 과반수의 투표와 투표자

반수의 찬성을 얻어야 한다.
③헌법개정안이 제2항의 찬성을 얻은 때에는 헌법개정은 확정되며, 대통령은 즉시 이를 공포하여야 한다.

부칙 〈제10호, 1987.10.29〉

제1조 이 헌법은 1988년 2월 25일부터 시행한다. 다만, 이 헌법을 시행하기 위하여 필요한 법률의 제정·개정과 이 헌법에 의한 대통령 및 국회의원의 선거 기타 이 헌법시행에 관한 준비는 이 헌법시행 전에 할 수 있다.

제2조 ①이 헌법에 의한 최초의 대통령선거는 이 헌법시행일 40일 전까지 실시한다.
②이 헌법에 의한 최초의 대통령의 임기는 이 헌법시행일로부터 개시한다.

제3조 ①이 헌법에 의한 최초의 국회의원선거는 이 헌법공포일로부터 6월 이내에 실시하며, 이 헌법에 의하여 선출된 최초의 국회의원의 임기는 국회의원선거후 이 헌법에 의한 국회의 최초의 집회일로부터 개시한다.
②이 헌법공포 당시의 국회의원의 임기는 제1항에 의한 국회의 최초의 집회일 전일까지로 한다.

과반수의 찬성을 얻어야 한다.
③헌법개정안이 제2항의 찬성을 얻은 때에는 헌법개정은 확정되며, 대통령은 즉시 이를 공포하여야 한다.

부칙

제1조 이 헌법은   년 월 일 시행한다.

제2조 이 헌법시행 당시의 법령과 조약은 이 헌법에 위배되지 아니하는 한 그 효력을 지속한다.

제3조 이 헌법의 공포 이전에 대통령직에 있었던 사람은 이 헌법에 의한 대통령 선거에 다시 출마할 수 없다.

제4조 이 헌법시행 후 최초로 실시되는 총선거에 의해 선출되는 공화원의원의 3분의 1의 임기는 2년, 3분의 1의 임기는 4년, 그리고 나머지 3분의 1의 임기는 6년으로 한다. 그 구체적 내용은 법률로 정한다.

※ 기타 사항에 대한 부칙규정은 헌법개정이 확정되고 발효되는 시점의 사정에 맞추어 구체적으로 성문화하는 작업이 필요할 것으로 사료되어 이 새

제4조 ①이 헌법시행 당시의 공무원과 정부가 임명한 기업체의 임원은 이 헌법에 의하여 임명된 것으로 본다. 다만, 이 헌법에 의하여 선임방법이나 임명권자가 변경된 공무원과 대법원장 및 감사원장은 이 헌법에 의하여 후임자가 선임될 때까지 그 직무를 행하며, 이 경우 전임자인 공무원의 임기는 후임자가 선임되는 전일까지로 한다.
②이 헌법시행 당시의 대법원장과 대법원판사가 아닌 법관은 제1항 단서의 규정에 불구하고 이 헌법에 의하여 임명된 것으로 본다.
③이 헌법중 공무원의 임기 또는 중임제한에 관한 규정은 이 헌법에 의하여 그 공무원이 최초로 선출 또는 임명된 때로부터 적용한다.

제5조 이 헌법시행 당시의 법령과 조약은 이 헌법에 위배되지 아니하는 한 그 효력을 지속한다.-

제6조 이 헌법시행 당시에 이 헌법에 의하여 새로 설치될 기관의 권한에 속하는 직무를 행하고 있는 기관은 이 헌법에 의하여 새로운 기관이 설치될 때까지 존속하며 그 직무를 행한다.

헌법안에서는 일단 유보한다.

5.2. 대화문화아카데미 2025 새헌법안

전문

유구한 역사와 전통에 빛나는 우리 대한국민은 3·1운동으로 건립된 대한민국임시정부의 법통과 4월혁명 및 6월항쟁의 민주공화이념을 계승하고, 민주주의와 법치주의, 사회정의, 평화통일, 그리고 세계평화의 사명에 입각하여 생명존중, 생태보전, 자유, 평등, 연대, 복지의 가치를 바탕으로 자유민주적 기본질서를 더욱 확고히 하여 정치·경제·사회·문화·환경의 모든 영역에서 모든 이에게 기회균등과 다양성을 보장하며, 자율과 책임, 권리와 의무를 완수케 하여 삶의 질의 균등한 향상을 기하고 인류의 항구적인 공존공영에 이바지하며 지구생태계를 보전하는 데에 최선의 노력을 다함으로써 우리들과 미래세대의 안전과 자유와 행복을 영원히 확보할 것을 다짐하면서 1948년 7월 12일에 제정되고 9차에 걸쳐 개정된 헌법을 이제 국회의 의결을 거쳐 국민투표에 의해 개정한다.

제1장 총강

제1조 ①대한민국은 민주공화국이다.
②대한민국의 주권은 국민에게 있고, 모든 권력은 국민으로부터 나온다.
③대한민국은 지방분권국가이다.

제2조 ①대한민국의 국민이 되는 요건은 법률로 정한다.
②국가는 법률이 정하는 바에 의하여 재외국민을 보호할 의무를 진다.

제3조 대한민국의 영토는 한반도와 그 부속도서로 한다.

제4조 대한민국은 통일을 지향하며, 자유민주적 기본질서에 바탕을 둔 평화통일 정책을 수립하고 추진한다.

제5조 대한민국은 국제평화의 유지에 노력하고 침략적 전쟁을 부인한다.

제6조 ①헌법에 의하여 체결·공포된 조약과 일반적으로 승인된 국제법규는 국내법과 같은 효력을 가진다.
②외국인은 국제법과 조약이 정하는 바에 의하여 그 지위가 보장된다.

제7조 ①모든 국민은 자유롭게 정당을 설립할 수 있다. 복수정당제는 보장된다.
②정당은 그 목적·조직과 활동이 민주적이어야 한다.
③정당은 법률이 정하는 바에 의하여 국가의 보호를 받는다. 다만, 정당의 목적이나 활동이 민주적 기본질서에 위배될 때에는 집행부가 국무회의의 의결을 거쳐, 헌법재판소에 그 해산을 제소할 수 있고, 정당은 헌법재판소의 심판에 의하여 해산된다.
④국가는 법률이 정하는 바에 의하여 정당 운영에 필요한 자금을 보조할 수 있다.

제8조 ①공무원은 국민 전체에 대한 봉사자이며, 국민에 대하여 책임을 진다.
②공무원의 신분과 정치적 중립성은 법률이 정하는 바에 의하여 보장된다.

제2장 기본권과 기본의무

제9조 ①모든 사람은 인간으로서의 존엄과 가치를 가지며, 행복을 추구할 권리를 가진다. 국가는 개인이 가지는 불가침의 기본적 인권을 확인하고 이를 보장할 의무를 진다.
②모든 사람은 생명의 권리를 가진다.
③사형은 금지된다.

제10조 ①모든 사람은 법 앞에 평등하다.
②모든 사람은 성, 종교, 종족, 연령, 신체적 조건이나 정신적 장애, 출신, 성적 지향 또는 사회적 신분 등에 의하여 정치적·경제적·사회적·문화적 생활의 모든 영역에 있어서 차별을 받지 아니한다.
③국가는 성평등의 실질적 실현을 위하여 노력하여야 한다.

제11조 ①모든 사람은 신체를 훼손당하지 않을 권리와 신체의 자유를 가진다. 누구든지 법률에 의하지 아니하고는 체포·구속·압수·수색 또는 심문을 받지 아니하며, 법률과 적법한 절차에 의하지 아니하고는 처벌·보안처분 또는 강제노역을 받지 아니한다.
②모든 사람은 고문을 받지 아니하며, 형사상 자기에게 불리한 진술을 강요당하지 아니한다.
③체포·구속·압수 또는 수색을 할 때에는 적법한 절차에 따라 법관이 발부한 영장을 제시하여야 한다. 다만, 현행범인인 경우와 장기 3년 이상의 형에 해당하는 죄를 범하고 도피 또는 증거인멸의 염려가 있을 때에는 사후에 영장을 청구할 수 있다.
④누구든지 체포 또는 구속을 당한 때에는 즉시 변호인의 조력을 받을 권리를 가진다. 다만, 형사피고인이 스스로 변호인을 구할 수 없을 때에는 법률이 정하는 바에 의하여 국가가 변호인을 붙인다.

⑤누구든지 체포 또는 구속의 이유와 변호인의 조력을 받을 권리가 있음을 고지받지 아니하고는 체포 또는 구속을 당하지 아니한다. 체포 또는 구속을 당한 자의 가족 등 법률이 정하는 자에게는 그 이유와 일시·장소가 지체 없이 통지되어야 한다.
⑥누구든지 체포 또는 구속을 당한 때에는 적부의 심사를 법원에 청구할 권리를 가진다.
⑦피고인의 자백이 고문·폭행·협박·구속의 부당한 장기화 또는 기망 기타의 방법에 의하여 자의로 진술된 것이 아니라고 인정될 때 또는 정식재판에 있어서 피고인의 자백이 그에게 불리한 유일한 증거일 때에는 이를 유죄의 증거로 삼거나 이를 이유로 처벌할 수 없다.

제12조 ①모든 사람은 행위시의 법률에 의하여 범죄를 구성하지 아니하는 행위로 소추되지 아니하며, 동일한 범죄에 대하여 거듭 처벌받지 아니한다.
②모든 국민은 소급입법에 의하여 참정권의 제한을 받거나 재산권을 박탈당하지 아니한다.
③모든 국민은 자기의 행위가 아닌 친족의 행위로 인하여 불이익한 처우를 받지 아니한다.
④특정 집단의 전부 또는 일부를 말살할 목적으로 범해진 집단살해, 공권력에 의한 반인도적 범죄에 대해서는 법률이 정하는 바에 의하여 공소시효를 배제한다.

제13조 ①모든 국민은 거주·이전의 자유를 가진다.
②모든 국민은 어떤 이유로도 추방당하지 아니한다.
③국가는 국제법과 법률에 따라 난민을 보호한다.

제14조 모든 국민은 직업의 자유를 가진다.

제15조 모든 사람은 주거의 자유를 침해받지 아니한다. 주거에 대한 압수나 수색을 할 때에는 적법한 절차에 따라 법관이 발부한 영장을 제시하여야 한다.

제16조 ①모든 사람은 사생활의 비밀과 자유를 침해받지 아니한다.
②모든 사람은 개인정보에 대한 결정의 자유를 가진다.
③모든 사람은 통신의 비밀을 침해받지 아니한다.

제17조 모든 사람은 양심과 사상의 자유를 가진다.

제18조 ①모든 사람은 종교의 자유를 가진다.
②국교는 인정되지 아니하며, 종교와 정치는 분리된다.

제19조 ①모든 사람은 언론·출판의 자유를 가진다.
②모든 사람은 알 권리를 가진다.
③언론·출판에 대한 허가나 검열은 금지된다.

제20조 ①모든 사람은 집회·시위의 자유를 가진다.
②집회·시위에 대한 허가는 금지된다.

제21조 ①모든 사람은 결사의 자유를 가진다.
②결사에 대한 허가는 금지된다.

제22조 ①모든 사람은 학문과 예술의 자유를 가진다.
②대학의 자치는 보장된다.
③저작자·발명가·과학기술자와 예술가의 권리는 법률로써 보호한다.

제23조 ①모든 국민의 재산권은 보장된다. 그 내용과 한계는 법률로 정한다.

②재산권의 행사는 공공복리에 적합하도록 하여야 한다.

③공공필요에 의한 재산권의 수용·사용 또는 제한 및 그에 대한 보상은 법률로써 하되, 정당한 보상을 지급하여야 한다.

제24조 모든 국민은 법률이 정하는 바에 의하여 선거권을 가진다.

제25조 모든 국민은 법률이 정하는 바에 의하여 공무담임권을 가진다.

제26조 ①모든 사람은 법률이 정하는 바에 의하여 국가기관에 문서로 청원할 권리를 가진다.

②국가는 청원에 대하여 심사할 의무를 진다.

제27조 ①모든 사람은 헌법과 법률이 정한 법원에 의한 재판을 받을 권리를 가진다.

②모든 국민은 신속한 재판을 받을 권리를 가진다. 형사피고인은 상당한 이유가 없는 한 지체 없이 공개재판을 받을 권리를 가진다.

③형사피의자 또는 형사피고인은 유죄의 판결이 확정될 때까지는 무죄로 추정된다.

④형사피해자는 법률이 정하는 바에 의하여 당해 사건의 재판절차에서 진술할 수 있다.

제28조 형사피의자 또는 형사피고인으로서 구금되었던 자가 법률이 정하는 불기소처분을 받거나 무죄판결을 받은 때에는 법률이 정하는 바에 의하여 국가에 정당한 보상을 청구할 수 있다.

제29조 공무원의 직무상 불법행위로 손해를 받은 국민은 법률이 정하는 바에 의하여 국가 또는 공공단체에 정당한 배상을 청구할 수 있다. 이 경우 공무원 자신의 책임은 면제되지 아니한다.

제30조 타인의 범죄행위로 인하여 생명·신체에 대한 피해를 받은 국민은 법률이 정하는 바에 의하여 국가로부터 구조를 받을 수 있다.

제31조 ①모든 국민은 학습할 권리가 있으며 능력에 따라 균등하게 교육을 받을 권리를 가진다.
②모든 국민은 그 보호하는 자녀에게 적어도 초등교육과 법률이 정하는 교육을 받게 할 의무를 진다.
③의무교육은 무상으로 한다.
④교육의 자주성·전문성·정치적 중립성은 법률이 정하는 바에 의하여 보장된다.
⑤국가는 평생교육을 진흥하여야 한다.
⑥학교교육 및 평생교육을 포함한 교육제도와 그 운영, 교육재정 및 교원의 지위에 관한 기본적인 사항은 법률로 정한다.

제32조 ①모든 국민은 근로의 권리를 가진다. 국가는 근로자의 고용 증진과 적정임금 보장에 노력하여야 하며, 법률이 정하는 바에 의하여 최저임금제를 시행하여야 한다.
②근로조건의 기준은 인간의 존엄성을 보장하도록 법률로 정한다.
③여성의 근로는 특별한 보호를 받으며, 고용·임금 및 근로조건에 있어서 부당한 차별을 받지 아니한다.
④아동의 근로는 특별한 보호를 받는다.
⑤국가유공자·상이군경 및 전몰군경의 유가족은 법률이 정하는 바에 의하여 우선적으로 근로의 기회를 부여받는다.

제33조 ①근로자는 근로조건의 향상을 위하여 자주적인 단결권·단체교섭권 및 단체행동권을 가진다.

②공무원인 근로자는 법률이 정하는 자에 한하여 단결권·단체교섭권 및 단체행동권을 가진다.

③법률이 정하는 주요방위산업체에 종사하는 근로자의 단체행동권은 법률이 정하는 바에 의하여 이를 제한하거나 인정하지 아니할 수 있다.

제34조 ①모든 국민은 인간다운 생활을 할 권리를 가진다.

②국가는 사회보장·사회복지의 증진에 노력할 의무를 진다.

③국가는 질병과 재해를 예방하고 그 위험으로부터 국민을 보호하기 위하여 노력하여야 한다.

④장애인은 법률이 정하는 바에 의하여 국가의 특별한 보호를 받는다.

⑤질병·노령 기타의 사유로 생활능력이 없는 국민은 법률이 정하는 바에 의하여 국가의 보호를 받는다.

제35조 ①모든 국민은 아동기에 성장과 발전을 위하여 국가와 사회의 특별한 보호를 받을 권리를 가진다. 아동은 자신의 정신적, 신체적 성숙정도에 따라 기본권을 행사한다.

②아동의 양육은 부모의 권리인 동시에 의무이며, 부모는 의무를 이행함에 있어서 국가의 도움을 받는다. 부모가 그들의 기본적 의무를 적절하게 이행하지 못할 경우, 아동을 부모로부터 분리하는 등 부모의 권리에 대한 제한 또는 중지에 대한 조건과 절차는 법률로 정한다.

③혼인 외의 출생자의 정신적, 신체적 성장과 사회적 지위에 관하여 입법을 통하여 혼인 중의 출생자와 동일한 기회가 부여되도록 규정하여야 한다.

④부모가 없는 아동, 유기아동, 장애아동에 대하여 국가는 법률이 정하는 바에 따라 특별한 보호를 한다.

⑤아동에 관한 모든 사안에 있어서 아동의 최선의 이익이 우선적으로 고려되어야 하며, 아동의 의사를 반영할 수 있는 적정한 절차가 마련되어야 한다. 아동의 권리가 침해된 경우 구제를 위하여 필요한 지원 방식과 절차는 법률로 정한다.

제36조 모든 국민은 노년기에 국가의 보호를 받을 권리를 가지며, 이 권리의 실현을 위하여 국가는 특별한 조치를 할 의무를 진다.

제37조 ①모든 국민은 건강하고 쾌적한 환경을 누릴 권리를 가진다.
②생명체는 법률이 정하는 바에 따라 국가의 보호를 받는다.
③국가와 국민은 환경을 지속가능하게 보전하기 위해 노력하여야 하며, 기후생태위기에 대처하고 환경을 보전하기 위한 국제적인 노력에 참여하여야 한다.
④국가와 국민은 기후생태위기에 대처하기 위해 필요한 온실가스 감축과 정의로운 전환을 위해 노력하여야 한다.

제38조 ①혼인과 가족생활은 개인의 존엄과 성평등을 기초로 성립되고 유지되어야 하며, 국가는 이를 보장한다.
②국가는 자녀의 출산과 양육에 관하여 지원해야할 의무를 진다.
③모든 국민은 보건에 관하여 국가의 보호를 받는다.

제39조 ①모든 사람의 자유와 권리는 헌법에 열거되지 아니한 이유로 경시되지 아니한다.
②모든 사람의 자유와 권리는 국가안전보장·질서유지 또는 공공복리를 위하여 필요한 경우에 한하여 적법절차에 따라 법률로써 제한할 수 있으며, 제한하는 경우에도 자유와 권리의 본질적인 내용을 침해할 수 없다.

제40조 모든 국민은 법률이 정하는 바에 의하여 납세의 의무를 진다.

제41조 ①모든 국민은 법률이 정하는 바에 의하여 국방의 의무를 진다.
②누구든지 병역의무의 이행으로 인하여 불이익을 받지 아니한다.
③누구도 양심에 반하여 집총병역을 강제 받지 아니하고, 법률이 정하는 바에 의하여 대체복무를 할 수 있다.

제3장 입법부

제42조 ①입법권은 국회가 담당한다.
②국회는 민주원과 공화원으로 조직된다.
③민주원과 공화원은 국민의 보통·평등·직접·비밀·자유선거에 의하여 선출된 의원으로 구성한다.
④민주원의원과 공화원의원은 서로 겸직할 수 없다.
⑤국회의원의 수는 법률로 정하되, 민주원의원은 300인, 공화원의원은 100인을 상한으로 한다.
⑥국회의원의 선거구와 비례대표제 기타 선거에 관한 사항은 법률로 정한다. 다만, 민주원의 의석은 정당별 득표율에 비례하도록 노력하여야 하고, 공화원의원은 도 및 그와 대등한 지위를 갖는 시 단위, 또는 도와 그와 대등한 지위를 갖는 시를 통합하는 권역 단위로 비례대표제에 의하여 선출한다.
⑦국회의원은 임기만료 전이라도 국민이 소환할 수 있으며 소환 요건이나 절차 등 구체적인 사항은 법률로 정한다.

제43조 ①민주원의원의 임기는 4년으로 한다.
②공화원의원의 임기는 6년으로 하고, 2년마다 의원의 3분의 1을 개선한다.
③민주원의원은 3선을 초과하여 재임할 수 없다.

제44조 국회의원은 법률이 정하는 직을 겸할 수 없다.

제45조 ①공화원은 의장 1인과 부의장 1인을 선출한다.
②민주원은 의장 1인과 부의장 2인을 선출한다.
③공화원의장은 양원합동회의 의장이 된다.

제46조 민주원과 공화원은 법률에 저촉되지 아니하는 범위 안에서 의사와 내부규율에 관한 규칙을 제정할 수 있다.

제47조 ①민주원과 공화원은 의원의 자격을 심사하며, 의원을 징계할 수 있다.
②민주원과 공화원에서 소속 의원을 제명하려면, 각 원 재적의원 3분의 2 이상의 찬성이 있어야 한다.
③제1항과 제2항의 처분에 대해서는 법원에 제소할 수 없다.

제48조 ①국회의원은 현행범인인 경우를 제외하고는 국회의 동의 없이 체포 또는 구금되지 아니한다.
②국회의원이 체포 또는 구금된 때에는 현행범인이 아닌 한 국회의 요구가 있으면 석방된다.

제49조 국회의원은 국회에서 행한 직무상 발언과 표결에 관하여 국회 외에서 책임을 지지 아니한다.

제50조 ①국회의원은 청렴의 의무가 있다.
②국회의원은 국가이익을 우선하여 양심에 따라 직무를 행한다.
③국회의원은 그 지위를 남용하여 국가·공공단체 또는 기업체와의 계약

이나 그 처분에 의하여 재산상의 권리·이익 또는 직위를 취득하거나 타인을 위하여 그 취득을 알선할 수 없다.

제51조 ①국회는 의결로써 개회 및 폐회하고 폐·휴회 기간은 연간 60일을 초과할 수 없다.
②각 원은 휴회기간 중이라도 재적의원 4분의 1 이상, 대통령 또는 총리의 요구가 있을 경우에는 집회할 수 있다.

제52조 ①민주원과 공화원은 각각 독립적으로 회의를 개최한다. 다만, 필요한 경우에는 법률이 정하는 바에 따라 양원합동회의를 개최할 수 있다.
②민주원과 공화원의 회의는 공개한다. 다만, 출석의원 과반수의 찬성이 있거나, 의장이 국가의 안전보장을 위하여 필요하다고 인정할 때에는 공개하지 아니할 수 있다.
③공개하지 아니한 회의 내용의 공표에 관하여는 법률이 정하는 바에 의한다.

제53조 국회는 헌법 또는 법률에 달리 규정된 경우를 제외하고는 각 원의 재적의원 과반수의 출석과 출석의원 과반수의 찬성으로 의결한다. 가부동수인 때에는 부결된 것으로 본다.

제54조 ①국회의 의결을 요하는 의안에 관하여 양원의 의결이 일치하지 아니하는 때에는 양원협의회에서 단일안을 작성·발의하여 각 원에서 다시 의결한다. 양원협의회는 그 구성원의 3분의 2를 민주원의원으로, 3분의 1을 공화원의원으로 구성한다.
②예산법률안에 관하여는 민주원가결안이 공화원에 접수된 후 30일 이내에 공화원이 이를 의결하지 않거나 각 원이 양원협의회안에 대하여 의결을 완료하지 못한 때에는 원래의 민주원가결안을 국회에서 의결된 것으로 본다.

③양원협의회의 구성 및 운영의 세부사항에 관해서는 법률로 정한다.

제55조 국회에 제출된 법률안 기타의 의안은 회기 중에 의결되지 못한 이유로 폐기되지 아니한다. 다만, 국회의원의 임기가 만료된 때에는 그러하지 아니하다.

제56조 ①민주원의원과 공화원의원은 그가 소속한 원에 법률안을 제출할 수 있다. 대통령은 국무회의의 의결을 거쳐 양원 중 하나의 원에 법률안을 제출할 수 있다. 단 세입·징수에 관한 모든 법률안, 재정법률안 및 재정지출이 수반되는 사회보장법률안 등은 민주원에 먼저 제출하여야 하고, 지방정부에 중대한 영향을 줄 수 있는 법률안은 공화원에 먼저 제출하여야 한다.
②집행부제출법률안의 심의는 법률안이 먼저 제출된 원에서 대통령이 제출한 원안을 대상으로 한다. 다른 원에서 가결한 법률안의 심의는 송부된 안을 대상으로 한다.
③집행부제출법률안 또는 의원발의법률안을 먼저 제출받은 원의 본회의 1차 심의는 법률안이 제출된 날로부터 30일이 경과한 후에 개시할 수 있다. 다른 원에서는 법률안이 송부된 날로부터 15일이 경과한 후에 본회의에서 심의할 수 있다.

제57조 ①모든 국민은 민주원의원 선거권자 150만 명의 서명으로 법률을 발안할 수 있다. 국민의 발안에 대해서 국회는 180일 이내에 심의하여 의견을 표명하거나 대안을 발안할 수 있다. 국회가 대안을 발의한 경우에는 원안과 대안에 대해서 각각 국민투표로써 찬반을 물어야 한다. 국민발안은 제기된 날로부터 1년 이내에 국민투표에 회부하여야 한다.
②제1항의 국민투표는 투표자 과반수의 찬성으로 의결한다. 원안과 대안이 국민투표에서 모두 가결된 경우에는 찬성이 많은 안으로 확정하며 찬성이 동수인 경우에는 원안으로 확정한다. 국민투표와 국민발안의 시행을 위해 필

요한 사항은 법률로 정한다.

제58조 ①국회에서 의결된 법률안과 국민투표에 의하여 확정된 법률안은 집행부에 이송되어 15일 이내에 대통령이 공포한다.

②대통령은 국회에서 의결된 법률안에 이의가 있을 때 제1항의 기간내에 이의서를 붙여 국회로 환부하고, 재의를 요구할 수 있다. 다만, 대통령은 법률안의 일부에 대하여 또는 법률안을 수정하여 재의를 요구할 수 없다.

③대통령의 재의요구가 있을 때에는 법률안을 최초 의결한 원에서부터 다시 심의하여야 한다. 각 원에서 재적의원 과반수의 출석과 출석의원 3분의 2 이상의 찬성으로 전과 같은 의결을 하면 그 법률안은 법률로서 확정된다.

④대통령은 법률안이 위헌이라고 판단되는 경우 제1항의 기간 내에 헌법재판소에 위헌여부의 심판을 제청할 수 있다. 이 경우 대통령은 헌법재판소에 서면으로 의견을 표명하여야 한다. 헌법재판소에서 위헌으로 결정되지 않은 법률안은 결정선고일에 법률로서 확정된다.

⑤대통령이 제1항의 기간 내에 공포나 재의요구 또는 위헌여부심판제청을 하지 아니한 때에는 그 법률안은 법률로서 확정된다.

⑥대통령은 제3항, 제4항, 제5항의 규정에 의하여 확정된 법률을 지체 없이 공포하여야 한다. 다만, 제3항의 규정에 의하여 확정된 법률이 위헌이라고 판단되는 경우에는 대통령은 그 확정법률이 집행부에 이송된 후 5일 이내에 헌법재판소에 위헌심판을 제청할 수 있다. 이 경우 대통령은 헌법재판소에 서면으로 의견을 표명하여야 한다.

⑦제5항에 의하여 법률이 확정된 후 또는 제3항 또는 제4항에 의한 확정법률이 집행부에 이송된 후 5일 이내에 대통령이 공포하지 아니할 때에는 공화원의장이 이를 공포한다. 제6항 단서에서 헌법재판소가 위헌 결정을 하지 않았는데 결정선고일로부터 5일 이내에 대통령이 공포하지 아니할 때에는 공화원의장이 이를 공포한다.

⑧법률은 특별한 규정이 없는 한 공포한 날로부터 20일을 경과함으로써

효력을 발생한다.

제59조 ①국회는 집행부에서 제출한 예산법률안을 심의·확정한다.
②집행부는 회계연도마다 예산안을 법률의 형식으로 회계연도 개시 120일 전까지 국회에 제출하고, 국회는 회계연도 개시 30일 전까지 이를 의결하여야 한다.
③새로운 회계연도가 개시될 때까지 예산법률안이 의결되지 못한 때에는 집행부는 국회에서 예산법률안이 의결될 때까지 다음의 목적을 위한 경비는 전년도 예산에 준하여 집행할 수 있다.
　1. 헌법이나 법률에 의하여 설치된 기관 또는 시설의 유지·운영
　2. 법률상 지출의무의 이행
　3. 이미 예산으로 승인된 사업의 계속

제60조 ①한 회계연도를 넘어 계속하여 지출할 필요가 있을 때에는 집행부는 연한을 정하여 계속비에 관한 예산법률안을 국회에 제출하여 국회의 의결을 얻어야 한다.
②예비비는 총액으로 국회의 의결을 얻어야 한다. 예비비의 지출은 차기 국회의 승인을 얻어야 한다.

제61조 집행부는 예산에 변경을 가할 필요가 있을 때 추가경정예산법률안을 편성하여 국회에 제출하여 그 의결을 얻어야 한다.

제62조 국회는 집행부의 동의 없이 집행부가 제출한 지출예산 각항의 금액을 증가하거나 새 비목을 설치할 수 없다.

제63조 ①국채를 모집하거나 예산외에 국가의 부담이 될 계약을 체결하려 할 때에는 집행부는 미리 국회의 의결을 얻어야 한다.

②국가의 채무 부담의 한계는 법률로 정한다.

제64조 조세의 종목과 세율은 법률로 정한다. 다만, 지방세의 종목과 세율은 조례로 정할 수 있다.

제65조 ①민주원과 공화원은 상호원조 또는 안전보장에 관한 조약, 중요한 국제조직에 관한 조약, 우호통상항해조약, 주권의 제약에 관한 조약, 강화조약, 국가나 국민에게 중대한 재정적 부담을 지우는 조약 또는 입법사항에 관한 조약의 체결·비준에 대한 동의권을 가진다.
②민주원과 공화원은 선전포고, 국군의 외국에의 파견 또는 외국군대의 대한민국 영역 안에서의 주둔에 대한 동의권을 가진다.

제66조 ①민주원은 행정각부의 장관 등 법률에 정한 공무원에 대한 인준권을 가진다.
②인준절차에 관해 상세한 것은 법률로 정한다.

제67조 ①민주원은 총리 또는 행정각부의 장관 해임을 대통령에게 요구할 수 있다.
②제1항의 해임요구는 민주원 재적의원 3분의 1 이상의 발의와 재적의원 과반수의 찬성이 있어야 한다.

제68조 ①대통령·총리·장관·헌법재판소 재판관·법관·중앙선거관리위원회 위원·감사원장·감사위원 기타 법률이 정한 공무원이 그 직무집행에 있어서 헌법이나 법률을 위배한 때에는 국회는 탄핵의 소추를 의결할 수 있다.
②제1항의 탄핵소추는 민주원 재적의원 3분의 1 이상의 발의와 재적의원 과반수의 찬성으로 의결한다. 다만, 대통령에 대한 탄핵소추는 양원에서 각

각 재적의원 3분의 2 이상의 찬성으로 의결한다.

③탄핵소추의 의결을 받은 자는 탄핵심판이 있을 때까지 그 권한행사가 정지된다.

④탄핵의 심판은 헌법재판소가 결정한다. 다만, 헌법재판관에 대한 탄핵은 공화원이 재적의원 3분의 2 이상의 찬성으로 결정한다.

⑤탄핵결정은 공직으로부터 파면함에 그친다. 그러나, 이에 의하여 민사상이나 형사상의 책임이 면제되지는 아니한다.

제69조 ①민주원과 공화원은 특정한 국정 사안에 대하여 조사할 수 있으며, 이에 필요한 서류의 제출 또는 증인의 출석과 증언이나 의견의 진술을 요구할 수 있다.

②국정조사에 관한 절차 기타 필요한 사항은 법률로 정한다.

제70조 ①총리, 장관 또는 행정부위원은 민주원, 공화원이나 각 원의 위원회에 출석하여 국정처리상황을 보고하거나 의견을 진술하고 질문에 응답할 수 있다.

②민주원, 공화원이나 각 원의 위원회의 요구가 있을 때에는 총리, 장관 또는 행정부위원은 출석·답변하여야 하며, 총리 또는 장관이 출석요구를 받은 때에는 장관 또는 행정부위원으로 하여금 출석·답변하게 할 수 있다.

제4장 집행부

제1절 총칙

제71조 ①집행권은 대통령과 행정부로 구성되는 집행부가 담당한다.

②집행권에 속하는 것으로서 헌법에 대통령의 권한으로 규정된 것 외에는

행정부의 권한으로 본다.

제2절 대통령

제72조 대통령은 외국에 대하여 국가를 대표한다.

제73조 ①대통령은 국민의 보통·평등·직접·비밀·자유선거에 의해 선출된다.
②대통령으로 선거될 수 있는 자는 대한민국 국민으로서 선거일 현재 40세에 달하여야 한다.
③제1항의 선거에서 유효투표의 과반수를 얻은 후보자를 대통령으로 선출한다.
④유효투표의 과반수를 얻은 후보자가 없는 경우에는 제1차 투표 14일 이후 21일 이내에 제2차 선거를 실시하여야 한다. 이때 후보자 중에서 후보 포기를 하지 아니한 득표 상위 2인에 대해서만 제2차 투표를 실시한다.
⑤대통령후보자가 1인일 때에는 그 득표수가 선거권자 총수의 3분의 1 이상이 아니면 대통령으로 당선될 수 없다.
⑥대통령의 선거에 관하여 상세한 것은 법률로 정한다.

제74조 ①대통령의 임기가 만료되는 때에는 임기만료 전 60일 내지 30일 사이에 후임자를 선거한다.
②대통령이 궐위된 때 또는 대통령 당선자가 사망하거나 판결 기타의 사유로 그 자격을 상실한 때에는 60일 이내에 후임자를 선거한다.

제75조 ①대통령은 취임시에 다음의 선서를 한다. "나는 헌법을 준수하고, 국민의 자유와 복리를 증진하며, 국민통합에 노력하기 위하여, 대통령으로서의 직책을 성실히 수행할 것을 국민 앞에 엄숙히 선서합니다."

②대통령은 임기개시일 0시부터 권한행사를 시작한다.

제76조 ①대통령의 임기는 5년으로 하며, 중임할 수 없다.
②대통령은 임기개시일로부터 임기종료일까지 당적을 가질 수 없다.

제77조 ①대통령이 궐위되거나 사고로 인하여 직무를 수행할 수 없는 때에는 총리, 법률이 정한 행정각부의 장관의 순서로 그 권한을 대행한다.
②대통령의 직무수행불능여부는 헌법재판소가 결정한다.
③대통령의 권한대행에 관해 필요한 사항은 법률로 정한다.

제78조 대통령은 민주원과 공화원의 동의를 얻어 외교·국방·통일 기타 중요정책을 국민투표에 부칠 수 있다.

제79조 ①대통령은 대한민국이 체결하는 조약에 비준하고, 외교사절을 신임·접수·파견한다.
②대통령은 조약안이 위헌이라고 판단되는 경우 헌법재판소에 위헌여부의 심판을 제청할 수 있다. 이 경우 대통령은 헌법재판소에 서면으로 의견을 표명하여야 한다.
③대사 및 특사는 국무회의의 의결을 거쳐 대통령이 임명한다.
④대통령은 국무회의의 의결을 거쳐 민주원의 동의를 받아 선전포고를 한다.

제80조 ①대통령은 헌법과 법률이 정하는 바에 의하여 국군을 통수한다.
②국군은 국가의 안전보장 의무를 수행하며 정치적 중립을 준수하여야 한다.
③국군의 조직과 편성은 법률로 정한다.

제81조 대통령은 법률에서 구체적으로 범위를 정하여 위임받은 사항과 법률을 집행하기 위하여 필요한 사항에 관하여 국무회의의 의결을 거쳐 대통령령을 발할 수 있다.

제82조 ①대통령은 내우·외환·천재·지변 또는 중대한 재정·경제상의 위기에 있어서 국가의 안전보장 또는 공공의 안녕질서를 유지하기 위하여 긴급한 조치가 필요하고 국회의 집회를 기다릴 여유가 없을 때에 한하여 최소한으로 필요한 재정·경제상의 처분을 하거나 이에 관하여 법률의 효력을 가지는 명령을 발할 수 있다.
②대통령은 국가의 안위에 관계되는 중대한 교전상태에 있어서 국가를 보위하기 위하여 긴급한 조치가 필요하고 국회의 집회가 불가능한 때에 한하여 법률의 효력을 가지는 명령을 발할 수 있다.
③대통령이 제1항과 제2항의 처분 또는 명령을 발한 때에는 지체 없이 민주원과 공화원에 보고하고 양원합동회의 승인을 얻어야 한다.
④제3항의 승인을 얻지 못한 때에는 그 처분 또는 명령은 그때부터 효력을 상실한다. 이 경우 그 명령에 의해 개정 또는 폐지되었던 법률은 그 명령이 승인을 얻지 못한 때부터 당연히 효력을 회복한다.
⑤대통령은 제3항과 제4항의 사유를 지체 없이 공포하여야 한다.

제83조 ①대통령은 전시·사변 또는 이에 준하는 국가비상사태에 있어서 병력으로써 군사상의 필요에 응하거나 공공의 안녕질서를 유지할 필요가 있을 때에는 법률이 정하는 바에 의하여 계엄을 선포할 수 있다.
②계엄은 비상계엄과 경비계엄으로 한다.
③비상계엄이 선포된 때에는 법률이 정하는 바에 의하여 영장제도, 언론·출판·집회·결사의 자유, 정부나 법원의 권한에 관하여 특별한 조치를 할 수 있다.
④계엄을 선포한 때에는 대통령은 지체 없이 민주원과 공화원에 통고하여

야 한다.

⑤국회의 양원합동회의에서 재적의원 과반수의 찬성으로 계엄의 해제를 요구한 때에는 대통령은 이를 즉시 해제하여야 한다.

제84조 ①대통령은 독립적인 사면위원회의 의결을 거쳐 특별사면권을 행사할 수 있다.
②대통령은 독립적인 사면위원회의 의결을 거쳐 일반사면안을 발의할 수 있다. 발의된 일반사면안은 국회에서 법률의 형식으로 의결되어야 한다. 일반사면에 관하여 기타 필요한 사항은 법률로 정한다.
③사면위원회의 조직·절차 기타 필요한 사항은 법률로 정한다.

제85조 대통령은 스스로 또는 총리의 제청에 의해 훈장 기타의 영전을 수여한다.

제86조 대통령은 국회에 출석하여 발언하거나 서면으로 의견을 표시할 수 있다.

제87조 대통령의 국법상 행위는 문서로써 하며, 이 문서에는 총리와 관계 장관이 부서한다.

제88조 대통령은 내란 또는 외환의 죄를 범한 경우를 제외하고는 재직 중 형사상의 소추를 받지 아니한다. 다만, 증거보전 등을 위한 수사는 이루어질 수 있다.

제89조 ①국가안전보장에 관련되는 대외정책·군사정책과 국내정책의 수립에 관하여 대통령의 자문에 응하기 위하여 국가안전보장회의를 둔다.
②국가안전보장회의는 대통령이 주재한다. 총리는 국가안전보장회의에 출

석하여 발언하거나 서면으로 의견을 표명할 수 있다.

③국가안전보장회의의 조직·직무범위 기타 필요한 사항은 법률로 정한다.

제90조 대통령은 총리·장관·국회의원 기타 법률이 정하는 공사의 직을 겸할 수 없다.

제3절 행정부

제91조 행정부는 총리와 행정각부로 구성된다. 총리는 행정각부를 통할한다.

제92조 총리는 민주원에서 재적의원 과반수의 찬성으로 2인의 후보를 추천하며, 대통령이 그중에서 임명한다.

제93조 장관은 총리의 제청으로 대통령이 임면한다. 다만, 외교·통일·국방 장관은 총리의 제청 없이 대통령이 임면한다.

제94조 총리는 국무회의의 의결을 거쳐 국정 운영계획 및 대내외 기본정책을 수립·실시하며, 이에 대해 책임을 진다. 이러한 기본정책의 범위 안에서 장관은 소관사무를 자기의 책임으로 처리한다.

제95조 국무회의는 대통령과 총리, 행정각부의 장관으로 구성되며, 대통령이 의장, 총리가 부의장이 된다.

제96조 ①국무회의는 집행부의 권한에 속하는 중요한 정책을 심의·의결한다.

②다음 사항은 국무회의의 심의·의결을 거쳐야 한다.

1. 국정의 기본계획과 집행부의 일반정책
2. 선전·강화 기타 중요한 대외정책
3. 헌법개정안·국민투표안·조약안·법률안 및 대통령령안·총리령안
4. 예산안·결산·국유재산처분의 기본계획·국가의 부담이 될 계약 기타 재정에 관한 중요사항
5. 긴급명령·긴급재정경제처분 및 명령 또는 계엄과 그 해제
6. 군사에 관한 중요사항
7. 국회의 임시회 집회의 요구
8. 영전수여
9. 사면·감형과 복권
10. 행정각부간의 권한의 획정
11. 행정부 내의 권한의 위임 또는 배정에 관한 기본계획
12. 국정처리상황의 평가·분석
13. 행정각부의 중요한 정책의 수립과 조정
14. 정당해산의 제소
15. 집행부에 제출 또는 회부된 집행부의 정책에 관계되는 청원의 심사
16. 법률이 정한 공무원과 국영기업체관리자의 임명
17. 기타 대통령·총리 또는 장관이 제출한 사항

③국무회의는 재적과반수의 출석이 있어야 의결할 수 있다. 국무회의 의결시 가부동수인 경우에는 대통령이 결정한다.

제97조 ①국가경제의 발전을 위한 중요정책의 수립에 관하여 총리의 자문에 응하기 위하여 국가경제자문회의를 둘 수 있다.
②국가경제자문회의의 조직·직무범위 기타 필요한 사항은 법률로 정한다.

제98조 총리와 장관은 법률이 정하는 공직에 취임하거나 겸직해서는 안 되며, 영리 목적의 다른 직업에 종사하여서는 안 된다.

제99조 ①총리와 장관은 그 후임자가 임명될 때까지 사무를 계속 처리한다.

②총리가 궐위되거나 사고로 인하여 직무를 수행할 수 없을 때에는 법률이 정한 순서에 따라 총리의 권한을 대행한다.

제100조 ①총리는 법률이나 대통령령에 의해 구체적으로 범위를 정하여 위임받은 사항에 대하여 또는 법률을 집행하기 위하여 필요한 사항에 관하여 총리령을 발할 수 있다.

②장관은 소관사무에 관하여 법률이나 대통령령 또는 총리령에 의해 구체적으로 범위를 정하여 위임받은 사항에 대하여 부령을 발할 수 있다.

제101조 행정각부의 설치·조직과 직무범위는 법률로 정한다.

제5장 사법부

제1절 총칙

제102조 사법권은 헌법재판소와 법원이 담당한다.

제103조 법관은 헌법과 법률에 의하여 그 양심에 따라 독립하여 심판한다.

제2절 헌법재판소

제104조 ①헌법재판소는 다음 사항을 관장한다.
1. 제58조 제4항 및 제6항에서 정한 대통령의 제청에 의한 위헌여부의 심판
2. 법원의 제청에 의한 법률·명령·규칙·조약 및 조례의 위헌여부심판

3. 탄핵의 심판. 다만, 헌법재판관의 탄핵의 심판은 제외한다.

4. 정당의 해산 심판

5. 국가기관 상호간, 국가기관과 지방정부간 및 지방정부 상호간의 권한쟁의에 관한 심판

6. 헌법소원에 관한 심판

7. 국민투표의 효력에 관한 심판

8. 대통령, 국회의원의 선거 또는 당선의 효력에 관한 심판

9. 제77조에서 정하는 직무수행불능여부에 관한 결정

②헌법재판소의 장은 헌법재판관추천위원회의 추천을 받아 민주원에서 재적의원 3분의 2 이상의 찬성으로 선출한다.

③헌법재판소는 헌법재판소장을 포함하여 9인의 재판관으로 구성한다. 재판관은 헌법재판관추천위원회의 추천을 받아 민주원에서 재적의원 3분의 2 이상의 찬성으로 선출한다.

④헌법재판관의 자격, 헌법재판관추천위원회의 구성과 추천절차 등 직무범위에 관한 사항은 법률로 정한다.

제105조 ①헌법재판소장과 헌법재판소 재판관의 임기는 9년으로 하며, 중임할 수 없다.

②헌법재판소 재판관은 정당에 가입하거나 정치에 관여할 수 없다.

③헌법재판소 재판관은 탄핵 또는 금고 이상의 형의 선고에 의하지 아니하고는 파면되지 아니한다.

제106조 ①헌법재판소에서 결정을 하는 때에는 종국심리에 관여한 재판관의 과반수의 찬성이 있어야 한다. 다만, 대통령에 대한 탄핵심판의 경우 재판관의 3분의 2 이상의 찬성이 있어야 한다.

②헌법재판소는 법률에 저촉되지 아니하는 범위 안에서 심판에 관한 절차, 내부규율과 사무처리에 관한 규칙을 제정할 수 있다.

③헌법재판소의 조직과 운영 기타 필요한 사항은 법률로 정한다.

제3절 법원

제107조 ①법원은 대법원과 각급법원으로 조직된다.
②대법원과 각급법원의 조직은 법률로 정한다.
③법관의 자격은 법률로 정한다.
④국민은 법률이 정하는 바에 의하여 재판에 참여할 권리와 의무가 있다.

제108조 ①대법원장과 대법관은 법관추천위원회의 추천을 받아 민주원에서 재적의원 3분의 2 이상의 찬성으로 선출한다.
②대법원장과 대법관이 아닌 법관은 법관추천위원회의 추천을 받아 대법원장이 임명한다.
③법관추천위원회의 구성과 추천절차 등 직무범위에 관한 사항은 법률로 정한다.

제109조 ①대법원장과 대법관의 임기는 9년으로 하며, 중임할 수 없다.
②대법원장과 대법관이 아닌 법관의 임기는 10년으로 하며, 법률이 정하는 바에 의하여 연임할 수 있다.
③법관의 정년은 법률로 정한다.

제110조 ①법관은 탄핵 또는 금고 이상의 형의 선고에 의하지 아니하고는 파면되지 아니하며, 징계처분에 의하지 아니하고는 정직·감봉 기타 불리한 처분을 받지 아니한다.
②법관이 중대한 심신상의 장해로 직무를 수행할 수 없을 때에는 법률이 정하는 바에 의하여 퇴직하게 할 수 있다.

제111조 ①법률·명령·규칙·조약 또는 조례가 헌법에 위반되는 여부가 재판의 전제가 된 경우에는 법원은 헌법재판소에 제청하여 그 심판에 의하여 재판한다.

②재판의 전심절차로서 행정심판을 할 수 있다. 행정심판의 절차는 법률로 정하되, 사법절차가 준용되어야 한다.

제112조 대법원은 법률에서 저촉되지 아니하는 범위 안에서 소송에 관한 절차, 법원의 내부규율과 사무처리에 관한 규칙을 제정할 수 있다.

제113조 재판의 심리와 판결은 공개한다. 다만, 심리는 국가의 안전보장 또는 안녕질서를 방해하거나 선량한 풍속을 해할 염려가 있을 때에는 법원의 결정으로 공개하지 아니할 수 있다.

제114조 ①군사재판을 관할하기 위하여 특별법원으로서 군사법원을 둘 수 있다.
②군사법원의 상고심은 대법원에서 관할한다.
③군사법원의 조직·권한 및 재판관의 자격은 법률로 정한다.

제6장 선거관리위원회

제115조 ①선거와 국민투표의 공정한 관리 및 정당에 관한 사무를 처리하기 위하여 선거관리위원회를 둔다.
②중앙선거관리위원회는 중앙선거관리위원추천위원회의 추천을 받아 민주원 재적의원 3분의 2 이상의 찬성으로 선출하는 9인의 위원으로 구성한다. 위원장은 위원 중에서 호선한다.
③위원의 임기는 6년으로 한다.

④위원은 정당에 가입하거나 정치에 관여할 수 없다.

⑤위원은 탄핵 또는 금고 이상의 형의 선고에 의하지 아니하고는 파면되지 아니한다.

⑥중앙선거관리위원회는 법령의 범위 안에서 선거관리·국민투표관리 또는 정당사무에 관한 규칙을 제정할 수 있으며, 법률에 저촉되지 아니하는 범위 안에서 내부규율에 관한 규칙을 제정할 수 있다.

⑦각급 선거관리위원회의 조직·직무범위 기타 필요한 사항은 법률로 정한다.

제116조 ①각급 선거관리위원회는 선거인명부의 작성 등 선거사무와 국민투표사무에 관하여 관계 행정기관에 필요한 지원을 요청할 수 있다.

②제1항의 요청을 받은 당해 행정기관은 이에 협조하여야 한다.

제117조 ①선거운동은 각급 선거관리위원회의 관리 하에 법률이 정하는 범위 안에서 하되, 균등한 기회가 보장되어야 한다.

②선거에 관한 경비는 법률이 정하는 경우를 제외하고는 정당 또는 후보자에게 부담시킬 수 없다.

제7장 감사원

제118조 국가의 세입·세출의 결산, 국가 및 법률이 정한 단체의 회계검사와 행정기관 및 공무원의 직무에 관한 감찰을 하기 위하여 감사원을 둔다.

제119조 ①감사원은 원장을 포함한 9인의 감사위원으로 구성한다.

②감사원장과 감사위원은 감사위원추천위원회의 추천을 받아 민주원에서 재적의원 3분의 2 이상의 찬성으로 선출한다. 감사위원추천위원회의 구성과

감사원장과 감사위원의 추천절차는 법률로 정한다.

③감사원장과 감사위원의 임기는 6년으로 하며 중임할 수 없다.

④감사위원은 탄핵되거나 징역 이상의 형을 선고받지 아니하고는 파면되지 아니한다.

제120조 감사원은 세입·세출의 결산과 회계검사의 결과를 국회, 대통령, 총리에게 제출하여야 한다.

제121조 감사원의 조직·직무범위·감사위원의 자격·감사 대상공무원의 범위 기타 필요한 사항은 법률로 정한다.

제8장 지방자치와 지방분권

제122조 ①광역지방정부는 도 및 그와 대등한 지위를 갖는 시로 하고, 기초지방정부의 종류는 법률로 정한다.

②주민은 지방정부를 조직하고 운영하는 데 참여할 권리를 가진다.

③주민발안, 주민투표 및 주민소환에 관하여 그 대상, 요건 등 기본적인 사항은 법률로 정한다.

④국가와 지방정부간, 지방정부 상호간 사무의 배분은 주민에게 가까운 지방정부가 우선한다는 보충성의 원칙에 따라 법률로 정한다.

제123조 ①지방정부에는 지방의회와 집행기관을 둔다.

②지방정부에는 주민의 대표기관으로서 지방의회를 둔다. 지방의회는 주민의 보통·평등·직접·비밀·자유선거에 의하여 선출된 지방의원으로 구성한다.

③지방의회 및 집행기관의 선거, 권한, 조직, 운영에 관하여 필요한 사항은

법률에 위반되지 않는 범위 안에서 해당 지방정부의 조례로 정한다.

제124조 ①다음 각 호가 정하는 사항에 대해서는 국가만 입법권을 가진다.
1. 외교, 국방, 국세, 국가조직
2. 통화, 물가정책, 금융정책, 수출입정책
3. 국가종합경제개발계획, 국토종합개발계획
4. 도량형
5. 우편, 철도, 고속국도
6. 항공, 기상, 원자력
7. 기타 성질상 국가만 입법권을 갖는 것이 명백한 사항

②제1항에 규정하지 않은 사항에 대해서는 국가와 지방정부가 경합적으로 입법권을 가진다. 국가는 전국적인 통일이 특히 필요한 경우에 한하여 입법권을 행사할 수 있다.

③국가의 법률은 지방정부의 조례보다 우선하는 효력을 가지며, 광역지방정부의 조례는 기초지방정부의 조례보다 우선하는 효력을 가진다.

제125조 ①지방의회는 법률에 위반되지 않는 범위 안에서 조례를 제정할 수 있다.

②지방정부는 자기 책임 하에 자치사무를 처리하며, 법률에 위반되지 않는 범위 안에서 세입과 세출을 자율적으로 결정할 수 있다.

③지방의회는 지방세의 종목과 세율 및 징수방법 등에 관한 조례를 제정할 수 있다.

④위임사무를 처리하는 데 소요되는 비용은 위임하는 국가나 지방정부가 부담해야 한다.

⑤국가는 지방정부 간의 재정 격차를 완화하기 위하여 재정조정제도를 마련하여 운영하여야 한다.

제9장 경제

제126조 ①대한민국의 경제질서는 개인과 기업의 경제상의 자유와 창의를 존중함을 기본으로 한다.
②국가는 균형 있는 국민경제의 성장 및 안정과 적정한 소득의 분배를 유지하고, 시장의 지배와 경제력의 남용을 방지하며, 경제주체 간의 조화를 통한 경제의 민주화를 위하여 경제에 관한 규제와 조정을 할 수 있다.
③국가는 전국의 균형 있는 경제발전을 위하여 필요한 정책을 수립하고 시행한다.

제127조 ①국가는 국토의 천연자원 및 생태환경을 보전하고, 국토의 지속가능한 이용과 개발을 위해 필요한 정책을 수립하고 시행한다.
②광물과 그 밖의 중요한 지하자원·수산자원·수력과 경제적 가치를 가진 자연력은 법률에 따라 일정한 기간 채취·개발 또는 이용을 특허할 수 있다.

제128조 ①국가는 식량의 안정적 공급과 생태 보전 등 농어업의 공익적 기능을 바탕으로 농어촌·농어업의 지속가능한 발전과 농어민의 권익신장을 위해 필요한 계획을 수립하고 시행한다.
②국가는 농지에 관하여 경자유전의 원칙이 달성될 수 있도록 노력해야 하며, 농지의 소작제도는 금지된다.
③농업생산성의 제고와 농지의 합리적인 이용을 위하거나 불가피한 사정으로 발생하는 농지의 임대차와 위탁경영은 법률로 정하는 바에 따라 인정된다.

제129조 ①국가는 중소기업과 소상인을 보호하기 위하여 필요한 정책을 수립하고 시행한다.
②국가는 농수산물과 생활필수품의 수급균형을 유지하고 유통구조를 개선하여 가격이 안정될 수 있도록 노력한다.

③국가는 농·어민과 중소기업의 자조조직을 지원하고 그 자율적 활동을 보장한다.
④국가는 소비자의 권익을 보호하고 소비자운동을 보장한다.

제130조 국가는 국제교역의 효율성 제고와 경상수지의 균형을 위하여 필요한 정책을 수립하고 시행한다.

제131조 국방이나 국민경제에 긴절히 필요하여 법률이 정하는 경우가 아니고는, 사영기업을 국유나 공유로 이전하거나 그 경영을 통제 또는 관리할 수 없다.

제132조 ①국가는 과학기술의 혁신과 발전에 필요한 정책을 수립하고 시행한다.
②국가는 국가표준제도를 확립·관리한다.

제10장 헌법개정

제133조 ①헌법개정 제안은 민주원의원 선거권자 150만 명 이상의 찬성 또는 민주원 재적의원 3분의 1이나 공화원 재적의원 3분의 1 이상의 찬성으로 할 수 있다.
②대통령은 제안된 헌법개정안을 20일 이상 공고하여야 한다.
③대통령의 임기연장 또는 중임변경을 위한 헌법개정은 그 헌법개정 제안 당시의 대통령에 대하여는 효력이 없다.

제134조 ①국회는 헌법개정안이 공고된 날로부터 60일 이내에 의결하여야 하며, 국회의 의결은 민주원과 공화원에서 각 원 재적의원 3분의 2 이상의 찬

성을 얻어야 한다.

②헌법개정안은 국회가 의결한 후 30일 이내에 국민투표에 부쳐 민주원의원 선거권자 과반수의 투표와 투표자 과반수의 찬성을 얻어야 한다.

③헌법개정안이 제2항의 찬성을 얻은 때에는 헌법개정은 확정되며, 대통령은 즉시 이를 공포하여야 한다.

부칙

제1조 이 헌법은   년 월 일 시행한다.

제2조 이 헌법시행 당시의 법령과 조약은 이 헌법에 위배되지 아니하는 한 그 효력을 지속한다.

제3조 이 헌법의 공포 이전에 대통령직에 있었던 사람은 이 헌법에 의한 대통령 선거에 다시 출마할 수 없다.

제4조 이 헌법시행 후 최초로 실시되는 총선거에 의해 선출되는 공화원의원의 3분의 1의 임기는 2년, 3분의 1의 임기는 4년, 그리고 나머지 3분의 1의 임기는 6년으로 한다. 그 구체적 내용은 법률로 정한다.

※ 기타 사항에 대한 부칙규정은 헌법개정이 확정되고 발효되는 시점의 사정에 맞추어 구체적으로 성문화하는 작업이 필요할 것으로 사료되어 이 새 헌법안에서는 일단 유보한다.

5.3. 대화문화아카데미 1980년
「바람직한 헌법개정의 내용」

크리스챤아카데미 위촉
헌법개정초안 연구진 (당시 직함)
김철수 서울대 교수
양호민 조선일보 논설위원
장을병 성균관대 교수
한정일 건국대 교수
임종률 숭전대 교수
양 건 숭전대 교수

1979년 유신 체제가 무너진 후 서울의 봄을 맞이하게 되었을 때 크리스챤 아카데미(대화문화아카데미의 전신)는 민주화를 위해 새로운 헌법개정 대화 모임을 진행했다. 각계 대표가 참석한 대화모임에서 김철수 교수를 비롯해 양호민, 장을병, 한정일, 임종률, 양 건 등 6명의 교수를 헌법개정연구위원으로 위촉, 헌법개정 초안을 제시하고 폭넓은 토론을 거쳐 『바람직한 헌법개정의 내용』을 출판하였다.

〈바람직한 헌법개정의 내용〉을 주제로 한 크리스챤 아카데미의 대화모임은 1980년 1월 21일에서 22일까지 수유리 아카데미하우스에서 열렸다. 각계 대표 100여 명이 참가한 이번 대화의 모임은 헌법개정 초안을 놓고 진지하며 열띤 토의를 가졌다. 이 모임은 첫째로, 헌법개정 논의가 국회, 행정부, 사회단체별로 서서히 일고 있는 이 시점에서 구체적인 법 시안을 놓고 토의를 거침으로써, 일방통행식 의견 개진으로 특징 지워지는 공청회의 분위기와는 다른 것이라는 점, 둘째로 참가자가 법조계, 학계, 언론계, 종교계, 농민, 근로자, 여성계 등 고루 분포돼 있어서 헌법초안을 다방면으로 분석 검토함으로써 국민적 차원의 의사를 반영했다는 점에서 주목을 받았다.

5.4. 대화문화아카데미 2011 새헌법안

전문

유구한 역사와 전통에 빛나는 우리 대한국민은 3·1운동으로 건립된 대한민국임시정부의 법통과 4월혁명 및 6월항쟁의 민주이념을 계승하고, 민주주의와 법치주의, 사회정의, 평화통일, 그리고 세계평화의 사명에 입각하여 생명존중과 생태보전, 자유, 평등, 연대, 복지의 가치를 바탕으로 자유민주적 기본질서를 더욱 확고히 하여 정치·경제·사회·문화의 모든 영역에서 모든 이에게 기회균등과 다양성을 보장하며, 자율과 책임, 권리와 의무를 완수케 하여 안으로는 삶의 질의 균등한 향상을 기하고 밖으로는 인류의 항구적인 공존공영에 이바지함으로써 우리들과 우리 자손들의 안전과 자유와 행복을 영원히 확보할 것을 다짐하면서 1948년 7월 12일에 제정되고 9차에 걸쳐 개정된 헌법을 이제 국회의 의결을 거쳐 국민투표에 의해 개정한다.

제1장 총강

제1조 ①대한민국은 민주공화국이다.
②대한민국의 주권은 국민에게 있고, 모든 권력은 국민으로부터 나온다.

제2조 ①대한민국의 국민이 되는 요건은 법률로 정한다.
②국가는 법률이 정하는 바에 의하여 재외국민을 보호할 의무를 진다.

제3조 대한민국의 영토는 한반도와 그 부속도서로 한다.

제4조 대한민국은 통일을 지향하며, 자유민주적 기본질서에 바탕을 둔 평화통일 정책을 수립하고 추진한다.

제5조 대한민국은 국제평화의 유지에 노력하고 침략적 전쟁을 부인한다.

제6조 ①헌법에 의하여 체결·공포된 조약과 일반적으로 승인된 국제법규는 국내법과 같은 효력을 가진다.
②외국인은 국제법과 조약이 정하는 바에 의하여 그 지위가 보장된다.

제7조 ①정당의 설립은 자유이며, 복수정당제는 보장된다.
②정당은 그 목적·조직과 활동이 민주적이어야 하며, 국민의 정치적 의사형성에 참여하는데 필요한 조직을 가져야 한다.
③정당은 법률이 정하는 바에 의하여 국가의 보호를 받으며, 국가는 법률이 정하는 바에 의하여 정당운영에 필요한 자금을 보조할 수 있다.
④정당의 목적이나 활동이 민주적 기본질서에 위배될 때에는 정부는 헌법재판소에 그 해산을 제소할 수 있고, 정당은 헌법재판소의 심판에 의하여 해산된다.

제8조 ①공무원은 국민전체에 대한 봉사자이며, 국민에 대하여 책임을 진다.
②공무원의 신분과 정치적 중립성은 법률이 정하는 바에 의하여 보장된다.

제2장 기본권과 기본의무

제9조 ①모든 사람은 인간으로서의 존엄과 가치를 가지며, 행복을 추구할

권리를 가진다. 국가는 개인이 가지는 불가침의 기본적 인권을 확인하고 이를 보장할 의무를 진다.

②모든 사람은 생명의 권리를 가진다.

③사형은 금지된다.

제10조 ①모든 사람은 법 앞에 평등하다.

②모든 사람은 성, 종교, 종족, 연령, 신체적 조건이나 정신적 장애, 출신, 성적 지향 또는 사회적 신분 등에 의하여 정치적·경제적·사회적·문화적 생활의 모든 영역에 있어서 차별을 받지 아니한다.

③국가는 성평등의 실질적 실현을 위하여 노력하여야 한다.

제11조 ①모든 사람은 신체의 자유를 가진다. 누구든지 법률에 의하지 아니하고는 체포·구금·압수·수색 또는 심문을 받지 아니하며, 법률과 적법한 절차에 의하지 아니하고는 처벌·보안처분 또는 강제노역을 받지 아니한다.

②모든 사람은 형사상 자기에게 불리한 진술을 강요당하지 아니한다. 고문은 금지된다.

③체포·구속·압수 또는 수색을 할 때에는 적법한 절차에 따라 법관이 발부한 영장을 제시하여야 한다. 다만, 현행범인인 경우와 장기 3년 이상의 형에 해당하는 죄를 범하고 도피 또는 증거인멸의 염려가 있을 때에는 사후에 영장을 청구할 수 있다.

④누구든지 체포 또는 구속을 당한 때에는 즉시 변호인의 조력을 받을 권리를 가진다. 다만, 형사피고인이 스스로 변호인을 구할 수 없을 때에는 법률이 정하는 바에 의하여 국가가 변호인을 붙인다.

⑤누구든지 체포 또는 구속의 이유와 변호인의 조력을 받을 권리가 있음을 고지받지 아니하고는 체포 또는 구속을 당하지 아니한다. 체포 또는 구속을 당한 자의 가족 등 법률이 정하는 자에게는 그 이유와 일시·장소가 지체 없이 통지되어야 한다.

⑥누구든지 체포 또는 구속을 당한 때에는 적부의 심사를 법원에 청구할 권리를 가진다.

⑦피고인의 자백이 고문·폭행·협박·구속의 부당한 장기화 또는 기망 기타의 방법에 의하여 자의로 진술된 것이 아니라고 인정될 때 또는 정식재판에 있어서 피고인의 자백이 그에게 불리한 유일한 증거일 때에는 이를 유죄의 증거로 삼거나 이를 이유로 처벌할 수 없다.

제12조 ①모든 사람은 행위시의 법률에 의하여 범죄를 구성하지 아니하는 행위로 소추되지 아니하며, 동일한 범죄에 대하여 거듭 처벌받지 아니한다.
②모든 국민은 소급입법에 의하여 참정권의 제한을 받거나 재산권을 박탈당하지 아니한다.
③모든 국민은 자기의 행위가 아닌 친족의 행위로 인하여 불이익한 처우를 받지 아니한다.
④특정 집단의 전부 또는 일부를 말살할 목적으로 범해진 집단살해, 공권력에 의한 반인륜적 범죄에 대해서는 공소시효를 배제한다.

제13조 ①모든 국민은 거주·이전의 자유를 가진다.
②모든 국민은 어떤 이유로도 추방당하지 아니 한다.
③국가는 국제법과 법률에 따라 난민을 보호한다.

제14조 모든 사람은 직업의 자유를 가진다.

제15조 모든 사람은 주거의 자유를 침해받지 아니한다. 주거에 대한 압수나 수색을 할 때에는 법관이 발부한 영장을 제시하여야 한다.

제16조 ①모든 사람은 사생활의 비밀과 자유를 침해받지 아니한다.
②모든 사람은 자기 정보에 대한 결정의 자유를 가진다.

③모든 사람은 통신의 비밀을 침해받지 아니한다.

제17조 모든 사람은 양심과 사상의 자유를 가진다.

제18조 ①모든 사람은 종교의 자유를 가진다.
②국교는 인정되지 아니하며, 종교와 정치는 분리된다.

제19조 ①모든 사람은 언론·출판의 자유를 가진다.
②모든 사람은 알 권리를 가진다.
③ 언론·출판에 대한 허가나 검열은 금지된다.

제20조 ①모든 사람은 집회·시위의 자유를 가진다.
②집회·시위에 대한 허가는 금지된다.

제21조 ①모든 사람은 결사의 자유를 가진다.
②결사에 대한 허가는 금지된다.

제22조 ①모든 사람은 학문과 예술의 자유를 가진다.
②대학의 자치는 보장된다.
③저작자·발명가·과학기술자와 예술가의 권리는 법률로써 보호한다.

제23조 ①모든 국민의 재산권은 보장된다. 그 내용과 한계는 법률로 정한다.
②재산권의 행사는 공공복리에 적합하도록 하여야 한다.
③공공필요에 의한 재산권의 수용·사용 또는 제한 및 그에 대한 보상은 법률로써 하되, 정당한 보상을 지급하여야 한다.

제24조 모든 국민은 법률이 정하는 바에 의하여 선거권을 가진다.

제25조 모든 국민은 법률이 정하는 바에 의하여 공무담임권을 가진다.

제26조 ①모든 사람은 법률이 정하는 바에 의하여 국가기관에 문서로 청원할 권리를 가진다.
②국가는 청원에 대하여 심사할 의무를 진다.

제27조 ①누구든지 헌법과 법률이 정한 법관에 의하여 법률에 의한 재판을 받을 권리를 가진다.
②군인 또는 군무원이 아닌 국민은 대한민국의 영역 안에서는 중대한 군사상 기밀·초병·초소·유독음식물공급·포로·군용물에 관한 죄 중 법률이 정한 경우와 비상계엄이 선포된 경우를 제외하고는 군사법원의 재판을 받지 아니한다.
③누구든지 신속한 재판을 받을 권리를 가진다. 형사피고인은 상당한 이유가 없는 한 지체 없이 공개재판을 받을 권리를 가진다.
④형사피의자 또는 형사피고인은 유죄의 판결이 확정될 때까지는 무죄로 추정된다.
⑤형사피해자는 법률이 정하는 바에 의하여 당해 사건의 재판절차에서 진술할 수 있다.

제28조 형사피의자 또는 형사피고인으로서 구금되었던 자가 법률이 정하는 불기소처분을 받거나 무죄판결을 받은 때에는 법률이 정하는 바에 의하여 국가에 정당한 보상을 청구할 수 있다.

제29조 공무원의 직무상 불법행위로 손해를 받은 국민은 법률이 정하는 바에 의하여 국가 또는 공공단체에 정당한 배상을 청구할 수 있다. 이 경우 공

무원 자신의 책임은 면제되지 아니한다.

제30조 타인의 범죄행위로 인하여 생명·신체에 대한 피해를 받은 국민은 법률이 정하는 바에 의하여 국가로부터 구조를 받을 수 있다.

제31조 ①모든 국민은 학습할 권리가 있으며 능력에 따라 균등하게 교육을 받을 권리를 가진다.
②모든 국민은 그 보호하는 자녀에게 적어도 초등교육과 법률이 정하는 교육을 받게 할 의무를 진다.
③의무교육은 무상으로 한다.
④교육의 자주성·전문성·정치적 중립성은 법률이 정하는 바에 의하여 보장된다.
⑤국가는 평생교육을 진흥하여야 한다.
⑥학교교육 및 평생교육을 포함한 교육제도와 그 운영, 교육재정 및 교원의 지위에 관한 기본적인 사항은 법률로 정한다.

제32조 ①모든 국민은 근로의 권리를 가진다. 국가는 사회적·경제적 방법으로 근로자의 고용의 증진과 적정임금의 보장에 노력하여야 하며, 법률이 정하는 바에 의하여 최저임금제를 시행하여야 한다.
②근로조건의 기준은 인간의 존엄성을 보장하도록 법률로 정한다.
③여성의 근로는 특별한 보호를 받으며, 고용·임금 및 근로조건에 있어서 부당한 차별을 받지 아니한다.
④아동의 근로는 특별한 보호를 받는다.
⑤국가유공자·상이군경 및 전몰군경의 유가족은 법률이 정하는 바에 의하여 우선적으로 근로의 기회를 부여받는다.

제33조 ①근로자는 근로조건의 향상을 위하여 자주적인 단결권·단체교섭

권 및 단체행동권을 가진다.

②공무원인 근로자는 법률이 정하는 자에 한하여 단결권·단체교섭권 및 단체행동권을 가진다.

③법률이 정하는 주요방위산업체에 종사하는 근로자의 단체행동권은 법률이 정하는 바에 의하여 이를 제한하거나 인정하지 아니할 수 있다.

제34조 ①모든 국민은 인간다운 생활을 할 권리를 가진다.
②국가는 사회보장·사회복지의 증진에 노력할 의무를 진다.
③국가는 질병과 재해를 예방하고 그 위험으로부터 국민을 보호하기 위하여 노력하여야 한다.
④장애인은 신체장애자 및 질병·노령 기타의 사유로 생활능력이 없는 국민은 법률이 정하는 바에 의하여 국가의 특별한 보호를 받는다.
⑤질병·노령 기타의 사유로 생활능력이 없는 국민은 법률이 정하는 바에 의하여 국가의 보호를 받는다.

제35조 ①모든 국민은 아동기에 성장과 발전을 위하여 국가와 사회의 특별한 보호를 받을 권리를 가진다. 아동은 자신의 정신적, 신체적 성숙정도에 따라 기본권을 향유하고 행사한다.
②아동의 양육은 부모의 권리인 동시에 의무이며, 부모는 의무를 이행함에 있어서 국가의 도움을 받는다. 부모가 그들의 기본적 의무를 적절하게 이행하지 못할 경우, 아동을 부모로부터 분리하는 등 부모의 권리에 대한 제한 또는 중지에 대한 조건과 절차는 법률로 정한다.
③혼인 외의 출생자의 정신적, 신체적 성장과 사회적 지위에 관하여 입법을 통하여 혼인 중의 출생자와 동일한 기회가 부여되도록 규정하여야 한다.
④부모가 없는 아동, 유기아동, 장애아동에 대하여 국가는 법률이 정하는 바에 따라 특별한 보호를 한다.
⑤아동에 관한 모든 사안에 있어서 아동의 최선의 이익이 최우선적으로 고

려되어야 하며, 아동의 의사를 반영할 수 있는 적정한 절차가 마련되어야 한다. 아동의 권리가 침해된 경우 구제를 위하여 적절한 지원 방식과 절차를 법률로 정한다.

제36조 모든 사람은 노년기에 국가와 사회의 특별한 보호를 받을 권리를 가지며, 이 권리의 실현을 위하여 국가는 특별한 조치를 할 의무를 진다.

제37조 ①모든 국민은 건강하고 쾌적한 환경에서 생활할 권리를 가지며, 국가와 국민은 환경보전을 위하여 노력하여야 한다.
②환경권의 내용과 행사에 관하여는 법률로 정한다.
③국가는 모든 국민이 쾌적한 주거생활을 할 수 있도록 노력하여야 한다.

제38조 ①혼인과 가족생활은 개인의 존엄과 성평등을 기초로 성립되고 유지되어야 하며, 국가는 이를 보장한다.
②국가는 자녀의 출산과 양육에 관하여 지원해야할 의무가 있다.
③모든 국민은 보건에 관하여 국가의 보호를 받는다.

제39조 ①자유와 권리는 헌법에 열거되지 아니한 이유로 경시되지 아니한다.
②자유와 권리는 국가안전보장·질서유지 또는 공공복리를 위하여 필요한 경우에 한하여 법률로써 제한할 수 있으며, 제한하는 경우에도 자유와 권리의 본질적인 내용을 침해할 수 없다.

제40조 모든 국민은 법률이 정하는 바에 의하여 납세의 의무를 진다.

제41조 ①모든 국민은 법률이 정하는 바에 의하여 국방의 의무를 진다.
②누구든지 병역의무의 이행으로 인하여 불이익을 받지 아니한다.

③누구도 양심에 반하여 집총병역을 강제 받지 아니하고, 법률이 정하는 바에 의하여 대체복무를 할 수 있다.

제3장 입법부

제42조 ①입법권은 국회에 속한다.
②국회는 상원과 하원으로 조직된다.
③상원과 하원은 국민의 보통·평등·직접·비밀·자유선거에 의하여 선출된 의원으로 구성한다.
④상원의원과 하원의원은 서로 겸직할 수 없다.
⑤국회의원의 수는 법률로 정하되 하원의원은 250인, 상원의원은 100인을 상한으로 한다.
⑥국회의원의 선거구와 비례대표제 기타 선거에 관한 사항은 법률로 정한다. 단, 상원은 도 단위 선거구와 비례대표제에 의하여 선출한다.
⑦국회의원의 소환에 관한 사항은 법률로 정한다.

제43조 ①상원의원의 임기는 6년으로 하고, 2년마다 의원의 3분의 1을 개선한다.
②하원의원의 임기는 4년으로 한다. 단, 하원이 해산된 때에는 해산과 동시에 임기가 종료한다.

제44조 국회의원은 법률이 정하는 직을 겸할 수 없다.

제45조 ①상원은 의장 1인과 부의장 1인을 선출한다.
②하원은 의장 1인과 부의장 2인을 선출한다.
③상원의장은 양원합동회의의 의장이 된다.

제46조 상원과 하원은 법률에 저촉되지 아니하는 범위 안에서 의사와 내부 규율에 관한 규칙을 제정할 수 있다.

제47조 ①상원과 하원은 의원의 자격을 심사하며, 의원을 징계할 수 있다.
②상원과 하원에서 소속 의원을 제명하려면, 각 원 재적의원 3분의 2 이상의 찬성이 있어야 한다.
③제1항과 제2항의 처분에 대해서는 법원에 제소할 수 없다.

제48조 ①국회의원은 현행범인인 경우를 제외하고는 국회의 동의없이 체포 또는 구금되지 아니한다.
②국회의원이 체포 또는 구금된 때에는 현행범인이 아닌 한 국회의 요구가 있으면 석방된다.

제49조 국회의원은 국회에서 행한 직무상 발언과 표결에 관하여 국회외에서 책임을 지지 아니한다.

제50조 ①국회의원은 청렴의 의무가 있다.
②국회의원은 국가이익을 우선하여 양심에 따라 직무를 행한다.
③국회의원은 그 지위를 남용하여 국가·공공단체 또는 기업체와의 계약이나 그 처분에 의하여 재산상의 권리·이익 또는 직위를 취득하거나 타인을 위하여 그 취득을 알선할 수 없다.

제51조 ①국회는 의결로써 개회 및 폐회하고 폐·휴회 기간은 연간 60일을 초과할 수 없다.
②각 원은 휴회기간 중이라도 재적의원 4분의 1 이상의 요구가 있을 경우에는 집회할 수 있다.

제52조 ①상원과 하원은 각각 독립적으로 회의를 개최한다. 다만, 필요한 경우에는 법률이 정하는 바에 따라 양원합동회의를 개최할 수 있다.

②상원과 하원의 회의는 공개한다. 다만, 출석의원 과반수의 찬성이 있거나, 의장이 국가의 안전보장을 위하여 필요하다고 인정할 때에는 공개하지 아니할 수 있다.

③공개하지 아니한 회의 내용의 공표에 관하여는 법률이 정하는 바에 의한다.

제53조 국회는 헌법 또는 법률에 달리 규정된 경우를 제외하고는 각 원의 재적의원 과반수의 출석과 출석의원 과반수의 찬성으로 의결한다. 가부동수인 때에는 부결된 것으로 본다.

제54조 ①국회의 의결을 요하는 의안에 관하여 양원의 의결이 일치하지 아니하는 때에는 양원협의위원회에서 단일안을 작성·발의하여 각 원에서 다시 의결한다.

②예산법률안에 관하여는 하원가결안이 상원에 접수된 후 30일 이내에 상원이 이를 의결하지 않거나 각 원이 양원협의회안에 대하여 의결을 완료하지 못한 때에는 원래의 하원가결안을 국회에서 의결된 것으로 본다.

제55조 국회에 제출된 법률안 기타의 의안은 회기중에 의결되지 못한 이유로 폐기되지 아니한다. 다만, 국회의원의 임기가 만료된 때에는 그러하지 아니하다.

제56조 ①상원의원과 하원의원은 그가 소속한 원에 법률안을 제출할 수 있다. 총리는 내각회의의 의결을 거쳐 양원 중 하나의 원에 법률안을 제출할 수 있다. 단 세입·징수에 관한 모든 법률안, 재정법률안 및 정부지출이 수반

되는 사회보장법률안은 하원에 먼저 제출하여야하고, 지방자치단체에 중대한 영향을 줄 수 있는 법률안은 상원에 먼저 제출하여야한다.

②정부제출법률안의 심의는 법률안이 먼저 제출된 원에서 총리가 제출한 원안을 대상으로 한다. 다른 원에서 가결한 법률안의 심의는 송부된 안을 대상으로 한다.

③정부제출법률안 또는 의원발의법률안을 먼저 제출받은 원의 본회의 1차 심의는 법률안이 제출된 날로부터 5주가 경과한 후에 개시할 수 있다. 다른 원에서는 법률안이 송부된 날로부터 3주가 경과한 후에 본회의에서 심의할 수 있다.

제57조 ①국회에서 의결된 법률안은 집행부에 이송되어 15일 이내에 대통령이 공포한다.

②대통령은 법률안에 이의가 있을 때 제1항의 기간 내에 이의서를 붙여 국회로 환부하고, 재의를 요구할 수 있다. 또 총리가 내각회의의 의결을 거쳐 법률안에 대한 재의요구를 제청한 경우 대통령은 제1항의 기간 내에 이의서를 붙여 국회로 환부하고, 재의를 요구하여야 한다. 단, 대통령은 법률안의 일부에 대하여 또는 법률안을 수정하여 재의를 요구할 수 없다.

③대통령의 재의요구가 있을 때에는 법률안을 최초 의결한 원에서부터 다시 심의하여야 한다. 각 원에서 재적의원 과반수의 출석과 출석의원 3분의2 이상의 찬성으로 전과 같은 의결을 하면 그 법률안은 법률로서 확정된다.

④대통령은 법률안이 위헌이라고 판단되는 경우 제1항의 기간 내에 헌법재판소에 위헌여부의 심판을 제청할 수 있다. 이 경우 대통령은 헌법재판소에 서면으로 의견을 표명하여야 한다. 헌법재판소에서 위헌으로 결정되지 않은 법률안은 결정선고일에 법률로서 확정된다.

⑤대통령이 제1항의 기간내에 공포나 재의요구 또는 위헌여부심판제청을 하지 아니한 때에는 그 법률안은 법률로서 확정된다.

⑥대통령은 제3항, 제4항, 제5항의 규정에 의하여 확정된 법률을 지체 없

이 공포하여야 한다. 단 제3항의 규정에 의하여 확정된 법률이 위헌이라고 판단되는 경우에는 대통령은 그 확정법률이 집행부에 이송된 후 5일 이내에 헌법재판소에 위헌심판을 제청할 수 있다. 이 경우 대통령은 헌법재판소에 서면으로 의견을 표명하여야 한다.

⑦제5항에 의하여 법률이 확정된 후 또는 제3항 또는 제4항에 의한 확정법률이 정부에 이송된 후 5일 이내에 대통령이 공포하지 아니할 때에는 상원의장이 이를 공포한다. 제6항 단서에서 헌법재판소가 위헌 결정을 하지 않은 경우 결정선고일로부터 5일 이내에 대통령이 공포하지 아니할 때에는 상원의장이 이를 공포한다.

⑧법률은 특별한 규정이 없는 한 공포한 날로부터 20일을 경과함으로써 효력을 발생한다.

제58조 ①국회는 집행부에서 제출한 예산법률안을 심의 확정한다.

②집행부는 회계연도마다 예산안을 법률의 형식으로 회계연도 개시 120일 전까지 국회에 제출하고, 국회는 회계연도 개시 30일전까지 이를 의결하여야 한다.

③새로운 회계연도가 개시될 때까지 예산법률안이 의결되지 못한 때에는 집행부는 국회에서 예산법률안이 의결될 때까지 다음의 목적을 위한 경비는 전년도 예산에 준하여 집행할 수 있다.

1. 헌법이나 법률에 의하여 설치된 기관 또는 시설의 유지·운영
2. 법률상 지출의무의 이행
3. 이미 예산으로 승인된 사업의 계속

제59조 ①한 회계연도를 넘어 계속하여 지출할 필요가 있을 때에는 집행부는 연한을 정하여 계속비에 관한 예산법률안을 국회에 제출하여 국회의 의결을 얻어야 한다.

②예비비는 총액으로 국회의 의결을 얻어야 한다. 예비비의 지출은 차기국

회의 승인을 얻어야 한다.

제60조 집행부는 예산에 변경을 가할 필요가 있을 때 추가경정예산법률안을 편성하여 국회에 제출하여 그 의결을 얻어야 한다.

제61조 국회는 집행부의 동의없이 집행부가 제출한 지출예산 각항의 금액을 증가하거나 새 비목을 설치할 수 없다.

제62조 ①국채를 모집하거나 예산외에 국가의 부담이 될 계약을 체결하려 할 때에는 집행부는 미리 국회의 의결을 얻어야 한다.
②국가의 채무 부담의 한계는 법률로 정한다.

제63조 조세의 종목과 세율은 법률로 정한다.

제64조 ①국회는 상호원조 또는 안전보장에 관한 조약, 중요한 국제조직에 관한 조약, 우호통상항해조약, 주권의 제약에 관한 조약, 강화조약, 국가나 국민에게 중대한 재정적 부담을 지우는 조약 또는 입법사항에 관한 조약의 체결·비준에 대한 동의권을 가진다.
②국회는 선전포고, 국군의 외국에의 파견 또는 외국군대의 대한민국 영역 안에서의 주류에 대한 동의권을 가진다.

제65조 ①하원은 재적의원 4분의 1 이상의 발의와 재적의원 과반수로 내각불신임을 의결할 수 있다. 총리가 요구한 내각신임동의안에 대해서도 하원 재적의원 과반수로 내각불신임을 의결할 수 있다. 내각불신임의 의결은 후임 총리를 선출하고 재직중인 총리의 해임을 대통령에게 요청하는 방식으로 한다. 대통령은 하원이 선출한 후임 총리를 임명하여야 한다.
②제1항의 의결은 불신임발의안 또는 신임동의안이 하원에 제출된 후 48

시간이 경과한 이후에만 표결할 수 있으며, 무기명투표를 원칙으로 한다.

③총선거를 통하여 내각이 구성된 후 1년 이내에는 내각불신임을 의결할 수 없다. 하원은 내각불신임 의결 이후 1년 이내에는 재차 내각불신임을 의결할 수 없다.

제66조 ①국회는 법률에 정한 공무원의 임명에 대한 인준권을 가진다.
②인준절차에 관해 상세한 것은 법률로 정한다.

제67조 ①대통령·총리·장관·헌법재판소 재판관·법관·중앙선거관리위원회 위원·감사원장·감사위원 기타 법률이 정한 공무원이 그 직무집행에 있어서 헌법이나 법률을 위배한 때에는 국회는 탄핵의 소추를 의결할 수 있다.
②제1항의 탄핵소추는 하원의 재적의원 3분의 1 이상의 발의와 재적의원 과반수의 찬성으로 의결된다. 다만 대통령에 대한 탄핵소추는 하원의 재적의원 과반수의 발의와 양원에서 각각 재적의원 3분의 2 이상의 찬성이 있어야 한다.
③탄핵소추의 의결을 받은 자는 탄핵심판이 있을 때까지 그 권한행사가 정지된다.
④탄핵결정은 공직으로부터 파면함에 그친다. 그러나, 이에 의하여 민사상이나 형사상의 책임이 면제되지는 아니한다.

제68조 ①상원과 하원은 특정한 국정 사안에 대하여 조사할 수 있으며, 이에 필요한 서류의 제출 또는 증인의 출석과 증언이나 의견의 진술을 요구할 수 있다.
②국정조사에 관한 절차 기타 필요한 사항은 법률로 정한다.

제69조 ①총리, 내각의 장관 또는 정부위원은 상원, 하원이나 각 원의 위

원회에 출석하여 국정처리상황을 보고하거나 의견을 진술하고 질문에 응답할 수 있다.

②상원, 하원이나 각 원의 위원회의 요구가 있을 때에는 총리, 내각의 장관 또는 정부위원은 출석·답변하여야 하며, 총리 또는 내각의 장관이 출석요구를 받은 때에는 내각의 장관 또는 정부위원으로 하여금 출석·답변하게 할 수 있다.

제4장 집행부

제1절 총칙

제70조 ①집행권은 대통령, 총리, 내각으로 구성된 집행부에 속한다.
②집행권에 속하는 것으로서 헌법에 대통령의 권한으로 규정된 것 외에는 행정부의 권한으로 본다.

제2절 대통령

제71조 ①대통령은 국가의 수반으로서 외국에 대하여 국가를 대표한다.
②대통령은 국가의 독립·영토의 보전·국가의 계속성과 헌법을 수호하며 사회 통합을 위하여 노력할 책무를 진다.
③대통령은 조국의 평화적 통일을 위해 성실히 노력할 의무를 진다.

제72조 ①대통령은 국민의 보통·평등·직접·비밀·자유선거에 의해 선출된다.
②대통령으로 선거될 수 있는 자는 대한민국에 10년 이상 거주한 대한민국 국민으로서 선거일 현재 40세에 달하여야 한다.

③제1항의 선거에서 유효투표의 과반수를 얻은 후보자를 대통령으로 선출한다.

④모든 후보자가 유효투표의 과반수를 얻지 못한 경우에는 제1차 선거 14일 이후 21일 이내에 제2차 선거를 실시하여야 한다. 이 때 후보자 중에서 후보 포기를 하지 아니한 득표 상위 2인에 대해서만 제2차 투표를 실시한다.

⑤대통령후보자가 1인일 때에는 그 득표수가 선거권자 총수의 3분의 1 이상이 아니면 대통령으로 당선될 수 없다.

⑥대통령의 선거에 관하여 상세한 것은 법률로 정한다.

제73조 ①대통령의 임기가 만료되는 때에는 임기만료 35일 내지 20일 전에 후임자를 선거한다.

②대통령이 궐위된 때 또는 대통령 당선자가 사망하거나 판결 기타의 사유로 그 자격을 상실한 때에는 60일 이내에 후임자를 선거한다.

제74조 ①대통령은 취임시에 다음의 선서를 한다. "나는 헌법을 준수하고, 국가의 독립·영토의 보전·국가의 계속성과 헌법을 수호하며, 사회의 통합 및 조국의 평화적 통일, 그리고 국민의 자유와 복리의 증진을 위하여 대통령으로서의 직책을 성실히 수행할 것을 국민 앞에 엄숙히 선서합니다."

②대통령은 임기개시일 0시부터 권한행사를 시작한다.

제75조 ①대통령의 임기는 5년으로 하며, 1차에 한하여 중임할 수 있다.

②대통령은 임기개시일로부터 임기종료일까지 당적을 가질 수 없다.

제76조 대통령이 궐위되거나 사고로 인하여 직무를 수행할 수 없는 때에는 상원의장·하원의장·상원부의장·하원 제1부의장·하원 제2부의장의 순으로 그 권한을 대행한다. 대통령 권한대행자는 하원해산권, 국민투표부의권을 갖지 못한다.

제77조 대통령은 하원에 사퇴서를 제출함으로써 사임할 수 있다.

제78조 대통령은 총리의 제청으로 장관을 임명 또는 해임한다.

제79조 대통령은 헌법과 법률이 정하는 바에 의하여 공무원을 임면한다.

제80조 ①대통령은 대한민국이 체결하는 조약에 비준하고, 외교사절을 신임·접수·파견한다.
②대통령은 조약안이 위헌이라고 판단되는 경우 헌법재판소에 위헌여부의 심판을 제청할 수 있다. 이 경우 대통령은 헌법재판소에 서면으로 의견을 표명하여야 한다.
③대사 및 특사는 내각회의 의결을 거쳐 총리가 제청하여 대통령이 임명한다.
④대통령은 비준을 요하지 아니하는 국제협정의 체결과 관련한 협상에 대해 보고를 받는다.
⑤내각회의 의결을 거쳐 총리가 요청한 경우 대통령은 선전포고와 강화를 한다.

제81조 대통령은 총리의 제청으로 국군의 고위급 장교를 임명한다.

제82조 ①대통령은 법률에서 구체적으로 범위를 정하여 위임받은 사항과 법률을 집행하기 위하여 필요한 사항에 관하여 내각회의 의결을 거쳐 대통령령을 발할 수 있다.
②내각회의 의결을 거친 대통령령안에 위헌 또는 위법의 의심이 있을 경우, 대통령은 내각회의에 재의를 요구할 수 있다. 내각회의에서 재의결된 경우 대통령은 지체 없이 대통령령을 발하여야 한다.

제83조 ①대통령은 외교·국방·통일·경제·사회·환경에 관한 중요정책에 대하여 국민투표에 부칠 수 있다.

②대통령은 국가에 중대한 영향을 미치는 조약에 대하여 비준에 앞서 국민투표에 부칠 수 있다.

③국민투표에서 부결된 경우 국민투표일로부터 2년 이내에는 동일한 사항에 대해 다시 국민투표에 부칠 수 없다.

제84조 ①대통령 직속으로 생태환경, 평화통일, 교육, 문화예술, 방송통신에 관한 위원회를 둘 수 있다. 각 위원회의 조직, 직무범위 기타 필요한 사항은 법률로 정한다.

②대통령은 직무를 수행하기 위하여 필요한 위원회를 둘 수 있다. 위원회의 설치와 운영에 필요한 입법과 예산지원을 요청받은 국가기관은 이에 협조하여야 한다.

제85조 ①대통령은 사면위원회의 의결을 거쳐 특별사면권을 행사할 수 있다.

②총리는 대통령에게 전항의 사면권 행사를 요청할 수 있다.

③대통령은 사면위원회의 의결을 거쳐 대법원의 의견을 서면으로 받은 후 일반사면안을 발의할 수 있다. 발의된 일반사면안은 법률로써 의결되어야 한다. 일반사면에 관하여 기타 필요한 사항은 법률로 정한다.

④사면위원회의 조직·절차 기타 필요한 사항은 법률로 정한다.

제86조 ①대통령은 다음 각 호의 경우에 총리의 제청으로 하원을 해산할 수 있다.

1. 총리가 요구한 신임동의안이 하원에서 재적의원 과반수의 찬성을 얻지 못한 경우
2. 하원에서 내각불신임이 의결된 경우

②하원 해산 30일 이후 60일 이내에 선거를 실시한다.

③하원해산으로 인한 선거가 실시된 후 1년 이내에는 다시 하원을 해산할 수 없다.

제87조 대통령은 스스로 또는 총리의 제청에 의해 훈장, 기타의 영전을 수여한다.

제88조 대통령은 국회에 출석하여 발언하거나 서한으로 의견을 표시할 수 있다.

제89조 대통령은 내란 또는 외환의 죄를 범한 경우를 제외하고는 재직중 형사상의 소추를 받지 아니한다. 다만, 증거보전 등을 위한 수사는 이루어질 수 있다.

제90조 대통령은 총리 · 장관 · 국회의원 기타 법률이 정하는 공사의 직을 겸할 수 없다.

제3절 행정부

제91조 행정부는 총리와 내각으로 구성된다. 총리는 행정부의 수반으로서 행정부의 활동을 지휘한다.

제92조 내각회의는 의장인 총리와 법률이 정하는 20인 이내의 장관으로 구성된다.

제93조 ①총리는 내각회의의 의결을 거쳐 국정 운영계획 및 대내외 기본 정책을 수립 · 실시하며, 이에 대해 하원에 책임을 진다.

②총리는 그 권한의 일부를 장관에게 위임할 수 있다.

제94조 총리와 장관은 법률이 정하는 공직에 취임하거나 겸직해서는 안 되며, 영리 목적의 다른 직업에 종사하여서는 안 된다.

제95조 ①총리는 하원에서 재적의원 과반수의 찬성으로 선출되고 대통령이 임명한다.
②하원 임기개시일로부터 2개월 내에도 국회에서 총리를 선출하지 못하는 경우 대통령은 하원을 해산할 수 있다.
③총리가 행정부의 총사퇴서를 제출하면 대통령은 총리를 해임한다.

제96조 ①총리와 내각의 장관은 그 후임자가 임명될 때까지 사무를 계속 처리한다.
②총리가 궐위되거나 사고로 인하여 직무를 수행할 수 없을 때에는 총리가 사전에 순위를 정하여 지명한 장관이 그 순서에 따라 총리의 권한을 대행한다.

제97조 ①총리는 내각회의를 주재한다.
②대통령은 대통령직의 수행을 위해 필요한 경우 내각회의에 출석하여 발언할 수 있으며, 서면으로 의견을 표명할 수 있다.

제98조 대한민국의 외교 및 대외정책은 총리가 내각회의의 의결을 거쳐 시행한다.

제99조 ①총리는 헌법과 법률이 정하는 바에 의하여 국군을 통수한다.
②총리는 군사문제에 관하여 국가안보회의를 주재한다. 대통령은 국가안보회의에 출석하여 발언하거나 서면으로 의견을 표명할 수 있다.

③국군은 국가의 안전보장 의무를 수행하며 정치적 중립을 준수하여야 한다.
　④국군의 조직과 편성은 법률로 정한다.

　제100조 ①총리는 내우·외환·천재·지변 또는 중대한 재정·경제상의 위기에 있어서 국가의 안전보장 또는 공공의 안녕질서를 유지하기 위하여 긴급한 조치가 필요하고 국회의 집회를 기다릴 여유가 없을 때에 한하여 최소한으로 필요한 재정·경제상의 처분 또는 이에 관하여 법률의 효력을 가지는 명령의 발령을 내각회의의 의결을 거쳐 대통령에게 요청할 수 있다.
　②총리는 국가의 안위에 관계되는 중대한 교전상태에 있어서 국가를 보위하기 위하여 긴급한 조치가 필요하고 국회의 집회가 불가능한 때에 한하여 법률의 효력을 가지는 명령의 발령을 내각회의의 의결을 거쳐 대통령에게 요청할 수 있다.
　③대통령은 제1항과 제2항의 요청에 대해 거부할 수 있다. 다만 이 경우 지체 없이 서면으로 거부사유를 밝혀 내각회의의 재의를 요구하여야 한다. 내각회의에서 재의결된 경우 대통령은 제1항과 제2항의 처분 또는 명령을 즉시 발하여야 한다.
　④대통령이 제1항과 제2항의 처분 또는 명령을 발한 때에는 지체 없이 국회에 보고하고 양원합동회의의 승인을 얻어야 한다.
　⑤제4항의 승인을 얻지 못한 때에는 그 처분 또는 명령은 그때부터 효력을 상실한다. 이 경우 그 명령에 의해 개정 또는 폐지되었던 법률은 그 명령이 승인을 얻지 못한 때부터 당연히 효력을 회복한다.

　제101조 ①총리는 전시·사변 또는 이에 준하는 국가비상사태에 있어서 병력으로써 군사상의 필요에 응하거나 공공의 안녕질서를 유지할 필요가 있을 때에는 법률이 정하는 바에 의하여 계엄의 선포를 내각회의의 의결을 거쳐 대통령에게 요청할 수 있다.

②대통령은 전항의 요청에 대해 거부할 수 있다. 다만 이 경우 지체 없이 서면으로 거부사유를 밝혀 내각회의 재의를 요구하여야 한다. 내각회의에서 재의결된 경우 즉시 계엄이 선포된 것으로 본다.

③계엄은 비상계엄과 경비계엄으로 한다.

④비상계엄이 선포된 때에는 법률이 정하는 바에 의하여 영장제도, 언론·출판·집회·결사의 자유, 거주·이전의 자유, 단체행동권 및 집행부나 법원의 권한에 관하여 특별한 조치를 할 수 있다.

⑤계엄을 선포한 때에는 대통령은 지체 없이 상원과 하원에 통고하여야 한다.

⑥국회의 양원합동회의에서 재적의원 과반수의 찬성으로 계엄의 해제를 요구한 때에는 대통령은 이를 해제하여야 한다.

제102조 ①국가안전보장에 관련되는 대외정책·군사정책과 국내정책의 수립에 관하여 내각회의 심의에 앞서 총리의 자문에 응하기 위하여 국가안전보장회의를 둔다.

②국가안전보장회의는 총리가 주재한다.

③국가안전보장회의의 조직·직무범위 기타 필요한 사항은 법률로 정한다.

제103조 ①국가경제의 발전을 위한 중요정책의 수립에 관하여 총리의 자문에 응하기 위하여 국가경제자문회의를 둘 수 있다.

②국가경제자문회의의 조직·직무범위 기타 필요한 사항은 법률로 정한다.

제104조 대통령과 총리의 국법상 행위는 문서로 하며, 헌법과 법률에 정한 바에 따라 총리 또는 관계 장관의 부서가 있어야 한다. 군사에 관한 것도 같다

제105조 ①총리는 법률이나 대통령령에 의해 구체적으로 범위를 정하여

위임받은 사항에 대하여 또는 직권으로 총리령을 발할 수 있다.

②내각의 장관은 소관사무에 관하여 법률이나 대통령령 또는 총리령에 의해 구체적으로 범위를 정하여 위임받은 사항에 대하여 또는 직권으로 부령을 발할 수 있다.

제106조 행정각부의 설치 · 조직과 직무범위는 법률로 정한다.

제5장 사법부

제1절 총칙

제107조 사법권은 헌법재판소와 법원에 속한다.

제108조 법관은 헌법과 법률에 의하여 그 양심에 따라 독립하여 심판한다.

제2절 헌법재판소

제109조 ①헌법재판소는 다음 사항을 관장한다.
1. 제57조 제4항 및 제6항, 제80조 제2항에서 정한 대통령의 제청에 의한 위헌여부의 심판
2. 법원의 제청에 의한 법률 · 명령 · 규칙 및 조약의 위헌여부심판
3. 탄핵의 심판
4. 정당의 해산 심판
5. 국가기관 상호간, 국가기관과 지방자치단체간 및 지방자치단체 상호간의 권한쟁의에 관한 심판
6. 헌법소원에 관한 심판

7. 제83조에서 정하는 국민투표의 효력에 관한 심판

8. 대통령, 국회의원의 선거 또는 당선의 효력에 관한 심판

9. 제76조에서 정하는 직무수행불능여부에 관한 심판

②헌법재판소의 장은 헌법재판관추천위원회의 추천을 받아 하원의 동의를 얻어 대통령이 임명한다.

③헌법재판소는 헌법재판소장을 포함하여 12인의 재판관으로 구성하며, 3인의 예비재판관을 둔다. 재판관과 예비재판관은 헌법재판관추천위원회의 3배수 추천을 받아 하원에서 선출한다.

④위 3항의 재판관의 자격, 재판관 및 예비재판관의 추천 및 선출에 관한 사항은 법률로 정한다.

제110조 ①헌법재판소장의 임기는 9년으로 하며, 중임할 수 없다.

②헌법재판소 재판관의 임기는 9년으로 하며, 중임할 수 없다.

③헌법재판소 재판관은 정당에 가입하거나 정치에 관여할 수 없다.

④헌법재판소 재판관은 탄핵 또는 금고 이상의 형의 선고에 의하지 아니하고는 파면되지 아니한다.

제111조 ①헌법재판소에서 결정을 하는 때에는 종국심리에 관여한 재판관의 과반수의 찬성이 있어야 한다. 단, 대통령에 대한 탄핵심판의 경우 재판관의 3분의 2 이상의 찬성이 있어야 한다.

②헌법재판소는 법률에 저촉되지 아니하는 범위 안에서 심판에 관한 절차, 내부규율과 사무처리에 관한 규칙을 제정할 수 있다.

③헌법재판소의 조직과 운영 기타 필요한 사항은 법률로 정한다.

제3절 법원

제112조 ①법원은 대법원과 각급법원으로 조직된다.

②법관의 자격은 법률로 정한다.

③국민은 법률이 정하는 바에 의하여 재판에 참여할 수 있다.

제113조 ①대법원에 부를 둘 수 있다.

②대법원에 대법관을 둔다. 다만, 법률이 정하는 바에 의하여 대법관이 아닌 법관을 둘 수 있다.

③대법원과 각급법원의 조직은 법률로 정한다.

제114조 ①대법원장은 대법관추천위원회의 추천을 받아 하원의 동의를 얻어 대통령이 임명한다.

②대법관은 대법관추천위원회의 추천을 받아 하원의 동의를 얻어 대통령이 임명한다.

③대법원장과 대법관이 아닌 법관은 각급법원의 추천을 받아 대법원장이 임명한다.

④대법관 및 법관의 추천에 관한 사항은 법률로 정한다.

제115조 ①대법원장의 임기는 6년으로 하며, 중임할 수 없다.

②대법관의 임기는 6년으로 하며, 법률이 정하는 바에 의하여 연임할 수 있다.

③대법원장과 대법관이 아닌 법관의 임기는 10년으로 하며, 법률이 정하는 바에 의하여 연임할 수 있다.

④법관의 정년은 법률로 정한다.

제116조 ①법관은 탄핵 또는 금고 이상의 형의 선고에 의하지 아니하고는 파면되지 아니하며, 징계처분에 의하지 아니하고는 정직·감봉 기타 불리한 처분을 받지 아니한다.

②법관이 중대한 심신상의 장해로 직무를 수행할 수 없을 때에는 법률이

정하는 바에 의하여 퇴직하게 할 수 있다.

제117조 ①법률·명령·규칙 또는 조약이 헌법에 위반되는 여부가 재판의 전제가 된 경우에는 법원은 헌법재판소에 제청하여 그 심판에 의하여 재판한다.
②재판의 전심절차로서 행정심판을 할 수 있다. 행정심판의 절차는 법률로 정하되, 사법절차가 준용되어야 한다.

제118조 대법원은 법률에서 저촉되지 아니하는 범위안에서 소송에 관한 절차, 법원의 내부규율과 사무처리에 관한 규칙을 제정할 수 있다.

제119조 재판의 심리와 판결은 공개한다. 다만, 심리는 국가의 안전보장 또는 안녕질서를 방해하거나 선량한 풍속을 해할 염려가 있을 때에는 법원의 결정으로 공개하지 아니할 수 있다.

제120조 ①군사재판을 관할하기 위하여 특별법원으로서 군사법원을 둘 수 있다.
②군사법원의 상고심은 대법원에서 관할한다.
③군사법원의 조직·권한 및 재판관의 자격은 법률로 정한다.

제6장 감사원 및 국가인권위원회

제1절 감사원

제121조 국가의 세입·세출의 결산, 국가 및 법률이 정한 단체의 회계검사와 행정기관 및 공무원의 직무에 관한 감찰을 하기 위하여 대통령 소속하에

감사원을 둔다.

제122조 ①감사원은 원장을 포함한 5인 이상 11인 이하의 감사위원으로 구성한다.
②원장은 하원의 동의를 얻어 대통령이 임명하고, 그 임기는 4년으로 하며, 1차에 한하여 중임할 수 있다.
③감사위원은 원장의 제청으로 대통령이 임명하고, 그 임기는 4년으로 하며, 1차에 한하여 중임할 수 있다.
제123조 감사원은 세입·세출의 결산을 매년 검사하여 대통령과 차년도 상원과 하원에 그 결과를 보고하여야 한다.

제124조 감사원의 조직·직무범위·감사위원의 자격·감사 대상공무원의 범위 기타 필요한 사항은 법률로 정한다.

제2절 국가인권위원회

제125조 헌법과 국제법규에 의하여 인정된 인권을 보호하고 증진하기 위하여 국가인권위원회를 둔다.

제126조 ①국가인권위원회는 위원장을 포함한 11명의 인권위원으로 구성한다.
②인권위원은 하원에서 선출한다. 위원장은 위원 중에서 호선한다.
③위원의 임기는 5년으로 하며, 1차에 한하여 중임할 수 있다.

제127조 국가인권위원회의 조직·직무범위 기타 필요한 사항은 법률로 정한다.

제7장 선거관리

제128조 ①선거와 국민투표의 공정한 관리 및 정당에 관한 사무를 처리하기 위하여 선거관리위원회를 둔다.
②중앙선거관리위원회는 대통령이 임명하는 3인, 국회에서 선출하는 3인과 대법원장이 지명하는 3인의 위원으로 구성한다. 위원장은 위원 중에서 호선한다.
③위원의 임기는 6년으로 한다.
④위원은 정당에 가입하거나 정치에 관여할 수 없다.
⑤위원은 탄핵 또는 금고 이상의 형의 선고에 의하지 아니하고는 파면되지 아니한다.
⑥중앙선거관리위원회는 법령의 범위안에서 선거관리·국민투표관리 또는 정당사무에 관한 규칙을 제정할 수 있으며, 법률에 저촉되지 아니하는 범위안에서 내부규율에 관한 규칙을 제정할 수 있다.
⑦각급 선거관리위원회의 조직·직무범위 기타 필요한 사항은 법률로 정한다.

제129조 ①각급 선거관리위원회는 선거인명부의 작성 등 선거사무와 국민투표사무에 관하여 관계 행정기관에 필요한 지시를 할 수 있다.
②제1항의 지시를 받은 당해 행정기관은 이에 응하여야 한다.

제130조 ①선거운동은 각급 선거관리위원회의 관리하에 법률이 정하는 범위 안에서 하되, 균등한 기회가 보장되어야 한다.
②선거에 관한 경비는 법률이 정하는 경우를 제외하고는 정당 또는 후보자에게 부담시킬 수 없다.

제8장 지방자치와 지방분권

제1절 총칙

제131조 ①국가는 지방자치단체가 수행할 수 없는 사무에 대해서 보충적으로 권한을 가진다.
②지방자치에 관하여 헌법이 정하는 기본적인 사항에 대해서는 지방자치기본법으로 정한다. 지방자치기본법의 제정이나 개정, 폐지는 각 원 재적의원 과반수 출석과 출석의원 3분의 2 이상의 찬성을 필요로 한다.

제2절 시·군·자치구

제132조 ①시·군·자치구는 법률에 위반되지 않는 범위 안에서 자신의 비용으로 모든 지역적인 사무를 자기 책임으로 처리한다.
②시·군·자치구는 법률에 위반되지 않는 범위 안에서 그 권한에 속하는 사무에 관한 조례를 제정할 수 있다.
③시·군·자치구는 그 사무를 처리하기 위한 비용을 충당하기 위해 필요한 세입과 세출을 자기 책임 하에 결정할 수 있다. 국가는 시·군·자치구가 그 사무를 원만하게 처리할 수 있도록 지원하여야 한다.

제133조 ①시·군·자치구에는 주민의 대표기관으로 시·군·자치구 의회를 둔다. 시·군·자치구의회는 주민의 보통·평등·직접·비밀·자유선거에 의하여 선출된 시·군·자치구 의원으로 구성한다. 시·군·자치구의회의 조직·권한·의원선거 등에 대해서는 법률에 위반되지 않는 범위 내에서 당해 시·군·자치구가 조례로 정한다.
②시·군·자치구의 업무를 수행하기 위한 집행기관의 조직과 구성에 대해서는 법률에 위반되지 않는 범위 내에서 당해 시·군·자치구가 조례로

정한다.

제3절 도

제134조 ①도의 구역과 명칭은 지방자치기본법으로 정한다.
②지방자치기본법으로 도와 같은 지위를 가진 시를 정할 수 있다.
③도에는 주민의 보통·평등·직접·비밀·자유선거에 의해서 구성되는 도민의 대표기관으로 도의회를 두어야 한다. 도의 조직, 인사, 재정, 기타 운영에 대해서는 법률에 정한 사항을 제외하고는 도의 기본조례로 정한다.

제135조 ①다음 각 호가 정하는 사항에 대해서는 국가만 입법권을 가지며 지방자치기본법에 특별한 규정이 없는 한 도는 입법권을 행사할 수 없다.
1. 외교, 국방, 국세, 국가조직
2. 통화, 물가정책, 금융정책, 수출입정책
3. 농산물·임산물·축산물·수산물 및 양곡의 수급조절과 수출입
4. 국가종합경제개발계획, 국토종합개발계획
5. 근로기준, 도량형
6. 우편, 철도, 고속국도
7. 항공, 기상, 원자력
8. 기타 성질상 국가만 입법권을 갖는 것이 명백한 사항
②제1항에 규정하지 않은 사항 중에서 지방자치기본법으로 정하는 사항에 대해서는 국가와 도가 경합적으로 입법권을 가진다. 국가는 전국적인 통일이 필요한 경우에 한하여 경합적인 입법권을 행사할 수 있다.
③한 지역에만 영향을 미치거나 지역의 정체성에 관련된 사항으로 이 헌법과 지방자치기본법에 의하여 국가의 입법권에 속하지 않는 사항은 도가 입법권을 갖는다.
④도의 조례는 시·군·자치구 조례에 우선하며 법률에 위반해서는 안 된다.

⑤이 헌법에서 법률로 규정하도록 되어 있는 사항이 도의 권한에 속하는 경우에는 도의 조례로 규정할 수 있다.

제136조 ①도가 입법권을 가지는 사항에 대해서는 도가 자치사무로 집행한다.
②국가와 도가 경합적으로 입법권을 갖는 사항에 대해서는 지방자치기본법에 특별한 규정이 없는 한 도가 자치사무로 집행한다.
③국가만 입법권을 갖는 사항에 대해서는 지방자치기본법에 의하여 도에 위임하여 수행하게 할 수 있다.

제137조 ①국가는 도가 그 사무를 수행하는데 필요한 재원을 보장하여야 한다.
②도세의 종류와 세율은 지방자치기본법에 위반하지 않는 범위 안에서 도가 조례로 정한다.
③도가 국가의 법률을 집행하는데 필요한 비용은 국가가 전액을 부담하여야 한다.

제9장 경제

제138조 ①대한민국의 경제질서는 개인과 기업의 경제상의 자유와 창의를 존중함을 기본으로 한다.
②국가는 균형 있는 국민경제의 성장 및 안정과 적정한 소득의 분배를 유지하고, 시장의 지배와 경제력의 남용을 방지하며, 경제주체간의 조화를 통한 경제의 민주화를 위하여 경제에 관한 규제와 조정을 할 수 있다.
③국가는 전국의 균형 있는 경제발전을 위하여 필요한 정책을 수립하고 시행한다.

제139조 ①국가는 국토의 천연자원 및 생태환경을 보전하고, 국토의 지속가능한 이용과 개발을 위해 필요한 정책을 수립하고 시행한다.

②광물과 그 밖의 중요한 지하자원·수산자원·수력과 경제적 가치를 가진 자연력은 법률에 따라 일정한 기간 채취·개발 또는 이용을 특허할 수 있다.

제140조 ①국가는 농업과 어업의 지속적인 개발 및 농어민의 권익을 신장하기 위하여 필요한 정책을 수립하고 시행한다.

②국가는 농지의 경자유전 원칙이 달성될 수 있도록 노력하며, 농업생산성의 제고와 농지의 합리적인 이용을 위하여 필요한 경우에는 법률에 따라 농지의 임대차와 위탁경영을 허용한다.

제141조 ①국가는 중소기업과 소상인을 보호하기 위하여 필요한 정책을 수립하고 시행한다.

②국가는 농수산물과 생활필수품의 수급균형을 유지하고 유통구조를 개선하여 가격이 안정될 수 있도록 노력한다.

③국가는 농·어민과 중소기업의 자조조직을 지원하고 그 자율적 활동을 보장한다.

④국가는 소비자의 권익을 보호하고 소비자운동을 보장한다.

제142조 국가는 국제교역의 효율성 제고와 경상수지의 균형을 위하여 필요한 정책을 수립하고 시행한다.

제143조 국방이나 국민경제에 긴절히 필요하여 법률이 정하는 경우가 아니고는, 사영기업을 국유나 공유로 이전하거나 그 경영을 통제 또는 관리할 수 없다.

제144조 ①국가는 과학기술의 혁신과 전문인력의 양성을 위하여 필요한 정책을 수립하고 시행한다.
②국가는 국가표준제도를 확립·관리한다.

제10장 헌법개정

제145조 ①헌법개정 제안은 상원 또는 하원 재적의원 과반수가 발의하거나, 하원의원 선거권자 70만명 이상의 찬성으로 할 수 있다.
②대통령은 제안된 헌법개정안을 20일 이상 공고하여야 한다.

제146조 ①상원과 하원은 헌법개정안이 공고된 날로부터 60일 이내에 의결하여야 하며, 양원에서 각각 재적의원 3분의 2 이상의 찬성을 얻어야 한다.
②헌법개정안은 국회가 의결한 후 30일 이내에 국민투표에 붙여 하원의원 선거권자 과반수의 투표와 투표자 과반수의 찬성을 얻어야 한다.
③헌법개정안이 제2항의 찬성을 얻은 때에는 헌법개정은 확정되며, 대통령은 즉시 이를 공포하여야 한다.

부칙

제1조 이 헌법은   년 월 일 시행한다.

제2조 이 헌법시행 당시의 법령과 조약은 이 헌법에 위배되지 아니하는 한 그 효력을 지속한다.

제3조 이 헌법시행 후 최초로 실시되는 총선거에 의해 선출되는 상원의원

의 3분의 1의 임기는 2년, 3분의 1의 임기는 4년, 그리고 나머지 3분의 1의 임기는 6년으로 한다. 그 구체적 내용은 법률로 정한다.

　※헌법재판관의 개선(改選)을 위한 임기 조정 등 그 밖에 상세한 부칙규정은 헌법개정 확정 발효시점의 사정에 맞추어 구체적으로 성문화하는 작업이 필요할 것으로 사료되어 이 새헌법안에서는 일단 유보한다.

5.5. 대화문화아카데미 2016 새헌법안

전문

유구한 역사와 전통에 빛나는 우리 대한국민은 3·1혁명으로 건립된 대한민국임시정부의 법통과 4월혁명 및 6월항쟁의 민주이념을 계승하고, 민주주의와 법치주의, 사회정의, 평화통일, 그리고 세계평화의 사명에 입각하여 생명존중과 생태보전, 자유, 평등, 연대, 복지의 가치를 바탕으로 자유민주적 기본질서를 더욱 확고히 하여 정치·경제·사회·문화의 모든 영역에서 모든 이에게 기회균등과 다양성을 보장하며, 자율과 책임, 권리와 의무를 완수케 하여 안으로는 삶의 질의 균등한 향상을 기하고 밖으로는 인류의 항구적인 공존공영에 이바지함으로써 우리들과 우리 자손들의 안전과 자유와 행복을 영원히 확보할 것을 다짐하면서 1948년 7월 12일에 제정되고 9차에 걸쳐 개정된 헌법을 이제 국회의 의결을 거쳐 국민투표에 의해 개정한다.

제1장 총강

제1조 ①대한민국은 민주공화국이다.
②대한민국의 주권은 국민에게 있고, 모든 권력은 국민으로부터 나온다.

제2조 ①대한민국의 국민이 되는 요건은 법률로 정한다.
②국가는 법률이 정하는 바에 의하여 재외국민을 보호할 의무를 진다.

제3조 대한민국의 영토는 한반도와 그 부속도서로 한다.

제4조 대한민국은 통일을 지향하며, 자유민주적 기본질서에 바탕을 둔 평화통일 정책을 수립하고 추진한다.

제5조 대한민국은 국제평화의 유지에 노력하고 침략적 전쟁을 부인한다.

제6조 ①헌법에 의하여 체결·공포된 조약과 일반적으로 승인된 국제법규는 국내법과 같은 효력을 가진다.
②외국인은 국제법과 조약이 정하는 바에 의하여 그 지위가 보장된다.

제7조 ①모든 국민은 자유롭게 정당을 설립할 수 있다. 복수정당제는 보장된다.
②정당은 그 목적·조직과 활동이 민주적이어야 한다.
③정당은 법률이 정하는 바에 의하여 국가의 보호를 받는다. 단, 정당의 목적이나 활동이 민주적 기본질서에 위배될 때에는 행정부가 내각의 의결을 거쳐, 대통령의 승인을 얻어, 헌법재판소에 그 해산을 제소할 수 있고, 헌법재판소는 결정으로써 그 정당의 해산을 명할 수 있다.
④국가는 법률이 정하는 바에 의하여 정당운영에 필요한 자금을 보조할 수 있다.

제8조 ①공무원은 국민전체에 대한 봉사자이며, 국민에 대하여 책임을 진다.
②공무원의 신분과 정치적 중립성은 법률이 정하는 바에 의하여 보장된다.

제2장 기본권과 기본의무

제9조 ①모든 사람은 인간으로서의 존엄과 가치를 가지며, 행복을 추구할 권리를 가진다. 국가는 개인이 가지는 불가침의 기본적 인권을 확인하고 이를 보장할 의무를 진다.
②모든 사람은 생명의 권리를 가진다.
③사형은 금지된다.

제10조 ①모든 사람은 법 앞에 평등하다.
②모든 사람은 성, 종교, 종족, 연령, 신체적 조건이나 정신적 장애, 출신, 성적 지향 또는 사회적 신분 등에 의하여 정치적·경제적·사회적·문화적 생활의 모든 영역에 있어서 차별을 받지 아니한다.
③국가는 성평등의 실질적 실현을 위하여 노력하여야 한다.

제11조 ①모든 사람은 신체를 훼손당하지 않을 권리와 신체의 자유를 가진다. 누구든지 법률에 의하지 아니하고는 체포·구속·압수·수색 또는 심문을 받지 아니하며, 법률과 적법한 절차에 의하지 아니하고는 처벌·보안처분 또는 강제노역을 받지 아니한다.
②모든 사람은 형사상 자기에게 불리한 진술을 강요당하지 아니한다. 고문은 금지된다.
③체포·구속·압수 또는 수색을 할 때에는 적법한 절차에 따라 법관이 발부한 영장을 제시하여야 한다. 다만, 현행범인인 경우와 장기 3년 이상의 형에 해당하는 죄를 범하고 도피 또는 증거인멸의 염려가 있을 때에는 사후에 영장을 청구할 수 있다.
④누구든지 체포 또는 구속을 당한 때에는 즉시 변호인의 조력을 받을 권리를 가진다. 다만, 형사피고인이 스스로 변호인을 구할 수 없을 때에는 법률이 정하는 바에 의하여 국가가 변호인을 붙인다.

⑤누구든지 체포 또는 구속의 이유와 변호인의 조력을 받을 권리가 있음을 고지받지 아니하고는 체포 또는 구속을 당하지 아니한다. 체포 또는 구속을 당한 자의 가족등 법률이 정하는 자에게는 그 이유와 일시·장소가 지체 없이 통지되어야 한다.

⑥누구든지 체포 또는 구속을 당한 때에는 적부의 심사를 법원에 청구할 권리를 가진다.

⑦피고인의 자백이 고문·폭행·협박·구속의 부당한 장기화 또는 기망 기타의 방법에 의하여 자의로 진술된 것이 아니라고 인정될 때 또는 정식재판에 있어서 피고인의 자백이 그에게 불리한 유일한 증거일 때에는 이를 유죄의 증거로 삼거나 이를 이유로 처벌할 수 없다.

제12조 ①모든 사람은 행위시의 법률에 의하여 범죄를 구성하지 아니하는 행위로 소추되지 아니하며, 동일한 범죄에 대하여 거듭 처벌받지 아니한다.

②모든 국민은 소급입법에 의하여 참정권의 제한을 받거나 재산권을 박탈당하지 아니한다.

③모든 국민은 자기의 행위가 아닌 친족의 행위로 인하여 불이익한 처우를 받지 아니한다.

④특정 집단의 전부 또는 일부를 말살할 목적으로 범해진 집단살해, 공권력에 의한 반인륜적 범죄에 대해서는 법률이 정하는 바에 의하여 공소시효를 배제한다.

제13조 ①모든 국민은 거주·이전의 자유를 가진다.

②모든 국민은 어떤 이유로도 추방당하지 아니 한다.

③국가는 국제법과 법률에 따라 난민을 보호한다.

제14조 모든 사람은 직업의 자유를 가진다.

제15조 모든 사람은 주거의 자유를 침해받지 아니한다. 주거에 대한 압수나 수색을 할 때에는 법관이 발부한 영장을 제시하여야 한다.

제16조 ①모든 사람은 사생활의 비밀과 자유를 침해받지 아니한다.
②모든 사람은 자기 정보에 대한 결정의 자유를 가진다.
③모든 사람은 통신의 비밀을 침해받지 아니한다.

제17조 모든 사람은 양심과 사상의 자유를 가진다.

제18조 ①모든 사람은 종교의 자유를 가진다.
②국교는 인정되지 아니하며, 종교와 정치는 분리된다.

제19조 ①모든 사람은 언론·출판의 자유를 가진다.
②모든 사람은 알 권리를 가진다.
③언론·출판에 대한 허가나 검열은 금지된다.

제20조 ①모든 사람은 집회·시위의 자유를 가진다.
②집회·시위에 대한 허가는 금지된다.

제21조 ①모든 사람은 결사의 자유를 가진다.
②결사에 대한 허가는 금지된다.

제22조 ①모든 사람은 학문과 예술의 자유를 가진다.
②대학의 자치는 보장된다.
③저작자·발명가·과학기술자와 예술가의 권리는 법률로써 보호한다.

제23조 ①모든 국민의 재산권은 보장된다. 그 내용과 한계는 법률로 정

한다.

　②재산권의 행사는 공공복리에 적합하도록 하여야 한다.

　③공공필요에 의한 재산권의 수용·사용 또는 제한 및 그에 대한 보상은 법률로써 하되, 정당한 보상을 지급하여야 한다.

　제24조 모든 국민은 법률이 정하는 바에 의하여 선거권을 가진다.

　제25조 모든 국민은 법률이 정하는 바에 의하여 공무담임권을 가진다.

　제26조 ①모든 사람은 법률이 정하는 바에 의하여 국가기관에 문서로 청원할 권리를 가진다.

　②국가는 청원에 대하여 심사할 의무를 진다.

　제27조 ①모든 사람은 헌법과 법률이 정한 법원에 의한 재판을 받을 권리를 가진다.

　②모든 국민은 신속한 재판을 받을 권리를 가진다. 형사피고인은 상당한 이유가 없는 한 지체 없이 공개재판을 받을 권리를 가진다.

　③형사피의자 또는 형사피고인은 유죄의 판결이 확정될 때까지는 무죄로 추정된다.

　④형사피해자는 법률이 정하는 바에 의하여 당해 사건의 재판절차에서 진술할 수 있다.

　제28조 형사피의자 또는 형사피고인으로서 구금되었던 자가 법률이 정하는 불기소처분을 받거나 무죄판결을 받은 때에는 법률이 정하는 바에 의하여 국가에 정당한 보상을 청구할 수 있다.

　제29조 공무원의 직무상 불법행위로 손해를 받은 국민은 법률이 정하는 바

에 의하여 국가 또는 공공단체에 정당한 배상을 청구할 수 있다. 이 경우 공무원 자신의 책임은 면제되지 아니한다.

제30조 타인의 범죄행위로 인하여 생명·신체에 대한 피해를 받은 국민은 법률이 정하는 바에 의하여 국가로부터 구조를 받을 수 있다.

제31조 ①모든 국민은 학습할 권리가 있으며 능력에 따라 균등하게 교육을 받을 권리를 가진다.
②모든 국민은 그 보호하는 자녀에게 적어도 초등교육과 법률이 정하는 교육을 받게 할 의무를 진다.
③의무교육은 무상으로 한다.
④교육의 자주성·전문성·정치적 중립성은 법률이 정하는 바에 의하여 보장된다.
⑤국가는 평생교육을 진흥하여야 한다.
⑥학교교육 및 평생교육을 포함한 교육제도와 그 운영, 교육재정 및 교원의 지위에 관한 기본적인 사항은 법률로 정한다.

제32조 ①모든 국민은 근로의 권리를 가진다. 국가는 근로자의 고용의 증진과 적정임금의 보장에 노력하여야 하며, 법률이 정하는 바에 의하여 최저임금제를 시행하여야 한다.
②근로조건의 기준은 인간의 존엄성을 보장하도록 법률로 정한다.
③여성의 근로는 특별한 보호를 받으며, 고용·임금 및 근로조건에 있어서 부당한 차별을 받지 아니한다.
④아동의 근로는 특별한 보호를 받는다.
⑤국가유공자·상이군경 및 전몰군경의 유가족은 법률이 정하는 바에 의하여 우선적으로 근로의 기회를 부여받는다.

제33조 ①근로자는 근로조건의 향상을 위하여 자주적인 단결권·단체교섭권 및 단체행동권을 가진다.

②공무원인 근로자는 법률이 정하는 자에 한하여 단결권·단체교섭권 및 단체행동권을 가진다.

③법률이 정하는 주요방위산업체에 종사하는 근로자의 단체행동권은 법률이 정하는 바에 의하여 이를 제한하거나 인정하지 아니할 수 있다.

제34조 ①모든 국민은 인간다운 생활을 할 권리를 가진다.

②국가는 사회보장·사회복지의 증진에 노력할 의무를 진다.

③국가는 질병과 재해를 예방하고 그 위험으로부터 국민을 보호하기 위하여 노력하여야 한다.

④장애인은 법률이 정하는 바에 의하여 국가의 특별한 보호를 받는다.

⑤질병·노령 기타의 사유로 생활능력이 없는 국민은 법률이 정하는 바에 의하여 국가의 보호를 받는다.

제35조 ①모든 국민은 아동기에 성장과 발전을 위하여 국가와 사회의 특별한 보호를 받을 권리를 가진다. 아동은 자신의 정신적, 신체적 성숙 정도에 따라 기본권을 행사한다.

②아동의 양육은 부모의 권리인 동시에 의무이며, 부모는 의무를 이행함에 있어서 국가의 도움을 받는다. 부모가 그들의 기본적 의무를 적절하게 이행하지 못할 경우, 아동을 부모로부터 분리하는 등 부모의 권리에 대한 제한 또는 중지에 대한 조건과 절차는 법률로 정한다.

③혼인 외의 출생자의 정신적, 신체적 성장과 사회적 지위에 관하여 입법을 통하여 혼인 중의 출생자와 동일한 기회가 부여되도록 규정하여야 한다.

④부모가 없는 아동, 유기아동, 장애아동에 대하여 국가는 법률이 정하는 바에 따라 특별한 보호를 한다.

⑤아동에 관한 모든 사안에 있어서 아동의 최선의 이익이 우선적으로 고려

되어야 하며, 아동의 의사를 반영할 수 있는 적정한 절차가 마련되어야 한다. 아동의 권리가 침해된 경우 구제를 위하여 적절한 지원 방식과 절차를 법률로 정한다.

제36조 모든 국민은 노년기에 국가의 보호를 받을 권리를 가지며, 이 권리의 실현을 위하여 국가는 특별한 조치를 할 의무를 진다.

제37조 ①모든 국민은 건강하고 쾌적한 환경에서 생활할 권리를 가지며, 국가와 국민은 환경보전을 위하여 노력하여야 한다.
②환경권의 내용과 행사에 관하여는 법률로 정한다.
③국가는 모든 국민이 건강하고 쾌적한 주거생활을 할 수 있도록 노력하여야 한다.

제38조 ①혼인과 가족생활은 개인의 존엄과 성평등을 기초로 성립되고 유지되어야 하며, 국가는 이를 보장한다.
②국가는 자녀의 출산과 양육에 관하여 지원해야할 의무가 있다.
③모든 국민은 보건에 관하여 국가의 보호를 받는다.

제39조 ①자유와 권리는 헌법에 열거되지 아니한 이유로 경시되지 아니한다.
②자유와 권리는 국가안전보장·질서유지 또는 공공복리를 위하여 필요한 경우에 한하여 적법절차에 따라 법률로써 제한할 수 있으며, 제한하는 경우에도 자유와 권리의 본질적인 내용을 침해할 수 없다.

제40조 모든 국민은 법률이 정하는 바에 의하여 납세의 의무를 진다.

제41조 ①모든 국민은 법률이 정하는 바에 의하여 국방의 의무를 진다.

②누구든지 병역의무의 이행으로 인하여 불이익을 받지 아니한다.

③누구도 양심에 반하여 집총병역을 강제 받지 아니하고, 법률이 정하는 바에 의하여 대체복무를 할 수 있다.

제3장 입법부

제42조 ①입법권은 국회가 행한다.

②국회는 민의원과 참의원으로 조직된다.

③민의원과 참의원은 국민의 보통·평등·직접·비밀·자유선거에 의하여 선출된 의원으로 구성한다.

④민의원의원과 참의원의원은 서로 겸직할 수 없다.

⑤국회의원의 수는 법률로 정하되 민의원의원은 250인, 참의원의원은 100인을 상한으로 한다.

⑥국회의원의 선거구와 비례대표제 기타 선거에 관한 사항은 법률로 정한다. 단 참의원은 도 단위 선거구와 비례대표제에 의하여 선출한다.

⑦국회의원은 임기만료 전이라도 국민이 소환할 수 있으며 요건이나 절차 등 구체적인 사항은 법률로 정한다.

제43조 ①민의원의원의 임기는 4년으로 한다. 단, 민의원이 해산된 때에는 해산과 동시에 임기가 종료한다.

②참의원의원의 임기는 6년으로 하고, 2년마다 의원의 3분의 1을 개선한다.

③민의원의원과 참의원의원은 각각 12년을 초과하여 재임할 수 없다.

제44조 국회의원은 법률이 정하는 직을 겸할 수 없다.

제45조 ①참의원은 의장 1인과 부의장 1인을 선출한다.
②민의원은 의장 1인과 부의장 2인을 선출한다.
③참의원의장은 양원합동회의의 의장이 된다.

제46조 민의원과 참의원은 법률에 저촉되지 아니하는 범위 안에서 의사와 내부규율에 관한 규칙을 제정할 수 있다.

제47조 ①민의원과 참의원은 의원의 자격을 심사하며, 의원을 징계할 수 있다.
②민의원과 참의원에서 소속 의원을 제명하려면, 각 원 재적의원 3분의 2 이상의 찬성이 있어야 한다.
③제1항과 제2항의 처분에 대해서는 법원에 제소할 수 없다.

제48조 ①국회의원은 현행범인인 경우를 제외하고는 국회의 동의없이 체포 또는 구금되지 아니한다.
②국회의원이 체포 또는 구금된 때에는 현행범인이 아닌 한 국회의 요구가 있으면 석방된다.

제49조 국회의원은 국회에서 행한 직무상 발언과 표결에 관하여 국회외에서 책임을 지지 아니한다.

제50조 ①국회의원은 청렴의 의무가 있다.
②국회의원은 국가이익을 우선하여 양심에 따라 직무를 행한다.
③국회의원은 그 지위를 남용하여 국가·공공단체 또는 기업체와의 계약이나 그 처분에 의하여 재산상의 권리·이익 또는 직위를 취득하거나 타인을 위하여 그 취득을 알선할 수 없다.

제51조 ①국회는 의결로써 개회 및 폐회하고 폐·휴회 기간은 연간 60일을 초과할 수 없다.

②각 원은 휴회기간 중이라도 재적의원 4분의 1 이상, 대통령 또는 총리의 요구가 있을 경우에는 집회할 수 있다.

제52조 ①민의원과 참의원은 각각 독립적으로 회의를 개최한다. 다만, 필요한 경우에는 법률이 정하는 바에 따라 양원합동회의를 개최할 수 있다.

②민의원과 참의원의 회의는 공개한다. 다만, 출석의원 과반수의 찬성이 있거나, 의장이 국가의 안전보장을 위하여 필요하다고 인정할 때에는 공개하지 아니할 수 있다.

③공개하지 아니한 회의 내용의 공표에 관하여는 법률이 정하는 바에 의한다.

제53조 국회는 헌법 또는 법률에 달리 규정된 경우를 제외하고는 각 원의 재적의원 과반수의 출석과 출석의원 과반수의 찬성으로 의결한다. 가부동수인 때에는 부결된 것으로 본다.

제54조 ①국회의 의결을 요하는 의안에 관하여 양원의 의결이 일치하지 아니하는 때에는 양원협의회에서 단일안을 작성·발의하여 각 원에서 다시 의결한다. 양원협의회는 그 구성원의 3분의 2를 민의원의원으로, 3분의 1을 참의원의원으로 구성한다.

②예산법률안에 관하여는 민의원가결안이 참의원에 접수된 후 30일 이내에 참의원이 이를 의결하지 않거나 각 원이 양원협의회안에 대하여 의결을 완료하지 못한 때에는 원래의 민의원가결안을 국회에서 의결된 것으로 본다.

제55조 국회에 제출된 법률안 기타의 의안은 회기중에 의결되지 못한 이유로 폐기되지 아니한다. 다만, 국회의원의 임기가 만료된 때에는 그러하지 아

니하다.

제56조 ①민의원의원과 참의원의원은 그가 소속한 원에 법률안을 제출할 수 있다. 총리는 내각의 의결을 거쳐 양원 중 하나의 원에 법률안을 제출할 수 있다. 단 세입·징수에 관한 모든 법률안, 재정법률안 및 재정지출이 수반되는 사회보장법률안 등은 민의원에 먼저 제출하여야 하고, 지방자치단체에 중대한 영향을 줄 수 있는 법률안은 참의원에 먼저 제출하여야 한다.
②행정부제출법률안의 심의는 법률안이 먼저 제출된 원에서 총리가 제출한 원안을 대상으로 한다. 다른 원에서 가결한 법률안의 심의는 송부된 안을 대상으로 한다.
③행정부제출법률안 또는 의원발의법률안을 먼저 제출받은 원의 본회의 1차 심의는 법률안이 제출된 날로부터 5주가 경과한 후에 개시할 수 있다. 다른 원에서는 법률안이 송부된 날로부터 3주가 경과한 후에 본회의에서 심의할 수 있다.

제57조 ①모든 국민은 선거권자 50만 명의 서명으로 법률을 발안할 수 있다. 국민의 발안에 대해서 국회는 180일 이내에 심의하여 의견을 표명하거나 대안을 발안할 수 있다. 국회가 대안을 발의한 경우에는 원안과 대안에 대해서 각각 찬반을 물어야 한다. 국민발안은 제기된 날로부터 1년 이내에 국민투표에 회부하여야 한다.
②제1항의 국민투표는 투표자 과반수의 찬성으로 의결한다. 원안과 대안이 국민투표에서 모두 가결된 경우에는 찬성이 많은 안으로 확정하며 찬성이 동수인 경우에는 원안으로 확정한다. 국민투표와 국민발안의 시행을 위해 필요한 사항은 법률로 정한다.

제58조 ①국회에서 의결된 법률안과 국민투표에 의하여 확정된 법률안은 집행부에 이송되어 15일 이내에 대통령이 공포한다.

②대통령은 국회에서 의결된 법률안에 이의가 있을 때 제1항의 기간 내에 이의서를 붙여 국회로 환부하고, 재의를 요구할 수 있다. 또 총리가 내각의 의결을 거쳐 법률안에 대한 재의요구를 제청한 경우 대통령은 제1항의 기간 내에 이의서를 붙여 국회로 환부하고, 재의를 요구하여야 한다. 단, 대통령은 법률안의 일부에 대하여 또는 법률안을 수정하여 재의를 요구할 수 없다.

③대통령의 재의요구가 있을 때에는 법률안을 최초 의결한 원에서부터 다시 심의하여야 한다. 각 원에서 재적의원 과반수의 출석과 출석의원 3분의 2 이상의 찬성으로 전과 같은 의결을 하면 그 법률안은 법률로서 확정된다.

④대통령은 법률안이 위헌이라고 판단되는 경우 제1항의 기간 내에 헌법재판소에 위헌여부의 심판을 제청할 수 있다. 이 경우 대통령은 헌법재판소에 서면으로 의견을 표명하여야 한다. 헌법재판소에서 위헌으로 결정되지 않은 법률안은 결정선고일에 법률로서 확정된다.

⑤대통령이 제1항의 기간내에 공포나 재의요구 또는 위헌여부심판제청을 하지 아니한 때에는 그 법률안은 법률로서 확정된다.

⑥대통령은 제3항, 제4항, 제5항의 규정에 의하여 확정된 법률을 지체 없이 공포하여야 한다. 단, 제3항의 규정에 의하여 확정된 법률이 위헌이라고 판단되는 경우에는 대통령은 그 확정법률이 집행부에 이송된 후 5일 이내에 헌법재판소에 위헌심판을 제청할 수 있다. 이 경우 대통령은 헌법재판소에 서면으로 의견을 표명하여야 한다.

⑦제5항에 의하여 법률이 확정된 후 또는 제3항 또는 제4항에 의한 확정법률이 집행부에 이송된 후 5일 이내에 대통령이 공포하지 아니할 때에는 참의원의장이 이를 공포한다. 제6항 단서에서 헌법재판소가 위헌 결정을 하지 않은 경우 결정선고일로부터 5일 이내에 대통령이 공포하지 아니할 때에는 참의원의장이 이를 공포한다.

⑧법률은 특별한 규정이 없는 한 공포한 날로부터 20일을 경과함으로써 효력을 발생한다.

제59조 ①국회는 행정부에서 제출한 예산법률안을 심의 확정한다.

②행정부는 회계연도마다 예산안을 법률의 형식으로 회계연도 개시 120일 전까지 국회에 제출하고, 국회는 회계연도 개시 30일전까지 이를 의결하여야 한다.

③새로운 회계연도가 개시될 때까지 예산법률안이 의결되지 못한 때에는 행정부는 국회에서 예산법률안이 의결될 때까지 다음의 목적을 위한 경비는 전년도 예산에 준하여 집행할 수 있다.

1. 헌법이나 법률에 의하여 설치된 기관 또는 시설의 유지·운영
2. 법률상 지출의무의 이행
3. 이미 예산으로 승인된 사업의 계속

제60조 ①한 회계연도를 넘어 계속하여 지출할 필요가 있을 때에는 행정부는 연한을 정하여 계속비에 관한 예산법률안을 국회에 제출하여 국회의 의결을 얻어야 한다.

②예비비는 총액으로 국회의 의결을 얻어야 한다. 예비비의 지출은 차기국회의 승인을 얻어야 한다.

제61조 행정부는 예산에 변경을 가할 필요가 있을 때 추가경정예산법률안을 편성하여 국회에 제출하여 그 의결을 얻어야 한다.

제62조 국회는 행정부의 동의없이 행정부가 제출한 지출예산 각항의 금액을 증가하거나 새 비목을 설치할 수 없다.

제63조 ①국채를 모집하거나 예산외에 국가의 부담이 될 계약을 체결하려 할 때에는 행정부는 미리 국회의 의결을 얻어야 한다.

②국가의 채무 부담의 한계는 법률로 정한다.

제64조 조세의 종목과 세율은 법률로 정한다. 단, 지방세의 종목과 세율은 조례로써 정할 수 있다.

제65조 ①민의원과 참의원은 상호원조 또는 안전보장에 관한 조약, 중요한 국제조직에 관한 조약, 우호통상항해조약, 주권의 제약에 관한 조약, 강화조약, 국가나 국민에게 중대한 재정적 부담을 지우는 조약 또는 입법사항에 관한 조약의 체결·비준에 대한 동의권을 가진다.
②민의원과 참의원은 선전포고, 국군의 외국에의 파견 또는 외국군대의 대한민국 영역안에서의 주류에 대한 동의권을 가진다.

제66조 ①민의원은 재적의원 4분의 1 이상의 발의와 재적의원 과반수로 내각에 대한 연대 불신임을 의결할 수 있다. 총리가 요구한 내각신임동의안에 대해서도 민의원재적의원 과반수로 내각불신임을 의결할 수 있다. 내각불신임의 의결은 후임총리를 선출하고 재직중인 총리의 해임을 대통령에게 요청하는 방식으로 한다. 대통령은 민의원이 선출한 후임총리를 임명하여야 한다.
②제1항의 의결은 불신임발의안 또는 신임동의안이 민의원에 제출된 후 48시간이 경과한 이후에만 표결할 수 있으며, 무기명투표를 원칙으로 한다.
③총선거를 통하여 내각이 구성된 후 1년 이내에는 내각불신임을 의결할 수 없다. 민의원은 내각불신임 의결 이후 1년 이내에는 재차 내각불신임을 의결할 수 없다.
④민의원은 내각의 개별 장관에 대하여 재적의원 4분의 1 이상 발의와 재적의원 과반수의 찬성으로 불신임을 의결할 수 있다. 단, 총리에 대한 불신임은 내각에 대한 연대 불신임으로 간주된다.

제67조 ①민의원은 법률에 정한 공무원의 임명에 대한 인준권을 가진다.
②인준절차에 관해 상세한 것은 법률로 정한다.

제68조 ①대통령·총리·장관·헌법재판소 재판관·법관·중앙선거관리위원회 위원·감사원장·감사위원 기타 법률이 정한 공무원이 그 직무집행에 있어서 헌법이나 법률을 위배한 때에는 국회는 탄핵의 소추를 의결할 수 있다.
 ②제1항의 탄핵소추는 민의원의 재적의원 3분의 1 이상의 발의와 재적의원 과반수의 찬성으로 의결된다. 다만, 대통령에 대한 탄핵소추는 양원에서 각각 재적의원 3분의 2 이상의 찬성이 있어야 한다.
 ③탄핵소추의 의결을 받은 자는 탄핵심판이 있을 때까지 그 권한행사가 정지된다.
 ④탄핵의 심판은 헌법재판소가 관장하여 결정한다. 다만, 헌법재판관에 대한 탄핵은 참의원이 재적의원 3분의 2 이상의 찬성으로 결정한다.
 ⑤탄핵결정은 공직으로부터 파면함에 그친다. 그러나, 이에 의하여 민사상이나 형사상의 책임이 면제되지는 아니한다.

 제69조 ①민의원과 참의원은 특정한 국정 사안에 대하여 조사할 수 있으며, 이에 필요한 서류의 제출 또는 증인의 출석과 증언이나 의견의 진술을 요구할 수 있다.
 ②국정조사에 관한 절차 기타 필요한 사항은 법률로 정한다.

 제70조 ①총리, 장관 또는 행정부위원은 민의원, 참의원이나 각 원의 위원회에 출석하여 국정처리상황을 보고하거나 의견을 진술하고 질문에 응답할 수 있다.
 ②민의원, 참의원이나 각 원의 위원회의 요구가 있을 때에는 총리, 장관 또는 행정부위원은 출석·답변하여야 하며, 총리 또는 장관이 출석요구를 받은 때에는 장관 또는 행정부위원으로 하여금 출석·답변하게 할 수 있다.

제4장 집행부

제1절 총칙

제71조 ①집행권은 대통령과 행정부로 구성되는 집행부가 행한다.
②집행권에 속하는 것으로서 헌법에 대통령의 권한으로 규정된 것 외에는 행정부의 권한으로 본다.

제2절 대통령

제72조 대통령은 외국에 대하여 국가를 대표한다.

제73조 ①대통령은 국민의 보통·평등·직접·비밀·자유선거에 의해 선출된다.
②대통령으로 선거될 수 있는 자는 대한민국 국민으로서 선거일 현재 40세에 달하여야 한다.
③제1항의 선거에서 유효투표의 과반수를 얻은 후보자를 대통령으로 선출한다.
④모든 후보자가 유효투표의 과반수를 얻지 못한 경우에는 제1차 선거 14일 이후 21일 이내에 제2차 선거를 실시하여야 한다. 이 때 후보자 중에서 후보 포기를 하지 아니한 득표 상위 2인에 대해서만 제2차 투표를 실시한다.
⑤대통령후보자가 1인일 때에는 그 득표수가 선거권자 총수의 3분의 1 이상이 아니면 대통령으로 당선될 수 없다.
⑥대통령의 선거에 관하여 상세한 것은 법률로 정한다.

제74조 ①대통령의 임기가 만료되는 때에는 임기만료 35일 내지 20일 전에 후임자를 선거한다.

②대통령이 궐위된 때 또는 대통령 당선자가 사망하거나 판결 기타의 사유로 그 자격을 상실한 때에는 60일 이내에 후임자를 선거한다.

제75조 ①대통령은 취임시에 다음의 선서를 한다. "나는 헌법을 준수하고, 국민의 자유와 복리를 증진하며, 국민통합에 노력하기 위하여, 대통령으로서의 직책을 성실히 수행할 것을 국민 앞에 엄숙히 선서합니다."
②대통령은 임기개시일 0시부터 권한행사를 시작한다.

제76조 ①대통령의 임기는 6년으로 하며, 중임할 수 없다.
②대통령은 임기개시일로부터 임기종료일까지 당적을 가질 수 없다.
③대통령의 임기연장 또는 중임변경을 위한 헌법개정은 그 헌법개정 제안 당시의 대통령에 대하여는 효력이 없다.

제77조 ①대통령이 궐위되거나 사고로 인하여 직무를 수행할 수 없는 때에는 참의원의장·민의원의장·참의원부의장·민의원 제1부의장·민의원 제2부의장의 순으로 그 권한을 대행한다. 대통령의 권한을 대행하는 자는 민의원해산권을 갖지 못한다.
②대통령의 직무수행불능여부는 헌법재판소가 결정한다. 대통령의 권한대행에 관해 필요한 사항은 법률로 정한다.

제78조 대통령은 민의원에 사퇴서를 제출함으로써 사임할 수 있다.

제79조 대통령은 내각의 의결에 따라 공무원을 임면한다.

제80조 ①대통령은 대한민국이 체결하는 조약에 비준하고, 외교사절을 신임·접수·파견한다.
②대통령은 조약안이 위헌이라고 판단되는 경우 헌법재판소에 위헌여부의

심판을 제청할 수 있다. 이 경우 대통령은 헌법재판소에 서면으로 의견을 표명하여야 한다.

③대사 및 특사는 내각의 의결을 거쳐 총리가 제청하여 대통령이 임명한다.

④대통령은 비준을 요하지 아니하는 국제협정의 체결과 관련한 협상에 대해 보고를 받는다.

⑤내각의 의결을 거쳐 총리가 요청한 경우 대통령은 민의원의 동의를 받아 선전포고를 한다.

제81조 대통령은 총리의 제청으로 국군의 고위급 장교를 임명한다.

제82조 ①대통령은 법률에서 구체적으로 범위를 정하여 위임받은 사항과 법률을 집행하기 위하여 필요한 사항에 관하여 내각의 의결을 거쳐 대통령령을 발할 수 있다.

②내각의 의결을 거친 대통령령안에 위헌 또는 위법의 의심이 있을 경우, 대통령은 내각에 재의를 요구할 수 있다. 내각에서 재의결된 경우 대통령은 지체 없이 대통령령을 발하여야 한다.

제83조 대통령 직속으로 생태환경, 평화·통일, 교육, 문화예술, 방송통신 등에 관한 위원회를 둘 수 있다. 각 위원회의 조직, 직무범위 기타 필요한 사항은 법률로 정한다.

제84조 ①대통령은 사면위원회의 의결을 거쳐 대법원의 의견을 서면으로 받은 후 특별사면권을 행사할 수 있다.

②총리는 대통령에게 전항의 사면권 행사를 요청할 수 있다.

③대통령은 사면위원회의 의결을 거쳐 대법원의 의견을 서면으로 받은 후 일반사면안을 발의할 수 있다. 발의된 일반사면안은 법률로써 의결되어야 한다. 일반사면에 관하여 기타 필요한 사항은 법률로 정한다.

④사면위원회의 조직·절차 기타 필요한 사항은 법률로 정한다.

제85조 ①대통령은 다음 각 호의 경우에 총리의 제청으로 민의원을 해산할 수 있다.
1. 총리가 요구한 신임동의안이 민의원에서 재적의원 과반수의 찬성을 얻지 못한 경우
2. 민의원에서 내각불신임이 의결된 경우
②민의원 해산 30일 이후 60일 이내에 선거를 실시한다.
③민의원해산으로 인한 선거가 실시된 후 1년 이내에는 다시 민의원을 해산할 수 없다. 제93조 2항의 경우는 예외로 한다.

제86조 대통령은 스스로 또는 총리의 제청에 의해 훈장 기타의 영전을 수여한다.

제87조 대통령은 국회에 출석하여 발언하거나 서면으로 의견을 표시할 수 있다.

제88조 대통령은 내란 또는 외환의 죄를 범한 경우를 제외하고는 재직중 형사상의 소추를 받지 아니한다. 다만, 증거보전 등을 위한 수사는 이루어질 수 있다.

제89조 대통령은 총리·장관·국회의원 기타 법률이 정하는 공사의 직을 겸할 수 없다.

제3절 행정부

제90조 행정부는 총리와 내각 및 행정각부로 구성된다. 총리는 행정부의

수반으로서 행정부의 활동을 지휘한다.

제91조 내각은 의장인 총리와 20인 이내의 장관으로 구성된다.

제92조 ①내각은 행정부의 권한에 속하는 중요한 정책을 심의·의결한다.
②다음 사항은 내각의 심의·의결을 거쳐야 한다.
1. 국정의 기본계획과 행정부의 일반정책
2. 선전·강화 기타 중요한 대외정책
3. 헌법개정안·국민투표안·조약안·법률안 및 대통령령안·총리령안
4. 예산안·결산·국유재산처분의 기본계획·국가의 부담이 될 계약 기타 재정에 관한 중요사항
5. 긴급명령·긴급재정경제처분 및 명령 또는 계엄과 그 해제
6. 군사에 관한 중요사항
7. 국회의 임시회 집회의 요구
8. 영전수여
9. 사면·감형과 복권
10. 행정각부간의 권한의 획정
11. 행정부안의 권한의 위임 또는 배정에 관한 기본계획
12. 국정처리상황의 평가·분석
13. 행정각부의 중요한 정책의 수립과 조정
14. 민의원 해산과 내각총사퇴에 관한 사항
15. 정당해산의 제소
16. 행정부에 제출 또는 회부된 행정부의 정책에 관계되는 청원의 심사
17. 검찰총장·합동참모의장·각군참모총장·국립대학교총장·대사 기타 법률이 정한 공무원과 국영기업체관리자의 임명
18. 기타 총리 또는 장관이 제출한 사항
③내각구성원 재적과반수의 출석이 있어야 의결할 수 있다. 내각 의결시

가부동수인 경우에는 총리가 결정한다.

제93조 ①총리는 민의원에서 재적의원 과반수의 찬성으로 선출되고 대통령이 임명한다.
②민의원 임기개시일로부터 2개월 내에도 국회에서 총리를 선출하지 못하는 경우 대통령은 민의원을 해산할 수 있다.
③총리가 행정부의 총사퇴서를 제출하면 대통령은 총리를 해임한다.

제94조 장관은 총리의 제청으로 대통령이 임면한다.

제95조 ①총리는 내각의 의결을 거쳐 국정 운영계획 및 대내외 기본정책을 수립·실시하며, 이에 대해 책임을 진다. 이러한 기본정책의 범위 내에서 장관은 소관사무를 독자적으로 그리고 자기의 책임으로 처리한다.
②총리는 그 권한의 일부를 장관에게 위임할 수 있다.

제96조 총리와 장관은 법률이 정하는 공직에 취임하거나 겸직해서는 안 되며, 영리 목적의 다른 직업에 종사하여서는 안 된다.

제97조 ①총리와 장관은 그 후임자가 임명될 때까지 사무를 계속 처리한다.
②총리가 궐위되거나 사고로 인하여 직무를 수행할 수 없을 때에는 총리가 사전에 순위를 정하여 지명한 장관이 그 순서에 따라 총리의 권한을 대행한다.

제98조 대통령은 대통령직의 수행을 위해 필요한 경우 내각에 출석하여 발언할 수 있으며, 서면으로 의견을 표명할 수 있다.

제99조 대한민국의 외교 및 대외정책은 총리가 내각의 의결을 거쳐 시행한다.

제100조 ①총리는 헌법과 법률이 정하는 바에 의하여 국군을 통수한다.
②총리는 군사문제에 관하여 국가안보회의를 주재한다. 대통령은 국가안보회의에 출석하여 발언하거나 서면으로 의견을 표명할 수 있다.
③국군은 국가의 안전보장 의무를 수행하며 정치적 중립을 준수하여야 한다.
④국군의 조직과 편성은 법률로 정한다.

제101조 ①총리는 내우·외환·천재·지변 또는 중대한 재정·경제상의 위기에 있어서 국가의 안전보장 또는 공공의 안녕질서를 유지하기 위하여 긴급한 조치가 필요하고 국회의 집회를 기다릴 여유가 없을 때에 한하여 최소한으로 필요한 재정·경제상의 처분 또는 이에 관하여 법률의 효력을 가지는 명령의 발령을 내각의 의결을 거쳐 대통령에게 요청할 수 있다.
②총리는 국가의 안위에 관계되는 중대한 교전상태에 있어서 국가를 보위하기 위하여 긴급한 조치가 필요하고 국회의 집회가 불가능한 때에 한하여 법률의 효력을 가지는 명령의 발령을 내각의 의결을 거쳐 대통령에게 요청할 수 있다.
③대통령은 제1항과 제2항의 요청에 대해 거부할 수 있다. 다만 이 경우 지체 없이 서면으로 거부사유를 밝혀 내각의 재의를 요구하여야 한다. 내각에서 재의결된 경우 대통령은 제1항과 제2항의 처분 또는 명령을 즉시 발하여야 한다.
④대통령이 제1항과 제2항의 처분 또는 명령을 발한 때에는 지체 없이 민의원과 참의원에 보고하고 양원합동회의의 승인을 얻어야 한다.
⑤제4항의 승인을 얻지 못한 때에는 그 처분 또는 명령은 그때부터 효력을 상실한다. 이 경우 그 명령에 의해 개정 또는 폐지되었던 법률은 그 명령이

승인을 얻지 못한 때부터 당연히 효력을 회복한다.

제102조 ①총리는 전시·사변 또는 이에 준하는 국가비상사태에 있어서 병력으로써 군사상의 필요에 응하거나 공공의 안녕질서를 유지할 필요가 있을 때에는 법률이 정하는 바에 의하여 계엄의 선포를 내각의 의결을 거쳐 대통령에게 요청할 수 있다.
②대통령은 전항의 요청에 대해 거부할 수 있다. 다만 이 경우 지체 없이 서면으로 거부사유를 밝혀 내각의 재의를 요구하여야 한다. 내각에서 재의결된 경우 즉시 계엄이 선포된 것으로 본다.
③계엄은 비상계엄과 경비계엄으로 한다.
④비상계엄이 선포된 때에는 법률이 정하는 바에 의하여 영장제도, 언론·출판·집회·결사의 자유, 거주·이전의 자유, 단체행동권 및 집행부나 법원의 권한에 관하여 특별한 조치를 할 수 있다.
⑤계엄을 선포한 때에는 대통령은 지체 없이 민의원과 참의원에 통고하여야 한다.
⑥국회의 양원합동회의에서 재적의원 과반수의 찬성으로 계엄의 해제를 요구한 때에는 대통령은 이를 해제하여야 한다.

제103조 ①총리는 법률이나 대통령령에 의해 구체적으로 범위를 정하여 위임받은 사항에 대하여 또는 법률을 집행하기 위하여 필요한 사항에 관하여 직권으로 총리령을 발할 수 있다.
②장관은 소관사무에 관하여 법률이나 대통령령 또는 총리령에 의해 구체적으로 범위를 정하여 위임받은 사항에 대하여 또는 직권으로 부령을 발할 수 있다.

제104조 행정각부의 설치·조직과 직무범위는 법률로 정한다.

제105조 ①국가안전보장에 관련되는 대외정책·군사정책과 국내정책의 수립에 관하여 내각의 심의에 앞서 총리의 자문에 응하기 위하여 국가안전보장회의를 둔다.
②국가안전보장회의는 총리가 주재한다.
③국가안전보장회의의 조직·직무범위 기타 필요한 사항은 법률로 정한다.

제106조 ①국가경제의 발전을 위한 중요정책의 수립에 관하여 총리의 자문에 응하기 위하여 국가경제자문회의를 둘 수 있다.
②국가경제자문회의의 조직·직무범위 기타 필요한 사항은 법률로 정한다.

제107조 대통령과 총리의 국법상 행위는 문서로 하며, 헌법과 법률에 정한 바에 따라 총리 또는 관계 장관의 부서가 있어야 한다. 군사에 관한 것도 같다.

제5장 사법부

제1절 총칙

제108조 사법권은 헌법재판소와 법원이 행한다.

제109조 법관은 헌법과 법률에 의하여 그 양심에 따라 독립하여 심판한다.

제2절 헌법재판소

제110조 ①헌법재판소는 다음 사항을 관장한다.
1. 제58조 제4항 및 제6항, 제82조 제2항에서 정한 대통령의 제청에 의한 위헌여부의 심판

2. 법원의 제청에 의한 법률·명령·규칙·조약 및 조례의 위헌여부심판

3. 탄핵의 심판. 단, 헌법재판관의 탄핵의 심판은 제외한다.

4. 정당의 해산 심판

5. 국가기관 상호간, 국가기관과 지방자치단체간 및 지방자치단체 상호간의 권한쟁의에 관한 심판

6. 헌법소원에 관한 심판

7. 국민투표의 효력에 관한 심판

8. 대통령, 국회의원의 선거 또는 당선의 효력에 관한 심판

9. 제77조에서 정하는 직무수행불능여부에 관한 결정

②헌법재판소의 장은 헌법재판관추천위원회의 추천을 받아 민의원에서 선출한다.

③헌법재판소는 헌법재판소장을 포함하여 12인의 재판관으로 구성하며, 3인의 예비재판관을 둔다. 재판관과 예비재판관은 헌법재판관추천위원회의 추천을 받아 민의원에서 선출한다.

④헌법재판관의 자격, 헌법재판관추천위원회의 구성과 추천절차 등 직무범위에 관한 사항은 법률로 정한다.

제111조 ①헌법재판소장의 임기는 9년으로 하며, 중임할 수 없다.

②헌법재판소 재판관의 임기는 9년으로 하며, 중임할 수 없다.

③헌법재판소 재판관은 정당에 가입하거나 정치에 관여할 수 없다.

④헌법재판소 재판관은 탄핵 또는 금고 이상의 형의 선고에 의하지 아니하고는 파면되지 아니한다.

제112조 ①헌법재판소에서 결정을 하는 때에는 종국심리에 관여한 재판관의 과반수의 찬성이 있어야 한다. 단, 대통령에 대한 탄핵심판의 경우 재판관의 3분의 2 이상의 찬성이 있어야 한다.

②헌법재판소는 법률에 저촉되지 아니하는 범위안에서 심판에 관한 절차,

내부규율과 사무처리에 관한 규칙을 제정할 수 있다.

③헌법재판소의 조직과 운영 기타 필요한 사항은 법률로 정한다.

제3절 법원

제113조 ①법원은 대법원과 각급법원으로 조직된다.
②대법원과 각급법원의 조직은 법률로 정한다.
③법관의 자격은 법률로 정한다.
④국민은 법률이 정하는 바에 의하여 재판에 참여할 권리와 의무가 있다.

제114조 ①대법원장은 법관추천위원회의 추천을 받아 민의원에서 선출한다.
②대법관은 법관추천위원회의 추천을 받아 민의원에서 선출한다.
③대법원장과 대법관이 아닌 법관은 법관추천위원회의 추천을 받아 대법원장이 임명한다.
④법관추천위원회의 구성과 추천절차 등 직무범위에 관한 사항은 법률로 정한다.

제115조 ①대법원장의 임기는 6년으로 하며, 중임할 수 없다.
②대법관의 임기는 6년으로 하며, 법률이 정하는 바에 의하여 중임할 수 있다.
③대법원장과 대법관이 아닌 법관의 임기는 10년으로 하며, 법률이 정하는 바에 의하여 연임할 수 있다.
④법관의 정년은 법률로 정한다.

제116조 ①법관은 탄핵 또는 금고 이상의 형의 선고에 의하지 아니하고는 파면되지 아니하며, 징계처분에 의하지 아니하고는 정직·감봉 기타 불리한

처분을 받지 아니한다.

②법관이 중대한 심신상의 장해로 직무를 수행할 수 없을 때에는 법률이 정하는 바에 의하여 퇴직하게 할 수 있다.

제117조 ①법률·명령·규칙·조약 또는 조례가 헌법에 위반되는 여부가 재판의 전제가 된 경우에는 법원은 헌법재판소에 제청하여 그 심판에 의하여 재판한다.

②재판의 전심절차로서 행정심판을 할 수 있다. 행정심판의 절차는 법률로 정하되, 사법절차가 준용되어야 한다.

제118조 대법원은 법률에서 저촉되지 아니하는 범위안에서 소송에 관한 절차, 법원의 내부규율과 사무처리에 관한 규칙을 제정할 수 있다.

제119조 재판의 심리와 판결은 공개한다. 다만, 심리는 국가의 안전보장 또는 안녕질서를 방해하거나 선량한 풍속을 해할 염려가 있을 때에는 법원의 결정으로 공개하지 아니할 수 있다.

제120조 ①군사재판을 관할하기 위하여 특별법원으로서 군사법원을 둘 수 있다.

②군사법원의 상고심은 대법원에서 관할한다.

③군사법원의 조직·권한 및 재판관의 자격은 법률로 정한다.

제6장 감사원 및 국가인권위원회

제1절 감사원

제121조 국가의 세입·세출의 결산, 국가 및 법률이 정한 단체의 회계검사와 행정기관 및 공무원의 직무에 관한 감찰을 하기 위하여 감사원을 둔다.

제122조 ①감사원은 원장을 포함한 5인 이상 11인 이하의 감사위원으로 구성한다.
②감사원장과 감사위원은 감사위원추천위원회의 추천을 받아 민의원에서 선출한다. 감사위원추천위원회의 구성과 감사원장과 감사위원의 추천절차는 법률로 정한다.
③감사원장과 감사위원의 임기는 6년으로 하며 중임할 수 없다.
④감사위원은 탄핵되거나 징역 이상의 형을 선고받지 아니하고는 파면되지 아니한다.

제123조 감사원은 세입·세출의 결산과 회계검사의 결과를 국회, 대통령, 총리에게 제출하여야 한다.

제124조 감사원의 조직·직무범위·감사위원의 자격·감사 대상공무원의 범위 기타 필요한 사항은 법률로 정한다.

제2절 국가인권위원회

제125조 헌법과 국제법규에 의하여 인정된 인권을 보호하고 증진하기 위하여 국가인권위원회를 둔다.

제126조 ①국가인권위원회는 위원장을 포함한 11명의 인권위원으로 구성한다.
②인권위원은 민의원에서 선출한다. 위원장은 위원 중에서 호선한다.
③위원의 임기는 6년으로 하며, 1차에 한하여 중임할 수 있다.

제127조 국가인권위원회의 조직·직무범위 기타 필요한 사항은 법률로 정한다.

제7장 선거관리

제128조 ①선거와 국민투표의 공정한 관리 및 정당에 관한 사무를 처리하기 위하여 선거관리위원회를 둔다.
②중앙선거관리위원회는 대통령이 임명하는 3인, 민의원에서 선출하는 3인과 참의원에서 선출하는 3인의 위원으로 구성한다. 위원장은 위원 중에서 호선한다.
③위원의 임기는 6년으로 한다.
④위원은 정당에 가입하거나 정치에 관여할 수 없다.
⑤위원은 탄핵 또는 금고 이상의 형의 선고에 의하지 아니하고는 파면되지 아니한다.
⑥중앙선거관리위원회는 법령의 범위안에서 선거관리·국민투표관리 또는 정당사무에 관한 규칙을 제정할 수 있으며, 법률에 저촉되지 아니하는 범위안에서 내부규율에 관한 규칙을 제정할 수 있다.
⑦각급 선거관리위원회의 조직·직무범위 기타 필요한 사항은 법률로 정한다.

제129조 ①각급 선거관리위원회는 선거인명부의 작성등 선거사무와 국민투표사무에 관하여 관계 행정기관에 필요한 요청을 할 수 있다.
②제1항의 요청을 받은 당해 행정기관은 이에 협조하여야 한다.

제130조 ①선거운동은 각급 선거관리위원회의 관리하에 법률이 정하는 범

위안에서 하되, 균등한 기회가 보장되어야 한다.

②선거에 관한 경비는 법률이 정하는 경우를 제외하고는 정당 또는 후보자에게 부담시킬 수 없다.

제8장 지방자치와 지방분권

제1절 총칙

제131조 ①지방자치단체의 종류는 법률로 정하되 시와 군, 자치구와 도를 두어야 한다. 이 헌법에 규정하지 않은 지방자치단체의 설치와 자치권에 대해서는 법률로 정한다.

②지방자치단체의 중요한 의사결정에 대해서는 주민이 직접 참여할 수 있도록 보장하여야 한다.

③국가는 지방자치단체가 수행할 수 없는 사무에 대해서만 보충적으로 권한을 가진다.

④조례는 법률에 위반하여서는 안된다. 다만, 법률로 법률과 다른 내용의 조례를 정할 수 있도록 규정할 수 있다. 이 헌법에서 법률로 정하도록 한 사항이 지방자치단체의 권한에 속하는 경우에는 지방자치단체의 조례로 정할 수 있다.

⑤국가가 지방자치단체에게 수행의무를 부과한 사무에 대해서는 국가가 그 비용을 부담하여야 한다.

⑥지방자치단체에게 사무를 위임한 국가나 지방자치단체는 그 비용을 부담하여야 한다.

⑦지방자치단체의 자치권이 침해된 경우에는 법률이 정하는 바에 따라 법원에 제소할 수 있다.

제2절 시·군·자치구

제132조 ①시·군·자치구는 법률에 위반되지 않는 범위 안에서 자신의 비용으로 모든 지역적인 사무를 자기 책임으로 처리한다.

②시·군·자치구는 법률에 위반되지 않는 범위 안에서 그 권한에 속하는 사무에 관한 조례를 제정할 수 있다.

③시·군·자치구는 그 사무를 처리하기 위한 비용을 충당하기 위해 필요한 세입과 세출을 자기 책임 하에 결정할 수 있다. 국가는 시·군·자치구가 그 사무를 원만하게 처리할 수 있도록 지원하여야 한다.

제133조 ①시·군·자치구에는 주민의 대표기관으로 시·군·자치구의회를 둔다. 시·군·자치구의회는 주민의 보통·평등·직접·비밀·자유선거에 의하여 선출된 시·군·자치구의원으로 구성한다. 시·군·자치구의회의 조직·권한·의원선거 등에 대해서는 법률에 위반되지 않는 범위 내에서 당해 시·군·자치구가 조례로 정한다.

②시·군·자치구의 업무를 수행하기 위한 집행기관의 조직과 구성에 대해서는 법률에 위반되지 않는 범위 내에서 당해 시·군·자치구가 조례로 정한다.

제3절 도

제134조 ①도에는 주민의 보통·평등·직접·비밀·자유선거에 의해서 구성되는 도민의 대표기관으로 도의회를 두어야 한다. 도의회의 조직·권한·의원선거 등에 대해서는 도의 조례로 정한다.

②도집행기관의 조직, 인사, 재정, 기타 운영에 대해서는 도의 조례로 정한다.

③도와 대등한 지위를 가진 시를 법률로 규정할 수 있다.

제135조 ①다음 각 호가 정하는 사항에 대해서는 국가만 입법권을 가진다.
1. 외교, 국방, 국세, 국가조직
2. 통화, 물가정책, 금융정책, 수출입정책
3. 국가종합경제개발계획, 국토종합개발계획
4. 도량형
5. 우편, 철도, 고속국도
6. 항공, 기상, 원자력
7. 기타 성질상 국가만 입법권을 갖는 것이 명백한 사항

②제1항에 규정하지 않은 사항에 대해서는 국가와 도가 경합적으로 입법권을 가진다. 국가는 전국적인 통일이 특히 필요한 경우에 한하여 입법권을 행사할 수 있다.

제136조 ①도가 입법권을 가지는 사항에 대해서는 도가 자치사무로 집행한다.

②국가와 도가 경합적으로 입법권을 갖는 사항에 대해서는 도가 자치사무로 집행한다.

③국가만 입법권을 갖는 사항에 대해서는 법률에 의하여 도에 위임하여 집행하게 할 수 있다.

제137조 국가는 지방자치단체간의 재정 격차를 완화하기 위하여 재정조정제도를 마련하여야 한다. 재정조정에 필요한 재원은 법률이 정하는 비율에 따라 국가와 지방자치단체가 부담한다. 재정조정에 관하여 필요한 사항은 법률로 정한다.

제9장 경제

제138조 ①대한민국의 경제질서는 개인과 기업의 경제상의 자유와 창의를 존중함을 기본으로 한다.
②국가는 균형 있는 국민경제의 성장 및 안정과 적정한 소득의 분배를 유지하고, 시장의 지배와 경제력의 남용을 방지하며, 경제주체간의 조화를 통한 경제의 민주화를 위하여 경제에 관한 규제와 조정을 할 수 있다.
③국가는 전국의 균형 있는 경제발전을 위하여 필요한 정책을 수립하고 시행한다.

제139조 ①국가는 국토의 천연자원 및 생태환경을 보전하고, 국토의 지속가능한 이용과 개발을 위해 필요한 정책을 수립하고 시행한다.
②광물과 그 밖의 중요한 지하자원·수산자원·수력과 경제적 가치를 가진 자연력은 법률에 따라 일정한 기간 채취·개발 또는 이용을 특허할 수 있다.

제140조 ①국가는 농업과 어업의 지속적인 개발 및 농어민의 권익을 신장하기 위하여 필요한 정책을 수립하고 시행한다.
②국가는 농지의 경자유전 원칙이 달성될 수 있도록 노력하며, 농업생산성의 제고와 농지의 합리적인 이용을 위하여 필요한 경우에는 법률에 따라 농지의 임대차와 위탁경영을 허용한다.

제141조 ①국가는 중소기업과 소상인을 보호하기 위하여 필요한 정책을 수립하고 시행한다.
②국가는 농수산물과 생활필수품의 수급균형을 유지하고 유통구조를 개선하여 가격이 안정될 수 있도록 노력한다.
③국가는 농·어민과 중소기업의 자조조직을 지원하고 그 자율적 활동을 보장한다.

④국가는 소비자의 권익을 보호하고 소비자운동을 보장한다.

제142조 국가는 국제교역의 효율성 제고와 경상수지의 균형을 위하여 필요한 정책을 수립하고 시행한다.

제143조 국방이나 국민경제에 긴절히 필요하여 법률이 정하는 경우가 아니고는, 사영기업을 국유나 공유로 이전하거나 그 경영을 통제 또는 관리할 수 없다.

제144조 ①국가는 과학기술의 혁신과 전문인력의 양성을 위하여 필요한 정책을 수립하고 시행한다.
②국가는 국가표준제도를 확립·관리한다.

제10장 헌법개정

제145조 ①헌법개정 제안은 민의원의원 선거권자 70만 명 이상의 찬성 또는 민의원 또는 참의원 재적의원 3분의 1 이상의 찬성으로 할 수 있다.
②대통령은 제안된 헌법개정안을 20일 이상 공고하여야 한다.

제146조 ①민의원 선거권자가 제안한 헌법개정안은 발의한 날로부터 6개월 이후 1년 이내에 국민투표에 회부하여 투표자 과반수의 찬성을 얻어야 한다.
②민의원의원 또는 참의원의원이 제안한 헌법개정안은 국회재적의원 3분의 2 이상의 찬성으로써 의결되어야 한다.
③헌법개정안은 국회가 의결한 후 30일 이내에 국민투표에 붙여 민의원의원 선거권자 과반수의 투표와 투표자 과반수의 찬성을 얻어야 한다.
④헌법개정안이 제3항의 찬성을 얻은 때에는 헌법개정은 확정되며, 대통령

은 즉시 이를 공포하여야 한다.

부칙

제1조 이 헌법은 년 월 일 시행한다.

제2조 이 헌법시행 당시의 법령과 조약은 이 헌법에 위배되지 아니하는 한 그 효력을 지속한다.

제3조 이 헌법의 공포 이전에 대통령직에 있었던 사람은 이 헌법에 의한 대통령 선거에 다시 출마할 수 없다.

제4조 이 헌법시행 후 최초로 실시되는 총선거에 의해 선출되는 참의원의원의 3분의 1의 임기는 2년, 3분의 1의 임기는 4년, 그리고 나머지 3분의 1의 임기는 6년으로 한다. 그 구체적 내용은 법률로 정한다.

※헌법재판관의 개선(改選)을 위한 임기 조정 등 그 밖에 상세한 부칙규정은 헌법개정 확정 발효시점의 사정에 맞추어 구체적으로 성문화하는 작업이 필요할 것으로 사료되어 이 새헌법안에서는 일단 유보한다.

생태전환 매거진 〈바람과물〉 여해와 함께 엮음

바람은 우리의 숨과 정신이며 물은 우리의 몸입니다.
생태전환 매거진 『바람과 물』은 기후위기, 생태환경, 비인간존재에
마음 쓰는 이들과 소통하며 문명전환을 위한 녹색언어를 모색합니다.

1호 **기후와 마음** 기후위기의 시대를 마주하는 다양한 마음의 색깔들
2호 **무해한 버림** 덜 유해해지기 위해 우리가 진짜로 버려야 할 것은 무엇일까
3호 **도망치는 숲** 숲을 착취하는 시스템에서 숲과 연결되는 시스템으로
4호 **돌봄의 정의** 돌보고 돌봄 받는 존재들의 목소리에 귀를 기울이자
5호 **흙의 생태학** 지구의 살갗, 흙은 생명력이고 가능성이다
6호 **시민기후행동** 우리 모두가 기후위기의 최일선 당사자들이다
7호 **여성, 살림, 정치** 페미니즘 리부트 이후, 기후생태 위기 앞에 선 에코페미니즘
8호 **생태영성** 영성이라는 통로에서 만난 인간, 자연, 만물의 마음
9호 **탈성장을 향해** 지구의 한계 안에서 누리는 소박하고 행복한 삶
10호 **도시와 시골** 도시와 시골의 재편은 문명전환의 지렛대
11호 **기후정치** 기후와 민주주의의 공존을 위한 상상과 실천
12호 **인류세의 인간** 이야기를 바꿀 때 새로운 세계가 열린다

구입 문의 전화 02.395.0781 팩스 02.395.1093 이메일 tagung@daemuna.or.kr